BIBLIOTHÈQUE
DE L'ÉCOLE
DES HAUTES ÉTUDES

PUBLIÉE SOUS LES AUSPICES

DU MINISTÈRE DE L'INSTRUCTION PUBLIQUE

SCIENCES PHILOLOGIQUES ET HISTORIQUES

TRENTE-UNIÈME FASCICULE

ÉTUDES SUR LES INSTITUTIONS MUNICIPALES :
HISTOIRE DE LA VILLE DE SAINT-OMER ET DE SES INSTITUTIONS
JUSQU'AU XIVe SIÈCLE, PAR A. GIRY

PARIS

F. VIEWEG, LIBRAIRE-ÉDITEUR

RUE RICHELIEU, 67

1877

IMPRIMERIE GOUVERNEUR, G. DAUPELEY A NOGENT-LE-ROTROU.

HISTOIRE

DE

LA VILLE DE SAINT-OMER

ET DE SES INSTITUTIONS

JUSQU'AU XIV⁰ SIÈCLE

PAR

A. GIRY

PARIS

F. VIEWEG, LIBRAIRE-ÉDITEUR

RUE RICHELIEU, 67

1877

ADDITIONS ET CORRECTIONS.

Nous n'indiquons pas ici les fautes de ponctuation ni les fautes d'impression que les lecteurs peuvent corriger facilement.

P. 12, l. 6. Depuis que ces lignes ont été imprimées, M. Deschamps de Pas a bien voulu faire sur tous les mss. la vérification que j'indiquais. Les mots : *quod libellus miruculorum apertissime testatur* se trouvent partout ; il faut donc admettre qu'ils se trouvaient aussi dans le ms. perdu. Malgré cela, je crois que mon raisonnement conserve sa valeur en ce qui touche les remaniements subis par le texte de Folquin.

P. 46, l. 24. Au lieu de : *cette élection était à l'intervention*, lisez : *cette élection était due aux concessions*.

P. 90, n. 2. Au lieu de : 1407, lisez : 1413.

P. 109, l. 19. Au lieu de : *Colhoh,* lisez : *Colhof.*

P. 202. A la fin du sommaire du Chapitre supprimez : *Droit de refuge.*

P. 268, n. 3. L'ouvrage de M. Deschamps de Pas que j'annonçais dans cette note vient de paraître. Il me reste le regret de n'avoir pu l'utiliser pour rendre moins incomplètes mes notes sur l'assistance publique au moyen âge.

Sur l'avis de M. *Gabriel Monod*, directeur des Conférences d'histoire, et de MM. *Maury* et *Thévenin*, commissaires responsables, le présent mémoire a valu à M. A. GIRY le titre d'*Élève diplômé de la Section d'Histoire et de Philologie de l'École pratique des Hautes Études.*

Paris, le 14 janvier 1875.

Le directeur d'études,
Signé : G. MONOD.

Les commissaires responsables,
Signé : Alfred MAURY, Marcel THÉVENIN.

Le président de la section,
Signé : L. RENIER.

A MON CHER MAITRE

M. Jules QUICHERAT

PRÉFACE.

L'histoire des institutions municipales n'a fait que peu de progrès en France depuis les beaux travaux d'Augustin Thierry sur cette matière si ample et si féconde. Tandis qu'en Belgique, en Allemagne et en Italie nombre de travaux et surtout une quantité considérable de textes publiés ont hâté la solution des nombreux problèmes qui se rattachent à ces études, il semble qu'en France les généralisations brillantes de l'auteur du *Tableau de l'ancienne France municipale*, au lieu de stimuler les savants, ont longtemps contribué à faire déserter ce terrain scientifique. Les théories de l'illustre historien du Tiers-État, loin de faire l'éducation des érudits provinciaux en provoquant des vérifications, des recherches, des investigations nouvelles, se sont imposées à eux comme des vérités incontestables; on retrouve dans toutes les histoires locales son système sur la persistance du régime municipal romain, sur le caractère du mouvement communal, sur les conditions démocratiques de l'ancienne organisation municipale, adapté tant bien que mal aux villes des différentes régions de la France. Ce sont encore aujourd'hui en cette matière les opinions généralement acceptées, en dépit de quelques travaux spéciaux où elles ont été combattues avec toute science et toute autorité.

Depuis quelques années, cependant, d'assez nombreuses publications sollicitent de nouveau de ce côté l'attention des érudits. Quelques grandes villes, parmi lesquelles il faut citer en première ligne Bordeaux, Lyon, Arras, ont pris une initiative louable en publiant les documents les plus précieux de leurs archives. A leur exemple, d'autres de moindre importance et des sociétés de province publient des priviléges, des coutumes, des statuts municipaux. Enfin, la collection des inventaires sommaires des archives communales s'enrichit chaque jour de nouveaux volumes auxquels l'impulsion récemment donnée à ces travaux par l'administration permet un développement et un caractère scientifique que n'ont pas les premiers inventaires parus. Toutes ces publications font moins regretter la lenteur avec laquelle paraissent les *Monuments inédits de l'histoire du Tiers-État*, dont les quatre volumes seuls parus en trente ans ne concernent que l'Amiénois.

Grâce à cette activité nouvelle, les savants ne tarderont pas à pouvoir disposer d'un ensemble de matériaux considérable, et il leur sera possible d'entreprendre des études comparées sur ces anciens monuments des institutions de la France. Après les travaux d'interprétation et de comparaison, il est permis d'entrevoir le moment où l'histoire des origines et du développement des institutions municipales en France pourra devenir l'objet d'une œuvre qui ne nous laissera rien à envier aux beaux travaux que l'Allemagne et l'Italie possèdent déjà sur cette partie importante de leur histoire nationale.

Si le présent livre peut contribuer pour sa part à édifier ce monument, mon but aura été rempli.

En écrivant l'histoire municipale de Saint-Omer, je ne me suis pas proposé seulement de faire connaître l'état ancien d'une seule ville, j'ai voulu, en même temps, jeter quelques clartés nouvelles sur les institutions analogues d'un grand nombre de villes du nord.

Les chartes municipales de Saint-Omer lui ont été concédées à l'époque où cette ville faisait partie du comté de Flandre. Elle obtint ses premiers priviléges au commencement du XIIe siècle, en même temps que d'autres villes, dans des circonstances qui donnent un caractère particulier à ce qu'on peut très-légitimement appeler la révolution communale en Flandre. Rivale, tant qu'elle fit partie du comté, des plus grandes communes flamandes pour l'autonomie, la puissance et la richesse dues au commerce et à l'industrie, elle continua, au XIIIe siècle, après la création du comté d'Artois, à développer et à fixer ses institutions. C'est de cette époque que datent les premiers symptômes de sa déchéance; sa ruine et sa décadence furent complètes au XIVe siècle, quand, à la veille de la guerre de Cent-Ans, ses suzerains portèrent un coup fatal à son indépendance.

Les chartes de commune de Saint-Omer anciennement publiées suffisent à montrer que son organisation et ses coutumes présentent des analogies nombreuses avec celles des autres villes de la Flandre et d'un grand nombre de communes du nord de la France. Toutes ces villes ont emprunté leurs *lois* à un fonds commun, l'ancien droit et les anciens usages germaniques dont on peut suivre dans chacune d'elles la persistance et le développement pendant tout le moyen âge.

Saint-Omer a conservé presque intactes ses anciennes archives qui entre toutes celles des villes du nord de la France et de la Belgique, presque toutes si riches, comptent parmi les plus riches. Ces archives étaient restées jusqu'à présent presque inexplorées. Pour l'époque antérieure à la période communale, les chartes de l'abbaye de Saint-Bertin, qui fut le berceau de la ville, celles de l'église collégiale, qui n'est qu'un démembrement de l'abbaye, nous ont conservé des renseignements nombreux.

Aucune ville, m'a-t-il semblé, ne pouvait plus utilement devenir le point de départ d'une histoire comparée des institutions municipales du nord. Dans ce travail, je me suis attaché avec un soin particulier aux questions d'origine. La formation de la ville, la naissance des liens sociaux entre ses habitants, l'origine des diverses magistratures municipales, la persistance pendant tout le moyen âge de l'organisation judiciaire de l'époque carolingienne, le rôle du commerce et en particulier de la gilde dans la formation de la commune, les analogies entre les dispositions des lois barbares et celles des chartes de la ville m'ont occupé successivement et à diverses reprises. Sur tous ces points j'ai accumulé les textes et les faits que j'ai pu connaître sans que j'ose me flatter d'être arrivé toujours en ces matières obscures à des solutions définitives et bien coordonnées.

Je ne saurais, sans donner à cette préface des dimensions exagérées, indiquer, même sommairement, toutes les sources où j'ai puisé; je les ai citées au cours de ce livre avec une exactitude suffisante pour qu'on puisse aisément s'y reporter; au surplus, on trouvera dans mon travail sur les institutions municipales des villes du nord, qui, je l'espère, ne tardera pas à paraître, une table détaillée de tous les documents concernant ces villes que j'ai pu connaître et une bibliographie de toutes les publications qui peuvent fournir des renseignements sur ce sujet.

J'ai joint à mon travail beaucoup de pièces justificatives : j'espère que leur intérêt justifiera leur nombre et leur longueur. La plupart sont inédites; j'ai dû cependant, à raison de leur importance, réimprimer les chartes constitutives de la commune; je me console de cette nécessité parce que je crois que le texte que j'en donne, collationné avec soin sur les originaux, est plus correct que tous ceux qui avaient paru jusqu'ici.

Pour ne pas grossir démesurément ce volume j'ai dû renoncer à annoter ces pièces, renoncer à la table générale alphabétique que j'avais préparée, renoncer enfin — et c'est ce qui m'a donné le plus de regrets — à une note sur le dialecte picard employé dans beaucoup de ces documents et à un glossaire que mon ami et confrère Gaston Raynaud avait bien voulu me promettre.

Je ne terminerai pas cette préface sans témoigner à l'administration de Saint-Omer toute ma gratitude pour les facilités de travail que j'ai obtenues à diverses reprises dans le dépôt des archives municipales. Elle a bien voulu, en outre, autoriser le déplacement des cartulaires de la ville et de plusieurs autres manuscrits et registres, ce qui m'a permis, surtout pour le *Registre aux bans* inséré en entier à la fin des pièces justificatives, de publier ces textes dans les meilleures conditions pour arriver à toute l'exactitude possible.

Je dois beaucoup aux conseils de mon ami Auguste Molinier, qui a bien voulu se charger de revoir tout mon travail en épreuves; qu'il me permette de l'en remercier ici publiquement.

Paris, juin 1877.

CHAPITRE PREMIER.

ORIGINE ET PREMIER DÉVELOPPEMENT DE LA VILLE.

§ I. *Donation de la* villa Sitdiu *à saint Omer en 648 ; fondation de l'abbaye de Saint-Bertin ; condition de l'établissement des moines ; érection d'une seconde église en 662 ; développement du monastère; sécularisation de l'église de Saint-Omer en 820.* — § II. *Incursions des Normands ; leur influence sur les relations sociales ; critique des documents faisant mention des invasions à Sithiu ; récit des invasions de 845 à 890 ; le château de Saint-Omer d'après les textes du* x^e *siècle; influence des invasions sur la formation de la ville.* — § III. *Usurpations de souveraineté des comtes de Flandre (893-1056).* — § IV. *Développement de la ville de 890 à 1127 ; paroisses, commerce, terres ; diverses puissances qui se partagent la ville : l'abbaye, le chapitre, le comte, les seigneurs féodaux.* — § V. *Discussion des opinions qui ont attribué à Saint-Omer une organisation antérieure au* XIIe *siècle.*

§ I.

L'emplacement où fut plus tard Saint-Omer devait former lors de la conquête de la Gaule par les Romains une espèce d'îlot au milieu des terrains marécageux du pays des Morins. Cette peuplade, probablement celtique [1], était bien connue dans le monde latin et probablement l'expression dont s'est servi Virgile était

---

1. Raepsaet prétend (*Analyse historique et critique de l'origine et des progrès des droits des Belges*, Gand, 1824, in-8°) qu'ils étaient germains. — M. Courtois a écrit un long mémoire pour prouver « la communauté » d'origine et de langage des habitants de l'ancienne Morinie Flamingante » et Wallonne. » *Mémoires de la Société des Antiquaires de la Morinie*, t. XIII.

proverbiale pour la désigner [1]. On a beaucoup discuté sur la question de savoir si à l'époque romaine un établissement existait sur ce point du pays ; nul texte ancien ne le fait connaître, et jusqu'à présent aucune découverte archéologique n'est venue confirmer les conjectures plus ou moins hasardées formées à ce sujet [2]. Quoi qu'il en soit, aucune trace de cet établissement, s'il exista jamais, ne subsista. Comme la plupart des villes de la Flandre, c'est aux missions chrétiennes que Saint-Omer dut sa naissance et son développement. Dès le IIIe siècle le pays fut parcouru par les missionnaires [3]. Saint Fuscien et saint Victoric, partis de Rome, vinrent à Térouane [4], et au Xe siècle la tradition leur attribuait la fondation d'une chapelle sur la colline située en face de Saint-Omer, et nommée aujourd'hui plateau d'Hellefaut [5].

Dès le IVe siècle on trouve nommés les diocèses formés dans cette partie de la Gaule [6]. Mais au siècle suivant l'irruption des peuplades germaines, les grandes invasions qui traversèrent le pays détruisirent l'œuvre commencée, et l'évangélisation ne put porter de fruits qu'au VIe et au VIIe siècle. A cette époque, les Germains devaient avoir à peu près complètement remplacé ou asservi l'ancienne population celtique ; nous en avons des indices en parcourant les premiers diplômes, les plus anciennes légendes pieuses, où tous les noms d'hommes, ainsi que la plupart des noms de lieux, ont une forme germanique. Nous savons du reste

---

1. *Extremi hominum Morini* (Enéide l. VIII, vers 727). — *Ultimique hominum existimati Morini* (Pline, XIX, c. I).

2. Malbrancq, *De Morinis et Morinorum rebus*, t. III, p. 638. — Hermand, *Mémoires de la Société des antiquaires de la Morinie*, t. IX, 1re part., p. 177. — Courtois, *Dictionnaire topographique de l'arrondissement de Saint-Omer*, p. 220. — Eudes, *Recherches étymologiques et historiques sur la ville de Saint-Omer*, éd. de 1867, p. 117. — Derheims, *Histoire de la ville de Saint-Omer*.

3. Voy. *Mémoire sur l'introduction du christianisme dans la Morinie*, par l'abbé Fréchon, dans les *Mémoires de la Société des antiquaires de la Morinie*, t. VI, 1845.

4. *Actes inédits des martyrs SS. Fuscien, Victoric, et Gentien*, publiés par M. Salmon, dans les *Mémoires des antiquaires de Picardie*, t. XVIII, p. 129. — *Acta sanctorum*, 11 décembre.

5. *Miracula sancti Bertini* dans Mabillon, *Acta SS. O. S. B. Sacc III*, p. 126. « Per clivum montis prominentis villæ quæ *Locus ecclesiæ* vocatur pro » eo quod beatissimi martyres Fuscianus et Victoricus in principio chris- » tianis incolorum terræ primariam ibi feruntur construxisse ecclesiam. » Hellefaut (*Heyligh-velt*), littéralement : *campus sanctus*.

6. *Sancti Hilarii Pictaviensis liber de Synodis*, éd. Migne, t. II, p. 479. *Notitia provinciarum Galliæ* dans Guérard, *Essai sur le système des divisions territoriales de la Gaule*, p. 19.

par plusieurs vies de saints que la langue parlée dans ces contrées était alors un idiome germanique, qui devint le flamand et persista dans un assez grand territoire [1].

C'est en 648 que nous trouvons la première mention expresse du lieu qui, lorsqu'il s'agrandit, prit le nom du missionnaire qui y fonda le premier établissement. C'était à cette époque une *villa* nommée *Sitdiu* [2], nom qu'elle garda jusqu'au XIe siècle. Elle était située dans le Ternois sur l'Aa et faisait partie d'un domaine donné par son propriétaire, Adroald, aux missionnaires Bertin, Mommelin et Ebertramn, d'après les conseils de l'évêque saint Omer (Audomarus) [3], avec toutes ses dépendances, c'est-à-dire Wisques, Tatinghem, Zudausques [4], et quelques autres localités dont le nom n'a pas persisté aux époques modernes. Malgré le petit nombre de lieux que nous pouvons reconnaître, nous pouvons reconstituer le domaine donné à Saint-Omer ; c'était toute la vallée qui s'étend le long du plateau des Bruyères, dont l'endroit le plus élevé était l'emplacement de la cathédrale actuelle, et le fond extrême, un peu plus bas que Longuenesse, l'endroit où s'établi-

---

1. Voy. l'*Ancien idiome Audomarois,* par M. Courtois, dans les *Mém. des antiquaires de la Morinie,* t. XIII. M. Courtois a réuni un grand nombre de preuves démontrant que le Flamand ou *Nederduytsch* était la langue vulgaire du VIIe au XIIe siècle, mais il n'admet pas qu'elle ait remplacé un idiome celtique.

2. *Sitdiu*, et non pas *Sithiu*, qu'on avait voulu communément restituer en prenant *Sit-diu* pour un jeu de mot du copiste. Le seul acte ancien de l'abbaye de Saint-Bertin conservé en original, acte dont l'authenticité est parfaitement prouvée et qui date de 745, porte très-lisiblement écrit quatre fois *Sitdiu;* il est publié en fac-simile dans Warnkœnig, *Histoire de la Flandre,* trad. de Gheldolf, t. I. Au Xe siècle on trouve partout écrit *Sithiu* dans les mss. (*Vie de saint Omer*, ms. de St-Omer, n° 698. *Miracles de saint Bertin*, ms. 764 de Saint-Omer.)

3. L'original de cet acte existait encore à la fin du siècle dernier. Bréquigny et Laporte du Theil (*Diplomata,* t. I, *prolégomènes,* p. 83, cf. t. II, p. 87) le décrivent d'après la note envoyée au cabinet des chartes par Butler, vicaire général de Saint-Omer qui l'avait examiné. Dom Berthod, chargé en 1774 d'une mission pour le cabinet des chartes (collation des diplômes royaux des deux premières races) qui résida quelque temps à Saint-Bertin, le décrit dans la relation de son voyage. *Relation d'un voyage littéraire dans les Pays bas,* par Dom Anselme Berthod. *Mémoires et documents inédits publiés par l'académie de Besançon,* t. III, 1844). D. de Wite l'a copié pour son grand cartulaire et c'est sa copie qui a servi aux éditeurs des *Diplomata*. Le texte est un peu différent de celui qui a été publié par M. Guérard, d'après le cartulaire de Folquin (p. 18).

4. Voy. Longnon, *Le Boulonnais et le Ternois. Études sur les Pagi de la Gaule,* dans la *Bibliothèque de l'École des Hautes Études,* 2° fasc., p. 39.

rent plus tard les chartreux du val Sainte-Aldegonde. C'était probablement un marais d'où les points indiqués dans la charte émergeaient, et où le seul endroit qui fut réellement de la terre ferme était la *villa Sitdiu*.

Suivant la légende écrite, du VIII° au X° siècle, dans les vies de saint Omer et de saint Bertin et dans le cartulaire de Folquin, saint Omer, moine de Luxeuil, nommé évêque des Morins, avait appelé pour collaborer à ses travaux, saint Bertin, saint Mommelin et saint Ebertramn, et avant la donation d'Adroald, avait fondé dans la contrée un autre monastère, dans le lieu qui retint jusqu'au XIV° siècle le nom de Vieux-Moustier (*Vetus Monasterium*, en flamand *Oudemonstre*, aujourd'hui Saint-Mommelin, du nom du patron de la paroisse). Ce monastère, situé à une heure de marche environ de la *villa Sitdiu*, au milieu de marais, de bois épais, dans un lieu qui aujourd'hui n'est pas encore desséché, n'était susceptible d'aucun développement. C'est vraisemblablement pour cela qu'on ne tarda pas à l'abandonner et qu'on transporta dans le domaine donné par Adroald le siége de l'établissement.

Les défrichements successifs et surtout les dessèchements, les conquêtes opérées sur les marais, ont trop changé la physionomie du pays, pour que nous puissions déterminer quelles étaient alors les conditions de l'installation des moines. Seulement, les traits que nous recueillons dans les écrivains anciens, ceux que nous glanons dans les hagiographes, la légende qui fait aller les moines de Saint-Mommelin à la *villa Sitdiu* dans une embarcation, peuvent nous donner la physionomie générale du pays. Des marécages immenses d'où émergeaient çà et là des îles fangeuses, dont le sol, suivant une heureuse expression, était comme flottant sur l'eau et mouvant sous les pas [1], des forêts humides et basses, des pluies ou plutôt des brouillards continuels, un horizon étroit, sans lumière, un soleil terne et sans chaleur; tel était le pays qui attendait des moines la culture et le défrichement. Cependant nous pouvons discerner quelques-uns des avantages du domaine qui leur était concédé. Sa situation au pied d'une colline à l'abri des inondations et susceptible d'être fortifiée, au bord d'une rivière favorisant les dessèchements, et plus tard rendant facile les relations avec la mer, était éminemment favorable. En outre, le pays n'était pas désert, ni complètement

---

1. Aquis subjacentibus innatat et suspensa late vacillat. Eumène, *Panegyricus in Constantium*. Histor. de France, t. I, p. 713, c.

inculte; il y avait, dit la donation de 648, des habitations, des bâtiments, des cultures, des moulins, des bois, des prés, des pâturages, des étangs et des cours d'eau, des serfs, des bergers et des troupeaux. C'était on le voit un grand domaine rural, que l'activité des moines devait faire rapidement prospérer, mais qui, à l'époque où il fut concédé, n'était pas même probablement le lieu d'habitation du propriétaire, puisque la concession est datée d'un lieu désigné par les mots : *Ascio villa dominica*, que l'absence de toute indication empêche d'identifier avec une localité actuelle [1].

Nous pouvons dès 662 constater l'agrandissement du monastère. A la suite de la donation, le couvent avait été bâti sur l'emplacement actuel des ruines de Saint-Bertin, sur le cours de l'Aa, séparé de la colline par des marais. Quelque temps après, soit pour servir de refuge aux moines en cas d'inondation ou d'incursion, soit pour assurer aux sépultures de la communauté un terrain où elles pussent être plus à l'abri que dans le marais inférieur, ce qui était une considération importante dans l'Église à cette époque, saint Omer bâtit sur la colline une deuxième église, y fit disposer un cimetière, et en 662 donna le tout à saint Bertin, premier abbé du monastère, par un diplôme que Folquin nous a conservé dans son cartulaire [2]. C'est l'origine de l'église qui fut successivement dépendance de l'abbaye, collégiale, puis cathédrale au XVIe siècle, après la ruine de Térouane.

Huit diplômes du VIIe siècle [3] nous permettent de juger du développement rapide du monastère. Nous l'y voyons acquérir des possessions fort éloignées; dès 682 obtenir du roi Thierry III une

1. Naturellement le domaine concédé aux missionnaires n'est pas un de ceux dont le nom se trouve sur des monnaies mérovingiennes et s'il s'y trouvait ce serait sous une forme analogue à *Sitdiu*. Cette observation est faite parce que la *Revue numismatique belge* a publié en 1856 (p. 212) avec un article de M. Serrure, un triens mérovingien sur lequel on voit d'un côté une tête tournée à droite avec la légende AVDEMARVS, au revers une croix fourchue cantonnée des lettres AVDM. A cette pièce a été soudée très-anciennement une agrafe qui semble indiquer qu'elle a été portée comme une amulette, ou une médaille pieuse rappelant saint Omer. M. Serrure quoiqu'indiquant qu'Audemarus doit être le nom d'un monétaire n'affirme pas assez cette solution.

2. L'original existait encore au siècle dernier, il fut copié par D. de Witte et envoyé par lui au cabinet des chartes. Voy. Bréquigny et Pardessus. *Diplomata*, t. I, *Prolégomènes*, p. 96 et t. II, p. 123. Cf. Guérard, *Cartulaire de Saint-Bertin*, p. 23.

3. Voy. *Cartulaire de Saint-Bertin*, pp. 20-37.

concession d'immunité[1], renouvelée et étendue en 691 par Clovis III[2]. Dès cette époque il est assez puissant pour pousser de nouveaux rejetons ; en 684 il fonde un hospice et un monastère dans un lieu nommé Honnecourt, qui lui est donné[3] et en 694 il envoie quatre religieux fonder un nouvel établissement à Wormout[4].

Dix-huit autres diplômes de 704 à 810 témoignent de ses progrès constants. Aucun d'eux ne nous signale d'une manière explicite une bourgade formée dès lors autour du monastère, mais il n'est pas téméraire de croire qu'un tel établissement, c'est-à-dire un centre d'activité intellectuelle et matérielle, un asile respecté contre les violences si fréquentes à une époque de barbarie, une protection, une grande exploitation rurale ait groupé dès ce temps un assez grand nombre d'habitations. Les monastères à cette époque étaient non-seulement le seul endroit par où la civilisation pénétrait chez les Germains, mais encore les seuls ateliers et les seuls centres de commerce. Ces faits nous sont connus par d'autres grandes abbayes et pour Sithiu en particulier, nous voyons l'école du monastère citée dès la fin du VIIe siècle et former des moines dont les noms germaniques indiquent que c'étaient des prosélytes, des recrues faits dans la population[5]. A la fin du VIIIe siècle nous voyons les religieux obtenir le privilége de chasser dans leurs forêts afin de se procurer des peaux de bêtes destinées à recouvrir leurs livres, et à fabriquer des gants et des ceintures[6]. Nous pouvons même soupçonner un commencement de commerce, lorsque nous voyons que les revenus d'une certaine terre devaient être appliqués à l'achat de tissus pour des tuniques d'outre-mer, qu'on appelait vulgairement *Berniscrist*[7].

Quoi qu'il en soit, l'abbaye avait acquis des biens considérables, tant au loin que dans son voisinage, elle avait servi de refuge au dernier roi mérovingien, Childéric III, qui y était mort vers 752[8], et elle s'était fait confirmer par la nouvelle dynastie ses privilèges d'immunités. Ses abbés s'étaient tous efforcés de l'agrandir et de la faire prospérer ; vers la fin du VIIIe siècle l'un

---

1. Ibid., p. 27.
2. Ibid., p. 34.
3. Ibid., p. 29.
4. Ibid., p. 36.
5. Ibid., p. 37.
6. Ibid., p. 63.
7. Ibid., p. 66. — Saxon : *Scrit,* vestis. Voy. Ducange à ce mot.
8. Ibid., p. 55.

d'eux, l'abbé Odland, avait fondé une église à Arques, possession de l'abbaye, et y avait établi sa résidence. Profitant de la chute d'eau qui devait probablement alors exister sur l'Aa à cet endroit, il avait fait construire un moulin qui au xe siècle provoquait encore l'admiration de Folquin[1], et en outre il avait interdit que tout autre moulin fût établi, créant dès cette époque, au profit de l'abbaye, un monopole qu'elle possédait encore lorsque Folquin rédigeait son cartulaire, c'est-à-dire en 961.

Au commencement du IXe siècle l'abbaye ne comptait pas moins de 130 moines[2]. Jusqu'alors elle avait eu pour abbés des religieux dont l'unique soin avait été sa prospérité. A l'ardeur de propagande des premiers missionnaires avait naturellement succédé chez les abbés leurs successeurs le désir d'enrichir, d'agrandir leurs établissements, chacun y avait apporté tous ses efforts, y avait consacré toutes ses sueurs[3]. Ils l'avaient mise dans un état suffisant pour qu'elle pût exciter la convoitise ; c'est ce qui arriva en 820. Un grand personnage de la cour de Louis le Pieux, Fridugise, anglais de nation, venu en France probablement avec Alcuin, de race royale, chancelier de l'empereur, déjà pourvu des abbayes de Cormeri et de Saint-Martin de Tours, obtint de la faveur royale l'abbaye de Sithiu. Il y vint résider et y fit toute une révolution. Quarante moines desservaient l'église bâtie par saint Omer sur le haut de la colline, il réduisit leur nombre à trente, et, désireux de mener une vie princière, selon ses goûts et ses habitudes, il transforma cette église en une communauté de chanoines séculiers. Il avait déjà fait de même à Saint-Martin de Tours. Ces changements venaient d'être permis ou plutôt tolérés par le concile d'Aix-la-Chapelle, en 817. L'abbaye principale contenait 83 moines, il réduisit leur nombre à 60, et chassa les autres ; c'étaient, dit Folquin, les plus austères. Puis divisant les biens de l'abbaye, il en attribua deux tiers aux moines, et un tiers aux chanoines. Lui-même, se réservant une large part, résida au milieu des chanoines, dissipant dans une existence fastueuse les richesses péniblement amassées par ses prédécesseurs.

Ces renseignements nous sont donnés par Folquin, qui écrivit au siècle suivant, et concordent parfaitement avec un acte de saint Folquin, évêque de Térouane, qui en 839 essaya de réparer

---

1. Ibid., p. 67.
2. Ibid., p. 74.
3. « Quod omni vitæ suæ tempore in præparatione loci sibi a Domino traditi sudasset. » Ibid., p. 37.

le mal causé par Fridugise, en faisant rentrer la communauté de chanoines sous l'obéissance des moines [1]. Ce fut en vain, dès lors les deux églises furent à tout jamais séparées, rivales, ennemies; dès lors l'histoire de l'abbaye entre dans une nouvelle phase. Il était utile de rapporter ici au moins l'indication de ces événements; ils eurent sur la formation de la ville leur part d'influence; on n'en saurait douter, si l'on songe au mouvement que dut créer la venue d'un abbé tel que Fridugise et de son entourage, aux nouvelles constructions que nécessita sur la colline la résidence de ce personnage.

A l'abbé Fridugise, mort en 834, succéda un autre abbé du même genre, Hugues, fils de Charlemagne, pourvu également de l'abbaye de Saint-Quentin. Il enleva à l'église construite sur la colline les reliques de saint Omer, que reconquit l'évêque de Térouane. Après sa mort, en 844, on élut un ancien chanoine de Fridugise, qui fut chassé en 859 par un oncle de Charles le Chauve [2].

§ II.

La seconde moitié du IXe siècle vit une suite d'événements qui eurent un rôle fort important dans le développement des relations sociales en Flandre, je veux parler des invasions des Normands. Leurs incursions furent une des causes qui aidèrent le plus la propagation et la naissance des institutions féodales. Baudouin Bras de Fer dut à ses succès contre eux la souveraineté qu'il exerça dans le pays, et la concession héréditaire qui paraît lui avoir été faite du comté, après son mariage avec la fille de Charles le Chauve. A ce moment nous voyons se créer comme circonscription féodale, comme individualité particulière, je dirais presque comme nation, le comté de Flandre. En outre, pour repousser les invasions, les abbayes se fortifient, les bourgades dont la situation est propice à une résistance s'entourent de murailles, le pays se couvre de châteaux-forts, dont les défenseurs ne vont pas tarder à devenir de puissants vassaux, presque tous sous le nom de châtelains.

---

1. Ibid., p. 85.
2. La *Breviatio villarum monachorum victus* (*Cartul. de Saint-Bertin*, p. 97) dressée sous l'abbé Adalard (entre 844 et 859), si intéressante pour la condition des terres et des personnes, pour la langue de l'époque et pour l'organisation du monastère, ne nous donne malheureusement presque aucun renseignement sur les dépendances immédiates du monastère et leur organisation.

Et ce ne furent pas seulement les relations féodales qui durent leur développement à ces incursions : elles furent un agent non moins important dans la formation des villes. Seules les bourgades fortifiées, ou tout au moins protégées par un château, offrirent pendant ce siècle quelque sécurité aux malheureux habitants de la contrée, qui tous s'y réfugièrent, désertant les nombreuses habitations rurales qui furent saccagées, détruites, ou demeurèrent abandonnées. Seules les bourgades fortifiées subsistèrent ; et même, si dans quelque épisode de cette guerre d'un siècle elles étaient forcées et démantelées, grâce à la position géographique qu'elles occupaient, grâce aux sanctuaires vénérés près desquels elles étaient bâties et que la piété, stimulée par la crainte, défendait d'abandonner, elles furent bientôt relevées et devinrent des villes.

Les invasions normandes durèrent longtemps en Flandre, elles ne furent terminées que bien après la cession de la Normandie ; la dernière eut lieu sous le comte Arnould le jeune, en 966. On peut aisément comprendre qu'elles eurent le temps de créer des habitudes nouvelles, de faire complètement déserter les campagnes, que le retour possible d'une invasion rendait fort redoutables, et de donner une importance très-grande aux villes, où tout se réfugiait, où l'on portait pour les préserver même les reliques des saints. Lorsqu'on étudie la formation de la féodalité en Flandre, lorsqu'on remonte à l'origine des grandes communautés d'habitants, on ne tarde pas à être très-frappé de l'influence due aux invasions normandes ; et l'on peut dire qu'elles créèrent la puissance des seigneurs, qu'elles déterminèrent le morcellement du pays en seigneuries, qu'elles empêchèrent la dispersion des habitants dans les campagnes en les forçant à se réfugier dans quelques *villæ* fortifiées qui devinrent des *oppida* et plus tard les grandes villes du pays[1].

En suivant pas à pas l'histoire de la *villa Sithiu,* à l'époque des invasions normandes, nous retrouverons chacun des traits que nous venons de signaler. Fortifiée et entourée de murs, elle sert d'asile et de refuge aux habitants et aux reliques de la contrée, et résiste aux Normands. Bientôt il s'y crée, à côté de l'autorité du propriétaire du sol, c'est-à-dire du monastère, des

---

1. Je n'hésite pas pour ma part à expliquer par les ravages des hordes normandes l'impossibilité où nous sommes de retrouver nombre de bourgades mentionnées dans des diplômes antérieurs aux invasions. Tel est le cas pour les localités énumérées dans la donation de 648 : *Masto, Laudardiaca,* etc.

puissances nouvelles, d'abord celle de celui qui, en défendant le château, a protégé la ville, et qui ne va point tarder à devenir un puissant châtelain, puis celle du souverain du comté, dont les concessions de priviléges et les donations, non moins que les usurpations et les prises de possession violentes, vont faire prévaloir la souveraineté; enfin une autre individualité se crée : la communauté d'habitants réunis dans un même lieu, unie par les mêmes intérêts, se séparera bientôt tant de la ville féodale que de la ville monastique pour se développer séparément.

Les invasions normandes à Sithiu nous sont racontées par différents auteurs, qui malheureusement ne présentent pas une concordance parfaite. Folquin d'abord dans son cartulaire, qu'on appellerait mieux une chronique du monastère, nous signale trois fois la présence des Normands à Sithiu, le 1er juin 860, le 28 juillet 878, et le 26 décembre 891 [1]. L'auteur des Miracles de saint Bertin ne nous parle que de deux invasions, l'une du 1er juin 860, l'autre de 890 ou environ. Au contraire le compilateur des gestes des Normands fait venir quatre fois les Normands dans le pays; selon lui, dès 845, ils pillent Sithiu, en 861 ils ravagent le Ternois, en 881 ils s'emparent de la bourgade et la brûlent, mais le monastère fortifié leur résiste, enfin en 890 ils ravagent l'Amiénois et les pays riverains de la Somme. Nous allons essayer de résoudre ces contradictions.

Remarquons tout d'abord l'étroite parenté qui existe entre les récits de Folquin et ceux de l'auteur des Miracles de saint Bertin. Les circonstances sont les mêmes chez les deux auteurs, les expressions, les tours particuliers de phrase se retrouvent dans les deux textes, seulement la narration de Folquin est plus abrégée, celle de l'auteur des Miracles plus riche en détails. Quel est de ces deux textes le texte primitif?

Folquin écrivait son cartulaire en 961; dans l'édition imprimée, à la page 133, le chap. LXVI, qui raconte l'invasion des Normands de 891, se termine par ces mots : « *quod libellus miraculorum apertissime testatur.* » Ce texte semble d'abord décisif : Folquin, pour raconter les invasions normandes, a abrégé le livre des Miracles de saint Bertin, et comme il a donné moins de détails, il cite son auteur et y renvoie. Rien de plus logique. Cependant j'ai quelques scrupules à accepter cette interprétation. Nous ne possédons de Folquin qu'un texte où les interpolations sont nombreuses, le ms.

---

1. Guérard, *Cartul. de saint Bertin*, p. 108, 126, 133.

désigné sous le nom de *vetus Folquinum* est perdu, et les textes dont s'est servi M. Guérard pour son édition sont, l'un du XIIe, l'autre du XVIe siècle. Tous deux prouvent chez leurs auteurs la préoccupation de former un corps de chronique du monastère, en fondant en un seul tout les ouvrages de ses premiers annalistes. Le ms. d'Alard est beaucoup plus développé que celui du XIIe siècle, et ce n'est pas, comme l'a cru M. Guérard, parce qu'il copiait un autre texte que celui reproduit par le ms. du XIIe siècle, mais parce qu'il ajoutait lui-même au texte du *vetus Folquinum*. En voici des preuves évidentes : Toute la fin du chapitre XII (p. 33 de l'éd., f° 17 r° d'Alard), depuis *de Fundatione et dedicatione monasterii Sancte Marie Blangiac.*, est ajoutée par lui ; or il a soin de nous en avertir par la rubrique marginale suivante : *Adjectio ex cronicis*, dont M. Guérard n'a pas fait mention. Au chap. LXXVII (p. 143 de l'éd.) commence à la 10e ligne un long récit de la maladie du comte Arnoul, guéri par le vénérable Gérard ; une rubrique marginale ainsi conçue : *Ex legenda sancti Gerardi. A*, signale ce passage comme intercalé. Cette lettre A se retrouve souvent dans le manuscrit d'Alard en face de certains passages, et je ne doute pas qu'elle n'ait partout la même signification. Mais la preuve qu'Alard a augmenté le texte de Folquin a peu d'importance ici, puisque la note qui nous occupe se trouve aussi dans le ms. du XIIe siècle. J'en veux seulement tirer un commencement de preuve du remaniement qu'a subi le texte de Folquin. Le ms. du XIIe siècle en est-il absolument exempt ; il est permis d'en douter et de se demander s'il n'est pas vraisemblable que le copiste, qui connaissait la relation des Miracles de saint Bertin, n'a pas pu, après avoir copié ce que dit Folquin des Normands, renvoyer par cette note à une relation qu'il savait plus longue, plus développée ? Peut-être pourrait-on arriver à résoudre la question en vérifiant si la note se retrouve dans les mss. qui ont été copiés directement sur l'original du *vetus Folquinum*. D'après le catalogue des mss. de la bibliothèque de Saint-Bertin, catalogue dressé au XVIIIe siècle, l'ouvrage de Folquin se trouvait reproduit en totalité dans les mss. portant les n°s 637, 724, 722 et 728, et par extraits dans le ms. 726. Le ms. 637 est la copie d'Alard de 1512, aujourd'hui ms. de la bibliothèque de Saint-Omer n° 750. Le n° 724 est l'exemplaire de Boulogne écrit au XIIe s. Le n° 722 fait aujourd'hui partie de la bibliothèque particulière de M. le président Quenson de Saint-Omer, c'est une copie faite en 1693 sur l'original aujourd'hui perdu. On ne sait ce qu'est devenu le n° 728. Le n° 726 (actuellement bibl. de Saint-Omer, n° 819) se compose d'extraits faits sur l'original au xvii° siècle par l'archiviste Guillaume de Witte. Enfin une copie du *vetus Folquinum* faite au xviii° siècle par dom Charles de Witte, le dernier archiviste de l'abbaye, est conservée à la bibliothèque de Saint-Omer sous le n° 815. On pourrait donc vérifier la note qui fait l'objet de la discussion sur trois mss.

Si l'on admettait les interpolations dans le ms. du xii° siècle, peut-être pourrait-on aller jusqu'à penser que la narration entière du passage des Normands a pu être ajoutée par le copiste interpolateur, d'après la relation des Miracles, et remplacer une simple mention analogue à celle que donne Folquin pour l'invasion de 878.

De la similitude des relations on pourrait encore tirer l'hypothèse que le même auteur a pu faire ici une narration abrégée, là une narration développée, soit que Folquin fût aussi l'auteur de la relation des Miracles, ce qui n'a rien d'impossible, soit que l'auteur de la relation fût lui-même l'interpolateur de Folquin.

Dans tous les cas, je crois avoir prouvé que de la note qui se trouve dans le texte édité de Folquin et qui renvoie à la relation des Miracles, on ne peut pas conclure comme on l'a fait à l'antériorité de la relation des Miracles. Cependant comme l'auteur de cette relation, en développant le texte de Folquin, ne se borne pas à des phrases oiseuses, mais ajoute un certain nombre de détails curieux et précis, il en faut conclure qu'il a pu recueillir des traditions encore très-vivaces, et qu'il n'a pas vécu après le x° siècle. Les deux auteurs sont près des faits qu'ils racontent; Folquin, en 961, a pu recueillir d'une génération qui les avait entendus de la bouche de témoins oculaires les récits des invasions; il paraît bien difficile qu'il en ait oublié et que lui, moine du monastère, curieux de ses annales, ayant à sa disposition toutes les sources, il ne nous donne pas l'exacte vérité. Sa précision chronologique (il donne et les heures et les jours, et des coïncidences avec des éclipses) vient encore ajouter à la présomption de sa véracité.

L'auteur des Miracles, qui lui aussi était moine de Sithiu, qui lui aussi vivait au x° siècle, a omis une des invasions narrée par Folquin, mais n'en a pas rapporté d'autre. Quant à celle qu'il a omise, remarquons que son but était d'écrire une relation des miracles du premier abbé du monastère, et qu'il est permis de croire que peu de légendes s'étaient formées autour de l'invasion de 878, puisque Folquin n'y consacre lui-même qu'une très-courte mention.

Comment se fait-il qu'à côté de ces historiens qui pouvaient si facilement être bien informés, nous trouvions une Chronique rapportant des incursions qu'ils n'auraient point connues?

Selon M. Pertz, qui a publié le *Chronicon de gestis Normannorum*[1], c'est une compilation rédigée après 911, et par un habitant de Saint-Bertin; les raisons qu'il en donne sont les suivantes : le seul passage particulier à cette Chronique rapporte des particularités relatives à Saint-Bertin, en outre en copiant les annales de Saint-Vaast les préoccupations de l'auteur lui font interpréter *Monasterium nostrum* par *Sithiu*, alors que dans la bouche de l'annaliste d'Arras il signifie son monastère, c'est-à-dire Saint-Vaast. Cette raison semble décisive. Nous avons dit que cet ouvrage n'était qu'une compilation; ses sources exclusives sont les annales de Saint-Bertin et celles de Saint-Vaast. Comme beaucoup de compilateurs, cet annaliste se borne à ajouter bout à bout tous les passages de ses sources relatifs à l'objet de son travail, sans se préoccuper de les concilier, encore moins de les critiquer. Avant donc d'examiner en eux-mêmes les faits qu'il rapporte, il importe d'exposer quelle opinion nous devons avoir au point de vue des faits que nous examinons des auteurs qu'il a transcrits. Ces auteurs devaient être beaucoup moins bien renseignés sur l'histoire du monastère de Sithiu que des religieux de ce monastère, tels que Folquin ou l'auteur de la relation des Miracles de Saint-Bertin, puisque l'un était moine de l'abbaye de Saint-Vaast d'Arras, un autre un évêque de Troyes, un troisième un évêque de Reims, et qu'ils ont très-bien pu confondre les passages des Normands à Sithiu, et, parmi tant d'incursions différentes, rapporter ce qu'ils savaient des incendies et des dévastations de l'abbaye, aux unes plutôt qu'aux autres.

Le compilateur place un pillage de Sithiu lors d'une invasion qui désola le pays en 845; il copie la phrase suivante qui se trouve dans les annales de Saint-Bertin à cette année : « *Cum a quodam monasterio,* SITHDIU NOMINE, *direpto incensoque oneratis navibus repedarent...* » Il est à remarquer que les mots *Sithdiu nomine* ne se trouvent pas dans le plus ancien ms. des annales de Saint-Bertin, ms. du xe siècle copié dans le monastère de Saint-Bertin, et d'où vient à ces annales leur nom de *Bertinianæ*. Au contraire en 861, époque à laquelle, suivant

---

1. Pertz, *Mon. Script.*, t. I, p. 532.

Folquin, Sithiu fut incendié, le compilateur nous dit seulement, en transcrivant les annales de Saint-Bertin, que les Normands dévastèrent le *pagus Tervanensis*. Un second incendie du monastère est rapporté par lui à l'année 881. Sa source est ici l'annaliste de Saint-Vaast. C'est dans ce passage qu'il interprète par Saint-Bertin le *nostrum monasterium* qui se trouvait dans le texte; par conséquent c'est à Saint-Vaast que se passèrent les événements dont il fait le récit, et cependant, tout en conservant presque tous les mots du texte qu'il copiait, le compilateur a su, par quelques mots ajoutés, montrer qu'il connaissait la tradition qui avait cours à son époque sur les invasions à Sithiu, et que cette invasion de 881 était dans son esprit celle rapportée par Folquin à 891[1]; tandis qu'à 891 il ne rapporte en suivant les annales de Saint-Vaast qu'une invasion générale dans l'Amiénois et le pays de la Meuse. Ce que nous venons de dire de l'auteur de la *Chronicon de gestis Normannorum* suffit à prouver que l'on ne peut élever aucun des faits rapportés par lui contre les récits de Folquin et de l'auteur de la relation des Miracles.

Cette critique de textes peut paraître longue et fastidieuse, eu égard aux événements qu'elle permet d'établir. Il semble en effet qu'il soit assez peu important de savoir que dans cette période le lieu dont nous nous occupons ait été visité par les Normands plus ou moins souvent, et qu'il suffise de prouver qu'il eut à en subir les conséquences et que ces invasions ont été cause de certains événements. Cela est vrai dans une certaine mesure; mais si nous voulons utiliser les textes qui racontent ces événements, pour juger du développement de la ville à cette époque, il devient indispensable de discuter, aussi longuement qu'il est nécessaire pour arriver à une conclusion, la valeur relative de ces docu-

---

1. Voici les deux textes des annales de Saint-Vaast et de la Chronique des gestes des Normands : « Anno dominicæ incarnationis 881, VII kl. januarii, Northmanni Sithiu oppidum ingressi, cum infinita multitudine, ipsum oppidum cum ecclesiis igne cremaverunt, excepta Sancti Audomari ecclesia quæ Dei providentia bene erat munita. At Normanni interfectis omnibus quos invenire poterant omnem terram usque ad Summam pervagati sunt. » *Chron. de gestis Normannorum*, ad ann. 881. — « Nortmanni vero, cum infinita multitudine, monasterium nostrum ingressi, VII kl. januarii, ipsum monasterium et civitatem exceptis ecclesiis, et vicum monasterii et omnes villas in circuitu V kl. januarii, interfectis omnibus quos invenire poterant, igne cremaverunt omnemque terram usque Summam pervagati sunt. » *Annales Vedastini*, ad ann. 881.

ments. C'est seulement ainsi que nous pouvons savoir quelle valeur auront les informations qu'il nous sera possible d'en tirer. Cette étude préalable des sources va nous permettre maintenant de les utiliser.

L'invasion de 845 épargna le monastère de Sithiu, soit parce qu'il ne se trouva pas sur le passage des Normands, soit à cause de la position, favorable à la résistance, de la colline qui le dominait et qui probablement était déjà fortifiée. Cette dernière hypothèse peut trouver un commencement de confirmation dans l'empressement que mirent les évêques et les abbés de la contrée à envoyer, vers ce temps, à l'église de la colline les reliques des saints qu'ils vénéraient, pour les mettre en sûreté, pour les protéger contre les profanations des barbares du Nord. De Térouane, de Gand, de Wormout, et jusque de Maubeuge et de Fontenelle, arrivèrent des corps saints. Saint Bain, saint Bavon, saint Winnoc, sainte Austreberte, saint Wandrille, saint Ansbert, saint Wulfran, reçurent l'hospitalité dans l'église de Saint-Omer [1].

La première visite des Normands eut lieu en 860 ; lorsqu'ils arrivèrent les moines avaient abandonné l'abbaye, c'est-à-dire la partie basse de la ville, et probablement ils s'étaient réfugiés sur la hauteur ; la légende, empruntant peut-être un souvenir classique au récit du siège de Rome, raconte que quatre d'entre eux avaient voulu ne point quitter l'abbaye, aimant mieux mourir que de survivre à la ruine de leur monastère. Ils subirent les insultes des païens et le martyre. L'église fut saccagée et détruite.

Cependant il ne paraît pas que cette première invasion ait causé à l'abbaye des pertes importantes, peut-être au contraire y gagna-t-elle plus qu'elle n'y perdit. La venue des populations des campagnes fuyant l'invasion, se réfugiant là où l'abbaye avait déjà formé un centre de population, et se mettant sous sa protection, put être une compensation assez grande des pertes qu'elle avait subies. C'est ce que l'on peut croire en voyant, dès l'année qui suivit l'invasion, les religieux reconstruire avec luxe leur abbaye, et en constatant quelques années après l'existence d'un marché dans la nouvelle bourgade.

En 861 on reconstruisit, non-seulement les parties détruites de l'église et de ses dépendances, mais encore une haute tour, laquelle succéda à une autre assez récente, qui était encore debout mais construite à la mode ancienne, et que l'on voulut remplacer par un monument dans le goût nouveau [2].

---

1. Voy. Mabillon, *Annales O. S. Ben.*, II, p. 670.
2. Voy. Folquin dans Guérard. *Cartul. de saint Bertin*, p. 109. — *Miracula sancti Bertini*, acta SS. 5 septembre, p. 598.

En 874 Charles le Chauve, renouvelant les priviléges de l'abbaye, lui concéda pour l'appliquer au luminaire des deux églises tous les revenus provenant d'un marché qui se tenait tous les vendredis à Sithiu[1]. Au xe siècle Folquin voyait déjà dans cette concession l'origine du tonlieu, droit qui fut possédé pendant tout le moyen-âge par les deux églises de Saint-Bertin et de Saint-Omer et qui nous occupera dans la suite de ce travail. Cet acte est le premier qui nous montre d'une manière certaine, deux siècles après la fondation de l'abbaye, l'existence sur le terrain qui lui avait été concédé d'une bourgade assez populeuse pour être un centre commercial, créant, par suite des prélèvements d'impôts, des profits assez abondants pour que l'abbaye juge utile de s'en faire attribuer la concession. Cette constatation, en outre, apporte avec elle la confirmation de ce que nous avions déjà dit : le principal résultat de l'invasion de 860 fut d'augmenter l'importance de la *villa Sithiu*, de transformer en bourgade un établissement rural et non de ruiner l'abbaye. On objecterait à tort qu'un diplôme de 877, par lequel Charles le Chauve fait une nouvelle donation, semble me contredire en motivant la nouvelle concession sur la grande pauvreté du monastère[2]. C'est là sans doute une simple formule, reproduisant le motif ordinaire des demandes de ce genre. Tout au contraire, l'auteur des miracles de Saint-Bertin, en mentionnant le projet de l'abbé Foulques de construire un mur d'enceinte, cite le commencement du pontificat de cet abbé et les années précédentes comme une époque de prospérité pour le monastère.

Nous allons maintenant avec les invasions de 878 et de 891 voir la ville devenir un *oppidum*, se ceindre de murailles et se fortifier, puis des intérêts communs se créer pour les habitants que la transformation du pays y a amenés, et par là l'agglomération se transformer en communauté d'habitants.

L'invasion de 878 interrompit une grande entreprise que la prospérité de l'abbaye avait permis à l'abbé Foulques d'entreprendre, je veux parler de la construction d'un mur d'enceinte. Nous manquons de détails sur cette invasion, l'auteur de la relation des miracles n'y fait qu'une légère allusion, et Folquin se borne à nous dire que les Normands incendièrent une seconde fois l'église le 28 juillet 878[3].

---

1. Guérard, *Cartul. de saint Bertin*, p. 119.
2. « Eumdem sanctum locum rerum sua diminutione nimium periclitari. » Guérard, *Cartul. de saint Bertin*, p. 124.
3. Guérard, *Cartulaire de saint Bertin*, p. 126.

Il n'en est pas de même pour l'invasion de 891, dont le biographe de saint Bertin nous donne un long récit[1], plein de détails, dont il est facile de comprendre tout l'enchaînement, dont la logique est une garantie d'authenticité, et auquel Folquin[2] ajoute des dates précises dans son texte qui est, soit l'abrégé, soit la rédaction primitive de la relation des miracles. Nous allons en l'interprétant et en le dégageant de la légende essayer d'après ces deux auteurs le récit de cette invasion.

Après avoir échoué devant Noyon, les Normands se dirigeaient vers le Brabant; une bande se détacha du gros de l'armée pour venir saccager et piller Sithiu. L'imperfection des fortifications, le petit nombre des habitants semblaient devoir leur offrir un succès facile.

Le 25 avril 891[3], les barbares apparurent descendant en face de l'*oppidum* les pentes du plateau d'Hellefaut; dès que les sentinelles les aperçurent, elles en avertirent les habitants alors réunis dans l'église pour entendre la messe. Aussitôt ils se préparèrent au combat, les uns occupèrent les remparts, d'autres réunis en troupe firent une sortie, assaillirent les barbares et les repoussèrent. Déjà les Normands abandonnaient leur projet et allaient se contenter de faire du butin en prenant les troupeaux des pâturages, lorsque tout le reste de la garnison se mit à leur poursuite. Les cavaliers, pour couper la retraite aux Normands, gagnèrent rapidement les hauteurs d'Hellefaut où ils les devancèrent, tandis que les guerriers à pied les poursuivaient. L'ennemi, se voyant enveloppé, essaya de se jeter sur la rive droite de l'Aa, où un bois de chênes lui faisait espérer la possibilité de se dérober, ou tout au moins une résistance plus facile; il fit pour cela un vigoureux effort sur la gauche des assaillants, mais ne réussit pas et fut écrasé; la bande entière périt massacrée non sans faire éprouver des pertes sensibles aux habitants de la citadelle. Neuf Normands seulement avaient échappé, cinq furent plus tard trouvés morts sur les chemins, quatre purent rejoindre le gros de leur armée et y porter la nouvelle de la défaite.

---

1. *Miracula sancti Bertini*, Acta SS., 5 septembre, p. 598.
2. Guérard, *Cartulaire de Saint-Bertin*, p. 133.
3. Des indications chronologiques données par Folquin (p. 133), seule l'éclipse qu'il signale comme ayant été vue le 15 août (xviii kl. septembre) ne concorde pas. Il y eut en 891 une éclipse de soleil visible en Europe le 8 août (vi des ides), c'est-à-dire 7 jours plus tôt.

Folquin et l'auteur de la relation des miracles désignent le lieu de ce fait d'armes ; il eut lieu « *in Widingahamo* [1]. » Deux points remplissent les conditions imposées par le texte : on voyait le combat des murs de Saint-Omer, il se livrait sur l'Aa, probablement au pied du plateau d'Hellefaut ; quant au bois de la rive droite, il a pu disparaître. Il faut rejeter l'interprétation de M. Guérard, Widehem, canton d'Etaples, qui est à près de 15 lieues de Saint-Omer. Les Bollandistes croient que c'est Wins, hameau, commune de Blandecques, tout à fait au pied du plateau ; je pencherais plutôt pour Windringhem, hameau de la commune de Wavrans, en supposant que les Normands ont dû d'abord remonter un peu le cours de la rivière et ne tenter le passage qu'à la faveur d'un gué et séduits par les bois qui existaient encore au xviiie siècle à la hauteur de Windringhem, et qui, comme le dit le texte, pouvaient les aider à soutenir le choc des assaillants. Quant à la forme du mot, je suis réduit, pour l'expliquer, à supposer soit une faute de copiste, soit une faute de lecture, la forme de Folquin, *Widingahamo*, pouvant se lire aussi *Vindingahamo*, on peut supposer aussi l'omission de la barre abréviative de N sur la première syllabe, et *erin* abrévié lu *in* à la seconde. Le même nom de lieu a été lu *Vuidingaham* dans un acte de 850 du cartulaire de Folquin (p. 107).

Reprenons notre récit dont nous a écarté cette digression. Quelques jours après la défaite de la première bande, l'armée entière arriva pour la venger ; le 2 mai 891, par une matinée de brouillard, on vit une innombrable infanterie descendre rapidement les mêmes pentes des Bruyères et s'approcher de l'enceinte, tandis que de nombreux cavaliers se dirigeaient vers le lieu du précédent combat où ils considéraient les cadavres de leurs guerriers gisant épars et à demi décomposés. Excités par cette vue, ils revinrent au galop vers leurs compagnons, et l'on décida une attaque immédiate. Heureusement, les cavaliers se portèrent vers le monastère d'en bas, s'y installèrent, mirent leurs chevaux dans le pâturage, et on les vit dresser des huttes comme s'ils projetaient une longue occupation après la chute de la citadelle.

Pendant ce temps, l'infanterie et les plus rapides cavaliers dirigèrent une attaque contre le château. Sans laisser aux assiégés un instant de relâche, ils essayèrent de le forcer ; mais ils furent accueillis par une grêle de matières enflammées, de masses

---

1. Guérard, *Cartul. de S. Bertin*, p. 133. — « In Widigahamo. » *Miracul. S. Bertini*. Acta SS. 5 septembre, p. 600.

de fer rougi et de traits. A la fin, ils avaient comblé le fossé de fascines, de paille et d'objets de toutes sortes, et déjà s'avançaient essayant d'incendier le château, lorsque, à un recul, les assiégés parvinrent à mettre le feu à la paille et aux fascines qui comblaient le fossé, l'incendie s'alluma en un instant, et nombre de barbares furent brûlés.

Un de leurs chefs cependant, qui se distinguait par sa stature, sa force et son habileté, ne cessait de combattre et d'exciter ses autres compagnons. De la part des assiégés, la résistance était opiniâtre; cette attaque pressante les irritait, et c'était à qui dirigerait ses coups sur le chef. Un jeune moine se saisit d'un arc, et sa flèche frappa au front le Normand. Ce fut le signal de la panique : les assaillants se replièrent sur le monastère d'en bas où étaient restés leurs vieillards ; en vain ceux-ci s'indignaient du manque de courage de leurs guerriers et juraient de mettre à feu et à sang le château. Ici, l'annaliste fait intervenir le miracle pour achever ce que le courage des habitants de Saint-Omer avait si bien commencé, et l'armée normande se retira en désordre à Cassel. Selon le récit de l'annaliste, parmi les assiégés, un seul, un moine avait été blessé à l'aine, encore survécut-il.

Avant de poursuivre plus avant, il me paraît impossible de me séparer de cette page si intéressante des Miracles de saint Bertin sans y puiser d'autres renseignements encore. Tout ce récit est mêlé dans le texte de détails sur le château, qui résista si heureusement à l'assaut des Normands ; ce document est du Xe siècle, et des renseignements précis sur une construction de cette époque sont trop précieux pour que je n'essaye pas de les interpréter ; je les ai négligés à dessein dans ce qui précède afin de leur consacrer une discussion spéciale. Nous pouvons les compléter par les renseignements que fournit la description du château de *Merchem* [1] qui se trouve dans la vie de Jean de Warneton, évêque de Térouane [2], longtemps attribuée à Jean de Colmieu, et que M. Duchet a restituée à son véritable auteur [3] Gautier, archidiacre de Térouane, le même qui écrivit une relation de la mort du comte Charles le Bon. Cette vie fut écrite en 1130, mais elle décrivait un château déjà ancien [4] ; elle-même reconnaît qu'il était

---

1. Merckeghem, Nord, arr. de Dunkerque, canton de Wormout.
2. *Acta Sanctorum.* 27 janvier p. 799.
3. *Jean de Colmieu auteur supposé du XIIe siècle*, par M. Duchet. *Mémoires lus à la Sorbonne.* 1867.
4. « Munitio quædam (quam castrum vel municipium dicere possumus) valde excelsa juxta morem terrae illius a domino villae illius a

analogue aux autres châteaux si nombreux dans le pays, et à la description nous reconnaissons une construction plus ancienne que le XIIe siècle. En outre, les parties de la construction sur lesquelles nous éclaire la relation des miracles de saint Bertin présentent avec le château décrit par l'archidiacre Gautier la plus grande conformité ; nous pouvons donc compléter et éclairer par les données de ce texte celles que nous possédons d'autre part sur le château de Saint-Omer.

J'avais espéré aussi trouver quelque secours dans une peinture du *Liber floridus,* ms. du XIIe siècle exécuté à Saint-Omer, aujourd'hui conservé à la bibliothèque de l'Université de Gand. Les descriptions publiées indiquent, comme titre d'une de ses peintures : *Castellum Sancti Audomari,* mais ce n'est qu'une représentation symbolique, où un assemblage de toits indique, sans préoccupation de la réalité, l'objet figuré. En revanche, on peut recourir aux figurations des châteaux de Dinan et de Rennes de la tapisserie de Bayeux.

Il est important de noter tout d'abord que le château de Saint-Omer ayant été incendié en 895[1], la construction que pouvait voir l'annaliste n'était plus la même que celle qui avait résisté aux Normands, mais cet incendie n'avait dû détruire que le corps du château, la partie en charpente que les Normands avaient essayé de brûler, sans y réussir, et non les fortifications sur lesquelles notre auteur nous donne le plus de détails ; on a vu qu'elles ne pouvaient pas être incendiées, puisque les assiégés eux-mêmes, pour empêcher l'assaut, avaient mis le feu aux fascines dont les assaillants avaient comblé le fossé. La disposition du IXe siècle pouvait donc subsister encore au Xe, et il est vraisemblable que l'annaliste décrivait les fortifications réelles de Sithiu.

Au Xe siècle, le domaine de l'abbaye avait encore au loin, pour défenses naturelles, des marais qu'on ne pouvait franchir que dans une embarcation ; une seule chaussée à l'ouest donnait accès dans la campagne aux chars, aux chevaux et aux piétons ; l'auteur de la vie de saint Bertin nous l'explique, en nous racontant que cette circonstance fit prendre un voleur qui avait enlevé dans l'église des vases sacrés [2].

---

multis retro annis extructa. »

1. Folquin, dans Guérard, *Cartulaire de Saint-Bertin,* p. 136.
2. « Nam, ut nescientibus loquar, locus ille talis est ut per mille passus » et multo amplius, nisi navigio non habeat ingressum, excepta una

Aucun texte ne mentionne la première fortification construite sur le haut de la colline; nous ne pouvons que la supposer en voyant que l'église construite à cet endroit par saint Omer servit de refuge aux reliques des saints de la contrée dès 846, et surtout en voyant que lors de la première invasion en 860, les Normands ne dévastèrent que l'abbaye de Saint-Bertin, située au pied de la colline.

L'abbé Foulques, après la première invasion, alors que la villa Sithiu était déjà devenue une bourgade importante, conçut le projet d'enfermer dans un mur d'enceinte les deux abbayes et la bourgade. On détermina, sur l'avis des habitants et des notables (*procerum*), le terrain qu'on devait enceindre, on le mesura, on distribua le travail, et on commença la construction; mais les dimensions de cette muraille et surtout l'invasion de 878 l'interrompirent. Plus tard, la dévastation du pays, la dépopulation due à la fuite des habitants et à la famine [1] empêchèrent de le reprendre. Il ne semble pas avoir jamais été très-avancé, car, ni en 878, ni en 891, on ne paraît avoir tenté d'en faire un obstacle aux Normands, qui, chaque fois, purent incendier ou occuper le monastère d'en bas. Ce ne fut que plus tard, en 918, que cette enceinte fut terminée[2]. C'est à une de ses portes que fait allusion le texte de la relation des miracles, lorsque, racontant l'arrivée des Normands en 890, il dit qu'ils se pressaient à la porte de l'entrée extérieure [3].

Abandonnant aux incursions barbares le terrain inférieur, les religieux s'étaient décidés à se renfermer dans la partie haute, que les dispositions naturelles rendaient plus propice à la défense, et que nous avons présumée fortifiée dès 846. Les travaux préparatoires avaient été le défrichement d'un bois, d'un verger qui se trouvait entre les deux monastères et qui aurait pu faciliter les approches de l'ennemi et l'abriter[4], puis le creuse-

» porta ab occidente, per quam pedites et equites plaustra ducentes
» liberum solent habere ingressum. » (2ᵉ vie de saint Bertin. *Acta sanctorum*. 5 septembre, p. 593.)

1. « Cum tota jam terra incensa et depopulata et plurima hominum fere consumta, fame attenuata, dispersioneque fugæ propulsata extitisset. » (Ibid., § 18.)

2. *Cart. de Saint-Bertin*, p. 189 : « Balduinus [Calvus] autem comes et abbas monasterii Sithiu ambitum castelli circa monasterium construxit. »

3. « Ante januam exterioris introitus præstolantes. (*Mirac. S. Bertin*, chap. III, § 20.)

4. *Mirac. S. Bertin,* ch. III, § 17.

ment d'un fossé enveloppant l'église et les bâtiments qui servaient de refuge et d'habitation aux religieux, aux habitants du pays et à la garnison. Ce fossé était, lors de l'arrivée des Normands en 891, très-large et très-profond[1]. Au-dessus de la contrescarpe s'élevait le rempart formé de la terre retirée des fossés, *gleba*, recouverte de gazonnement, *cespite*, et formant une courtine sur laquelle se tenaient les défenseurs[2] et les machines de guerre protégés par une palissade, *fuste*. Notre texte ne mentionne ni tours ni portes fractionnant le mur d'enceinte; du reste, ce n'était là qu'une fortification médiocre[3], faite à la hâte, presque improvisée sous la menace d'une invasion, et cependant bien construite et très-forte. L'abbé Herric, pour exciter le zèle des habitants à la construire, avait fait intervenir saint Omer; c'était lui qui, apparaissant en songe, avait ordonné de travailler jour et nuit pour l'élever[4], mais elle n'était en rien comparable à Cassel, que le même texte appelle *arx opinatissima*[5].

Il est aussi question de créneaux; un moine est blessé à l'aine par une flèche entre les deux parements du parapet, c'est-à-dire dans l'intervalle des créneaux[6], mais je doute que cet événement se soit passé à l'enceinte, dont la palissade ne comportait pas cette construction, je le placerai plutôt sur la plate-forme du château que devait contenir la *munitio*. Quoiqu'il ne soit pas expressément indiqué par le document que nous commentons, on peut facilement conclure à son existence. En effet il existait dans toutes les constructions analogues, notre texte lui-même le laisse entrevoir. C'était évidemment là l'objectif des brandons lancés par les Normands[7]; on a vu que le danger d'incendie n'existait pas

---

1. « Fossas circa munitionem miræ et altitudinis et amplitudinis. » (*Mirac. S. Bert.*, § 21.) « Fossam quam late patentem, multamque profunditatis altitudinem habentem circumfodere et supremam ejusdem aggeris crepidinem, vallo ex lignis tabulatis firmissime compacto, undique vice muri circum munire, turribusque secundum quod possibile fuerit per gyrum dispositis... » (*Vita beati Johanis episc. Tervan.* § 25.)

2. « Murumque protinus optimis (ut mos incolorum regionis est), armis præparati conscendentes una cum prius præparatis bellicis instrumentis, munitissime arcem vestierunt. » (*Mirac. S. Bert.*, § 14.)

3. « Munitiunculam paupere sumtu, parvoque licet strenuo incolarum comitatu factam... sicut artificiosissime, ita etiam firmissime constructam. » (Ibid.)

4. Ibid., § 18. — 5. Ibid., § 25.

6. « Ictu sagittæ inter duo tabulata propugnaculi ubi stabat, percussus est. » (§ 22.)

7. « Conantes incendio profligare. » (Ibid., § 21.)

pour l'enceinte, tandis que le *castellum* fut brûlé en 895. C'était de là que les guetteurs, *excubiae*, voyaient venir les Normands et les signalaient [1], de là que l'on avait vu le combat livré sur l'Aa [2], de là que l'on voyait les mouvements de la cavalerie ennemie lors de la dernière attaque [3]. Ce *castellum* était vraisemblablement comme les autres châteaux de la même époque une construction de charpente à plusieurs étages, bâtie là où s'éleva plus tard le donjon féodal, sur la butte factice que l'on nomma la *Motte châtelaine* [4].

Outre l'église et les bâtiments où logeaient les moines et les habitants réfugiés, d'autres abris devaient être construits pour la garnison et pour ses chevaux, puisque, comme nous l'avons vu, la garnison se composait en partie de cavalerie.

L'ensemble des constructions est appelé dans nos textes, *munitio, munitiuncula, munitio castelli, castellum*, et aussi *castrum* et *municipium;* les habitants sont les *castellani*. Les murs d'enceinte sont nommés *murum* ou *menia;* le château, *castellum* ou plutôt *arx*, et une fois dans la vie de l'évêque de Térouane, *villa*. La motte sur laquelle est construit le château est l'*agger*.

Sur la manière d'attaquer et de se défendre, le texte nous donne encore quelques détails à noter. L'assiégeant prépare l'assaut en comblant le fossé de fascines, et s'efforce de mettre le feu au *castellum;* l'assiégé lui envoie des matières embrasées et des masses de fer rouge [5] et empêche l'assaut en brûlant les fascines qui l'ont préparé.

Nous avons déjà indiqué comment et dans quel sens les invasions normandes ont dû modifier la constitution de la Flandre et y créer des formes particulières du lien social. En ce qui concerne

---

1. *Mirac. S. Bert.*, § 14.
2. Ibid., § 15.
3. Ibid., § 21.
4. Voici ce que dit du château et de la motte l'auteur de la vie de Jean : « Mos namque est ditioribus... terræ aggerem quantæ prevalent celsitudinis congerere... arcem in medio ædificare, ita videlicet ut porta introitus ipsius villæ non nisi per pontem valeat adiri, qui ab exteriori labro fossæ primum exoriens est in processu paullatim elevatus, columnisque binis et binis, vel etiam trinis, altrinsecus per congrua spatia suffixis innixus, eo ascendendi moderamine per transversum fossæ consurgit, ut supremum aggeris superficiem coæquando oram extremi marginis ejus et in ea parte limen prima fronte contingat. » *Acta Sanctorum*, t. II de janvier, p. 799.
5. « Ignita utensilia et frusta candentis ferri. » *Mirac. S. Bert.*, § 21.

particulièrement Saint-Omer, nous pouvons, après l'étude des invasions, conclure que la *villa Sithiu* dut à ces événements de devenir, de centre spirituel qu'elle était, un centre important de relations sociales.

L'auteur de la relation des Miracles de saint Bertin, louant le Seigneur du triomphe obtenu sur les Normands, dit que les prières de ceux qui étaient restés dans l'enceinte furent au moins aussi efficaces pour repousser les Normands que le courage des combattants; il est douteux que ce point de vue du légendaire, homme pieux et pénétré de la puissance divine, ait toujours été celui de la population qui, moins mystique, dut concevoir une certaine reconnaissance pour les bras courageux qui l'avaient préservée du massacre et de la ruine; il est probable que les combattants durent retirer une certaine considération et une certaine influence de leur conduite en face de l'ennemi, que la protection qu'ils avaient accordée à l'église dut ne point être pour eux sans profit, et que sur le domaine jusqu'à présent possédé et administré par l'abbaye sans conteste, une nouvelle puissance, celle des hommes d'armes qui l'avaient protégée, dut dès lors sembler inquiétante.

Nous trouvons peu de détails à ce sujet dans les légendes si fertiles en renseignements sur tous les autres points, mais il faut observer que ces relations écrites par des moines de l'abbaye de Saint-Bertin ne devaient pas s'empresser de relater les aliénations ou les usurpations de souveraineté dont nous cherchons à surprendre la trace. Nous pouvons seulement constater, d'abord, que l'abbaye au IXe siècle est bien propriétaire souveraine de Sithiu; c'est un dignitaire ecclésiastique, un gardien (*custos*) de l'église des chanoines, Herric, qui ordonne et dirige la construction des fortifications; dans tous les récits des invasions successives, aucun de nos textes ne mentionne une autre souveraineté, une autre direction. Seulement le curé de Neufville, qui écrivit au XVIIIe siècle [1], rapporte une légende d'après laquelle le défenseur de Sithiu en 890, le glorieux vainqueur des Normands aurait été Odgrin, avoué de l'abbaye. Cette légende, reproduite par tous les auteurs postérieurs, doit s'être formée dans l'abbaye, désireuse d'attribuer à elle ou à ses délégués les commencements de l'histoire de Saint-Omer.

Quoique muets sur les chefs qui menèrent au combat la vaillante population de Saint-Omer, nos textes n'en contiennent pas

---

1. *Les annales de la ville de Saint-Omer*. ms. de la bibliothèque de Saint-Omer, n° 809.

moins sur les différentes classes d'habitants qui furent enfermés dans la ville et sur les relations féodales qui s'établissaient alors, des indications qu'il importe de recueillir avec soin. Nous savons déjà que, bien que peu nombreuse [1], la population qui subit le siége n'était pas seulement une garnison. Une grande partie ne pouvait concourir à la défense autrement que par des prières ; il y avait outre les moines et les chanoines, des femmes et des enfants, *cum parvulis matres*, ce que le légendaire appelle *imbelle vulgus*, par opposition aux *bellatores* [2]. Nous voyons ailleurs qu'il y avait une noblesse, *nobilitas ;* lors du partage du butin fait en 890 sur la première bande des Normands, une partie va aux nobles, *nobilioribus*, une autre à une classe inférieure, *inferioribus*, une autre aux pauvres, *pauperibus*. Un dernier texte va nous montrer le lien féodal en formation, et quelle importance durent avoir les premiers seigneurs qui, on le voit par ce texte, étaient contre les invasions l'espoir des religieux, qui s'effraient de les voir aussi peu nombreux pour la défense.

Voici ce passage : le légendaire du xe siècle dit que la guerre contre les Normands était terrible à soutenir, *quia poene nobilitas terrae illius ex multo jam tempore, ob amorem vel dominatum sibi dominorum carorum, abscesserat, nativitatis patria relicta, praeter paucos, qui ita hereditariis praediti erant patrimoniis, ut non esset eis necesse subdi, nisi sanctionibus publicis* [3].

Pendant cette période en effet, de grands faits politiques s'étaient produits : les liens féodaux étaient nés, s'étaient développés et régularisés sur le territoire ; la *Flandre* était devenue une vaste circonscription politique sous la domination de son premier marquis le comte Baudouin-Bras-de-fer, dont la valeur contre les Normands avait sanctionné l'usurpation. Ce fut tant pour cette défense du pays contre les invasions que dans la guerre soutenue par Baudouin II pour conserver à la maison Carolingienne le trône de France, qu'eut lieu cette désertion du pays par la noblesse que le service féodal appelait à la guerre auprès de son suzerain, désertion à laquelle seuls purent se soustraire les propriétaires assez riches et puissants pour n'avoir pas besoin de la protection assurée aux autres par la hiérarchie féodale.

---

1. « Parvo que licet strenuo incolarum comitatu. » (*Miracula S. Bert.* § 13.) — « Pro tenuitate seu paucitate inhabitantium. » (Ibid., § 29.)
2. Ibid., § 16.
3. Ibid., § 17.

Notre cité n'allait pas tarder à sentir la nouvelle domination ; l'abbaye, le château allaient devenir la possession du comte ; la ville seule, à la faveur des troubles de toute nature de cette époque, allait pouvoir dégager son existence et exiger de ces puissances des garanties qui devaient assurer sa sûreté, sa force et son développement.

§ III.

Les comtes de Flandre furent dès les premiers temps de leur domination préoccupés de s'arroger des droits sur les nombreuses abbayes de leur marche qui possédaient une portion considérable de la propriété foncière, et qui, presque toutes, avaient sur leurs possessions des droits régaliens. Les moyens qu'ils employèrent furent d'abord la spoliation violente, plus tard ils se posèrent en protecteurs des abbayes, ils confirmèrent ou rendirent aux établissements religieux, sauf les réserves qu'ils jugèrent utiles, leurs immunités, leurs franchises, leurs priviléges, leurs possessions ; l'acceptation de priviléges et de donations de leur part équivalait à une reconnaissance de leur souveraineté. C'est ainsi que les premiers comtes de Flandre, Baudouin-Bras-de-fer et Baudouin II furent considérés par les annalistes religieux comme des spoliateurs, et s'attirèrent les foudres ecclésiastiques, tandis que le règne d'Arnoul-le-vieux fut considéré comme un règne réparateur, et cependant il poursuivit le même but que ses prédécesseurs ; il continua à affirmer la puissance des comtes, mais il le fit en rendant aux abbayes et aux églises des biens et des priviléges qui lui assuraient leur bienveillance si utile à cette époque, tout en profitant pour établir sa suzeraineté sur les centres d'habitations des spoliations de ses prédécesseurs.

Dès que les églises avaient eu des possessions considérables et des droits régaliens, elles avaient dû, pour les sauvegarder, les administrer ou les exercer, déléguer leur pouvoir à des *avoués*. Cette fonction n'avait pas tardé à donner une grande importance à son possesseur, qui devenait le protecteur de l'abbaye. Les comtes de Flandre se firent avoués suprêmes de presque toutes les abbayes[1] et même, pour beaucoup d'entre elles, ils se firent avoués ordinaires, avoués judiciaires pour l'exercice de la haute justice, et, dans ce cas, ils déléguèrent des avoués inférieurs. A Arras, à Saint-Omer, ils firent mieux, ils se firent abbés du monastère.

---

1. Voyez Warnkœnig, *Histoire de la Flandre*. Traduction de Gheldolf, t. II, p. 304.

Dès 893, le monastère de Saint-Bertin excita leur convoitise. Après la mort de l'abbé Rodulfe, le comte Baudouin II le demanda au roi de France ; les rois, on le sait, avaient pris l'habitude d'investir leurs familiers de ces dignités. L'abbaye fut donnée à Foulques, archevêque de Reims, qui ne tarda pas à être assassiné à l'instigation de Baudouin [1] (17 juin 900).

A la suite de cet assassinat, Baudouin s'empara de toutes les possessions de Foulques, et obtint l'abbaye de Sithiu par concession royale [2]. Pendant 18 ans, dit le chroniqueur du xe siècle, l'église gémit sous l'administration d'un laïque, cette administration lui fut fatale : le comte enleva à l'église plus qu'il ne lui donna, et longtemps encore l'abbaye se sentira de cette influence funeste [3]. Ce passage est très-significatif et montre bien, quel était l'esprit du comte en s'emparant des abbayes.

A sa mort (918) son fils Adalolphe, héritier d'une partie de ses états, hérita aussi de l'abbaye, puis son frère Arnoul lui succéda (943) à l'église et au comté. Folquin, en énumérant les libéralités qu'ils firent à l'abbaye, ne laisse pas de mentionner tristement cette transmission héréditaire, cette possession par des laïques mariés de l'église privée de pasteur [4].

Depuis plus de quarante ans que l'abbaye était en mains laïques, possédée par les comtes dont les préoccupations étaient tout autres que de conserver la discipline, celle-ci avait dû singulièrement s'affaiblir. Le comte Arnoul, que l'histoire dit avoir été un homme pieux, voulut la rétablir, mais sans rien perdre de son influence, et vraisemblablement son but fut même, en chassant les anciens moines, de détruire tout élément de résistance à ses vues au moment où il allait rendre à l'abbaye ses abbés. Il appela à Saint-Bertin Gérard, de l'abbaye de Brogne, pour réformer l'abbaye sous sa direction. On dut réprimer une émeute du peuple lorsqu'on expulsa les vieux moines, que d'autres, sans doute plus dévoués aux intérêts du comte, ou plus indifférents à ceux de l'abbaye, vinrent remplacer.

Le comte dut leur offrir de revenir, mais dix d'entre eux seu-

---

1. Flodoard. *Historia ecclesiae remensis*, 1. IV, 10. Folquin, dans Guérard, *Cartulaire de Saint-Bertin*, p. 135.

2. « Abbatiam optinuit regia donatione. » (Folquin dans Guérard *Cartul. de Saint-Bertin,* p. 235.)

3. « Plus abstulit ecclesiæ quam dedit et hactenus dampno a se perpetrato sentient monaci presentes ac futuri. » (Ibid., p. 139.)

4. « Et ita ecclesia a pastore religioso viduata a laicis maritatis per modum hereditatis est possessa. » (Ibid. p. 141.)

lement acceptèrent ses conditions; le reste reçut un asile dans un couvent d'Angleterre. Les abbés qui se succédèrent, Agilon, Womar, Gui, ne furent abbés qu'avec le consentement et sous la direction du comte, puis l'abbaye fut donnée par lui à l'un de ses neveux, Hildebrand[1] (950). Sous son administration, le comte rendit au monastère le village d'Arques, que cette restitution nous permet de compter parmi les possessions enlevées par Baudouin II. Malgré l'opposition fréquente des moines la domination des comtes de Flandre se maintint encore sous les successeurs d'Arnould.

En 1056, le comte Baudouin-de-Lille profita de l'occasion que lui donnait la répression d'excès commis par l'avoué de l'abbaye, pour faire insérer, dans un acte solennel, où il intervenait en faveur du monastère comme son défenseur, en limitant et en déterminant les droits de son avoué, la sanction des usurpations de ses prédécesseurs avec la confirmation stipulée de l'évêque de Térouane, de l'abbé, de l'avoué, en présence de l'évêque de Cambrai et d'autres dignitaires ecclésiastiques [2].

---

1. Ibid. p. 146.
2. Je reproduis ce passage, non d'après le texte édité par Guérard, mais d'après celui du ms. de Boulogne (n° 146 A) qui présente des différences importantes : « His ita statutis [atque] concessis, illud quoque [hic] subscribi vel determinari placuit, quomodo interveniente Drogone Tervanensium presule et jamdicto abbate [Bovone], et Gerbodone advocato assensum prebente, spatium mensure atrii sive curtis [cenobii] Sancti Bertini ita divisimus : scilicet, utusque ad medium fluvii Agnione, quo circumfluente idem cenobium cingitur, spatium mensure atrii ejusdem sive curtis in circuitu protendatur, et infra manentes ab omni [seculari] potentia et justicia liberi sedeant, abbati tantum de componenda cujuscumque negocii sui causa *vel institutionis eorum* rationem reddant *et ipsum consulant*. Que divisio sive institutio ut majori auctoritate fulciretur, corpora sanctorum *Audomari et Bertini* navi imposita, predictum per fluvium, in nostra presentia (*potentia.* Sim.) circumduci fecimus, episcopo Drogone ab ipsa navi aquam benedictam versus atrium projiciente et hoc modo quantum predictum est spacii in liberam potestatem Sancti Bertini vindicante. [Insuper vero sicut ista palustris terra inter Arkas et vetus monasterium Mere ad jus Sancti Bertini hactenus pertinuit nos ei perpetuo possidendam roboravimus.] De submanentibus autem et servientibus abbatis atque monacorum, qui in oppido Sancti Audomari et in comitatu advocati hospitantur, [dispositum atque] stabilitum est a me ut omni anno in natali Domini modium frumenti ab abbate persolvatur et sic ab omni inquietatione liberi maneant et quieti nisi aliquis eorum palam inventus fuerit vim faciens vel furti reus, [sive quemlibet percutiens] aut similium legum prevaricator. » — Les mots entre crochets sont ceux

Par cet acte, la justice de l'abbaye est restreinte à son enclos, à la partie du territoire actuel de Saint-Omer dont l'Aa fait une presqu'île, le reste de la ville appartient au comte. Les hommes de l'abbé, les serviteurs qui habitent la ville ou le territoire de l'avoué, doivent à l'abbé une redevance fixe annuelle, sans doute en échange de la juridiction que l'abbé perd sur eux à cause de leur non-résidence. Le comte les soustrait ainsi aux taxes arbitraires que leur imposait soit l'abbé, soit l'avoué.

Ce document capital nous montre l'abbaye privée de ses anciens droits de possession et de justice sur le domaine qui lui avait été autrefois concédé; ce que nous savons d'autre part de l'administration des comtes de Flandre ne nous laisse aucun doute sur l'origine de cette spoliation que nous voyons régulariser.

Il nous reste à chercher ce qui s'était organisé sur ce territoire que l'usurpation des comtes de Flandre avait enlevé à son propriétaire pour le faire passer sous leur domination.

§ IV.

Le cours de ce récit a déjà montré la formation de la ville autour de l'abbaye. Nous avons vu les habitations se grouper autour de l'établissement rural des moines, une église se construire sur la hauteur voisine, d'abord dépendante du monastère, puis s'en séparant violemment pour devenir un collège de chanoines séculiers. La période des invasions normandes, au lieu d'être désastreuse pour la bourgade, ne fit que lui donner plus d'importance, grâce à sa situation favorable à la défense. Fortifiée et défendue par les premiers concessionnaires du sol, elle ne tarda pas à tomber sous la domination des comtes; ceux-ci entourèrent la bourgade d'un mur d'enceinte et s'en attribuèrent la justice et la souveraineté.

L'absence de textes précis nous laisse conjecturer comment se dégagea l'individualité de la ville pendant la période troublée qui s'écoula entre la dernière victoire sur les Normands et la mort du comte Charles-le-Bon (1127). Pendant cette période, la lutte, tantôt violente et tantôt sourde entre les comtes et l'abbaye, l'incertitude du suzerain, les abbés dépossédés, les usurpations de l'avoué

---

qui ne se trouvent pas dans le texte de Simon (Guérard, *Cartul. de Saint Bertin*, p. 186). Au contraire ceux en italiques ne se trouvent que dans Simon.

de l'abbaye, le chapitre, démembrement du monastère, cherchant à conserver sa part de souveraineté, les délégués ou officiers du comte étendant déjà leurs pouvoirs, tous ceux qui tenaient des terres des uns ou des autres cherchant à assurer de leur mieux leur sécurité, et reconnaissant pour seigneur qui les laissait plus indépendants et surtout savait le mieux les protéger : tel dut être l'état anarchique des puissances qui se partageaient la ville de Saint-Omer avant que nous trouvions au xiiie s. tous ces pouvoirs limités, toutes ces puissances hiérarchisées, tous ces droits définis. A ces indices de l'anarchie sociale, nous devons joindre pour nous représenter cette époque le tableau du trouble profond de cette société dont les chroniqueurs nous font tous le plus lamentable récit : guerres privées, violences et usurpations des seigneurs qui, établis dans leurs châteaux, rançonnent et pillent les villages [1]; dissolution du clergé qu'arrête à grand'-peine l'action sévère de Grégoire VII[2]; excès, assassinats et brigandages de la populace [3], et par-dessus tout cela misère affreuse provoquée par les famines et les pestes [4].

D'autre part, c'est à cette même époque que l'on voit en Flandre les premiers indices d'un mouvement qui porte les hommes libres vers le commerce et l'industrie. On voit dès lors des échanges se faire, des foires se créer, des rapports s'établir entre les villes. Rien d'étonnant que les hommes libres réunis là où ils espéraient trouver quelque sécurité, aient senti la nécessité de s'unir pour se protéger plus efficacement. Les anciennes associations germaniques, non encore totalement disparues, furent la forme qui se présenta naturellement, et leurs statuts, transformés et appropriés aux mœurs, purent plus tard devenir les lois des villes. Ce groupement des hommes libres put là où il eut lieu attirer des habitants nouveaux et faire naître l'idée d'une action publique commune et de l'assocation qui, se développant, pre-

---

1. « Mos namque est ditioribus quibusque regionis hujus hominibus et nobilioribus, eo quod maxime inimicitiis vacare soleant exercendis et cœdibus, ut ab hostibus eo modo maneant tutiores et potentia majore vel vincant pares, vel premant inferiores, terræ aggerem..... congerere, etc. » (Texte du xiie s. Vie de Jean de Warneton. *Acta Sanctorum*. 27 janvier, p. 799.)

2. Voy. les troubles dans les évêchés de Flandre. (Jaffé, *Monum. gregor.*, p. 181, 254, 255, 272, 336, 337 et *passim*.)

3. Voy. par exemple la vie de Saint Arnoul, évêque de Soissons, par Hariulfe et Lisiard, texte du xiie siècle. *Acta Sanctorum*. 15 avril. c. iii. p. 79.

4. Simon, dans Guérard. *Cartul. de Saint-Bertin*, p. 173.

nant puissance et force, entra pour ainsi dire comme un être moral dans la hiérarchie féodale, se comporta vis-à-vis du comte à peu près comme un vassal vis-à-vis du suzerain, lui faisant hommage sous condition de services réciproques.

C'est peut-être ici le lieu de relever ce qui dans ce mouvement fut spécial à la Flandre, et de préciser ce qui contribua à donner un caractère particulier à ses institutions communales ; nous le pouvons en prenant pour point de comparaison une province voisine et soumise aux mêmes influences dans le principe, le Hainaut.

Nous avons indiqué la situation de la Flandre aux XIe et XIIe s., nous avons dit quelles calamités, à la veille de son développement, semblaient menacer d'anéantir cette société. L'autorité des comtes de Flandre n'intervint que fort peu pour s'opposer à la dissolution menaçante ; ils se contentèrent de promulguer une loi pénale[1], afin de réprimer les excès commis. On ne voit de leur part nulle tentative pour organiser la société, pour régler les rapports sociaux. Dans le Hainaut au contraire, où la féodalité s'était développée de la même manière, où les villes étaient nées des mêmes causes, les comtes furent législateurs, édictèrent des lois générales, ou du moins, ce qui est presque toujours le cas, consacrèrent par des actes solennels le droit coutumier. En Flandre, le droit coutumier se développa dans chaque ville d'une manière indépendante, l'unité de législation n'exista pas, et lorsque des circonstances firent naître le besoin de fixer le droit par des actes des souverains, ces décisions, ces lois furent spéciales à chaque ville.

De la formation de la ville à Saint-Omer il ne nous est resté que de faibles traces ; on peut concevoir cependant comment ont dû naître par la solidarité des habitants, au milieu de troubles si préjudiciables à leurs intérêts, l'idée de l'individualité de la ville, l'idée que des efforts communs pourraient assurer la liberté et l'ordre, comment enfin les relations sociales firent dériver du droit germanique certaines coutumes pour l'observation et la sanction desquelles se constituèrent des autorités, des magistratures.

Tous les documents des Xe et XIe s. qui nous sont parvenus restent muets sur ces faits si obscurs pour nous. Presque tous proviennent de l'abbaye, on conçoit leur silence, et nous avons pu déjà constater que, quoique mentionnant comme calamiteuse

---

1. 1111. Loi pénale promulguée par Robert II (Fragm. publ. par Warnkœnig, t. 1. p. 167), confirmée en 1111 et 1119 par Baudouin VII.

l'administration de l'abbaye par les comtes, ils ne spécifient pas à leurs dates leurs usurpations, et que ce n'est qu'au milieu du xi° s. qu'un acte, et un acte réparateur pour l'abbaye, vient nous éclairer sur les conséquences de cette possession de l'abbaye par les comtes, conséquences qui furent la perte de la propriété du sol de la ville de Saint-Omer et de presque tous les droits qui y avaient été attachés.

J'ai relevé avec le plus grand soin toutes les mentions qui peuvent éclairer cette période obscure et qui concernent les événements dont fut témoin la ville nouvelle, les habitants, leur condition, leur nombre ; je me suis surtout attaché à mettre en lumière les premiers indices de leur activité commerciale, les traces de l'administration de la justice, les indications concernant l'exercice de l'autorité.

Il est inutile de reprendre un à un les textes déjà cités pour montrer le développement de Saint-Omer. Le nom seul de ville, que prend définitivement au xi° s. la *villa Sitdiu* de 648, indique quel accroissement elle a éprouvé [1]. Aux causes déjà indiquées qui ont provoqué l'affluence de la population à Saint-Omer, il faut ajouter la présence fréquente des premiers comtes de Flandre.

Nous avons déjà constaté que dès 874 il y avait un marché, dont les revenus étaient attribués à l'abbaye ; au x° siècle on bat monnaie dans la ville [2] ; à la même époque la relation des miracles nous permet de constater et l'école des chanoines, et l'organisation de l'assistance des pauvres [3], nous avons déjà indiqué plus

---

1. 648. *Villa Sitdiu*. Charte d'Adroald. — x° s. *Castellum sancti Audomari*. Miracles de saint Bertin. — 1050. *Oppidum sancti Audomari*. Simon, éd. Guérard, p. 180. Mais ces mots ne sont pas dans le plus ancien ms. — 1056. *Villa Sithiu, in castro apud Sanctum Audomarum*, donation de Baudouin de Lille à saint Bavon. Teulet, *Layettes du trésor des chartes*, t. I. 21. a. — 1056. *Oppidum Sancti Audomari*. Charte de Baudouin de Lille. Guérard, *Cartulaire de Saint-Bertin*, p. 184. — 1065. *Apud Sanctum Audomarum*, date de lieu d'un diplôme. Miraeus, *Opera diplomatica*, t. I, p. 153. — 1106. *Castellum S. Audomari*, institution d'une léproserie. Guérard. *Cartul. de Saint-Bertin*, p. 257. — 1114. *Castrum Sancti Audomari*, concession de Rubrouck à l'église de Watten par le comte de Flandre. *Cartul. de Watten*, ms. de la bibliothèque de Saint-Omer, n° 852, charte LXVII. — xii° s. *Burgus Sancti Audomari*. Lambert d'Ardres.

2. Grand denier publ. par M. Hermand, 5° livraison du *Bulletin de la Société des Antiquaires de la Morinie*. Tête de profil à droite coiffée d'une espèce de calotte à globules. AVDOMARV. au revers : croix grecque cantonnée des quatre lettres $\frac{V \mid X}{R \mid C}$ — légende .... OLDVS .... A.

3. *Acta Sanctorum*. 5 septembre, p. 597.

haut que lorsque le comte Arnoul voulut pour réformer l'abbaye chasser les vieux moines, il y eut une espèce d'émeute du peuple qui voulait conserver les anciens religieux [1].

La première moitié du XIe s. nous fournit un document important qui indique la continuité du développement de la ville. Nous voyons en effet, en 1042, l'abbé de Saint-Bertin et le prévôt du chapitre échanger des terres de leurs possessions dans l'enceinte du château, pour que, sur la portion concédée au prévôt, pût s'élever une église paroissiale que faisait construire un nommé Lambert [2]. Nous reviendrons sur cet acte qui nous donne d'autres renseignements curieux; pour le moment, nous nous bornons à relever l'importance d'une pareille fondation : le lien religieux, la paroisse, doit être compté parmi les causes les plus efficaces de la formation du lien social dans les villes [3].

Nous avons vu déjà un marché établi dans la ville ; au XIe s., nous y trouvons une foire. C'est, selon Simon, l'époque de la foire que l'on choisit pour faire devant une grande multitude l'ostension du corps de saint Bertin [4]. Cette cérémonie eut lieu en 1050, mais nous ne pouvons être certain de la tenue d'une foire à Saint-Omer que du temps de Simon. Sous l'abbé Jean, c'est-à-dire entre 1081 et 1093, un vaste incendie désola la ville [5]. En 1099 un concile se tint à Saint-Omer, on y publia cinq articles touchant la trêve de Dieu, et l'on y prit des dispositions contre le mariage des clercs [6]. En 1106, la ville fut dotée d'une léproserie [7]. Enfin, en 1114, une assemblée solennelle de tous les grands de Flandre se tint à Saint-Omer, on y jura la charte de paix publique, promulguée en 1111 [8].

---

1. « Erat autem populi ad hoc ipsum congregati non parvi numeris, erat que videre dolorem cunctis in monachorum exitu permaximum et lacrimas in oculis plurimorum, turbationemque ejusdem loci famulorum cum reliqua multitudine plebium, in monachos regulares et in ipsum comitem insurgere volentium. » Guérard, *Cartul. de Saint-Bertin*, p. 144.
2. Voy. *Pièces justificatives*, n° I.
3. Voy. Warnkœnig, *Histoire de la Flandre*, t. II, p. 212.
4. « Quo quoque tempore, forensium negotiorum nundine in opido Sancti Audomari celebrabantur in more. » — Guérard, *Cartul. de Saint-Bertin*, p. 180.
5. « Accidit .... civibus hujus ville divine ultionis tam gravis animad- » versio ut .... pene omnium sevo incendio consumeretur cohabitatio. » Ibid., p. 199.
6. Baluze, *Miscellanea*, t. V, p. 319. — *Histor. de France*, t. XV, p. 190.
7. Guérard, *Cartul. de Saint-Bertin*, p. 257.
8. Mabillon, *Ann. Ben.*, t. V, p. 557.

Tels sont les faits que j'ai pu grouper pour montrer la continuité du développement de la ville pendant les xe et xie siècles. Pendant cette période, on voit, dès 1056, les habitants désignés sous le nom de *burgenses*, dans un acte authentique[1]. Cet acte semble même indiquer que la communauté d'habitants était déjà à cette époque constituée, puisqu'il désigne comme située entre les bourgeois et le village d'Arques une pâture nommée *Suinard*[2], que la ville paraît avoir acquise en 1077[3] et que nous lui voyons confirmée longtemps après, en août 1200[4].

Cette constitution de la communauté paraîtra encore plus probable si nous recherchons les premières traces du commerce à Saint-Omer. Rappelons l'existence au xe s. d'un marché, au xie s. de foires, et ces vêtements venus d'outre-mer dont se vêtaient les moines. Si l'on parcourt le cartulaire publié par M. Guérard, on trouve la mention de nombre d'objets fabriqués, tapis, toiles, objets ouvrés, qui indiquent une industrie assez avancée et des échanges organisés. La relation des miracles de saint Bertin nous montre au xe s. une caravane de marchands anglais traversant Saint-Omer pour se rendre en Italie, nous indiquant quelle forme affectait le commerce de cette époque[5]. Enfin, en 1117[6], Baudouin VII, confirmant à l'abbaye la possession de ses biens, spécifie la propriété du *tonlieu*, qu'elle possédait depuis plus de trente ans, et à propos duquel elle avait souvent été molestée par les bourgeois.

On le voit, nos textes ne nous donnent que fort peu de choses sur le commerce avant la première charte des comtes; ils nous donnent moins encore sur l'organisation de la ville. La seule mention que nous ayons d'une autorité civile est celle que Folquin nous donne à l'année 938; il cite un certain *Rodulfus, ipsius castelli pretor urbanus*[7], dont le fils guéri de la petite vérole alla à Saint-Bertin et s'y fit moine. Nous retrouvons ce même *Rodulfus, praetor urbanus* en 961, mentionné comme

---

1. Charte de Baudouin de Lille. Guérard, *Cartul. de Saint-Bertin*, p. 184.
2. « Pascuum quoque pecorumque inter burgenses Sancti Audomari et villam Arkas vulgo dictam *Suinard* jacet. »
3. Ibid., p. 197.
4. *Pièces justificatives*, n° XXVIII.
5. « Junxit se Saxonibus ultramarinis Romam pergentibus, cumque una cum illis, pervenisset ultra Lingonum civitatem, consociarunt se eis Viridunenses negotiatores, eandem viam tendentes usque ad divaricationem viæ ducentis in Hispaniam. *Mirac. S. Bert. Acta Sanctorum*. 5 septembre, p. 597.
6. *Pièces justificatives*, n° II.
7. Guérard, *Cartul. de Saint-Bertin*, p. 142.

témoin à une donation d'Arnoul le Vieux [1]. Mais on ne saurait tirer quoi que ce soit de ces mentions; le nom même de la magistrature qu'exerçait ce Rodulfus a été par Folquin traduit en latin, et ce serait une grosse erreur que d'y voir l'indice de la persistance [2] d'une institution romaine; de même Simon appelle *cives* les habitants de la ville, de même les scribes appellent longtemps en latin *forum* la grande place de Saint-Omer; de même une keure de Gand de 1191 appelle *quadrivium pretorii* le lieu de séance des échevins et des synodes, dénomination où à tort Diericx a voulu voir la trace d'une ville romaine [3]. Le jésuite Malbrancq, qui connaissait probablement ce texte, applique à Odgrin cette dénomination de *praetor urbis*, et il l'explique par avoué ou châtelain [4]; cette confusion ne se trouve pas que chez Malbrancq, et nous aurons occasion de la combattre chez plus d'un auteur moderne.

Sur l'exercice de la justice à Saint-Omer, nous ne trouvons guère plus de renseignements. Nous pouvons indiquer les mentions de *Scabins* qui sont témoins dans les actes du cartulaire de Saint-Bertin. La première mention est de 745; on peut voir dans le fac-simile qu'a publié Warnkœnig [5] de la donation de Rocashem au monastère de Saint-Bertin, d'après l'original, aujourd'hui conservé aux archives de la Flandre orientale à Gand, les mots *Gumbarii scawini*. Cette mention, bien authentique, est utile à relever, puisque l'on a contesté l'existence des scabins avant Charlemagne [6].

Nous avons passé en revue toutes les mentions qui peuvent nous aider à reconstituer les premiers temps de la ville de Saint-Omer; pour achever le tableau, il nous faut une dernière fois revenir sur les diverses puissances qui se partageaient la ville. Nous étudierons avec détail chacune d'elles, mais dès maintenant il est bon d'indiquer l'époque où nous les voyons se manifester et la nature de leur pouvoir. Il y avait d'abord l'abbaye que nous ne rappelons que pour mémoire; la charte de 1056 avait circonscrit à son enclos sa puissance souveraine et sa juridiction.

---

1. Guérard. *Cartul. de Saint-Bertin*, p. 154.
2. Ibid., p. 199.
3. Diericx. *Lois des Gantois*.
4. « Odgrinus advocatus seu prætor urbis seu castellanus. » Malbrancq, *De morinis*. ad. an. 884, t. III.
5. Warnkoenig. *Histoire de la Flandre*, t. I.
6. Savigny. Histoire du droit romain au moyen-âge. I. 197. Guizot, *Essais sur l'histoire de France*, 2e édition, p. 272.

Mais depuis longtemps, elle avait délégué ses pouvoirs à un avoué. Le premier connu est Odgrin, qui signe en 839 le décret de l'évêque Folquin remettant l'église des Chanoines sous la domination du *monastère d'en bas*[1]. Ces avoués étendirent leur pouvoir, de délégués de l'abbaye devinrent ses protecteurs indépendants ; leur *avouerie* devint un fief héréditaire, et nous les trouvons substitués aux droits de l'abbaye sur ce qui constitue le *comitatus advocati* (charte de 1056), ou le *ministerium advocati* (charte de 1127).

Le chapitre de chanoines séculiers, démembrement de l'abbaye, avait conservé aussi des possessions et des droits dans la ville ; nous aurons occasion de les déterminer. Lui aussi avait délégué ses droits à des avoués, et une charte de 1087 environ nous permet de constater qu'il n'en avait pas moins de quatre[2]. Néanmoins aucun d'eux n'arriva à égaler la puissance de l'avoué de Saint-Bertin.

Le comte avait dépouillé l'abbaye pour avoir suzeraineté et juridiction sur la ville et surtout sur le château ; lui aussi délégua un officier pour exercer ses droits : ce fut le châtelain. Le premier en date que je trouve est le châtelain Lambert qui signe l'échange fait entre l'abbé Roderic et le prévôt Baudouin en 1042[3]. Eux aussi, comme les autres délégués, voulurent augmenter leur puissance, et transformèrent leur office en fief. Nous étudierons plus loin cette transformation ainsi que l'étendue et la nature de leur pouvoir et de leurs attributions.

Enfin, pour terminer cette énumération des différentes puissances dont on peut constater l'existence à Saint-Omer avant 1127, rappelons que dès le xe siècle un texte mentionne une noblesse qui y possédait des héritages. Nous en reparlerons plus loin lorsque nous traiterons de la topographie féodale de la ville.

§ V.

En parcourant les divers documents relatifs à Saint-Omer, antérieurs au XIIe siècle, principalement les actes du cartulaire

---

1. Folquin dans Guérard, *Cart. de Saint-Bertin*, p. 45 et 47.
2. Notice d'un duel judiciaire. *Cartul. du chapitre* (arch. du chap. II. G. 53 f° 48 v°).
3. Voy. *Pièces justificatives*, n° 1. Le châtelain Lambert était bien certainement châtelain de Saint-Omer, les terres dont il est question dans la charte étaient situées dans l'enceinte du château, ce qui nécessite sa signature, qui se lit après celles de l'abbé, des moines, de l'évêque, du prévôt, des chanoines et de l'avoué Gerbodon.

de Saint-Bertin, on trouve, dans les énumérations de témoins qui les terminent, l'indication d'un certain nombre de personnages dont quelques-uns ont pu faire partie de cette organisation primitive sur laquelle nous essayons de recueillir quelques renseignements ; mais outre qu'il est parfois impossible de déterminer à quelles dignités ou fonctions répondaient les titres dont on les voit revêtus, leur seule souscription à un acte, sans autre renseignement, n'est pas suffisante pour permettre de les considérer comme ayant même habité la ville dans laquelle on serait tenté de leur attribuer une fonction.

Persuadés que la première charte octroyée en 1127 aux habitants de Saint-Omer ne créait pas de toutes pièces une organisation nouvelle, très-frappés de voir que de son texte résultait qu'elle n'était que la confirmation ou la reconnaissance d'un ordre de choses antérieur, les historiens qui se sont occupés de l'histoire de cette ville ont presque tous cherché à une époque plus ancienne la trace de l'organisation complexe que constate la concession de 1127.

M. Hermand, dans un mémoire intitulé : *Recherches sur la question d'antériorité et de paternité entre les deux monastères primitifs de la ville de Saint-Omer*[1], a prétendu qu'il y avait, lors des commencements du monastère, toute une organisation sociale, indépendante des moines, sur le territoire de Saint-Omer, et en outre, que les moines n'avaient pas eu primitivement la propriété du sol de la ville Je crois avoir établi le contraire de ces conclusions ; cela ne me dispense pas cependant de réfuter les arguments produits à l'appui de son opinion par M. Hermand.

Selon lui (p. 110 et 167), la preuve que les moines n'avaient pas dans l'origine la propriété foncière de la ville se trouve dans l'existence de l'organisation civile et judiciaire qui existait à côté de l'abbaye (nous discuterons ce point tout à l'heure), dans l'existence attestée par les vies de saints et la relation des miracles, d'une noblesse possédant des héritages, et enfin dans la preuve que l'abbaye ne possédait pas la justice sur ce territoire.

Le texte du x⁰ siècle, dont nous nous sommes servi plus haut (p. 25), ne peut pas servir de preuve en ce qui concerne la propriété foncière du sol de Saint-Omer ; il ne dit pas en effet où se trou-

---

1. *Mémoires de la Société des antiquaires de la Morinie*, t. IX, 1854, p. 49 à 192.

vaient les possessions des nobles qui n'avaient pas abandonné le pays, et leur présence parmi les défenseurs de Saint-Omer prouve seulement qu'elles se trouvaient dans la contrée.

M. Hermand, pour prouver la non-possession de la justice de Saint-Omer par les moines, se sert d'un texte tiré de la 2° vie de saint Bertin, texte qui montre un voleur pris par des juges séculiers et conduit à Cassel. Cet argument ne saurait subsister ; en effet, M. Hermand applique le fait à l'époque où il s'est passé, suivant l'hagiographe, c'est-à-dire au VIII° siècle ; il est clair qu'il ne saurait s'appliquer qu'à l'époque de la rédaction de la vie, c'est-à-dire au X° siècle, alors que la souveraineté du comte avait été affermie et que l'abbaye avait déjà subi de sa part des spoliations. On peut du reste produire une preuve directe que la tradition au moins de la possession de l'emplacement du château ne s'était pas perdue. M. Courtois a cité un texte qui prouve qu'au XII° et au XIV° siècle il en subsistait encore quelque trace ; au XII° siècle, le comte, au XIV° siècle, le châtelain payait au chapitre une redevance de XXX s. que l'on considérait comme le cens dû pour la tenure du château[1].

M. Hermand cherche la trace de l'organisation qui existait dès une époque très-ancienne dans les souscriptions de chartes dont nous parlions plus haut ; pour lui (p. 167), les *sacebarones* de 648, les *centenarii* qui souscrivent des actes au VII°, au VIII° et au IX° siècle sont les premiers magistrats de Saint-Omer, les *scabins* (p. 169) du VIII° siècle (745, don de Rocashem) et du IX° siècle, sont les mêmes magistrats que les échevins du XII° siècle. Enfin, au milieu du XI° siècle, en l'année 1052, la commune (communitas) de Saint-Omer a un sceau (p. 188). Nous allons

---

1. *Dictionnaire géographique de l'arrondissement de Saint-Omer*, p. 222 note. « Comes Flandrie, XXX s. de terra ubi castellum nunc est, que de atrio, ut dicitur, fuit subtracta. » — « Item, comes de castello Sancti Audomari et liberis terris circa castellum, XXX s. » — M. Courtois cite ces deux textes d'après *un obituaire du chapitre de la fin du XII° s.* J'ai vainement cherché ce document dans les archives du chapitre et à la bibliothèque de Saint-Omer. Les indications de M. Courtois sont souvent vagues et incertaines et au lieu d'obituaire, peut-être faut-il lire *rouleau de redevances*, il y en a plusieurs dans les archives du chapitre. Sur aucun d'eux je n'ai retrouvé ces mentions. Un *État des redevances dues au chapitre* du XIV° s. (Archives du chapitre II, G. 54, petit cartulaire), contient une mention citée par M. Courtois qui prouve que cette redevance fut acquittée plus tard par le châtelain : « Item, castellanus debet pro mota sua Sancti Audomari XXX s., VIII testo (*sic* pour Festo) beati Johannis. »

voir quelle méprise a créée ce prétendu sceau communal du xie siècle dont la découverte est due à M. de Givenchy[1].

Un acte du prévôt du chapitre de Saint-Omer de 1269, rapporté dans un vidimus de 1324 avec un acte de 1052, espèce de procès-verbal d'ouverture de la chasse de Saint-Omer par Guy, archevêque de Reims, disait, suivant M. de Givenchy, que cet acte de 1052 était scellé du sceau de la ville. Or, voici ce que dit au contraire l'acte de 1269 : Le prévôt, le doyen et tout le chapitre, le 13 septembre 1269, se sont transportés à la cathédrale et ont ouvert le tombeau de saint Omer ; ils ont trouvé le corps intact, ont coupé la tête et ont remis le reste du corps dans le tombeau, y remettant soigneusement aussi l'acte de l'archevêque de Reims de 1052, les sceaux et les écritures qu'ils y avaient trouvés, et scellant le tout du sceau du chapitre et du sceau de la ville de Saint-Omer[2]. Le prétendu sceau de 1052 est donc un sceau de 1269, son existence ne repose que sur un contre-sens fait par M. de Givenchy, contre-sens d'autant moins excusable qu'il ne s'est pas contenté d'une lecture rapide de ces documents, mais que pour appuyer sa découverte, il a publié les actes et leurs vidimus, plus de 15 pages! L'acte de 1269 est, en effet, scellé des sceaux du chapitre et de la ville; à la fin, la présence des mayeurs et échevins y est mentionnée[3]. L'acte de 1052, qui mentionne soigneusement tous les assistants à l'ouverture de la chasse, ne cite dans sa longue liste, comme personnages laïques, que le comte et la comtesse de Flandre, les avoués, le vicomte Arnoul, les chevaliers et vassaux du châtelain ; il mentionnait que deux sceaux avaient été apposés sur le tombeau : l'anneau de la chapelle de Reims et le sceau de l'évêque de Térouane. Enfin, le vidimus de 1324, nouveau procès-verbal d'ouverture qui a décrit minutieusement ce qui a été trouvé dans la chasse, signale le sceau de la ville de 1269[4]. M. Hermand avait accepté les conclusions de M. de

---

1. *Maieurs et échevins de Saint-Omer. Mémoires de la Société des antiquaires de la Morinie*, t. IV, p. cxii.

2. Voici la phrase latine : « totum residuum corporis in eadem basilica, cum magna honorificencia, cum litteris Guidonis Remensis archiepiscopi ac sigillis et scripturis que ibidem invenimus, fideliter reponentes, ac sigillis capituli nostri et communitatis ville Sancti Audomari sigillantes. »

3. « Ad hoc autem faciendum fuerunt presentes majores et scabini ville Sancti Audomari videlicet..... »

4. « Invenimus corpus ipsum quodam nobili panno serico involutum et ad modum infasciati pueri, pluribus sigillis autenticis, una cum sigillo

Givenchy sur le sceau de 1052. M. Deschamps de Pas n'a heureusement pas laissé subsister cette erreur dans l'*Histoire sigillaire de Saint-Omer*.

Non-seulement M. Hermand avait trouvé dans les souscriptions des chartes la trace de l'organisation civile de Saint-Omer, il y avait trouvé aussi les mentions des représentants du souverain (p. 168) ; c'étaient, en 708 un *vicarius*, en 745 et en 808 les personnages qualifiés *illustres*, en 839 un comte.

M. Courtois [1] avait commis une erreur analogue en rapportant à l'époque de la création du comté de Flandre une note du xive s. qui se trouve à la marge du manuscrit des continuateurs de Simon [2] et dans laquelle il a cru trouver la preuve de l'existence de la châtellenie de Saint-Omer comme circonscription féodale dès l'époque de Baudouin-bras-de-fer.

---

communitatis ville Sancti Audomari, in pluribus ligaturis fideliter sigillatis et duo paria litterarum autenticarum que de presencia ipsius corporis sanctissimi fidele testimonium perhibebant, quarum tenores... »

1. *Dictionnaire géographique de l'arrondissement de Saint-Omer*, p. 219.
2. « Castellania Sancti Audomari membrum fuit Flandrie. » Voy. Guérard, *Cartul. de Saint-Bertin*. Préface, p. xvi.

CHAPITRE II.

PÉRIODE COMMUNALE.

I. *Caractère de la révolution communale en Flandre; les chartes de paix publique.* — § II. *Influence des villes sur l'avénement au comté de Guillaume de Normandie; franchises accordées à Bruges et à Ardenbourg.* — § III. *Concession à Saint-Omer de la charte du 14 avril 1127; caractère et analyse de cette charte.* — § IV. *Rôle des villes dans la lutte entre Guillaume de Normandie et Thierry d'Alsace; concession à Saint-Omer de la charte du 22 août 1128.* — § V. *Développement de Saint-Omer au XII*e *siècle; concession de la Gilde-Halle; franchises dans les foires flamandes; franchises en Angleterre; grande charte de 1168.* — § VI. *Formation du comté d'Artois (1159-1237); histoire de la ville au XIII*e *siècle.* — § VII. *Décadence à partir du XIV*e *siècle; réforme de la loi échevinale en 1305 et 1306; nouvelle réforme en 1447.*

§ I.

L'étude que nous venons de faire des premiers temps de l'histoire de Saint-Omer nous montre que, si à n'en pas douter la communauté d'habitants a eu une existence particulière et conséquemment une organisation antérieure à la première charte où on voit cette existence reconnue officiellement, où cette organisation est constatée, où des priviléges et des possessions lui sont concédés ou confirmés, cependant, les indications que nous avons pu recueillir ne sont pas suffisantes pour que l'on puisse essayer de déterminer les conditions de cette existence et les formes successives de cette organisation. Nous allons maintenant aborder l'étude de la période communale, et le récit des événements, non moins que l'étude des chartes constitutives de la commune, confirmera ce que nous avons dit, que si la première concession n'a pas improvisé un état de choses nouveau, elle ne fut pas cependant, comme on s'est plu à le dire, une simple constatation des faits existants, qu'elle dut apporter la régularisation de l'anarchie, et surtout concéder une indépendance qui n'avait pas pu exister avant cette solennelle consécration des droits de la ville.

Jusqu'ici, le petit nombre des renseignements, l'importance de tous ceux qui touchaient par quelque côté à la ville, pour nous indiquer ses progrès, son rôle, son importance, nous ont obligés à suivre son histoire d'aussi près que possible, sans presque rien négliger. Nous allons continuer à faire l'exposé historique des événements pendant la période communale, mais seulement parce que cet exposé est nécessaire à l'étude de l'organisation de la ville; notre rôle n'étant point celui d'un historien au sens ordinaire du mot, nous restreindrons autant que possible la part narrative et parmi les événements dont notre ville a été héros ou témoin, nous n'insisterons que sur ceux qui peuvent contribuer à éclairer nos recherches spéciales.

A l'époque où nous sommes parvenus, la Flandre comptait déjà plus de trente-cinq villes[1] où s'étaient formées des communautés d'habitants. L'agglomération de demeures particulières dans une enceinte, la nécessité d'une action commune pour assurer la sécurité de chacun, les obligations qui dérivent des relations de voisinage, la réunion de tous sous un tribunal commun, le groupement par paroisses, l'exemple de la hiérarchie féodale, la naissance des relations commerciales, les mêmes besoins, les mêmes aspirations, le même but, telles avaient été les causes naturelles et partout agissantes de leur développement. La persistance du droit germanique, les traditions des anciennes associations barbares, l'importance croissante des corporations d'artisans et de marchands, la constitution de la féodalité, l'extension toute naturelle des fonctions des juges avaient partout déterminé les formes diverses de ces organisations. On manque de renseignements sur les rapports qui, dès cette époque, avaient pu s'établir entre les villes, mais dans la plupart des centres de population qui furent plus tard des *villes à loi*, on peut constater au xiie siècle une organisation analogue. Ces communautés, nées du cours naturel des choses, à la faveur de l'anarchie, n'avaient pas alors leur place reconnue dans l'organisation sociale; leur existence était précaire, pouvait être contestée, attaquée, détruite. Pour assurer leur sécurité et leur

---

1. Voy. Warnkoenig, *Histoire de la Flandre*, t. II, p. 231.

développement il fallait qu'elles entrassent dans le système qui absorbait dans une hiérarchie générale toutes les seigneuries particulières, il fallait qu'elles prissent leur place dans la féodalité ; les événements du xiie siècle la leur donnèrent. A la faveur des troubles de cette malheureuse époque, elles s'étaient constituées assez fortement, elles purent se comporter comme des seigneurs féodaux. Leur appui devint précieux, fut recherché, surtout lorsqu'il y eut en présence des compétiteurs du pouvoir ; elles offrirent alors leur hommage et en échange présentèrent à l'acceptation du suzerain une charte, une *keure*, où elles avaient consigné les principaux points de leurs constitutions, ceux établis et ceux qu'elles désiraient établir, les dispositions des chartes générales de paix publique, les stipulations de garanties qu'elles souhaitaient, les exemptions, franchises et priviléges auxquelles elles prétendaient, la reconnaissance de leur juridiction, presque toujours aussi des fragments de leur coutume civile et criminelle dérivée du droit germanique. Cette *keure* établie par la ville et ratifiée, concédée par le suzerain avec ou sans modification constituait le contrat qui liait les deux parties. A chaque renouvellement du contrat, à chaque confirmation de leur *keure*, les villes proposaient des articles nouveaux, inséraient des chapitres nouveaux de leur coutume, déterminaient mieux les conditions de leur organisation afin de se soustraire chaque jour davantage à l'arbitraire du seigneur. La première keure de Gand ne contient que 25 dispositions, la dernière (1297) en avait 152; celle concédée en 1127 à Saint-Omer, par Guillaume Cliton en a 22, celle concédée 40 ans après par Philippe d'Alsace n'en a pas moins de 55.

Ces traits généraux suffisent à donner le caractère de la période communale en Flandre, mais on conçoit qu'ils comportent une grande diversité. Des situations différentes déterminèrent pour chaque localité des conditions différentes de développement et d'organisation. A Ypres, par exemple, des concessions particulières[1] précédèrent la concession d'une loi générale ; à Saint-Omer, la première charte stipula des garanties d'autant plus grandes et importantes qu'elle était concédée moins par un comte que par un prétendant au comté, désireux de se créer des appuis dans les villes ; au contraire, les dernières *keuren* des grandes cités commerçantes ne furent guère que la consécration

---

1. 1116. Suppression du duel judiciaire et des épreuves par Baudouin VII. Warnkoenig, *Histoire de Flandre*, V, p. Just. II.

officielle d'une organisation depuis longtemps passée en coutume; d'autres fois enfin, la charte fut une concession gracieuse d'un seigneur désireux de créer ou de développer sur ses terres un centre de commerce et d'industrie, c'est-à-dire de richesses.

La détermination et le classement, selon les époques et les pays, des conditions diverses du développement et de l'organisation des villes flamandes feraient l'objet d'un grand travail, notre but plus modeste nous permet de n'indiquer ici que le trait général de cette révolution, sauf à revenir sur différents points par comparaison.

Nous avons déjà dit que le xie et le xiie siècle furent pour la Flandre, à peine échappée à l'épouvante causée par les invasions normandes, une époque de troubles, de désordre et de malheur. Les guerres publiques et privées, avec leur cortége d'incendies et de massacres, de pestes et de famines, désolèrent le pays et bouleversèrent constamment les populations[1]. La nécessité où se trouvèrent les comtes de Flandre pour affermir leur autorité de régulariser l'action des seigneurs, et de réprimer les excès de la populace, le désir d'amener sur leurs terres une pacification relative, le besoin de protéger les nouveaux intérêts qui avaient pris naissance dans les villes, les amenèrent, grâce à l'intervention du clergé, à édicter quelques dispositions législatives générales connues sous le nom de *paix publiques*. Ce furent les dispositions des conciles sur la *trêve de Dieu*, la prohibition des guerres privées, l'obligation pour les parties d'accepter les jugements de conciliation, quelques adoucissements aux lois barbares nécessitées par le changement des mœurs et l'application de ces lois à la classe nouvelle des commerçants et des artisans, enfin quelques dispositions pénales[2]. Quoique probablement fort

1. Voy. ce que disent à ce sujet les Chroniques contemporaines, et spécialement la *Vie de saint Arnoul*, évêque de Soissons, par Hariulfe, auteur du xiie s. (*Acta sanctorum*, 15 août, cIII, fol. 79), la vie de Jean de Térouane par Gautier, document du commencement du xiie siècle (Ibid. 27 janvier, p. 799).

2. La première paix dont on trouve la mention fut jurée en 1030 à Audenarde, par Beaudouin V. En 1111, Robert II la renouvela; un fragment de cette paix a été retrouvé par M. Warnkoenig dans le *liber floridus*, ms. du xiie siècle (Bibl. de l'Université de Gand) et publié par lui (*Histoire de la Flandre*, éd. Gheldolf, t. I, p. 167 note). Beaudouin VII renouvela la même paix en 1111. Elles furent encore renouvelées en 1119 et en 1138 et fréquemment depuis. Warnkoenig (Ibid., t. I, § vIII et t. II, p. 165) a résumé ce que l'on sait des dispositions de ces actes. — La *trêve de Dieu* fut publiée dans les diocèses de la Flandre en 1034, puis en 1099. Le dernier de ces synodes se tint à Saint-Omer. On en trouve le texte

mal exécutées, ces *paix* durent favoriser le développement des villes.

Dès le commencement du xiiᵉ siècle quelques villes obtinrent pour leur constitution la sanction du suzerain : le premier droit municipal de Furnes lui fut octroyé en 1109[1], Aire avant 1111 eut sa loi[2]. L'historien du Hainaut, Jacques de Guise, rapporte à 1114 le premier statut communal de Valenciennes[3]. Ypres, en 1116, obtint la suppression du duel judiciaire[4] ; on peut constater dès 1113 ou 1114 l'action de l'échevinage d'Arras, alors composé d'un maieur et de douze échevins[5].

Malheureusement, seule la disposition spéciale concédée à Ypres nous est parvenue sous sa forme primitive ; la loi de Valenciennes, rapportée par Jacques de Guise, est probablement relevée par lui sur une concession postérieure plus étendue ; des autres, nous n'avons que la mention. Les événements qui suivirent la mort de Charles-le-Bon, les prétentions de plusieurs compétiteurs à son héritage furent pour les villes une occasion de faire consacrer leur constitution, d'obtenir des garanties, des franchises. Saint-Omer obtint alors sa première charte. Cette circonstance nous oblige à entrer à ce sujet dans quelques détails.

§ II.

Le 2 mars 1127 le comte Charles-le-Bon périt assassiné dans l'église Saint-Donatien de Bruges. Il ne laissait pas d'héritiers directs, et sept compétiteurs prétendirent à sa succession. Le roi de France qui venait d'échouer dans sa tentative de faire obtenir la Normandie au petit fils de Guillaume le Conquérant, Guillaume,

---

dans Labbe (*Concil.*, t. X, col. 618), il y est dit qu'il fut réuni à la demande du comte de Flandre. Le cinquième article déclare ses dispositions obligatoires pour les seigneurs des villes et des châteaux et les menace de l'excommunication s'ils refusent leur sanction. Des quatre articles qu'il contient dans le texte recueilli par Labbe, trois disposent en faveur du clergé, le quatrième en faveur des voyageurs et des marchands.

1. Voy. Warnkoenig, *Histoire de la Flandre*, t. II, p. 174. Le droit de Furnes de 1109 est perdu, mais il a réglé le droit octroyé en 1160 à Poperingues, par l'abbé de Saint-Bertin.
2. Ibid.
3. Jacques de Guise, éd. Fortia d'Urban, t. XI, p. 264.
4. Warnkoenig, éd. Gheldolf, t. V, p. just. II.
5. D'Achery, *Spicilegium*, 1ᵉ édit., t. V, p. 563. Bulle de Pascal II, adressée au maire et à douze bourgeois d'Arras arbitres entre l'évêque d'Arras et l'abbaye de Saint-Waast.

surnommé Cliton, l'un des prétendants au comté de Flandre, résolut de l'appuyer, et, sous prétexte de venger la mort de Charles-le-Bon en poursuivant ses meurtriers, il dirigea, en compagnie du prétendant, une expédition en Flandre. Cette expédition appuya efficacement son intervention dans les affaires de la succession au comté, intervention que justifiait du reste sa suzeraineté sur la province.

Il est bon de rappeler ici que nous avons la bonne fortune de posséder deux relations contemporaines des événements qui se passèrent en Flandre à cette époque. L'une est due à un archidiacre de Térouane, nommé Gautier; l'autre, la plus importante, est l'œuvre d'un brugeois nommé Galbert, qu'on a, sans raison aucune, qualifié de notaire de Bruges. On a assez souvent montré la haute valeur de cette relation, écrite par Galbert jour par jour au fur et à mesure des événements, avec une sincérité parfaite, pour que je puisse me dispenser d'en faire ici la critique avant de l'utiliser.

Dès le 20 mars, le roi et son protégé étaient à Arras; ils y convoquèrent les barons de la Flandre pour décider sur la question controversée de succession au comté, ou plutôt pour procéder au remplacement de Charles-le-Bon. En vain Thierri d'Alsace, que les historiens ont considéré comme l'héritier légitime[2], écrivit pour faire valoir ses droits[3]. Guillaume de Normandie fut proclamé comte de Flandre par le roi et les barons. Cette élection était due à l'intervention et aux promesses faites aux seigneurs qui s'étaient rendus à la convocation[4]. Elle s'était faite sans l'intervention des villes, et le nouveau comte avait besoin de leur appui; l'occasion s'offrait pour elles de retirer des avantages de leur soumission; elles n'eurent garde d'y manquer. Si l'on en croit Galbert, une vaste entente s'était produite; les bourgeois des villes et des châteaux de Flandre s'étaient engagés à agir d'un commun accord dans l'élection[5]. Les habitants de Bruges et

---

1. Pour Galbert et pour Gautier je me suis servi de l'édition de Pertz (*Script.*, t. XII), c'est à cette édition que renvoient les numéros que je cite.

2. Voy. Warnkoenig, *Histoire de la Flandre*, t. I, p. 179.

3. *Histor. de France*, t. XIII, p. 363.

4. *Walterus Butelgir*, annonçant cette élection aux habitants de Bruges, leur dit qu'en récompense de leurs hommages le nouveau comte leur a donné les domaines et les biens des insurgés. « Nos, pro merito nostri laboris, donavit terris et prediis traditorum » (Galbert, 47).

5. « Nam ex civitatibus Flandriae et castris, burgenses stabant in eadem securitate et amicitia ad invicem, ut nihil in electione nisi communiter

de Gand surtout durent à leur action commune, que facilitaient leur voisinage, le succès de leurs négociations. Le 27 mars, les habitants de Bruges convoquèrent de toutes parts les Flamands, les rassemblèrent dans un champ voisin de la ville, et là, tous manifestèrent leur volonté de n'être point étrangers à la nomination du comte. Leurs magistrats naturels, les « juges » ou échevins prêtèrent serment d'élire pour comte le plus digne[1]. Les mentions de ceux qui prêtèrent serment montrent qu'à cette convocation avaient répondu non pas seulement des villes, mais surtout des villages, Ysendyk, Oostburg, Ardenburg, Lapschuere, Oostkerke, Uitkerke, Lisseweghe, Slype, Ghistel, Oudenburgh, Lichtervelde, etc.

Selon Warnkœnig (II, 169), cette réunion, tenue à Bruges, est « le premier exemple que nous offre l'histoire de Flandre » d'une intervention des villes ». On peut ajouter que cette coalition que mentionne à plusieurs reprises le chroniqueur Galbert, que cette espèce de ligue des hommes libres de la Flandre, qui eut lieu à la faveur de l'incertitude sur les droits des prétendants au comté et qui transforma la solution de la question de succession en une véritable élection où intervinrent le suzerain, les vassaux et les hommes libres, donne un caractère spécial à ce que l'on peut appeler la révolution communale en Flandre.

L'insurrection dont leur ville était alors le théâtre, le siége soutenu dans l'église et dans le château par les insurgés, n'empêchaient pas les habitants de Bruges de mettre leurs conditions à la réception d'un comte, et ce fait même donnait à leurs exigences une grande autorité. Le 30 mars, Gautier le bouteiller, l'un des barons qui s'étaient rendus à Arras, leur annonça le résultat de l'entrevue des seigneurs avec le roi, il leur fit l'éloge de Guillaume de Normandie, leur rappela qu'il avait été élevé en Flandre, dit qu'il se formerait à toutes les bonnes coutumes, et assura même qu'on le trouverait docile à se plier

---

consentirent aut contradicerent » (Galbert, 53).

[1]. « VI kl. aprilis, dominica in ramis palmarum, convenerunt burgenses nostri in agrum quod suburbio adjacet intra septas villae, convocatis undecumque Flandrensibus circa nos, conjuraverunt simul super sanctorum reliquias sic : Ego Folpertus *Judex*, juro me talem electurum comitem terrae hujus... » (Galbert 50.) La synonymie parfaite des mots *Judex* et *scabinus* à cette époque est bien prouvée par ce texte, la formule dit : *Ego judex* et la première mention de ceux qui prêtèrent le serment est *Alardus scabinus*.

aux mœurs du pays[1]; enfin il termina par des promesses où l'on voit le prix que l'on mettait à la soumission des villes. C'était l'engagement de leur concéder le tonlieu et le cens territorial[2]. Les Brugeois ne se laissèrent pas séduire, ils remirent au lendemain leur réponse, et pendant toute la nuit, ils envoyèrent chercher les Flamands; le lendemain 31 mars, ils remirent la réponse à la veille de Pâques (2 avril). Pendant ce temps, ils s'entendirent avec les Gantois pour la réception du nouvel élu, et le samedi saint les délégués de Bruges et de Gand « choi- » sirent Guillaume pour landgrave[3], lui faisant hommage, » foi et serment selon la coutume des comtes ses prédéces- » seurs[4] ». Avant d'arriver à Bruges, le roi et le comte traversèrent Lille et Gand[5], qui firent leur soumission probablement aux conditions délibérées en commun dans la réunion du 17 mars à Bruges.

1. « Quem juxta omnem consuetudinem bonam consuescere liquet, et qualem vultis talem habiliter flectere poteritis ad omnes bonos mores mansuetum et docilem... » (Galbert, 47.)

2. « Ceterum et si quid est quod suae potestatis jure donari poterit, sicut teloneum et census terrae libenter vobis condonari teloneum volentibus simul et censum mansionum vestrarum infra suburbium, me ipso denuntiante ex parte regis et comitis novi condonabit absque dolo et ingenio. » (Galbert, 47.)

3. iv non. apr., in sabbato sancto paschae, quidam cives nostri et Gendenses qui a colloquio reversi sunt, elegerunt Willelmum in comitem sibi et patriae. » (Galbert, 54.)

4. Le récit de Galbert montre la préoccupation constante de rattacher à des usages anciens les rapports du nouveau comte avec les villes, élection, hommages, serments, concessions et promesses. Il ne faut pas, à mon sens, croire à la réalité de ces assertions. Cette préoccupation n'a rien d'étrange dans un pays où le droit tout entier ne se constituait qu'avec des précédents et où la plus grande prévention a toujours existé contre les *nouveautés*. Les villes dans leurs négociations avec le comte devaient toujours chercher à se prévaloir de la coutume, et des précédents plus ou moins analogues devaient leur servir d'arguments pour obtenir les concessions les plus nouvelles.

5. Galbert, 53. — Gand dut recevoir à cette occasion sa première charte, son union avec Bruges dut lui faire mettre les mêmes conditions à la réception du comte, en outre lorsque en 1128, le 16 février, Jean d'Alost accusa le comte au nom des Gantois, il lui reprocha de n'avoir pas rempli ses promesses à leur égard; il devait les défendre contre leurs ennemis, il a rompu le traité fait entre lui et eux sur la remise de l'impôt et l'établissement de la paix. « Nunc ergo contra jus et sacramenta quae pro vobis juravimus de condonato teloneo, de confirmanda pace et ceteris justitiis quae homines hujus terrae obtinuerant. » (Galbert, 96.)

L'entrée à Bruges eut lieu dans la soirée du 5 avril ; le lendemain 6 avril, les chanoines de Saint-Donatien firent reconnaître et confirmer leurs franchises et immunités; puis, ajoute Galbert, on lut une charte en forme de traité (*chartula conventionis*) conclu entre le comte et nos concitoyens sur la remise de l'impôt et du cens des maisons ; il y était dit que pour prix de l'élection et de la réception de la personne du nouveau comte, ils recevaient de lui pour eux et leurs successeurs la concession à perpétuité du tonlieu et du cens, concession garantie par le roi. Le roi et le comte prêtèrent serment sur les reliques des saints en présence du clergé et du peuple. A leur tour, selon la coutume, les citoyens jurèrent fidélité au comte, lui firent hommage et lui promirent appui. Pour achever de s'assurer leur reconnaissance, le comte ajouta qu'il leur concédait le droit et le pouvoir de modifier leurs lois coutumières et d'y apporter les changements que nécessiteraient les temps et le lieu[1].

Tel est le récit simple et exact fait par un témoin oculaire, de la première concession de franchise à la ville de Bruges ; les conditions mises par les habitants à l'appui que leur demandait le prétendant au comté ont eu pour résultat un traité (*charta conventionis*) dont le texte authentique n'est pas malheureusement parvenu jusqu'à nous, mais dont nous avons les principales stipulations qui sont bien celles des chartes de la même époque : l'exemption de l'impôt, point capital de tous ces documents, et le droit pour la ville de s'administrer elle-même en fixant elle-même son droit coutumier.

Le même jour, 6 avril, les habitants d'Ardenbourg stipulèrent les conditions de leur soumission, ceux-là demandèrent des garanties de sécurité, des exemptions d'impôts, le droit de pâture sur une terre nommée la Moer, le droit de se racheter du service militaire, etc. On lut la charte, et le comte jura qu'il confirmait et accordait de sa bonne volonté, sans mauvaise intention et sans en rien retrancher, tout le contenu[2]. N'est-ce

---

1. Galbert, 55. « Ut potestative et licenter consuetudinarias leges suas de die in diem corrigerent et in melius commutarent, secundum qualitatem temporis et loci. » La même concession est confirmée par Thierri d'Alsace, le 30 mars 1128, et Galbert l'appelle : « Libertas de statu reipublicae et honore terrae meliorandi omnia jura et judicia et mores et consuetudines ipsorum terram inhabitantium. » Nous verrons à la fin du XIIe siècle Baudouin de Constantinople faire la même concession à Saint-Omer. Voy. *Pièces justificatives*, n° XXVII.

2. Galbert, 55.

pas là encore la concession d'une charte? La nécessité de se rendre favorable le plus de villes possible rendait le nouveau comte facile à ces concessions.

§ III.

Le roi, dit Galbert, pressait le comte d'aller disposer d'autres villes en sa faveur. Dès le 10 avril il s'était mis en route pour Saint-Omer, mais comme les meurtriers de Charles le Bon tenaient encore dans le château de Bruges, qu'il n'était pas assuré de trouver partout des sympathies, et qu'il n'avait pu distraire du siége une nombreuse escorte, il rentra le soir même. Il ne tarda pas cependant à repartir, alla à Lille, à Béthune, à Térouane, et arriva le 14 avril à Saint-Omer[1]. C'est le 17 que Galbert apprit à Bruges les détails de son entrée dans cette ville, détails qu'il nous a conservés.

On a pu juger du caractère du récit de Galbert quand il rapporte des faits qui se sont passés sous ses yeux; il est exact et judicieux; il paraît avoir été assez indifférent au choix du comte; dans tous les cas il est vraisemblable qu'il rapporte très-exactement les priviléges consentis pour Bruges et pour Ardenbourg. Le récit de l'entrée de Guillaume Cliton à Saint-Omer a un tout autre caractère. Tandis que dans le récit des négociations avec les Flamands et de l'entrée à Bruges, il rapporte les garanties stipulées avec précision, avec des détails pour ainsi dire techniques, sans s'inquiéter des circonstances extérieures ni du cérémonial, alors cependant qu'il a été témoin des événements; ici au contraire, pour des faits qui se sont passés loin de lui, tous les détails de son récit ont trait à ces circonstances, au cérémonial qu'on observa, aux fêtes que l'on donna. Son style partout ailleurs a pour grand mérite la simplicité, ici les expressions poétiques abondent; le ton emphatique et solennel, la phrase apprêtée forment un contraste subit. Visiblement la source dont il s'est servi a été un récit officiel, une relation du voyage du comte destinée à préparer, autant que possible, l'enthousiasme; ce récit mérite d'être rapporté et comparé à ce que nous pouvons induire de ce qui s'est passé à Bruges, et de la charte que le comte a concédée à Saint-Omer.

Galbert nous donne tous les détails de la fête de la joyeuse entrée du comte : les jeunes garçons étaient venus au devant

---

1. Gautier, 45.

de lui portant des arcs et des flèches ; agiles et rapides, ils s'avançaient au devant du comte rangés par bataillons, simulaient de se préparer au combat, bandaient leurs arcs et semblaient prêts à accueillir à coups de flèche le comte et sa suite. Derrière et à une certaine distance les bourgeois en armes attendaient l'arrivée du comte et le retour de leurs enfants. Le comte Guillaume qui était lui-même dans l'âge de la jeunesse et sortait à peine de l'enfance avait applaudi, pris part gracieusement aux jeux de la troupe, saisi la bannière et badiné de bonne grâce avec les jeunes gens. Alors l'enthousiasme avait éclaté, les cris de joie avaient retenti, puis, le comte avait continué sa route au milieu des applaudissements et des marques de respect. Le clergé était venu en procession avec de l'encens et des cierges, des chants et des symphonies mélodieuses qui l'avaient accompagné jusqu'à l'église. Là, le comte, élu catholiquement, avait offert pieusement à Dieu la prière qu'il lui devait, et le peuple et le clergé avaient prié aussi que Dieu conduisît et protégeât son règne. La réception avait été suivie de l'hommage et des serments. Quant aux concessions que le comte avait dû faire, il en est question dans la relation, mais elles sont habilement masquées par un de ces ingénieux mensonges que savent trouver les historiographes à gages ; il n'est question ni d'exemptions de taxe, ni d'indépendance de la ville ; les citoyens, par l'organe de leurs jeunes enfants, n'avaient sollicité, le jeune comte n'avait concédé que le droit pour les jeunes gens de pouvoir, aux fêtes des saints et dans l'été, errer en liberté dans les bois, d'y prendre des oiseaux, de chasser à l'arc les écureuils et les renards, et de s'exercer de la sorte aux récréations de leur âge[1].

Nous allons voir ce que cachait cette poétique plaisanterie, qui caractérise bien le genre de relation dont se servit Galbert pour composer son ouvrage. L'autre historien des mêmes événements, Gautier, archidiacre de Térouane, ne dit qu'un mot de l'entrée du comte à Saint-Omer, mais qui est bien plus dans la réalité des faits que le long récit précédent ; il fut, dit-il, reçu gracieusement par le châtelain et les bourgeois, mais moyennant certaines conditions qu'il dut consentir[2]. En réalité il avait dû se passer la même chose qu'à Bruges. Un traité avait été soumis à l'approbation du comte, la soumission de la ville était à ce prix ;

1. Galbert, 67.
2. « Postea cum castrum quod dicitur sancti Audomari, castellano et burgensibus eum gratanter, conditionibus tamen quibusdam promissis, suscipientibus, optinuisset... » (Gautier, 45).

le comte avait traité, des négociations nous ne savons rien, mais le résultat nous est resté, nous avons le texte authentique de cette *charta conventionis* analogue à celle de Bruges ; les archives municipales de Saint-Omer ont conservé deux expéditions originales authentiques, scellées du sceau du comte, de ce document précieux, et nous allons examiner quelles stipulations avaient été conclues.

Cet acte n'a pas la forme d'un traité, mais d'une concession du comte, le préambule dit seulement que les habitants ont demandé cette concession et que le comte y a consenti à cause de leur fidélité. L'acte garanti par le roi de France, Raoul de Vermandois, Hugues, comte de Saint-Pol, et vingt et un autres seigneurs, comtes, châtelains, avoués et officiers du comte ne mentionne aucune signature de la part de la ville ; c'est un caractère commun à ces actes et qu'il est bon de signaler. Il est daté du 14 avril 1127, jour de la réception du comte à Saint-Omer et non comme on l'a dit quelquefois du 14 avril 1128 [1] ; le récit de Galbert et les éléments chronologiques de l'acte même ne laissent aucun doute à cet égard [2].

Cette charte contient vingt-deux dispositions différentes, et généralement, on l'a, en effet, en la publiant, divisé en vingt-deux articles. Voici à quelles conditions Saint-Omer avait reçu le nouveau comte. Les principales étaient les exemptions ou promesses d'exemptions d'impôts ; les dispositions fiscales ne sont pas au nombre de moins de douze dans cette concession : le comte promet aux habitants de Saint-Omer de les placer à cet égard sur le même pied que les bourgeois les mieux traités de la Flandre (§ 13), exempte de tonlieu à Gravelines et à Dixmude ceux qui font partie d'une corporation (*gilda*) et habitent dans l'enceinte (*cingula*) [3] de la ville, les met pour le paiement du tonlieu à Bapaume sur le même pied que les bourgeois d'Arras, les exempte du *sewerp* [4] dans toute la Flandre (§ 5), leur promet les mêmes exemptions de tonlieu et de sewerp à Wissant [5]

---

1. *Mémoires de la Société des antiquaires de la Morinie*, t. IV, p. 467, n. 1.
2. Voici les éléments chronologiques : « 1127, xviii. kl. maii, feria v ª, festo ss. Tiburtii et Valeriani. » S'il n'y avait pas l'indication de la férie, la charte pourrait être de 1127 ou 1128, Pâques étant le 3 avril en 1127 et le 22 avril en 1128, mais le 14 avril ne se trouve un jeudi qu'en 1127.
3. En français : « le cyngle de le ville ; » ce sens n'est pas par Ducange.
4. *Sewerp*, épave maritime. Voy. Ducange aux mots *Sewerp* et *Seaupwerpe*. Comparez avec le droit de *lagan* dont on exempte les habitants de Saint-Omer. (Pièces justificatives, xxix.)
5. Pas-de-Calais, arrondissement de Boulogne, canton de Marquise.

et dans le comté de Boulogne, quand la paix sera faite avec le comte de Boulogne (§ 17), et l'exemption de tonlieu dans toutes les terres à conquérir et en Angleterre, après la paix avec le roi Henri Ier (§ 7) ; il exempte du droit de *hanse* ceux qui commerceront avec l'empire (§ 6), exempte les bourgeois de *tonlieu*, *travers* et *passage* en France et en Vermandois (§ 11), exempte tous les habitants du cens personnel (*cavagium*) et du droit d'avouerie (§ 9), s'interdit de lever sur eux ni *scoth*[1], ni taille, ni impôt quelconque (§ 13), reconnaît l'exemption d'impôt aux maisons sises dans l'avouerie de Saint-Bertin (§ 19), interdit aux *custodes* du château de lever aucune redevance (§ 16), fait remise aux habitants d'une contribution de guerre levée après la mort de Charles le Bon (§ 10), et enfin concède à la ville le droit de battre monnaie (§ 14)[2]. L'énumération seule de ces impôts, sur lesquels nous aurons occasion de revenir, montre que c'était bien là pour les habitants le point capital de la concession.

Quant aux franchises et à l'indépendance de la ville, le comte les lui promet sur le pied des villes les mieux traitées de la Flandre[3] (§ 1), reconnaît la commune telle qu'elle a été jurée (§ 12), reconnaît le droit de justice des échevins (§§ 1 et 12), détermine les limites des juridictions respectives, du comte, de l'église, des échevins (§ 3) et du châtelain (§ 20); il confirme à la milice bourgeoise le droit de ne prendre part à une expédition militaire qu'en cas d'invasion de la Flandre (§ 4), et exempte du duel judiciaire dans toute la Flandre les habitants de Saint-Omer (§ 8)[4].

En outre il confirme à la ville la possession d'une pâture telle qu'elle la possédait au temps du comte Baudouin le barbu

---

1. Mot saxon. angl. *Scot*. All. *Schoss*. Voy. Ducange ; le texte suivant cité par lui en donne l'explication : *Scot etenim illud dicitur quod ex diversis rebus in unum acervum congregatur*. Matth. de Westminst., xive s.

2. Il est probable que cette monnaie communale est celle publiée par la Revue numismatique : d'un côté deux crosses séparées par un rameau; légende : STSOSTS. Au revers : croix cantonnée de deux fleurs de lys et de deux S. Voy. *Dissertation sur la monnaie communale de Saint-Omer*. Revue numismatique, 1844, t. IX, p. 128, art. de M. J. Rouyer. — Voy. aussi *Revue de numismatique belge*, t. IV, année 1850, p. 385, et surtout, Hermand, *Numismatique artésienne*.

3. Au xve s. on voit encore les échevins de Saint-Omer examiner les chartes de Gand parce qu'ils « dient estre fondé as priviléges, as » milleurs coustumes et usaiges des bonnes villes de Flandre. » 22 juillet 1401 (*Gros registre du greffe*, f° 27, v°. Arch. mun. de Saint-Omer).

4. Dès 1116 une charte spéciale avait exempté du duel les habitants d'Ypres. Voy. plus haut, p. 45.

(988-1036, § 18), et promet que personne ne sera recherché pour le meurtre d'Eustache de Steenvorde (§ 21)[1].

Les concessions que nous venons de mentionner ne ressemblent guère à celles que rapporte l'écrivain brugeois, probablement comme nous l'avons dit d'après un récit officiel où la crainte de nouvelles exigences faisait dissimuler le plus possible tous les priviléges, toutes les cessions de droits utiles surtout que le comte était obligé d'octroyer.

Le § 12 de cette charte dit que les habitants de Saint-Omer avaient « *juré la commune* », c'est-à-dire, avaient sous serment constitué à l'état d'association, en vue d'une action commune pour l'obtention de priviléges, la communauté d'habitants. De ces termes on a cru pouvoir tirer cette conclusion qu'il fallait ranger Saint-Omer dans une catégorie qu'on appelait les « *communes jurées* » par opposition aux « *villes à loi* » de la Flandre ; les unes auraient été primitivement à la merci de leur seigneur et auraient dû l'octroi d'une *charte* à une conspiration ; dans les autres le développement des relations sociales aurait graduellement enfanté une organisation que les *keuren* n'auraient fait que consacrer[2]. Ce n'est pas ici le lieu de rechercher si cette

---

1. Eustache de Steenvorde était un des complices de l'assassinat de Charles le Bon, Galbert nous apprend qu'il fut tué le 7 avril à Saint-Omer et brûlé avec la maison dans laquelle il s'était réfugié (Galbert, 56). Steenvorde (Nord), arr. d'Hazebrouck.

2. Warnkœnig, t. II, p. 271, note 1. — Voy. plus loin pour la réfutation de son argument relatif au *mayeur*. — M. Gheldolf a voulu aussi préciser le sens du mot *commune* et y voir l'indice d'une situation particulière. Voy. *Histoire d'Ypres*, p. 119 et suiv.; les mots « *de commune les doons* » qui se trouvent dans une charte concédée à Ypres en 1302 par Guy de Dampierre lui font croire à un droit particulier de *commune*, et il en cherche les conditions caractéristiques, le caractère essentiel, dans les dispositions qui suivent le préambule où se trouve l'expression citée plus haut ; il n'en peut tirer qu'une distinction subtile, aucune de ces conditions ne manque aux villes flamandes. M. Gheldolf aurait dû considérer qu'un texte du commencement du xive s. est bien récent pour déterminer le sens d'une expression de cette nature dont la signification a pu s'altérer depuis la première époque communale. Cette expression insolite ne peut, je crois, s'expliquer que si l'on tient compte de la date de l'acte et de la personne de son auteur. Guy de Dampierre habitué aux formules françaises, concédant des libertés flamandes, emploie cette expression et la fait suivre de dispositions sur les délits commis par les étrangers, sur le droit d'Arsin, etc., toutes très-particulières au droit flandro-germanique, il a pu faire cette confusion parce que le sens de cette expression était déjà depuis le xiiie s. plus vague et moins précis.

distinction n'est point factice, mais en ce qui concerne Saint-Omer, je crois par son histoire avoir montré que son développement s'est fait dans les mêmes conditions et sous l'empire des mêmes circonstances, que celui des villes flamandes; en ce qui concerne l'obtention de sa première charte, je crois avoir démontré qu'elle participa à un mouvement général qui poussa toutes les villes de la Flandre à profiter du besoin qu'un prétendant avait de leur appui pour faire reconnaître leur organisation, s'exempter de lourdes charges, se faire octroyer les priviléges qu'elles souhaitaient. Cette première charte de Saint-Omer peut être résumée dans les termes qu'emploie Galbert pour exposer la concession faite à Bruges, et la promesse répétée trois fois dans la charte, que les conditions de l'indépendance, de la justice, des impôts, seront celles des villes de Flandre les plus favorisées, montre bien qu'elle n'est pas le résultat d'une situation particulière. S'il faut expliquer l'expression *communiam juraverunt*, je pencherai à croire qu'elle n'a point ici un sens bien précis, qu'elle indique seulement l'union qui dut nécessairement se produire entre les habitants pour décider quelles conditions on mettrait à la réception du comte et négocier avec lui; il est probable qu'on la retrouverait dans les chartes concédées par le même comte à Bruges, à Gand, à Ardenbourg dans les mêmes circonstances, si elles nous avaient été conservées; Galbert lui-même se sert plusieurs fois du mot *commune* (*communio*) et l'applique à la réunion armée des Gantois [1], et quand on prouverait que *communiam jurare* a un sens étroit, on pourrait aisément en expliquer l'emploi par analogie dans une charte concédée par un comte étranger à la Flandre, sous l'impulsion du roi de France Louis le Gros et de Raoul de Vermandois.

Plusieurs des dispositions de la charte que nous venons d'analyser montrent que si elle a donné à Saint-Omer beaucoup de priviléges nouveaux, néanmoins elle n'a pas créé pour la ville une situation absolument nouvelle, les confirmations et les reconnaissances de droits anciens y sont plus nombreuses que les concessions, et bien qu'il faille tenir compte de la tendance à invoquer comme existant anciennement les droits dont on désirait l'établissement, il est clair qu'on devait se maintenir dans les limites d'une certaine vraisemblance. Du § 18 on peut inférer qu'un siècle auparavant au moins la communauté d'habitants avait été considérée comme apte à posséder des

---

1. Galbert, 33.

immeubles en commun. Les corporations des marchands existaient avant l'octroi de la charte, et les concessions et promesses dont le but est de les favoriser montrent leur importance (§§ 5, 6, 7, 8, 11, 14, 16). Le § 1er semble montrer un état intermédiaire entre les échevins juges et les échevins magistrats municipaux. La puissance du château semble avoir été déterminée anciennement (§ 15); et il n'est pas jusqu'au droit de n'être appelé à suivre le comte à la guerre qu'en cas d'invasion du sol de la Flandre (§ 4) qui n'ait pu être considéré comme un privilége depuis longtemps établi. Nous ne nous arrêterons pas davantage sur cette charte, nous avons montré suffisamment son caractère; l'étude des institutions nous donnera l'occasion de pénétrer plus avant ce document, d'étudier et d'analyser plus complétement ses diverses dispositions.

§ IV.

Saint-Omer paraît avoir été l'une des dernières villes à laquelle Guillaume Cliton ait accordé des priviléges : nous avons vu que si la charte de Saint-Omer est la seule qui nous soit parvenue, elle n'est pas la seule qui ait été concédée à cette époque; certainement Bruges, Gand, Ardenbourg, et probablement d'autres villes [1] durent aux mêmes circonstances des concessions semblables.

Ces concessions ne purent suffire à donner à Guillaume de Normandie la possession du comté. Tant que le roi de France resta en Flandre pour diriger l'attaque contre les meurtriers de Charles le Bon fortifiés dans la tour de Bruges, l'autorité du nouveau comte parut s'établir, mais des symptômes de mécontentement ne tardèrent pas à se manifester lorsque la reddition des assiégés, suivie de leur supplice, eut déterminé le départ du roi.

Le nouveau comte avait fait, tant à ses vassaux qu'aux villes, trop de concessions et de promesses pour pouvoir les tenir, et dès qu'il chercha à en éluder quelqu'une, les uns et les autres se retirèrent de lui; bientôt ses compétiteurs au comté reparurent et s'empressèrent de promettre la confirmation des priviléges par lui octroyés, et alors chaque ville et chaque seigneur se déclarèrent pour celui qui eut leur préférence; enfin le roi d'Angleterre lui fut hostile, et les nombreux rapports commerciaux de la

---

1. Thielt, selon Sanderus, *Flandria Illustrata*, II, p. 427.

Flandre et de l'Angleterre peuvent faire croire que cette influence fut puissante et qu'une intrigue anglaise ne fut pas étrangère aux troubles qui survinrent[1].

Quoi qu'il en soit, dès le mois d'août 1127 il y eut à Lille une émeute dont le prétexte fut l'arrestation en pleine foire de la Saint-Pierre d'un de ses serfs que le comte faisait rechercher[2]. Au mois de septembre suivant (17 septembre), ce fut à Bruges que des troubles éclatèrent[3] parce que le comte, pressé par les nécessités de la guerre, voulut percevoir le tonlieu. L'opinion de Galbert est que dès ce moment il manque à la foi jurée; il nous le montre aux prises, d'une part avec les bourgeois auxquels il a fait remise de charges fiscales, d'autre part avec ses vassaux auxquels elles avaient été inféodées et qui soutiennent la nullité de l'abandon qu'il en a fait. Dès le commencement de l'année suivante les défections et les insurrections furent nombreuses; le 3 février 1128[4] les habitants de Saint-Omer irrités contre le châtelain que le comte voulait leur imposer s'insurgèrent; le châtelain avait, dit Galbert[5], enlevé par violence les biens et la fortune des bourgeois et se préparait encore à le faire. Le comte investit la ville : celle-ci se déclara pour un des prétendants au comté, Arnoul de Danemark, et l'introduisit dans ses murs, mais bientôt le mauvais temps et la crainte d'un assaut amenèrent une capitulation; Guillaume imposa aux habitants une contribution de 600 marcs d'argent.

Le 16 février 1128[6] ce fut au tour de Gand de se soulever. Comme à Saint-Omer et pour les mêmes causes, le mouvement fut d'abord dirigé contre le châtelain, mais là, c'était une véritable conspiration qui éclatait : les Gantois avaient agi de concert avec plusieurs seigneurs, entr'autres Daniel de Termonde et Iwan d'Alost. Quand le comte arriva pour réconcilier la ville et son châtelain, Iwan d'Alost, au nom des Gantois, l'accusa avec une extrême violence, le traita de parjure, lui

---

1. Voy. une lettre écrite par Guillaume au roi de France; il lui dit qu'Henri d'Angleterre arme pour une expédition en Flandre et prépare les voies en corrompant à prix d'argent la fidélité des Flamands (Duchesne, *Histor. franc.*, t. IV, p. 447).
2. Galbert, 94.
3. Galbert, 89.
4. Galbert, 95.
5. « Quod injuste volebat comes præferre illis castellanum loci illius qui violenter res et substantiam civium illorum diripuerat et adhuc rapere satagebat. » (Ibid.)
6. Galbert, 96.

reprocha son manque de foi, ses rapines à Lille, les persécutions injustes et atroces qu'il avait fait subir à Saint-Omer et l'ajourna devant un tribunal composé de seigneurs et de délégués du clergé et du peuple; c'était d'eux qu'il tenait sa puissance, il ne pouvait, disait Iwan d'Alost, rien faire dans le comté sans le consentement du pays et le conseil de ses vassaux; son parjure entraînait la défection de ceux qui avaient garanti ses promesses. En vain le comte offrit de se justifier sur-le-champ par le duel judiciaire. L'assemblée maintint l'ajournement au 8 mars à Ypres, devant le tribunal proposé.

Malgré le soin qu'on avait pris de fixer la comparution du comte à un jour de jeûne, il vint en armes et remplit Ypres de chevaliers et de cotereaux tout prêts à combattre; le jugement n'eut pas lieu, mais Daniel de Termonde et Iwan d'Alost déclarèrent qu'ils rompaient la foi et l'hommage qu'ils lui avaient jurés. Dès ce moment, à leur instigation une nouvelle ligue se forma en Flandre, ils mirent en avant les raisons les plus capables de déterminer contre le comte les habitants des villes; tous les marchands et négociants de la Flandre, dirent-ils, souffraient de la guerre, ils y avaient perdu leurs épargnes, il devenait urgent de se coaliser de nouveau.

Le 11 mars[1], Thierri, le neveu de Charles le Bon, arriva d'Alsace à Gand, et le 16, Bruges ferma ses portes à Guillaume[2]. Cependant l'irritation de Saint-Omer contre le comte ne s'était point calmée, elle avait de nouveau reçu Arnoul dans ses murs[3], et le 21 mars, Guillaume retourna le combattre[4]. Arnoul se réfugia dans l'abbaye de Saint-Bertin où il se fortifia, mais des menaces d'incendie l'obligèrent à se rendre et à promettre de renoncer à ses prétentions sur la Flandre; quelques jours après il recommençait ses agissements.

En Flandre la coalition reprenait corps; le jour même de l'attaque de Saint-Omer, les Brugeois et les habitants de la Flandre maritime, sans se prononcer encore, avaient « juré de » rester unis pour l'honneur et la défense du pays »; le 23 mars, les Gantois leur faisaient des propositions. Néanmoins, l'entente ne se faisait pas sur le choix d'un comte; Saint-Omer, on l'a vu, avait embrassé la cause d'Arnoul, Gand tenait pour Thierri d'Alsace, Bruges sans se prononcer refusait de recevoir Guil-

1. Galbert, 97.
2. Galbert, 98.
3. Galbert, 97.
4. Galbert, 98, et Simon dans Guérard, *Cartul. de Saint-Bertin*, p. 299.

laume, d'autres étaient partisans de Baudouin de Mons, d'autres suivaient encore le parti de Guillaume de Normandie.

Le 25 mars, Thierri d'Alsace sut déterminer les Brugeois en sa faveur : « Tout ce que vous possédez légitimement, leur écrivit-il[1], par le don des comtes mes prédécesseurs, vous l'obtiendrez plus solidement de moi si vous me substituez à lui. Vos marchands et ceux de toute la Flandre auront la paix et un libre passage pour leur commerce ; la comtesse, ma sœur[2], le leur garantira comme moi. » Le 30, il confirma la charte octroyée par Guillaume Cliton[3], et le lendemain 1er avril il fit son entrée solennelle[4].

En vain le roi de France essaya de s'interposer[5], de faire décider de nouveau la question dans une assemblée à Arras, personne ne répondit à sa convocation ; on l'accusait d'avoir vendu la Flandre à Guillaume pour 1,000 marcs d'argent, toute réconciliation avec le comte était du reste devenue impossible, surtout depuis que son principal compétiteur garantissait l'exécution des concessions et des promesses dont on lui reprochait la violation ; on ajoutait que le roi de France n'avait pas le droit de disposer du comté ni surtout d'en trafiquer. En vain l'évêque de Noyon excommunia les Flamands qui abandonnaient le parti de Guillaume et mit les églises en interdit : les défections se multiplièrent, les villes tour à tour se déclarèrent contre lui. Guillaume se maintint cependant, grâce à sa valeur militaire, grâce surtout aux secours que lui fournit le roi de France ; la guerre avec des chances diverses continua, guerre atroce[6], sanglante, compliquée de pillages, de massacres, de trahisons, de brigandages, qui sévit sur toute la Flandre à la fois ; enfin le 27 juillet 1128 Guillaume fut tué en donnant l'assaut à Alost, où s'était jeté Thierri d'Alsace.

Celui-ci soumit, en le dévastant, tout le pays, ensuite, dit Galbert[7], il parcourut les villes, Arras, Térouane, Saint-Omer,

---

1. Galbert, 100.
2. Pétronille, comtesse de Hollande.
3. Galbert (103) rapporte la confirmation de la clause autorisant les grands et le peuple à modifier les lois coutumières : « superaddita est » a consule principibus suis et populo terræ libertas de statu reipublicæ » et honore terræ meliorandi omnia jura et judicia et mores, et consue- » tudines ipsorum terram inhabitantium. »
4. Galbert, 104. — 5. Galbert, 107.
6. Voy. Galbert, passim, et dans Simon Guérard, *Cartul. de Saint-Bertin*, p. 298.
7. Galbert, 123.

Lille et Aire. C'est dans cette tournée que le 22 août 1128 il confirma à Saint-Omer la charte donnée par le comte Guillaume. Cette concession, nous venons de le montrer, se rattache à un mouvement général qu'il importait de mettre en lumière, elle fut l'exécution stricte des promesses du nouveau comte; nous avons vu que Bruges, dès le 30 mars précédent, l'avait obtenue pour ses priviléges. Ce ne furent probablement pas les seules chartes concédées alors, mais comme pour celles de 1127, celle de Saint-Omer seule nous a été conservée.

Cette charte[1] est pour une grande partie la reproduction de celle du 14 avril 1127; même préambule, le nom seul du comte a changé, mêmes formules, même rédaction mot pour mot des articles maintenus, mêmes termes de souscription, là seulement une clause nouvelle, conséquence des événements de l'année qui vient de s'écouler, a été introduite : c'est la constatation du serment fait par les seigneurs signataires de l'acte de se séparer du comte et de défendre contre lui les bourgeois s'il voulait leur enlever leur coutume et les soustraire à la juridiction des échevins; les signataires sont presque tous des châtelains, plusieurs avaient déjà souscrit la charte précédente.

Quoique copiée sur le texte de 1127, la nouvelle charte n'est pas une confirmation, probablement pour ne pas reconnaître les prétentions de Guillaume Cliton; une seule fois il est fait allusion à cette charte, c'est au § 22 qui y apporte une modification.

Plus encore dans ce document que dans le précédent, on peut voir que ces chartes sont bien l'approbation du comte donnée à des stipulations rédigées par la ville. Dans les §§ qu'il a ajoutés, le scribe a oublié que l'instrument qu'il libellait devait avoir la forme d'une concession et se substituant au comte il a écrit : (§ 22) *monetam reddiderunt comiti*, (§ 24) *teloneum ab eodem receperunt*.

Voici en quelques mots quelles sont les modifications et les additions apportées au premier privilége. Et d'abord les passages disparus :

1° L'indication de Dixmude comme péage dont seront exempts les habitants de Saint-Omer (§ 5).

2° La promesse de franchises en Angleterre en cas de paix avec le roi (§ 7).

3° La remise de la contribution levée à Saint-Omer (§ 10).

---

1. Pièces justificatives, n° IV.

4° La promesse de franchises dans le comté de Boulogne pour l'époque de la paix avec le comte (§ 17).

Sauf la franchise de péage à Dixmude, on peut remarquer que ces suppressions ne portent que sur des dispositions qui avaient dans l'acte de Guillaume Cliton un caractère transitoire, qui réglaient des points particuliers à la situation momentanée des parties contractantes, mais ne constituaient pas des points de législation. Quelques-unes de ces dispositions transitoires ont persisté ; par exemple, la franchise en France demandée au roi de France et à Raoul de Vermandois (§ 11), on espérait sans doute la faire maintenir, la clause relative aux meurtriers d'Eustache de Steenvorde (§ 21) ; nous les verrons disparaître dans les confirmations postérieures.

Une modification plus importante est celle relative à la monnaie (§ 22) qui semble avoir été le prix de la concession de la nouvelle charte et des dispositions nouvelles qui s'y trouvent. Le comte la reprend, disant qu'elle lui est rendue par les bourgeois pour qu'il les traite mieux, pour qu'il conserve et protège plus volontiers leur loi, pour lui faciliter la reprise de ses droits sur les autres Flamands.

Voici maintenant les articles ajoutés :

1° Guillaume Cliton avait stipulé qu'à Bapaume les bourgeois de Saint-Omer seraient traités pour le tonlieu sur le même pied que ceux d'Arras ; Thierri ajoute qu'à Gand ils seront traités pour le tonlieu sur le même pied que ceux de Bruges (§ 5).

2° La concession concernant Guillaume le Gros qui, dans l'acte de 1127, formait une espèce de *post-scriptum*, est introduite dans le corps de l'acte dont elle forme le § 15.

3° Le *tonlieu* est concédé à la ville moyennant un cens annuel de 100 s. (§ 23).

4° Enfin une partie de la *coutume* de Saint-Omer est introduite, un chapitre sur les successions pouvant se diviser en cinq articles termine cette charte (§ 24) ; nous l'étudierons dans la seconde partie de cet ouvrage.

La courte chronique de Galbert ne jette sur l'histoire de la Flandre au commencement du xiie siècle qu'un jour passager ; mais heureusement ces années 1127 et 1128 dont les événements ont été notés jour par jour par un observateur consciencieux et exact, sont celles qui ont décidé de l'avenir des villes flamandes. En mettant en présence de ce récit les documents de cette époque que la ville de Saint-Omer a conservés et qui sont les premiers monuments de son existence municipale, nous avons pu arriver à une conception à peu près nette de ce qui arriva à ce moment. Les deux sources nous ont fourni des indications qui se sont éclairées et contrôlées mutuellement; l'une nous a montré l'agitation des Flamands, la situation faite aux comtes par les vassaux et les villes, les luttes, les conflits, les négociations; les autres étaient pour une ville les résultats de cette agitation, de cette situation du comte et des négociations exposées par Galbert. On peut apprécier maintenant si dans notre introduction nous avions raison de dire que l'histoire de Saint-Omer avait une importance particulière pour l'étude de ce que l'on a appelé avec raison la révolution communale en Flandre.

Aucune ville ne possède de documents de même nature datant de la même époque; mais ces concessions à ce moment ne sont pas un fait isolé, il faut abandonner l'idée que des circonstances locales, des événements particuliers ont développé prématurément à Saint-Omer un droit municipal qui se serait traduit par l'obtention d'une charte antérieure à celle de toutes les villes flamandes. La concession de franchises à Saint-Omer est intimement liée à l'histoire de la Flandre, et les deux chartes de 1127 et 1128 conservées dans ses archives sont les seules qui nous restent de priviléges de même nature concédés à la même époque.

Notre récit ne pouvait pas isoler les faits particuliers qui ont causé cet événement à Saint-Omer des circonstances qui, donnant naissance dans d'autres villes à des événements semblables, ont produit une véritable révolution en Flandre; cette transformation dans l'état et dans la situation d'une ville qui ont déterminé les concessions de chartes par le comte, ne devait pas être séparée des événements généraux qui en étaient la cause première, ni des transformations analogues qui en constituent le caractère. Galbert, dans sa chronique, avait donné de nombreux traits caractéristiques du mouvement général qui avait lieu alors; mais pour être compris, il fallait qu'il fût confronté avec les résultats de ce mouvement, je veux dire avec les chartes concédées, et celles-ci ne pouvaient être interprétées que par le récit de Galbert qui nous explique les circonstances auxquelles elles ont dû leur rédaction, leur raison d'être et leur nature.

Ceci me paraît justifier suffisamment le développement que j'ai cru devoir donner au récit des événements de ces deux années, j'ai laissé de côté tous ceux qui n'avaient pas trait directement à mon sujet, mais j'ai recueilli et rapproché ceux qui se rattachent à la révolution communale, à la reconnaissance de l'existence indépendante des villes. On pourrait encore grouper autour des points que j'ai indiqués bien des faits accessoires, bien des détails caractéristiques qui aideraient à l'intelligence des premières années de la période communale de la Flandre ; c'est la tâche d'un historien de cette province ; je devais me borner à établir ici quelques traits généraux nécessaires à l'intelligence du développement de la ville dont les institutions font l'objet de ce livre.

§ V.

L'heureuse fortune qui nous a donné le récit d'un témoin, observateur attentif et judicieux, est d'autant plus appréciable que tout secours de ce genre nous manque pour la suite de cette histoire. Après les événements que le journal brugeois a fait revivre avec une réalité saisissante, nous n'aurons pour éclairer notre route que les documents d'archives, heureusement assez nombreux, mais nous serons privés de fil conducteur pour nous guider ; les rédactions anciennes des chroniques de Flandre ne contiennent presque rien qui ait trait à nos investigations ; toute lueur devra nous venir des documents eux-mêmes. Ils disent beaucoup sans doute, mais c'est surtout quand nous verrons confirmer, étendre ou restreindre les franchises municipales que nous regretterons qu'aucun des contemporains ne nous en ait laissé les raisons. Il est vrai que bientôt nous les pourrons trouver nous-mêmes ; le premier pas fait, la première charte concédée, la ville a acquis vis-à-vis de son souverain une situation analogue à celle d'un vassal ; à chaque changement de main du comté la ville et le nouveau comte se feront des serments réciproques, à chaque avénement les priviléges, coutumes et franchises seront confirmés. Les dispositions nouvelles de ces confirmations périodiques ne seront généralement pas des concessions nouvelles, — celles-ci feront l'objet de chartes spéciales, — mais comme dans les autres villes flamandes, le droit, la coutume, à mesure de leur développement et de leur fixation, prendront place dans ces actes (*keuren*) où ils recevront du suzerain une consécration nouvelle. Plus tard, quand la ville détachée de la Flandre fera partie du nouveau comté d'Artois, le renouvellement des priviléges se fera toujours dans les mêmes termes et deviendra pour ainsi dire l'accomplissement d'une formalité qu'observeront à leur avénement les rois et comtes, souverains de la province.

Nous avons vu Thierri d'Alsace inaugurer son règne par des concessions de priviléges ; ce règne de quarante ans fut pour la Flandre une période relativement heureuse, c'est alors que se fixèrent dans chaque ville ces coutumes, ces lois, ces règlements de police qui devinrent la constitution particulière de la Flandre. L'activité commerciale et industrielle, l'extension des relations extérieures qui accrurent rapidement la richesse du pays, et lui donnèrent au XIIIe siècle sa célébrité dans le commerce et l'industrie de l'Europe, datent de cette époque.

Il nous faut aller jusqu'en 1151 pour trouver de nouveaux renseignements sur Saint-Omer ; à cette époque le comte concède aux habitants de la ville l'emplacement de la *Gilde-Halle*[1], c'est-à-dire du bâtiment qui était à la fois le prétoire des échevins, et le lieu de réunion de la colonie industrielle, le hangar monumental des marchands, qui garda longtemps son nom et son ancien usage, témoignant ainsi de la transformation de l'ancienne corporation germanique, de la *gilde*, en commune. Faut-il conclure de ce texte que cette halle s'élevait sur un fief relevant du comte, ou bien que cette concession était la constatation du droit de propriété du comte sur le territoire de la ville? Nul document n'a pu nous aider à résoudre cette question. Dans les années suivantes, l'interprétation de cet acte ayant sans doute donné lieu à quelques difficultés, Thierri le confirma en 1157 en précisant quelques points et en spécifiant particulièrement que la concession comprenait non-seulement l'emplacement, le fonds de la *Gilde-Halle*, mais aussi les bâtiments et les dépendances [2]. Nous aurons plus tard l'occasion de discuter les dispositions de ces chartes.

La même année, une charte du comte concédait aux habitants de Saint-Omer des franchises aux foires de Lille, d'Ypres et de Messine. Entre ces deux époques, en 1152 un

1. Pièces justificatives, V.
2. Warnkœnig (II, 416) a cru à tort que ces deux actes étaient deux rédactions du même acte, toutes deux de la même époque ; M. Wauters a très-bien prouvé (*Table des diplômes*, III, introd., p. XLVIII), que le consentement spécifié dans l'une d'elles de Philippe, fils de Thierri d'Alsace, en recule la date après 1156, époque à laquelle il fut associé au gouvernement du comté. L'existence dans les archives de Saint-Omer d'une charte du même comte, datée de 1157, et très-certainement concédée à la même époque, vient confirmer ce que dit M. Wauters ; la date de 1157 prouve en outre qu'il faut reculer jusqu'à cette année l'époque où l'on trouve la mention de Sibylle d'Anjou dans les chartes de Thierri d'Alsace. (Voy. pièces justificatives, VI et VII.)

incendie avait dévoré la moitié de Saint-Omer et le monastère de Saint-Bertin [1].

Les actes que nous venons de signaler, concession de la halle et confirmation des règlements commerciaux, privilèges et franchises aux foires, sont des indices de ce développement commercial que nous signalions comme actif à cette époque ; les privilèges et franchises accordés par les rois d'Angleterre Henri II et Jean-Sans-Terre, tant aux marchands de Saint-Omer qu'à ceux de toute la Flandre, nous font assister à l'extension de ce mouvement commercial [2]. Les nombreux documents qui nous restent de cette époque, ceux relatant des conflits entre les diverses juridictions qui se partageaient la ville, des règlements ou tarifs de péages, des conventions relatives aux propriétés communales, les cessions de droits, les achats et les ventes pour les édifices publics, l'introduction dans les confirmations périodiques des comtes des lois coutumières de la ville, nous font assister au développement du commerce et de l'industrie, au travail si curieux de l'organisation et de la hiérarchisation des divers pouvoirs ; nous voyons s'établir, se fixer une à une les diverses dispositions du droit municipal, et de plus en plus la ville affirmer son autonomie.

L'exemption de tonlieu à Gravelines [3] favorise ses relations commerciales, l'exemption de tonlieu à Saint-Omer accordée aux habitants de Bourbourg [4] attire sur son marché les commerçants de cette ville, l'établissement d'un tribunal arbitral, permet de régler, sans intervention extérieure, les conflits avec l'autorité ecclésiastique [5] ; on détermine exactement les limites des propriétés communales[6], on partage celles indivises[7], on se décharge sur un particulier, moyennant une concession, de l'obligation féodale de fournir au comte les ustensiles de cuisine qui lui sont

---

1. Guérard, *Cartul. de Saint-Bertin*, p. 325. — Cf. *Genealogia comitum Flandrie* (*Corpus chronicorum Flandriæ*, 1, 100), et *Chronique de Flandre* de la fin du XIIIe s. : « Et avint par che méesme tans, s'il est à savoir en
» l'an M et C et LII, en le vile de Saint-Omer uns embrassemens plou-
» ravle de glises et de maisons et pour chou ke lequel ke li flamme
» dewasta le glise de Saint-Bertin et toutes les offechines. » (*Corpus chronicorum Flandriæ*, II, 91.)
2. 1154-1162. Pièces justificatives, n° VIII.
3. 1165. Pièces justificatives, X.
4. V. 1165. Pièces justificatives, XI.
5. 1166. Pièces justificatives, XIII.
6. 1166. Pièces justificatives, XII.
7. 1175. Pièces justificatives, XV, XVI.

nécessaires pendant son séjour dans son château de Ruhout[1]. Les métiers s'organisent, les étaux de boucherie sont affermés[2], on règle la condition des hôtes (*subsides*)[3]. Ces quelques indications peuvent montrer de quelle nature est le travail qui, dans la seconde moitié du XIIe siècle, prépare l'organisation qui ne sera complète que vers la fin du siècle suivant.

Pendant cette période, plusieurs fois Saint-Omer avait vu ses franchises renouvelées. Une première fois Philippe d'Alsace, avant la mort de son père, confirma la charte de 1128; ce fut, non point lors de son association au gouvernement du comté, lorsque son père, Thierri d'Alsace, prit la croix pour la troisième fois, mais seulement en janvier 1165[4]. L'histoire ne peut pas expliquer ce fait, et nous dire s'il faut croire qu'à cette époque le comté lui fut donné à un titre plus définitif que dans les années précédentes, ou bien si des défiances de la part de la ville firent exiger de lui cette garantie.

Cette charte est mot pour mot semblable à celle concédée par son père, ou plutôt elle n'en est que la confirmation. Quoique le préambule n'ait pas la forme d'un vidimus, l'ancienne charte, sauf ses premières formules, est reproduite tout entière, y compris les souscriptions et celle même du comte Thierri; la clause de garantie a été seule supprimée, et, à la suite des noms des témoins de l'ancienne charte, viennent les formules finales et les souscriptions de la nouvelle.

Thierri d'Alsace mourut le 4 février 1168; c'est de la même année sans doute que date la deuxième charte concédée par son fils à Saint-Omer[5]. Cette fois la charte fut autre chose que la confirmation des concessions précédentes; comme dans les autres villes de Flandre, le droit s'était fixé et la nouvelle charte apporta à la coutume locale la confirmation du comte.

Nous avons déjà montré cette tendance à insérer les textes fixés du droit dans les priviléges confirmés par les comtes; nous

---

1. « Cives mei de Sancto Audomaro dederunt Willelmo de Macheline
» et successoribus ejus terram super quam fundata erat vetus Ghildhalla,
» hac conditione ut ustensilia coquine mee apud Ruhout necessaria,
» cupas videlicet et alveos, patellas et caldarios, idem Willelmus......
» amministrando procuret... Concessum est... ut... cives meos a supra-
» dicto officio in perpetuum liberos dimittam... » Charte de Philippe
d'Alsace. 1176. (Arch. mun. *Cartulaire* AB. XVIII, 15, f° XVIIII, v°.)

2. 1176. *Mémoires de la Société des antiquaires de la Morinie*, t. IV, p. 345.

3. 1193. Pièces justificatives, XIX.

4. Pièces justificatives, IX.

5. Pièces justificatives, XIV.

avons déjà constaté l'insertion dès 1128 dans un de ces documents de la législation sur les successions, cette fois-ci il n'y a pas moins de trente-cinq articles nouveaux ajoutés aux vingt-quatre articles de la charte de 1128. Le droit civil, la procédure et la législation criminelles, les franchises et les garanties commerciales, les attributions des magistrats municipaux, les limites des diverses juridictions, du comte, de l'église et de la ville, la police urbaine, le droit de bourgeoisie, le service militaire et les dispositions des paix publiques, tels sont les objets réglés par cette charte, ou plutôt telles sont les matières sur lesquelles elle édicte certaines dispositions particulières. Nous étudierons dans la suite de cet ouvrage le caractère de ces documents, mais nous devons dès maintenant faire une observation, d'autant plus importante, que la nécessité où nous nous trouvons de grouper pour notre étude d'une façon logique les diverses dispositions de ces actes, empêcherait d'en remarquer ce trait essentiel : nous devons observer que nul ordre ne règne dans la disposition des matières et que chaque matière abordée n'est jamais traitée d'une manière complète. Ces textes, en effet, nous présentent le droit et les institutions en cours de formation ; les auteurs de ces chartes n'avaient pas la prétention d'édicter une législation complète, le droit était non écrit, et on n'avait pas à cette époque l'intention de le fixer. Chaque disposition qu'on écrivait était donc destinée à régler un point contesté, à combler une lacune dans la coutume, ou bien à y apporter les changements que nécessitaient la transformation des relations sociales, le développement de la civilisation, la naissance des intérêts commerciaux, etc., ou encore à importer dans la ville — et c'était un cas fréquent — une disposition, un usage mis ailleurs en pratique et dont on avait pu constater les effets. On conçoit dès lors comment il se fait que chaque matière ne soit réglée que dans quelques détails, et pourquoi tant de confusion règne dans ces documents ; l'ordre adopté pour enregistrer chaque disposition devait être pour ainsi dire l'ordre chronologique ; chacune d'elles était sans doute édictée, puis promulguée à mesure que les circonstances la provoquaient. L'étude et l'analyse de ces textes, où nous chercherons leur origine, où nous essaierons de retrouver soit le droit antérieur, soit le droit non écrit, sera la démonstration de cette explication que nous devions donner ici, en faisant remarquer ce trait caractéristique de tous les monuments du droit flandro-germanique.

Cette charte de 1168 est celle qui établit pour le xiie siècle le droit municipal de Saint-Omer ; il est intéressant de la comparer à la keure de Bruges[1] de 1190 environ qui constitua le droit des grandes villes flamandes ; elles ont toutes deux des analogies naturelles, puisqu'elles sont le développement, dans les mêmes conditions, des mêmes principes juridiques, mais les différences de détail, dans le taux des amendes, dans les jours de délais, dans la rédaction des articles, prouvent que l'une n'a point servi de modèle à l'autre, bien que certaines dispositions aient pu être imitées. Nous étudierons les rapports de ces chartes pour chacune des institutions.

Un fait étrange et pour lequel je n'ai pu trouver aucune explication satisfaisante, c'est que les confirmations postérieures très-nombreuses des priviléges de Saint-Omer n'ont jamais rappelé cette charte si importante ; toujours elles ont pris pour modèle la charte de 1164-65[2]. Si les développements de la charte de 1168 avaient créé, vis-à-vis du comte, pour la ville une situation plus indépendante qu'auparavant, s'ils avaient été la concession de franchises ou de priviléges nouveaux, on comprendrait leur non ratification préméditée ; mais cette raison ne peut exister puisque ces développements ne consistent que dans la consécration par le comte de règlements locaux. Je hasarderai plutôt l'explication suivante : quand le comte Baudouin de Constantinople et Marie de Champagne eurent confirmé les priviléges de Saint-Omer[3], c'est-à-dire la charte de 1164-65, Baudouin concéda aux bourgeois, par une autre charte datée du 5 mai 1199, le pouvoir de modifier et d'améliorer le droit de leur ville : « *Juri preterea suo quicquid voluerint ad emendationem » ville superaddant*[4]. » Après cette concession, toutes les dispositions que nous venons de voir confirmées par le comte devenaient du ressort de l'échevinage, les confirmations de priviléges n'avaient plus besoin de s'en embarrasser, et en effet, le XIIIe siècle nous fournira un grand nombre de dispositions législatives, bans, keuren, règlements de police, etc., qui n'ont pas eu la confirmation du comte.

1. Warukœnig, II, 417.
2. M. de Givenchy (*Mémoires de la Société des antiquaires de la Morinie*, t. IV, p. XCVII) suppose que cette charte a été égarée jusqu'à lui, qu'elle était perdue dès la confirmation des priviléges de 1198, et que la preuve est que lui-même l'a trouvée dans une layette des archives autre que celle contenant les priviléges analogues.
3. Pièces justificatives, XXII et XXIII.
4. Pièces justificatives, XXVII.

Les vicissitudes que subit Saint-Omer à la fin du xiiie siècle et qui se terminèrent par sa séparation du comté de Flandre, vont maintenant nous obliger à rappeler les événements de cette époque.

§ VI.

Les territoires qui devaient former le comté d'Artois, c'est-à-dire la partie méridionale de la Flandre au-delà du Neuf-Fossé, formaient une circonscription territoriale dont Saint-Omer était une des villes principales. Dès 1159, cette circonscription constitua le douaire d'Élisabeth de Vermandois, épouse du comte de Flandre[1]; plus tard, ce fut la dot de la cousine de Philippe d'Alsace, Élisabeth de Hainaut qui épousa Philippe-Auguste en 1180. Quand elle mourut, en 1190, son fils Louis eut dans son héritage ce domaine; les différends qui eurent lieu alors à ce sujet entre le roi et le comte de Flandre furent réglés à Arras par les évêques d'Arras et de Térouane et les abbés d'Anchin et de Cambron, qui déterminèrent exactement les limites de cette circonscription. Depuis lors Philippe-Auguste, en qualité de tuteur de son fils, administra le pays. Deux chartes de cette administration nous ont été conservées à Saint-Omer; l'une, datée de Saint-Omer en 1194, confirme la division faite, en 1165, par Philippe d'Alsace des pâtures communes entre la ville, l'abbaye et le chapitre et, en même temps, les franchises commerciales à Gravelines concédées en 1175 par le même comte[2]; l'autre, de 1197, concède aux bourgeois la propriété des fossés de la ville et de leur produit[3].

Cependant le comte de Flandre Baudouin IX attendait la première occasion favorable de recouvrer les parties détachées de son comté. Au commencement de 1197 il signa un traité avec le roi d'Angleterre[4] et réclama la restitution de la Flandre au-delà du Neuf-Fossé. Ce fut la guerre avec le roi de France; Philippe-Auguste vaincu et entouré dut se résigner à la cession; mais, de retour à Paris, il fit décider qu'un traité avec un vassal félon ne le liait pas. Le comte continua à combattre : il prit Aire et le 6 septembre arriva devant Saint-Omer[5]; pendant

---

1. Voy. Martène, *Ampliss. Coll.*, t. I, p. 851.
2. Pièces justificatives, XX.
3. Pièces justificatives, XXI.
4. Voy. Wauters, *Table des diplômes*, t. III, 70.
5. Voy. la Chronique d'Andres. *Histor. de Fr.* XVIII, 572, et la Chro-

deux semaines les habitants se défendirent, puis ils demandèrent du secours au roi, mais ses embarras avec l'Angleterre ne lui permirent pas d'agir en leur faveur ; et, d'une part, nul aide ne leur venant, d'autre part vigoureusement attaqués [1], ils durent capituler. Ils se rendirent après trois semaines de trêve quand ils furent certains que le roi de France ne pouvait rien pour eux, le 11 octobre.

Maître de Saint-Omer, Baudouin IX dut aussitôt confirmer à la ville ses coutumes et ses priviléges ; c'est de la fin de cette année, que doit dater la confirmation de la charte de Philippe d'Alsace de 1164-65 [2] ; il s'empressa aussi de confirmer tous les priviléges que les habitants de Saint-Omer tenaient de Philippe-Auguste [3], et, en outre, le 5 mai 1199 il confirma la juridiction de l'échevinage et lui concéda le droit d'améliorer sa coutume et d'édicter des lois [4]; cela aussi peut bien avoir été fait à l'imitation de Philippe-Auguste, car nous avons une charte de ce roi, de 1192, en faveur des bourgeois d'Aire, qui leur permet de faire à leur coutume les changements qu'ils trouveront convenables [5].

Quelques mois plus tard, le 2 janvier 1200, le traité de Péronne termina la lutte entre le roi et le comte de Flandre [6]. Par une cote mal taillée, on partagea les territoires contestés : Saint-Omer avec la partie septentrionale fut abandonné au comte de Flandre. Les villes furent appelées à garantir le traité intervenu [7] ; comme ceux des villes de Bruges, de Bergues,

nique latine dite *Flandria generosa*, *Corpus chronicorum Flandriae*, I, 131. — Cf. Alberic de trois Fontaines. *Histor. de Fr.* XVIII, 760, et la Chronique anonyme du chanoine de Laon, ibid. 710.

1. Voy. le récit du siége dans Lambert d'Ardres. *Histor. de Fr.* XVIII, 585.
2. Pièces justificatives, XX. — La plupart des actes des comtes de Flandre ne sont pas datés. M. Taillar dit à propos de la charte octroyée à Gand en 1191 : « il (Baudouin IX) a octroyé une charte, sans date, » signature, ni témoins, afin qu'elle soit nulle pour l'avenir. » (*Commission d'hist. de Belgique*, t. VI, p. 122, 1844.) Il est à croire que l'auteur de l'*Origine des communes flamandes* n'avait guère vu de chartes émanées des comtes de Flandre. Une charte datée, de Marie de Champagne, aide à fixer la date de la confirmation par Baudouin IX des priviléges de Saint-Omer. Voy. pièces justificatives, XXIII.
3. Pièces justificatives, XXVII.
4. Voy. plus haut, p. 68.
5. « Si in hiis praedicti burgenses in aliquo scirent emendanda, nos eisdem, eo quod benignos et devotos erga nos aestimamus, salva tamen in omnibus fidelitate regiae majestatis indulgemus et concedimus corrigenda. » (*Ordonn. des rois de Fr.*, t. XII, p. 565.)
6. Voy. Wauters, *Table des diplômes*, III, 126.
7. Arch. nat. J, 532, n° 3.

de Courtrai, de Furnes, de Bourbourg, de Lille, d'Ypres, d'Aire et de Gand, les maieurs, échevins et jurés de Saint-Omer prirent au nom des habitants l'engagement de se tourner contre le comte Baudouin dans le cas où il n'observerait pas les clauses de la paix conclue entre lui et le roi Philippe[1].

Une charte de 1200 nous montre seule la trace de l'administration du comte Baudouin à Saint-Omer après le traité de Péronne; c'est la confirmation d'une sentence arbitrale qui fixait la ligne de séparation des possessions de l'abbaye de Saint-Bertin et de la ville, dans les pâtures nommées Suinart[2].

Des deux parts on n'attendait qu'une occasion pour mettre la main sur le territoire cédé; la mort de Baudouin IX la fournit au fils de Philippe-Auguste. Après la célébration à Paris des noces de la nouvelle comtesse Jeanne avec Ferrand de Portugal et leur hommage au roi de France (1211-12, 22 janvier), il les arrêta à Péronne, et, avec les secours des comtes de Ponthieu et de Saint-Pol, investit Aire et Saint-Omer. La ville était sans garnison, la captivité de Ferrand et de Jeanne rendait vain tout espoir de secours, les habitants, qui d'abord avaient fait bonne contenance et fermé leurs portes, reçurent le prince Louis[3]. Celui-ci, dans huit chartes, leur confirma tous leurs priviléges[4], leur charte de commune, la concession de leurs fossés, la possession de leurs pâtures, de la Gilde-halle, etc.; il mit dans la ville une forte garnison, renforça les fortifications et construisit une tour très-forte près de la porte de Boulogne. Ces précautions prises, il ouvrit au comte de Flandre les portes du château de Péronne. Ferrand essaya de lutter, mais au bout de peu de temps il dut se résoudre à traiter; la paix conclue entre Lens et Pont-à-Wendin, le 24 février, abandonna au prince Louis les villes dont il s'était emparé[5].

En 1213, Ferrand, fort de l'appui de l'Angleterre, revendiqua les forteresses d'Aire et de Saint-Omer[6], mais les circonstances

---

1. Arch. nat. J, 627, n° 1. Teulet, *Layettes du trésor*, t. I, p. 215ª. C'est cette pièce qui nous a conservé le premier sceau de la commune de Saint-Omer. Voy. de Wailly, *Éléments de Paléogr.* t. II, p. 398.
2. Pièces justificatives, XXVIII.
3. Voy. *Genealogia comitum Flandriae. Histor. de Fr.*, t. XVIII, p. 564.
4. Pièces justificatives, XXXI à XXXIV.
5. Voy. le traité dans Warnkœnig, t. I, p. 346 et la garantie fournie à cette occasion par Saint-Omer. Teulet, *Layettes du trésor des chartes*, t. I, p. 378.
6. *Guillelmus Armoricus. Histor. de Fr.*, t. XVII, p. 88.

permirent au roi de France de tourner ses forces contre lui et de le repousser ; le roi parti, le comte se porta sur Saint-Omer, mit ses faubourgs à feu et à sang et dévasta son territoire, puis il entra dans la fameuse coalition qui se termina le 27 juillet 1214 à la bataille de Bouvines. Le comte Ferrand y fut prisonnier, son épouse signa le 24 octobre suivant un traité où la paix lui était accordée aux plus dures conditions.

Précisément à la même époque, les échevins de Saint-Omer, que les intérêts commerciaux de leur ville attachaient à l'Angleterre, écrivaient à Jean-Sans-Terre pour l'assurer de leur fidélité, même contre la France[1].

Réuni à la couronne avec l'avènement au trône de France de Louis VIII, l'Artois y resta jusqu'en 1237. A son avènement, en 1229, saint Louis, à l'exemple de son père, confirma à Saint-Omer toutes ses chartes[2]. En 1237, le comté d'Artois devint l'apanage du frère de saint Louis, Robert, qui confirma de nouveau les mêmes priviléges[3].

§ VII.

Nous ne poursuivrons pas plus avant le récit des événements historiques auxquels Saint-Omer fut mêlé. Pour l'objet que nous nous sommes proposé en entreprenant ce travail, l'histoire jusqu'à cette époque suffit. Nous avons dès maintenant étudié toutes les vicissitudes qui ont eu quelque influence sur la formation de la ville et sur ses institutions. Nous l'avons vue de petite bourgade devenir château-fort, puis grande ville ; nous l'avons vue passer de la domination de l'abbaye à celle du comte ou de son délégué, puis s'organiser pour se gouverner elle-même. L'intérêt de son histoire, à l'époque où nous sommes arrivé, est tout entier dans le travail intérieur qui se fait pour ordonner, développer, fixer l'organisation que les conditions et les circonstances que nous avons essayé de mettre en lumière lui ont faite.

Tout le XIIIe siècle est pour Saint-Omer, comme pour les villes voisines de l'Artois et de la Flandre, une période florissante ; la population s'accroît, le commerce et l'industrie se développent,

---

1. *Documents inédits*, Champollion, *Lettres de rois*, t. I, p. 24.
2. Arch. mun. de Saint-Omer, Charte de Commune. AB, XIV, 1. — Sept autres chartes dans le cartul. AB, XVIII, 15, f° XXXI à XXXIII v°. Ce sont les mêmes privilèges que ceux confirmés en 1211.
3. Arch. mun. de Saint-Omer, AB, XIV, 2.

les richesses affluent, l'autonomie communale s'affermit. Pendant toute cette période, le corps échevinal est un gardien jaloux des libertés municipales, chaque suzerain à son avénement est requis de renouveler les priviléges de la ville ; aucun comte ne fait son entrée sans jurer de maintenir ses franchises[1]; mais surtout l'échevinage s'attache à étendre les limites de son action, à ruiner les vestiges des anciennes puissances qui ont possédé la ville et qui ont conservé des immunités, des droits seigneuriaux, des possessions, qui restreignent son pouvoir, sa juridiction ou son indépendance. Le châtelain, dont la puissance a bien diminué depuis l'institution des baillis, se prête d'assez bonne grâce à cet accroissement du pouvoir municipal ; moyennant indemnité, il lui cède un à un tous ses droits seigneuriaux, et nous verrons le titre héréditaire de châtelain de la ville devenir un simple titre honorifique dans la famille des seigneurs de Fauquembergue. Les juridictions ecclésiastiques résistent davantage, il est difficile de voir qui est avantagé dans les actes qui terminent les nombreux conflits qui se succèdent entre elles et la ville ; une fois même, l'excommunication du corps de ville fut un des épisodes d'une lutte contre elles. Mais la puissance contre laquelle échouent les efforts de l'échevinage est celle du représentant du pouvoir central, du bailli ; nous aurons à constater dès le XIIIe siècle les germes de la lutte séculaire où finit par se briser l'indépendance communale[2]. De nombreux documents témoignent du développement du commerce et de l'industrie et de cette lutte constante entre les puissances rivales. A la fin du XIIIe siècle en particulier, l'échevinage édicta une foule de règlements, bans de police et de voirie, règles de procédure, décisions créant des précédents, coutumes de droit civil et criminel rédigées, mais surtout règlements destinés à protéger l'industrie locale, à favoriser le commerce de la ville, à leur assurer leurs *libertés*, c'est-à-dire leurs priviléges. Il est inutile d'insister pour montrer de quelle importance sont ces

1. En 1251, la comtesse Mahaut, après la mort de Robert Ier, promet de respecter les lois, coutumes et droits de la ville. (1251, mai. Hesdin, orig. arch. mun. de Saint-Omer, CCLI, 1.) — En 1267, confirmation des priviléges par Robert II. (Ibid. AB, XIV.) — 1269, serment de Robert II. (Ibid. CCLI, 2.) — 1302, août, Saint-Omer, confirmation et serments de Mahaut et Othon. (Ibid. AB, XIV, et Arch. nat. JJ. 61, pièce 190.) — 1302-1303, mars, confirmation par Philippe le Bel. (Arch. nat., ibid.)

2. Cette lutte a trouvé un historien dans M. de Lauweyrens de Roosendaele. Voy. son livre intitulé : *Une guerre échevinale de 177 ans.* Saint-Omer, 1867, in-18.

documents pour l'étude des institutions; nous indiquerons ailleurs leurs caractères, mais nous pouvons dire dès maintenant que cette réglementation à outrance est un signe que la décadence est proche. Nous verrons si l'on peut compter ces règlements parmi les causes de la décadence, ou s'ils furent au contraire des barrières impuissantes à l'arrêter; quoi qu'il en soit, dès les premières années du XIVe siècle, on voit la prospérité diminuer et l'indépendance communale recevoir ses premières atteintes.

La principale cause de la décadence ce fut la guerre. Saint-Omer, placé sur la frontière de la Flandre, sentit durement le contrecoup de la longue lutte entre Philippe le Bel et Gui de Dampierre. Après la bataille de Courtrai, quand les Flamands débordèrent sur l'Artois, son territoire fut dévasté[1]; lorsque, en mai 1303, le fils du comte Gui, Philippe, revenu en Flandre, prit l'offensive contre le roi de France et brûla Térouane: il faillit enlever Saint-Omer[2]. Une estimation faite à cette époque, pour Saint-Omer, des dommages causés par la guerre, monte à plus de 40,500 liv. parisis[3].

Mais Saint-Omer souffrit moins encore des maux que la guerre lui fit directement subir que de l'influence funeste qu'elle eut sur son commerce et son industrie. Ses intérêts commerciaux et industriels la liaient à la Flandre et surtout à l'Angleterre. Quand les relations furent rompues avec l'Angleterre, le vide se fit dans la ville. Que pouvaient faire des drapiers sans laines? Beaucoup émigrèrent, ils allèrent porter leur industrie là où étaient les matières premières, et alors commença la dépopulation. En outre, quand Philippe le Bel brouilla les monnaies, quand il multiplia les péages, quand il leva des impôts sur tout, quand il créa des droits nouveaux sur les foires, le commerce dut abandonner Saint-Omer et prendre une autre route. Quelle attitude tint la ville dans ces conjonctures, nous l'ignorons, mais il n'est guère

---

1. Voy. le récit d'une « grande bataille » qui fut livrée sous les murs de Saint-Omer le 4 avril 1303. Chronique attribuée à Jean Desnouelles. *Histor. de Fr.*, t. XXI, p. 193. Chron. anonyme contemporaine, ibid. 136, et continuateur de Nang., ibid. 588.

2. Continuateur de Nangis, *Histor. Fr.*, t. XX, 589.

3. Estimation par *Renaus de l'Englentier, Ysaac de Wilre chevalier, Jakeme Dubroet et Jakemes de le Deverne bourgeois de Saint-Omer* délégués par le roi des « *domages de l'arsin des forbours de le dite ville des maisons » voisines et des warisons destruites par le guerre.* » Les dommages sont estimés à 40,537 l. 17 s. 6 den. parisis, non comptés ceux causés aux Frères-Mineurs. (*Arch. mun. de Saint-Omer. Registres au renouvellement de la loy*, I, fol. CX v°, année 1303.)

possible que des sympathies pour l'Angleterre, sinon pour la Flandre, ne se soient pas manifestées, au moins dans l'aristocratie commerciale. Malheureusement pour la ville et son indépendance, l'union n'y existait pas ; une haute et riche bourgeoisie s'était constituée, s'était assuré le maniement des affaires, et s'était rendu le peuple, « le commun, » hostile ; leurs dissensions furent le prétexte qu'invoqua le pouvoir central pour intervenir dans les affaires de la commune.

Un conflit entre l'aristocratie et le peuple fut l'occasion que saisit Mahaut, comtesse d'Artois, pour réformer en 1305 et 1306 « la Loy échevinale ». Les documents relatifs à cette affaire qui nous restent, ne nous donnent guère d'éclaircissements sur la cause du conflit ; les « maieur, eschevin s'estoient » mauvaisement maintenu ou gouvernement de la ville, dou » tans passé », ils avaient mal administré ; c'est tout ce que disent les actes de 1305. L'ordonnance de 1306 précise davantage : les fonctions municipales, dit-elle, se perpétuent dans les mêmes lignages, elle insinue, qu'à la faveur d'une administration en famille, des malversations des deniers de la ville ont pu avoir lieu, elle argue de « la dissention et discort meu entre les gros » d'une part et le peuple de la ville d'autre part ». Ces prétextes avaient leur part de réalité ; à n'en pas douter, à la faveur des corporations, des priviléges, des monopoles, une espèce d'aristocratie avait dû se former dans la ville, les notables avaient usé de leur puissance et de leur influence pour perpétuer les charges dans quelques familles, ils avaient traité les finances de la ville comme les leurs, c'est-à-dire probablement sans dilapidation, mais au profit exclusif de leurs industries, de leur commerce, de leur puissance et sans rien faire pour « le commun ».

Tout cela est trop l'histoire éternelle de l'humanité pour qu'on ne croie pas à la réalité de ces allégations. De là une antipathie naturelle entre les habitants de la ville séparés en deux classes. Si « les gros » eurent pour les Flamands et pour les Anglais des sympathies que leur commandaient leurs intérêts, « le commun », par un contraste naturel, dut être français et appeler de tous ses vœux, même au prix d'une indépendance dont il ne bénéficiait pas, le renversement de la classe supérieure. La comtesse d'Artois saisit l'occasion d'une « dissention » pour motiver son intervention.

Par un premier acte en date du 10 mai 1305, elle mit l'échevinage à sa merci ; le bailli d'Hesdin, juge du conflit, déclara que « considérant les griés, la paine, les frais, les haines et les périls

» qui avenir porroient en la dite ville entre les personnes, se les
» questions desus dites fussent demenées par voie ordenaire, par
» rigueur de droit et par lonc trait, considérans la tres grant
» volenté et affection que il sevent que ma dame desus dite a de
» garder la pais, la concorde, la raison, le droit et l'estat de ses
» villes et de ses sougis, » les partis étaient tombés d'accord
qu'il fallait que la comtesse « corrigast, réformast, feist et ordenast
» pour l'estat de la ville dou tout à sa volenté », et, ajoute le
bailli d'Hesdin, la comtesse, « à la supplication des dites parties,
» prist et reçut en ly le faiz et la charche desuz dite[1]. »

Le 22 octobre suivant, une ordonnance apprenait quelles
avaient été les intentions de la comtesse. L'article premier
décidait que, à la prochaine élection, les échevins en fonctions
éliraient pour leurs successeurs telles personnes qu'il plairait
à la comtesse de désigner par ses lettres et non autres ; ceux-ci
à leur tour devaient être remplacés de la même manière ; les
autres dispositions étaient la satisfaction donnée au peuple relativement à l'administration financière de la ville et à la publicité
de ses comptes ; la comtesse se réservait d'interpréter, corriger,
amender ces dispositions « einsi comme il lui sembleroit que bon
fust » ; elle protestait d'ailleurs que par là elle entendait bien
ne point porter préjudices « auz lois, chartes, previlèges, auz
bonnes coutumes, ne auz bons usages » de sa ville[2]. Il ne paraît
pas que cette mesure ait satisfait le peuple, ni surtout qu'elle ait
calmé son animosité contre les familles échevinales ; la comtesse
avait intérêt à conserver ses bonnes grâces, l'acte d'autorité
qu'elle avait fait avait suffi à produire une petite révolution dans
la ville. Dès le 25 mai 1306, une ordonnance rendit à la ville la
nomination de ses magistrats ; elle organisa un système très-
compliqué d'élection à trois degrés, en déterminant en outre la
catégorie des éligibles. Mais elle mit dans une certaine mesure
les élections entre les mains « du commun » et prit des précautions contre la continuation des charges dans les mêmes
familles[3]. Dès lors cependant, elle avait établi le droit du souverain
« à réfourmer l'estat de le vile, à adrecier, corrigier et amender
» les choses maltraitiées et mal faites pour la pais, la refour-
» mation et le profit de le vile et des habitans en ychele » ; elle
et ses successeurs usèrent de ce droit. Elle-même, à la même
époque, abolit l'usage judiciaire nommé *Ensoine*[4].

1. Pièces justificatives, LXXIII.
2. Pièces justificatives, LXXIV.
3. Pièces justificatives, LXXV. — 4. Pièces justificatives, LXXVII.

Cette réforme ne pacifia pas Saint-Omer pour longtemps, de nouveaux troubles, dont nous ignorons la cause, éclatèrent au mois de juin de la même année ; une chevauchée de quatre jours (29 et 30 juin, 1er et 2 juillet), dont la ville paya plus tard les frais et à laquelle prirent part non-seulement des chevaliers, mais aussi la milice d'Arras les apaisa momentanément ; au mois d'août, nouvelle révolte suivie encore d'une nouvelle chevauchée (10, 11, 12 et 13 août) qui réduisit les rebelles auxquels la paix fut accordée, moyennant finances et otages, le 23 août[1].

La prise de Saint-Omer en 1316 par Robert, lors de son entreprise sur le comté et les guerres anglaises apportèrent encore des causes nouvelles de dépérissement. En vain des privilèges commerciaux cherchèrent à lui rendre la vie et l'activité, ils ne servirent qu'à tuer la dernière industrie du pays. Les drapiers, que l'exagération des impôts, des droits d'étal, de péage et de vente avaient chassés des villes et qui n'avaient pas émigré en Angleterre, avaient éparpillé leur industrie dans les villages ; contre cette concurrence, les métiers des villes réunirent tous leurs efforts; arrêts et privilèges en firent justice. D'autre part, les guerres rendirent vains les privilèges qu'on fit à l'importation anglaise qu'on songea trop tard à rappeler par des créations de foires franches et des exemptions de taxe. Les documents financiers de cette époque nous font voir la ville toujours obérée demander sans cesse des ressources à de nouveaux impôts, ou à des emprunts que des taxes nouvelles devront rembourser.

Les comtes et les rois de France continuèrent de lui confirmer ses privilèges ; en 1440, Charles VII ajouta à sa confirmation une interprétation de quelques articles dont nous aurons occasion de nous servir ; enfin, en 1447, une dernière modification fut apportée à sa constitution. Le duc Philippe le Bon espéra remédier à la décadence en réformant les abus qui s'étaient introduits dans la police, la perception des impôts et la justice ; son ordonnance en date du 9 décembre[2] constate d'abord que « la ville est à présent moult fort endestée, et plusieurs des

---

1. *Arch. du Pas-de-Calais*, fonds des comtes d'Artois. Vingt-sept quittances de gages datées des 2 et 3 juillet 1306. — Lettres de pardon, moyennant finances et otages, accordées à Saint-Omer par la comtesse Mahaut, le 2 juillet. — Soixante-huit quittances de gages du 13 août, quatre du 14 août et sept du 20 août. — Paix accordée par Mahaut aux révoltés le 23 août 1306. Je dois ces indications à l'obligeance de mon confrère M. J.-M. Richard, archiviste du Pas-de-Calais.

2. Arch. mun. de Saint-Omer, AB, XXXVII.

» bourgois et habitants departis d'icelle et allez demeurer ailleurs
» en autre lieux et par ce est la dite ville fort dépopulée et si
» pourvu n'y estoit, seroit en voie de plus estre ». Une enquête
fut faite par l'évêque de Tournai, le seigneur de Croy, chambellan, Jean, bâtard de Renti, et Jean Postel, maître des requêtes de l'hôtel; il en résulta une ordonnance qui déposa un certain nombre de magistrats municipaux, qui prit de nouvelles précautions contre l'hérédité des charges municipales, régla et organisa l'élection des échevins, détermina leurs « gages », ceux des conseillers, de l'*argentier* et des officiers de l'échevinage. En outre, des règles nouvelles furent édictées sur l'administration de la justice et l'exécution des jugements ; un article spécial défend aux échevins de faire dîner aux dépens de la ville, sauf dans certaines circonstances, d'autres règlent les travaux publics qui devront se faire par adjudication, les impôts qui devront être affermés ; la réglementation des métiers et du commerce n'est pas oubliée ; les amendes abandonnées jusqu'alors aux sergents et aux échevins devront être portées aux recettes de la ville, les habitants seront contraints au guet et à la garde, les comptes de l'argentier de la ville devront être visés et vérifiés chaque mois ; enfin, dernières précautions : chaque année, au mieux des intérêts de la ville, les maieur et eschevins feront les ordonnances sur les métiers, la police et la voirie, *de façon à repeupler la ville ;* dans le même but, tous ceux qui voudront, pourront venir à l'essai, devenir bourgeois et repartir pendant trois ans sans payer le droit d'issue.

Toutes ces dispositions, toutes ces précautions minutieuses contre la dilapidation des deniers de la ville, contre la mauvaise administration et la mauvaise justice, montrent à quelle décadence était arrivée cette ville autrefois si prospère, si riche, si peuplée, que nous avons vue rivale des grandes cités flamandes, les précédant peut-être dans leur prospérité, mais, avant elles aussi, privée de tout ce qui avait fait sa grandeur et son éclat.

CHAPITRE III.

LE COMTE. — LE CHATELAIN. — LE BAILLI.

§ I. *Ordre suivi pour l'étude de l'organisation de Saint-Omer.* — § II. *Le comte; relations avec la ville; juridiction; conflits avec l'échevinage; droits domaniaux; droits fiscaux.* — § III. *Les châtelains; origine des châtelains; relations avec le comte; leur situation et leur rôle; rapports avec la ville; juridiction sur la châtellenie et sur la ville; fonctions juridiques; droits fiscaux, émoluments de justice, redevances féodales, forage, issue du vin, droit sur les déchargeurs de vin, péage des marchands qui traversent la ville, droit sur les serments de bourgeoisie, banalité des moulins; droits particuliers sur la banlieue; fief du châtelain, la Motte; possessions du châtelain; fiefs tenus du château; mairie du Brûle; sénéchal du châtelain; résumé du rôle et des fonctions des châtelains.* — § IV. *Le bailli; fonctions juridiques, près de la cour du comte, du tribunal des échevins; attributions administratives; attributions financières; conflits avec la ville; conflits avec le chapitre de Saint-Omer.*

§ I.

Dans les chapitres précédents nous avons vu se développer peu à peu la ville de Saint-Omer, nous avons vu la souveraineté passer successivement dans diverses mains, le territoire de la ville changer de possesseur, la juridiction se déplacer, l'autorité se transmettre en même temps que l'état social se transformer, les relations juridiques se déterminer, et les pouvoirs publics s'organiser. Un établissement de moines, propriétaires du sol, avait produit le premier groupement de population; plus tard cet établissement s'était divisé et avait séparé entre deux propriétaires le sol de la bourgade primitive; puis les comtes ont acquis la plus grande partie du territoire, ont partout exercé leur souveraineté, soit par eux-mêmes, soit par des délégués; enfin, des circonstances particulières ont fait naître en dehors de ces puissances un gouvernement autonome de la ville, de l'association des habitants, de la communauté, par des magistrats recrutés dans son sein. L'esquisse historique qui précède nous a montré ces institutions ou ces personnages venant successivement hériter d'une partie du pouvoir de ceux qui les avaient précédés. Néanmoins, au XIIIe siècle, aucune de ces puissances n'avait absolument disparu; les unes avaient gardé une partie du pouvoir souverain sur l'ensemble de la ville, avaient conservé une fonction, des attributions dans l'organisation générale; d'autres, au contraire, avaient retenu la plénitude de la souveraineté et jusqu'à la possession du sol dans certaines enclaves du territoire de la ville. Les nombreux documents de cette époque qui nous sont parvenus nous permettent de déterminer avec assez d'exactitude la situation et l'autorité respectives de chacune de ces puissances, la nature de leur pouvoir, l'étendue et les limites de leur juridiction. Quoique notre but soit d'étudier plus spécialement l'organisation municipale, c'est-à-dire le fonctionnement de l'administration et de la justice par les magistrats élus, leur pouvoir, leurs attributions, les fonctions diverses d'eux et de leurs officiers, et aussi la situation faite par là à la ville et aux habitants, il est cependant indispensable de dégager leur pouvoir des pouvoirs voisins ou supérieurs, de déterminer le territoire sur lequel s'étendait leur action en éliminant ceux soumis à d'autres lois, à un autre régime, d'expliquer leurs rapports avec d'autres dépositaires du pouvoir, de déterminer les fonctions de ceux-ci, leurs droits et leurs attributions réciproques. Nous les avons amenés sur la scène les uns après les autres dans l'ordre des temps; maintenant, nous allons, pour les étudier, prendre d'abord ceux qui ont eu la plénitude de la souveraineté; nous examinerons quelle part de puissance s'est réservée dans la ville le suzerain, c'est-à-dire *le comte,* quel rôle ont eu ses représentants ou ses officiers, *le châtelain,* puis *le bailli;* nous déterminerons ensuite les territoires de la ville soustraits à la juridiction de l'échevinage, *l'avouerie* de l'abbaye de Saint-Bertin, la juridiction du chapitre et les fiefs relevant du comte; alors seulement, après l'avoir dégagé de tous ses alentours, après lui avoir assigné ses limites propres, son territoire et comme sa sphère d'action, nous aborderons l'examen de l'organisation municipale proprement dite.

§ II.

Nous avons dit que la ville se comporta à l'égard du comte comme un vassal en face de son suzerain. Cette théorie, dont nous avons donné plus haut les raisons (p. 43), explique très-bien les rapports qui existèrent entre eux. Les priviléges et franchises de la ville, les pouvoirs et la justice des échevins furent en quelque sorte *tenus* du comte ; les deux puissances s'engagèrent mutuellement par des contrats, par des traités, dont les conditions furent déterminées par l'appui réciproque qu'elles se demandaient, par leurs forces respectives, par les circonstances et aussi par les coutumes du pays. Le comte conserva comme suzerain le pouvoir législatif suprême, des droits de juridiction, des redevances, une part sur les impôts et les charges des bourgeois, et en outre, à côté du territoire de la communauté, il maintint des possessions soustraites à la juridiction échevinale et qu'il concéda à titre de fief. Il exerça ses droits soit par lui-même, soit par des délégués.

Nous examinerons spécialement tout d'abord son action personnelle sur la ville et les droits et pouvoirs qu'il exerça directement.

Comme tous les suzerains à leurs vassaux, il devait à la ville aide et protection, c'est l'objet de la première stipulation du premier privilége concédé par un comte à la ville : « *Erga unumquemque hominem, pacem eis faciam, et eos sicut homines meos manuteneam et defendam*[1]. » La formule du serment que plus tard les comtes prêtèrent à la ville à leur avénement, est plus explicite encore : « *Juramus quod ville nostre predicte Sancti Audomari et burgensibus ejusdem erimus bonus et fidelis dominus et quod dictam villam et burgenses predictos ejusdem ville manutenebimus et defendemus secundum cartas...*[2]. » En échange de cette protection qu'il devait à la ville, il avait, dans le cas d'invasion de la Flandre, le droit de requérir la milice bourgeoise[3].

Il n'est guère possible de déterminer exactement les droits

---

1. Charte de 1127. Pièces justificatives, III.
2. Pièces justificatives, LVII et LXXII. Serment de Robert d'Artois, 1269, décembre, Paris. — Serment d'Eudes et de Mahaut, 1302, août, Saint-Omer.
3. « Tunc me et terram meam defendere debebunt. » (Charte de 1127, § 4.)

respectifs du comte et de la ville ; sans doute dès le xiiiᵉ siècle on eût obtenu des réponses différentes si l'on eût consulté à ce sujet un légiste de la cour féodale et un conseiller de la ville. On peut dire que la force de la ville résultant de son organisation fut pour elle, contre les usurpations du comte, une protection plus efficace que ses priviléges, et nous avons montré que les comtes profitèrent de divisions intérieures pour remanier cette organisation à leur avantage.

Nous avons dit que les comtes avaient sur la ville un pouvoir législatif suprême ; les chartes de 1127, 1128, 1165, 1168, etc., maintes autres concessions où se trouvent des dispositions de cette nature, en sont les manifestations. On a des preuves que ces priviléges contiennent la plupart du temps des coutumes rédigées dans la ville, émanant de l'échevinage, mais elles devaient être confirmées par le comte. Les chartes de Saint-Omer ne contiennent aucun texte précis à ce sujet, mais la keure de Bruges qui a réglé le droit de nombreuses villes flamandes dit expressément : *Ad hoc nec scabini, nec Brugenses aliquid addere, mutare, vel corrigere poterunt nisi per consensum* (variante, *consilium*) *comitis vel illius quem loco suo ad justitiam tenendam instituerit*[1]. On peut prouver que Saint-Omer ne fit pas tout d'abord exception à cette loi, puisque en 1199 Baudouin se dessaisissait de ce droit exclusif et concéda aux échevins le pouvoir d'ajouter à leur droit, *juri suo*, c'est-à-dire à l'ensemble des dispositions juridiques déjà écrites, ce qui leur paraîtrait nécessaire, en un mot le pouvoir de fixer les coutumes de la ville[2]. Mais il faut remarquer que par cette concession le comte ne se dépouille pas de son pouvoir de législateur en faveur de l'échevinage ; nombre de chartes montrent que ce droit persista au xiiiᵉ siècle à côté du droit de l'échevinage de rédiger les coutumes et de réglementer la police et la voirie ; et en 1306, quand la comtesse Mahaut voulut remanier l'organisation communale, elle déclara, qu'au comte « *appartient à réfourmer l'estat de la* » *vile et à adrecier, corrigier et amender les choses mal-* » *traitiés et mal faites, pour la pais, la réfourmation et le* » *profit de la vile et des habitans en ychele*[3]. »

Comme suzerain, le comte avait dû encore s'attribuer certains pouvoirs pour l'institution des magistratures municipales, mais

---

1. Warnkœnig, *Histoire de la Flandre*, trad. Gheldolf, t. II, p. 417.
2. Pièces justificatives, XXVII.
3. Charte de la comtesse Mahaut. Pièces justificatives, LXXV.

nous réservons pour le chapitre où nous traiterons de l'échevinage l'examen de cette question pour laquelle manquent des textes précis.

Le rôle juridique du comte, la compétence de sa justice paraissent n'avoir été très-exactement fixés à Saint-Omer qu'au XIIIe siècle. Comme suzerain, il eut toujours, en sa cour féodale, juridiction sur son vassal le châtelain ; c'est ainsi qu'il connut des contestations entre le châtelain et l'abbaye de Saint-Bertin [1], en outre, toujours il fut juge des conflits qui surgirent entre les diverses puissances entre lesquelles se partageait la juridiction de Saint-Omer [2], la ville, l'abbaye de Saint-Bertin, le chapitre ; enfin, il fut toujours juge d'appel de la cour féodale du châtelain, et non pas seulement juge d'appel, mais juge suprême, c'était sa cour, le châtelain y représentait le comte, et en outre, on pouvait porter à la cour du comte, avant jugement, les causes en instance devant ce tribunal [3].

1. Philippe d'Alsace, juge d'une contestation relative à des marais entre Guillaume, châtelain de Saint-Omer, et l'abbé de Saint-Bertin (voy. Guérard, *Cartul. de Saint-Bertin*, p. 339). — En 1180, il homologue un accord relatif à la possession d'un marais contestée entre l'abbaye et le châtelain (ibid., p. 358). — Il approuve la donation d'un arrière-fief à l'abbaye de Saint-Bertin (entre 1168 et 1190. Malbrancq, *De Morinis*, t. III, p. 542). — En 1281, juin, il délègue le bailli pour mettre la ville en possession de droits vendus par le châtelain (Arch. municip. de Saint-Omer, CCXLIX, 7). — Voy. aussi *Olim*, II, f° 63 v° et Boutaric, *Actes du Parlement de Paris*, n° 2456 : le Parlement de Paris ordonne le remboursement au châtelain d'une somme levée sur lui en exécution d'une sentence de la cour du comte. (1283. Parlement de la Pentecôte.)

2. En 1175, il règle la limite des pâtures communes entre l'église N.-D., l'abbaye de Saint-Bertin et la ville. (Pièces justificatives, XV.) — En 1247, il approuve des nominations d'arbitres par la ville et le chapitre pour un conflit de juridiction. (Arch. du chapitre de Saint-Omer, II, G. 2254.)

3. 1172. Diplôme de Philippe d'Alsace donné *in solemni curia mea apud Sanctum Audomarum*. (Biblioth. de Saint-Omer. *Grand cartul. de St-Bertin*, t. I, 350.) — 1321, 4 décembre. « Les hommes jugeant en la cour de la
» comtesse d'Artois à Saint-Omer. » (Boutaric, *Actes du Parlement de Paris*, n° 6563.) — En 1187 : « Cum quedam querela super quodam
» Molendino apud Monele orta esset, inter abbatem et conventum Sancti
» Bertini ex una parte, et Hugonem de Monele militem ex altera, coram
» Willelmo castellano Sancti Audomari, de quo idem Hugo dictum mo-
» lendinum in feodo se tenere dicebat et dicta querela in curia ejusdem
» castellani commode terminari non posset, ad curiam meam fuit a par-
» tibus provocatum..... Post longas et multas altercationes, judicatum
» est ab hominibus meis, pro abbate et conventu S. Bertini, in plena
» curia mea, quod predictus Hugo sepedictum molendinum destrueret,
» quia construxerat illud injuste et quod aquam ad antiquuum cursum

Voilà les caractères constants des pouvoirs juridiques du comte, mais outre cette juridiction suprême, il exerça, soit par lui-même, soit par des délégués, une autre action juridique sur la ville. C'est cette action spéciale dont le caractère et la nature paraissent avoir été différents au xii° et au xiii° siècle. Il semble qu'au xii° siècle il eut une justice distincte de celle de l'échevinage, ayant la même compétence (nous manquons tout au moins d'éléments pour la déterminer, si elle a été spéciale) et qu'elle arriva à se confondre avec la justice échevinale, où l'action du comte, restreinte à des fonctions spéciales, fut représentée par le bailli. La charte de 1127 mentionne un délégué judiciaire du comte et des juges (*coram judicibus et preposito meo hoc finiatur.* § 3) dont la compétence en matière ecclésiastique avait été réglée par un accord entre Charles-le-Bon et Jean, évêque de Térouane, accord qui ne nous est pas parvenu, mais que résume cet article. Ceci semble faire remonter à une époque antérieure à la constitution de la communauté comme corps indépendant et ce délégué et cette justice du comte. D'autre part, le § 24 de la keure de 1168, qui paraît avoir eu pour but de prévenir les conflits entre les deux justices du comte et de l'échevinage, semble impliquer que chacune d'elles avait la plénitude de la juridiction, en disant que la commune (*communio*) n'a pas le droit d'entraver une action en justice devant le comte ou son juge (*comiti aut ejus judici*), le juge du comte (*judex comitis*), d'inquiéter quelqu'un pour action en justice devant le tribunal de la communauté (*coram communionem*). Le § 25 de la même keure mentionne un plaid (*placitum*) où le bourgeois ajourné doit se présenter au jour fixé, nous ne savons dans quel cas ; le § 26 nous montre le juge (*judex*) y citant un paysan le jour du marché, enfin le § 27 parle du juge devant lequel le créancier cite son débiteur. Il est difficile de savoir s'il s'agit dans ces trois textes de la justice du comte ; je le croirais volontiers cependant, car deux chartes de Thierri d'Alsace, l'une de 1151, l'autre de 1157, distinguent soigneusement le juge (*judex*) des échevins (*scabini*)[1]. Le *judex* n'a pas le droit de se saisir d'un accusé dans l'intérieur de la gilde-halle, il le reçoit des mains du gardien, au seuil de l'édifice, en présence de deux échevins (*in presencia duorum scabinorum*

» suum reduceret........ Actum anno Domini MCLXXXVII, in domo mea
» apud Nipe, coram hiis testibus... » (*Grand cartul. de Saint-Bertin*, I, 471.)
1. Donation de la Gildehalle par Thierri d'Alsace. Pièces justificatives, V et VI.

vel plurium eum judici tradat). Le *juge* ensuite juge l'accusé, *secundum leges et consuetudinum proprietates*, dit la charte de 1151, *secundum quantitatem facti*, dit celle de 1157. Outre l'opposition entre les mots *Judex* et *Scabini*, il me semble voir dans le règlement de cette cérémonie des précautions contre la juridiction du délégué du suzerain. Nous pouvons de plus puiser quelques analogies dans la keure de Bruges (1190) qui fut aussi celle de Gand et d'Audenarde [1]. Le § 1 nous montre la justice du comte associée à celle des échevins pour juger certains délits, le § 17 mentionne les *justiciae comitis* et leurs officiers comme chargés d'assurer la sécurité publique, et les autorise à porter des armes, enfin le § 25 et dernier dit : *de omnibus vero aliis causis ad comitem pertinentibus*[2], *Brugis, in castello vel ante castellum placita tenebunt in praesentia comitis, vel illius quem loco suo ad justitiam tenendam instituerit*. De ces textes il me semble que l'on peut conclure qu'au XIIe siècle l'action juridique du comte était encore loin d'être fixée. Antérieure à la concession à la ville de ses premiers priviléges, c'est-à-dire à la reconnaissance d'une communauté, la justice du comte continuait à exister à côté de la justice échevinale sans avoir encore trouvé les formes et la mesure dans lesquelles elle pouvait s'associer à elle. Les chartes de Saint-Omer nous montrent ces deux justices coexistant, et le législateur préoccupé seulement d'éviter des conflits entre elles ; la keure de Bruges semble dénoter un état plus avancé : elle a réglé pour certains points des compétences différentes, pour d'autres, associé ou hiérarchisé les deux justices. Nous verrons en étudiant les fonctions du *bailli*, comment au XIIIe siècle le rôle du délégué judiciaire du comte s'est transformé, a été délimité, restreint à des fonctions spéciales auprès du tribunal des échevins.

Une semblable organisation devait être féconde en contestations entre le comte et la ville. Chose étrange ! la keure de 1168 (§ 51) attribuait aux échevins et aux jurés le jugement de ces conflits, tout au moins dans le cas où le comte se serait plaint d'empiètements sur ses droits de la part des bourgeois. Aucune des pièces qui nous sont parvenues ne nous montre un conflit de cette nature ainsi terminé. Nous voyons bien au XIIIe siècle, en 1255, surgir un

---

1. Warnkœnig, ouv. cit., t. II, p. 417.
2. *Ad comitem pertinentibus* semble indiquer la compétence particulière de la justice du comte, peut-être faudrait-il suppléer ces mots après *de omnibus aliis causis*, au § 3 de la keure de Saint-Omer de 1127?

différend entre le comte et la ville [1]; « li contens... entre le
» conte et la vile estoit si grans que la vile estoit aussi comme
» sans loi, » alors il est vrai, c'était le comte qui avait empiété
sur la justice échevinale en tenant dans sa prison un homme
qui avait rompu une paix et que les échevins se plaignaient de
ne pouvoir juger. Deux commissaires envoyés par le roi sanc-
tionnèrent dans une certaine mesure l'usurpation du comte; ils
décidèrent que le comte assisté du maïeur, d'un échevin et des
paiseurs(?), tribunal insolite que je n'ai rencontré nulle part ailleurs,
devraient chercher à concilier les parties, et si cette conciliation
ne réussissait pas dans un délai déterminé, « li cuens, disait le
» jugement, d'ilec en avant, et li esquevin en feroient, cascun
» tant qu'à lui en apartient, roison, » ce qui me paraît signifier
que la cause serait portée devant le tribunal des échevins assisté
du bailli représentant le comte. Quant au conflit de 1305, nous
avons dit plus haut comment il fut terminé.

Les textes qui nous apportent quelques renseignements sur le
pouvoir territorial qu'avait le comte sur le sol de la ville sont
trop peu nombreux pour nous permettre de déterminer exactement sa nature. Il ressort seulement de l'examen de ces textes,
qu'il avait sur le territoire entier de la ville une espèce de
suzeraineté, et qu'en outre quelques portions de territoire lui
appartenaient ou étaient plus spécialement tenues de lui. C'est
comme suzerain qu'il intervient en 1043, dans l'échange fait entre
l'abbé Roderic et le chapitre pour construire une église paroissiale[2], c'est comme suzerain qu'il règle, en 1056, l'étendue du
territoire de l'abbaye[3], c'est comme suzerain, qu'en 1127, par une
addition à la charte de commune, il fait une concession de fief
sur le territoire même de Saint-Bertin[4], c'est comme suzerain
enfin, qu'en 1197, il concède à la ville l'eau et le produit des fossés
des fortifications[5].

Mais à côté de droits territoriaux, conséquence de la suzeraineté, nous voyons le comte posséder une partie de la ville.
Nombre de fiefs étaient tenus de lui, et longtemps après la reconnaissance de l'autonomie de la commune, il possédait encore la
halle même des échevins qu'il ne céda à la ville qu'en 1151.

1. Pièces justificatives, LV.
2. Ibid., I. « Marchionis nostri Balduini jussu. »
3. Voy. plus haut, p. 28.
4. Pièces justificatives, III.
5. Ibid., XXI.

Des fiefs tenus du comte, nous nous contenterons de citer ici le fief du châtelain dont nous réservons l'étude pour le § suivant, le fief de Foulques de Sainte-Aldegonde[1] et celui de Gérard de Nieppe-Eglise dont nous avons un aveu de 1250[2]. Il avait encore d'autres fiefs tenus de lui, soit directement, soit par l'intermédiaire du châtelain ou d'autres vassaux. Nous examinerons leur condition en parlant de la topographie féodale de la ville. Aux portes de la ville, entre elle et la paroisse de Saint-Martin-au-Laert, était un fief nommé Lannoy que le chapitre tenait du comte qui y gardait la haute justice[3].

Warnkoenig (II. 222) pense qu'à un moment le territoire entier des villes appartint au comte, et que ce ne fut que quartier par quartier, presque maison par maison que les villes se formèrent, à son détriment, un territoire propre. Cette opinion, avec laquelle concordent tous les textes que je connais, peut recevoir un nouvel appui des abandons de territoire que nous voyons accomplis à Saint-Omer par le comte.

La charte de 1127 fait remonter au commencement du xie siècle la concession aux habitants d'un droit d'usage sur une possession du comte (§ 18). En 1151, le comte possédait encore la gilde-halle de Saint-Omer, c'est-à-dire le premier centre de l'association communale, à la fois lieu de réunion des marchands et prétoire des échevins, dont nous voyons la figuration emblématique sur le sceau de la ville, figuration qui symbolisait la juridiction échevinale. Il possédait non-seulement le fonds, mais encore la construction, la halle elle-même, le hangar monumental de la gilde, avec ses dépendances qui consistaient en petites échoppes de bois où les marchands faisaient leurs étalages. Ce fut à cette époque seulement qu'il s'en dessaisit au profit de la ville[4]. Mais il paraît avoir conservé plus tard encore la propriété de la principale place de la ville, de la place du marché; en 1212, Louis, fils de Philippe Auguste donnait à la ville de nouvelles annexes qui avaient été ajoutées à l'est à la gilde-halle; au mois d'août 1271, le comte Robert appelait la place de Saint-Omer

---

1. Pièces justificatives, XLVII.
2. Ibid., LIV.
3. 1248, 14 mai. « Des Ausnois nous accordons et disons que li quens il doit avoir la haute justice. » (Pièces justificatives, LII.) — Un accord entre la ville et le chapitre, de 1288-89, 29 février (Arch. du chapitre, II. G. 2049), attribue pour les « batailles, mellées, murdres, larrons, bâtards » la juridiction à l'échevinage de Saint-Omer.
4. Pièces justificatives, V et VI.

forum nostrum, permettait au chapitre d'y reconstruire en pierres la chapelle de N.-D. des Miracles, déterminait la dimension du terrain sur lequel pouvait s'étendre la construction [1], et deux mois plus tard (31 octobre) en donnait le fonds à la ville de Saint-Omer [2]. Le comte possédait encore la halle aux laines [3], située aussi sur la grande place. Parmi les possessions du comte dont nous avons pu trouver la trace, citons encore un verger qu'il cède en 1149 au chapitre de Saint-Omer, recevant en échange une maison et un terrain situé près de l'église du Saint-Sépulcre [4].

La charte de commune avait eu pour principal objet de forcer le comte à renoncer pour l'avenir à la plupart des charges et redevances auxquelles les membres de l'association avaient été ou pouvaient être soumis. La charte de 1127 stipule que le comte renonce à ne percevoir, ni *cavagium*, qu'elle définit : *hoc est capitalis census*, ni *advocationes* [5] (§ 9), qu'il s'engage à ne lever aucune *consuetudo*, terme générique, et elle spécifie les *scoth, talia, pecuniae petitio* [6] (§ 13).

En renonçant à ces impôts, le comte n'avait pas tari toutes ses sources de revenus à Saint-Omer; nous allons les passer en revue. Les uns dérivaient de ses droits comme seigneur territorial : c'était le droit de battre monnaie qui, avant 1127, lui avait rapporté, dit la charte de commune, 30 livres par an, probablement par suite de l'inféodation de la monnaie.

---

1. Pièces justificatives, XXXIV.
2. Ibid., LX.
3. « Domum meam in qua lana venditur apud Sanctum Audomarum ». 1174. Il la donne à son chancelier, Gérard de Messines, sa vie durant. (Archives du chapitre. Cartul. II. G. 53. N° 69.) — En 1381, 20 octobre, Marguerite, comtesse de Flandre et d'Artois, autorise l'échevinage à démolir la *vieille halte aux cauches*, située auprès du marché, au bout de la *listre-rue*, ainsi que ses dépendances. (Deschamps de Pas, *Halle échevinale de Saint-Omer. Mémoires des Antiquaires de la Morinie*, t. IV, p. 362. — Arch. mun. de Saint-Omer, CXXX, n° 5.)
4. « Pomerium quod apud S. Audomarum liberum et absolutum hac- » tenus tenui, cum universo ambitu nec non et comitatu seu omni jure » ad idem pomerium pertinente » 1143. Vidim. du prévôt du chapitre de 1248. Arch. du chapitre de Saint-Omer, II. G. 1911.
5. Une charte de 1166, 30 mai (Pièces justificatives, XIII), fait mention, au sujet des *advocationes*, d'un accord entre la ville et le chapitre, accord que nous ne possédons plus.
6. Le § 10 de cette même charte mentionne la levée d'une contribution de cette nature, que le comte promet de rendre dans l'année ou de soumettre à l'échevinage.

Guillaume Cliton abandonna ce droit à la ville (§ 14), mais dès 1128, son successeur au comté le reprit (charte de 1128, § 22). Un autre droit purement féodal marquait la nature des rapports du comte et de la ville, c'était l'obligation de fournir au comte, quand il résidait à son château de Ruhout, près Saint-Omer, les ustensiles nécessaires à sa cuisine, charge dont la ville s'affranchit, en 1176, en la transportant à Guillaume de Malines [1].

D'autres revenus du comte étaient la conséquence de ses droits de juridiction. A Saint-Omer, comme dans les autres villes Flamandes, il confisquait les biens du meurtrier en fuite [2], et dans certains cas une part des amendes prononcées par le tribunal des échevins lui était attribuée [3].

La charte de 1127 avait réservé pour le comte une redevance

---

1. Voy. plus haut, p. 66. — Comparez l'obligation des villes où le comte se rendait, de lui fournir le lot de vin au prix de 3 deniers, droit aboli par le comte Baudouin (1200 ou 1201, mars), qui déclare : *consuetudinem istam potius esse rapinam vel violentam exactionem quam consuetudinem rationabilem et justam.* (Warnkœnig, t. I. Pièces justificatives, IX.)

2. Keure de 1168, § 16. — A Bruges (keure de 1190, § 23), il confisquait les biens du meurtrier et du faussaire. Ce droit persista à Saint-Omer au xiii siècle. En 1269-1270, mars, le comte approuve la vente faite par le bailli d'une terre près de Longuenesse (banlieue de Saint-Omer) dévolue au comte par suite d'un meurtre commis par son propriétaire (Archives du Nord. *Premier Cartulaire d'Artois*, p. 235). — A la fin du xiv siècle, nous voyons les bourgeois revendiquer le privilège de non-confiscation. « Aucun bourgois ne puet confisquer ses biens. » (1378, 5 décembre. Accord entre la comtesse Mahaut et l'échevinage de Saint-Omer.) Le 3 mai 1394, Philippe-le-Hardi confirme solennellement ce privilège à la ville : « par les privilèges, coustumes et usages anchiens,
» gardez et observez en notre dicte ville, de si lonctemps qu'il n'est
» mémore du contraire, les biens des condempnez ou banis pour cas
» criminel, par jugement desdiz maieurs et eschevins, ne poeent cheoir
» ne à nous appartenir ou avenir en confiscacion, ainchois remaignent
» et demeurast franchement auxdiz condempnez ou à leurs hoirs qui
» succèdent paisiblement à yceulz..... » (A. Giry. *Analyse et extraits d'un registre des Archives de Saint-Omer*, nos 125, 139 et Appendice, XXII.)

3. Cette part est moins fréquente dans les chartes de Saint-Omer que dans les autres keuren de Flandre, il y a lieu de croire qu'elle avait été, presque dans tous les cas, transportée au châtelain qui y participa sans cesse, tout en gardant cette appellation de « *le droiture le comte* », que nous voyons toujours réservée. Cependant une charte de 1175 établit au profit du comte une amende de 60 s. contre un condamné par les échevins, pour avoir pêché sans autorisation dans les marais appartenant à l'abbaye (Pièces justificatives, XV). Ailleurs, (1288-89, 29 février, accord sur la juridiction du cloître N.-D. Arch. du chapitre, II, G. 2049), il est dit que les échevins prétendent à la juridiction du cloître « *et li cuens, châtelaine et le vile prendre des amendes.* »

annuelle de douze deniers sur les maisons habitées de l'avouerie de Saint-Bertin (§ 19) qui devaient aussi lui payer douze deniers de *Brotban* et autant de *Byrban*[1].

Les priviléges de la ville avaient presque complètement dépouillé le comte de tous les revenus qu'elle pouvait lui fournir. Nous ne voyons au XIIe et au XIIIe siècle nulle trace d'un impôt régulier annuel, qui lui aurait été payé, mais nous manquons de renseignements pour savoir si les clauses des §§ 9 et 13 de la charte de 1127 ne furent point violées; on doit croire tout au moins que les concessions que firent les comtes à la ville ne furent point gratuites; en outre, ils devaient autoriser les villes à établir ou lever des impôts et il est probable que ces autorisations ne furent obtenues qu'en accordant aux comtes une part sur les accises ou maletôtes qu'ils autorisaient. Quoi qu'il en soit, à l'époque pour laquelle nous possédons les premiers comptes de la ville, nous voyons les comtes figurer au chapitre des dépenses pour aides, parts dans les impôts, subsides, dons de courtoisie, etc.[2].

Ces revenus, s'ils ont existé, devaient être au XIIe siècle compris dans l'*épier* (*spicare*) de Saint-Omer, que nous voyons mentionné dès 1190 à l'occasion d'un emprunt que contractait le comte[3]. Il se composait de revenus levés dans toute l'étendue de la châtellenie, mais nous ne savons pour quelle part la ville y contribuait ni même si elle y contribuait. Le comte avait possédé enfin une part sur le *tonlieu* de Saint-Omer, propriété indivise du chapitre et de l'abbaye. Du 9 juin au 8 juillet, et du 16 octobre au 15 novembre de chaque année, on payait double tonlieu, c'étaient *les mois du comte*[4], et ce fut vraisemblablement cette part du tonlieu qui fut cédée à la ville en 1127, moyennant une redevance annuelle de cent sous[5], bien que le nom de *mois du comte* ait persisté et ait été appliqué aux mois pendant lesquels la ville percevait la moitié du tonlieu[6].

---

1. C'est ce que la keure de Bruges (§ 18, Warnkœnig, t. II, p. 420, 1190) nomme *bannum in pane et vino*, dont le comte se réservait la moitié lorsque cet impôt était établi par les échevins.
2. Voy. plus loin l'analyse du compte de Saint-Omer de 1405.
3. Cartul. de Watten. Charte XCII. Ms. de Saint-Omer, n° 852.
4. Voy. dans les Pièces justificatives les divers tarifs de tonlieu. — Tarif français du XIIIe s. N° XCIII: « Carete à forment, dedens le mois le » conte, ij d. et dehors le mois, id. » Même chose pour « le carete à » pain ».
5. Ch. de 1127, § 23.
6. « Ch'est le droiture que li ville a el tonlieu, etc. Item après les

Le comte avait encore le *portage* de la porte Sainte-Croix, qui, en 1250, était inféodé à Gérard de Nieppe-Eglise[1].

§ III.

C'est en 1042, que nous trouvons la première mention d'un châtelain de Saint-Omer[2]. C'est à peu près à la même époque que nous voyons apparaître les autres châtelains de la Flandre ; celui de Gand entre 1039 et 1057, celui de Lille en 1039, celui de Bruges en 1046, celui de Cassel en 1071, celui d'Ypres en 1109. Jusqu'à présent il semble que les documents venus jusqu'à nous ne permettent sur l'origine et sur les attributions primitives des châtelains que des conjectures. Nous allons ajouter ici aux faits déjà constatés quelques indications relatives aux châtelains de Saint-Omer. M. Gheldolf a pensé que le châtelain n'était que le successeur du magistrat germain qui dans chaque *pagus* administrait la justice et conduisait les hommes libres à la guerre[3]. Mais il faut remarquer d'une part, que ce magistrat germain était le *comte*, et d'autre part que les circonscriptions des *chatèllenies* ne correspondent point à celles des *pagi*, qu'elles en sont un démembrement. Il est probable qu'à l'origine chaque *pagus* n'avait eu qu'un seul *castrum*, commandé par le *comte*. Plus tard, lorsque la nécessité eut multiplié les *castella*, chacun d'eux dut être commandé par un délégué du comte, et ce chef militaire fut le premier châtelain. Warnkœnig s'est prononcé pour cette opinion dans un chapitre plein de faits et de discussion très-pénétrante qu'il a consacré à l'examen de cette question[4]. Cette délégation du comte s'étendit non-seulement au commandement militaire, mais encore aux fonctions administratives et juridiques ; le ressort du châtelain comprit non-seulement la forteresse, le burg, mais encore la ville qu'il protégeait, sa banlieue et un certain district. Ce fonctionnaire ne tarda pas à devenir un vassal, le territoire sur lequel s'étendait sa juridiction et auquel corres-

» premiers viij jours du mois de jung si entre li mois c'on dist le mois
» du conte..... et che jour commenche le vile à rechevoir ». (Règlement pour le tonlieu de 1320, environ. Pièces justificatives, XCVII). *Item du moys de le ville*. (Règlement de tonlieu de 1320, environ. Pièces justificatives, XCVIII.)

1. Pièces justificatives, LV.
2. Pour la chronologie et l'histoire des châtelains de Saint-Omer, je renvoie au mémoire que j'ai publié dans la *Bibliothèque de l'École des chartes*, années 1874 et 1875.
3. *Histoire de Bruges*, p. 164.
4. *Histoire de la Flandre*, trad. Gheldolf, t. II, p. 129.

pondait son office, devint un fief héréditaire ; c'est ainsi que tout le territoire de la Flandre se trouva divisé en un certain nombre de châtellenies, dans chacune desquelles domina un vassal du comte, nommé dans la langue du pays *burchgraeve*, vicomte, et en latin *castellanus* ou *vicecomes*[1]. Du silence des chroniqueurs, on peut induire que cette transformation ne fut pas le résultat d'une révolution violente, qu'elle n'eut lieu que peu à peu, et fut la conséquence de l'organisation générale de la féodalité. Quant aux limites des châtellenies, elles ne furent fixées que fort tard ; les limites primitives durent être souvent modifiées par les fiefs et arrière-fiefs qui en démembrèrent le territoire, et qui sous les premiers châtelains, furent par eux ou par les comtes concédés ou vendus à des seigneurs qui durent, comme on le voit souvent alors, trafiquer de leur hommage et le porter à celui auquel il leur était le plus profitable de lier leurs intérêts. Quoi qu'il en soit, nous voyons jusqu'au XIe siècle les localités déterminées dans les chartes par le *pagus* auquel elles appartiennent; après le règne de Charles-le-Bon, c'est par l'indication de la *châtellenie* que les textes désignent la circonscription où se trouvent les localités qu'ils mentionnent.

Nous avons eu occasion de remarquer qu'à Saint-Omer, au Xe siècle, c'était sur une noblesse possédant des terres que l'on comptait pour la défense du sol contre les Normands, que le juge des crimes commis à Saint-Omer était le comte, que les chartes mentionnent des *vicarii*, Folquin, un *pretor urbanus*[2], enfin que le mot *castellanus* désigne dans tous les textes de cette époque, non point un chef militaire, mais simplement un habitant du château[3]. On en peut conclure qu'alors, l'officier du comte appelé ici *vicarius*, et là par une traduction latine *pretor-*

---

1. La synonymie des deux termes *castellanus* et *vicecomes* n'est pas niable ; *castellanus idem qui alibi vicecomes*, disent les éditeurs de Ducange, d'après Brussel. (Cf. Warnkœnig, éd. Gheldolf, III, 117.) Cependant elle a été souvent contestée. Voici deux textes de Galbert qui ne peuvent laisser aucun doute : 1° *Boldrannus castellanus fuit in Brudgis* ; l'amant de sa femme le tua, et *emit vicecomitatum*. Pertz cite d'après Miraeus sa souscription : *Erembaldus castellanus* (Pertz, ss. XII, 199). — 2° *Gervasius castellanus in castrum Bruggarum...... ait. Si quis vero vicecomitatum contra me impetit.....* (ibid., p. 593).

2. 961. *Rodulfus pretor urbanus*, témoin à une donation de Mathilde, femme du comte Baudouin. Folquin, éd. Guérard, p. 154.

3. Voy. Folquin, ad ann. 891. *Occisi sunt Normanni a castellanis sanctorum predictorum.* (Guérard, Cartul. de Saint-Bertin, p. 133. Cf. la relation des miracles de saint Bertin.)

urbanus, n'était point encore investi de fonctions juridiques, qu'il n'était qu'un simple délégué du comte ainsi que son titre l'exprimait. Que ce commandant du château ait été un délégué du comte et non point un personnage choisi par l'abbaye, propriétaire du territoire, c'est ce que donne à penser le rôle des premiers comtes Baudouin-Bras-de-fer et Baudouin II. Nous avons cité plus haut (p. 28) un texte indiquant que le château avait été enlevé par les comtes à l'église, et tout fait croire que ce dut être à ce moment où Baudouin-Bras-de-fer organisa la résistance contre les Normands. Le silence sur ces faits des historiens de l'abbaye, qui rapportent tous les succès à la prudence des abbés et à la protection divine, n'a rien qui doive étonner.

Les textes font absolument défaut pour déterminer quelle était exactement la situation du châtelain avant la concession de la charte de 1127. Il est probable que dès le moment où nous voyons apparaître le premier châtelain, la châtellenie est déjà héréditaire[1], bien que le premier document qui fasse soupçonner cette hérédité ne soit que de 1145[2]. La souscription du châtelain Lambert en 1042, à un échange fait entre l'abbé de Saint-Bertin et le prévôt de Saint-Omer, de terres sises *intra castellum*, indique que sa suzeraineté s'étendait sur toute la ville[3]. Dès la fin du

---

1. D'un récit de Galbert (Pertz, ss. XII, p. 599), il semble au premier abord résulter qu'entre 1047 et 1049 la châtellenie de Bruges n'était pas encore héréditaire. L'épouse de Baudran, châtelain de Bruges, ayant pris pour amant un certain Erembaut, celui-ci, pour s'emparer de la châtellenie, dans une expédition militaire, tua Baudran en le jetant à l'eau ; au retour, il épousa la femme adultère et, avec les richesses dont elle avait hérité, acheta la châtellenie (*et facultatibus opum domini sui emit vicecomitatum*). Ses descendants héritèrent de sa seigneurie; voici les termes de Galbert : *de qua uxore genuit..... Robertum quoque castellanum post ipsum, secundo loco; post ipsum Robertum, filius ejus Walterus castellanus tertio vicecomitatum loco heres suscepit*. Pour expliquer la première partie du récit, on peut penser que Baudran étant mort sans postérité, sa femme n'était pas apte à hériter de son fief, qui faisait retour au suzerain; dès lors, pour posséder la châtellenie, le meurtrier dut en obtenir à prix d'argent la concession. — Les interruptions dans la possession des châtellenies par les mêmes personnages, qui eurent lieu lors de la domination éphémère de Guillaume Cliton, qui remplaça les châtelains hostiles par des personnages dévoués, ne sauraient fournir des arguments contre l'hérédité des châtellenies.

2. Voy. *Bibliothèque de l'École des chartes*, année 1874, art. cit. p. 341.

3. Au XIIIe s. encore, la ville de Saint-Omer est nommée ainsi, même en français, 1235. *Roagium in castro S. Audomari* (Arch. du Pas-de-Calais, Cartul. du prieuré d'Aubigny, f° 73). — *Li eglise de Saint-Bertin dou castiau de S. Aumer* (tarif de tonlieu du XIIIe s. Pièces justificatives, XCIII.)

xie siècle, le châtelain de Saint-Omer paraît avoir été un personnage assez puissant. Galbert rapporte que lors de l'entreprise de Robert le Frison en 1072, le châtelain Ouvry Rabel tint l'un des derniers le parti de Richilde, qu'il s'empara de Robert, le retint prisonnier à Saint-Omer, où, avant de le relâcher, il subit un siége de la part des autres seigneurs de la Flandre[1]. Une autre indication de l'action du châtelain vers le même temps nous est fournie par Simon qui nous le montre vers 1112, intervenant en faveur des moines contre leur abbé, qui voulait les soumettre à l'abbé de Cluny[2].

Au commencement du xiie siècle, la châtellenie était déjà constituée comme circonscription territoriale; nous en avons un indice dans une charte du comte Charles-le-Bon de 1122, relative à une terre sise, *in castellania S. Audomari, apud villam Hasburc*[3].

Les châtelains de la Flandre jouèrent un grand rôle dans les événements qui suivirent la mort de Charles-le-Bon; la chronique de Galbert nous les montre comme des seigneurs turbulents, auxquels leurs commandements militaires donnent une grande influence. Ils apparaissent sans cesse avec leurs bandes armées (*cum sua potentia*), et il semble qu'ils aient conduit sous leurs bannières non-seulement leurs vassaux, mais encore les hommes libres des villes[4]. Et c'est peut-être seulement cette prérogative de conduire à la guerre les hommes libres — que nous ne leur retrouverons plus dans la suite et qui paraît avoir assuré leur prépondérance dans l'élection de Guillaume Cliton et dans sa déchéance — que leur enlevèrent les premières chartes de commune qui la réservèrent exclusivement au comte, et restreignirent à certaines circonstances le service militaire des villes.

Après la soumission de Saint-Omer à Guillaume Cliton, nous avons indiqué que ce comte dut chasser le châtelain héréditaire, pour le remplacer par une de ses créatures. C'est contre ce châtelain que les habitants ne tardèrent pas à s'insurger, irrités

---

1. Galbert, ap. Pertz, ss. XII, 599.
2. Guérard, *Cartulaire de Saint-Bertin*, p. 282.
3. *Grand Cartulaire de Saint-Bertin*, t. 1, p. 146. — Nous avons déjà indiqué la méprise de M. Courtois, qui a rapporté à l'époque de la formation du comté de Flandre cette note qu'une main du xive s. a ajoutée au cartulaire de Simon, *castellania S. Audomari membrum fuit Flandriæ*.
4. Voyez notamment leur arrivée en mars 1127, pour le siége du burg de Bruges. (Galbert dans Pertz. ss. XII, p. 576 et suiv.)

de ses rapines et de ses violences[1]. Probablement qu'alors ils rappelèrent l'ancien châtelain[2].

Si les documents antérieurs à 1127 nous manquent pour fixer la situation primitive du châtelain, les dispositions qui dans la charte de cette époque le concernent, peuvent nous aider à la déterminer. Remarquons d'abord le § relatif au service militaire, qui est dû par les habitants directement au comte (sans qu'il soit question du châtelain) et seulement dans certains cas déterminés. De l'ancien service militaire dû au châtelain, il semble qu'il ne reste plus à la charge des habitants qu'une redevance fixe, due comme indemnité aux vassaux estagers qui viennent faire la garde dans le château[3]. En outre, et en cela rien ne semble avoir été innové, le châtelain représente le comte non-seulement dans la justice féodale, mais encore dans la justice de la ville, de la banlieue et de la châtellenie (§ 20).

A cela il faut ajouter que la plupart des droits du châtelain que nous allons examiner ont une origine fort ancienne et certainement antérieure au XIIe siècle, mais comme les mentions que nous en trouvons sont seulement de l'époque où la puissance de la ville les restreignait ou même les faisait supprimer, nous ne pouvons les constater qu'à cette époque, sans savoir ni leur origine, ni quelle forme ils ont d'abord affectée.

Quoi qu'il en soit, des éléments que nous avons rassemblés résulte qu'avant la concession de la première charte de commune, le châtelain était un vassal investi à la fois par le comte du commandement militaire et de la juridiction dans une circonscription féodale, nommée châtellenie.

Pendant le XIIe siècle, la puissance des châtelains de Saint-Omer s'accrut considérablement. Il ne saurait entrer dans notre plan d'énumérer les seigneuries qu'ils acquirent successivement, de raconter quelle part ils prirent aux guerres de l'époque, encore moins d'exposer le rôle brillant que joua leur famille dans les conquêtes d'outre-mer. Il suffit pour indiquer l'importance qu'ils avaient acquise, de noter qu'ils furent appelés à garantir toutes les conventions conclues entre les rois et les comtes de Flandre.

Leur situation particulière, lors des luttes qui à la fin du XIIe siècle eurent pour objet la possession du territoire qui forma

---

1. Voy. Galbert, ap. Pertz, ss. XII, p. 607.
2. Voy. *Bibl. de l'École des chartes*, loc. cit. p. 339.
3. Telle est mon interprétation du § 15 de la charte de 1127, je l'expliquerai et je la justifierai plus loin.

l'Artois, les rendit même presqu'indépendants. Ils se trouvaient à peu près les arbitres du sort du territoire convoité, et Lambert d'Ardres nous raconte que, lors du siège de Saint-Omer en 1198, le comte Baudouin utilisa une partie de l'argent que l'Angleterre lui envoyait pour soutenir sa lutte contre la France, à acheter la défection du châtelain Guillaume [1]. Chacun des deux partis, que devait inquiéter la puissance de ce baron, l'augmentait cependant, favorisait encore davantage son indépendance en cherchant à se le concilier, et chacun d'eux aussi, lorsqu'il se croyait vainqueur, cherchait à la restreindre.

Guillaume, abbé d'Andres, écrit à ce sujet quelques lignes qu'il faut citer : *Eodem quoque tempore* (1200) *Willelmus castellanus S. Audomari...... per totum territorium S. Audomari quasi solus dominans et ideo tyrannidem suam vicinis et remotis in sua juridictione possessiones habentibus ostentans, locum istum (abbatiam Andernensem) cepit multipliciter inquietare, volens a nobis, more usitato, aliquid extorquere. Nam antequam regis dominium castellaniam Sancti Audomari occuparet, non erat qui eidem castellano resistere auderet. Abbas Iterius insatiabilem ejus esuriem magno numero bladi et argenti compescuit...*

Ce témoignage me paraît bien mettre en lumière ce qu'était alors ce puissant baron presque indépendant, et cependant souvent presque ruiné par les guerres continuelles, partant avide et violent. Et qu'on ne croie pas que les paroles de l'abbé d'Andres ne soient que l'expression d'un ressentiment particulier provoqué par une violence isolée, d'autres textes peuvent les corroborer. Une charte peut servir d'indice à ce que nous venons d'avancer relativement à la fréquente pénurie des châtelains : en 1194, le châtelain Guillaume, se trouvant dans l'impossibilité de payer à sa sœur Béatrix une dot de 900 marcs d'argent que son père lui avait constituée, en est réduit à les échanger contre une rente de 50 livres, monnaie de Saint-Omer, à prendre sur ses moulins de Blandecques [3]. De ses violences, nous avons des preuves dans les longs différends, entre lui, l'abbaye de Saint-Bertin, les chanoines et la ville, relatifs à ses prétentions sur les marais et surtout dans l'excommunication que lança contre lui, à la requête du pape Alexandre III, l'archevêque de Reims, pour l'obliger à res-

1. *Histor. de Fr.*, t. XVIII, p. 585.
2. D'Achery, *Spicileg.*, éd. in-f°, t. II, p. 830.
3. *Grand Cartulaire de Saint-Bertin*, I, 543.

tituer les terrages et les dîmes qu'il avait injustement enlevés à l'abbaye de Maroilles [1].

On peut croire que la ville devait impatiemment souffrir l'intervention de tels seigneurs dans sa justice; ce fut de ce côté aussi que les suzerains songèrent à restreindre leur puissance. C'est en partie à l'inquiétude qu'ils durent causer qu'il faut attribuer l'institution ou le développement des fonctions des *baillis*. Les comtes de Flandre l'avaient préparé, et dès 1193 nous voyons un bailli royal apparaître à Saint-Omer[2]. Lorsqu'en 1211, le fils du roi de France se trouva définitivement maître de la ville, il porta un coup terrible à la puissance des châtelains en construisant près de la porte de Boulogne un nouveau château fort et en confiant à un bailli une partie de leurs fonctions juridiques et de l'administration de la châtellenie. C'est à cet événement que fait allusion la dernière phrase du texte de Guillaume d'Andres que nous venons de citer. Dès lors, les châtelains sont réduits à leurs fiefs et ne conservent plus que quelques droits dont la ville ne tardera pas à les dépouiller.

Un précieux document que l'on trouvera aux pièces justificatives, énumère les droits qui restaient aux châtelains, après les événements que nous venons d'indiquer. Ces droits mêmes ne tardèrent pas à être aliénés par leurs possesseurs. Nous avons montré ailleurs comment la branche de la famille héritière de la châtellenie se désintéressa de son administration, s'appauvrit et fut amenée à réaliser tous ses droits, jusqu'à ce que, ne pouvant même acquitter les arrérages des rentes constituées sur ce fief, il fut saisi, vendu, et, par suite de retrait, fit retour au comte d'Artois en 1386 [3].

Il nous reste à montrer quels étaient ces droits des châtelains au xiie et au xiiie siècle et jusqu'à leur aliénation.

Il faut d'abord remarquer que la circonscription féodale nommée *châtellenie* se composait de territoires différents, sur lesquels les châtelains n'avaient ni les mêmes droits, ni les mêmes pouvoirs. Autour du château était d'abord un fief spécial, le territoire enceint de murailles qui avait autrefois servi de refuge à une partie de la population lors des invasions normandes et qui était plus immédiatement sous la domination du châtelain.

---

1. Bulle d'Alexandre III du 18 novembre 1173. (Martène et Durand, *Ampl. coll.*, t. II, col. 995.)

2. *Jocelinus ballivus domini regis*, témoin à une sentence de la cour du châtelain. (*Grand Cartulaire de Saint-Bertin*, I, p. 538.)

3. Voy. *Biblioth. de l'École des chartes*, année 1875, p. 116.

Les châtelains, en outre, avaient dans l'étendue de leur châtellenie des possessions, des terres dont ils étaient propriétaires ; ils y avaient des fiefs, dont les détenteurs étaient leurs vassaux et formaient les *pairs* de la cour féodale.

Enfin leurs droits étaient différents dans l'étendue de la châtellenie, dans la banlieue, dans l'enceinte de la ville, dans le cloître des chanoines, et dans l'avouerie de Saint-Bertin. Essayons de les déterminer. Dans l'étendue de la *châtellenie*[1], pour laquelle les châtelains de Saint-Omer firent hommage d'abord au comte de Flandre, puis après la séparation de l'Artois, pour partie au comte d'Artois, et pour partie au comte de Flandre, les châtelains avaient l'administration et la justice (*dominium vel comitatus*). Ce n'est point ici le lieu de déterminer quelles furent les limites de cette châtellenie[2]. Son territoire était divisé en fiefs et en *métiers* (*ambachten, officia*).

Les détenteurs des fiefs étaient, nous l'avons dit, les vassaux du châtelain et composaient les *pairs* de sa cour féodale. Des *maieurs, baillis, amans*, etc., administraient les autres territoires et rendaient la justice avec les *liberi scabini*[3], dans des tribunaux d'ordre inférieur nommés le plus souvent *vierschaires*. La haute justice était réservée au châtelain qui, par lui-même ou par un délégué, la rendait avec les *francs hommes* aux *plaids généraux*, qui avaient lieu trois fois par an au château, ou dans des tribunaux extraordinaires, espèces d'assises périodiques qui

---

1. *Castellania, Castellatura* (ch. de 1190. Cartul. de Watten, ch. 58), quelquefois même *Castellum*. Voy. une charte de 1244, juillet, par laquelle le châtelain Guillaume s'accorde avec l'abbé de Saint-André-au-Bois pour ne lui point livrer un bois qui lui avait été concédé par son père, ne voulant point déboiser sa châtellenie. « ... ego postmodum fratribus » dictæ ecclesiæ tot carrucatas extruneare non permisi quot eis conces- » serat pater meus pro eo quod *castellum* meum a nemore nudare et » nemus meum adnichilare nolebam. » (*Cartulaire de Saint-André*, t. I, f° 341.)

2. Ce travail, pour lequel il serait nécessaire de dépouiller tous les dépôts d'archives de la contrée, n'a point encore été essayé ; pour arriver à un résultat, il faudrait déterminer aussi les limites des circonscriptions limitrophes, et aussi se bien garder de confondre le territoire de la châtellenie avec les possessions que les châtelains eurent en dehors de leur châtellenie. Ces limites ont varié ; nous avons vu par exemple qu'en 1122 Hazebrouck faisait partie de la châtellenie ; elle n'en était plus au siècle suivant.

3. Ils avaient aussi la juridiction gracieuse ; les donations, ventes, accensements, etc., se font *coram scabinis*. Voy. par exemple : 1175. Abandon d'un fief de Quelmes à l'abbaye de Saint-Bertin : *Scabini qui interfuerunt* : liste de 8 échevins. (*Grand cartul.*, I, p. 361.)

se tenaient dans différents lieux de la châtellenie, et qu'on nommait *franches vérités*. Parfois, les *officia* furent concédés à titre de fiefs, comme par exemple les *Francs-Alleux* de Saint-Omer (*officium Sancti Audomari* [1]), dont le *maieur* devenu héréditaire fit hommage au châtelain. Ce territoire fut démembré de la châtellenie en 1267 [2], et possédé par une branche cadette de la famille des châtelains de Saint-Omer. L'objet spécial de ce travail nous interdit d'entrer dans de plus grands détails sur l'administration de la châtellenie, la condition des habitants et des terres, les revenus que les châtelains en tiraient [3], etc.

Sans doute le châtelain avait eu primitivement sur la ville les mêmes pouvoirs juridiques que sur le reste de sa châtellenie ; les échevins de la communauté avaient formé un tribunal d'ordre inférieur, et les cas de haute justice avaient été réservés au châtelain ou à son délégué, assisté de francs-hommes ou échevins. La charte de commune de 1127 (§ 20), indique très-nettement cet état. Ce ne fut que peu à peu que les échevins arrivèrent à éliminer de leurs plaids, en la transformant, l'intervention du châtelain, et il semble déjà, d'après cette charte de 1127, que la fonction spéciale du châtelain à ce moment ait été de *semondre*, de *pander*, d'assigner au tribunal des échevins (*a castellano vocatus..... secundum leges et consuetudines ville judicabitur*). C'est en effet en ces fonctions particulières d'officier de police judiciaire, de ministère public près le tribunal des échevins, d'exécuteur de ses jugements, que paraissent s'être transformées les attributions juridiques du châtelain. Les baillis à la fin du

---

1. Voy. *Bibl. de l'École des chartes*, 1875, p. 107.
2. « Majoriam de Francis Allodiis et alia que quondam tenebat a dicta
» castellania (Sancti Audomari) defunctus Petrus de Nolle, quam etiam
» majoriam et alia ad manum nostram (Roberti comit. Atreb.) devenerant
» ex forefacto predicti defuncti Petri, ratione cujusdam multri... » (Vente
de la mairie des Francs-Alleux en novembre 1267. Arch. du Nord. *Premier cartul. d'Artois*, pièce 165.)
3. Pour plus de détails sur la châtellenie de Saint-Omer, voy. la charte de 1178, par laquelle le châtelain Guillaume règle la condition des habitants de ses terres de Hofland et de Froland (*Grand cartul. de St Bertin*, I, 381.) — Charte de 1194. « Willelmus castellanus S. Audomari dedi in
» perpetuam elemosinam ecclesie S. Bertini quod quicumque servus
» meus, vel de advocatione mea existens infra villas S. Bertini, Archas,
» Poperinghem et Coeka nunc manent, vel ad manendum deinceps
» venerint, ab omni servitute, advocatione, consuetudine et exactione
» mihi vel successoribus meis debitis liberi erunt quamdiu in predictis
» villis manebunt. » (Ibid., I, p. 542.)

xii° siècle et au commencement du xiii° héritèrent de ce rôle, et après leur institution, les fonctions de cette nature qui restèrent au châtelain ne furent plus exercées par lui-même, mais par un délégué d'ordre inférieur, par un officier amovible qui fut le *lieutenant du châtelain*[1] ou même qui retint le nom de *châtelain*. Ce sont ces officiers que nous voyons prendre part à l'exécution des sentences d'*arsin*, que nous voyons, dans les cérémonies d'amende honorable, *semondre* les condamnés[2], présider à leur toilette, les conduire de la prison en présence de l'échevinage, les assister lorsqu'ils prononcent les formules de l'amende honorable, en chemise, « sans cauches et solers, et sans
» caperon, les manches deslaciés et reversiés, un tison argant
» (sic) en la main, de le longeie de ausne et demie, le castellain
» pard'en costé le aiant le par le gheron[3]. »

Aux fonctions juridiques du châtelain, correspondait un droit sur les amendes perçues. La keure de 1168 lui attribue une moitié de l'amende payée par le fugitif qui rentre dans la ville après s'être réconcilié (§ 16), un tiers des amendes infligées aux coupables de coups et blessures (§ 17 et 18), une moitié de celles payées pour meurtre dans la banlieue (§ 21). Ces émoluments de justice ne paraissent pas avoir été retirés aux châtelains en même temps que la plus grande partie de leurs fonctions. Le

1. M. Hermand (*Histoire sigill. de Saint-Omer*, p. 24) cite dès 1275 un lieutenant du châtelain que je n'ai pu retrouver.—Voici l'indication d'une de ces procurations. 1361, 14 octobre. Robert de Fiennes établit pour châtelain Gilles de Bilques, avec pouvoir et autorité de remplir tout l'office (arch. de Saint-Omer, A B. VIII, 5). Ces lieutenants avaient pour subalternes des sergents. (Voy. ibid.)
2. 1350, 18 novembre. « Mahieu du Moër pour le chastellain, » semond un homme de Serques « de venir à l'amende selonc les priviléges de la ville » et du burgage, » et le condamné n'étant pas venu, il assiste au brûlement de sa maison et à l'arrachage de ses arbres (Arch. munic. de Saint-Omer. *Gros registre*, f° 105). — 1405, 19 novembre. « Simon de le Fontaine » exerçant l'office de castelain » va faire sommation à un condamné de venir faire amende honorable à la ville. — L'acte contient la formule de l'assignation qui se termine par cette clause intéressante : « Et en » signe et mémore d'avoir fait mon exploit tel que à mon office appar» tient, je tire et saque ceste puignie de couverture hors de son dit » manoir et domicille en le manière que apparoir vous poet et lui » faittes savoir si boin vous samble. » Le condamné ne s'étant pas présenté, le châtelain prend part à l'exécution de l'arsin (ibid., f° 106).
3. 1348, 22 avril. « Bertelmieu du Moer adont soi portant comme chas» tellain de Saint-Aumer » (Arch. munic. de Saint-Omer., *gros registre*, f° 104, v°). Voy. un autre acte analogue où ces fonctions sont remplies par « Pieres de Wissoc castellain » en 1341, 14 septembre (ibid., f° 104).

règlement de 1218 est, il est vrai, muet à leur égard, mais un acte de beaucoup postérieur à l'institution des baillis attribue encore au châtelain une part des amendes résultant des jugements des échevins [1].

Je ne fais nul doute qu'à côté de ces attributions juridiques, les châtelains n'aient eu des fonctions administratives et politiques analogues à celles dont nous verrons que les baillis ont été investis. Si l'on admet que tout en les perdant, ils purent continuer à jouir de certains droits utiles qui y avaient été attachés, il est probable que c'est à ces fonctions que correspondaient la plupart des privilèges, revenus, émoluments et redevances dont nous allons parler.

Nous avons déjà dit que la plus ancienne fonction du châtelain, celle à laquelle il devait son origine, était le service militaire, qu'il avait eu d'abord la charge de conduire à la guerre les hommes libres de la ville et de la châtellenie, non moins que les seigneurs ses vassaux. Selon les villes, les châtelains gardèrent plus ou moins longtemps cette fonction [2]. Nous avons vu qu'à Saint-Omer, la keure de 1127, confirmée en cela par toutes celles qui suivirent, attribuait directement au comte cette mission sur la milice des bourgeois, et que par conséquent, pendant la période communale, le châtelain n'eut plus d'autre commandement militaire que celui de ses vassaux, avec lesquels il devait garder le château et protéger la ville : *castellanus præpositus ad protegendos et defendendos Audomarenses*, dit Lambert d'Ardres, à propos du siège de 1198[3]. C'est vraisemblablement en échange de cette prétendue protection et au lieu du service militaire qu'ils ne devaient plus au château, que les bourgeois devaient participer aux frais de sa garde et payer aux vassaux estagers (*custodes*), une redevance fixe annuelle (*prebendam*), consistant en avoine, fromage et peaux de mouton, et outre laquelle les estagers avaient réclamé indûment, à la noël, un pain et un ou deux deniers par chaque maison (§ 15 de la keure de 1127). Sur cette redevance le règlement de 1218 est absolument muet.

---

1. 1288-89, 29 février. Les échevins prétendent que « de toutes les enfrin-
» tures, melloes, batalles... dedens l'encloitre... li jugemens en appar-
» tiennent... à maieur et eschevins... et li cuens, *chatelaine*, et le vile
» prendre les amendes. » (*Arch. du chapitre de Saint-Omer*, II, G. 2049.)
2. « Huic praeter custodiam castri incumbebat potissimum burgenses
» et eorum communiam in exercitum educere. » (Ducange, v° *Castellanus*.)
3. *Histor. de France*, t. XVIII, p. 585.

Cette redevance en nature n'était pas la seule que percevait le châtelain ; il en est d'autres que consacre le règlement de 1218. Par exemple, lorsque le châtelain ou la châtelaine étaient dans le château, ils avaient le droit de prendre pour leur nourriture, moyennant quatre deniers, un mulet à chaque étranger qui avait sur la rivière des bateaux de poisson, même à ceux qui étaient associés avec les bourgeois, redevance confirmée en 1377 par une délibération de l'échevinage, ainsi que l'indique une note ajoutée à cette époque.

De même, sur les étaux de boucherie et de poissonnerie, ils avaient droit à seize *nummatœ* pour douze deniers, chez les bourgeois et chez les étrangers, et à un crédit de cinq sous, chez les bourgeois seulement. Sur chaque charrette à deux roues chargée de légumes et appartenant à un étranger, ils en pouvaient prélever pour un denier, sur chaque brouette (*unigata*), pour une obole. Il est probable que c'est ce droit, transformé en une redevance fixe annuelle de trois deniers par bourgeois, et de cinq deniers par étranger tenant étal, que le châtelain Guillaume VIII inféoda à Lambert Wolveric avec d'autres droits, en janvier 1273-74 [1].

Enfin, une fois par chaque période de six semaines, le châtelain avait le droit de prélever onze sous sur les faiseurs de socques (*soculares*) et 8 deniers sur les cordonniers (*sutores*) employés par les sergents de sa cour [2].

Un revenu plus considérable pour les châtelains devait provenir du *forage* qu'ils percevaient à Saint-Omer. Le règlement de 1218 définit ainsi ce droit : *Jus suum est de omnibus vinis per aquam venientibus et in suo dominio venditis,..... de vinis etiam per terram venientibus*. Ce droit, dû par le vendeur du vin à un receveur du forage (*forigiarius*), consistait, pour les vins venant par eau, en un septier de vin pour deux bateaux (*vasis*), et lorsqu'ils descendaient la rivière, en un septier par bateau, lorsque c'était de très-petits bateaux, dits *pipes*, en un septier par deux pipes. Lorsque le vin venait par terre, la charrette (à deux roues, *bigata*) devait un septier, et le char (à quatre roues, *quadriga*) deux septiers. Le vin non vendu n'était pas soumis à ce droit. Le cloître des chanoines en était exempt, ainsi que le décida une sentence arbitrale rendue en 1178, à la suite

---

1. Pièces justificatives, LXI.
2. Pour toutes ces redevances, voir le règlement de 1218. Pièces justificatives, LXXXV.

d'un différend à ce sujet entre le châtelain et les chanoines[1]. Les châtelains furent très prodigues d'exemptions partielles ou totales de ce droit, en faveur des couvents des environs. Entre 1172 et 1191, ils exemptèrent de forage l'abbaye de Foigny pour quatre charrettes[2] (*carrucas*); vers 1184, l'abbaye de Bourbourg complètement[3]; en 1186, l'abbaye d'Andres[4]; le 9 août 1190, le monastère de Watten jusqu'à soixante tonneaux[5] (*tunnae*); en 1224, l'abbaye de Clairmarais complètement[6]; en 1234, le prieuré d'Aubigny jusqu'à quinze tonneaux[7] (*dolia*); la même année et dans les mêmes proportions, l'abbaye du Mont-Saint-Eloi[8]; en août 1237, l'abbaye d'Auchy jusqu'à dix tonneaux[9] (*dolia*[9]); en novembre 1239, l'abbaye de Saint-André-au-Bois pour la même quantité[10]; en mai 1244, l'abbaye de Saint-Nicolas de Furnes jusqu'à huit tonneaux[11] (*dolia*), etc.

Ce revenu fut en outre par les châtelains grevé de rentes à diverses reprises; ainsi en janvier, 1221-22, le châtelain Guillaume V vendit à Foulque de Sainte-Aldegonde une rente annuelle de trente livres, à prendre sur ses revenus du forage[12]; en août 1244, le même châtelain donna à l'abbaye de Clairmarais vingt livres de rente annuelle sur le forage, dont l'emploi devait être une distribution de vin aux moines lors des fêtes solennelles[13]. L'inventaire de la chambre des comptes de Lille de Godefroy fait mention d'un fief possédé sur le forage en 1258, par Jean Haubers, bourgeois de Saint-Omer[14]; en juin 1259, la châtelaine Mahaut assignait sur le forage une rente de vingt sous qu'elle devait à l'église de Saint-Nicaise de Reims[15]. Les revenus du forage avaient servi encore à constituer la dot des filles du

---

1. Pièces justificatives, XVIII.
2. *Cartul. de Foigny*, Bibl. nat., ms. lat. 18374, f° 182 v°.
3. *Cart. de Bourbourg*. Bibl. nat., ms. lat. n° 9920, f° 21 v°.
4. Miraeus, *Opera diplomatica*, I. 555. — M. Wauters (*Table des diplômes de Belgique*, I, p. 656) n'a pas compris cette charte en en faisant une donation du forage.
5. *Cartul. de Watten*. Charte 185.
6. Arch. mun. de Saint-Omer. *Gros registre du greffe*, f° 77.
7. *Cartul. d'Aubigny*, p. 72.
8. Cardevacque, *Abbaye du Mont-Saint-Éloi*, p. 211.
9. *Cartul. d'Auchy*. Ed. Betencourt, pièce CX.
10. Arch. mun. de Saint-Omer, CXLIII, 5.
11. Ibid., *Gros registre du greffe*, f° 1.
12. Pièces justificatives, XXXVII.
13. Arch. du Nord, B, 49.
14. *Inventaire des archives de la Chambre des comptes de Lille*, p. 486, n° 1202 bis. — 15. Arch. du Nord, B, 89.

châtelain Guillaume IV, vers 1190[1], et aussi à constituer le douaire de la sœur du châtelain Guillaume VIII, en mai 1268[2].

A côté du forage, les châtelains avaient perçu un droit d'issue sur le vin (*exitum vini*) dont le règlement de 1218 déclare les bourgeois exempts, et que, malgré des contestations de la ville, ils continuaient à exiger des étrangers.

Au forage il faut rattacher les droits qu'avaient les châtelains sur la corporation des *déchargeurs de vins*, qui avait le monopole de la manipulation des vins dans la ville. D'un accord à ce sujet entre le châtelain Guillaume VIII et la ville, du 24 décembre 1280, il résulte que les châtelains avaient d'abord prétendu à une autorité complète sur cette corporation, autorité que cet accord attribue à l'échevinage, ne réservant au châtelain qu'une redevance d'un marc d'argent de 35 sous parisis, que devait lui payer chaque déchargeur lors de sa nomination[3].

Les marchands étrangers qui faisaient le commerce avec l'Angleterre, lorsqu'ils traversaient la ville de Saint-Omer ou la banlieue, devaient payer au châtelain une livre de poivre, par marchand isolé ou par association d'une même ville[4]. Ces « *greveuses coustumes* » furent abandonnées à la ville en octobre 1272, par le châtelain Guillaume VIII, à charge de les supprimer et moyennant un cens annuel de « *IV livres parisis de rente heritaule par an, à paiier chacun an devens les octaves de le Saint-Michiel. Des queus li maieur et li eschevin de le vile de Seint-Omer devant dite m'ont fait assènement souffisant sour toute leur rente heritaule qu'il ont dehors Haut-pont en une pièche de terre maisonce c'om apele le Gher*[5] » (la Ghière). Cette rente de quatre livres parisis fut quelques mois après, en janvier 1273-74, cédée par le même châtelain avec d'autres droits, dont il composa un fief en faveur de Lambert Wolveric[6].

---

1. « Ad matrimonia quatuor filiarum mearum, paterno scilicet amore compulsus, IXe marcas ad foragium meum, apud Sanctum Audomarum et molendinos meos de Blendeka, accipiendos assigno... » Charte de Guillaume V, antérieure à 1190. (*Registre de Saint-Bertin*, ms. 204 de la bibl. d'Arras, p. 522.)

2. « Willaume châtelain de Saint-Omer... ai fait assènement à me chière sereur Mehaut... à tenir et à prendre sur le forage de Saint-Omer VII^{xx} lib... » (Arch. mun. de Saint-Omer, XXXIII, 2.)

3. Pièces justificatives, LXIII.

4. Règlement de 1218.

5. Arch. mun. de Saint-Omer, CXLIII, 2.

6. « ..... et quatre livres de Parisis par an que le vile de Seint-Omeir

Sur chaque étranger qui devenait bourgeois et prêtait serment de bourgeoisie, le châtelain percevait un droit de quatre sous six deniers. Le 14 décembre 1273, Guillaume VIII vendit la jouissance viagère de ce droit à Hakelin le Clerc et à sa femme[1]. Ceux-ci n'ayant sans doute point tardé à mourir, en juin 1281 le châtelain vendit définitivement ce droit à la ville[2].

Une des sources de revenus les plus importantes de la châtellenie était la banalité des moulins. Une partie des habitants de Saint-Omer, — nous n'avons pas trouvé de texte pour déterminer lesquels, — devaient moudre aux moulins du châtelain. La redevance était de la seizième partie de la mouture, sans compter le denier par rasière au porteur ou à l'anier du châtelain[3]. En avril 1252, Guillaume VII, pressé par la nécessité[4], vendit à la ville, moyennant 3,000 livres parisis, ce droit de « *mounage* » en ce qui concernait ses moulins de Blandecques[5], c'est-à-

» me devoit devant ke jou les donai à lui, à prendre sour toutes les
» rentes ke li devant dite vile a sour le Gher..... » (Pièces justificatives, LXI.)

1. « ..... j'ai vendu à men boen ami Jehan Hakelin le Clerc et à Annes
» sa femme, fille Pierron de le Nate ki fu, tous mes droits des bourgeoi-
» sies de Saint-Omeir, ch'est à savoir quatre sous et six deniers de
» chascun homme estraingne ki jure bourgoisie à le hale, li queile
» rente il a acatei de sen loial chateil, sans nul mais achat ne nule maise
» covenenche, des queis deniers je m'en tieng bien à paié et l'en quit.
» Et si doivent rechevoir Jehan et Annes devandit cheste rente devandite
» tant com il aront le vie et cors, en queilcumque estat ou abit k'il
» seroient..... » (Arch. mun. de Saint-Omer. CXLIII, 8.)

2. « Et si est asavoir ke jou ai vendu as maieurs et as eschevins et à le
» communité de le vile de Saint-Omer devant dite, pour aus et pour le
» communité de le vile devant dite, toute le frankise et le droit ke jou
» avoie et avoir pooie, par quelconke raison ke ce fust, sour les estrai-
» gnes gens ki juroient les bourgoisies de Saint-Omer pour le raison de
» le bourgoisie devant dite ; lesquels frankises, signouries et droitures
» deseure dites et les choses devant dites jou tenoie en fief et en
» hommage de très noble homme mon signeur Robert conte d'Artois, avoe-
» kes mon autre fief de le castelerie de Saint-Omer.» (Ibid., CCXLIX, 2.)

3. Règlement de 1218.

4. *Urgente necessitate maxima.* Confirmation d'août 1252, par l'official de Térouane. (Arch. mun. de Saint-Omer, CXLIII, 7.)

5. « ..... Jo Willaume castellains de Saint-Omer, le mounage, si com jo
» et mi ancheitre tinrent et ai tenu, ai vendu entierement à la vile de
» Saint-Omer. Del queil mounage une partie des gens de Saint-Omeir
» estoient tenu de moudre à mes moulins par droit et par usage, si que
» par chel vendage et par chel akat si est l'irritages et les gens qui
» sour chel irritage mainent et manront là u mes mounages corrut et
» fu dedens la vile et dedens la chengle de Saint-Omeir sunt franki et
» qu'il puent moudre sans destraindre là où ils vauront à tous jours. »

dire l'obligation pour une partie des habitants de la ville de faire moudre leur grain auxdits moulins de Blandecques. En juin 1281, Guillaume VIII se dessaisit du droit exclusif qu'il avait de faire dans la banlieue moulins à vent et à eau, et céda en même temps quatre siéges de moulins[1]. Et pour que cet abandon des moulins soit complet, Philippe, sire de Kienvile, cédait à la ville son moulin de Courlis (1er août 1281)[2] qu'il avait loué le 1er janvier 1273-74, à Jean Florent[3], moulin qu'il avait reçu le droit de construire par concession du châtelain du 6 octobre 1273[4]. De même, vers la même époque (septembre 1281), Florent de Varennes, chevalier, sire de Forceville, abandonna au châtelain « *le droiture de faire un moulin à vent, liqueus molin siet desus les forkes de Saint-Omer* » qu'il lui avait autrefois concédé[5].

Les moulins de Blandecques, à la banalité desquels nous avons vu que les habitants de Saint-Omer avaient été soumis, et sur les revenus desquels le châtelain Guillaume IV avait assigné en 1194 le douaire de sa sœur Béatrix[6], furent aliénés par les châtelains et finirent par devenir la propriété de la ville. En mars 1289-90, Eléonore, « ainsnée fille et hoirs mon signeur » Willaume chevalier castelain de Saint-Omer, » donna à cens à la ville neuf siéges de moulins sis dans la paroisse de Blandecques en s'engageant pour elle et ses héritiers à y faire moudre tout le blé dont ils auraient besoin à Saint-Omer, en leur maison « k'on apele le borgs[7]. » En 1321, ces mêmes moulins furent par la

---

(*Ibid.*, ibid.) Renouvellement dans les mêmes termes en septembre de la même année avec confirmation de son père Jean d'Ypres et de sa mère Mahaut (ibid.) — « ... Multuram et totum jus multure sive molendi quod
» dudum castellani Sancti Audomari, antecessores ipsorum et iidem
» Willelmus et Adeluya habuerunt ex jure vel consuetudine et habere
» solebant et debebant in quadam parte ville Sancti Audomari, et infra
» cingulam ejusdem ville, quo jure sive consuetudine habitatores dicto-
» rum locorum molere ad molendina ipsorum de Blendeke debebant
» seu inconsueverant ab antiquo. » (Confirmation par l'official de Térouane en août 1252. Ibid.)

1. Ibid. CCXLIX, 2. — Cette vente, qui comprenait aussi le droit sur les bourgeoisies, était faite moyennant douze cents livres parisis. Voy. l'extrait qui en est donné à la page suivante.
2. Ibid., CCXLIX, 5.
3. Ibid., ibid., 1.
4. Ibid.
5. Ibid., 4.
6. *Grand cartul. de Saint-Bertin*, t. I, p. 544.
7. Arch. mun. de Saint-Omer, CCXLIX, 8.

même châtelaine vendus définitivement à la ville[1]. Plus tard, en 1353, la ville reçut de Robert de Fiennes l'autorisation de construire deux moulins sur le fief même qui entourait le château, sur « la mote[2]. »

La *banlieue* resta plus longtemps soumise que la ville à la juridiction du châtelain ; le règlement de 1218 reconnaît à celui-ci le droit de s'associer à la justice échevinale pour la connaissance des causes qui y sont relatives. Nous avons mentionné la redevance en nature qu'il percevait sur les marchands qui la traversaient pour se rendre en Angleterre, coutume qui fut supprimée en octobre 1272. Enfin nous avons vu qu'en juin 1281, le châtelain Guillaume VIII vendit à la ville « toute le droiture et toute
» le signerie ke jou avoie et avoir pooie dedens le banliewe de le
» vile de Saint-Omer, c'est assavoir de faire moelins à vent et
» moelins à eawe, avoekes quatre moelins à vent et les siéges, ki
» sont dedens le banliewe de le vile, dont li uns des moelins siet
» d'un costé men bos de le Lo, li secons ki siet par d'amont le
» rue Sainte-Croix ki fu mon signeur Fleurent de Varenne, li
» tiers à Courlis et li quart sour le pasture de le vile dehors
» Malevaut si que on va par eawe vers Gravelinghes. Et est
» assavoir que jou, mi hoirs ne mi successeur ne mes autres
» desore en avant ne porront faire moelins, ne donner congiet de
» faire moelins dedens le banliewe[3]... »

La partie du territoire de la ville qui entourait le château, plus immédiatement soumise au châtelain, constituait ce qu'on appelait plus spécialement *le fief du châtelain, le fief de la Motte, le bourgage*[4]. C'était une enclave probablement comprise dans la première enceinte de murailles du château primitif, séparée du reste de la ville par un fossé ou les vestiges d'un fossé[5]. Au

1. Arch. mun. de Saint-Omer, *Registre au renouvellement de la loy*. F., f° LIX v°.
2. Ibid, CCXLIX.
3. Ibid., CCXLIX, 2.
4. « Feodum de castello beati Audomari » 1178. Pièces justificatives, XVIII. — « Le fief que on dist de le Mote de Saint Aumer. » 1265. *Grand cartul. de Saint-Bertin*, III, p. 237. — le *Bourgaige*, 1623. Texte cité par M. Hermand. *Mém. de la soc. des Antiq. de la Morinie*, t. IX, p. 130.
5. 1223, juillet. Vente par l'abbé de Clairmarais à Guillaume, chanoine d'Aire, d'une maison « sitam juxta pontem castellani Sancti Audomari. » (Extraits du cartulaire d'Aire. Papiers de Dom Lepez, biblioth. d'Arras, f° 196.) 1247-48, février. Maisons sises « juxta atrium Sancti » Audomari et ante pontem castellani, » qui deviennent maisons canoniales. (Pièces justificatives, XLVIII.) De ces textes résulte que ce pont

centre de ce territoire se trouvait la motte, et sur la motte se dressait le château, le donjon, le burg[1].

Sur ce fief, qui en souvenir de son origine devait au chapitre, dont il joignait le cloître, une redevance annuelle de trente sous[2], le châtelain avait toute justice. Les habitants, en vertu d'une décision de 1178, étaient francs du tonlieu de Saint-Omer pour les bêtes qu'ils y élevaient et les fruits qu'ils y recueillaient. Ils étaient de même affranchis des droits de *Ruage* et de *Portage*[3]. Nous avons déjà dit qu'en 1353 la ville reçut de Robert de Fiennes, mari de la châtelaine Béatrix de Gavres, le droit de construire deux moulins sur la Motte[4]. Plus tard, après le retrait féodal de la châtellenie opéré en 1386 par le comte d'Artois, ce fief fut tenu par l'échevinage. M. Hermand cite des textes montrant qu'en 1623 les échevins en faisaient encore hommage au roi[5].

C'est de ce fief du château que le châtelain Guillaume III voulait

conduisait non pas au château, mais sur le fief entourant le château.

1. « Maison (du châtelain) k'on appelle le borgs » 1289-90, mars. — Voy. plus haut, p. 106.

2. Voy. plus haut, p. 38, n. 1., l'indication des documents qui stipulent cette redevance.

3. « Super theloneo de hominibus castellani sumendo… uno ore pro-
» nuntiavimus ecclesiam beati Audomari theloneum sumere debere
» de hominibus castellani sicut de aliis, exceptis manentibus supra
» feodum de castello beati Audomari qui, nostro arbitratu, theloneum de
» bestiis quas in feodo prenotato nutriunt et fructibus ibidem perceptis
» dare non debent. » (Sentence arbitrale de 1178. Pièces justificatives, XVIII.) Un tarif du XIII° s., disait : « li home qui mainent sor le fief le castellain… ne doivent riens. » (Pièces justificatives, CXIII.) Un autre de 1401 : « Et li homme qui moinent sor le fief le chastelain,… li maunier
» le castelain apud Blendeke et li maunier le senescal le castelain sont
» quite s'il ne soient marchant. » (Ibid.) Le plus ancien, traduit d'un tarif de 1166 environ, fait intervenir les pairs du château et introduit la même distinction que la sentence : « Et li per dou castel sont
» quite, et leur fievé qui manant sont el fleuf au castel appendant, des
» fruits en lor terres croissant et de quanques est en leur court nouri
» quite sont de leur franchise, si come est de payer tonlieu et ruage
» et portage. » (Ibid., XCV.) — « Pares castelli et feodati eorum super
» feodum ad castellum pertinens manentes, de omnibus que mittun-
» tur in terra eorum et de fructibus crescentibus in terris eorum liberi
» sunt a theloneo, ruagio et portagio. Si autem mercatores fuerint, de
» mercatura pacabunt. » (Tarif de la fin du XIII° s. Ibid., XCIV.)

4. Arch. mun. de Saint-Omer, CCXLIX.

5. *Recherches sur la question d'antériorité et de paternité entre les deux monastères primitifs de la ville de Saint-Omer.* — Mémoires de la société des antiq. de la Morinie, t. IX, p. 130.

faire dépendre tous les marais des environs[1], au sujet desquels lui et ses successeurs eurent de nombreuses contestations, qui généralement se terminèrent par l'abandon des droits des châtelains moyennant une somme d'argent[2]. En 1239, malgré les renonciations à leurs droits sur la Meer, Guillaume V y maintenait encore contre l'abbaye ses droits seigneuriaux d'y chasser et d'y avoir des cygnes[3].

Parmi les autres possessions des châtelains à Saint-Omer, mentionnons le bois de Lo depuis défriché et sis au lieu dit aujourd'hui la *Malassise*[4]. Nous avons déjà vu que, par la charte de 1127, Guillaume Cliton avait reconnu aux habitants de Saint-Omer le droit de pâture dans ce bois (§ 18); le châtelain cependant percevait un droit sur les animaux conduits à la pâture qui le joignait, droit qu'il abandonna à la ville en mars 1210-1211 et en septembre 1218[5]. Pour assurer ce privilège à la ville, le châtelain s'engagea plus tard, par acte de mars 1221-1222, à ne point aliéner cette propriété[6].

Le châtelain possédait encore à Saint-Omer un pré sis hors des murs, près de la porte du Colhoh (aujourd'hui *porte royale*).

---

1. 1172. « Castellanum Sancti Audomari Willelmum qui omnes in vici-
» nia sui castri paludes ad feodum suum pertinere dicebat. » (Continuateur de Simon dans Morand, *Supplément au cartulaire de Saint-Bertin*, p. 102.)

2. « Paludem quoque de Salperwich... idem abbas adversus castella-
» num... data magna pecuniae quantitate non tam detinuit quam rede-
» mit. » 1172. (id., ibid.) — Voy. l'accord conclu en 1172 entre le châtelain et l'abbaye au sujet des marais de Houlle, Oudemonstre, Saint-Mommelin et des pêcheries de la Grande-Meere, constatant deux renonciations successives du châtelain à ses droits sur ces marais, une première fois moyennant 25 marcs, une seconde fois moyennant 63 marcs. (*Grand cartul. de Saint-Bertin*, I, 350.)

3. 1239, juillet. Arbitrage entre le châtelain Guillaume V et l'abbé de Saint-Bertin « super jure habendi cignos in Mera et super jure tendendi
» retia ad capiendos aves in eadem, quod dictus castellanus ad se perti-
» nere dicebat. » (Ibid., 579.) Sur la Garenne des cygnes, voy. *Analyse et extraits d'un registre des archives de Saint-Omer*, n°s 134 et 320.

4. « Terres situez près de la Loe, alias du *Lo*, à présent la Malle assise » 1623. Texte cité par M. Hermand. Ouv. cit., p. 143. — « Le fief du bois de Leloo dit la Malassise. » (Maillart, cité par M. Courtois. *Dictionnaire géograph. de l'arr. de Saint-Omer*, au mot Loo.)

5. Pièces justificatives, XXX et XXXV.

6. « ..... Quod nemus meum cum fundo, quod dicitur Lo, alicui vendere
» non possum nec donare, nec extra manum meam ponere, nec heredes
» mei de cetero, sed dictum nemus ego et heredes mei tenemur possi-
» dere ad talia jura ad qualia ego et antecessores mei possidere soleba-
» mus. » (Arch. mun. de Saint-Omer, CLI, 1.)

Une charte de septembre 1209 mentionne l'engagement de tout ce pré à la ville moyennant 150 livres[1]. En mars 1210-11, le châtelain en céda à la ville pour la valeur de cinquante livres, à l'estimation de deux échevins, une certaine étendue destinée à être mise en culture[2]. En septembre 1218, il en céda une bande de cinq mesures longeant les fossés, pour augmenter les fortifications[3]. Enfin en janvier 1221-22, il vendit le reste à Foulques de Sainte-Aldegonde, en même temps qu'une rente de trente livres sur le forage, moyennant 580 livres parisis[4].

Outre ces possessions, un certain nombre de fiefs de la ville étaient dans la mouvance du château. Citons d'après M. Hermand[5], qui possédait un dénombrement de 1475 des fiefs tenus du château de Saint-Omer : le fief du Haut-Pont, le fief de Sainte-Aldegonde ou seigneurie de la rue Sainte-Croix, le fief de la Marlière, le fief de la Palme, le fief Saint-Nicolas, le fief du Marché, le fief de la porte Boulenisienne, le fief *de la ruelette que on dict les pieds* (sic, *spicare*, *épier*) *de Saint-Omer*, ceux de Sepoix, de Saint-Bertin, du File, etc.

Nous n'avons que bien peu de renseignements sur les relations anciennes de ces fiefs avec le châtelain et avec la ville. Dans ses notes, M. Hermand a malheureusement confondu les fiefs tenus du château avec les territoires administrés par des officiers amovibles du châtelain, ainsi, par exemple, *la mairie du Brûle* que le châtelain nomme, en avril 1235-36, *comitatum meum de Brulio*. On voit en effet qu'à cette époque ce territoire dépendait directement du châtelain qui percevait une redevance sur les bourgeois qui en habitaient les maisons, redevance qu'il abandonna ou plutôt vendit alors à la ville[6]. En janvier 1273-74, Guillaume VIII concéda entre autres priviléges à Lambert Wolveric une rente de douze livres parisis « à prendre sur me mairie » dou Bruille », et il ajoute : « et veul ke ki k'il soit ki cheste

---

1. « Willelmus S. A. castellanus obligavi scabinis totique communioni » Sancti Audomari totum pratum meum quod jacet extra muros post » domum dapiferi, pro C et L libris pacamenti... (Arch. mun. de Saint-Omer, XXXIII, 21.)
2. Pièces justificatives, XXX.
3. Ibid, XXXV.
4. Ibid., XXXVII.
5. Ouv. cit. p. 133.
6. Guillaume, châtelain de Saint-Omer, abandonne aux bourgeois : » denarios reddituum existentium in comitatu meo de Brulio quos pete- » bam a burgensibus predictas mansuras tenentibus. » 1235, avril. (Arch. mun. de Saint-Omer, CXLIII, 4.)

» mairie tenra ne maniera, k'il soit tenus de paier les douze
» livres devant dites et de faire plainne main au devant dit
» Lambert Wolveric et à ses oirs... [1]. » Il est bon de remarquer
cependant que les offices des maieurs devinrent parfois héréditaires, et leurs territoires des fiefs, comme nous l'avons vu pour la mairie des Francs-Alleux.

Ces vassaux du châtelain de Saint-Omer étaient, comme ceux de la châtellenie, des *pairs* du château ; outre des redevances diverses ils devaient, au châtelain le service féodal et un ou plusieurs hommes d'armes à pied ou à cheval, ainsi que le rapporte M. Hermand d'après le dénombrement de 1475. C'est à leur service féodal d'estage au château que se rapporte le § 15 que nous avons souvent cité de la *keure* de 1127.

A côté du châtelain de Saint-Omer nous voyons figurer et souvent souscrire à ses chartes un personnage que l'on est habitué à ne rencontrer qu'auprès des grands feudataires, c'est son *sénéchal* (*dapifer, senescallus*). Nous manquons de textes pour déterminer quelles furent exactement ses fonctions et si son office était anciennement héréditaire. La *keure* de 1127, qui dit qu'il suppléait le châtelain pour *semondre* ou *conjurer* au tribunal des échevins, (§ 20) semble indiquer que ses fonctions devaient être analogues à celles d'un bailli. La première mention que nous ayons d'un de ces sénéchaux date des dernières années du XIe siècle : dans une charte de la comtesse de Flandres (1097-1100) on trouve les deux souscriptions suivantes : « *Willelmo castellano de S. Audomaro, Willelmo ejus dapifero* [2].... » Ce même Guillaume « *dapifer* » signe en 1111, 23 octobre, à Bergues, à la suite du châtelain, une charte du comte de Flandre en faveur de l'abbaye de Bourbourg [3]. On trouve en 1180, parmi les témoins d'une charte du comte de Flandre, deux sénéchaux de Saint-Omer [4]. Nous savons que la demeure du sénéchal était hors des murs devant les terrains concédés à la ville en 1218 par le châtelain [5]. En 1275 le sénéchal était écuyer, et chose étrange,

1. Pièces justif., n° LXI.
2. *Grand cart. de Saint-Bertin*, I, 340.
3. *Cartul. de Bourbourg*, n° 155. (Bibl. nat. ms. lat. n° 9920.)
4. « Antonius dapifer de Sancto Audomaro, Balduinus dapifer de Sancto
» Audomaro, » témoins à une confirmation par le comte de Flandre, d'un accord entre l'abbé de Saint-Bertin et le châtelain, au sujet de la possession d'un marais dont le châtelain se dessaisit. (Guérard, *Cart. de Saint-Bertin*, p. 358.)
5. Voy. la note 1 de la page précédente.

c'est du comte d'Artois directement et non du châtelain qu'il apparaît comme le vassal, du moins, à l'occasion d'un fief consistant en un droit de banalité de four et de moulin qui lui était dû par certains territoires de Saint-Omer, banalité qu'il vendit à cette époque (octobre 1275) à la ville de Saint-Omer moyennant 160 livres parisis « por ma grant necessitei coneute » et aperte, entendue et jugée en le cort mon signeur le conte » devant dit[1]. » Ce moulin, qui avait eu un privilége de banalité, paraît avoir subsisté, car les tarifs de tonlieu, au moins jusqu'en

---

[1]. « Universis presentes litteras inspecturis, Andreas decanus Attreba-
» tensis et Guillelmus de Mineriis miles, locum domini comitis Attrebatensis
» in remotis agentis in terra sua tenentes, una cum nobili viro domino
» Galtero de Alneto milite, per abscentiam suam legitime excusato,
» salutem. Cum Jacobus de Bosco, armiger, Sancti Audomari senescallus,
» homo ligius predicti domini nostri comitis Attrebatensis, coram ballivo
» Sancti Audomari, hominibus et paribus suis vendiderit et werpiverit,
» bene et legitime, per legem et consuetudinem patrie, moltagium et for-
» neiam quam tenebat in feodum a domino comite antedicto et habebat
» super quasdam masuras sitas in villa Sancti Audomari in diversis locis,
» hominibus nunc in dictis masuris morantibus et imposterum mora-
» turis qui debebant moltagium et forneiam predictam; predictos homi-
» nes, heredes seu successores suos a moltagio et forneia predictis, pro
» centum et sexaginta libris parisiensium, coram ballivo, hominibus et
» paribus supradictis, omnino quitantes et imperpetuum liberantes et
» liberos facientes.., » 1275, octobre. (Arch. mun. de Saint-Omer, XXXIII,
21.) — « ... Jakemes dou Bos, escuiers, senescaus de Saint-Omeir..... de
» l'auctorité et de l'assentement de cheaus ki wardent le tere mon
» singneur le conte d'Artois ai vendu et werpi bien et à loy dou païs...
» as gens ki des ores en avant manront sor les masures en divers lieus
» en le vile de Saint Omer, ki maunage et fournée me devoient, ke jou
» tenoie de mon signeur le conte devant dit en fief, por droit et loial
» pris ke jou ai rechut et mis en men pren le moutage et le fournei
» devant dis... Chou fu fait en l'an de l'incarnacion nostre signeur MCC
» sissante et quinze, el mois d'octembre. » (Ibid., CXLIII, 9.) — « Officialis
» Morinensis... cum pretextu cujusdam feodi quod Jacobus senescallus
» Sancti Audomari habet apud Sanctum Audomarum, quod tenet, ut dici-
» tur, de viro nobili domino comite Attrebatensi, idem senescallus haberet,
» ut dicitur, talem libertatem sive jus tale, quod hospites seu inquilini
» in loco in quo dictum feodum consistit commorantes, devebantur de
» necessitate venire causa molendi ad molendinum et causa coquendi
» panem suum ad furnum dicti senescalli, occcasione masurarum in
» dicto feodo existentium, supra quas hospites sive inquilini morari
» dicuntur antedicti... » Il comparaît avec sa femme « Yda uxor dicti
» Jacobi filia Andree dicti Boni burgensis S. Audomari, » et déclare
vendre ses droits moyennant 160 livres payées par les hôtes. Octobre 1875
(Ibid.).

1401, stipulent encore une franchise en faveur de « li maunier » le senescal le castelain¹. » Ajoutons qu'on trouve mentionnée la mesure du sénéchal de Saint-Omer², que nous avons rencontré la mention d'un fief tenu du sénéchal de Saint-Omer à Buscure³, et un autre à Rubrouck⁴, et nous aurons épuisé tous les renseignements que nous avons pu recueillir sur ces officiers⁵.

Avant de quitter les châtelains pour étudier les fonctions du bailli, essayons de dégager en quelques lignes, des éléments que nous avons réunis, une notion claire de leur rôle au XIIIe siècle.

A cette époque le château de Saint-Omer était le siège de diverses juridictions.

Il s'y tenait d'abord la *cour féodale* où siégeaient les *pairs* du château⁶, c'est-à-dire les vassaux du châtelain, présidés par le *comte* lui-même⁷ ou par son délégué le *châtelain*. Cette cour, appelée aussi la cour du comte à Saint-Omer, connaissait des contestations en matière de fiefs et au criminel, jugeait les chevaliers

---

1. Pièces justificatives, XCIII à C. Voy. plus haut, p. 108.
2. Vente de 10 heudes d'avoine à la mesure du sénéchal de Saint-Omer en 1253. (*Cartul. de Watten*, n° 80.)
3. 1254, ibid., n° 81.
4. 1275, octobre. Saint Genois, *Inventaire des chartes des comtes de Flandre*, n° 189.
5. Voici la liste des sénéchaux, telle que permettent de la dresser les documents que nous avons connus :
1097, 1100 et 1111. *Willelmus dapifer*. — V. 1153. *Rogerus dapifer*, souscrit après le châtelain une charte de Thierry d'Alsace en faveur de Clairmarais. (*Gall. christ.*, t. III, instr. col. 119.) — V. 1177. *Willelmus dapifer*, souscrit une charte du châtelain approuvant un accord entre l'abbaye de Saint-Bertin et Gautier Botri (*Grand cartul. de Saint-Bertin*, I, 384). — 1178, 24 avril. *Boidinus dapifer*, souscrit une charte du châtelain réglant la condition des habitants de ses terres de Froland et d'Hofland (ibid., I, 381). — 1180. *Antonius* et *Balduinus* (voy. p. 111, n. 4).
— 1187. *Boidinus filius senescalli*, souscrit une charte du châtelain approuvant un abandon de marais à Saint-Bertin (*Grand cartul. de Saint-Bertin*, I, 473) et un autre abandon de marais du même (ibid., I, 469). — 1194. *Boidinus dapifer*, signe une charte par laquelle le châtelain constitue une dot à sa sœur (ibid., I, 543). — 1275, octobre. *Jacquemes du Bos, escuier;* le sceau de ce sénéchal est reproduit dans l'*Histoire sigillaire de Saint-Omer*. (Pl. VIII, n° 41.)
6. Voyez plus haut la stipulation de leur exemption de tonlieu. « Et » li per dou castel sont quite et leur fievé qui manant sont, etc. » cela indique bien qu'il s'agit de chevaliers, et non comme on l'a dit, de francs-hommes.
7. Mention en 1172 d'un jugement de Philippe d'Alsace « in solemni curia » mea apud Sanctum Audomarum » (*Grand cartul. de Saint-Bertin*, I, 350).

du ressort de la châtellenie. Les causes portées devant elle pouvaient être évoquées par le comte, *in plena curia*[1], et c'est à cette cour qu'allaient également les appels de la cour féodale.

Les *plaids généraux* étaient les assises périodiques qui se tenaient au château pour l'exercice de la haute justice sur les gens de condition inférieure[2] dans l'étendue de la châtellenie. Ces *plaids*, qui avaient retenu au moins jusqu'à la fin du XII° siècle le nom de *Mall*, étaient présidés par le châtelain ou son délégué assisté des francs hommes de Saint-Omer, ou bien des francs échevins[3] (franci scabini, liberi scabini), *conjurés* par le *bailli* du châtelain[4]. Il semble probable qu'il y avait des *plaids* périodiques et spéciaux pour chacune des circonscriptions dont la haute justice était réservée au châtelain. L'obligation d'assister à ces plaids généraux constituait une lourde charge dont l'exemption était sollicitée et concédée comme un privilége[5]. Certains

---

1. Voy. plus haut, p. 83.
2. Voy. Galbert, dans Pertz, *SS*. XII. 6 mai 1128.
3. Mai 1200. Guillaume châtelain de Saint-Omer confirme les priviléges de l'abbaye d'Andres. Parmi ces priviléges qu'il énumère, il mentionne une donation faite : « in generalibus placitis S. Audomari, per manum » Joannis de Morbeka qui praesidebat mallis. » L'acte se termine ainsi : « Haec omnia diversis temporibus facta, anno dominicae incarnationis » MCC, coram nobis et francis scabinis recognita sunt et confirmata. Sca- » bini autem tam presentes quam praeteriti qui hoc viderunt et audie- » runt sunt isti..., » suit une liste de 22 noms. (Miraeus, *Opera diplom.*, I, 560.) — Cf. à Lille, la cour des *timaux* qui se tenait trois fois l'an par les échevins (*Scabini de timallo*), présidés par le châtelain. (Leuridan, *les châtelains de Lille*, 1873, in-8°, p. 25.)
4. 1339, 28 juin. « Gilles de Gournay adont bailleus de très haut et très » puissant signeur, Monsigueur Robert de Fieules chevallier, chastellain » de Bourbourc et de Saint-Omer et conjureur des francs hommes de » men dit signeur de sen chastel de le Mote. » Vente pardevant lesdis francs-hommes « conjurés, » d'une maison sise devant « le pont le cas- tellain, » à Gérard Mainabourse. (*Archives du Chap. de Saint-Omer*, II, G. 1913.)
5. 1269, août. « Jou Jehans sire de Reninghes, chevaliers, fais asavoir à » tous cheaus ki ches letres verront ou orront, ke cum contens fust d'en- » droit chou ke Wautiers de Reninghes mes freres, maires des Francs- » Alloes de S. O. calengoit les borgois de S. O. ki frans alloes tienent et » disoit k'il deussent venir as plais généraux, ch'est à savoir trois fois l'an » en le maison le castelain de S. O. et les faisoit apeleir avant et ki nient » n'i estoit venus, il les calengoit de III s. d'amende. Et dont à le parde- » fin, après mout de contens, par le conseil de preudommes, il s'en » retraist, kar il entendi k'il n'i avoit mie raison as calenges devant » dites et les en quita et veut et consent que des ore en avant à tous- » jours mais, nus ki borgois soit de S. O. ki des frans alloes tienge ou

actes nous montrent qu'à cette cour était attribuée une certaine juridiction gracieuse que nous ne saurions déterminer exactement[1]. Outre les cas de haute justice, elle connaissait de l'appel des tribunaux inférieurs. Au XIVe siècle ses arrêts étaient rendus sous le sceau du *garde de la baillie*[2].

L'exercice de la haute justice se faisait encore par d'autres assises périodiques, nommées *Franches vérités*, qui se tenaient sur différents points de la châtellenie[3].

Le château devait aussi être le siège d'un tribunal inférieur, composé des officiers du châtelain, où se rendait la justice pour le fief de la Motte.

Le châtelain intervenait, nous ne pouvons déterminer exactement de quelle manière, dans les jugements de la cour échevinale pour la banlieue[4].

Près du tribunal des échevins il avait un rôle d'officier de police judiciaire, faisait les assignations (on les faisait aussi au nom de la châtelaine et de son sénéchal[5]) et exécutait les sen-

» tenra, ne soit callengiés de lui ne de ses oirs de emende, pour défaute
» de venir as plais généraus devant dis, s'il n'i estoit ajournés et
» semons à loi encontre partie cui il coviendroit droit et loi faire. » —
Le châtelain de Saint-Omer « come signeur de qui le fief moet »
confirme l'acte ci-dessus. (Arch. mun. de Saint-Omer, CXXIII. 2 et 4.)

1. 1197. Guillaume, châtelain de Saint-Omer, règle les conditions d'une vente de terres à Wizernes, faite à l'abbaye de Saint-Bertin par Nicolas de Clarques. « Coram scabinis de Wesernes multis astantibus. » (*Grand cartul. de Saint-Bertin*, I, p. 566.) Cf. les notes 3 et 4 de la p. précédente.

2. 1321-1322, 20 janvier *Gros registre du greffe*, f° 73, v°.

3. Voy. *Analyse et extraits d'un registre des archives municipales de Saint-Omer*, p. 196. « De le franke vérité que on tient de VII ans en seept ans » sour le bruère emprès le haye de Edikines. » 1362, 18 décembre. Les échevins contestent à ce tribunal toute juridiction sur la banlieue. — Ibid., p. 199. « Accord avec le chastellain de Saint-Omer pour franques vérités. » 1368, 1er août.

4. Ce doit être à cause de cette part de juridiction du châtelain sur la banlieue, que nous voyons qu'une requête pour connaître de saisies induement faites dans la banlieue, avait été adressée « ou chastel et » pardevant francs-hommes... qui lesdis cas avenus dedens la banlieue » ne devoient congnoistre ne jugier, mais en appartenoit la congnoissance » et jugement aux échevins » dit un arrêt de parlement du 5 mai 1383 (Arch. mun. de Saint-Omer, *Gros registre*, f° 9).

5. C'est, je pense, à tort, qu'on a cru que le § 20 de la keure de 1127 disait que le châtelain était dans ce cas justicier ; l'expression *vocatus a castellano* signifie mandé *par* le châtelain et non *devant* le châtelain. Nous avons vu plus haut le délégué du châtelain continuant à s'acquitter par la suite des mêmes fonctions.

tences. Naturellement ces fonctions furent de très-bonne heure exercées par un délégué.

Voilà le plus exactement possible quelles étaient les attributions et la compétence juridiques du châtelain. Bien que les documents soient assez nombreux, nous n'avons pu formuler à cet égard des règles précises ; c'est que ces attributions et cette compétence ont varié suivant les époques et probablement toujours ont présenté quelque incertitude. En 1322 un homme banni du royaume de France ayant été tué à Saint-Omer, le lieutenant du bailli d'Amiens à Montreuil, incertain de la juridiction du ressort de laquelle était ce meurtre, s'adressa à la fois au châtelain, au bailli et aux échevins de Saint-Omer pour leur défendre de poursuivre les assassins [1].

§ IV.

Le châtelain n'était point le seul représentant de l'autorité du comte dans la ville ; à côté de lui, à Saint-Omer comme dans les autres villes de Flandre, nous en voyons figurer un autre, *le bailli*. Nous n'avons que peu de textes pour déterminer son rôle au moyen-âge à Saint-Omer, mais heureusement il existe des documents d'intérêt général, déjà mis en lumière et interprétés surtout par Warnkoenig et son continuateur Gheldolf, qui nous permettront de traiter ce sujet avec quelque exactitude. Cet officier du comte apparaît ici plus tard que dans la plupart des autres villes, aussi nos documents ne peuvent-ils jeter aucune clarté nouvelle sur les questions d'origine et d'attributions primitives. Nous admettrons donc avec les auteurs cités plus haut [2] que les châtelains se soustrayant de plus en plus à l'influence des comtes, ceux-ci sentirent le besoin d'avoir auprès des villes un représentant dans leur complète dépendance, et firent choix pour cela d'un officier amovible qu'ils chargèrent de fonctions diverses, judiciaires et administratives, pour veiller à leurs intérêts, défendre et maintenir leurs prérogatives vis-à-vis de celles des villes jalouses de leurs franchises et de leur indépendance.

C'est à la fin du XIIe siècle, en 1193, que nous voyons pour la première fois mentionné un bailli à Saint-Omer, encore est-ce sous l'administration de Philippe-Auguste, et il s'intitule bailli du

---

1. Mandement du 15 avril 1322. (Arch. mun. de Saint-Omer. *Registre au renouvellement de la loi*, 1, f° VIxx XIV.)
2. Voy. Warkoenig, ed. Gheldolf. *Histoire de Flandre*, tome II, § XXVIII, *Des baillis*.

roi¹, ce qui pourrait faire croire que cet officier fut créé à Saint-Omer en même temps que dans le reste de la France, par l'ordonnance de 1190. La même année on trouve à une charte de Saint-Bertin la souscription d'un Renaud d'Aire, bailli, mais sans autre dénomination². C'est en 1201 que nous rencontrons le premier bailli du comte : la charte de Baudouin IX concédant en fief la vieille halle à Florent de Saint-Omer est souscrite par *Gervasius Waignart qui tunc fuit ballivus meus apud S. Audomarum et apud Ariam*³.

Cependant, ce serait une erreur de croire, en l'absence de documents, que les baillis ne furent introduits à Saint-Omer que par Philippe-Auguste. Ils existaient certainement avant cette époque dans toutes les villes de Flandre ; une ordonnance de 1178 avait déterminé leurs attributions, et il est probable qu'à Saint-Omer, le comte n'était pas resté dépourvu d'officier de cette nature. Il est vraisemblable même que sous un autre nom et avec une importance bien moindre que celle qu'ils eurent dans la suite, ce sont des officiers analogues que l'on voit désignés en 1127 sous le nom de prévôt du comte⁴, en 1178 sous le nom de *minister*⁵, et qu'une keure de Gand de 1176 désigne ainsi : *quem loco suo ad justitiam tenendam instituit* (comes)⁶.

Cet officier, d'abord investi exclusivement d'attributions juridiques, vit sans doute grandir son rôle lorsque les châtelains désertèrent leurs fonctions et parurent se soustraire à l'influence des comtes et aussi quand la puissance sans cesse croissante de la ville sembla menacer le pouvoir du souverain. Ce terme de *bailli*, désignant des officiers judiciaires, paraît avoir été mis à la mode vers la fin du xii⁰ siècle et le commencement du xiii⁰, et avoir assez généralement remplacé alors des dénominations plus anciennes, telles que *minister, ministerialis, officialis, prepositus*. Le deuxième continuateur de Simon, rapportant dans son cartulaire une charte de Philippe d'Alsace,

---

1. « Jocelinus ballivius Domini regis » souscrit à une sentence du châtelain prononcée entre l'abbé de Saint-Bertin et Guillaume de Moulle, relativement à l'écluse de Houlle (Voy. plus haut, p. 97).

2. Voyez de Laplane. *Baillis de Saint-Omer*. (*Bulletin de la soc. des antiq. de la Morinie*, 38ᵉ liv., p. 1007.)

3. *Mémoires de la soc. des antiq. de la Morinie*, t. IV, p. 354.

4. Au § 3 de la keure de 1127 : « coram judicibus et preposito meo, hoc finiatur. »

5. « Nicholaus minister Sancti Audomari » concourt à une sentence qui exempte de tonlieu les hommes du châtelain. (Pièces justificatives, XVIII.)

6. Warnkoenig. *Histoire de la Flandre*, II, p. 421.

de 1179, relative aux *ministeriales* que l'abbaye de Saint-Bertin avait à Poperingues, l'indique comme un règlement : *de ministerialibus qui moderno tempore ballivi appellantur*[1].

Au moins, dans les premiers temps, le même personnage put être en même temps bailli de deux villes ; nous avons déjà vu Gervais Waignart bailli de Saint-Omer et d'Aire en 1201, nous trouvons, en 1247, S. de Viltar (sic) bailli d'Arras et de Saint-Omer[2].

La liste des baillis de Saint-Omer a été dressée par M. de Laplane[3], mais elle est loin d'être complète, l'auteur n'a pas même connu les quelques noms donnés par Brussel[4] et il serait possible, en dépouillant les divers dépôts d'archives et les cartulaires de la contrée, de combler de nombreuses lacunes.

On a vu que ses fonctions ne furent pas attribuées au bailli de toutes pièces ; il n'est peut-être aucun personnage dont la puissance et les attributions furent plus variables selon les époques. Le seul caractère constant de cet office fut d'être toujours une fonction à la discrétion du comte. Son pouvoir, d'abord très-restreint, grandit peu à peu au détriment de celui des châtelains. Ses attributions, d'abord purement juridiques, s'étendirent successivement à l'administration et aux finances.

Ses fonctions juridiques étaient doubles et s'exerçaient près de la cour du comte et près du tribunal des échevins.

Près de la cour du comte, lorsque les châtelains cessèrent de la présider, il se trouva à peu près substitué à eux, il présida les plaids généraux, conjura les hommes de fiefs, eut la garde des prisons du château. Dès 1248 nous le voyons instrumenter à ce titre dans la banlieue de Saint-Omer, à Lannoy, où le comte avait la haute justice[5]. Au xve siècle, nous le voyons présider la cour du comte, mais il n'y était néanmoins pas juge : « La jus-
» tice, disent les coutumes du bailliage de Saint-Omer, rédigées
» en 1531 (art. 3), appartient aux hommes de la cour dudit

---

1. Guérard, *Cartul. de Saint-Bertin*, p. 366.
2. *Recueil de Chartres* de 1739, p. 25. — M. de Laplane (ouv. cit.) le nomme Simon de Wissant. — Brussel (*Usage des fiefs*, p. 485.), qui le fait bailli de Saint-Omer et d'Aire, en 1236, le nomme Simon de Villars.
3. Ouv. cit.
4. *Usage des fiefs*, p. 485.
5. 1248. Août. « Des Ausnoïz nous acordons et disons que le quens i
» doit avoir la haute justice et se aucun de Lannoi est portrais en la
» hale de haute justice u de lx libr., li baillieus le puet pendeir par se
» auctoritei. » Voy. Pièces justificatives, LII.

» bailliage, dont le bailli ou son lieutenant est le conjureur et
» calengeur. »

Près du tribunal des échevins, il ne tarda pas non plus à se substituer entièrement au châtelain [1]. Il avait à la fois les fonctions d'officier de police judiciaire, d'enquêteur, d'exécuteur des jugements et de ministère public. A ce titre, nous le voyons, au XIIIe siècle, faire mettre les accusés en prison préventive dans la prison de la ville, et, après le jugement du tribunal des échevins, les mettre en liberté ou les transférer dans les prisons du comte [2]. En 1353, nous le voyons procéder à une enquête sur la contrefaçon de la draperie de Saint-Omer [3]. En 1350, le bailli Enguerrand de Beaulo préside à une exécution d'arsin décidée par l'échevinage [4]. En 1341 Gilbert de Nedoncel, en 1348 Enguerrand de Beaulo assistent aux cérémonies d'amendes honorables à la ville [5]. L'intervention du bailli dans les plaids est mentionnée dans les sentences de l'échevinage qui nous sont parvenues en ces termes : « Le baillius se plaint de N » ou « de che que » [6]. Les mêmes fonctions lui sont encore attribuées par l'article 2 de la coutume de l'échevinage de Saint-Omer, rédigée en 1531.

Son ressort judiciaire, l'étendue de sa juridiction comme président de la cour des francs hommes, en un mot la circonscription du bailliage se constitua sans doute à la fin du

---

1. Nous avons indiqué, au paragraphe précédent, quelques fonctions qui restèrent aux châtelains et qu'ils firent exercer par un délégué qui retint le nom de châtelain. Dès la fin du XIVe siècle, nous voyons cette délégation passer aux baillis, qui s'intitulent baillis et châtelains. Le 29 novembre 1370, la comtesse d'Artois remplace Warin, sire de Bécourt et d'Enquin, chevalier, dans l'office de bailli et châtelain de Saint-Omer, par Guillaume de Wailly, receveur de Saint-Omer. (Arch. mun. AB. VIII.)
2. 1276. Juillet. « Robertus comes Atrebatensis... concedimus... ut
» postquam intrusi et detenti seu incarcherati (sic) in prisione dicte
» ville fuerint ad conjurationem ballivii nostri judicati seu alias liberati
» per judicium scabinorum, ipsi scabini plus non teneantur ipsos cus-
» todire neque in sua custodia rehabere vel amplius retinere nec ipsis
» custus aliquos ministrare; immo volumus quod ballivius noster
» dictos judicatos seu liberatos capiat et eis custus administret ponens
» eos in domo Lamen de foro, ubi custodiuntur prisonarii nostri, prout
» in alio est hactenus consuetum et deliberet eos quocienscumque sibi
» pro utilitate nostra et jure nostro viderit expedire, salvo tamen jure
» alieno quocumque. Quod ut ratum, etc. » (Orig. scel. *Arch. mun. de Saint-Omer*, CCXCII, 2.)
3. Arch. mun. de Saint-Omer. *Gros registre du greffe*, f° 30.
4. *Ibid.*, f° 104.
5. *Ibid.*, f° 105.
6. Voy., par exemple, *Ibid.*, f° 27.

XIII° siècle aux dépens du châtelain, mais nul texte ne nous indique à quelle époque cette circonscription fut nettement déterminée, seulement, une note marginale du XIV° siècle, qui se trouve à la fin du cartulaire de Saint-Bertin, rapporte la constitution du bailliage à l'année 1350 environ [1].

Outre sa juridiction contentieuse le bailli eut une juridiction gracieuse, mais les textes qui nous en font connaître l'exercice ne nous permettent de déterminer ni depuis quelle époque, ni dans quelles limites. En juin 1281, par exemple, le bailli saisit la ville des droits à elle vendus par le châtelain [2]. Le 28 février 1288-89, le scel du bailliage authentique un accord entre la ville et le chapitre [3].

Les attributions administratives, ou, comme on disait autrefois, politiques du bailli sont plus incertaines encore que ses attributions judiciaires. Probablement, elles naquirent des circonstances. Représentant du comte dans la ville, il se trouva peu à peu chargé de veiller en tout à ses intérêts. Dès lors, son rôle fut de surveiller, au point de vue des prérogatives et des droits du comte, l'administration des échevins. Une note marginale du *keurboek* publié à la fin de cet ouvrage nous indique que, vers 1270, il devait avoir un exemplaire des bans et règlements de l'échevinage [4]. En mars 1269-70, nous le voyons chargé de se concerter avec l'échevinage au sujet de l'établissement d'une foire d'un mois [5]. Mais la fonction politique la plus importante et la plus difficile qui lui fut confiée fut son immixtion dans les élections des échevins. Nous renvoyons au chapitre où nous traiterons ce sujet l'examen de son rôle dans cette circonstance.

Ses attributions financières s'établirent de la même manière : il surveilla les finances de la ville, assista à la reddition des comptes, contribua à nommer les répartiteurs des tailles et assises [6]. En outre, il fit pour le comte, par l'entremise d'un officier subalterne, le receveur de la baillie, les perceptions et les dépenses. La bibliothèque de la ville de Saint-Omer possède

---

1. « Arthesium erigitur anno M° C° IIII xx XIX........ Balliviatus Sancti Au-
» domari annis CL eo amplius erectus est post erectionem comitatus
» Arthesii. » (Guérard, *Cartul. de Saint-Bertin*, p. 372.)
2. Arch. mun. de Saint-Omer, CCXLIX, 7.
3. Arch. du chapitre de Saint-Omer, II, G. 2049.
4. Chap. VIII.
5. *Pièces justificatives*, LVIII.
6. Ordonnance de 1178. Warnkoenig, *Histoire de la Flandre*, éd. Gheldolf., t. II, p. 425.

plusieurs comptes de la baillie dont le plus ancien est de 1306[1]. Nous y voyons que le bailli percevait pour le comte les redevances des fiefs tenus de lui, les revenus du *Rouage*, le produit de ventes de bois, les émoluments de justice, etc.; qu'il payait, outre ses propres gages, qui étaient de LX livres par an (XX livres pour un terme, il comptait à trois termes par an), les gages des officiers du bailliage et du château, portier, arbalétrier, guet, avocat, procureur, sergents, etc., les frais d'entretien et de réparation du château[2], les frais de justice, les dépenses de la prison, etc.[3]

Après cette rapide étude du rôle du bailli, il est facile de concevoir combien la ville, jalouse de son indépendance, dut subir impatiemment l'immixtion dans ses affaires de ce personnage étranger[4]. Le premier conflit entre le bailli et la commune que nous connaissions est de 1255; il eut un tel degré de gravité que les échevins suspendirent le cours de la justice. Pour le terminer le roi envoya deux commissaires, dont nous possédons la sentence[5]. Malheureusement, elle ne relate pas au long les griefs articulés par l'échevinage contre le bailli; il y est dit seulement qu'il se plaignait de ce que « li bailliu avoit juré à garder le loi » de le ville et avoit fet contre son serment en moult de choses, » pourquoi il avoit cessé de faire loi, » et plus loin, « que li » bailliu ne faisoit mie ce qu'il devoit ne ne gardoit son sere- » ment. » La sentence des arbitres maintint le bailli en charge, l'obligeant à jurer à nouveau d'observer son serment et ordonnant une enquête plus ample qui ne nous est pas parvenue.

Plus tard, à la suite de contestations nouvelles que nous ne pouvons raconter ici, les échevins forcèrent le bailli à reconnaître qu'il n'avait pas le droit de *kallengier* d'amende les bourgeois, ni d'entrer dans leur domicile sans l'assistance d'échevins[6].

1. Comptes des années 1306 à 1310, 1313, 1321, 1328, 1340, manuscrit n° 870, provenant de la collection Monteil.
2. « Pour estanchoire le pont et le tour joignant de le porte du castel » de Saint-Omer... pour faire 1 huis à le quisine et pour ouvrer au » drechoir et pour dépechier une breteske qui estoit keuwe en l'iauwe... » pour ouvrer au pont joingnant de le porte du castel de Saint-Omer... » pour parfaire le pont dessous le touriele. » (Compte de 1306.)
3. Location d'un cheval pour mener un prisonnier afin de faire une enquête. — Pain des prisonniers. — « Pour le pain Boudekin, chevallier, » qui eut l'oreille coupée, pendant XLV jours, II d. le jour. » (*Ibid.*)
4. On ne pouvait être bailli dans le lieu de sa naissance. Règle probablement générale, stipulée pour Gand, en 1228. (Warnkoenig, édit. Gheldolf. III, Pièces justif. XVIII.) Compar. Brussel, *Usage des fiefs*, p. 481.
5. *Pièces justificatives*, LV.
6. 31 juillet 1373. Déclaration de non préjudice, faite à l'échevinage,

C'est ce que consacre la coutume de Saint-Omer de 1531, en disant que le bailli « ne a exercé ne faict exercer juridiction en
» ladicte ville et banlieue, ne sur les manans ou habitans d'i-
» celle. »

Nous ne pouvons ici ni suivre dans ses diverses péripéties la lutte qui, sous différents prétextes, ne cessa d'exister entre le bailli et l'échevinage, ni étudier les transformations et l'organisation de cet office aux xv° et xvi° siècles. Disons seulement que longtemps les échevins avaient eu la prétention d'avoir juridiction sur les baillis et leurs officiers[1]. Un appointement en parlement de Paris du 20 décembre 1378 établit que les baillis, lieutenants et sergens du baillage étaient justiciables du comte, pour tous délits criminels et civils commis par eux et de l'échevinage, en matière de contrats et d'autres cas civils, hors délits, et, qu'en outre, à l'échevinage appartenait la connaissance des délits commis sur eux ou à leur détriment.

Ce ne fut point seulement aux prérogatives de la ville que porta atteinte l'institution des baillis. Les droits de juridiction du chapitre subirent de leur part des tentatives d'empiétement[2]. En 1298, le chapitre rédigea un immense rouleau des griefs articulés contre eux, dont il se plaignait au parlement de Paris[3]. Nous en extrayons quelques faits qui peuvent compléter nos renseignements sur ces officiers. En 1287, le doyen n'ayant pas répondu à une citation du bailli, « lidis baillis et si serjant
» alèrent à Eske, à Bilke, à Saint-Omer-Eglise et en autres
» lieus de ladite eglise et prisent les hommes de laditte eglise,
» chevaliers et autres frans et vilains et les desvoièrent, et les
» tinrent longuement en prison et wastèrent, et prisent vakes,

___

par Henri le Maisier, sire de Biausart. (*Recueil de Chartres*, p. 30.)

1. « Les dis de S. Aumer respondoient et disoient que à eulx, mayeurs
» et eschevins, appartenoient et devoit appartenir la congnoissance et ju-
» gement de tous les sergens et officiers de ladite Madame, extans pour
» elle en ladite ville, en tous cas civils comme criminels, et que avec
» ce que eulx en estoient chartré et privilégié, en avoient eulx usé, jouy
» et explotié de tel et si longtemps qu'il n'étoit mémoire du contraire. »
(1378. 20 décembre. Appointement au parlement de Paris. *Recueil de Chartres*, p. 32.)

2. Il en fut de même pour l'abbaye de Saint-Bertin. En 1227 (*veille de N. D.*), le bailli du roi, Etienne Schenk (*Stephanus Scantio*), dut solennellement reconnaître la juridiction de l'abbaye à Arques, où il avait indûment fait arrêter, juger et exécuter un homme. (*Grand cartul. de Saint-Bertin*, t. II, p. 413.)

3. Archives du chapitre de Saint-Omer, II, G. 405.

» chevaus, blés, avainnes, et autres biens de l'église et les cou-
» vertures des celiers du chapitre dont les ouvertures estoient
» vers le place le chastelain de Saint-Omer et les vignes qui
» d'emprès lesdittes overtures estoient et avoient esté de lonc-
» temps, li baillis de Saint-Omer, fist cauper, abatre et dé-
» truire. » Le chapitre forma une plainte en parlement et eut gain
de cause ; mais, pendant qu'il essayait en vain de faire exécuter
le jugement, survint un incident : le bailli du chapitre à Ecques,
où le chapitre avait toute justice, ayant jugé et exécuté un faux
monnayeur, « li baillis de Saint-Omer vint à Eske et prist des
» hommes du chapitre demourans à Eske et les enmena et tint
» en prison et prist et fist prendre de leurs biens et fist abattre les
» fourches là où li dis faus monoiers avoit esté pendus. » Nouvelle plainte du chapitre en parlement, nouvel arrêt favorable.
En réponse, le bailli s'empara de la basse justice de Burques,
qui appartenait au prévôt du chapitre, et ses gens « en jousti-
» chant en cas de basse jousticke pluseurs pourchaus et comme
» ils s'esforchassent d'amener les et il ne peussent, pour ce que li
» pourcel s'enfuirent cha et là, il en tuèrent un en joustichant. »
Nouvelle raison de plainte en parlement, et ainsi de suite, le
chapitre se plaignant et obtenant des arrêts, le bailli soutenu par
le comte n'y prenant garde et répondant par de nouvelles insultes, par de nouvelles molestations.

En résumé, le bailli, d'abord officier de justice subalterne, finit
par remplacer le châtelain, comme président de la cour du comte, il
eut auprès du tribunal des échevins les fonctions de ministère
public, d'exécuteur des jugements et d'officier de paix, surveilla
contre l'échevinage les prérogatives du comte, s'immisça dans la
nomination des magistrats municipaux, reçut et paya pour le
comte. Si nous voulions comparer ses fonctions à celles analogues
de l'administration moderne, nous pourrions dire qu'il réunit les
attributions du sous-préfet, du procureur de la république, du
commissaire de police et du receveur de finances d'une ville de
province actuelle.

CHAPITRE IV.

JURIDICTIONS DIVERSES.

§ I. *Juridiction ecclésiastique; ses formes; sa compétence.* — § II. *Abbaye de Saint-Bertin; territoire soumis à sa juridiction; ses officiers de justice, avoués, baillis; conflits avec la commune; possessions diverses, marais et pâtures, Arques.* — § III. *Chapitre de la collégiale; juridiction du cloître; conflits avec la commune; exercice de la justice, avoués, franche cour du prévôt, justice du doyen; possessions: maisons et vergers à Saint-Omer, marais de Burques, Lannoy.* — § IV. *Juridictions féodales; banlieue.*

La juridiction des échevins était encore limitée par la juridiction spirituelle, par les juridictions de l'abbaye de Saint-Bertin, du chapitre de Saint-Omer et par celles d'un grand nombre de seigneuries foncières.

§ I.

La juridiction ecclésiastique était exclusivement compétente pour certains crimes et délits et pour certaines catégories de personnes. La question de savoir comment elle s'exerça est fort controversée et nous ne pouvons songer à la traiter complètement ici, les textes que nous possédons, quoique importants, ne pouvant la résoudre.

Jusqu'à quelle époque s'est exercée, dans le diocèse de Térouane, la juridiction par les synodes ordonnés pour toute la France par les capitulaires? La juridiction ecclésiastique a-t-elle été exercée par l'évêque ou un délégué spécial? Quand fut-elle attribuée exclusivement aux officiaux? Ce sont questions auxquelles nous ne pouvons pas répondre d'une manière définitive.

Le § 3 de la keure octroyée en 1127 rapporte la substance d'un accord conclu entre le comte Charles-le-Bon et l'évêque de Térouane Jean Ier, c'est-à-dire entre 1119 et 1127, et déterminant les conditions de la juridiction ecclésiastique. Il spécifie que cette juridiction devra s'exercer dans la ville : *de villa Sancti Audomari alias pro justicia exequenda non exeat.* Cette disposition se retrouve en partie, étendue à la Flandre, *intra vetus fossatum,* dans une transaction relative au même objet, intervenue en 1150 entre le comte Thierri d'Alsace et l'évêque Milon Ier[1]. Cet acte contient une disposition par laquelle l'évêque s'interdit, sauf dans certains cas, de citer au siége épiscopal (*ad sedem episcopalem*) les bourgeois et les paysans qui ne se soustrayent pas à la juridiction de leur doyen. Même disposition dans la keure de Gand de 1192 : *oppidani Gandenses pro causis ecclesiasticis nunquam citari debent nisi ad Sanctum Johannem* (§ 25). Ainsi la juridiction épiscopale s'exerçait non-seulement à Térouane, mais aussi sur les lieux mêmes où les délits avaient été commis et probablement au chef-lieu de chaque doyenné. Par qui s'exerçait-elle ?

La keure de Saint-Omer mentionnée plus haut dit que l'accusé doit être cité dans la ville même, pardevant l'évêque, l'archidiacre ou son prêtre. Les keuren postérieures, à partir de celle de 1128, reproduisant ce paragraphe, ajoutent à cette énumération un personnage, le doyen (*sed in eadem villa coram episcopo, vel ejus archidiacono, aut decano, vel suo presbitero...*). Mais ces personnages semblent n'avoir été que les présidents d'un tribunal mixte composé de clercs et d'échevins : *coram episcopo vel ejus archidiacono, etc... quod justum est clericorum scabinorumque judicio exequatur.* J'ai vainement cherché ailleurs des traces d'un tribunal ainsi composé. L'intervention des échevins dans la juridiction synodale que l'on rencontre dans la keure de 1192 et dans un règlement de 1294 du *Witten-boek* de Gand se borne à l'accusation[2]; le synode ne pouvait faire comparaître devant lui que sur leur seule dénonciation. Je n'oserais affirmer qu'il faille ainsi interpréter l'expression : *clericorum scabinorumque judicio,* et dire qu'elle s'applique à un synode de clercs où les échevins étaient seulement accusateurs. Il est étrange cependant, si cette expres-

---

1. Miraeus, *Opera diplomatica*, t. IV, p. 204.
2. Diericx, *Mémoires sur les lois des Gantois.* T. I, p. 173.

sion désigne, comme on serait tenté de le croire tout d'abord, un tribunal mixte, qu'on n'en trouve nulle part ailleurs d'exemple, alors qu'on voit partout en Flandre en vigueur la juridiction synodale.

C'est à la juridiction synodale que se réfère l'accord de 1150 entre Thierry d'Alsace et l'évêque de Térouane. La keure de Gand de 1192 stipule qu'il n'y aura de synode à Gand que de trois en trois ans et que l'évêque le devra présider en personne (§ 24). Cette juridiction persista en Flandre pendant tout le XIIIe siècle. Warnkœnig indique des débats nombreux qui eurent lieu à Bruges à son sujet de 1269 à 1288[1]. Le règlement de Gand de 1294, cité plus haut, indique que les évêques de Tournai ne pouvaient tenir de synode dans cette ville plus de deux fois en sept ans.

Les formes de la procédure devant ces tribunaux paraissent avoir eu pour base la dénonciation. L'accord de 1150 montre qu'à cette époque l'épreuve du fer rouge (*judicium ferri candentis*) y était encore en usage comme preuve de l'adultère et d'autres crimes ; il spécifie qu'on n'y pourra plus soumettre ceux que la rumeur publique seule accuse ; la dénonciation ne sera reçue que de la part des clercs ou des synodaux (*synodalium*), qui attesteront sous serment qu'ils croient la rumeur publique fondée. A défaut de synodaux (*si desint synodales*), on admettra, sous la même condition du serment, l'accusation portée par des voisins légitimes (*legitimorum*), c'est-à-dire, sans doute, bons chrétiens (*legitimos christianos*), condition requise des témoins dans un autre passage du même acte.

On voit qu'on se préoccupait de restreindre l'action de ces tribunaux et de prendre des précautions contre les formes inquisitoriales de leur procédure. Les villes ne les toléraient que le moins possible, et à Gand même on avait pu faire insérer dans la keure de 1192 cette restriction importante que les dénonciations n'y seraient reçues que de la part des échevins. A Bruges et à Damme, nous voyons l'évêque de Tournai accusé de déclarer coupables les prévenus dénoncés par deux personnes, sans leur laisser le droit de défense, ce qui donna lieu à de longs débats en cour de Rome[2].

Nous ne saurions dire quand ni comment prit fin cette juridiction synodale qui avait duré en Flandre longtemps après

---

1. *Histoire de Flandre*, éd. Gheldolf, t. II, p. 374.
2. Ibid.

avoir cessé partout ailleurs. Au xiv⁰ siècle, nous la voyons partout remplacée par la juridiction des officialités, mais cette juridiction même avait apparu longtemps avant la disparition des synodes comme cours de justice, et dès le 9 juin 1233 nous voyons mentionné l'official du diocèse de Térouane : l'évêque Pierre permet au prévôt du chapitre de Saint-Martin d'Ypres de citer directement et sans autorisation spéciale tout habitant d'Ypres à comparaître devant l'évêque ou son official (*coram nobis vel officiali nostro*) [1].

Venons à la compétence de la juridiction ecclésiastique. Certaines personnes lui étaient complètement soumises quels que fussent les délits ou crimes qu'elles avaient commis. Certains crimes et délits lui étaient réservés quels que fussent leurs auteurs. On sait que la compétence des tribunaux ecclésiastiques n'a cessé d'être l'objet de conflits et de contestations. On ne saurait donc à cet égard poser de règles précises.

Tous les clercs lui étaient complètement soumis [2]. Mais continuellement il arrivait qu'un clerc marié, non tonsuré, vivant *laiement*, était pris, jugé, condamné, exécuté par la justice séculière. On pourrait multiplier à l'infini les exemples de ces conflits ; nous nous contenterons d'en citer quelques-uns relatifs à Saint-Omer.

Au commencement du xiv⁰ siècle, les échevins avaient condamné à mort et le lieutenant de bailli exécuté un clerc de Saint-Omer, du nom de Jean Maxemaeckere, sans connaître sa qualité; après contestation, en vertu d'un accord homologué par le Parlement, ils durent se soumettre à restituer publiquement et solennellement son corps aux vicaires généraux de l'évêque, sur la place, à la porte de la halle et en faisant amende honorable pour le préjudice causé à la juridiction épiscopale [3]. Le 5 mars 1371, nous voyons les vicaires de l'évêque réclamer au bailli « Jehan Fleurant, marchant, subgect et soubzmanant

---

1. Gheldof, *Histoire d'Ypres*, p. 354. — Ne serait-ce pas déjà un délégué de l'évêque analogue à l'official, que ce *judex forensium rerum* auquel l'évêque saint Folquin, en 839, interdit toute intervention dans l'abbaye de Saint-Bertin? (Guérard, *Cartul. de Saint-Bertin*, p. 86.)

2. « Clerici in suis capitulis coram episcopo respondebunt. » (§ 41 de la keure de 1168.) La keure de Gand de 1192 stipule (art. 26) que le clerc plaidant contre un laïque doit le citer devant l'échevinage. Le laïque, en revanche, ne peut citer le clerc que devant un tribunal ecclésiastique.

3. Accord sans date, mais du temps de la comtesse Mahaut. Cartulaire de Térouane de 1422, conservé à l'évêché de Bruges, f° 192 v°.

» de Saint-Omer, qui avoit batu et navré Jehan du Crocq….. »;
l'évêque de Térouane devant avoir « la congnoissance, correc-
» tion….., de tous clercs mariez, de leurs déliz et mesfaiz
» commis et perpétrez en son diocèse de Therouenne, meisme-
» ment puis qu'ils se feussent parti layement ou que depuis
» aroient résumé tonsure et abit de clercq[1]. » Il résulte d'une
déclaration du 24 mars 1410 que les clercs devaient être cités
par le promoteur du diocèse même lorsque la justice séculière
avait jugé leur cause[2].

Les pupilles de l'église, les veuves, les orphelins, les pèlerins,
les pauvres, furent longtemps revendiqués par elle comme justiciables des tribunaux ecclésiastiques. L'accord de 1150 les laisse
à la justice séculière en matière de fiefs et d'héritage laïque,
sauf dans les cas de violence, d'oppression ou de déni de justice.

Le § 3 de la keure de 1127 restreint à trois catégories les
crimes et délits dont connaissaient les tribunaux ecclésiastiques :

1° Effraction d'une église ou d'un cloître.
2° Crime ou délit sur la personne d'un clerc.
3° Rapt ou viol d'une femme.

Pour ces trois catégories de délit, l'accord de 1150 autorisait
l'évêque à citer au siége épiscopal[3].

Les *delicta carnis* (adultère, inceste, etc.), ordinairement
attribués à la justice spirituelle et considérés comme tels dans

---

1. Ibid., f° 182.
2. Ibid., f° 184 v°.— Un inventaire de pièces des archives de l'évêché de
Térouane, qui se trouve dans le même manuscrit, indique quelques
documents relatifs au même sujet. Malheureusement il ne donne pas les
dates. Voici ces indications : « Mandatum regium contra ballivium
» S. Audomari, quia clericum cujus crines radi fecerat, restituere con-
» tradixit sed morti tradidit. » — « Tres littere seu accorda facta cum
» illis justiciariis super pluribus questionibus et querimoniis per eos
» inductis contra monitionem et jurisdictionem curie : que omnia depu-
» tantur et quasi non evenissent nulla. » — « Informatio facta pro facto
» exequutionis et supplicio per justiciarios ville S. Audomari. » —
« Arrestum contra villam Sancti Audomari quod cognitio et pugnitio
» clerici debite per clericum commissi in auditorio et conspectu majoris
» et scabinorum, quantum concernit offensam eis factam ad ipsos per-
» tinet, quantum concernit correctionem personalem et omnimodum
» pro delicto communi, ad officialem. » — « Sentencia prepositi de
» Monsterolo faciens pro domino Morinensi contra villam S. Audomari
» quod ipsi justiciarii clericum conjugatum arrestatum pro debito pecu-
» niario instantia partis in suis prisionibus. »
3. « Nisi ecclesias vel eas que attinent ad eas invaserint aut in cle-
» ricum seu aliquam ecclesiasticam personam manum miserint aut in
» mulierem raptum fecerint. »

l'accord de 1250, semblent échapper aux catégories créées par la keure de Saint-Omer. D'autre part, nombre de dispositions des keuren, c'est-à-dire de la législation séculière, où sont prévus le rapt et le viol, semblent prouver que leur connaissance n'a point toujours été attribuée sans conteste à la justice ecclésiastique[1]. La deuxième catégorie de crimes prévus par la keure de 1127 (crime et délit sur la personne d'un clerc) se trouve confirmée à la juridiction ecclésiastique par un arrêt du Parlement de Paris du 13 novembre 1382, qui autorisa l'évêque de Térouane à poursuivre des laïques de Saint-Omer, coupables de violences sur la personne d'un clerc[2].

§ II.

Nous avons vu que l'abbaye de Saint-Bertin, primitivement propriétaire de tout le sol de Saint-Omer, se trouva réduite, à la suite des usurpations des comtes, à un territoire qui fut déterminé en 1056, par une charte du comte Baudouin, à l'île que formait l'Aa et au milieu de laquelle à peu près s'élevait le monastère. Le même acte confirmait à l'abbaye son droit de justice sur ce territoire en ces termes : *et infra manentes ab omni seculari potentia et justicia liberi sedeant, abbati tantum, de componenda cujuscumque negocii sui causa vel institutionis eorum, rationem reddant et ipsum consulant*[3]. Cette disposition était la confirmation et l'interprétation du privilége d'immunité qui avait été concédé à l'abbaye le 1er juin 691 par Clovis III[4] et que l'on trouve renouvelé dans tous les diplômes royaux postérieurs.

---

1. Voyez entre autres, en juillet 1230, dans une keure des échevins d'Ypres la disposition pénale contre ceux qui enlèvent des filles mineures. (Gheldolf, *Histoire d'Ypres*, p. 353.) — 31 décembre 1278. Ordonnance des échevins de Bruges sur le rapt des veuves, l'enlèvement des filles ou la séduction des garçons mineurs. (Gheldolf, *Histoire de Bruges*, p. 246.)
2. Cartulaire de Térouane cité plus haut, f° 194.
3. Voy. plus haut, p. 28. — Cette clause se retrouve en 1147 dans un privilége du comte Thierri (*Grand Cartul. de Saint-Bertin*, p. 257) et en 1190 dans un privilége de Philippe d'Alsace en ces termes : « De » spacio vero atrii, et, ut ecclesie oportunum sue defensionis auxilium » non subtrahat, curtis ejusdem cenobii.... quod in prefati comitis » (Balduini Insulani) privilegio prefixum est per omnia tenendum fir- » miter censemus. » (Ibid., p. 347.)
4. Guérard, *Cartul. de Saint-Bertin*, p. 35.

L'exemption de la juridiction ecclésiastique sur son territoire, que les historiens de l'abbaye veulent trouver dans le testament de saint Omer de 662[1], n'est explicitement que dans le privilége de l'évêque de Térouane saint Folquin, du 20 juin 839 : *Nec episcopus aut ejus archidiaconus seu aliquis clericorum vel judex forensium rerum aliquid tibi exinde vendicent*[2]. Elle se retrouve plus tard dans les confirmations de privilèges concédés par les papes, et pour la première fois dans la bulle de Pascal II, du 25 juin 1107 : *Prefatum monasterium et abbatem loci in antiquo sue libertatis et immunitatis genio continue permanere decernimus*[3]. Ainsi, la partie de Saint-Omer entourée par l'Aa était entièrement soumise à la juridiction de l'abbaye de Saint-Bertin. Comment et par qui s'exerçait cette juridiction ? Nous n'avons à cet égard aucun document positif antérieur au XIIe siècle.

Nous avons dit (p. 38) qu'un hagiographe du Xe siècle, racontant un vol de vases sacrés commis dans l'église de Saint-Bertin, dit que le voleur fut pris par des juges séculiers et conduit à Cassel[4]. Mais de ce fait que conclure ? sinon qu'à cette époque où l'abbaye fut en butte à des spoliations, à des usurpations de tout genre, que nous avons indiquées, la justice a bien pu s'exercer par les usurpateurs eux-mêmes, puisque nous avons vu les comtes couvrir leurs spoliations sous le voile d'une protection apparente de l'abbaye.

Les droits de justice furent-ils au nombre de ceux que l'abbaye fit exercer en son nom par un avoué ? Nous sommes sur ce point réduits aux conjectures ; néanmoins, comme il a été souvent question de l'*avouerie* de Saint-Bertin, il convient de grouper et d'examiner les textes qui peuvent à cet égard apporter quelques lumières.

Au XIIe siècle, il y avait à Saint-Omer un territoire qu'on nommait : *Ministerium advocati Sancti Bertini*. Le § 13 de la charte de Baudouin de Constantinople confirme une disposition de la keure de 1127 (§ 19), par laquelle les

---

1. Guérard, *Cartul. de Saint-Bertin*, p. 23.
2. Ibid., p. 86.
3. Ibid., p. 218. — En 1222, Adam, évêque de Térouane, reconnaît à l'abbaye son droit de justice : *ut infra manentes ab omni seculari potentia et justicia liberi sedeant et abbati tantum rationem reddant*. (Grand Cartul. de Saint-Bertin, II, p. 244.)
4. Seconde vie de Saint-Bertin. *Acta sanctorum* 5 septembre, p. 593.

maisons habitées sises *in ministerio*[1] *advocati sancti Bertini* doivent une redevance annuelle pour bans de vin et de bière. En 1102, un privilége du comte Robert le Frison, concédant à l'abbaye le monopole des moulins, depuis Arques jusqu'à Bourbourg, contient cette clause : *porro omnem multuram de ministerio advocati Sancti Bertini, sive quam aliunde idem abbas et monachi ad opus ecclesie sue hactenus possederant, deinceps libere et absque omni contradictione possidendam eidem loco confirmamus*[2]. On la retrouve en 1123 dans une bulle de Calixte II[3] et en 1163 dans une bulle d'Alexandre III[4]. Le privilége de Baudouin de Lisle de 1056, qui fixe le territoire propre de l'abbaye, stipule que les sous-manants et serviteurs de l'abbaye qui habitent, soit la ville de Saint-Omer, soit le *comitatus advocati*, devront à l'abbé un muid de froment. Les priviléges de Thierri d'Alsace de 1147[5] et de Philippe d'Alsace de 1190[6] reproduisent cette disposition.

De ces textes, il semble découler que ce territoire propre de l'avoué ne se confondait pas avec celui de l'abbaye, que c'était là encore une enclave soumise à une juridiction particulière dans la ville de Saint-Omer et qu'il le faut distinguer du *ministerium Sancti Bertini* qu'on trouve indiqué aussi dans la keure de 1168, dont le § 14 confirme aux héritiers de Guillaume le Gros une concession de fief faite à celui-ci sur ce même territoire (*ministerium Sancti Bertini*) par une espèce de post-scriptum de la keure de 1127. Une bulle d'Honorius III de 1218 désigne le territoire de l'avoué sous le nom de fief, et dit, confirmant le privilége des moulins : *Molituram molendinorum feudi advocati Sancti Bertini quam infra burgum Sancti Audomari et extra habetis*[7]. Si ce territoire de l'avoué de Saint-Bertin était distinct du territoire de l'abbaye, quelle était sa situation exacte, quels droits y possédait l'avoué? Les

---

1. En français, *mestier*. La charte par laquelle la comtesse Mahaut réforme la loi échevinale le 25 mai 1306 distingue à Saint-Omer *le haut et le bas mestier*. (Pièces justif., LXXV.) Plus tard, dans les documents du xve et du xvie siècle, on trouve le mot *ministre, le bas ministre*.
2. *Grand Cartul. de Saint-Bertin*, I, p. 146.
3. Ibid., p. 201.
4. « Molentes autem omnemque molituram de ministerio advocati » S. Bertini, sive aliunde quieti hactenus possedistis, deinceps libere et » absque omni contradictione vos possidere censemus. » (Ibid., p. 320.)
5. Ibid., p. 257.
6. Ibid., p. 347.
7. Ibid., II, p. 189.

documents sont muets sur ce point, et même, un acte de 1177 environ semble ne pas distinguer les deux territoires en parlant de terres, *quam predicta ecclesia Sancti Bertini habuit in comitatu et in advocatura sua*[1].

Nous ne trouvons guère plus de lumière dans les documents, si nous cherchons, avec leur aide, à préciser le rôle des avoués. Depuis 839, époque où nous voyons apparaître le premier, jusqu'à 1102, date de la dernière souscription d'un avoué de Saint-Bertin que nous connaissions, nous les voyons souscrire presque tous les actes où l'abbaye a été partie[2]. Il résulte même d'un accord de 1096, entre l'abbé Lambert et Baudouin de Salperwick, que le consentement ou tout au moins la présence de l'avoué était nécessaire à la validité des contrats passés par l'abbaye. Ce Baudouin réclamait un fief qui lui avait été concédé par l'abbé Jean et que les moines refusaient, *maxime quia hoc absque advocato et absque assensu capituli factum fuerat*[3]. En 1070, le consentement de l'avoué Gerbodon est stipulé à la consécration de la cour de la principale église de Saint-Bertin au repos du corps du saint[4].

Simon, qui écrivait au commencement du XIIe siècle, parle

1. Ibid., I, p. 384.
2. On n'a pas dressé jusqu'ici de liste des avoués de Saint-Bertin. En voici une établie d'après les chartes du grand cartulaire :
839. Odgrin.
On a voulu voir un avoué dans un personnage du nom d'Odwin, qui reçoit en 853 en prestaire un bénéfice, moyennant une redevance qui sera appliquée à la garde des deux églises. Les mots : *ad custodiam S. Petri et S. Bertini*, qui, comme le contexte l'indique, s'appliquent à l'emploi de la redevance et non à la charge du concessionnaire, sont sans doute la cause de l'erreur, non moins que le titre que Folquin a donné, par erreur aussi, à cet acte : *Prestaria Adalardi abbatis Odgrimo advocato*. Il n'est question dans tout l'acte ni d'Odgrin, ni d'avoué.
865 et 867. Hubert.
875. Odbert.
883 et 887. Odgrin.
938, 962 et 975. Évrard.
986, 994 environ, 1026, 1042, 1056 et 1070. Gerbodon. Il dut y avoir au moins deux personnages de ce nom, avoués successivement.
1096. 27-juillet. *S. Willelmi qui tunc in loco advocati fuit.*
1102. Robert.
Je n'ai rencontré aucun texte indiquant si l'avouerie était héréditaire.
3. Guérard. *Cartul. de Saint-Bertin*, p. 244.
4. « Ad petitionem memorati abbatis (Heriberti) et fratrum una cum » voluntate et assensu Gerbodinis advocati. » (*Grand Cartul. de Saint-Bertin*, I, p. 119.)

ainsi des avoués : *Siquidem advocati interest officii, res ecclesiasticas et bona exteriora ab ingruentibus pravorum hominum defensare periculis, cum versa vice, sicuti tunc contigit cupiditate avaritie, defensandam ecclesiam perturbare magisque soleant oneri esse quam utilitati ecclesiastice prodesse*[1]. Ces lignes servent de préambule au récit des embarras causés à l'abbaye par l'avoué Gerbodon, qui avait prétendu prélever des redevances excessives sur les habitants d'Arques, possession de Saint-Bertin, et avait commis de nombreux excès pour la répression desquels intervint le comte de Flandre par la charte de 1056 que nous avons souvent citée.

A partir du XII° siècle, les avoués de Saint-Bertin ne se montrent plus dans aucun acte, même dans ceux où l'on s'attendrait à les trouver à raison de leur rôle de défenseurs. Ainsi, en 1112, lorsque l'abbé Lambert veut rentrer dans son couvent, le châtelain de Saint-Omer vient au secours des moines et on ne voit point d'avoué prendre parti[2]. En 1164, c'est au comte que l'abbé Godescalc a recours contre ses moines[3], et vers 1174, c'est encore au comte que l'abbaye recourt contre un certain Etienne de Seninghem qui avait usurpé beaucoup de terres à Acquin sur le territoire de l'abbaye[4]. Ils existaient encore cependant, car, en 1147, Thierri d'Alsace, se référant en ce qui les concerne à la charte de 1056, dit : *Statuimus igitur ut quicumque advocatus fuerit ejusdem ecclesie, juxta institutum Balduini Insulani, habeat..... quod in prefati comitis privilegio prefixum est*[5]. Ce passage se retrouve textuellement dans une confirmation de Philippe d'Alsace de 1190[6]. En 1256, un certain Élenard de Seninghem réclame certains droits de l'abbaye se disant son avoué, prétention qu'il abandonne devant les contestations des moines[7].

Bien que le résultat de ces recherches sur les droits des avoués soit, eu égard à notre but spécial, à peu près négatif, que je n'aie pu ni préciser ce qu'était leur *avouerie*, ni déterminer en quoi consistait leur *comitatus*, bien que je ne les aie point rencontré comme délégués judiciaires de l'abbaye, j'ai cru devoir essayer

---

1. Guérard, *Cartul. de Saint-Bertin*, p. 183.
2. Ibid., p. 282.
3. Ibid., p. 374.
4. *Grand Cartul. de Saint-Bertin*, 1, p. 358.
5. Ibid., p. 257.
6. Ibid., p. 347.
7. Ibid., II, p. 234.

ici une interprétation des textes qui les concernent, ne fût-ce que pour mettre en garde contre un système séduisant qui consiste à établir un parallélisme entre les délégués du comte et les délégués de l'abbaye, à faire de l'avoué le représentant pour le temporel et le délégué judiciaire de l'abbaye, exerçant sur son territoire les mêmes fonctions que le châtelain sur son fief, comme lui, voulant augmenter sa puissance et se rendre indépendant, comme lui, devenant suspect et gênant, comme lui encore, remplacé par des officiers révocables, les baillis. Si les documents que j'ai réunis ne détruisent pas cette théorie, du moins la réduisent-ils à l'état de simple conjecture.

Nous avons, dès le commencement du xiie siècle, quelques indications sur la manière dont la justice s'exerçait sur les terres de l'abbaye, non pour Saint-Omer, il est vrai, mais il est probable que l'organisation judiciaire devait être la même dans tous les domaines soumis à sa juridiction. En 1125, à Bourbourg, la justice haute et basse s'exerçait par des échevins nommés par l'abbaye, formant un tribunal appelé *vierskaire* (*virscaria*), que le comte de Flandre, Charles le Bon, maintient contre les prétentions de l'écoutète (*scultedus*) du châtelain[1]. En 1179, une charte de Philippe d'Alsace nomme *ministeriales* des officiers de l'abbaye de Poperinghes, et le continuateur de Simon traduit ce mot par *baillis*. Ces officiers paraissent effectivement en avoir eu les fonctions. On leur interdit de tenir en fief leur office ou de le rendre héréditaire, et de percevoir plus du dixième sur les émoluments de justice[2]. Un accord d'avril 1247, déterminant les limites communes de la banlieue de Saint-Omer et de la juridiction de l'abbaye à Arques, s'exprime ainsi : *Et sciendum quod ubi justicia seu dominium ratione fundi est ecclesie S. Bertini, ibi est judicium hominum seu scabinorum ipsius ecclesiae*[3].

Il ne semble pas téméraire de conclure de ces textes que sur le territoire soumis à sa juridiction dans Saint-Omer, l'abbaye fit rendre la justice par un tribunal composé d'échevins. Mais ce n'était là qu'un tribunal d'ordre inférieur compétent seulement pour la basse justice ; l'exercice de la haute justice dut, dès la même époque, être donné à une cour d'hommes de fief

---

1. « Concedens ut proprios scabinos abbas idem haberet per quos tam
» de alta quam de infima lege libere ot absque contradictione placi-
» taret. » (Guérard, *Cartul. de Saint-Bertin*, p. 296.)
2. Ibid., p. 366.
3. Pièces justif., XLV.

ou francs hommes de l'abbaye, conjurés et assistés par un bailli.

Ce n'est qu'au mois de février 1271-72 que nous rencontrons un bailli de Saint-Bertin[1]. A partir de cette époque, les mentions de bailli sont très-fréquentes. Il serait difficile cependant de dresser une liste de ceux de ces officiers qui remplirent leurs fonctions à Saint-Omer, car l'église en possédait sur tous ses domaines. L'expression *bailli de Saint-Bertin en Saint-Omer* ne désigne pas nécessairement un bailli de la juridiction de Saint-Omer, les mots *en Saint-Omer* déterminant l'emplacement de l'abbaye et non la résidence du bailli[2].

Un procès-verbal de 1302, constatant le jugement et la pendaison d'un voleur arrêté dans l'église de Saint-Bertin[3], montre très-bien quelles étaient les fonctions du bailli et comment s'exerçait la justice. C'est le bailli qui procède à l'arrestation et à l'emprisonnement. Il fait l'instruction, mais en présence de plusieurs francs hommes de Saint-Bertin. Puis il va trouver l'échevinage de la halle pour savoir si son prisonnier ne serait pas bourgeois de Saint-Omer, car à cette époque la ville avait obtenu que ses bourgeois, même pour délits commis sur le territoire de l'abbaye, ne seraient justiciables que de leur échevinage. Le bailli traduit l'accusé par devant les francs hommes de l'abbaye au nombre de treize, séant « en le haulte sale de Saint-Bertin », qu'il a conjurés ; il dirige les débats, les francs hommes jugent et prononcent le jugement sous forme d'un ordre au bailli : « *Baillieu, vous le emmènerez dusques au gibet et le penderés par le col, comme laron, tant qu'il soit mort.* » Aussitôt après la sentence, le bailli conduit son prisonnier aux fourches de l'abbaye, à Arques, et le fait exécuter par le bourreau.

Outre ses fonctions près le tribunal des francs hommes, le

---

1. 1271-72, février. Mention d'une vente de terre à Wiserne faite à l'abbaye, *coram ballivo dicte ecclesie.* (*Grand Cartul. de Saint-Bertin*, II, p. 394.)

2. Voici par exemple trois mentions de baillis différents en quelques mois, évidemment ils ne sont pas tous baillis de Saint-Omer :

1296, avril. « Jou Wautiers Walric adont baillieus monsigneur l'abbé » de Saint-Bertin en Saint-Omer. » (*Grand Cartul. de Saint-Bertin*, II, p. 11.) — 1296, 1er juillet. « Jou Maihieus Boissars adont bailleus mon- » signeur l'abei de le église Saint-Bertin en Saint-Omer. » (Ibid., p. 14.) — 1296-97, février. « Jou Pierres Meze adont bailllieus et conjureires » des hommes monsigneur l'abei de le église de Saint-Bertin en Saint- » Omer. » (Ibid., p. 7.)

3. Pièces justificatives, LXXI.

bailli de Saint-Bertin avait encore la juridiction gracieuse ; c'est sous son scel que se passaient les contrats qui se faisaient, soit entre l'abbaye et les particuliers, soit entre les habitants du territoire soumis à sa juridiction.

Naturellement, cette juridiction de Saint-Bertin donna lieu à des conflits sans nombre avec la ville, toujours désireuse d'augmenter sa juridition et de diminuer les entraves qu'y apportaient les droits de l'abbaye. Les droits respectifs de la ville et de l'abbaye furent fixés, après de longues contestations, par un accord en date du 22 janvier 1384-85[1], dont nous croyons utile de donner ici l'analyse et quelques extraits. Cette convention détermine les conditions générales de la juridiction de l'abbaye, l'oblige à accepter la jurisprudence de la ville relativement aux biens des bâtards, stipule l'application du privilége de non confiscation en faveur des bourgeois condamnés possédant des biens sous la juridiction de l'abbaye, règle l'exécution des criminels condamnés par la justice du monastère, fixe les conditions de l'intervention des officiers de la ville pour surveiller la draperie d'Arques et empêcher la contrefaçon de celle de Saint-Omer, etc.

Voici le passage relatif à la juridiction générale : « Tant que à la juridiction de l'église et monastère de Saint-Bertin les religieux aront toute justice, haute, moienne et basse, en l'église, monastère et tout le pourpris d'icellui et congnoissance de tous cas et sur toutes personnes délinquans audit lieu, sauf, réservé et excepté les bourgois de la ville et soubzmanans dedans la ville et banlieue de ycelle, desquelz et pour lesquelz il est advisé à faire par le manière qu'il s'ensuit : est assavoir que se aucuns des bourgois ou soubzmanans délinquoit ès diz lieus ou diz monastère et pourpris, le bailli et justice desdis religieux porront prendre ledit délinquant, mais icellui prins, li baillis ou chieux qui exerceroit le justice desdis religieux sera tenus de tantost et incontinent signifier ladicte prinse auxdis maieurs et eschevins de ladicte ville et ladicte signiffication faite, ou cas que le dit maieur ou li uns d'eulx signifiast par cédule sous seaulx ou signes de l'un desdis maieurs qui icellui prisonnier fust bourgois ou soubzmanans, laquelle chose li dis maieur ou li un d'eulx seront tenu de faire dedens le jour de ledicte signiffication ou dedans lendemain ensuivant, lors seroient tenu ceulx qui exerceroit la justice desdis religieux, d'icellui bourgois ou soubzmanant baillier et délivrer, au dehors de la première porte de

---

1. Arch. mun. de Saint-Omer. Gros registre du greffe, f° 32.

l'abbaye, à ceulx qui seront pour le loy de le ville, avecq tous les biens que ledit bourgois ou souxmanant auroit en ledicte abbaye, sans ce que, pour cause de juridicion, lesdis religieux peussent aucune chose demander sur les biens dudit bourgois ou souxmanant, pour quelque cas ou quelque jugement ne exécucion qui s'ensuivit, sauf les despens du prisonnier, pourveu que, se les officiers de l'évesque de Thérouenne feissent aucune requeste, monicion ou prochés auxdis religieux ou contre eulx, pour avoir ledit bourgois ou souxmanant come clerc, lidit religieux, leur bailli, ou aultre de leurs gens de par eux seroit tenu de ce signiffier tantost et sans delay auxdis maieurs et eschevins ou à l'un des maieurs qui pour le temps seroit et avant que ils en feissent aucune délivranche as gens de l'évesque, afin que lesdit maieurs et eschevins se peussent sur ce pourveoir, si come leur sambleroit de raison. Et ce fait, se depuis, sans fraude, lesdis religieux le délivrent as gens de l'évesque, ils en demourront deschargié. Et en oultre, se depuis ledicte signifficacion faite, pour ce demeure et retardacion desdits maieur et eschevins, lidit religieux eussent aucun dommage desdictes gens de l'évesque, lidis de le ville les devront desdommager.

» Et est assavoir que se aucun famillier, commensal desdis religieux, bourgois ou soubzmanant fist aucune mellée, débat ou riotte en ledicte abbaye pour tant qu'il n'y eut effusion de sanc ou énorme lésion, monsieur l'abbé le pourroit appointier, corrigier et appaisier.

» Et est le intencion des traitteurs que li soubzmanant non bourgois doivent estre entendu et interprété en la manière que il s'ensuit : est assavoir que se aucun non bourgois est venu ou venoit de mourir dedans la ville ou banlieue d'icelle il ne seroit point réputé pour soubzmanant de ladicte ville se il n'y avoit demouré un an, sauve encore condicionne et modifie que se aucuns non bourgois venist en ledicte ville pour servir à aucuns bourgois ou habitants d'icelle pour estre sen varlet servant en sa maison et résidence à termine, qui comist aucun meffait ou délit en ladicte abbaye et fust prins en icelle par les officiers desdis religieux, il seroit réputés, tant que à signification baillement et délivranche, comme son maistre fust, bourgois ou soubzmanant. Ce sauf, que le dit varlet servant, s'il avait demouré un an en la ville à un maistre ou plusieurs seroit réputés absolument pour soubzmanant. »

Il résulte en substance de ce long texte qu'à la fin du xive siècle la ville avait réussi à réduire considérablement la juridiction de l'abbaye. Elle l'avait restreinte aux seuls habitants de l'île Sithieu, elle lui avait imposé sa coutume pour les biens des bourgeois bâtards, pour la confiscation des biens des bannis et s'était assuré complètement la juridiction sur tous les bourgeois et habitants de Saint-Omer.

Indépendamment du territoire sur lequel elle avait toute justice, l'abbaye avait à Saint-Omer d'autres propriétés foncières. C'était d'abord une grande partie des marais qui entouraient la ville et, entre autres, la *Grande Meer*. Souvent elle fut troublée dans sa possession, tant par les châtelains, qui prétendaient que tous les marais du voisinage du château faisaient partie de leur fief, que par les bourgeois, dont les marais et les communes pâtures bornaient les marais de l'abbaye. Un diplôme de Philippe d'Alsace de 1172 confirme un bornage de marais, établi contradictoirement par l'abbaye et le châtelain et consacre leurs droits respectifs.

L'accord avec la ville fut plus laborieux. Le pape Innocent III nomma des commissaires en 1198[1]. La ville ne paraît pas avoir accepté leur décision, empiéta de nouveau, refusa la satisfaction qu'avait fixée une seconde bulle[2], si bien que le pape, en 1202, excommunia les bourgeois et mit la ville en interdit[3]. La conséquence de cette sentence fut que le comte de Namur et les baillis du comte de Flandre firent irruption dans l'abbaye et la dévastèrent. Les moines alors consultèrent l'évêque de Térouane qui s'interposa pour négocier un traité qu'accepta la ville sous con-

---

1. *Grand Cartul. de Saint-Bertin*, I, p. 578.
2. 1199. Ibid., n° 408.
3. Voici une lettre relative à cette affaire, que je crois inédite :
« Innocentius episcopus servus servorum Dei, dilectis filiis de Blan-
» geio et de Alciaco, abbatibus et priori de Hesdin in Morinensi diocesi
» constitutis, salutem et apostolicam benedictionem. Querelam dilec-
» torum filiorum abbatis et conventus Sancti Bertini suscipimus, conti-
» nentem quod, cum propter injurias quas burgenses ville Sancti Audo-
» mari eis intulerant, auctoritate sedis apostolice idem burgenses excom-
» municationis et villa ipsa interdicti sententia subjacerent, canonici
» Sancti Audomari diocesis Morinensis, presentibus excommunicatis,
» divina celebrare temere presumpserunt. Ideoque discretioni vestre
» per apostolica scripta mandamus quatinus, si res ita se habet, dictos
» canonicos ut super hoc debitam fratribus ipsis satisfactionem impen-
» dant et a tam temeraria presumptione desistant, monitione premissa,
» per censuram ecclesiasticam appellatione postposita, compellatis.
» Quod si non omnes hiis exequendis potueritis interesse, duo vestrum
» ea nichilominus exequantur. Datum Laterani, II nonas aprilis, pon-
» tificatus nostri anno V°. » (*Grand Cartul. de Saint-Bertin*, II, p. 25.)

dition que l'excommunication serait levée ; mais cette fois encore les conventions ne furent pas respectées, et nous voyons de nouveau, en 1204, le pape mander à l'évêque élu, au doyen et à l'archidiacre d'Arras de requérir du comte et de ses baillis des garanties pour l'abbaye de Saint-Bertin [1].

Les contestations à ce sujet continuaient encore près de cinquante ans plus tard, quand, en mars 1247-48, le comte d'Artois les termina par un règlement admettant en partie les prétentions de la ville et dont l'abbaye dut reconnaître les dispositions comme obligatoires. Ce règlement reconnaît à l'abbaye le droit de fermer les écluses de ses marais, avec des restrictions pour les cas d'inondations et pour les temps de guerre, pendant lesquels le comte se réserve la libre navigation ; il déclare commun entre la ville et l'abbaye, tant pour la navigation que pour la pêche, le fossé séparant les marais de l'abbaye des communes pâtures et statue sur divers autres points accessoires [2].

L'abbaye possédait aux portes de Saint-Omer l'important village d'Arques et sa juridiction sur ce territoire limitait la juridiction de la ville sur sa banlieue. Les questions de limites et la surveillance du métier de la draperie d'Arques, qui souvent voulut contrefaire la draperie de Saint-Omer, donnèrent lieu à de nombreuses contestations. Une sentence arbitrale d'avril 1247, confirmée par le comte d'Artois, en février de l'année suivante, détermina exactement les limites des deux juridictions et assoupit, du moins pour un temps, les querelles à ce sujet. Quant à la draperie, à la suite de conflits sur lesquels nous aurons occasion de revenir, l'accord du 12 janvier 1384-85, dont nous avons parlé déjà, détermina les conditions de la surveillance du métier d'Arques.

§ III.

Comme l'abbaye de Saint-Bertin, la collégiale de Saint-Omer avait juridiction sur les dépendances de son église, sur son enclos (*atrium*) ; mais avec cette différence toutefois que cette juridiction ne pouvait s'exercer que sur les personnes faisant partie ou étant sous la dépendance du chapitre ; en sorte que ce privilège de juridiction enlevait des justiciables bien plus à la justice épiscopale qu'à la justice échevinale. On trouve ce privilège exprimé

---

1. Lettre d'Innocent III, du 23 septembre 1204. (*Histor. de France*, t. XIX, p. 470.)
2. Pièces justificatives, XLVII à L.

pour la première fois dans une bulle de Calixte II du 16 octobre 1123, adressée au prévôt du chapitre : *Sane beati Audomari canonici, vicarii, scolares, clerici, ceteri que chorum frequentantes ad nullius nisi ad tuam justiciam respondebunt*[1].

Le territoire soumis à cette juridiction était compris entre le château, les murs de la ville et les rues actuelles du Pot (anciennement du Mont), des Tribunaux (anciennement de la Prévôté), et la petite place (autrefois Viel-Marché). Toutes les maisons qui s'y trouvaient étaient habitées par les chanoines, les vicaires, les habitués, les clercs ou les suppôts du chapitre. Eux seuls jouissaient des priviléges particuliers à ce territoire et nous voyons qu'un acte, par lequel le chapitre agrandit son « encloistre » de quelques maisons, stipule que, « se le chapitre louast ces me-
» sons à laie gent, il seroient de le juridition de le ville et se
» on vendist vin as celiers, on le devroit vendre au fuer de le
» ville[2]. »

Cette réserve de la juridition des laïques dans le cloître du chapitre impliquait une certaine surveillance de la part de l'échevinage et devait être la source de nombreux conflits[3], sans

1. Orig. Arch. du chapitre de Saint-Omer, II. G. 58.
2. 14 mai 1248. Pièces justificatives, LII.
3. Comme échantillon de la guerre que ne cessait de faire la ville à l'église, on peut lire les extraits suivants d'une longue suite de plaintes que le chapitre adressait au comte d'Artois à la fin du XIIIe siècle :
« Amprès, il avint la veille de Novel que comme deus vallés du dean
» de l'église alassent en la ville pour acheter sa viende, un clerc et un
» lay, Hurtace Le Moine qui tenoit le lieu du bailli et un autre serjant
» les pritrent, les menèrent par devant eschevins et les mitrent en
» prison, et quant en leur demanda cause pourquoy l'en les prenoit il
» ne les vodrent dire, ainz dirent que le balli leur diroit assuremen,
» laquele chose est contre la coutume de la ville. — Amprès, les
» serjans de la ville ont gueté les portes du cloître et aretoient les
» serjans des chanoines, seus (*sic*) qui veoient qui estoient clers il
» lessoient aler, ceus qui estoient lays il metoient en prison. — Am-
» près, il avint que le chantre de l'église acheta un tonniau de vin en
» la ville, il le cuida tantost amener, il fu avan trois semènes qui le
» povit avoir, ainz convint qui demandat congié espécial au maire et se
» aucun chanoine achéte vin en la ville pour son user, i n'i a lay si
» hardi qui leur ose mener ne deschargier si n'en ont congié de la vile,
» et si n'en ont congié, si en veulent il avoir double pris. — « Après ce,
» se aucun chanoine a mettier de terre ou de sablon pour sa meson
» soutenir, il ne l'osent prenre ou lieu a coutume à prenre et là où
» chacun lay le prent selonc la coutume de la ville. Ne leur bestes,
» si les ont, il ne les osent mener ni mettre en pature commune de la
» ville... » (Archives du chapitre, II. G, 195.) Pour tous les autres diffé-

compter ceux résultant de droits sur d'autres possessions. Dès 1166 il y avait eu déjà probablement de nombreux démêlés relativement au tonlieu possédé en commun par la collégiale et l'abbaye, aux droits d'avouerie (*advocationes*), à la juridiction sur les hôtes, etc. A cette époque on se préoccupa d'établir un tribunal arbitral pour terminer ces conflits[1]. Les différends entre la ville et le chapitre devaient être réglés par huit arbitres choisis quatre de part et d'autre[2]. La convention assurait dans toutes les questions la prépondérance à la ville, car le neuvième arbitre, en cas de partage égal des voix, était à sa nomination. Mais elle payait bien cet avantage, car une dernière disposition de la charte porte que la ville constitue au chapitre une rente annuelle de cent sous, qui, au cas où elle ne serait pas payée au terme fixé, s'augmenterait de 20 sous par chaque jour de retard. Le seul motif que donne la charte à cette constitution de rente est le désir d'assurer le maintien de l'accord : *pro hoc ergo bono pacis inviolabiliter servando atque tenendo*. Cent sous étaient une assez forte somme et il est étrange de trouver une rente aussi considérable destinée seulement à perpétuer le souvenir d'une convention. Nous ne savons ce qui advint de cette rente de cent sous promise au chapitre par la ville; nous n'en avons point retrouvé la trace dans les comptes du chapitre ni dans ceux de la ville qui sont du reste de beaucoup postérieurs. Quant au règlement lui-même, il ne paraît guère avoir été mis en vigueur; car parmi les nombreux accords entre le chapitre et la ville qui nous sont parvenus, très-peu ont observé exactement les formes qu'il avait établies[3].

rends et procès entre la ville et le chapitre, on peut consulter les archives du chapitre. (II. G 194 à II. G 214.)

1. Pièces justificatives, XIII.

2. Remarquons que cet acte n'instituait rien de nouveau, mais faisait seulement revivre une coutume tombée en désuétude, « Formam pacis » que inter nos canonicos et burgenses qui communionis juramento » obligati sunt in retroactis temporibus habita est, in futuro volumus » observari, »

3. Elles n'étaient cependant pas tombées en oubli, on les voit rappeler par la ville à la fin du XIIIe siècle :

« Maieur et eschevins vindrent ou chapitre à Seint-Omer et requirent » le dean et le chapitre que une ordenance avoit esté fete pieça entre » l'église et les bourjois, que se aucun contens mouvoit entre eus, que » li bourjois feissent aucune ordenance qui feust doumageuse à l'église, » que l'en devoit eilire de commun acord quatre chanoines et quatre » bourjois, selonc la teneur de la leittre à ordener de tous contens qui » meus seroient entre eux. » (Arch. du chapitre, II G, 195.) Le concordat

Au XIII° siècle, en 1248 par exemple, de nouvelles contestations ayant eu lieu, chacune des deux parties nomma seulement un arbitre, le comte d'Artois nomma le tiers arbitre par un acte où il dicta à peu près la sentence à intervenir, ne laissant à la décision des juges que des points accessoires.

Le litige portait alors sur l'exercice de la justice dans un enclos que le chapitre possédait près de Saint-Omer, sur la prétention qu'il avait de clore le cloître, sur ses droits à quelques maisons de Saint-Omer, enfin sur la juridiction du faubourg de Lannoy. La charte du comte et la sentence des arbitres[1] obligèrent le chapitre à échanger son enclos près de Saint-Omer contre trois maisons possédées par Foulques de Sainte-Aldegonde devant « le pont le châtelain » qu'il était facile d'annexer au cloître. Elles autorisèrent la clôture du cloître par des portes qui devaient être ouvertes le jour et closes la nuit, sauf pour ceux qui allaient à matines, et en même temps, elles interdirent les issues de derrière des maisons canoniales qui durent n'avoir de portes que sur le cloître[2]. Quant aux maisons possédées par le chapitre dans la ville, le chapitre dut vendre celles qui, ne touchant pas au cloître, n'y pouvaient être annexées. Nous verrons plus loin ce qui fut réglé pour la justice de Lannoy.

En 1269 une nouvelle maison ayant été annexée à l'enclos, le comte d'Artois autorisa le chapitre à le clore par un mur allant de cette maison à la porte qui donnait sur l'église de Sainte-Aldegonde (Petite Place), *ita quod possint quocienscumque voluerint et sibi videbitur expedire, construere et edificare murum et portam ad forteritiam vel prout placuerit*[3].

En 1286, une rixe ayant eu lieu dans les chantiers[4] et dans le

---

de 1166 fut appliqué à diverses reprises au XIV° siècle. (Ibid., II G, 196.)

1. 1247-48, février et 1248, 14 mai. Pièces justificatives, XLVII et LII.

2. Dans la série de plaintes contre la ville, citées plus haut, le chapitre expose ainsi comment les officiers de la ville l'inquiétèrent au sujet de portes n'ouvrant pas sur le cloître : « ... il » avint que li devant di balli de Seint-Omer et échevins vindrent à » grant planté de gens à deux mesons des channoines (sic) d'icelle » église esqueles il a celiers qui euvrent par devers la ville et sus » lesqueles est fondé l'anniversaire du conte Robert, et où il a pilers » de pierres pour les mesons soutenir et gerens de pierres et de fut » qui ont esté plassé à trente anz, sans contredit de nulli. Les devans » diz gens les entrées des celiers despecièrent et emportèrent contre » la volenté des chanoines et les vignes estrepèrent et emportèrent. » (Archives du chapitre, II G, 195.)

3. Ibid.

4. Ibid. II G, 579.

cimetière de l'église entre les maîtres de la fabrique et deux ouvriers, un maçon et un charpentier, l'échevinage y vit l'occasion d'exercer sa juridiction. Le chapitre résista. Les échevins posèrent en principe « que de toutes les enfrintures, mellées,
» batalles et de toutes autres juridictions temporelles qui avienent
» et avenir puent, dedens l'encloistre et dedens les cinc portes de
» l'églize de Saint-Omeir, la congnoissance et le jugement en
» appartiennent et appartenoient à nous eschevins de Saint-
» Omer devant diz, et que nous, maieur et eschevins, devons
» jugier les amendes par le reson des enfrintures devant dites, ès
» lieus devant diz et nul autre et li cuens, châtelain et la ville
» prendre les amendes. » En 1288, après un long procès, les parties finirent par nommer des arbitres dont malheureusement nous n'avons pas la sentence. Nous savons seulement que plus tard la question était tranchée en faveur de l'échevinage[1], auquel la coutume de 1531 attribue la connaissance des délits de la même nature commis dans les mêmes circonstances dans l'enclos du chapitre.

Nous manquons presque entièrement de données sur l'exercice de la justice du chapitre. Comme l'abbaye il eut des avoués ; vers la fin du XIe siècle leur nombre était de quatre. L'un d'eux, neveu du prévôt, projetait d'augmenter son pouvoir et de le rendre indépendant[2]. Sur les possessions du chapitre, à Ecques, à Burques, etc., il percevait des redevances, faisait des réquisitions, rendait des jugements en l'absence du prévôt[3]. L'affaire fut portée devant le comte et un autre avoué de l'église se présenta pour lui offrir le duel judiciaire, mais l'accusé se reconnut coupable et refusa le combat. Sauf cette indication que l'avoué rendit induement la justice dans les domaines du chapitre en l'absence du prévôt, ce récit ne nous donne presque aucun renseignement.

---

1. Un règlement du 17 juin 1333 attribue cependant au chapitre juridiction dans son enclos sur toutes personnes, excepté « les bourgois
» et les inframanans et demorans realment et sans fraude en la dicte
» ville et banliewe de S. Aumer. » Il détermine en même temps la procédure que doivent suivre les officiers du comte ou de la ville pour se saisir ou prendre livraison d'un accusé leur appartenant sur le territoire de l'église. (Archives du chapitre, II G, 197.)

2. V. 1087. « Unus quatuor advocatorum ad protegenda ecclesie bona
» exteriora a priscis diebus constitutorum qui sub nomine advocacionis
» machinabatur dominacionem..... » (Archives du chapitre. Cartulaire II G, 53; f° 28 v°.)

3. « Cum familia sua rusticorum domos devorandas circuire causas-
» que eorum, absente preposito, agere. » (Ibid.)

Plus tard, au xiiie siècle, nous trouvons constituée la franche cour du prévôt (*Franca curia domini nostri prepositi*) formée par les francs hommes de l'église (*homines nostros et ecclesie nostre ligios seu francos*[1]) qui jugeaient probablement avec l'assistance d'un bailli ; mais ce n'est qu'au commencement du xive siècle que nous trouvons des mentions de cet officier du prévôt du chapitre à Saint-Omer[2]. Il est probable cependant qu'il y existait depuis longtemps quelque officier analogue.

Un règlement capitulaire d'août 1258 détermine la part de juridiction du prévôt et du doyen du chapitre qui avaient eu à ce sujet des contestations. Mais ce document, muet sur les formes de ces juridictions, a surtout pour but de fixer la répartition des émoluments de la justice. La haute justice appartenait au prévôt, la basse justice au doyen, avec cette exception que tous les délits justiciables du chapitre commis dans l'église même et dans tout le territoire compris dans l'espace parcouru par la procession du dimanche, dortoir, salle capitulaire, écoles, cimetière, étaient réservés au prévôt[3]. La justice du doyen s'exerçait par un bailli et des échevins dans des plaids généraux qui se tenaient plusieurs fois par an[4].

1. Arch. du chapitre, II G, 5967, anc. n°.
2. « Jehan le Villain bailleu dudit prevost » en 1312. (Archives du chapitre, II G, 580.) C'en est la première mention.
3. Archives du chapitre, II G, 383. En 1312, le bailli de Saint-Omer sommant le doyen et le chapitre de délivrer un bourgeois détenu dans les prisons du chapitre « pour le cause d'une mellée que lidit » Gherars avoit faite oudit cloître, » ils répondirent, « que le prise ils » n'avoient de riens et ne riens n'en appartenoit au doyen ne au cap- » pitle et disent que le prise appartenoit au prévost de Saint-Aumer » et en renonchèrent du tout derekief. » (Archives du chapitre, II G, 580.)
4. « A 1 jour avint, n'a pas lonc tens passé, que lis ballif Guillaume » de Seint-Omer vint ou chapitre de par le conseil d'Artois, si comme » il disoit, et se plainnoit de ce que eschevins leur fessoit entendant » que li dean et li chapitre ou leur balli defallent de loi fere à 1 leur » bourjois, duquel bourjois il ne voult le non nommer, ainz disoit qui » n'avet pas commandement des mestres. Li dean et li chapitres respon- » dirent que se il seussent le nom il en feroient volontiers fere loi, se » loi i a feroit et que en celi lieu tenoit uns plais généraus deus foiz ou » trois l'an, criés en pleine église et à ce jour venit quiconques il feust, » l'en li feroit loi, si avant comme l'en devroit. Il n'atendirent mie tant » que cil jour feust crié, ainz guetièrent le bailli ou dean et ou chapitre » tant qui fu en leur seigneurie et dont vindrent deus bourjois et li » requirent que il leur feit loi, il respondi que il n'avoit mie en iceli lieu » à ses eschevins à fere leur loi. Adonc montrèrent les bourjois de Saint » Omer au balli le conte que le devant dit balli estoit défallent de fere

Il nous reste à dire quelques mots des autres possessions du chapitre à Saint-Omer. En 1143, il avait acquis par échange, du comte Thierri, un verger (*pomerium cum universo ambitu necnon et comitatu seu omni jure ad idem pomerium pertinente*[1]). En 1193, le prévôt régla la situation des habitants (*subsides*) de ce verger, il les déclara propriétaires de leurs maisons, avec cette réserve qu'en cas de vente non autorisée par le chapitre, l'acheteur devait payer 12 deniers de relief, et même relief à payer par la femme héritière d'une maison[2]. Je serais très-porté à croire que c'est ce verger avec les droits qui y étaient attachés que le comte d'Artois, en février 1247-48, et les arbitres le 14 mai 1248, forcèrent le chapitre à céder à Foulques de Sainte-Aldegonde, en échange de maisons qui furent comprises dans l'enclos[3].

Les marais, que le chapitre possédait du côté de Burques et qui touchaient les pâturages de la ville, furent l'objet de démêlés nombreux. Ces marais appartenaient à la juridiction du prévôt, et la ville, dit l'accord entre eux, rédigé par les chanoines, s'efforçait d'étendre ses pâtures sur ce territoire. (*Burgenses in communium pascuorum proprietatem eas reducere nitebantur.*) En 1166, douze arbitres élus par les parties firent un règlement et tracèrent les limites communes de la manse prévôtale et des communes pâtures[4]. Quelques années plus tard, en 1175, nous voyons de nouveau un règlement et un bornage, mais ce n'est que le bornage de 1166 qui entre dans un règlement promulgué par le comte[5]. Plus tard les empiétements de la ville se renouvelèrent, elle prétendit ignorer le bornage de 1166 ; en 1236, des arbitres nommés par le roi firent un nouveau règlement, placèrent des bornes et plantèrent des arbres pour en perpétuer le souvenir[6].

Entre Saint-Omer et Saint-Martin-au-Laërt, était autrefois un village ou plutôt un faubourg nommé Lannoy (*Alnetum*)

» leur droit et pour ce i mit main au balli de l'église et le mit en prison
» et pour ce, montré au balli d'Arraz, li balliff d'Arraz le délivra tout
» quitte. » (Plaintes contre la ville rédigées par le chapitre vers la fin du xiii° siècle. — Archives du chapitre, II G, 195.)

1. Ibid., II G, 1911.
2. Arch. municip. de Saint-Omer, XXXV, 1.
3. Voy. plus haut, p. 142.
4. Pièces justificatives, XII.
5. Ibid., XV.
6. Ibid., XLI.

dont l'emplacement est aujourd'hui occupé en majeure partie par des terrains militaires. Le chapitre y possédait la basse justice, et là encore, l'église se prétendit sans cesse molestée par les bourgeois. En février 1247-48 et le 14 mai suivant, le comte et des arbitres réglèrent l'exercice de cette justice[1]. Elle fut encore l'objet d'accords entre la ville et le chapitre, en avril 1279, en 1285 et le 29 février 1288-89[2]. De ces divers documents, il résulte que le chapitre avait la propriété foncière et la juridiction de Lannoy (*fundum, comitatum, redditus et omnem altam jurisdictionem, excepto alto dominio*[3]). Cette juridiction était exercée par des échevins nommés et révocables par le chapitre. Suivant la sentence de 1248, ces échevins connaissaient de toutes les causes inférieures à soixante sous, mais ne pouvaient citer directement que pour arriéré de tailles. Pour toutes autres causes ils devaient être saisis par le chapitre. En matière de haute justice et pour les causes supérieures à soixante sous, les échevins de Saint-Omer étaient seuls compétents. Selon l'accord de 1288-89, les échevins de Lannoy étaient compétents en matière « de héritages » et de chateus ; » les échevins de Saint-Omer l'étaient en matière « de toutes batailles, mellées, murdres, larrons, bâtards, » avoir forfait et de toutes justices, hormis le jugement de » héritages et de chateus si comme dit est. » L'échevinage de Saint-Omer se prétendait en outre *chef de sens* de l'échevinage de Lannoy, c'est-à-dire qu'il prétendait que c'était le droit, les keuren de Saint-Omer, interprétés par les échevins de Saint-Omer, qui devaient régler le droit de Lannoy. « *Scabini de Alneto ad kerkam seu sensum ad hallam ipsorum majorum et scabinorum apud Sanctum Audomarum, quando ipsi scabini kerka seu sensu indigent, venire tenentur*[4]. » Le chapitre contestait cette prétention des échevins et prétendait que les interprétations de la coutume devaient être données aux échevins de Lannoy par les francs hommes de la cour du prévôt[5]. Le 29 février 1288-89, la question était tranchée en faveur de la ville. L'accord de cette époque porte en effet la disposition suivante : « Et doivent lidiz eschevins de Lannoy prendre leur sens » et leurs enquestes à eschevin de le ville de Saint-Omer et non » ailleurs et ce que eschevin leur rendront et oucheront par sens

1. Pièces justificatives, LII.
2. Arch. du chapitre, II G, 2049 et 2050.
3. Accord de 1279. (*Ibid.*, II G, 2050.)
4. *Ibid.*
5. 1285. *Ibid.*

» et par enqueste, il le doivent rendre et rendront en leur ban de
» Lannoy par jugement[1]. »

§ IV.

Pour achever de connaître le fractionnement complexe de la ville de Saint-Omer au moyen âge, il nous reste à passer rapidement en revue diverses seigneuries la plupart de la mouvance du château, qui furent longtemps indépendantes de la juridiction échevinale.

M. Hermand dans ses *Recherches sur la question d'antériorité et de paternité entre les deux monastères primitifs de Saint-Omer*[2] » a cherché à découvrir l'origine de ces seigneuries, et, remontant à la charte d'Adroald, il a voulu voir dans cette division du territoire de la ville la preuve qu'il n'avait jamais appartenu à l'abbaye. Sans doute ce fractionnement est antérieur à la naissance du lien communal, mais il n'est pas besoin pour l'expliquer de remonter au-delà de l'époque des spoliations de l'abbaye par les comtes. Les troubles de ce temps, la naissance des liens féodaux, la propension des suzerains à créer partout des fiefs, les transformations produites par les invasions normandes, suffisent bien à expliquer cette division en seigneuries du territoire d'une ville.

M. Hermand dans ce mémoire a consacré plusieurs pages à l'étude de ce morcellement du territoire de Saint-Omer, c'est d'après lui que nous citons les plus importants de ces fiefs.

Le *Haut-Pont,* faubourg considérable, situé hors de la ville à l'est, habité par une colonie flamande qui est restée jusqu'à nos jours distincte de mœurs et de langage des habitants de la ville, était une seigneurie qui mouvait du château. Il avait des magistrats particuliers, aman et échevins. Le châtelain avait la haute justice[3].

Le *Brûle* (*brolium*) au sud de la ville, en partie à l'intérieur des murs, mouvait aussi du château, avait un maieur et des magistrats particuliers.

Le fief de la *Marlière*, au sud-ouest de la ville, était tenu du château.

---

1. Ibid., 11 G, 2049.
2. *Mémoires de la Société des antiquaires de la Morinie*, t. IX.
3. En novembre 1424, mention des « vierscaires du marquiet, du
» Haut-Pont, du Brulle, du Coolhof, des ténemens appartenans au corps
» de le ville et autres dedens le ville » (Archives munic. de Saint-Omer.
Gros registre du greffe, fol. 155).

Le *Colhof*, faubourg important au sud-ouest, dont le château est mentionné en 1197 par Lambert d'Ardres, avait ses échevins particuliers. La haute justice appartenait à l'échevinage de Saint-Omer.

Le *Fief de Sainte-Aldegonde*, à l'ouest, en partie à l'extérieur de la ville, mouvait du château. Il se composait de la *Seigneurie de la rue Sainte-Croix*² et du *Val de Sainte-Aldegonde*¹.

Citons encore le *Fief de Saint-Nicolas* ayant son aman, le *Fief du Marché*, amanie ayant sa prison particulière au XIII° siècle et relevant du château, le *Fief de la rue Boulenisienne* avec son échevinage spécial, etc.

D'autres fiefs plus ou moins privilégiés, plus ou moins indépendants, étaient des maisons de refuge de couvents sis hors des murs, ou des propriétés de seigneurs voisins et dès lors attachées aux vicissitudes de la seigneurie dont elles dépendaient.

Enfin la *banlieue*, très-importante au temps de la plus grande prospérité de Saint-Omer, n'était pas absolument soumise à la même juridiction que la partie de la ville comprise dans l'enceinte des murs. On se rappelle qu'assez longtemps le châtelain y conserva quelques droits. En traitant de la condition des habitants de Saint-Omer nous aurons occasion de signaler la situation particulière des habitants de la banlieue. En ce qui concerne son étendue, ses limites et sa situation, nous ne pouvons que renvoyer pour plus amples détails au mémoire qu'a publié récemment M. Deschamps de Pas².

On comprend que nous ne puissions ici préciser topographiquement les divisions de territoire, les seigneuries particulières, qui, sur le territoire audomarois, furent plus ou moins indépendantes de l'administration municipale. Encore moins pouvons-nous déterminer comment s'exerçaient ces juridictions diverses, dans quelles limites elles étaient indépendantes de la ville, par quoi elles s'y rattachaient, combien de temps elles persistèrent, quand elles prirent fin, comment la ville peu à peu les restrei-

1. Le 20 janvier 1321-22, une sentence des francs hommes du château décline la compétence de la cour du château pour statuer sur l'appel d'une sentence des échevins de la rue Sainte-Croix; l'appel doit être porté en halle devant les échevins de Saint-Omer (Arch. mun. de Saint-Omer. *Gros registre du greffe*, fol. 73 v°).

2. *Notice descriptive des limites de la banlieue de Saint-Omer*, t. XIV des Mémoires de la Société des antiquaires de la Morinie, p. 197-243. — Outre des pièces justificatives, ce mémoire est accompagné du fac-simile d'un plan fort curieux des archives municipales, donnant l'aspect de la banlieue en 1566.

gnit, les racheta, les démembra pour ainsi dire morceau par morceau, tendant toujours à une unification du territoire de la ville qu'elle ne réussit pas à rendre complète. Cette étude que nous ne pouvons songer à entreprendre, faute de documents, pourrait à elle seule être l'objet d'un travail spécial. M. Hermand, qui ne traitait ce sujet qu'incidemment, n'a fait que l'effleurer en quelques pages qui contiennent encore quelques inexactitudes et de nombreuses lacunes.

Pour notre but spécial, il nous suffit d'avoir montré combien cette organisation municipale du moyen âge, qui, à un observateur superficiel, pourrait sembler assez logique et organisée, était au contraire compliquée, désordonnée, vicieuse, tout entière formée historiquement de pièces et de morceaux juxtaposés et à peine ajustés. Et des vestiges de cette organisation ont subsisté à Saint-Omer et dans toute la contrée jusqu'à la Révolution française. A ne lire que les keuren, les bans et les règlements municipaux dont nous allons maintenant nous occuper, on eût pu croire qu'ils disposaient pour toute la ville, que toutes les personnes habitant l'enceinte de la ville étaient soumises aux mêmes conditions. Nous avons cru qu'une exposition de l'état de Saint-Omer au moyen âge devait comprendre non-seulement l'organisation de la communauté d'habitants régis par l'échevinage, mais encore étudier les divers pouvoirs et juridictions du comte, du châtelain, des églises et des diverses seigneuries qui morcelaient Saint-Omer. Juridictions rivales, hiérarchisées ou plutôt enchevêtrées, sans cesse en conflits entre elles, et contre lesquelles luttait constamment l'échevinage de la ville. Organisation compliquée, incertaine, variable, grosse de conflits, de contestations, de mouvements, de luttes et d'émeutes. Un moment, au beau temps de la richesse des villes du nord, à l'époque de la prospérité commerciale et industrielle, il sembla qu'elle allait se résoudre en une organisation municipale puissante et définitive. Peu à peu la ville agrandissait le ressort de sa justice; forte de ses franchises, de la protection des grands, de la richesse de ses habitants, puissante même contre l'église, elle imposait sa juridiction ou tout au moins sa législation, acquérait à prix d'argent certaines enclaves, sur d'autres restreignait à la basse justice les droits des propriétaires ou seigneurs justiciers, partout protégeait ses bourgeois, les revendiquait comme justiciables de leurs échevins et faisait respecter leurs priviléges et franchises. Mais quand les guerres et les dissensions eurent changé les routes commerciales, déplacé les centres d'industrie, chassé les artisans, diminué la population, la force de la ville décrut, ses franchises et ses priviléges n'eurent plus ni efficacité ni prestige, et ce qu'elle n'avait pu effacer des anciennes divisions de son territoire facilita les empiètements du pouvoir central. Ce fut le tour des souverains d'attaquer la ville, de restreindre ou d'enlever un à un ses priviléges qui de chaque lutte, de chaque conflit sortirent toujours amoindris et bientôt presque anéantis.

Il nous reste à parler maintenant de la ville proprement dite, de la communauté d'habitants à laquelle les chartes dites de commune et les règlements de son échevinage faisaient des conditions particulières. Nous avons déjà montré comment la ville se forma, quelles furent les causes de sa force et comment pendant tout le moyen âge elle travailla à dominer, à détruire les autres puissances rivales qui lui disputaient la juridiction de son territoire. Nous allons maintenant étudier dans ses détails son organisation.

CHAPITRE V.

ORGANISATION DE LA COMMUNE, MAIEURS, ÉCHEVINS, JURÉS.

§ I. *La commune d'après la keure de* 1127. — § II. *Événements de* 1305-1306 ; *organisation de la commune à cette époque.* — § III. *Jurés pour le Commun, second collége de magistrats municipaux ; discussion sur leur origine ; séparation des habitants de la ville en deux classes ; organisation et situation analogues de la plupart des villes du nord.* — § IV. *Commune, divers sens de ce mot* ; communio, communitas. — § V. *Jurés ; leurs attributions et leurs fonctions au* XIIe *siècle.* — § VI. *Échevins ; ce sont les* scabini *de l'époque carolingienne dont les attributions se sont étendues.* — *D'abord nommés à vie, ils deviennent annuels.* — *Mode de nomination des échevins dans diverses villes.* — *Leur nombre.* — *Arrière-échevins.* — § VII. *Maieurs ; origine, élection, prérogatives.* — *Lieutenant de maieur.* — § VIII. *Époque du renouvellement de la loi ; conditions d'éligibilité aux magistratures municipales.* §. IX. *Réformes introduites par l'ordonnance de* 1447.

Dans la première partie de ce travail, nous avons fait l'histoire externe de la commune de Saint-Omer. Nous avons essayé de préciser la part qui revient aux circonstances extérieures, à l'histoire proprement dite, dans la formation de la ville et dans son développement. Après avoir recherché son origine comme centre d'habitation, après l'avoir vue se former en tant que réunion d'individus unis pour la défense des mêmes intérêts, comme *commune*, après avoir rapporté les accidents qui ont favorisé ou contrarié son organisation, nous l'avons dégagée des éléments divers qui ont coexisté sur le même territoire, apports faits par les vicissitudes de chaque siècle, restes d'anciens droits de propriété, d'anciens priviléges d'immunité, d'usurpations, de concessions féodales, qui ont persisté sous diverses formes et qui, avec la commune, constituent l'organisation complexe d'une ville du moyen-âge.

Il convient maintenant de pénétrer plus avant dans l'organisation propre de la commune. Il nous faut préciser ce qu'était cette association d'habitants ; elle était régie par des lois, elle était représentée par des magistrats. L'étude de sa constitution, le caractère de ses lois, la nature des pouvoirs, les fonctions, les attributions des fonctionnaires communaux gérants de cette association, nous conduiront à l'examen d'un certain nombre de problèmes d'origine dont les faits historiques n'ont pas suffi à nous donner la solution.

§ I.

La première keure de Saint-Omer concédée aux habitants, par Guillaume Cliton, le 14 avril 1127, désigne presque toujours l'association dont elle reconnaît et confirme l'existence au point de vue juridique, par le mot *communio*. Elle se termine par l'engagement que le roi de France, le comte de Flandre et d'autres seigneurs prennent de la maintenir (*Hanc communionem tenendam..... juraverunt.....*). Cette charte apparaît comme la participation du pouvoir souverain au serment prêté par les bourgeois (*communionem autem suam sicut eam juraverunt permanere precipio*. § 12).

Qu'était cette *communio*? Quelle était son organisation? Comment avait-elle pris naissance? Telles sont les questions qui se présentent à nous. De la charte de commune elle-même et des documents antérieurs, nous ne pouvons point tirer de réponse catégorique.

Si nous réunissons les données éparses dans ce premier privilége, la *communio* nous apparaît comme une association capable de posséder (§ 18), soumise à la suzeraineté du comte et régie par des lois particulières (*lagas et consuetudines*). Les membres de l'association sont les bourgeois (*burgenses*), ils se sont engagés par serment dans la commune (§ 12) et doivent s'assurer un appui mutuel[1]. D'autres expressions du même texte désignant des habitants de la ville, indiquent peut-être des catégories diverses de bourgeois : *legitimi homines in villa sua*

---

1. En cas de délit commis sur la personne de l'un d'eux, si le coupable ne donne pas satisfaction dans un délai de trois jours, les autres bourgeois *communiter injuriam fratris sui in eo vindicabunt* (§ 20).

hereditarii (§ 2). — *qui gildam eorum habent et infra cingulam ville sue manent* (§ 5). Un seul paragraphe dispose en faveur de tous les habitants : *omnes qui infra murum Sancti Audomari habitant* (§ 9), encore pourrait-on penser qu'il faut sous-entendre le mot *burgenses*, et que cette expression n'a d'autre but que de les distinguer des bourgeois de la banlieue.

Les magistrats de cette association sont désignés dans la charte par les mots *scabini* et *jurati*. L'exercice de la juridiction à la fois territoriale et personnelle (§ 8) est confiée aux *scabini*; ils apparaissent comme les juges naturels de la communauté; la charte leur concède la liberté de juridiction[1], quelque chose comme la collation d'immunité qu'on donnait anciennement aux abbayes.

Les *jurati* ne se montrent dans cette première charte qu'en qualité de témoins privilégiés, caractère qu'avaient aussi les échevins (§ 2).

Ajoutons, parce que ce sera un élément important dans nos investigations, qu'une disposition semble faire du mot *gilda* le synonyme de *communio*. Les produits de la monnaie concédée par le comte aux bourgeois seront applicables *ad gilde sue sustentamentum* (§ 14).

Si maintenant nous cherchons à deviner, par les priviléges concédés, à quelle catégorie de personnes ils devaient être le plus profitables, quelle classe d'habitants ils devaient surtout favoriser, nous remarquons, qu'outre les exemptions d'impôt qui favorisaient tout le monde, nombre de dispositions sont des exemptions ou des promesses d'exemptions de péages, en Flandre, en Vermandois, en France, dans l'empire, en Angleterre, qui ne pouvaient être utiles qu'à des commerçants. Huit des vingt et une dispositions de cette charte n'ont d'intérêt que pour le commerce, ne sont en réalité que des priviléges commerciaux.

J'ai tenu tout d'abord à montrer sous quel aspect se présente la commune de Saint-Omer, en me renfermant strictement dans les données du premier texte qui nous la fait connaître. Mais il est clair que ces données sont insuffisantes pour pénétrer le mystère des origines communales. Ce manque d'éléments de solution dans ce texte ne nous conduit tout d'abord qu'à un résultat négatif, il nous permet seulement d'éliminer une solution que

---

1. « ..... Rectumque judicium scabinorum erga unumquemque hominem » et erga me ipsum eis fieri concedam, ipsisque scabinis libertatem » qualem melius habent scabini terre mee concedo » (§ 1).

l'histoire du reste avait suffi à écarter. La commune n'est pas ici le résultat d'une insurrection des bourgeois, elle n'a point été créée, improvisée au moment d'obtenir un privilége et pour le réclamer. La charte de 1127 n'est en réalité pour la commune qu'un acte analogue à la reconnaissance d'utilité publique d'une société ; elle ne lui confère pas l'existence, mais elle la reconnaît à l'état de personne juridique, et lui concède en outre un privilége qui est un principe constant de la commune, l'indépendance de la justice. On conçoit dès lors que ce document ne nous fournisse que peu de renseignements et qu'il faille grouper pour ainsi dire ses allusions à une organisation existante et nullement nouvelle pour en tirer quelques indices. Mais ces indices n'étant pas suffisants, nous sommes obligés de recourir, pour pénétrer plus avant, aux documents postérieurs et aux analogies.

§ II.

Malgré les nombreuses chartes relatives à Saint-Omer des XIIe et XIIIe siècles qui nous sont parvenues, nous ne pouvons savoir directement ni quels étaient les magistrats qui administraient la ville, ni comment ils étaient nommés. Nous voyons se développer pendant cette période les coutumes de la ville, nous lui voyons obtenir de nombreux priviléges, nous possédons nombre de keuren, de bans, de règlements émanant des diverses autorités, et aucun de ces documents ne règle la matière. Pour trouver à cet égard des renseignements précis, il nous faut aller jusqu'au commencement du XIVe siècle et les tirer d'une ordonnance rendue le 25 mai 1306, par la comtesse d'Artois, pour réformer l'échevinage. Cette indication nous montre à elle seule que l'organisation de cette époque n'est pas un développement rationnel de l'ancien droit, qu'elle peut n'être qu'une importation ou une combinaison nouvelle plus ou moins bien adaptée aux anciennes traditions et aux intentions des réformateurs. Malgré cela, c'est cette organisation réformée que nous allons exposer, puisqu'à cette époque seulement nous la trouvons à peu près complète, sauf à essayer ensuite de faire le départ des innovations, à tenter de reprendre dans leur transformation historique les institutions dont nous aurons pu constater l'ancienneté.

L'immixtion de la comtesse Mahaut dans l'échevinage exige tout d'abord quelques mots d'explication qui aideront à préciser l'objet de la réforme et à en constater les tendances.

Nous avons déjà dit que cette intervention fut le résultat de dissensions intérieures[1]. L'échevinage s'était aliéné une partie de la ville ; on l'accusait de mauvaise administration, on le soupçonnait de « fauseté, barat ou trecherie » dans la comptabilité[2], on s'irritait de voir les fonctions échevinales se perpétuer dans une aristocratie composée de quelques familles dont les membres, successivement échevins, se rendaient réciproquement les comptes de la ville et traitaient ses finances comme leur héritage. En 1305, « le *commun* » mit en accusation les échevins, « *par voie ordenaire* pardevant tres noble, tres » haulte..... madame d'Artoys et de Bourgogne comme parde- » vant *leur droit juge*. » Il n'est pas téméraire de croire que cette mise en accusation ne se fit point sans soulèvement et sans coalition préalables, il est possible aussi qu'une provocation de la comtesse, désireuse de trouver des prétextes pour restreindre l'indépendance des grandes villes, l'ait favorisée. Mais nous n'avons à cet égard aucun renseignement précis. Les parties furent ajournées au château d'Hesdin, où comparurent, le 10 mai 1305, quatorze délégués « du commun » et trente délégués de l'échevinage. Le tribunal se composait de la comtesse et des francs hommes conjurés, assistés du bailli d'Hesdin, dont le procès-verbal nous donne ces renseignements. Là, on fit peur aux parties des frais qu'entraînerait un long procès poursuivi « par rigueur de droit, » et elles convinrent de s'en remettre au jugement de la comtesse Mahaut, qui consentit à accepter cette charge. Le 22 octobre suivant elle rendit son jugement, mais comme on pouvait s'y attendre, sans statuer sur l'objet précis du débat, elle en prit seulement prétexte pour poser en principe son droit de réformer l'organisation de la ville. Pour obvier aux inconvénients de la perpétuité des charges dans les mêmes familles, l'un des griefs de l'accusation, elle déclara « qu'au prochain terme » venant que on a accoustumé et doit se faire échevins, » elle enverrait aux échevins en fonctions la liste de leurs successeurs et que la même chose se passerait l'année suivante si un règlement préalable n'intervenait pas. C'était mettre la ville à sa discrétion. Elle ordonnait en même temps la reddition publique des comptes par l'ancien échevinage au nouveau, quinze jours après son installation, et proclamait son droit de se faire produire pour les vérifier tous les comptes antérieurs de la ville.

---

1. Voy. plus haut, p. 75.
2. Pièces justificatives, LXXIII.

Le 26 mai 1306 parut une nouvelle ordonnance. Nous ne pouvons faire que des conjectures sur les causes qui motivèrent cet acte. Peut-être dès sa première ordonnance, la comtesse avait-elle eu l'intention de mettre fin plus tard au régime d'exception qu'elle avait institué, par une réorganisation de l'ancien corps municipal, qui, tout en paraissant favoriser les classes inférieures dont elle recherchait l'appui, lui assurât sur la ville une influence efficace.

D'après cette ordonnance, *la loi*, c'est-à-dire l'ensemble des personnes qui composent le corps municipal, devait être composée de deux colléges : les *échevins* représentant toute la ville et ayant des fonctions administratives et judiciaires, les *jurés pour le commun* représentant plus particulièrement la classe inférieure et n'ayant que des attributions financières. Le mode d'élection de ces deux colléges était fort compliqué. Rappelons d'abord qu'en 1305 ils avaient été nommés par la comtesse. L'ordonnance du 25 mai 1306 établit que la veille de Noël, le 24 décembre au matin, les *douze jurés pour le commun* doivent s'assembler au son de la cloche, et choisir quatre prud'hommes par chaque paroisse du *haut mestier* de la ville et quatre prud'hommes par paroisse du *bas mestier*. Cela faisait en tout vingt-quatre prud'hommes qui constituaient des électeurs de second degré. Remarquons que les faubourgs et la banlieue semblent n'avoir pas été compris dans les quartiers appelés à contribuer à la nomination du magistrat; les six paroisses dont il est question sont toutes dans l'enceinte de la ville[1].

Ces vingt-quatre électeurs élus par les jurés se réunissaient à la halle dans deux salles : ceux du haut-métier dans une, ceux du bas-métier dans l'autre; alors, sans qu'une réunion pût communiquer avec l'autre, elles dressaient toutes deux une liste de six noms qu'elles choisissaient l'une chez l'autre, créant ainsi parmi elles deux nouvelles catégories de douze prud'hommes chacune, destinées à former deux nouveaux colléges d'électeurs; l'un, composé de ceux dont les noms avaient été mis sur les listes, comprenait les électeurs de l'échevinage; l'autre, composé des non élus, comprenait les électeurs des jurés.

Ces opérations préliminaires précédaient d'une dizaine de jours la nomination du magistrat. Dans la nuit de l'Épiphanie, du

---

1. Il faut remarquer que les faubourgs avaient été complétement incendiés quelques années auparavant, en mai 1303, et n'étaient peut-être pas repeuplés (Voy. *Annales Gandenses. Corpus chron. Flandriæ*, I, p. 403).

5 au 6 janvier, la cloche convoquait de nouveau les électeurs à la halle. Là, chacun des deux colléges procédait aux élections définitives. L'un nommait les échevins, qu'il choisissait dans les catégories d'éligibles déterminées par une ordonnance qui nous est parvenue ; l'autre nommait les douze jurés pour le commun. Les électeurs présentaient ensuite les élus à l'ancien échevinage, celui-ci recevait leur serment et les installait. Ensuite les échevins choisissaient parmi eux un président, le *maieur*, les jurés élisaient l'un d'eux « *chevetaine.* »

L'élection du *maieur* était soumise à des règles particulières. Les nouveaux échevins avaient prêté serment entre les mains de l'échevinage de l'année précédente les uns après les autres, probablement dans l'ordre de leur élection. Les huit qui avaient prêté serment en dernier lieu étaient électeurs du maieur qu'ils devaient choisir dans les quatre qui avaient prêté serment les premiers. En cas de partage égal des voix, ils s'adjoignaient l'un des quatre premiers échevins. Le maieur devait réunir pour être nommé une majorité de cinq voix.

L'extrême complication de ce système d'élection indique qu'il est le résultat d'élucubrations de légistes préoccupés de rechercher des combinaisons de ce genre. Malgré les formules du texte qui dit à plusieurs reprises qu'il règle la matière, *ensi comme on a autrefois usé*, on ne saurait faire remonter à l'ancien droit tout ce système de précautions raffinées. Il ne paraît pas du reste avoir été longtemps suivi à la lettre ; des modifications durent être imposées par la coutume, et dans le plus ancien des registres de la ville où se trouve *le renouvellement de la loy*, c'est-à-dire en 1319-20, nous trouvons qu'elle est pour cette année ainsi composée : douze échevins dont deux prennent le titre de *maieurs*, alors que d'après l'ordonnance de 1306 un seul doit être élu. A la suite des douze échevins, nous voyons l'ancien échevinage conserver quelques fonctions avec le titre : *Jurati pro consilio camere*[1], puis deux *avoués des orfenins*, et enfin les jurés pour le commun ainsi désignés « *li x juré pour le commun seur le distribucion des revenues de la ville.* » A la suite sont les noms des officiers de la ville et l'organisation des métiers qui jouait un rôle dans le gouvernement de la cité, mais nous y reviendrons.

---

1. Renouvellement de l'épiphanie 1319-1320 : *Jurati pro consilio camere: li vielg eschevin tout.* Le renouvellement de 1320-1321 donne la liste des échevins de l'année précédente, sous le titre *consilium scabinorum*.

§ III.

Ce qui frappe tout d'abord dans cette organisation, c'est la division en deux classes des habitants de la ville, une aristocratie et une démocratie, celle-ci ayant ses magistrats chargés de surveiller le gouvernement de la ville, suspect d'être dévoué aux intérêts des plus puissants. Cette organisation de la classe inférieure et surtout sa représentation par des magistrats est-elle ancienne? Faut-il voir dans ces *jurés du commun* les descendants des anciens *jurati* que nous rencontrons au XIIᵉ siècle? Ont-ils leur origine dans les conseillers de la corporation territoriale, dans ce second collége municipal dont Maurer[1] a montré l'existence dans les villes anciennes? La question est importante parce qu'elle n'est pas spéciale à Saint-Omer, comme nous allons le montrer; elle est délicate, parce qu'il est facile de se laisser tromper par des analogies de termes qui n'entraînent pas nécessairement analogie dans les choses. Warnkoenig[2] a vu dans les magistrats appelés *coriers, conseillers, jurés,* un élément conservé de la classe non libre dans les villes, des représentants de la classe inférieure. Plus récemment, M. Vanderkindere, dans une brochure très-savante[3], voulant faire aux conseillers « leur » place dans la théorie des origines (p. 8), » a dit : « les conseil- » lers de nos villes sont les successeurs des anciens *jurati* (p. 41), » et plus loin, après avoir énuméré un certain nombre de villes dans lesquelles on trouve au XIIIᵉ et au XIVᵉ siècle un second collége de *jurés,* de *coriers,* de *conseillers,* il ajoute : « de » tout ceci il résulte que le conseil, *raed,* de nos grandes com- » munes, descend en ligne directe des anciens administrateurs » corporatifs de la communauté territoriale. »

Cette opinion a certainement une part de vérité; les seconds colléges, qu'on rencontre au XIIᵉ siècle et au commencement du XIIIᵉ, doivent avoir cette origine et ce caractère. Pour les temps postérieurs, où l'on retrouve dans certaines villes un second collége composé parfois de magistrats portant ce même nom de jurés, elle semble tout d'abord satisfaisante. Je prétends cependant que dès le XIIIᵉ siècle le « rapprochement entre le collége » public et le collége corporatif, » dont parle M. Vanderkindere

---

1. *Geschichte der Stadteverfassung,* 1, p. 438.
2. *Histoire de Flandre,* II, 265.
3. *Notice sur l'origine des magistrats communaux,* in-8°, Bruxelles, 1874.

(p. 47), s'était presque partout opéré. A Saint-Omer notamment il s'était fondu dans l'échevinage, et l'apparition d'un second collége au xiv° siècle ne peut être qu'une résurrection, sans analogie avec l'ancienne organisation.

Je n'ignore pas qu'il peut paraître téméraire de prétendre que ces *jurés pour le commun* ne sont pas les mêmes que ces *jurati* que nous rencontrons dans la même ville au xii° siècle et que nous trouvons même, en 1168, nommés : *Jurati communionis*. J'espère néanmoins démontrer qu'ils n'ont de semblable que le nom et que les jurés de 1306 sont une magistrature nouvelle à laquelle des circonstances extérieures donnèrent naissance dans de nombreuses villes à la fin du xiii° et au commencement du xiv° siècle.

La similitude des noms est une objection préalable qui ne saurait arrêter longtemps, quand on considère combien, dans l'organisation des villes flamandes, des institutions différentes portent des noms semblables et réciproquement. On en pourrait citer de nombreux exemples. Rappelons seulement que Warnkoenig et Vanderkindere appellent les magistrats qui nous occupent, *coriers, jurés* ou *conseillers;* nous retrouvons ces trois termes usités à Saint-Omer: *jurés*, dans le cas qui nous occupe, *coriers*, pour désigner des officiers chargés de surveiller l'exécution des règlements (*keuren*) des métiers, *conseillers,* appliqué aux échevins de l'année précédente qui conservent quelques attributions ; bien plus, ces conseillers sont quelques années plus tard désignés par l'expression *jurati pro consilio*, et probablement dans la langue usuelle simplement par le mot *jurés*. Il semble que les villes flamandes, en développant leur organisation à leur guise, aient appliqué un certain nombre de termes en circulation aux institutions qu'elles établissaient ou régularisaient. Ajoutons enfin que le même terme a presque toujours un double sens, l'un, conventionnel, technique, spécial, juridique ; l'autre, vague et générique pour ainsi dire. Citons pour exemple un de nos textes où il est question précisément des *jurés pour le commun*, et où dans un autre passage l'expression *les quatre primerains jurés* désigne les quatre échevins qui ont prêté serment les premiers [1]. Ici, le texte n'offre pas d'équivoque possible, mais il en est d'autres où l'on ne peut répondre de l'interprétation.

Ce n'était pas un fait isolé que les accusations que nous avons

---

1. Pièces justificatives, LXXV.

vu porter à Saint-Omer par la classe inférieure contre l'aristocratie bourgeoise, qui seule avait accès aux fonctions publiques. Partout en Flandre et en Artois, l'organisation municipale avait porté les mêmes fruits : les bourgeois riches, à la fois propriétaires fonciers et commerçants, unis aux familles féodales qui elles-mêmes faisaient le commerce, avaient constitué une aristocratie qui opprimait les gens de métiers, les accablait d'impôts, les excluait de toutes les fonctions, leur enlevait toute influence sur la direction du gouvernement des villes et ne leur en laissait que les charges. Dès le XIIIe siècle il s'était produit dans les villes comme un dédoublement que nous verrons se perpétuer. Dès le milieu du XIIIe siècle les classes inférieures formèrent des conjurations, des coalitions. En 1245, ces coalitions, nommées à Douai *takehans*, y étaient prohibées[1]. Au XIIIe siècle il en faut surprendre la trace dans les divers bans de police et règlements de métiers promulgués à cette époque; mais l'hostilité se manifesta ouvertement quand les classes inférieures trouvèrent un appui dans les souverains, quand ceux-ci virent dans cet antagonisme un moyen de réduire ces orgueilleuses villes commerçantes qui de plus en plus échappaient à leur pouvoir. A ce moment la scission entre les classes inférieures et l'aristocratie bourgeoise fut irrémédiable, l'organisation du commun fut pour ainsi dire sanctionnée. Presque dans toutes les villes, le peuple ne sentit pas plutôt la possibilité d'un appui dans l'autorité du comte, qu'il lui envoya des délégués pour lui transmettre ses plaintes et pour réclamer la réforme de l'échevinage. Placées pour ainsi dire en face des magistrats de la ville, bien supérieures en nombre à leurs partisans, les classes inférieures s'intitulèrent *le commun, la commune*, la ville, par la même figure naturelle de langage qui leur a attribué le nom de peuple. L'*échevinage*, qui n'était plus leur représentant naturel, était facilement placé par le langage comme en dehors de la ville. Dès longtemps du reste, l'usage s'était introduit de nommer la commune, c'est-à-dire les habitants, à côté de l'échevinage dans les protocoles officiels. Le récit du frère mineur qui a rédigé vers le commencement du XIVe siècle les *Annales Gandenses* nous montre bien cette division profonde des villes qui était alors un fait accompli et qui se manifestait sans cesse par des troubles et des dissensions. D'un côté étaient les gens de métier, les bourgeois non propriétaires, qu'il nomme *vulgares, communes, mediocres*, qui constituent le *commun*,

---

[1]. Dehaisne. *Essai sur le magistrat de Douai*, in-8°, 1873, p. 16.

communitas; de l'autre, les riches bourgeois, les grands propriétaires, les gros commerçants, quelques familles féodales, presque tous formant des lignages échevinaux, et l'échevinage, *majores, potentiores, scabini*[1].

Dans leurs entreprises contre l'indépendance des villes, leurs suzerains profitèrent habilement de cet antagonisme des deux classes d'habitants. A ce moment où les légistes inventaient la centralisation et faisaient la théorie de la souveraineté, la situation précaire que créaient au roi de France et aux souverains de l'Artois et de la Flandre les luttes dans lesquelles ils étaient engagés et les relations compliquées où s'agitait leur politique, leur faisait une nécessité de s'assurer sur les villes un pouvoir qui leur permît de compter sur les ressources qu'elles pouvaient leur fournir en hommes et en argent. Les accusations de malversations, « de barat, de tricherie, » lancées contre les magistrats par le menu peuple, furent presque toujours le prétexte qu'ils saisirent avidement pour se faire rendre compte chaque année des finances de chaque ville, tout en s'assurant un certain attachement de la part des classes inférieures. En juillet 1279, le roi de France Philippe le Hardi enjoignait au comte de Flandre de forcer sans débat judiciaire les échevins et les administrateurs des villes à compter de leur gestion en présence du comte ou de son délégué, en y adjoignant pour le peuple et pour *le commun* de chaque ville quelques personnes capables, soumises aux charges de la communauté : *necnon et aliquibus personis idoneis assumptis pro populo et communitate cujuslibet villae, quae onera ipsius communitatis supportare tenentur*[2]. Cette

---

1. Voy. entre autres exemples, en 1301, *le commun (communitas)* de Gand se porter en foule au devant du roi pour lui demander l'abolition des taxes... *quod majoribus villæ displicuit;* et aussi les récits des troubles de Bruges la même année : « Inhibuerant *Scabini et majores* Brugenses » *communitati*, sub poena capitis, ne quis ipsorum pro deletione » assissiæ, regi acclamaret vel apud ipsum preces funderet. Et hoc » igitur *communitas* offensa in occursu regis stetit quasi muta.,. *Scabini* » *et majores* Brugenses... adhuc gravius *communitatem* irritarunt.» (*Corpus chronic. Flandriæ*, t. 1. *Annales Gandenses*, p. 379 et suiv.).

2. Warnkoenig, *Histoire de la Flandre*, I, 394. — Plus de vingt ans auparavant le roi de France avait déjà demandé aux villes des comptes annuels. Voy. l'ordonn. de Louis IX que Laurière a datée de 1256 (*Ordonn.* I. 82) et une autre ordonn. de la même époque spéciale aux communes normandes (*Ibid.*, 83). Une layette du Trésor des chartes qui a pour titre : *Dettes des villes*, contient les comptes de trente-quatre villes rendus en exécution de ces ordonnances, pendant les années 1260 et 1261 (Arch. nation. J. 385.). On en trouve quarante-et-un autres pour les

disposition était destinée à donner le change sur les vrais motifs de l'ordonnance. Elle eut pour conséquence d'envenimer les haines. Il faut remarquer que ce qu'elle prescrivait pour la Flandre s'établissait en même temps en Artois. Je n'hésite pas à voir dans cette adjonction de délégués du peuple à l'audition des comptes qu'elle recommande, l'origine de la magistrature qui fait l'objet de notre recherche.

Ces dissensions intérieures furent l'occasion des débats fameux au sujet des xxxix de Gand. Quand, en 1275, la population gantoise se souleva contre les échevins et appela l'intervention de la comtesse Marguerite, elle s'intitula *la commune*. Et quand dans la suite du débat, en 1290, intervint une sentence arbitrale de l'échevinage de Saint-Omer, celui-ci, par l'art. 6, attribua au comte le pouvoir de réviser les ordonnances promulguées par l'échevinage dont l'utilité était contestée par la communauté. Notons qu'alors les conseillers (*raden*), représentants prétendus de l'ancienne classe inférieure, formaient la seconde section de cette magistrature des xxxix contre laquelle s'insurgeaient les Gantois[1].

A Ypres, en 1281, éclata l'émeute dite *Cokerulle*, dont les raisons furent, suivant Gheldolf, « la tendance des échevins à favo-
» riser le haut commerce des membres de la hanse de Londres au
» détriment des drapiers fabricants et l'influence de ces mêmes
» membres de la hanse seuls admissibles à l'échevinage [2]. A Ypres comme ailleurs, la classe qui s'insurgea est appelée dans les actes *le commun;* parfois ils spécifient : *ceaus des mestiers*, et parfois mieux encore : *les drapiers, tisserans, foulons, tondeurs et grant plentés d'autres gens qui avoec eaus se tenoient*[3].

Les troubles de Bruges montrent encore mieux, s'il est possible, la séparation des deux classes dans la ville et la synonymie parfaite à ce moment des deux termes, *le commun*, et *communitas*. Dès mars 1278-79, *le commun* se trouve mentionné comme ayant une existence juridique pour ainsi dire ; le comte

---

années 1262 et 1263, transcrits dans un registre de la Chambre des comptes. (Bibl. nation. ms. lat. 12814, fol. 29 à 39.) Ni dans les ordonnances ni dans les comptes de cette époque il n'est question d'intervention de délégués des villes à l'audition et à la vérification des comptes.

1. Warnkoenig, *Documents inédits pour servir à l'histoire des* xxxix *de Gand*, in-8°, Gand, 1832.
2. Gheldolf, *Histoire d'Ypres*, p. 67.
3. Ibid., p. 381.

— 163 —

prête serment *as eschevins de Bruges et au commun* [1]. En 1280, la communauté (*die meentucht van Brugghe,* plus loin *die meente*) envoie toute une suite de plaintes au comte sur la mauvaise administration des échevins [2]. Le 5 octobre de la même année, Robert comte de Nevers, dans un mandement comminatoire aux insurgés, s'adresse « au commun de le vile de Bruges » et as maîtres qui les gouvernent. » Enfin la keure rédigée en 1281, à la suite de l'émeute du *Moorlemay*, porte que les échevins de Bruges doivent rendre leurs comptes au comte ou à son délégué et aux gens du commun (*van der gemeente*) qu'il s'adjoindra [3]. N'est-ce pas là l'institution, en exécution de l'ordonnance de Philippe le Hardi, d'une magistrature analogue à celle que nous avons vu établir à Saint-Omer en 1306.

A Douai, les mêmes causes produisirent les mêmes effets. En 1279, il y eut une insurrection des gens de métier à l'occasion d'une taxe sur les draps. En 1296, les classes inférieures réclamèrent contre les malversations des magistrats. Enfin, en 1311, à la suite d'une nouvelle émeute, on institua une magistrature de seize personnes choisies dans les quatre quartiers de la ville pour assister aux comptes annoncés par le beffroi [4].

A Arras, la même magistrature, dont l'institution fut approuvée par ordonnance d'Eudes et de Mahaut du 9 août 1302 [5], se nommait *la vintaine. Les communs* des métiers devaient nommer vingt-quatre prud'hommes chargés d'assister l'échevinage dans l'administration des finances, les adjudications et fermes et l'assiette des tailles. Ces vingt-quatre prud'hommes devaient quatre fois par an rendre compte de la gestion des affaires de la ville *aux communs des mestiers*. Ce règlement fait par « les maire, échevins et toute » la communité, » a certainement un caractère démocratique que n'ont pas les règlements analogues ; il a le mérite de créer une magistrature réellement populaire, d'associer bien plus intimement les gens de métier à l'administration de la ville. Mais l'analogie de la magistrature nouvelle avec les jurés de Saint-Omer ne peut échapper ; eux aussi avaient pour principale fonction de surveiller l'administration des finances, le titre que leur donne le renouvellement de la loi de 1319 : *li x juré pour*

---

1. Gheldolf, *Hist. de Bruges,* p. 248.
2. Ibid., p. 255.
3. Ibid., p. 263.
4. Dehaisne, *Essai sur le magistrat de Douai.*
5. Guesnon, *Cartulaire de la ville d'Arras,* pièce LII.

le commun seur le distribucion des revenues de la ville, en fait foi non moins que l'ordonnance de 1306 qui les fait assister à la reddition des comptes. Eux aussi émanaient du *commun*, et sous leur nom de *jurés* on peut reconnaître les *aloiés* (délégués), par l'organe desquels le commun s'était plaint, en 1305[1], de la mauvaise administration de la ville, et dont le mandat temporaire et spécial s'était élargi et était devenu permanent[2].

Il nous reste à examiner le rôle et les fonctions des anciens *Jurati*; mais auparavant nous essayerons de déterminer l'évolution de sens des mots *communio* et *communitas*.

§ IV.

Nous avons expliqué, en 1127, le mot *communio* par association d'individus d'une même ville unis par les mêmes intérêts ; nous rencontrons au XIIIe et au XIVe siècle le mot *communitas*, que nous traduisons par réunion des classes inférieures d'une ville. Cela demande explication.

Quand nous le trouvons dans la keure de 1127, le mot *communio* n'est pas encore sorti du sens concret. La charte est concédée non à la commune, mais aux bourgeois qui ont juré la commune. La *communio* n'est pas encore une personne morale, ce sont les bourgeois faisant partie de l'association, de la *communio*, qui sont en nom dans l'acte. Il en est encore ainsi quarante ans plus tard, et l'accord du 31 mai 1166 entre le chapitre et la ville désigne la ville partie contractante par cette expression : *burgenses qui communionis juramento obligati sunt*[3].

---

1. Pièces justificatives, LXXIII.
2. On pourrait citer bien d'autres exemples d'une magistrature analogue naissant à la même époque de circonstances semblables. Ces discussions dans les villes et la constitution de délégués du peuple chargés de surveiller l'administration ne sont pas spéciales à la région du Nord. La réforme de l'organisation de Rouen en 1320-1321 se fit dans des circonstances toutes semblables. A la suite de différends *inter grossos burgenses et parvum commune* qui accusait les magistrats *de nummis insufficienter aut irrationabiliter administratis et de malo regimine*, le roi chargea des commissaires de régler la question, *sine strepitu et figura judicii*. Ceux-ci en profitèrent pour remanier toute la constitution de Rouen. Entre autres choses ils instituèrent une magistrature composée de *douze preudes hommes du commun* qu'ils associèrent à l'administration financière de la ville. (Chéruel, *Histoire de Rouen*, t. I. Pièces justif. n° XXXII.)
3. Pièces justificatives, XIII.

A cette époque, bien évidemment, le mot *communio* désigne tous les habitants qui ont prêté le serment de commune, c'est-à-dire de bourgeoisie. Lorsqu'il passe du sens concret au sens abstrait, il répond au mot ville, à peu près dans tous les sens où nous l'employons aujourd'hui. Nous en avons la preuve lorsque nous voyons, dans la keure de 1168, le § 16 attribuer à la *communio* une part des amendes destinée aux fortifications, le § 24 parler des actes juridiques faits devant la *communio*, le § 31 stipuler que pour la rentrée d'un banni il faut l'*assensus communionis*, les §§ 35 et 36 la montrer apte à recevoir des plaintes et à les juger, le § 50 déclarer sa non-responsabilité vis-à-vis du comte des excès de ses membres. A cette époque, *aliquis de communione* (§§ 27, 28, 37) est synonyme de *burgensis;* le § 28 qui, en déclarant qu'un bourgeois a le droit de requérir l'aide d'un autre bourgeois pour arrêter son ennemi, emploie comme deux termes correspondants *burgensis* et *quemlibet de communione*, en fournit une preuve rigoureuse, surtout si on le rapproche du § 20 de la keure de 1127 qui proclame l'appui mutuel que se doivent les membres de la commune. Le § 30 de la keure de 1168 privilégie les accusés de meurtre, *si sunt de communione, et ex justicia communionis*. *Communio* désigne encore dans cette keure l'ensemble de ses membres formant la milice communale, et le *bannum communionis* (§ 35) est l'acte de convocation de cette milice.

Communio, c'est donc alors la ville capable de posséder, ayant un pouvoir juridique et administratif, c'est encore l'ensemble de ses habitants soumis aux mêmes charges et jouissant des mêmes prérogatives. Cette signification étendue a tellement fait oublier celle plus étroite d'association, qu'en 1175, un bornage de propriété, établi contradictoirement entre les églises et la ville[1], donne pour synonyme à *communio* à la fois *urbs* et *universitas burgensium*. Elle attribue certaine terre à la ville, *propriam esse prefate urbis*, elle parle de l'intérêt de la ville, *tam honori quam usui prefate urbis prospicere volens*, elle déclare une pâture commune à l'*universitas burgensium*, enfin elle stipule la nécessité de l'assentiment de la ville en disant *nisi de communi assensu et consilio totius urbis*, comme la keure de 1168 disait *assensus communionis*. Enfin le sceau de la ville, la signature sociale de l'association, porte en légende : SIGILLVM COMMUNIONIS SANCTI AVDOMARI, légende qui résume l'énumera-

---

1. *Pièces justificatives*, XV.

tion initiale des chartes : *Nos majores et scabini et jurati ac tota communio Sancti Audomari*,[1]. Il n'y a donc nulle équivoque à cet égard, *communio*, synonyme d'*urbs*, d'*universitas burgensium*, est la ville au sens abstrait du mot ; et quand, comme dans la keure de 1168, nous rencontrons *majores communionis* (§ 46), *jurati communionis* (§ 44), nous n'irons pas traduire, trompés par l'analogie, maires et jurés du commun, mais maires et jurés de la ville.

Nous rencontrons le mot *communio* pour la dernière fois en janvier 1199-1200 [2] ; il se perd au xiiie siècle. Dans l'acte par lequel la ville fut appelée, en mars 1211-12, à garantir au roi de France la fidélité du prince Louis, elle est désignée ainsi : *Nos scabini et tota villa S. Audomari* [3]. En 1213 apparaît le mot *communitas* [4], qui tout d'abord semble avoir exactement le même sens que *communio*. En septembre 1236, un accord au sujet de marais est conclu entre le chapitre *et communitatem ville Sancti Audomari* [5]. En avril 1247, une transaction intervient entre le comte *et communitatem ville Sancti Audomari* [6]. Ce n'est que vers la fin du xiiie siècle, — il est impossible de préciser l'époque, — que dans la formule initiale des chartes de la ville : *Majores, scabini et communitas*, on s'habitua à considérer le dernier terme comme indépendant des deux premiers, les échevins étant les administrateurs de la commune qui existait en dehors d'eux, bien que, à titre de délégués, de mandataires, ils eussent le pouvoir de l'engager. Cette distinction était faite sans doute, quand nous voyons certains actes ne mentionner comme agissant que l'échevinage ; par exemple en avril 1271 : *Cum majores et scabini*

---

1. On pourrait prétendre qu'au xiie siècle, les échevins, peut-être encore perpétuels et nommés par le comte (voy. plus loin), sont les juges naturels de la *Communio*, mais n'en font pas partie, ne sont pas bourgeois. Cette opinion n'est appuyée formellement par aucun texte, mais n'est détruite par aucun. On peut y répondre seulement que dans toutes les villes de Flandre, dès que les échevins furent annuels, ils furent certainement choisis parmi les bourgeois.

2. 1199-1200, janvier. Garantie donnée par la ville au traité de Péronne (Arch. nat. J. 627). La légende du sceau continua, bien entendu, à porter *communio*. Le sceau du xiiie siècle, copiant sa légende sur le précédent, reproduisit le mot *communio*.

3. Arch. nat. J. 627.

4. Ch. du *Grand Cartulaire de Saint-Bertin*, indiquée dans l'*Histoire sigillaire de Saint-Omer*, p. 2.

5. *Pièces justificatives*, XLI.

6. *Ibid.*, XLV.

Sancti Audomari proponant et intendant de novo creare et instituere in villa S. Audomari nundinas [1].... Au contraire, le comte n'avait garde d'omettre la communauté dans cette formule d'une charte du 24 juillet 1276 : *dilecti et fideles nostri majores, scabini totaque communitas* [2]....

§ V.

Nous avons déjà dit que nous reconnaissions aux *jurati* que nous rencontrons au XIIe siècle le caractère de descendants des « administrateurs corporatifs de la communauté territoriale [3]. » Les textes groupés par M. Vanderkindere ne laissent guère de doute à cet égard ; les indications particulières à Saint-Omer ne donnent pas de preuves décisives, mais elles nous montrent les *jurati*, sans attributions bien déterminées, coexistant avec les échevins qui durent ne pas tarder à absorber complètement toutes leurs fonctions.

Trois documents seulement font mention des *jurati* au XIIe siècle. Dans la keure de 1127, ils ne figurent qu'au § 2 : le témoignage de deux jurés comme celui de deux échevins est suffisant pour convaincre un homme d'une dette qu'il conteste.

La keure de 1168 les mentionne plus souvent ; il en est question dans sept paragraphes, et malgré cela il est impossible de préciser leurs attributions. Leurs fonctions sont appelées un office par le § 48 qui décide que le juré convaincu de faux témoignage sera révoqué et sa maison brûlée, *a sede et officio jurati removeatur*. C'est comme témoins privilégiés que les jurés apparaissent au § 38, qui dit que tout autre témoin qu'un juré doit prêter serment, et aux §§ 2 et 33 qui déclarent le témoignage de deux jurés suffisant pour convaincre d'une dette. Le § 35 leur donne des fonctions différentes : c'était à eux ainsi qu'aux *majores* qu'incombait la charge de commander les milices communales ; deux jurés pouvaient dispenser du service militaire. Le § 51 seul leur attribue une certaine juridiction, mais dans un cas tout spécial ; il les associe aux échevins pour juger les contestations entre le comte et la ville. Le § 44 détermine le serment qu'ils devaient prêter : ne se dessaisir de leur droit ni par crainte ni par amitié. Toutes ces indications sont trop vagues pour que nous puis-

---

1. *Pièces justificatives*, LIX.
2. *Ibid.*, LXII.
3. Vanderkindere, *ouv. cit.*, p. 44.

sions établir exactement le rôle de ces personnages dans l'organisation communale. Ils apparaissent pour la dernière fois en janvier 1199-1200, énumérés après les échevins : *Nos majores et scabini et jurati ac tota communio Sancti Audomari*, dans la garantie que donne la ville au traité de Péronne. Dix ans plus tard, dans un acte non moins solennel, la garantie de la fidélité du prince Louis, ils ne figurent plus, et on ne les voit plus jamais apparaître dans les nombreux documents du XIII° siècle. En résumé, le peu de précision de leurs attributions, la rareté des mentions dans les textes, leur disparition totale au moment où se fixe l'organisation municipale viennent à l'appui de l'opinion qui les représente comme un ancien collége corporatif, chargé d'attributions qu'absorbe peu à peu l'échevinage considéré comme le centre de la vie communale.

§ VI.

Nous avons démontré que la réforme de l'échevinage en 1306 avait créé une nouvelle magistrature destinée à exercer un contrôle sur le collége des échevins qui existait anciennement. Pour ces magistrats, on s'était borné à changer leurs conditions d'existence en modifiant le mode de leur nomination. L'ordonnance de réforme nous apprend qu'auparavant, les échevins sortant de charge nommaient eux-mêmes leurs successeurs ; mais ce système de recrutement des échevins n'était pas très-ancien. « An-
» chiennement en Flandre, dit le président Wielant[1], toutes les
» loix estoient perpétuelles et n'avoit le conte povoir ne auctorité
» de les changer ou renouveller. » Les documents relatifs à Saint-Omer ne nous permettent pas de vérifier directement pour cette ville l'allégation du président Wielant, mais nous avons le droit de conclure par analogie. La keure de Gand et de Bruges, rédigée vers 1189, indique formellement que les échevins étaient nommés à vie par le comte[2]. La même chose existait certainement pour toutes les anciennes villes de la Flandre. Ce fait étonne tout d'abord parce qu'on a trop l'habitude de considérer l'élection de ses magistrats par la commune comme l'essence même et la première

---

1. *Antiquités de la Flandre* dans le *Corpus chronic. Flandrie*, t. II.
2. § 22. « Quando aliquis scabinus decedet alius ei substituetur electione
» comitis. » Les Gantois modifièrent ce passage dans la keure qu'ils extorquèrent en 1192, et par un prétendu retour à l'ancien usage, firent nommer les échevins par leurs collègues. (Voy. Warnkœnig. *Histoire de la Flandre*, III. Pièces justif. VI art. 2.)

de ses franchises ; il s'explique naturellement si l'on songe que les échevins, descendants des *scabini* carolingiens, étaient une vieille institution qui, rajeunie par des attributions nouvelles, était devenue le centre de l'association communale. A l'époque où les villes obtenaient des priviléges, c'est-à-dire la reconnaissance de leur existence à l'état d'être moral, les échevins dont les attributions étaient presque exclusivement judiciaires, étaient à la nomination du comte, et la collation de l'immunité, non plus que l'extension plus ou moins grande, plus ou moins rapide de leurs attributions, ne changèrent point tout d'abord le mode de leur nomination. Bientôt, entraînés par le courant général, ils durent tenter de rendre héréditaires leurs magistratures à vie, de faire de leurs fonctions des fiefs, et ce fut alors par réaction contre le féodalisme que prévalut le principe des échevinages annuels qui, du reste, restèrent assez souvent à la nomination du comte.

La keure d'Arras de 1194 est la plus ancienne qui organise le renouvellement de l'échevinage ; il devait se renouveler de quatorze en quatorze mois par une élection à plusieurs degrés, les électeurs étant nommés par les échevins sortant de charge[1]. En 1209, Ypres obtint un échevinage annuel, élu à deux degrés par la ville[2]. Le 9 août 1212, le comte Ferrand octroya un privilége analogue à Gand, mais en se réservant une plus grande influence sur la nomination des nouveaux échevins[3]. Douai, en 1228, eut un échevinage renouvelable tous les treize mois, dont l'élection compliquée avait pour base les échevins sortants[4]. Bruges, en janvier 1240-41, eut un échevinage annuel, mais à la nomination directe du comte[5].

Nul doute que l'échevinage de Saint-Omer n'ait subi une révolution analogue, soit qu'aux échevins à vie ait succédé un collége d'échevins à la nomination du collége sortant de charge, soit qu'il ait existé un état intermédiaire dans lequel la part d'influence du comte ait été plus considérable.

Dans les premiers actes constitutifs de la commune, nous ne voyons guère aux échevins que des attributions judiciaires, ce n'est que vers la fin du xiie siècle, et même après que le comte Baudouin leur eut concédé le pouvoir de fixer eux-mêmes les cou-

---

1. Guesnon. *Cartulaire de la ville d'Arras*, pièce IV.
2. Gheldorf. *Histoire d'Ypres*, pièces justif. XI.
3. Warnkœnig. *Histoire de la Flandre*, III, pièces justif. XI.
4. Dehaisne. *Essai sur le magistrat de Douai*, p. 2.
5. Gheldolf. *Histoire de Bruges*, pièces justif. V.

tumes de la ville (5 mai 1199), que nous leur voyons des attributions administratives.

Dans la plupart des villes de Flandre, l'échevinage se composait ordinairement de douze ou de treize échevins. A Saint-Omer, une charte de 1144 est souscrite par deux *majores* et dix-sept échevins[1]; une autre, de 1165 environ, est souscrite par neuf personnes, *tam majoribus quam scabinis*[2]. Mais dans ces deux chartes, rien n'indique que les souscriptions soient toutes du collège de Saint-Omer. Au contraire, une charte de Philippe d'Alsace, de 1172, où la souscription des échevins de Saint-Omer est annoncée, en énumère treize[3]. Une autre charte, de janvier 1221-22, qui donne aussi vraisemblablement l'échevinage au complet, énumère douze échevins[4]. Il semble que l'échevinage de Saint-Omer ait oscillé entre ces deux nombres; on ne peut guère vérifier sur les chartes, parce que rarement elles donnent l'échevinage en entier. C'est à douze que l'ordonnance de 1306 fixe le nombre des échevins; et cependant à l'année 1319, le registre de la ville où sont consignés les renouvellements de la loi, sous le titre : *Jurati pro consilio camere : li vielg eschevin tout*, donne une série de treize noms.

A côté de l'échevinage en fonction, l'échevinage de l'année précédente conservait certaines attributions. Le registre où sont consignés les renouvellements de la loi de 1319 à 1324, les mentionne toujours à la suite des échevins, soit sous le titre que nous venons de donner, soit sous ceux-ci : *Consilium scabinorum*,

---

1. Anselme de Bailleul vend à Everard le coûtre, *mansuram quamdam atrio Sancti Audomari adjacentem*, qu'il lui avait autrefois donnée en fief. (Arch. munic. LXXXI. 1.)
2. Convention relative au tonlieu, entre la ville de Bourbourg et Saint-Omer. *Pièces justificatives*, XI.
3. Philippe d'Alsace confirme un accord intervenu entre le châtelain et l'abbé de Saint-Bertin au sujet des marais de Houlle, d'Oudemonster et des pêcheries de la grande Meer. « Testes.... scabini de Sancto Audo-
» maro : Everardus de Aria, Eustachius Buselin, Gilius filius Alberti, Lam-
» min de Deverna, Hugo Capel, Gislardus, Johannes de Caltra, Gislebertus
» filius Balduini de Arka, Nicolaus de Arka, Fulco Niger, Iuffridus, Ro-
» bertus filius Ade, Willemus Vulpis. » (*Grand cartul. de Saint-Bertin*, I. 350.)
4. Guillaume, châtelain de Saint-Omer, vend à Foulques de Sainte Aldegonde un pré et une rente sur le forage. « Eskevins : Gile de Bodin-
» ghem, et Motay, et Johan le fils dame Ysabel, et David de Cassel, et
» Mars le fils Lowis, et Diereman, et Symon Canne, et Johan Bonenfant,
» et Willaume de Cassel, et Johan le fils Mars, et Simon de Lokenes, et
» Willaume Suabbles. » (Arch. munic. de Saint-Omer CLI.)

Vies eschevins, Li borgois conseillier[1]. La plupart des jugements de l'échevinage au xive et au xve siècle sont rendus « par » eschevins de l'une année et de l'autre[2]. » Cette coutume de conserver des fonctions aux anciens échevins est antérieure à la réforme de 1306, puisque la relation du bailli d'Hesdin dit que les plaintes du commun étaient dirigées contre les « *maieurs et es-» chevins viez et nouviaux.* » L'ordonnance du 25 mai 1306 explique que cette coutume, qui mettait l'administration de la ville entre les mains de deux séries d'échevins, les uns en fonctions, les autres *arrière eschevins*, avait favorisé précisément la perpétuité des charges dans les mêmes familles[3]. On a vu que dans la réorganisation de l'échevinage, il n'était plus question de ce conseil qui cependant ne tarda pas à reparaître.

§ VII.

D'après l'ordonnance de 1306, les échevins doivent élire l'un d'eux comme *mayeur*. Après comme avant la réforme, tous les textes sont d'accord et mentionnent deux mayeurs. Nous ne savons si le mode d'élection indiqué par l'ordonnance est bien ancien, ni même si le maieur fut toujours à l'élection. Je serai, quant à moi, assez porté à voir dans le *major* un ancien fonctionnaire, chef de la communauté, *major communionis* (keure de 1168), peut-être le même que le *judex* de la charte de 1127, dont les échevins étaient les assesseurs. Ce fonctionnaire, distinct d'abord des échevins, serait arrivé peu à peu à perdre de son importance lorsque les échevins étendirent leur compétence à l'administration, puis aurait été absorbé par eux, et serait devenu leur président. Nous reviendrons sur ce problème d'origine lorsque nous examinerons les attributions des magistrats. En 1306, l'ordonnance de réforme de l'échevinage attribue au maieur « pour » ses frais » 60 livres par an. En outre, le keureboeck nous apprend que le maieur pouvait porter des armes, et avait droit à trois vallets armés (no 189). Dans les réunions de l'échevinage, il siégeait lui ou son lieutenant sur un siège plus haut que

---

1. Dans le premier de ces registres, les douze échevins de l'année 1319-1320 sont désignés sous ce titre : *Scabini antiqui juris.*
2. *Gros registre du greffe.*
3. Un règlement du keureboeck (n⁰ 189), datant de 1280, indique que les vieux échevins jouissaient comme les échevins en fonctions de la prérogative de porter des armes, eux et deux de leurs vallets.

les autres échevins, dit l'ordonnance sans date annexée à celle de 1306 [1]. C'est ce lieutenant sans doute qui, dans l'esprit de la réforme, devait remplacer le deuxième mayeur. Dès 1144, nous voyons deux maieurs souscrire en tête des échevins à une charte [2].

On n'a point jusqu'ici dressé de liste bien exacte des maieurs de Saint-Omer ; celle que M. de la Plane a donnée dans les 34e et 35e livraisons du *Bulletin de la Société des Antiquaires de la Morinie*, est en bien des points inexacte pour l'époque antérieure au xive siècle [3].

On pourrait croire que le second maieur n'était autre que celui sortant de charge, si les registres du renouvellement de la loy ne donnaient la preuve du contraire. En effet, le titre de *Major* est vis-à-vis des deux premiers noms aussi bien dans la liste des nouveaux échevins que dans la liste des anciens. Le second maieur était plutôt le même personnage que l'ordonnance de 1306 désigne sous le titre de lieutenant du maieur ; en effet, une charte du 8 mai 1255 désigne pour faire partie d'un tribunal de conciliation « sires Jehan maires de Saint-Omer et sires Flourens es-

---

1. *Pièces justificatives*, n° LXXVI.
2. Sur le plus ancien sceau de la ville, qui date du xiie siècle, sont figurés deux personnages assis sur des siéges identiques, ayant chacun le bâton de commandement et entourés de neuf têtes de personnages figurant le conseil des échevins. (Deschamps de Pas. *Histoire sigillaire de Saint-Omer*, pl. I.)
3. Les documents que j'ai consultés m'ont permis d'y faire quelques rectifications et d'y ajouter quelques noms nouveaux, mais je ne fais nul doute que cette liste ne puisse être complétée pour beaucoup d'années : 1144. *Huberto majore, Theoderico majore* (voy. plus haut). — s. d. v. : 1165. *Lamberto filio Gerberti, Willelmo de Clus*. (Arch. munic... *Pièces justificatives*, XII). — 1172. *Everardus de Aria. Eustachius Buselin* (*Grand Cartul. de Saint-Bertin*, t. I, p. 350). — 1221-1222 janvier. *Gile de Bodinghem et Motay* (*Pièces justificatives*, XXXVII). — 1251. *Gilles de Sainte Aldegonde*, fréquemment maieur de 1251 à 1260 (notice de M. de la Plane). — 1255. *Jehans de le Deule, Flourens Aubert* (*Pièces justificatives*, LV). Dans le même acte, *Jehans* est indiqué seul comme maieur et *Flourens* comme échevin. — 1261. *Ghis de le Deverne*, fréquemment maieur de 1261 à 1279 (notice de M. de la Plane). — 1263. *Jean Aubers* (*ibid.*). — 1264. *Jean Delepierre* (*ibid.*). — 1280. *Jehan de Sainte Audegonde et Hue Bollard* (*Pièces justificatives*, keureboeck, entre les n°s 466 et 467). — 1281. *Ghilebert de Sainte Audegonde et Antoine Reinvisch* (*ibid.*, entre les n°s 486 et 487). — 1282. *Jehan Aubers et Ghilebert de Sainte Audegonde* (*ibid.*, entre les n°s 948 et 949). — 1287. *Antoine Reinvisch* (notice de M. de la Plane). A partir de 1319, la liste des maieurs peut s'établir facilement en consultant *les registres du renouvellement de la loy* qui se trouvent aux archives de Saint-Omer.

» kevins, » et les mêmes personnages se trouvent tous deux désignés comme maieurs à la souscription [1]. La charge du maieur était du reste au xiv⁰ siècle peu importante, et souvent le scribe qui dressait la liste des nouveaux échevins omettait de désigner quels étaient les deux maieurs.

§ VIII.

Le terme de la nuit de l'Epiphanie indiqué pour le renouvellement de l'échevinage, et qui se maintint longtemps dans la suite, devait être fort ancien, mais nulle indication ne vient confirmer cette conjecture.

Les conditions d'éligibilité pour être échevin avaient été réglées par une ordonnance que nous trouvons par extrait copiée au dos de celle du 25 mai 1306[2]. Elles sont communes à la plupart des villes de Flandre. Pour être échevin, il fallait à Saint-Omer posséder au moins 5 livres tournois vaillant, n'être pas bâtard, n'être pas usurier, ni même prêteur d'argent, ni prêteur sur gages, n'avoir pas été condamné pour faux ni pour « vilain fait. » Pendant toute la durée de leurs fonctions, les échevins ne devaient ni faire un métier ni « ouvrer de leur corps. » Cette disposition, qui n'excluait pas les gros marchands, devait interdire à peu près complètement les charges à tous les gens de métiers, aussi bien aux maîtres qu'aux ouvriers.

§ IX.

L'échevinage se maintint à peu près tel que nous l'avons décrit jusqu'au milieu du xv⁰ siècle. Le 9 décembre 1447, une ordonnance du duc de Bourgogne réforma de nouveau la loi échevinale. De graves abus, s'il faut en croire les considérants, s'étaient encore introduits ; les mêmes personnes s'étaient perpétuées dans les charges, après les avoir obtenues « moyennant plusieurs grosses » sommes de deniers qu'ils ont payé. » Les enquêteurs chargés de faire une enquête à ce sujet déposèrent les magistrats. L'ordonnance établit que dorénavant il n'y aurait plus qu'un maieur

---

1. « Li non des maieurs de la vile de Saint-Omer et des eskevins par » qui ce fu fait sont tel : Jehans de le Deule, Flourens Aubers maieur, » Wautiers de Wale, Simon Escade eskevins. » (*Pièces justificatives*, LV.)
2. *Pièces justificatives*, LXXVI.

ayant son lieutenant pris parmi les échevins. A partir de cette époque, en effet, un seul maieur figura toujours dans les actes et dans les registres. Le « magistrat » continua à être composé de douze échevins et de dix jurés, mais le mode de nomination fut complètement changé. Le 5 janvier, à 8 heures du matin, les maieur et échevins et les dix jurés devaient se réunir en halle et désigner neuf personnes des trois états de la ville, trois curés, trois nobles et trois bourgeois, pour être avec eux électeurs du nouvel échevinage. Ces trente-un électeurs réunis à la halle en présence du bailli prêtaient serment, et passant dans la salle du conseil avec le clerc secret de la ville élisaient les douze échevins, puis nommaient *maieur* l'un des douze élus sans avoir égard à son rang de nomination, et *lieutenant du mayeur* l'un des quatre échevins des derniers élus. Les mêmes trente-un électeurs nommaient ensuite « les dis jurés ordonné pour la communauté. » Chaque juré devait avoir au moins vingt-huit ans ; on devait en choisir deux pour chacune des paroisses de Sainte-Aldegonde, de Saint-Denys, du Saint-Sépulchre et de Sainte-Marguerite, et un pour chacune des paroisses de Saint-Jean et de Saint-Martin en l'Isle. L'un d'eux était ensuite nommé « mayeur » des dix jurés. » Après l'élection, le sergent à verge allait quérir les élus, et ils venaient prêter serment. En cas de vacances pendant la durée d'une magistrature, les échevins et les jurés devaient se compléter eux-mêmes. Le refus d'accepter une charge d'échevin ou de juré entraînait une amende de 60 livres. Enfin l'ordonnance établissait quelques incompatibilités que l'on retrouve très-anciennement dans plusieurs villes de Flandre : ne pouvaient être échevins ou jurés ensemble, le fils avec le père, deux frères, le neveu et l'oncle, deux cousins germains. Les mêmes parentés ne pouvaient exister entre un échevin et un juré.

Les gages et émoluments du *maieur* étaient de 120 livres, monnaie courante, 12 muids de vin franc d'assise, la cire « comme » autrefois » et « le drap de ses robes, mais seulement quand on » décidera de vestir la loy. » — Les *échevins* recevaient 14 livres, 6 muids de vin, la cire et le drap comme le maieur. Les *échevins et maieur* sortants, en considération, dit le texte, de ce qu'ils devaient être souvent appelés en halle pour faits relatifs à leur gestion, recevaient pendant un an le vin et la cire comme les autres. Le *lieutenant de maieur* avait les gages et émoluments d'échevin, et en plus 50 livres monnaie courante.

L'ordonnance interdisait aux échevins de donner à dîner aux dépens de la ville ; elle décidait que les amendes, que les deux premiers échevins avaient pris l'habitude de percevoir, seraient par la suite portées en recettes et versées à la ville.

En l'an 1500, la loi échevinale fut de nouveau modifiée ; les quatre premiers échevins durent être nommés par le bailli, le maieur élu par les échevins, mais avec l'aide du bailli. Cette ordonnance détruisit de fond en comble l'indépendance de la ville.

CHAPITRE VI.

LA JUSTICE MUNICIPALE.

§ 1. *Origines de la justice municipale.* — § II. *Compétence des échevins.* — § III. *Présidence de l'échevinage; rôle du maieur.* — *Plaids.* — § IV. *Fonctions des échevins et des jurés; témoins.* — § V. *Juridiction gracieuse; obligations et contrats; voies d'exécution et de contrainte.* — *Scel aux contrats.* — *Tutelle des orphelins.* — § VI. *Procédure devant l'échevinage; preuve testimoniale; duel; épreuves;* Ensoine. — *Rapports juridiques des villes entre elles.* — *Prison.* — § VII. *Arbitrages pour réconciliations;* trèves; paix; compositions. — *Procédure pour la conclusion d'une paix.* — *Arbitrages en matière domaniale.* — § VIII. *Juridictions inférieures;* vierscaires. — § IX. *Subordination des échevinages d'Ardres, d'Audruicq et de Fauquembergue à l'échevinage de Saint-Omer.* — *Les échevins de Saint-Omer, arbitres entre le comte et les XXXIX de Gand.* — § X. *Appel des sentences de l'échevinage.*

Nous avons eu déjà plus d'une fois l'occasion de dire que le caractère, peut-être le plus essentiel, des priviléges de la commune fut la juridiction qu'elle exerça sur son territoire.

L'origine, la nature et le développement de ce droit, les fonctions des magistrats auxquels il fut confié, les règles et les conditions dans lesquelles il s'exerça doivent donc faire l'objet d'un examen approfondi.

§ I.

Ce droit de justice ne fut pas plus que les autres priviléges concédés à la ville une complète innovation. Le tribunal municipal existait avant la charte de commune, c'était l'ancien plaid carolingien, composé comme dans les premiers temps de son existence du collége des *Scabini*.

Ainsi que leur nom l'indique, les échevins furent d'abord exclusivement des juges[1]. Ils apparaissent à l'époque carolingienne, comme des juges permanents, succédant aux *rachimburgs*, qui n'étaient que des hommes libres, revêtus temporairement, pour un plaid, de la qualité de juges[2]. Ils coexistèrent longtemps avec les rachimburgs, et bien qu'un capitulaire de 809[3] exempte tout autre que les échevins d'assister aux plaids, un capitulaire de 819 permit au comte de compléter leur nombre par des hommes libres[4]. Ce nombre, fixé par certains textes à sept[5], était de douze d'après le capitulaire de 819 que nous venons de citer. Leur nomination était faite par le *missus*[6] ou par le comte[7], et je ne crois pas que l'on puisse induire ni de la nécessité du consentement du peuple à leur nomination, que stipulent les capitulaires de 809 et de 829, ni surtout de l'emploi du verbe *eligere* pour exprimer le mode de cette nomination, dont les formes ne sont réglées par aucun texte, qu'ils fussent élus au sens actuel de ce mot. Aucun document de l'époque carolingienne ne nous renseigne sur la durée de leurs fonctions, mais à voir les *missi* chargés de révoquer ceux qui les remplissaient mal[8], on peut croire qu'elles étaient viagères. Leurs attributions étaient exclusivement juridiques, ils étaient les juges du tribunal présidé par le comte ou par son délégué[9]. Cette organisation judiciaire se maintint, au moins en Flandre, dans ses traits principaux, jusqu'à l'époque communale. Cependant, d'une part il est probable que ces tribunaux, institués seulement d'abord dans les anciens chefs-lieux des centènes franques, se multiplièrent en rai-

---

1. Voy. Grimm, *Deutsche Rechts altherthümer*, p. 778.
2. La plus ancienne mention de *scabini* que je connaisse est de 745. (Voy. plus haut, p. 35.) On a prétendu qu'ils avaient été institués par Charlemagne (voy. Savigny, *Histoire du droit Romain au moyen âge*, t. 1er, p. 197, et Guizot, *Essais sur l'Histoire de France*, 2e éd., p. 272), parce que le premier document juridique connu où il en est question est un capitulaire de 803. (Pertz, *Legum*, I, p. 115). Sur les *scabini* pendant l'époque carolingienne, voyez Waitz, *Deutsche Verfassungsgeschichte*, t. IV, p. 325 et suiv.
3. Pertz, *Legum* I, p. 156. — 4. Pertz, *Legum* I, p. 227.
5. Capitular. Ansegis., liv. III. c. 40, et Leg. Langobard. (ed. Lindenbrog.) lib. II. Tit. XL.
6. Capitul. de 803 (Pertz, *Legum*, I, p. 115). Capitul. de 829 (Ibid., p. 351).
7. Capitul. de 809 (Ibid., p. 156). Capitul. de 819 (Ibid., p. 227).
8. Capitul. de 829 (Ibid., p. 351). Capitul. de 873 (Ibid., p. 521).
9. Capitul. de 805 (Ibid., p. 133). Capitul. de 809 (Ibid., p. 156). Capitul. de 813 (Ibid., p. 188). Capitul. de 819 (Ibid., p. 227). Capitul. de 829 (Ibid., p. 351).

son de l'augmentation de la population, de la création de nouveaux centres d'habitation et des démembrements du canton primitif; en outre, l'organisation féodale, appliquant partout le principe du jugement par les pairs, rendit la noblesse justiciable exclusivement de plaids composés de chevaliers et réduisit les collèges d'échevins au rôle de tribunaux inférieurs. Primitivement les échevins n'avaient été que les assesseurs du *judex*, cette appellation étant réservée au comte ou à son délégué dans l'exercice de leurs fonctions judiciaires, mais par la suite, ce terme s'appliqua souvent à tous les membres du tribunal[1].

On ne cesse de trouver dans les actes des mentions d'échevins depuis l'époque carolingienne jusqu'au commencement du XIIe siècle, et telle nous avons vu cette institution à l'époque de sa naissance, telle nous la retrouvons à la veille de la période communale. En 1075, nous voyons sept échevins exercer la juridiction gracieuse à Nivelles[2]. En 1094, dix *juges* reçoivent une donation à Bruges[3]. Leurs fonctions continuent à être purement judiciaires, ils sont appelés indifféremment juges ou échevins[4]. Galbert dans divers passages où il les nomme juges ou échevins de la terre nous montre bien que la persistance de cette organisation judiciaire avait été générale en Flandre, et que toutes les personnes de condition inférieure étaient soumises à leur juridiction[5]. A cette époque et longtemps après, comme nous

---

1. « Ante illustrem virum Hildegardum comitem seu judices quos scabinos vocant..... » (*Chronicon Besuense*. Chartes de 815 et 817, dans le *Spicilége* de D'Achery. ed. IIa, t. II, p. 404).
2. Wauters, *de l'Origine ..... des Libertés communales*, Preuves, p. 4.
3. Ibid., p. 8.
4. Pour la synonymie entre *judex* et *scabinus*, voy. plus haut, p. 47, n. 1.
5. Le 17 septembre 1127, un certain nombre de personnes, se prétendant accusées par haine ou par envie, prient le comte de les remettre au jugement des échevins du pays, tant sur le fait de trahison que pour quelque soupçon que ce fût : « Rogabant consulem ut, secundum judi« cium scabinorum terrae, ipsos tractaret tam de nota traditionis quam « de cujusque suspicionis respectu. » (Pertz, SS. XII, p. 606.) — Le 30 mars 1128, on ordonne à quiconque a été proscrit pour le meurtre de Charles le Bon « ut secundum judicia principum et feodatorum « terrae, si miles erat et ad curiam comitis pertinuisset, excusationem « facerent; sin vero, secundum judicia scabinorum terrae sese quique « notatus purgaret. » (Ibid., p. 610.) — En mai 1128, tous les proscrits reviennent disant « ut si qui esset qui eos auderet interpellare de tra« ditione, ipsi interpellati responderent, vel secundum quod miles erat, « in curia comitis, vel secundum quod inferioris conditionis, coram sca« binis et judicibus terrae. » (Ibid., p. 613.)

le savons, les échevins étaient encore nommés par le comte, ou du moins par le suzerain, en conséquence du morcellement féodal[1]. Ces fonctions primitives de juge restèrent pendant tout le moyen âge les fonctions principales des échevins. Dans une charte du commencement de 1165, le comte de Flandre définit lui-même ainsi le rôle des échevins de Gravelines : *Scabini... qui justicie mee conservande ibidem curam gerunt*[2]. En 1188, la charte de commune d'Aire désigne encore les échevins de cette ville par l'expression : *duodecim selecti judices*[3]. On pourrait beaucoup multiplier ces textes. Du reste, dans nombre de localités qui ne reçurent jamais de franchises les échevins n'eurent pas d'autre rôle que celui de juges à la nomination du suzerain. Cependant, même avant l'époque communale, on voit déjà ces magistrats agrandir le cercle de leurs attributions. En racontant, d'après Galbert, les troubles qui ont suivi la mort de Charles le Bon, nous avons déjà eu l'occasion de montrer les échevins devenus les mandataires de leurs justiciables et s'engageant en leur nom[4].

Ainsi, lorsqu'on compare les échevins des villes et les magistrats du même nom de l'époque carolingienne, on ne saurait méconnaître l'identité de leurs fonctions. Pendant tout le moyen âge, leur nombre reste à peu près le même que celui fixé par les capitulaires; dans toutes les villes, au début de la période communale, ils sont encore à la nomination du comte et perpétuels, ils sont encore présidés par le comte ou par un délégué du comte. Si l'on considère en outre que l'organisation judiciaire subsistait alors dans ses grandes lignes telle qu'elle était à l'époque carolingienne, que la justice était, comme nous le verrons, rendue par eux, aux deux époques, dans les mêmes formes et d'après les mêmes principes, il semble impossible de contester que les magistrats municipaux nommés échevins sont les descendants directs des *scabini* de l'époque carolingienne, dont le tribunal est devenu le centre de la vie municipale, dont les priviléges de justice, pour les hommes libres des villes, pour toute la classe des marchands et des industriels, sont devenus une garantie contre les empiétements et les usurpations féodales. Ne pouvoir être soustraits à la juridiction de leurs juges naturels, ce fut pour les

---

1. 1119. « Insuper etiam pro quiete et pace ecclesie, judices proprios, « quos vulgo scabinos vocant, abbas ibidem habebit. » (Charte du comte de Flandre, Guérard, *Cartul. de Saint-Bertin,* p. 257. Cf. Ibid. p. 240.)
2. 1164-65, 1er février. Pièces justificatives, X.
3. D'Achery, *Spicil,* t. III, p. 553.
4. Voy. plus haut, p. 47.

habitants des villes la première des revendications; l'indépendance de la juridiction est le premier privilége de la charte de commune de Saint-Omer (§§ 1, 10, 12).

§ II.

Dans les limites de leur territoire, c'est-à-dire dans la ville et dans la banlieue, et sauf les exceptions dont nous nous sommes occupés dans les précédents chapitres, les échevins avaient la justice haute et basse[1]. Cette justice ne s'exerçait pas seulement sur les bourgeois, elle avait, nous le répétons, un caractère à la fois territorial et personnel.

Les étrangers, lorsqu'ils avaient attaqué ou injurié un bourgeois, étaient justiciables des échevins; lorsqu'ils refusaient de comparaître, la ville acquérait contre eux le droit de guerre, et pouvait, hors des limites de sa justice, diriger contre eux ses bourgeois, détruire et brûler leurs habitations[2]. Ce droit ne resta point pour la ville une lettre morte, il se maintint jusqu'au XVe siècle, et plusieurs actes contenant le récit d'expéditions semblables, entreprises par la ville, nous sont parvenus[3].

En certains cas, la justice échevinale réclamait ses bourgeois pour des délits commis hors du territoire de la ville[4]. A Grave-

---

1. « De omni excessu et forefacto, secundum quod a bona veritate « intellexerint, judicia proferant, sicut tempore Philippi avunculi mei « scabini fecerunt. » (Charte du comte Baudoin, du 5 mai 1199. Pièces justificatives, XXVII.)

2. Charte de 1127, § 20.

3. Voy. entre autres les actes suivants : 1350, 28 novembre. Arsin d'une maison à Serques (*Analyse et extraits d'un registre des Archives de Saint-Omer*, appendice, pièce X). — 1351, 11 décembre. Non préjudice donné par le chapitre à la ville pour ce qui a été fait à cette occasion sur la justice du chapitre à Serques (Ibid., n° 72). — 1405, 19 novembre. Arsin des biens de Jehan d'Esquerdes, écuyer, coupable de coups et blessures sur la personne d'un bourgeois (Ibid., appendice, pièce XXIV). Ce dernier acte est surtout curieux parce qu'il décrit très-minutieusement tous les détails de cette expédition, composée de douze cents personnes, le châtelain, les échevins, les corporations, archers, arbalétriers, divisés en avant-garde, corps principal, et arrière-garde, « en belle bataille », et envoyant des détachements garder les routes et les ponts pour assurer la sécurité de l'exécution.

4. Ce privilège toutefois devait résulter de concessions spéciales, et l'on ne saurait donner un sens général au § 7 de la charte de 1127, qui établit que, sur les marchés de la Flandre, les bourgeois de Saint-Omer sont justiciables des échevins et ne peuvent être soumis au duel judiciaire. (*Judicium scabinorum sine duello subeant*). Cet article concède l'exemption

lines notamment, où les bourgeois de Saint-Omer jouissaient de franchises spéciales, sauf le cas de flagrant délit, ils ne pouvaient être jugés en matière commerciale ou en matière criminelle, que par leurs échevins [1].

Les échevins avaient juridiction sur quiconque commettait des délits sur le territoire de leur ressort, ils étaient compétents pour toutes les causes qui leur étaient soumises, quelle que fût la qualité des parties, lorsqu'elles acceptaient leur justice ; ils devaient la justice à tout venant [2]. (*Justicia fiet omni petenti*.)

Les bourgeois de Saint-Omer étaient justiciables exclusivement de leurs échevins et la justice échevinale les revendiquait, dans la justice de Saint-Bertin, comme dans l'enclave du chapitre, et parfois même en dehors de la banlieue.

En ce qui touche les étrangers, la commune ne pouvait les atteindre hors de son territoire que s'ils acceptaient sa juridiction ou en cas de délit attentatoire à ses priviléges. Dans la plupart des causes où des étrangers pouvaient être impliqués, dans les affaires civiles et criminelles, en matière de dettes et de contrats, la commune usait d'un moyen détourné pour leur imposer sa juridiction. Elle mettait en quelque sorte en interdit l'étranger qui n'obtempérait pas à la citation, défendait aux bourgeois d'avoir jamais avec lui de rapports d'aucune sorte et punissait sévèrement ceux qui contrevenaient à cette défense [3].

§ III.

Le plaid des *scabini*, à l'époque carolingienne, était présidé par le comte ou par son délégué. Lorsque nous avons essayé de tracer les limites des pouvoirs juridiques du comte et de la ville, nous avons montré combien, dans les premiers temps, la juridiction municipale était peu distincte de la juridiction du comte. D'après les premières keuren de Saint-Omer, il est assez vraisemblable que ce rôle de délégué du comte présidant le tribunal des *scabini*, appartenait au magistrat désigné sous le nom de *judex*. Cette présidence du tribunal maintenue à un officier du comte n'était pas absolument incompatible avec le privilége d'immunité que

---

du duel, mais les échevins dont il est question sont ceux des échevinages spéciaux de ces marchés de la Flandre.
1. Pièces justificatives, X.
2. Keure de 1168, § 35. Pièces justificatives, XIV.
3. *Registre aux bans*. N° 198. Cf. Keure de 1168, § 46. Pièces justificatives, XIV.

venaient d'obtenir les échevins, si l'on songe au rôle purement passif du président du collége échevinal, rôle qui consistait à semondre les accusés, à recueillir les opinions des échevins, et à appliquer la loi. Néanmoins, il n'est pas extraordinaire non plus que le collége des échevins ait songé à éliminer cet officier, dont la présence ne devait pas laisser d'être incommode et dont les anciennes fonctions (semondre et exécuter) avaient déjà en partie été attribuées au châtelain. C'est, pensons-nous, au peu de fixité qu'avaient alors les attributions de cet officier, à l'incertitude qui provenait de ce moment de transition, qu'est due, en partie, l'obscurité des plus anciens textes concernant le personnage qui a dû remplir ce rôle.

A la fin du XIIIe siècle, nous voyons le *major* en possession de ces fonctions; à cette époque, le maieur fait partie du collége échevinal, mais auparavant il a dû être un officier du comte et c'est probablement lui qui est le *judex comitis* de la keure de 1127 et de la charte de 1151[1]. Le titre de *major communionis*, et la fonction de chef militaire, que lui donne la keure de 1168, n'interdisent pas cette explication que nous sommes d'autant plus portés à proposer, — bien qu'elle ne soit que conjecturale, — que dans nombre de villes de la même région le *major* resta toujours un fonctionnaire du suzerain et ne fit jamais partie de l'échevinage. Les fonctions des magistrats portant ce titre sont loin d'avoir le même caractère d'identité que celles des échevins, dans les diverses chartes de coutume de la contrée, et cette variété d'attributions paraît indiquer à elle seule qu'elles eurent à subir de fréquentes transformations. Au surplus, par suite du caractère même de la justice, le rôle du maieur fut toujours assez effacé.

Le souvenir que les échevins de la ville, malgré leur privilège d'immunité, rendaient la justice au nom du comte, ne se perdit pas complétement à Saint-Omer. En avril 1247, une sentence arbitrale, rendue par plusieurs dignitaires ecclésiastiques, dans un différend entre l'abbaye de Saint-Bertin et la ville, au sujet des limites de leurs juridictions respectives[2], établit que la justice de la route publique de Saint-Omer à Arques appartient au comte, (*omnis justicia supradicte strate publice ..... est domini comitis*) et ajoute : les échevins de Saint-Omer jugent là où le comte a la justice (*ubi vero justicia est comitis est judicium*

---

1. Pièces justificatives, III et V.
2. Pièces justificatives, XLV.

scabinorum Sancti Audomari)[1]. Une charte du duc de Bourgogne en date du 17 juin 1333, confirmant un accord entre la ville et le chapitre au sujet de la juridiction du cloître et de l'exemption de certains impôts revendiquée par les chanoines, reproduit cette doctrine, en établissant que les bourgeois et *inframanans*, même dans le cloître, sont justiciables « des conte et contesse, mayeur et eschevins » et plus explicitement encore en faisant la déclaration suivante : « le bailleu des dessus-
« dis prevost, dyen et chapitle, requis souffisamment de par nous,
« contes ou contesse, ou de par *nos commis mayeur et esche-*
« *vin*, » devra rendre les délinquants à la justice municipale[2]. On la retrouve encore dans une sentence du conseil d'Artois rendue le 28 mai 1397, dans une autre délimitation de justice : « demourront les moulins en la haulte justice de mondit seigneur (le comte) et de la ville », sentence que le compilateur du recueil où elle est publiée explique par ces mots : « la propriété au comte et l'exercice aux mayeur et échevins[3]. »

Nous manquons de renseignements sur la fréquence des plaids et sur les conditions dans lesquelles se rendait la justice. Nous savons que la gilde-halle fut le prétoire des échevins, bien qu'elle ait été longtemps la propriété du comte[4], et que, même après sa cession, le comte s'y soit réservé toute justice[5]. A la fin du XIIIe siècle, les plaids des échevins s'y tenaient le vendredi[6];

1. La suite du texte de la sentence peut contribuer à éclaircir les deux phrases que nous avons citées. En déterminant les limites des propriétés de l'abbaye, les arbitres s'expriment ainsi : « Et sciendum
« quod ubi justicia seu dominium, ratione fundi, est ecclesie Sancti Ber-
« tini, ibi est judicium hominum seu scabinorum ipsius ecclesie. » Ne pourrait-on se servir de la pensée plus claire et plus développée dans cette phrase pour compléter les termes trop concis de la contre-partie : « Ubi vero justicia [seu dominium, ratione fundi,] est comitis, est judi-
« cium scabinorum Sancti Audomari. » C'est à titre de suzerain que le comte concédait la justice aux échevins, et à ce titre il était justicier sur le territoire de la ville comme sur le domaine de son vassal.
2. Archives du chapitre, II, G. 191.
3. *Recueil de Chartres*, p. 35.
4. Voy. plus haut, p. 87.
5. Le 30 mai 1248, Robert Ier, comte d'Artois, concède aux bourgeois, sur la nouvelle gilde-halle, les droits dont ils ont joui sur l'ancienne, « Retenta nobis nichilominus in eisdem nova Ghildhalla, cellariis et pra-
« tellis, omni justicia, sicut antea habebamus et sicut in veteri ghildhalla
« habemus. » (*Arch. munic. de Saint-Omer*. AB XX, 1. — Publ. par M. Deschamps de Pas, *Mémoires de la Société des antiquaires de la Morinie*, t. IV, p. 357.)
6. « Cascun venredi à le hale, au jour de plaid. » *Reg. aux bans*, 496.

c'est à ces seules données que se réduisent nos informations à cet égard.

§ IV.

Les *jurés*, au xII^e siècle, étaient associés au rôle juridique des échevins [1], ils étaient, comme eux, des témoins légaux privilégiés, car c'est à ce rôle qu'étaient bornées le plus souvent les fonctions des échevins. S'interposer entre les parties à titre d'arbitre, convaincre les accusés du fait qui leur est reproché, et appliquer la loi dans toute sa rigueur, en ne prononçant que sur la réalité du fait, tel était le rôle du juge. On conçoit que dans ces conditions, avec une législation qui ne semble pas avoir connu la preuve par écrit, pour laquelle la preuve par témoins était un progrès considérable, on ait eu besoin de témoins privilégiés, revêtus d'un caractère authentique ; aussi, nombre de documents de cette époque nous montrent-ils que l'on choisissait avec soin les témoins et que cette qualité ne pouvait être le privilège que de certaines catégories de personnes [2].

Les premiers de tous, ceux dont le témoignage avait le plus de valeur, étaient les échevins, les juges eux-mêmes [3], ensuite venaient les *jurés*, dont c'était la principale fonction [4], qui avaient prêté un serment solennel [5], et dont le faux témoignage était puni par la destruction de leur maison et la révocation [6]. A leur défaut, les bourgeois témoignaient en justice, mais préalablement ils devaient le serment [7].

Que les témoins fussent échevins, jurés ou bourgeois, la preuve n'était faite que lorsqu'on réunissait deux témoignages [8]. Nul

---

1. Keure de 1168, § 51. Pièces justificatives, XIV.
2. « Viri authentici in clero et plebe habentes pondus testimonii. » (Amiens, 1091-1095, *Monuments de l'Histoire du Tiers-État*, t. Ier, p. 22.)
3. En matière de dettes et de contrats, le créancier qui nie est convaincu « testimonio duorum scabinorum vel duorum juratorum. » (Keure de 1127, § 2. Pièces justificatives, III.)
4. Comparez avec les jurés de Saint-Omer ceux de Cambrai : « Sex « viri jurati in domo pacis possunt constitui, qui possunt testimonium « portare cum aliquo scabinorum in eis causis in quibus solent cum eis « testificari. » (Loi de Cambrai de 1184.)
5. Keure de 1168 § 44. (Pièces justificatives, XIV.)
6. Ibid., §. 48.
7. « Quotiens autem testes alii quam jurati producentur, qui testimo-« nium perhibituri sunt, de quacumque facta injuria oportebit eos « jurare quia verum dicent. » (Ibid., § 38. — Cf. § 47.)
8. Si celui qui a injurié un bourgeois prouve qu'il a été provoqué, il

texte ne nous dit si l'on attachait la moindre valeur au témoignage des étrangers à la commune.

§ V.

C'est dans ce caractère de témoins légaux qu'avaient les magistrats communaux, et non dans la persistance de l'usage romain d'insinuer les contrats à la curie, qu'il faut voir l'origine de la juridiction gracieuse que nous avons vu exercer par les échevins dès le xie siècle[1]. A une époque où la plupart des engagements et des contrats devaient être verbaux, il était nécessaire de ne les faire que devant des personnes ayant qualité pour en témoigner à l'occasion. Aussi, dans la première keure de Saint-Omer, trouve-t-on la mention que les prêts d'argent se font en présence de bourgeois propriétaires[2]. Si cette forme était suffisante pour faire saisir les biens ou même pour emprisonner la personne du débiteur, en cas de non paiement au jour fixé, cependant lorsque l'emprunteur niait sa dette, le témoignage de deux échevins ou de deux jurés était nécessaire pour le convaincre et le faire arrêter.

Cette circonstance seule devait suffire à obliger les contractants à prendre à témoins de leurs engagements des échevins. Il s'en suivit naturellement que, même lorsqu'un contrat fut écrit, il le fut en présence et par l'intermédiaire des échevins qui revêtirent ainsi le caractère de gardes des contrats. Dès le milieu du xiie siècle, tous les échevinages de la Flandre exerçaient cette juridiction gracieuse[3]. Néanmoins, il semble qu'à Saint-Omer elle fut, au moins pendant un certain temps, exercée par les jurés concurremment avec les échevins; ainsi nous voyons que lorsque deux jurés témoignent d'un prêt fait par un bourgeois, la ville doit en poursuivre le recouvrement, même si les emprunteurs ne sont pas justiciables de l'échevinage[4].

Il nous est resté de nombreux témoignages de l'exercice de

---

ne sera point accusé, « si duos testes de communione provocatus « habuerit... » (Ibid., § 27.)

1. Voy. plus haut, p. 178.
2. « Coram legitimis hominibus et in villa sua hereditariis. » (§ 2.)
3. Dans un accord de 1150 entre l'évêque de Térouane et le comte de Flandre sur les conditions de l'exercice de la juridiction ecclésiastique, il est stipulé que toutes les donations pieuses doivent se faire « assensu « dominorum et in presentia scabinorum. » (Miraeus, *Opera diplomatica*, t. IV, p. 204.)
4. Keure de 1168, § 33.

cette juridiction gracieuse par les échevins, au XII° et au XIII° siècle. En 1144, Anselme de Bailleul vend à Everard le Coutre une maison sise près le cloître de Saint-Omer, devant les deux maieurs et dix-sept échevins[1]. En 1172, le châtelain fait une cession de marais à l'abbaye de Saint-Bertin, en présence des treize échevins de Saint-Omer[2]. En janvier 1221-1222, le châtelain vend, pardevant douze échevins, un pré et une rente assignée sur le forage, à Foulque de Sainte-Aldegonde[3].

Lorsqu'une dette résultait d'un contrat passé pardevant échevins, si le créancier recevait quelque dommage à l'occasion de cette dette, l'échevinage en poursuivait la réparation sur le débiteur[4]. Lorsque le débiteur était un chevalier et refusait de s'acquitter au terme fixé, le maieur, sur la plainte qui lui était faite, faisait publier ce refus dans les églises, et si quelqu'autre prêtait encore de l'argent au même personnage et en était convaincu par le témoignage de deux bourgeois, le premier prêteur avait le droit de poursuivre le recouvrement de sa dette sur le second[5]. Il nous est parvenu plusieurs de ces défenses de la fin du XIII° siècle[6], qui furent publiées probablement à l'occasion de circonstances analogues et dans les formes prescrites par le paragraphe de la keure de 1168 que nous venons d'analyser.

Jusqu'à la fin du XIII° siècle, les contrats passés devant échevins furent faits sous formes de cyrographes endentés, dont l'une des parties restait entre les mains de l'échevinage. En février 1293-1294, Robert, comte d'Artois, accorda le droit de sceller d'un sceau particulier les conventions faites pardevant échevins[7]. Cette formalité nouvelle n'était pas seulement créée, ainsi que le dit la charte de concession, pour garantir contre les fraudes, pour rendre les faux plus difficiles ; son but véritable était de créer pour la ville une nouvelle source de revenu. L'acte du comte Robert porte en effet que la ville pourra établir un droit de sceau de un denier par livre à payer par ceux qui se feront délivrer des

---

1. Archives municipales de Saint-Omer, LXXXI, 1. Original scellé des sceaux de l'évêque de Térouane, du comte Thierri et de la comtesse Sibille.
2. *Grand cartulaire de Saint-Bertin*, t. Ier, p. 350.
3. Pièces justificatives, XXXVII.
4. Registre aux bans. N° 190.
5. Keure de 1168, § 46. Pièces justificatives, XIV.
6. Voy. entre autres : Registre aux bans, N° 344. — En ce qui touche la publication des bans de l'échevinage dans les églises qui persistait à la fin du XIII° siècle, voy. ibid, N°° 269 et 430.
7. Pièces justificatives, LXIX.

expéditions de la minute. Ce privilége ne paraît pas avoir changé les formes dans lesquelles les actes furent dressés à l'échevinage ; les originaux et les expéditions délivrés aux parties furent seuls scellés du scel aux contrats, et les minutes endentées postérieures à cette époque, conservées en grand nombre aux Archives municipales, continuèrent à n'être point scellées[1].

Tous ces priviléges et les garanties qu'ils donnèrent aux parties contribuèrent à assurer aux échevins le monopole de la juridiction gracieuse, si bien que, pendant tout le cours du moyen âge, la ville ne connut pas l'institution du tabellionage. Pour satisfaire aux exigences de cet office, un service spécial fut créé à la halle, probablement dans les premières années du XIVe siècle ; il reçut le nom de *Greffe des werps*. Ses archives presque intactes, commençant au début du XIVe siècle, forment quarante-deux layettes des Archives municipales de Saint-Omer[2].

A la juridiction gracieuse se rattache la tutelle des orphelins que les échevins de Saint-Omer devaient avoir dans les mêmes conditions que ceux des autres villes de Flandre, mais dont nous n'avons d'autre preuve que la présence sur les listes du renouvellement de la loi de deux « avoués des orfenins[3] » et les termes du testament fait en 1340, par Baudin de la Deverne, qui implique l'administration par l'échevinage de la fortune qu'il lègue à ses filles mineures[4].

§ VI.

Nous manquons presque complètement de données sur les formes de procéder devant le tribunal des échevins ; nul document, même récent, ne les établit à notre connaissance et nous ne pouvons essayer de les restituer d'après ce qui se passait dans d'autres villes, car les quelques indices que nous possédons sont trop incomplets, pour que de la comparaison puisse naître autre chose que des conjectures. Nous nous bornerons donc à énumérer les renseignements que nous fournissent les textes que nous avons connus.

Nous savons à peine quand siégeait le tribunal ; il est vraisemblable que l'audience du vendredi que nous avons mentionnée n'était pas la seule. Il ne semble pas que le droit de le saisir ait

---

1. Voy. Pièces justif. Registre aux bans, n° 966.
2. Arch. municipales, CCXLIII à CCC.
3. Archives municipales. *Registres au renouvellement de la loi.* Passim.
4. *Analyse et extraits d'un registre des Archives municipales*, n° 45.

appartenu exclusivement au bailli, ainsi qu'on a coutume de le dire des tribunaux d'échevins. Les parties devaient pouvoir en matière civile introduire elles-mêmes l'instance et en matière criminelle, une plainte au maire[1] et l'assignation faite par les sergents, au nom de celui-ci, paraissent avoir été les formes de procéder les plus habituelles.

Nous avons déjà dit que la preuve par témoins est la seule dont les textes des XII° et XIII° siècles fassent mention; nulle part, même en matière de contrats, il n'est fait allusion à la preuve par écrit. Le duel judiciaire ne paraît pas avoir existé à Saint-Omer. Le § 8 de la keure de 1127 en exempte les marchands de Saint-Omer cités en justice dans d'autres échevinages[2], ce qui semble prouver qu'ils jouissaient déjà dans leur ville de ce privilège, et même, la fin de ce paragraphe, qui les déclare exempts du duel à l'avenir, semble avoir une portée plus générale que le commencement et disposer dans tous les cas et pour tous les lieux. L'absence de toute mention postérieure de duels judiciaires et la fréquence de dispositions de cette nature, dans les chartes de commune d'alors[3], paraissent devoir confirmer cette conjecture. On conçoit en effet que cette coutume barbare ait répugné aux industriels et aux marchands qui composaient en majorité la population des villes.

Les épreuves ne sont mentionnées que deux fois dans les documents que nous avons réunis. L'homme accusé de vol devait se justifier par les épreuves du feu ou de l'eau[4].

Le seul document ayant trait aux formes observées devant la cour échevinale est l'abolition de l'*Ensoine* promulguée par la comtesse d'Artois, le 12 mai 1306, à la requête de l'échevinage[5]. Ce mot qui signifie généralement excuse, désignait à Saint-Omer une procédure qui consistait à déclarer coupable tout accusé faisant défaut pour lequel on ne répondait pas immédiatement à l'appel de son nom les mots : *non est in villa*. Ce mode de procéder, qui avait pris à cette époque un caractère formulaire et inflexible, pouvait en effet amener bien des abus dans une ville

---

1. Keure de 1168, § 47. Pièces justif., XIV. — *Reg. aux bans*. 85.
2. Pièces justificatives, III.
3. Voy. entre autres les chartes d'Ipres, de Gand et d'Amiens. — A Amiens (ch. 1190, art. 17), il était défendu aux champions salariés d'entrer en lice contre un bourgeois. — Ipres 1116. Abolition du duel judiciaire et des épreuves. (Warnkoenig, V. p. 321.)
4. Keure de 1168, §§ 22 et 42. Pièces justificatives, XIV.
5. Pièces justificatives, LXXVII.

où nombre d'habitants sans cesse absents pour le commerce, pouvaient être l'objet de plaintes de la part d'escrocs, et être condamnés avant d'avoir été même avertis.

La liberté de juridiction dont jouissait la ville de Saint-Omer la rendait, sauf en certains cas dont nous parlerons plus tard, indépendante de la justice des autres villes de la même région. Celles-ci ne pouvaient poursuivre sur son territoire les coupables que leurs échevinages avaient condamnés, elles étaient souvent sans action pour l'instruction, ou même dépourvues de tous moyens d'informations. On conçoit tous les abus que pouvait entraîner cette indépendance des juridictions les unes des autres ; il est à croire que l'on n'y fut pas indifférent, et que si nous ne connaissons que peu de documents dont le but soit de créer des moyens d'y remédier, ces moyens ne firent pas cependant complètement défaut.

La justice suzeraine du comte dut trouver là une excellente occasion de s'interposer et nous sommes d'autant plus autorisés à le croire que nous voyons qu'en ce qui concerne Gand, les comtes ont déclaré successivement en 1180 et en 1226 qu'ils tiendraient pour bannies de Flandre les personnes bannies du territoire de Gand[1]. C'est la même règle qu'exprime le § 16 de la keure de Saint-Omer de 1168, en disant : *Si quis in villa Sancti Audomari hominem occiderit, si deprehensus et reus convictus fuerit, nusquam salvatoris remedium habebit.* Les règlements municipaux de la fin du XIIIᵉ siècle portent que les condamnés pour meurtres, larcins, incendies ou autres crimes, qui seront pris à Saint-Omer, y seront soumis aux peines auxquelles la justice du lieu où s'était commis le crime les avait condamnés[2]. De même les bannis d'une ville arrêtés à Saint-Omer y étaient soumis à la peine édictée pour rupture de ban dans le ressort de la justice qui les avait bannis[3].

On voit qu'il y avait en cela une dérogation au principe de la territorialité de la justice. Il n'y avait ni extradition, ni condamnation nouvelle d'après les règles particulières à Saint-Omer ; il semble même qu'il n'y avait pas jugement nouveau, mais seulement exécution pure et simple de la sentence prononcée dans une autre ville, ou même, application rigoureuse de lois étrangères dont probablement on s'enquérait par lettres.

1. Warnkœnig, III. Pièces justificatives, II et XVI.
2. *Registre aux bans*, Nº 124.
3. Ibid., 443.

Pour assurer une certaine efficacité à leurs jugements, les villes ont dû en effet correspondre constamment ; il nous est parvenu une lettre par laquelle l'échevinage de Bruges envoie, le 16 février 1322-1323, aux échevins de Saint-Omer, une liste de vingt et un bannis que l'on devra « justichier, » si on les arrête à Saint-Omer[1]. Des rapports entre les villes s'étaient de même établis pour poursuivre l'instruction des affaires criminelles, comme l'atteste une espèce de commission rogatoire adressée, en 1320 environ, par l'échevinage de Saint-Omer à celui de l'Ecluse, pour lui demander une enquête sur une rixe dont un des acteurs était prisonnier à Saint-Omer[2].

L'échevinage avait sa prison, nous savons qu'au XIVe siècle elle était sur la place du marché, près de la halle[3]. Un document de la fin du XIIIe siècle donne quelques détails intéressants sur le régime des prisonniers, mais seulement des prisonniers pour dettes. Ils étaient enchaînés, « en prison e en fers[4] », on ne leur devait que du pain et de l'eau, mais ils pouvaient avec de l'argent améliorer leur nourriture. Lorsqu'un bourgeois faisait tenir en prison pour dettes un étranger, la justice percevait, soit du bourgeois, soit du prisonnier, douze deniers par jour, et pour ce prix, lui donnait pour boisson de la cervoise ; le prisonnier pouvait même avoir du vin en l'achetant.

§ VII.

On sait que dans le droit flandro-germanique la justice avait en matière de crimes et délits contre les personnes un double rôle. Elle devait d'abord punir le coupable, ensuite s'interposer entre les parties, empêcher ou régler l'exercice du droit de vengeance de la part de la victime et de ses parents, les faire consentir à une *trève*, puis à une réconciliation ou *paix*, moyennant une *composition*. Les magistrats étaient en ce cas plutôt des arbitres que des juges ; les échevins partageaient ces fonctions avec d'autres personnes, qui dans certaines villes étaient des magistrats spéciaux, nommés presque partout *pai-*

---

1. Pièces justificatives, LXXXII.
2. Ibid., LXXX.
3. *Analyse et extraits d'un registre des Archives municipales de Saint-Omer*, n° 56.
4. Pièces justificatives, LXXXVI. — A Lille, le prisonnier pour dette était enchaîné à un gardien qui était tenu en prison aux frais du débiteur (Roisin, p. 50 et 56).

seurs, appaiseurs, parfois hommes de la keure (*choremanni*)[1], jurés de la paix, etc. Dans certaines autres villes, et entre autres à Saint-Omer, ces arbitres n'étaient que des bourgeois, des prud'hommes, revêtus temporairement de ce caractère de magistrats conciliateurs ; mais on conçoit que l'habitude de choisir toujours les mêmes personnes que recommandait leur expérience et pour lesquelles les émoluments attachés à ces fonctions constituaient en quelque sorte un office, se soit établie, comme on le voit à Saint-Omer, où l'un de ces prud'hommes, Ghis l'Escrinewerkere, après plus de cinquante ans de pratique, a rédigé, vers la fin du XIIIe siècle, un tarif minutieux de ces compositions et décrit, avec d'infinis détails, toute la procédure usitée dans les réconciliations. Toutes les règles qu'il expose sont fondées sur son expérience personnelle et sur celle de huit autres prud'hommes ses contemporains ou ses prédécesseurs. Ajoutons que ce texte rédigé pour l'échevinage a passé dans le coutumier en quelque sorte officiel de la ville.

Les fonctions de ces prud'hommes consistaient à fixer les conditions des trèves, à prendre les *assurements*, à poursuivre les réconciliations, à être témoins des serments de paix et à les enregistrer, à recevoir les garants des payements de conciliation, à percevoir les compositions et à les répartir entre les membres de la famille du meurtrier. Les échevins n'intervenaient que pour prendre acte des serments faits, faire respecter les trèves et les paix[2], en assurer l'exécution, sauvegarder les droits de la commune et percevoir les parties des compositions qui lui revenaient.

La plus ancienne keure de Saint-Omer montre le droit de vengeance exercé il est vrai par la commune[3], mais il existait de même entre particuliers, et la keure de 1168 y consacre plusieurs de ses dispositions : le meurtrier en fuite ne peut rentrer qu'après s'être réconcilié avec les parents de sa victime et avoir payé outre la composition cent sous au châtelain et cent sous à la commune (§ 16). Le bourgeois accusé de meurtre peut obtenir sa paix dans la ville et la banlieue (§ 30). Lorsqu'un bourgeois qui est *en faide* contre le meurtrier de quelqu'un de sa famille,

---

1. « Choremanni de pace tractent et de forisfactum emendatione. » (Keure d'Arques de 1231, art. 2.)

2. « Se cil qui dit que la païs d'un homme ocis est brisié requéroit « loi as eskevins. » Plainte au sujet d'un homme qui avait brisé une paix, 1255, 8 mai. (Pièces justif. LV.)

3. Keure de 1127, § 15.

le rencontre dans la ville, il doit en prévenir la commune qui fait expulser l'assassin, et si celui-ci se hasarde ensuite dans la ville, le bourgeois a le droit d'exercer impunément sur lui sa vengeance (§ 36). Aucun chevalier, aucune puissance ne peut prendre le meurtrier sous sa protection; pour qu'il pénètre avec sécurité dans la ville, il faut la permission de ses adversaires (§ 37)[1].

La commune devait son consentement aux réconciliations, cependant cette condition n'était pas rigoureuse puisque lorsqu'un bourgeois qui avait été l'objet d'une agression et voulait en poursuivre l'auteur, niait qu'il se fût réconcilié, même si la réconciliation avait eu lieu sans l'intervention de la commune, il était déchu de son droit de poursuite et substitué à son agresseur pour les réparations auxquelles la commune pouvait avoir droit (§ 49).

Un siècle plus tard, les quelques règles relatives aux paix et trèves que nous trouvons dans le registre aux bans de Saint-Omer, et surtout la coutume et le tarif rédigés par Ghis l'Escrinewerkere, nous montrent que le droit à cet égard ne s'est pas modifié. Le droit de vengeance existe toujours, le bourgeois en faide a le droit de porter un haubergeon, une *palette* et d'autres armes défensives avec une masse d'armes[2]. Lorsque les trèves ont été données, si un bourgeois refuse de les accepter il est expulsé de la ville et ne peut rentrer, même dans la banlieue, que pour donner trève, ce qu'il doit faire savoir d'avance aux échevins[3]. Le tarif des compositions est obligatoire et il est défendu de le dépasser[4]. Ce tarif était probablement celui rédigé par l'Escrinewerkere.

Celui-ci nous a laissé les plus minutieux détails sur les formes dans lesquelles se concluait une paix à la suite d'un meurtre, lorsque le meurtrier lui-même était mort ou en fuite et que ses parents voulaient poursuivre une réconciliation avec la famille

---

1. Un procès-verbal d'amende honorable, du 22 avril 1348, contient cette phrase : « considéré le clause ou privilege faisant mention que on « puet vengier le injure de son conbourgeois, et ladicte clause avoec la « portion du fait envoié à tout le conseilliant à Paris comme ailleurs, « avoec plusieurs collations eues par vieux et nouveaux, rapporté et « mis avant tout le conseill en espécial, il fut regardé que par le vertu « dudit privilege on pouvoit et devoit faire la vengeance selon le con- « tenu en ladicte clause. » (*Analyse et extraits d'un registre des Archives de Saint-Omer*. Appendice, IX.)
2. *Registre aux bans*, 119.
3. *Ibid.*, 191.
4. *Ibid.*, 354.

de la victime. Il est vraisemblable que ces formes devaient être à peu près les mêmes pour d'autres crimes que le meurtre, pour coups et blessures par exemple, et aussi lorsque la réconciliation avait lieu avec la victime elle-même, ou encore lorsque le coupable concluait lui-même la paix. Ce dernier cas devait, il est vrai, se présenter rarement.

Les *amis* du meurtrier qui poursuivaient la conclusion de la paix devaient choisir l'un d'eux pour chef (*kievetains*), c'est-à-dire pour représentant spécial du meurtrier. Ce chef donnait d'abord des garants pour le payement de vingt-quatre livres parisis (c'était la composition du meurtre), puis, porteur d'une épée, il venait, entouré de ses amis, conclure la paix. C'est ce qui s'appelait à Saint-Omer le *Zoeve*[1]. « Le faiseur », c'est-à-dire l'élu des amis et parents du coupable, devait être en chemise, nu-pieds et tête nue, ainsi que la plupart des autres parents, sauf les cousins au troisième et au quatrième degré et les issus de cousins qui pouvaient être chaussés[2]. Il rendait l'épée aux parents de la victime, les embrassait, leur déclarait qu'il était devenu leur homme[3] et les priait de désigner quatre prud'hommes arbitres pour achever l'accord. Ceux-ci recevaient les serments, juraient eux-mêmes, et touchaient pour leur salaire quatre sous chacun, que leur payait le mandataire du meurtrier, mais qui se déduisaient plus tard du prix de la composition. Celui qui enregistrait les serments touchait de plus quatre deniers. De son côté, le mandataire du meurtrier pouvait désigner aussi des arbitres, mais le salaire de ces derniers était à sa charge. Il avait en outre un droit de récusation sur les arbitres désignés par les mandataires de la victime. Les prud'hommes nommés, on fixait les termes et le lieu des payements, pour lesquels le délégué du meurtrier donnait des garants. Les enfants du mort recevaient le

---

1. Pièces justificatives, XCII. — Registre aux bans, n° 346. Je n'ai retrouvé ce mot employé nulle part ailleurs et n'ai pu en découvrir ni l'origine ni la signification.

2. Règlement du 25 octobre 1374. — Pièces justificatives, XCII.

3. A Lille, la cérémonie avait lieu à peu près dans les mêmes formes. « Chou sunt les parolles que on doit dire à faire les hommages quant « on fait les pais : — Chi devenes-vous hom à cest hom qui chi est (si « nommera-on chelui à cui on fait l'ommage) que vous foit et loialté li « porterés des ore en avant à Diu foit et le voe, si commé de hommage « de pais? — Voire, dira chuis qui fait l'ommage. — Et ensi vous le « recheves? dira on à chelui qui rechoit l'ommage. — Et il doit dire : « Voire. » (Roisin, *Franchises, lois et coutumes de la ville de Lille*, p. 108.)

tiers de la composition qu'on devait leur porter chez eux, les deux autres tiers étaient payés aux prud'hommes, aux *quatre hommes jurés de la paix*, qui en faisaient la répartition entre toute la famille de la victime dans l'année qui suivait le dernier payement, en prélevant douze deniers par livre pour leur salaire.

Aussitôt le premier payement fait, le mandataire du meurtrier allait à la halle le déclarer aux échevins et requérir un sergent, qui, moyennant salaire, allait avec lui et ses quatre arbitres signifier la conclusion de la paix à tous les parents du criminel. Chacun d'eux devait contribuer à la composition en proportion de sa parenté, depuis le frère qui payait vingt sous, jusqu'au cousin au quatrième degré qui payait quinze deniers[1]. Si la recette était insuffisante, on complétait la composition sur la fortune mobilière du délégué, et si elle ne suffisait pas encore à parfaire la somme, on usait du recours contre les garants[2].

Cette procédure pour conclure les paix persistait encore dans la seconde moitié du XIVe siècle; une note ajoutée en 1365 au coutumier de Saint-Omer nous montre, à cette époque, les amis et parents d'un condamné à mort jurant la paix après l'exécution[3]. En 1378 nous voyons fixer à quatre cannes de vin le salaire du bailli, qui assiste aux « pais de mort d'omme « quant on porte l'espée[4]. »

Si fastidieux que soient les détails dans lesquels nous sommes entrés à l'occasion des conciliations, ils ont leur intérêt, d'abord pour préciser le rôle respectif des échevins et des arbitres dans cette procédure, ensuite pour montrer de quelle façon se sont perpétuées, non-seulement les formes anciennes de la procédure germanique, mais encore la conception de la justice et l'organisation sociale qu'elles supposent, puisque, à côté de la justice organisée qui punit le coupable dans sa personne et dans ses biens, se maintient au moins jusqu'à la fin du XIVe siècle un tribunal arbitral, une justice de voisinage, imposant une réconciliation entre les familles de l'offenseur et de l'offensé, dans le but

---

1. Les tarifs de contribution des parents à la composition pour *Pais de mort d'omme* étaient exactement les mêmes à Lille, seulement ils s'arrêtaient au *cousin en tierc*. En cas de *Pais pour afollure*, la contribution de chacun était de moitié moins élevée. (Roisin, *Franchises, lois et coutumes de Lille*, p. 107.)

2. *Registre aux bans.* N°° 791 bis à 793.

3. *Ibid.*, n° 792. Note.

4. *Analyse et extraits d'un registre des Archives de Saint-Omer*, n° 125.

d'empêcher la paix publique d'être troublée. Ces formes juridiques montrent aussi la persistance de liens étroits de solidarité entre les différents membres de la famille, et aussi de liens d'*amitié* certainement plus étendus que ceux de parenté. Elles devaient du reste pour leur part contribuer à maintenir ces relations, et, en ce sens, on peut dire que le remède entretenait le mal, car il n'est pas douteux que les corporations créant entre la plupart de leurs membres des liens de cette sorte, ces groupes constituèrent parfois des partis puissants auxquels on dut plusieurs des troubles qui ensanglantèrent si souvent au moyen-âge les riches cités du nord.

Les matières criminelles n'étaient pas les seules dans lesquelles intervenaient des arbitres. Nombre de procès civils, surtout en matière domaniale, durent toujours être soustraits par ce moyen à la justice échevinale et confiés à des arbitres. On conçoit en effet que sous un régime judiciaire dans lequel les juges ne sont guère que des témoins, où, dans tous les cas, ils ne sont juges que du fait, les parties aient souvent préféré recourir directement aux témoins ou à des juges qu'elles pouvaient présumer mieux et plus facilement informés. Ce mode de procéder avait encore pour avantage, outre la rapidité, d'éviter tout débat préalable sur la compétence des juridictions, à une époque où leur nombre et leur enchevêtrement rendait souvent assez difficiles à résoudre les questions de compétence juridique. Il ne nous est pas parvenu de ces temps reculés des sentences arbitrales rendues dans des procès entre particuliers, mais la fréquence de cet usage dans les différends qui s'élevaient entre les établissements dont les archives se sont conservées, doit ne nous laisser aucun doute que ces arbitrages étaient aussi usités, à la même époque, entre les individus, alors que rien ne les interdit dans les dispositions législatives que nous connaissons.

Les mentions d'arbitres sont nombreuses dans les pièces justificatives que nous avons groupées à la suite de ce travail. En mai 1166, c'est à un tribunal d'arbitres qu'ont recours les bourgeois et les chanoines pour terminer tous les différends qui s'élevèrent entre eux[1]. A la même époque ce sont douze prud'hommes (*duodecim viri probi antiquarum finium non ignari*) qui déterminent les limites contestées des marais de la ville et de ceux de la prévôté du chapitre sis à Burques[2]. En 1175, le soin de

---

1. Pièces justificatives, XIII.
2. Ibid., XII.

fixer les bornes des pâtures de la ville et de celles des églises est confié aux *seniores et prudentiores*[1]. Ce sont encore eux (*seniores et prudentiores vicinie*) qui en 1194 et 1198 statuent sur des questions analogues [2]. Les *laudabiles viri* qui, en 1200, sont appelés à décider d'une question de propriété[3], les *boni viri*, qui, en février 1247-48, statuent sur un bornage[4], témoignent encore de la fréquence de ces arbitrages.

§ VIII.

D'après les plus anciennes chartes de Saint-Omer, il semble que les échevins étaient, au XII° siècle, juges de première instance sur le territoire soumis à leur juridiction, mais à une époque postérieure, on trouve à côté d'eux des juridictions inférieures dont ils sont juges d'appel. De ces tribunaux inférieurs, les uns sont d'anciennes justices seigneuriales que l'échevinage de Saint-Omer a acquises ou sur lesquelles il a conquis un droit de suzeraineté, les autres proviennent, c'est du moins l'opinion la plus vraisemblable, d'un démembrement de la justice municipale, causé par l'accroissement du territoire, de la population, du commerce et de la richesse de la ville.

Ce n'est qu'à partir de la fin du XIII° siècle que nous voyons trace de la dépendance de l'échevinage central, dans laquelle ces tribunaux se trouvaient[5]. Malgré les textes qui les concernent, nous ne saurions dire, avec une complète certitude, si leur compétence fut restreinte à la basse justice, — ce qui semble néanmoins probable, — si tout le territoire de la ville fut soumis à des juridictions de cette nature, ou si l'échevinage de la halle resta juge de première instance pour quelques quartiers.

Nous avons déjà dit quelques mots des justices seigneuriales (p. 147). Il est impossible de préciser l'époque de leur transfor-

1. Pièces justificatives, XVI.
2. Ibid., XX et XXVI.
3. Ibid., XXVIII.
4. Ibid., XLV.
5. 29 février 1288-1289. Les échevins du chapitre à Lannoy sont soumis aux échevins de Saint-Omer comme « li autre eschevin des vavas-« seurs qui sont dedens les portes de le vile. » (Archives du chapitre II G 2049. — 20 janvier 1321-1322. Les échevins de Saint-Omer sont juges d'appel des échevins de la rue Sainte-Croix (*Analyse et extraits d'un registre des Archives de Saint-Omer*, n° 18). — 24 mars 1363-64. Sentence des échevins jugeant en halle une cause qui avait été d'abord jugée en vierscaire (Ibid., n° 91).

mation en tribunaux de quartier ou de faubourg, transformation qui ne leur fit point perdre leur organisation ancienne. Dès 1232, on voit à Bruges huit *vierschares* ou juridictions de quartier [1]. Nous rencontrons ces tribunaux à Saint-Omer au xive siècle sous le nom de *vierscaires, amanies, échevinages*. Chaque cour de vierscaire se composait de neuf ou de douze échevins qui étaient présidés par un maieur ou *aman*, officier de justice qui tenait son office à ferme [2] du seigneur ou du corps de ville, suivant le cas, et de clercs de vierscaire qui étaient nommés par la ville [3]. En même temps que président du tribunal, l'aman était officier de police judiciaire ; il faisait les citations et les significations de jugement [4], apposait les scellés [5], faisait l'instruction assisté de deux échevins, interrogeait sur-le-champ les étrangers arrêtés [6], exécutait les jugements [7], etc.

Les vierscaires les plus fréquemment mentionnées dans les textes sont celles du Marché, du Haut-Pont, du Brûle, du Colhof ; il y faut ajouter les échevinages de la rue Sainte-Croix et de la rue Boulenisienne. En novembre 1424, la procédure des vierscaires de Saint-Omer fut l'objet d'un règlement général qui contient quarante-deux dispositions [8]. Trois dispositions nouvelles y furent ajoutées en 1429 [9], une autre en 1431 [10] et deux autres en 1432 [11]. Quoique la compétence de ces tribunaux ne soit l'objet d'aucun des articles de ces règlements, on peut conclure néanmoins, des formes rapides et assez simples de leur procédure, qu'ils n'étaient en matière civile et commerciale que des tribunaux de compétence fort restreinte et en même temps des tribunaux de police.

1. Miraeus, *Opera diplomatica*, t. III, p. 96.
2. 1378, 3 décembre. Accord entre la comtesse d'Artois et la ville. (*Analyse et extraits d'un registre des Archives de Saint-Omer*, n° 125.) — D'après le premier *Registre au renouvellement de la loi*, il y avait en 1319 au Haut-Pont neuf échevins et un aman et autant au Brûle.
3. Règlement de 1424, art. 35 (Ibid., n° 216).
4. Règlement de 1431 (Ibid., n° 232).
5. 1373-74, 20 mars. Apposition de scellés par l'aman du Haut-Pont, annulée en halle. (*Analyse et extraits d'un registre des Archives de Saint-Omer*, n° 114.)
6. Règlement de 1424, art. 1 (Ibid., n° 216).
7. 3 décembre 1378. Accord entre la ville et la comtesse (Ibid., n° 125).
8. Ibid., n° 216.
9. Ibid., n° 226.
10. Ibid., n° 232.
11. Ibid., n° 234 et 235.

Non-seulement les échevins de la halle étaient juges d'appel, mais encore ils avaient le droit d'évoquer à leur tribunal les causes pendantes en vierscaires[1]. Lorsqu'une sentence des vierscaires était l'objet d'un appel, les échevins de vierscaires devaient venir en halle la soutenir[2]. Enfin ils pouvaient venir demander aux échevins de la halle la solution de questions épineuses lorsqu'une cause qui leur était soumise les embarrassait[3].

Les huit vierscaires de Saint-Omer subsistèrent avec leurs amans et leurs échevins jusqu'à l'époque de la Révolution.

§ IX.

Nous venons de dire un mot d'un rapport particulier de subordination qui existait entre les échevinages inférieurs et l'échevinage de Saint-Omer qui leur donnait en quelque sorte des consultations de droit. Nous avons plus haut précisé la nature de ces relations, en ce qui touche les échevins de Lannoy (p. 146). Elles n'existaient pas seulement pour les échevinages dont les jugements pouvaient être portés en appel à la halle. En Flandre et dans le nord de la France, la plupart des grandes villes anciennes conservaient une certaine relation avec les villes plus récentes auxquelles leur organisation avait servi de modèle. L'usage d'aller demander à la grande ville l'interprétation des coutumes qu'on lui avait empruntées et de consulter son échevinage dans les questions difficiles, avait créé ces rapports de subordination. La grande ville fut dite *chef de sens* de celles qui lui avaient emprunté sa *loi*, et celles-ci eurent le droit d'*aller à kerke* ou *à chef*, ou *à sens* à son échevinage. Un moment les riches cités du Nord virent dans ces relations un moyen de créer autour d'elles toute une clientèle de bourgs et de bourgades; un moment, les liens de subordination parurent s'étendre et se préciser, les échevins du *chef de sens* instituèrent ceux des villes inférieures[4], celles-ci furent subordonnées au chef-lieu

---

1. 3 décembre 1378. Accord entre la comtesse d'Artois et la ville (Ibid., n° 125).

2. 31 octobre 1424. Ordonnance de Philippe le Bon qui déclare que les appels des échevins des vierscaires et de tous les autres juges des juridictions de Saint-Omer seront portés en halle (Ibid., n° 215).

3. XIV° s. — « Li eschevin de vierscare à kerke en halle. » (Ibid. n° 154).

4. 30 octobre 1302. Concession à Bruges de ce privilège (Warnkoenig, *Histoire de la Flandre*, IV. Pièces justificatives, XXXVI.)

pour le service militaire, et la cloche du beffroi de la ville dominante appela aux armes les milices de toutes les villes des environs. Il y avait là en germe les linéaments d'une confédération des villes, qui pouvait produire en Flandre un état politique semblable à celui des républiques italiennes, mais qui n'aboutit jamais. Les seules relations qui persistèrent entre le chef de sens et les villes de même loi furent des relations juridiques.

Saint-Omer était chef de sens pour Ardres, Fauquembergue et Audruick, petites villes qui sont aujourd'hui toutes trois chefs-lieux de canton de l'arrondissement de Saint-Omer. Warnkoenig a cité Bourbourg comme ayant été avant 1164 subordonné à l'échevinage de Saint-Omer[1]. Mais le texte sur lequel il appuie son assertion ne dit rien de semblable. C'est une exemption du tonlieu de Saint-Omer en faveur des habitants de Bourbourg, qu'on trouvera dans nos pièces justificatives (Pièce V).

En établissant au XII⁰ siècle l'échevinage d'Ardres, Arnoul comte d'Ardres lui donna les institutions et les coutumes de l'échevinage de Saint-Omer, et Saint-Omer fut pendant le moyen âge chef de sens d'Ardres[2].

Le comte Arnoul de Guines, en confirmant le 22 juillet 1272 les privilèges d'Audruick, déclare que les habitants « doivent « avoir et tenir par auchun establissement, loy et eschevinage de « le ville de Saint-Aumer, et que s'il leur en fault aucune chose, « qu'il le doivent enquerre as eschevins de le hale de Saint-« Omer[3]. »

Les relations entre l'échevinage de Saint-Omer et celui de Fauquembergue paraissent avoir été encore plus étroites. Les échevins de Saint-Omer avaient à l'égard de ceux de Fauquembergue une juridiction d'appel, analogue à celle qu'ils exerçaient sur les échevinages inférieurs de leur ville, comme le prouve un arrêt du Parlement, du 20 avril 1441, homologuant un accord entre les deux échevinages, dans lequel les échevins de Fauquembergue reconnaissent que « les maieurs et échevins de Saint-« Aumer sont et doivent estre juge de nous mayeur et eschevin « de Faukembergue et aussi juges des abus de noz offices[4]. » En

---

1. *Histoire de la Flandre*, t. II, p. 316.
2. « Scabinos eidem loco (Ardeae) ordinavit et eorum judicia secun-« dum jurisdictionem et institutionem Audomarensium scabinorum et « burgensium tenenda et in perpetuum servanda..... juravit et confir-« mavit. » (Lambert d'Ardres, *Histor. de France*, t. XI, p. 305.)
3. *Analyse et extraits d'un registre des Archives de Saint-Omer*. Append., IV.
4. Ibid., n° 254.

effet, dès 1413, nous avons une sentence de l'échevinage de Saint-Omer, qui montre qu'il avait en quelque sorte le rôle d'arbitre entre les magistrats de Fauquembergue et leur suzerain[1].

Ce rôle d'arbitre pouvait du reste être déféré à un échevinage en dehors des cas stipulés par les priviléges, et pour les échevinages entre lesquels il n'existait pas de liens de subordination juridique. Il y en a un exemple célèbre dans lequel l'échevinage de Saint-Omer fut précisément l'arbitre choisi par les parties ; je veux parler des longs débats entre le comte et les magistrats municipaux de Gand connus sous le nom de XXXIX. Ces luttes duraient depuis 1275, quand en 1290, grâce à l'intervention de Robert de Béthune, le comte et les XXXIX soumirent tous leurs différends à l'échevinage de Saint-Omer qui rendit en juillet 1290 une sentence arbitrale aussitôt approuvée par les parties[2].

§ X.

Les échevins étaient au XIIe et au XIIIe siècle juges sans appel en matière civile et criminelle. Sous un régime dans lequel les juges n'étaient juges que du fait, et dans lequel les règles de procédure déterminaient exactement et minutieusement quels étaient les témoignages et les raisons qui devaient fixer la sentence, on ne pouvait concevoir l'existence de l'appel proprement dit. Quiconque ne tenait pas pour juste une sentence, attaquait par là même, dans leur probité, les échevins qui l'avaient prononcée, et était passible d'une amende[3]. Si un jugement devait être réformé, c'est que le juge avait sciemment rendu un jugement inique. Dans ce cas, le condamné pouvait prendre ses juges à partie, accuser leur jugement de faux ; si le jugement était annulé, les juges devaient être punis. Avant que l'Artois fût séparé de la Flandre, l'échevinage d'Arras paraît avoir été presque toujours le tribunal supérieur devant lequel furent cités les échevins des villes dont on attaquait les jugements[4]. Une action de cette sorte devait être

---

1. *Analyse... d'un registre des arch. de Saint-Omer.*, Appendice XXV.
2. Le texte de cette sentence a été publié par Warnkoenig, *Documents inédits relatifs à l'histoire des XXXIX de Gand.* Gand, 1832, in-8°.
3. « Qui ea que a scabinis in judicio vel testimonio affirmata fuerint « dedixerit, sexaginta libras amittet et unicuique scabinorum qui ab eo, « dedictus erit decem libras solvet, nec alicui super sententiam scabino- « rum licebit pronuntiare vel ferre sententiam. » (Texte de Baudoin de Hainaut (1191-1204), cité par le président Wielandt, *Corpus chronicorum Flandriae*, t. IV, p. 107.)
4. « Si scabini a comite vel a ministro comitis submoniti, falsum

entourée de garanties ; il semble qu'en Flandre le comte seul pouvait déférer le jugement d'un échevinage à un échevinage supérieur. Il est probable aussi que partout celui qui faussait jugement et ne parvenait pas à se faire donner raison, était de ce fait condamné à des peines plus ou moins graves[1].

Au XIIIe siècle cependant l'appel s'organisa ; les rois de France, Louis IX et surtout Philippe le Bel, s'efforcèrent de placer les justices municipales dans la hiérarchie des tribunaux, au sommet de laquelle était le Parlement. Néanmoins, les appels conservèrent dans leur forme des vestiges de la procédure du faussement de droit. Nous avons vu en 1424 les juges de vierscaires obligés de comparaître en personne devant le tribunal d'appel pour soutenir leur sentence. Sous Philippe le Bel, le Parlement condamnait à des amendes les échevinages dont il réformait les jugements[2]. Il ne nous est parvenu presqu'aucun renseignement sur le ressort auquel était soumis l'échevinage de Saint-Omer. Un arrêt du Parlement de décembre 1293, intervenant entre les magistrats de la ville et les officiers du bailliage d'Amiens[3], et la déclaration, en date de 1344, d'un condamné au bannissement qui renonce devant les échevins à l'appel qu'il avait interjeté contre la sentence qui l'avait frappé[4], sont les seuls documents sur ce point que nous avons rencontrés.

« super aliqua re judicium fecerint, veritate scabinorum Atrebatensium, « sive aliorum qui eamdem legem tenent, comes eos convincere pote- « rit, et si convicti fuerint, ipsi et omnia sua in potestate comitis « erunt. » (Keuren de Bruges, de Gand et d'Audenarde, § 24. — Warnkoenig, *Histoire de la Flandre,* III, p. 420.)

1. 1190. Charte d'Amiens, § 20 ; d'Abbeville, § 19. (*Monuments de l'histoire du Tiers-État,* t. I, p. 22.) — Charte de Gand de 1190, § 13. (Warnkœnig, t. II, p. 419.)
2. Boutaric, *Philippe le Bel,* p. 185.
3. Delisle, *Restitution d'un volume des Olim,* n° 863.
4. Archives municipales, CLII, 2.

CHAPITRE VII.

LA COUTUME.

§ 1er. *Pouvoir législatif des échevins. — Sources du droit à Saint-Omer. — § II. Condition des personnes : bourgeois; droit de bourgeoisie; manants; hôtes; serfs. — Minorité et tutelle. — Mariage. — Bâtards. — Étrangers. — § III. La propriété. — Successions. — Rentes foncières. — Biens ecclésiastiques. — Dettes. — § IV. Droit criminel. — Crimes et délits contre les personnes : meurtre, mutilations, blessures, coups, injures. — Tarifs de compositions pour les paix. — Crimes et délits contre la propriété : assaut de maison, vol. — § V. Peines : mort; mutilations; bannissement; pilori; prison; arsin et abattis de maison; confiscation; perte de la bourgeoisie; amendes honorables; amendes profitables. — Droit de refuge.*

§ Ier.

Au pouvoir judiciaire qu'exerçaient les échevins se rattachait naturellement le pouvoir législatif; non pas qu'il faille entendre par là qu'ils furent législateurs au sens ordinaire de ce mot; la ville était régie par la coutume du pays et il ne pouvait entrer ni dans l'esprit des habitants, ni dans l'intention du suzerain, de conférer aux magistrats municipaux le droit de créer pour la ville une législation ou même des lois absolument nouvelles. Seulement, comme ils étaient chargés de l'application de la coutume, qu'ils en étaient les gardiens et les interprètes naturels, il est à croire que les lois coutumières qui furent insérées dans les keuren concédées à la ville par les comtes furent rédigées par eux, et que, comme mandataires des habitants, ils y introduisirent les règles particulières qui constituaient pour la ville des privilèges, les solutions adoptées pour les questions qui pouvaient donner lieu à contestations, les modifications qu'apportaient forcément à l'ancien droit le développement de la ville et les relations nouvelles qui en naissaient, enfin, tous les points pour lesquels il devenait nécessaire d'avoir des règles écrites.

La ville, dotée dès sa première charte des meilleures coutumes et privilèges des villes de Flandre, dut dès lors confier à ses échevins le soin de s'enquérir de ces coutumes et privilèges ; et en effet, nous leur voyons faire très-souvent, dans le cours du moyen âge, des enquêtes de cette nature ; ce fut pour eux, en quelque sorte, l'occasion d'exercer un certain pouvoir législatif.

Vers la fin du XIIe siècle, un texte précis émané du comte et que nous avons déjà plusieurs fois cité, en même temps qu'il leur confirma leur droit de justice, les autorisa à ajouter à la coutume les dispositions qu'ils jugeraient nécessaires[1].

Outre ce droit d'interpréter, de fixer, de modifier et de compléter la coutume, les échevins eurent, naturellement celui de faire dans la ville des règlements de police et de voirie ; mais ceci se rattache plutôt à leur pouvoir administratif ; nous en parlerons au chapitre suivant.

De ce qui précède il résulte que les sources du droit à Saint-Omer sont, outre les quelques dispositions générales à toute la Flandre que l'on trouve dans les chartes de paix publique et dans quelques ordonnances des comtes :

1° Les *keuren* de la ville.
2° Les bans municipaux.
3° Les jugements de l'échevinage.
4° Les enquêtes faites par les échevins pour déterminer les meilleures coutumes de la Flandre que la ville de Saint-Omer avait le droit de s'approprier.

Ces divers matériaux sont loin de nous fournir des éléments pour l'étude de la législation complète ; ils contiennent seulement, nous ne saurions trop le répéter, des règles que, pour une raison ou pour une autre, on jugea à propos de fixer par l'écriture ; dans son ensemble le droit était non écrit. Sans doute il serait assez légitime pour se rendre compte de la coutume de Saint-Omer de recourir aux sources analogues des villes de la même province, d'aller demander aux keuren, aux coutumiers, aux records, aux jugements municipaux des villes de la Flandre des renseignements sur toutes les questions pour lesquelles les textes

---

1. Pièces justificatives, XXVII.

de Saint-Omer sont muets. Un tel procédé aurait cependant pour inconvénient de ne pas représenter le développement particulier du droit dans une seule ville; ce serait le droit général de la Flandre et non celui de Saint-Omer que nous exposerions. Nous préférons borner notre étude aux textes spéciaux à la ville qui nous occupe, tout en constatant, toutes les fois que cela sera possible, la ressemblance ou la différence des règles du droit des autres villes. On verra ainsi quelles parties du droit il a été nécessaire de fixer et de préciser, sur quels points la coutume a dû être modifiée; et quant aux règles qui ont dû être générales, ce sera l'affaire d'un historien du droit flamand de les exposer.

Nous avons assez souvent parlé des diverses *keuren* concédées à Saint-Omer pour qu'il soit inutile d'y revenir[1]; il n'en est pas de même des bans municipaux ou des *keuren* promulguées par l'échevinage.

Ces règlements ont été recueillis à la fin du XIIIe siècle dans une espèce de coutumier que le compilateur semble avoir eu d'abord l'intention de rédiger par ordre de matière, mais où il ne tarda pas à insérer les bans municipaux simplement dans l'ordre où ils avaient été promulgués.

Les bans qui sont ainsi classés par ordre de matière sont probablement les plus anciens. Le compilateur a donné la date d'un certain nombre de ceux qu'il a insérés à la suite; les plus anciens sont de 1268, les plus récents de 1285. Dans ce recueil peu de dispositions du reste ont trait au droit privé; la plupart sont des règlements de police, de voirie, des bans commerciaux ou des keuren de métiers, auxquels le rédacteur a ajouté des ordonnances sur les foires de Flandre, et la coutume pour procéder aux réconciliations que nous avons analysée plus haut[2]. Les échevins de Saint-Omer ne semblent pas avoir publié de dispositions générales relatives au droit public ou privé, ou fait rédiger par écrit les principes consacrés par l'usage, comme l'ont fait les échevins de la plupart des grandes villes de Flandre. Quelques dispositions sur le droit à suivre dans quelques points particuliers, voilà les seuls passages de tous leurs règlements où nous trouverons des renseignements sur le droit privé de Saint-Omer.

Quant aux jugements, nous avons déjà vu en traitant du pou-

1. Voy. p. 52, 66.
2. Voy. p. 193.

voir judiciaire qu'il ne nous en était parvenu qu'un très-petit nombre pour la période ancienne; mais il y en a du xive et du xve siècle conservés dans le recueil dit : *Gros registre du greffe* et surtout dans les *Registres au renouvellement de la loi*[1], dans lesquels on peut trouver quelques indications sur la coutume.

Les enquêtes sur le droit des autres villes sont plus nombreuses. La plus ancienne qui nous soit parvenue est de 1333. Nous aurons plusieurs fois à y recourir, notamment en ce qui concerne la condition des bâtards et le privilége de non-confiscation.

Dans l'examen que nous allons faire de la coutume de Saint-Omer, nous étudierons successivement la condition des personnes, la condition de la propriété et le droit pénal.

§ II.

Les habitants de la ville qui participaient à tous les priviléges municipaux étaient les *bourgeois*. Nous avons déjà parlé de plusieurs de leurs priviléges; nous aurons l'occasion d'exposer les autres et d'énumérer les charges auxquelles ils étaient soumis. Le droit de bourgeoisie s'acquérait soit par la naissance, soit par l'habitation dans la ville pendant un certain temps, à la suite duquel on jurait bourgeoisie et l'on payait un droit de réception de dix sous[2]. La durée du séjour préalable qui était exigé des étrangers qu'on admettait à la bourgeoisie n'est fixée dans aucun des textes de Saint-Omer. Dans certaines villes, comme à Arras, il était d'an et jour[3], dans d'autres, comme à Douai[4] et à Ypres[5], il était de cinq ans. Tout bourgeois devait habiter la ville avec sa famille[6]. Il ne semble pas que la commune de Saint-Omer ait jamais admis ce qu'on nommait dans d'autres villes des

---

1. Malheureusement dans ces registres les mentions des plaids et des sentences sont trop brèves, il n'y a guère que les noms des parties et l'indication très-sommaire de la sentence.

2. Keure de 1168, § 45. — Ce droit était encore de dix sous au commencement du xve siècle. (Voy. le premier *Compte de l'argenterie* de 1413-1414.)

3. Keure de 1211, art. 41, publiée par Taillar, *Actes en langue Romane Wallonne*, p. 41.

4. Ban de 1260 publié par Taillar, ibid., p. 248.

5. Keure sur l'acquisition du droit de bourgeoisie, dans Gheldolf, *Histoire d'Ypres*. Pièces just., XLIII.

6. Registre aux bans. N° 511.

bourgeois forains. L'absence pendant an et jour entraînait, du moins au XIV° siècle, la perte du droit de bourgeoisie, et le bourgeois qui l'avait perdu ne pouvait l'acquérir de nouveau qu'en remplissant les conditions imposées aux étrangers[1]. L'étranger, même après avoir prêté serment, n'était pas considéré comme bourgeois s'il tombait malade dans l'an et jour qui suivait son admission à la bourgeoisie[2]. La perte de la bourgeoisie était l'une des peines les plus fréquemment infligées par le tribunal de la commune : le négociant qui à l'étranger ne payait pas comptant sa marchandise et pouvait ainsi faire tort à la bonne renommée de la ville[3], le courtier qui exerçait sa profession en secret[4], le bourgeois qui conduisait dans les pâtures communes les bestiaux d'un étranger, le marchand qui contrevenait à certains réglements de sa profession[5], etc. perdaient leur droit de bourgeoisie.

Les bourgeois étaient liés les uns aux autres par une espèce de lien de confraternité qui obligeait tout bourgeois à secourir le bourgeois qui l'appelait à l'aide contre un étranger[6]. D'après la keure de 1168, le bourgeois convaincu par témoins d'avoir refusé aide à un bourgeois pour se saisir d'un accusé était condamné à payer à celui auquel il avait refusé son aide la somme que celui-ci pouvait prouver qu'il lui avait fait perdre en refusant son secours[7].

Parmi les bourgeois, il semble que les *viri hereditati*, les bourgeois héritables, c'est-à-dire les propriétaires fonciers, jouissaient de privilèges spéciaux[8].

A côté des bourgeois il y avait dans la ville des manants, des serfs et des étrangers. Nous manquons de renseignements sur la condition des habitants de la ville qui ne participaient pas aux privilèges de bourgeoisie. C'est en leur faveur que dispose le § 9 de la charte de 1127. La plupart des manants non bourgeois semblent avoir été des cultivateurs, probablement des maraîchers de la banlieue, soumis seulement à des prestations fon-

---

1. *Analyse et extraits d'un registre des Archives de Saint-Omer*, n° 39.
2. Registre aux bans. N° 269.
3. Ibid., n° 478.
4. Ibid., n° 95.
5. Ibid., n° 189.
6. Keure de 1168, § 28..N° 568.
7. Art. 41. Cf. Reg. aux bans. N° 192.
8. Keure de 1127, § 2. Cf. à Gand. Keure de 1192, § 7 à 12. (Warnkœnig, *Histoire de la Flandre*, t. II, p. 325.)

cières. Ce sont eux que les textes désignent par les mots : *hospites, subsides*. Il y en avait qui tenaient leurs manses à la fois du chapitre et de la ville[1]. Nous ne possédons pas de chartes réglant leur condition ; mais il est à croire que, comme ceux du verger du chapitre, ils étaient propriétaires de leur tenure, pouvaient la vendre et l'engager, sauf paiement d'un droit de relief ou de mutation[2].

Quant à la classe des hommes non libres, elle ne semble pas avoir jamais été nombreuse dans les villes, et ne devait guère comprendre que des domestiques et des servantes. Il n'existe pas de textes qui règlent leur condition à Saint-Omer et ce n'est que par analogie que nous pouvons supposer leur existence[3]. Dès le XIIe siècle s'était introduite en Flandre, — Galbert, dans son récit, nous en donne des preuves nombreuses, — la plus grande incertitude sur la condition des personnes. Le § 9 de la charte de 1127 en déclarant tous les habitants de Saint-Omer (*omnes qui infra murum Sancti Audomari habitant*) exempts de la capitation (*a capagio hoc est a capitali censu*) et de tous droits d'avouerie (*de advocationibus*) semble les avoir par ce fait tous affranchis. Mais même dans les villes qui n'avaient pas le privilège d'affranchir de la servitude personnelle, nombre de bourgeois n'étaient autres que des serfs ; souvent leur revendication par leurs seigneurs fut la cause de rixes, de troubles, d'émeutes[4] ; aussi était-il important de déterminer les conditions de cette revendication. D'après la keure de 1168 de Saint-Omer, le seigneur qui revendiquait un bourgeois comme son serf ne pouvait le reprendre dans la ville qu'en faisant faire la preuve de la servitude par le témoignage de très-proches parents du prétendu serf, des oncles et tantes maternels par exemple (Art. 29)[5].

D'après la coutume de Saint-Omer, le mineur, s'il en était jugé capable par ses père et mère ou par celui qui avait sa garde, pouvait être mis en possession d'un héritage et l'administrer. Dans le

---

1. Pièces justificatives, XIII.
2. 1193. Pièces justificatives, XIX.
3. Voy. Warnkœnig, *Hist. de la Flandre*, II, p. 237, n 2.
4. Galbert, 94.
5. *Avunculos seu materteras*, dit le texte. En effet, la plupart de ces cas devaient provenir de ce que les enfants d'un homme libre et d'une serve étaient serfs. C'était donc la condition de la mère qu'il devait être important d'établir. — Comparez la charte de Saint-Quentin (remontant à 1110 environ), dont l'art. 6 interdit de recevoir comme bourgeois les serfs de corps du comte, et règle les conditions de leur revendication par le comte. (*Ordonn.*, XI, p. 270.)

cas contraire l'héritage était administré par ses parents ou par son tuteur qui devaient le lui rendre intact à sa majorité[1] (*cum ad annos discretionis venerit et opportunum fuerit*). Aucun texte ne nous apprend quel était l'âge de cette majorité.

Nous avons eu l'occasion de parler plus haut du rôle de l'échevinage dans la tutelle des mineurs (voy. p. 187).

Les dispositions concernant le mariage sont peu nombreuses; nous savons seulement que tout mariage devait être précédé d'une liquidation des héritages, d'un partage des biens indivis auxquels avait des droits chacun des époux, pour que les acquêts du mariage ne fussent pas considérés comme devant être rapportés aux biens non partagés antérieurement[2]. Nous savons en outre que la dot de la femme faisait retour à l'héritage de ses auteurs[3]. Les autres textes relatifs au mariage sont des dispositions somptuaires. Les mariés, par exemple, ne devaient donner qu'un seul repas; à ce repas il ne devait pas y avoir plus de six plats, sans compter le fromage et les fruits; la présence d'un prince ou d'un comte autorisait à y ajouter un entremets; il était interdit de solliciter à cet égard un relâchement des règlements. Chaque convié devait payer dix-huit deniers, il était défendu d'y assister sans être invité, et l'on ne pouvait y faire venir plus de dix ménestrels à moins que chaque ménestrel de plus ne payât dix-huit deniers comme un convié. Les bans réglaient le costume du marié et le nombre de robes qu'il pouvait donner à sa femme. La mariée ne pouvait chevaucher le jour de son mariage; il lui était interdit à elle et à son mari d'aller à cheval pour inviter à leurs noces. Les invitations devaient être faites par un ou deux valets à pied ou à cheval[4].

On connaît la précoce indulgence des coutumes de Flandre pour les *bâtards*, du moins dans les villes. Mais les constantes renonciations des seigneurs à l'échéance de leurs biens, les renseignements que demande sur cette question, encore au commencement du xiv° siècle, l'échevinage de Saint-Omer aux échevi-

1. Keure de 1128, § 24.
2. Registre aux bans. 270.
3. *Analyse et extraits d'un registre des Archives de Saint-Omer.* — Consultation de 1340, n° 46. — Cf. une décision de 1340, ibid. 58. — Cf. le § 24 de la keure de 1128.
4. Reg. aux bans. 113, 381, 424, 507, 508, 510, 548. — Le document qui donne le plus de renseignements sur les cérémonies, les usages et les conditions du mariage en Flandre est la keure en 22 articles, publiée par les échevins d'Ypres en 1295. (Gheldolf, *Histoire d'Ypres*. Pièces justificatives, n° LV.)

nages de Gand, de Bruges et d'Ypres[1], montrent que cela n'allait pas sans contestation. Dans la plupart des villes, néanmoins, on trouve des textes formels à ce sujet : à Lille, les bâtards ont « toute le franchise de bourgeoisie » ; cependant, en cas de condamnation à l'arsin de leur maison, ils ne sont pas admis à la racheter[2]. A Saint-Omer, les bâtards, bourgeois ou manants, succédaient, même lorsqu'il s'agissait de biens sis sur le territoire de l'abbaye qui n'en avait l'échéance que lorsque la succession restait en déshérence pendant an et jour[3]. A Saint-Omer, comme dans les autres villes, le bâtard était admis aux réconciliations. Ghis l'Escrinewerkere le dit expressément dans la coutume qu'il a rédigée et il en donne des raisons qui méritent d'être citées ; il doit, dit-il, être soumis à la même part contributive pour le paiement de la réconciliation, parce qu'il est soumis aux mêmes chances de vengeance de la part de ses ennemis et que, « il vengeroit aussi volentiers son ami com chil ki d'espousée seroit, « par chele raison, si doit il estre tenus en toutes pais et en toutes « accordes si frans comme li d'espousées[4]. » Il ne faudrait pas croire cependant que les bâtards eussent tous les droits des autres bourgeois et il n'est pas inutile de rappeler que, d'après les ordonnances de 1306 et de 1447, ils n'étaient pas éligibles aux charges municipales[5].

Le commerce devait amener à Saint-Omer un très-grand nombre d'étrangers ; comme leur présence contribuait à la prospérité de la ville, ils étaient l'objet de nombreuses franchises. Nous exposerons plus loin les priviléges commerciaux concédés, la plupart du temps sous condition de réciprocité, aux commerçants de certaines villes en relations constantes avec Saint-Omer. Il était défendu aux étrangers de faire le commerce entre eux[6] ; il leur était interdit de prêter à usure dans la ville[7] ; il était interdit de leur vendre des créances sur des bourgeois[8].

1. *Analyse et extraits d'un registre des Archives de Saint-Omer*, n°s 32 à 34. — Les trois villes répondent que dans toute l'étendue de la ville, même dans les enclaves soumises à des seigneurs, les bâtards succèdent paisiblement.
2. Roisin, *Coutumes, lois et franchises de Lille*, p. 839.
3. Règlement de 1385. Archives munic. de Saint-Omer, *Gros registre du Greffe*, f° 32.
4. Reg. aux bans. 729. — Comparez le ban sur les bâtards de 1293 à Ypres. (Gheldolf, *Histoire d'Ypres*, p. 407.)
5. Voy. plus haut, p. 173.
6. Registre aux bans, 364.
7. Ibid., 216. — 8. Ibid., 468.

— 210 —

Les étrangers ne pouvaient porter des armes dans la ville[1]. Nous avons dit plus haut comment la justice municipale étendait sur eux son action. Jusqu'en 1277, il leur fut interdit d'acheter du vin à l'étape[2] ; cependant ils pouvaient, moyennant certains droits, acheter des immeubles dans la ville[3]. Nous avons expliqué comment ils pouvaient acquérir le droit de bourgeoisie. Lorsque plus tard la ville commença à se dépeupler, on augmenta ces priviléges[4].

§ III.

Dans tous les documents relatifs à Saint-Omer il n'y a qu'un très-petit nombre de dispositions réglant la condition de la propriété ou sa transmission. Les plus importantes sont celles touchant les successions qui se trouvent au § 24 de la keure de 1128. Après jouissance paisible d'une année le possesseur d'un héritage était considéré comme légitime propriétaire et ne pouvait plus être troublé dans sa possession. Le parent du défunt qui se croyait des droits à revendiquer une part de l'héritage, devait introduire, dans ce délai, une instance devant les échevins. Cependant, si l'héritier n'était pas en Flandre au moment du décès, il avait toujours, à partir de son retour, le délai d'une année pour faire valoir ses droits[5]. Si le défendeur alléguait qu'un partage de la succession avait eu lieu entre eux, le demandeur devait prouver la fausseté de cette allégation par le témoignage de cinq échevins ; s'il ne le pouvait, le possesseur devait, de son côté, pour ne plus pouvoir être inquiété, faire la preuve, par quatre témoins, qu'il y avait eu partage.

Les droits du mineur à un héritage devaient se faire valoir dans l'an et jour du décès par ses père et mère ou son tuteur.

L'héritage de l'époux mort sans enfants retournait à ses père et mère ; en cas de mort des père et mère, aux frères et sœurs de l'époux décédé ; en cas de mort des frères et sœurs, à leurs enfants.

1. *Registre aux bans*, 362, 395, 396.
2. Pièces justificatives, LXIII
3. Ibid., LXXXVI.
4. Voy. Ibid., LXIV.
5. Dans tout le Nord on trouve cette même prescription d'an et jour, avec la réserve de la possibilité de revendiquer après ce délai, pour celui qui était absent, et souvent, contrairement à ce qui se pratiquait à Saint-Omer, pour celui qui était en mainbournie. Voy. par exemple l'art. 7 de la charte de Saint-Quentin qui remonte aux premières années du XIIe siècle. (*Ordonn.*, XI, p. 270.)

En cas de survie du père ou de la mère, l'héritage était partagé entre le survivant et les personnes ci-dessus désignées. S'ils étaient morts, l'héritage allait aux parents les plus proches de l'époux prédécédé[1].

Nous manquons de renseignements sur les conditions des rentes foncières qui grevaient la propriété; le seul texte législatif qui en fasse mention est un ban des échevins de la fin du XIVe siècle qui établit que les chartes de constitution de rentes foncières devront faire chacune mention de toutes les autres rentes dont l'héritage est chargé, et qu'à chaque mutation de propriété, afin d'en bien connaître toutes les charges, on en fera une publication dans les églises pendant trois dimanches consécutifs[2].

Au XIVe siècle l'échevinage fit à plusieurs reprises des réglements pour que les propriétés acquises par des églises ou par des clercs ne fussent point soustraites, en vertu des privilèges ecclésiastiques, aux charges communes de la propriété. Tous ces réglements disposent qu'on « ne les laisseche entrer ès heritages sans
« mettre y laye personne à tenir les hiretages as us et as cous-
« tumes de la ville et à tel kerke et ordenanche que les hiretages
« des bourgois sont tenus[3]. »

Nous avons dit plus haut que les obligations devaient être contractées pardevant les échevins; le non paiement d'une dette au terme fixé entraînait la saisie des biens du débiteur, et le refus de payer ou la négation de la dette, la contrainte par corps (keure de 1127, § 2), qui s'exerçait ensuite d'une plainte aux échevins, même si le débiteur était chevalier et refusait d'accepter le jugement du tribunal de la commune[4] (keure de 1168, § 40).

---

1. Les mêmes règles se retrouvent à Gand, dans la keure *Van Goedinghe die vader ofte moeder gheven haren kinderen* (mai 1258), Warnkoenig, *Histoire de la Flandre*, III, p. 289. — Cf. la keure de Saffelaer de 1265 : « Cum qui filium vel filiam nuptui tradiderit et ille vel illa
« sine herede obierit, bona predictorum ad patrem et matrem, si vixe-
« rint, integre revertantur. Si autem alter parentum obierit, medietas ad
« illum qui supervixerit revertatur, altera vero medietas propinqui
« cedat. Ab hoc articulo excepitur *Onghedeghen ave* que domini erit. »
(Wauters, *De l'origine des libertés communales. Preuves*, p. 215.) — Cf. la loi des Saxons : « Dos ad dantem, si vivit, revertatur; si defunctus est ad
« proximos heredes ejus. » (Tit. VIII, 3. — Walter, I, 387.)
2. 1396-1397, 9 mars. — *Analyse et extraits d'un registre des Archives de Saint-Omer*, n° 146.
3. Règlements du 8 août 1337, du 25 mars 1337-1338, du 8 août 1338 (Ibid., n°' 40, 41, 42 et append. VI).
4. Cf. l'article 16 de la charte de Tournai de 1187 (Taillar, *Recueil*

§ IV.

Le droit pénal est représenté dans nos keuren par un bien plus grand nombre de dispositions que le droit civil. La plupart de ces dispositions sont relatives aux crimes et délits contre les personnes, quelques-unes seulement ont trait à la répression des crimes et délits contre la propriété.

Les bases du droit pénal à Saint-Omer, qui étaient du reste les mêmes que dans toute la Flandre, sont exposées avec une grande netteté au § 20 de la keure de 1127, paragraphe reproduit dans toutes les keuren postérieures. Contre l'étranger qui avait commis un crime ou un délit sur la personne d'un bourgeois, la commune tout entière acquérait un véritable droit de vengeance que chaque bourgeois avait le droit d'exercer sur la personne ou sur les biens du coupable s'il refusait de se soumettre à la juridiction communale. Pris en flagrant délit, le coupable était immédiatement jugé et puni de la peine du talion : *Oculum pro oculo, dentem pro dente, caput pro capite reddet*[1].

Mais ces principes paraissent n'avoir été dès lors appliqués dans toute leur rigueur que vis-à-vis des étrangers ; le bourgeois paraît n'avoir pas été soumis à ces règles, et même vis-à-vis de l'étranger, la coutume ne tarda pas à les tempérer.

Etranger ou bourgeois, le meurtrier était puni, dans toute la Flandre, de la peine capitale : *Qui hominem occiderit, caput pro capite dabit*[2]. Il semble cependant qu'en fait cette loi n'ait reçu son application qu'à l'égard des meurtriers pris en flagrant délit ; nous voyons dans la keure de Saint-Omer de 1168, comme dans la plupart des autres keuren flamandes, qu'aussitôt qu'il avait pu échapper le meurtrier devenait au contraire l'objet de la protection de la loi.

Le meurtrier fugitif avait ses maisons détruites et ses biens confisqués par le comte, mais il pouvait rentrer en ville après s'être réconcilié avec les parents de sa victime et avoir payé une

---

d'actes des XIIe et XIIIe siècles, p. 494) et l'art. 17 de la charte d'Hesdin de 1215 (Ibid., p. 49).

1. Cf. la loi de Lille : « Lois est et usages en cheste ville : mort pour « mort, membre pour membre. » (Roisin, p. 114.) La suite de ce ban expose toute la procédure criminelle suivie en pareil cas.

2. Art. 1 de l'Ordonn. de 1178 : « Hec sunt puncta que per universam « terram suam comes observari precepit. » (Warnkoenig, *Histoire de la Flandre*, II, p. 423.)

amende de cent sous (keure de 1168, § 16). Même s'il rentrait avant d'avoir conclu sa *paix*, il était seulement chassé de la ville à la requête de ses adversaires, et ce n'était que s'il rompait une seconde fois son ban que le droit de vengeance pouvait être impunément exercé contre lui[1] (§ 36). Ce droit ne pouvait jamais s'exercer contre un bourgeois ni contre tout autre justiciable de la commune (§ 30).

Le § 21 de la même keure stipule que celui qui commet un meurtre dans la banlieue, s'il en est convaincu par deux témoins, paie une amende de 10 livres, la moitié au profit du châtelain et l'autre moitié applicable aux fortifications de la ville. Cet article semble ainsi, dans le cas spécial de meurtre commis dans la banlieue, remplacer toute peine par une sorte de wergeld. J'ai vainement cherché à me rendre compte de ce fait et je n'ai trouvé dans aucune autre ville une exception analogue qui est en complète contradiction avec le droit général de la Flandre. C'était seulement dans le cas de blessures, coups et injures que la peine prononcée par la coutume contre le coupable était une amende. La keure de 1168 contient un tarif de ces amendes dont le taux était à peu près le même dans la plupart des villes de Flandre. De ces amendes, en général, un tiers allait à la victime, un tiers au châtelain et l'autre tiers était applicable aux fortifications. Le coupable de blessures, dûment convaincu par témoins, était condamné, s'il avait commis le crime dans la ville, à une amende de 10 livres (§ 17); s'il l'avait commis dans la banlieue, à une amende moitié moins forte (§ 21). Les coups étaient punis d'une amende de cent sous (§ 18); le délit qui consistait à tirer quelqu'un par les cheveux (*decapillare*) était puni d'une amende de 40 sous (§ 19) et les injures, d'une amende semblable (§§ 20 et 32). Les injures que pouvait dire la personne assignée, soit contre son juge, soit contre sa partie ne pouvaient lui être imputées (§§ 26 et 27); c'est avant le jugement que la loi de Saint-Omer laissait au justiciable le droit de maudire son juge. Le non paiement de ces amendes entraînait la peine du pilori et le bannissement qui ne pouvait cesser qu'après réconciliation du coupable et de sa

---

1. Cette dernière disposition semble particulière à Saint-Omer; dans la plupart des villes de Flandre il était permis de tuer un banni. « Qui « aliquem bannitum occiderit in hoc nullum facit forisfactum. » (Art. 4 de la keure de 1190 de Bruges, Gand, Audenarde, etc. — Warnkœnig, *Hist. de la Flandre*, II, p. 418.) — Il en était de même à Arras (art. 14 de la keure de 1211. — Tailliar, *Recueil d'actes*, p. 36), à Ypres (art. 4 de la keure de 1301. — Gheldolf, *Hist. d'Ypres*, p. 426), etc.

— 214 —

victime et l'assentiment de la commune (§§ 31 et 32)[1]. Ce tarif de la keure de 1168, bien qu'on le trouve identique dans plusieurs documents d'autres villes pendant les deux siècles suivants, dut cependant ne pas être constant ; il paraît avoir augmenté en raison de la diminution du pouvoir de l'argent et peut-être aussi du besoin toujours plus grand d'assurer efficacement la sécurité de la ville. Un réglement de 1280 environ stipule pour les coups et blessures donnés à quelqu'un, le jour, dans la maison où il habite, même si les portes en étaient ouvertes, une amende de 60 livres, augmentée selon le jugement des échevins si le crime a eu lieu pendant la nuit[2]. D'après les anciennes keuren, ce crime, même en additionnant les amendes stipulées pour assaut de maison et pour blessures, aurait pu tout au plus être puni d'une amende de 20 livres. Les nombreuses amendes de

---

1. Voici, à titre de comparaison, un résumé des tarifs des principales keuren des villes de Flandre : SAINT-AMAND, 1164. Blessures : 40 s., coups de bâtons : 20 s., coups légers ou « capillacio » : 10 s. (Wauters, *Libertés communales*, p. 26.) — TOURNAI, 1187. Blessures : membre pour membre, ou, après réconciliation : 100 s. (12), coups : 100 s. (3), injures : 40 s. (9), bousculade : 50 s., menaces : 40 s. (10). (Tailliar, *Recueil d'actes*, p. 489.) — CHATELLENIE DE BRUGES, v. 1190. « Vulnus penetrativum » : 12 livres, « minutum vulnus » : 3 livres (25), coups (*Dontslaga*) et action de tirer les cheveux (*Harna*) : 2 livres (26). (Warnkœnig, *Hist. de la Flandre*, IV, 370.) — BRUGES, GAND, AUDENARDE, etc. 1190. Blessures : 60 livres (1), coups de bâtons : 10 livres (8), coups avec la main : 60 s. (9), injures : 5 s. à l'offensé et 12 d. à la ville (*Ibid.*, II, 417). — GAND, 1192. (Keure extorquée.) Mutilation : 10 livres et mutilation semblable (7), blessure : 10 liv. (8), coups : 4 liv. (10), injures : demi-livre (11) (*Ibid.*, III, 226). — ARRAS, 1211. Blessures ou mutilation : 60 liv. (2), coups de bâtons : 10 liv. (24), coups de poing ou tirer les cheveux : 30 s. (25), traîner par terre et fouler aux pieds : 10 liv. et demie (26), injures : 5 s. à l'offensé et 12 d. à la justice. (Tailliar, p. 36.) — HESDIN, 1215. Mutilations, 60 liv. (13), blessures : 10 liv. (3), injures : 43 s. (10) (*Ibid.*, p. 45). — OISY, 1216. Blessure avec « coutel à pointe » : 10 liv., blessure saignante : 60 s., blessure légère : 20 s. (17) (*Ibid.*, p. 53). — HÉNIN-LIÉTARD, XIII° s. Plaie ouverte : 10 liv. (44) (*Ibid.*, 409). — LILLE, XIV° s. Coups d'armes émoulues : 60 liv., coups sans armes : 10 liv. (Roisin, p. 38.) — YPRES, 1301. Plaie : 60 liv. (1), coups de bâtons : 10 liv. (8), coups de poing : 60 s. (9), injures : 5 s. à l'injurié, 12 d. à la justice (11). (Warnkœnig, v. p. 426.)

2. Registre aux bans. N° 550. — On remarquera que la plupart des amendes indiquées dans la note précédente sont plus élevées que celles stipulées à Saint-Omer par la keure de 1168 et que la plupart se rapprochent, par l'application aux blessures les plus graves de l'amende maximum de 60 livres, du tarif qui paraît avoir été accepté à Saint-Omer à la fin du XIII° siècle. — La deuxième keure de Bruges de 1281 doublait l'amende des délits et crimes commis pendant la nuit. (Art. 8, Warnkœnig, IV, p. 266.)

soixante livres stipulées dans des bans de cette époque, pour des délits bien moindres que ceux mentionnés précédemment, voire pour de simples contraventions, suffisent à elles seules à prouver qu'alors les blessures, les coups, les injures devaient forcément être punis d'une peine plus sévère.

Ces amendes n'étaient pas les seules sommes que devaient payer les condamnés ; nous savons qu'ils étaient tenus en outre de se réconcilier et que, pour cela, il leur fallait payer, eux ou leur famille, à leur victime ou à sa famille, une *composition*. La coutume relative aux paix rédigée par Ghis l'Escrinewerkere, et dont nous avons déjà beaucoup parlé au chapitre précédent, contient un long et minutieux tarif de ces paiements de composition, qu'il ne faudrait pas confondre avec le tarif d'amendes de la keure de 1168, mais qui, plus encore que celui-ci, rappelle, par ses énumérations de cas bizarres et ses détails, les tarifs de wergeld des lois barbares[1]. Le rédacteur de la coutume distingue plus de vingt blessures ou mutilations diverses, chacune taxée à une composition différente. Il commence par les contusions pour lesquelles le coupable paie deux sous, s'il les a faites à un endroit recouvert par les vêtements, ou quatre, s'il les a faites à un endroit découvert ; il énumère ensuite les plaies ouvertes, qui selon la même distinction se payent quatre ou huit sous, les coups de masse ou de patins cloués, pour lesquels chaque contusion, chaque marque de clou se paye quatre sous, les *plaies outrées*, comme les bris d'os, de bras, de jambes, qui se payent soixante sous, et, si elles sont multipliées, « la moitié d'un homme », c'est-à-dire douze livres parisis ; les dents cassées, les côtes enfoncées, chaque dent ou chaque côte se paye vingt sous. Puis viennent les mutilations ; les jointures des doigts coupées, chaque jointure se paye trente sous, celle du pouce, quarante, quatre doigts, six livres, le pouce seul, autant et la main entière, douze livres ; l'œil crevé, l'oreille coupée, le nez coupé « duskes à l'osselet « par ensi ke on veist tout apert en le teste par le lieu là où les « narines furent », les parties génitales coupées, pour chacune de ces mutilations, c'est « à restorer le moitié d'un homme ». Enfin, de blessures en mutilations, le rédacteur de cette coutume en vient à supposer la réunion sur un seul homme des plus horribles et des plus invraisemblables, les yeux crevés, les parties génitales tranchées, les pieds et les bras coupés, « sachies, « ajoute-t-il, ke tel homme ensi martriés aferroit à restorer plus

---

1. Registre aux bans, N°⁸ 777 à 790.

« que le mort d'un homme, encore peust-il vivre, par cele raison
« ke li martries meismes 'ameroit asses plus qu'il fust mors, et
« mort se II fois peust morir, ke en teil manière vie avoir, et tout
« ensi ameroient miex si parent et si ami, pour les grans angoisses
« et pour les grans dolours k'il aroient de leur ami, et pour chou
« le devroit on bien double paier. »

Le caractère de chacune de ces plaies, blessures ou mutilations, devait être constaté par le témoignage sous serment de la victime, de trois prudhommes et d'un médecin (782). Outre le payement de composition le coupable devait rembourser à sa victime les honoraires de son médecin, et, en cas de contestation sur le prix, le *navré* devait « jureir sour sains ke il fist au « miendre marchié, si bien et si loyaument comme se il meismes « le deust paier de son propre cateil. » Cependant le coupable ne devait pas le remboursement des cadeaux qu'avait pu recevoir le médecin en plus de ses honoraires (784).

A lire l'énumération de tous les détails descriptifs où semble s'être complu le vieux praticien qui a rédigé cette coutume, résultat de son expérience, pour servir de guide aux prudhommes appelés à procéder à des réconciliations, on se demande si, malgré l'affirmation par laquelle il termine son écrit, qu'il l'a composé étant en son « boen sens », il n'avait pas le cerveau hanté par des crimes imaginaires, si, dans ses cinquante années d'exercice, il a jamais pu voir des crimes pareils ; on se demande s'il ne faut pas considérer ce tarif comme la reproduction de tarifs analogues plus anciens, toujours recopiés et remontant jusqu'à l'époque barbare[1], ce que semble cependant exclure le caractère tout pratique de cette coutume ; on se demande s'il faut prendre ses descriptions et ses réflexions pittoresques pour une face des mœurs de ce temps ; si, à une époque de civilisation par certains côtés si avancée, d'organisation déjà si savante, la férocité des mœurs, les instincts de sauvagerie et de bestialité que dénote ce texte ainsi que quelques autres et en particulier quelques poëmes contemporains, avaient persisté au point d'enfanter parfois de semblables crimes. On voudrait avoir un recueil de décisions criminelles de cette époque et pouvoir essayer une statistique qui semble malheureusement devoir être impossible à dresser.

Les dispositions relatives aux crimes et délits contre la pro-

---

1. Est-ce à une simple coïncidence qu'il faut attribuer la ressemblance de ce texte avec les chap. XI à XIII en particulier de la loi des Saxons? (Ed. Merkel, p. 19.)

priété sont moins nombreuses dans les keuren de Saint-Omer que celles relatives aux crimes et délits contre les personnes. La plupart des lois de Flandre punissent l'attaque d'une maison, l'agression armée contre la demeure d'un habitant (*assultus domus*), à l'égal des blessures les plus graves[1]. Les keuren de Saint-Omer ne contiennent pas de règles particulières à cet égard, mais nous devons croire que la coutume n'était pas différente de celle des villes voisines[2]. La simple violation de la propriété, le fait de pénétrer dans un verger ou dans un jardin était puni à Saint-Omer d'une amende de dix sous[3].

Le vol (*furtum*) était, dans le droit flandro-germanique, l'un des crimes les plus rigoureusement punis. Le voleur pris en flagrant délit était, d'après la keure de 1168, aussitôt puni de mort[4]. L'accusé de vol devait être soumis aux épreuves de l'eau ou du feu (§ 42). Le voleur de bestiaux, amené devant le tribunal par le propriétaire qui l'accusait, devait se purger par l'épreuve du feu ou par son serment, ou payer le prix des bestiaux volés (§ 22). D'après la législation de la fin du XIIIe siècle, le voleur fugitif était semons de rentrer dans la quinzaine sur soixante sous, dans la seconde quinzaine sur soixante livres, dans la troisième

---

1. La keure de Bruges, Gand, Audenarde de 1190, punit l'assaut de maison d'une amende de 60 l. (art. 2. — Warnkoenig, II, p. 417). — De même, les keuren d'Arras de 1211 (Tailliar, *Recueil d'actes*, p. 36); d'Ypres de 1301 (Gheldorf, p. 426), etc. A Lille, l'assaut de maison était puni d'une amende de 10 l. (Roisin, p. 38), à Oisy, en 1216, le même crime, commis de jour, d'une amende de 100 s., commis la nuit, d'une amende de 10 l. (Tailliar, *Recueil d'actes*, p. 53).

2. En 1342, un jugement de l'échevinage contre vingt-cinq personnes qui avaient attaqué à main armée, pendant la nuit, la maison d'un bourgeois et l'avaient saccagée, en condamne trois à un bannissement de dix ans sur la tête, six à un bannissement de deux ans sur 120 liv., et le reste au bannissement sur 60 livres (*Analyse et extraits d'un registre des archives de Saint-Omer*, app., p. 11). — A la fin du XIIIe siècle, le bris de clôture d'une maison était puni d'une amende de 60 s. (Reg. aux bans 138.)

3. Keure de 1168, art. 39. — Cf. Loi d'Hénin-Liétard du XIIIe s. art. 45 : qui entre par nuit en « autrui garding... il en est à 20 s. » (Tailliar, ibid., p. 410.)

4. A Tournai, le voleur était banni pour trois ans (Ch. de 1187, art 13. — Tailliar, *Recueils d'actes*, p. 489), dans la châtellenie de Bruges, il était pendu (Ch. de 1190, art. 28.—Warnkœnig, IV, p. 471), à Bruges, Gand, Audenarde, il payait 60 l. d'amende (Ch. de 1190, art. 5. — Ibid, II, p. 417), de même à Arras (Ch. de 1211, art. 21.—Tailliar, ibid., p. 136), à Ypres, il était pendu (Ch. de 1301, art. 5. — Gheldolf, p. 426), à Lille il payait 60 sous d'amende (Roisin, p. 38).

sur la hart, après quoi il ne pouvait plus jamais rentrer ni devenir bourgeois[1].

§ V.

Après avoir parlé des divers crimes et délits dont il est fait mention dans les coutumes de Saint-Omer, il ne sera pas sans utilité de passer en revue et d'examiner avec quelques détails les peines dont ils étaient punis. Les principales étaient : la peine de mort, des mutilations, le bannissement, le pilori, la prison, l'arsin ou abatis de maison, la confiscation, la perte de la bourgeoisie, de franchises ou de métier, l'amende honorable, diverses amendes profitables. Plusieurs de ces peines pouvaient être remplacées les unes par les autres comme nous allons le voir en disant quelques mots de chacune d'elles.

Nous avons vu que la peine de mort était à Saint-Omer la punition du meurtre et du vol; dans quelques villes de Flandre, le viol était également puni de mort[2], mais à Saint-Omer, comme on l'a vu, c'était là un cas expressément réservé à la juridiction ecclésiastique. La peine de mort est encore stipulée dans les bans municipaux pour les cas de rupture de certains bannissements à perpétuité, cependant on peut douter qu'alors elle ait pu être autre chose qu'une menace[3]. Il faut ajouter que les condamnés à mort dans une autre ville, pris à Saint-Omer, y étaient exécutés, sans nouveau procès[4].

Le condamné à mort, au XIVe siècle du moins, avait la tête tranchée publiquement sur le marché[5]. Certaines expressions des bans du XIIIe siècle et les habitudes de l'époque peuvent faire croire que la pendaison était aussi un des moyens d'exécution employé[6]. Dans certaines villes de Flandre le dernier supplice était appliqué avec des raffinements barbares; à Lille, par exemple, c'était avec une planche qu'on coupait la tête du condamné pour

---

1. Reg. aux bans, 222.
2. Gand, keure de 1192 (keure extorquée, art. 6.—Warnkoenig, III, 226). Lille (Roisin, p. 38).
3. Voy. par exemple les bans qui déclarent bannis à toujours sur la tête, le courtier qui ne fait pas son métier « loyaument » (Reg. aux bans 303), celui qui prend plus de un denier de courtage (302), ou le boucher qui ne paie pas son étal (399), etc.
4. *Ibid.*, 443.
5. 11 octobre 1346 (*Analyse et extraits d'un registre des archives municipales de Saint-Omer*, n° 56).
6. Voy. par exemple « Banni sour le hart » (Reg. aux bans, 399).

viol; dans la même ville, c'était un parent du condamné qui devait lui trancher la tête et ce n'était qu'à son défaut que le bourreau accomplissait cette triste besogne[1].

A Saint-Omer il est encore question de noyer le condamné (*aneiesun*), mais seulement dans le cas où l'on ne fait qu'appliquer la peine prononcée dans une autre ville[2]. On trouve aussi la mention de condamnés enfouis tout vifs, mais cette peine est prononcée pour des délits tellement légers[3] qu'il faut croire que ce devait être seulement une forme de l'exposition publique, peine temporaire pendant laquelle la tête au moins des « enfouis » devait sortir de terre. Et ce doute est corroboré par la disposition qui défend de leur faire « laidure » sous peine d'être tenu pour meurtrier[4].

Les mutilations que nécessitait l'application rigoureuse de la peine du tallion, stipulée par l'art. 20 de la keure de 1127, avaient subsisté à Saint-Omer, à la fin du XIIIe siècle, pour les condamnés auxquels on ne faisait qu'appliquer la peine qui avait été prononcée ailleurs contre eux[5]. En dehors de ce cas, on ne trouve guère la mention que d'oreilles coupées. C'était une peine qu'on appliquait surtout à ceux qui exerçaient publiquement la prostitution[6]. La plupart du temps elle n'était prononcée que comme sanction d'un bannissement plus ou moins long, contre les femmes de mauvaise vie et les ribauds[7]. Elle est prononcée cependant contre le valet qui corrompt le valet des dimeurs[8], et comme sanction du bannissement, contre le marinier qui s'approprie les marchandises qu'il conduit[9].

Le bannissement était une des peines les plus fréquentes, il était perpétuel ou à temps, il avait pour sanction la peine de mort, la perte d'une oreille ou une amende plus ou moins forte, ou bien il était substitué à d'autres peines que le condamné ne pouvait ou ne voulait pas subir. Outre les crimes qui entraînaient le bannissement, dont nous avons parlé, on bannissait de la ville pour une infinité de délits ou de contraventions aux réglements

---

1. Roisin, pp. 38 et 118.
2. Registre aux bans, 443.
3. Elle est prononcée contre ceux qui usurpent des fonctions, qui *s'entremettent des métiers*, sans être institués par les échevins (Ibid., 509).
4. Ibid., 511.
5. Ibid., 443.
6. Ibid., 319 et 320.
7. Ibid., 103, 142, 143.
8. Ibid., 229.
9. Ibid., 150.

industriels ou commerciaux; on bannissait, sans préjudice des amendes encourues, les courtiers qui n'exerçaient pas leur profession loyalement, les marchands qui ne faisaient pas honneur à la réputation de la ville à l'étranger, les drapiers qui ne se conformaient pas aux réglements de fabrication, on bannissait jusqu'aux marchands de moutarde ou de sauce verte qui n'y mettaient pas « aisil de bon vin »[1]. On bannissait les prostituées, les ribauds, les vagabonds et les gens de métier qui étaient sans travail depuis plus d'un an[2]. La condamnation à des pèlerinages paraît avoir été une des formes les plus usitées des bannissements, on en trouve de nombreux exemples dans les sentences de l'échevinage qui nous sont parvenues. En 1319, en particulier, des trois auteurs d'une rixe, l'échevinage envoie l'un à Sainte-Madeleine de Vézelay, le second à Saint-Nicolas de Varengeville et le troisième à Saint-Nicaise de Reims[3].

Le pilori était souvent une peine qui remplaçait le non-paiement d'une amende; dans ce cas, il était accompagné du bannissement[4]. On conçoit dès lors qu'on y voyait le plus souvent les vagabonds, les femmes querelleuses, condamnées pour injures, et les condamnés pour jeux défendus[5]. Les condamnés au pilori y étaient exposés pendant toute la journée du samedi[6].

C'était aussi une peine qui s'appliquait seule ou se cumulait avec une amende. On l'appliquait naturellement aux délits qui avaient lésé le public et pour lesquels il semblait que l'exposition publique dût être la punition la plus efficace. On y condamnait par exemple, ainsi qu'à une amende de soixante sous, les courtiers trop officieux qui s'étaient entremis, sans y être appelés, entre acheteurs et vendeurs, les marchands ou fabricants qui avaient perçu plus que le tarif établi[7]; seule, elle n'était guère appliquée qu'aux classes inférieures, aux garçons taverniers, aux valets de courtiers ou aux marchands qui vendaient des comestibles tarés, de la chair de truie « soursamée », des volailles, du gibier ou du poisson pourris, etc.[8]

La prison paraît avoir toujours été une peine assez rare;

---

1. Ibid., 302, 303, 399, 478, 571, 353.
2. Ibid., 103, 142, 143, 475.
3. *Premier registre au renouvellement de la loi*, f° 36 v°.
4. Keure de 1168, § 31.
5. Ibid., §§ 32 et 43.
6. Ibid., § 31.
7. Registre aux bans, 301, 298.
8. Ibid., 18, 50, 57, 61, 77.

presque toujours les prévenus pouvaient être en liberté sous caution[1], et les réglements ne la prononcent qu'en cas du non-paiement de l'amende et aussi dans des cas où il semble qu'on ait dû avoir besoin de s'assurer d'un homme armé ou dangereux[2].

L'usage de brûler ou de détruire la maison d'un coupable est une ancienne coutume barbare qui s'est conservée dans le droit municipal du Nord et y est devenue la peine prononcée, dans toutes les villes, indépendamment de toute autre, contre quiconque, directement ou indirectement, portait atteinte aux prérogatives, aux franchises, aux priviléges, lésait en quelque manière les droits de la commune.

Les chapitres de la loi des Saxons, de la fin du VIIIe siècle, sont le plus ancien texte législatif qui régularise l'exercice de ce droit de vengeance, dans le cas où l'accusé refuse de répondre à la justice[3] ; les termes dans lesquels ils s'expriment, et surtout les conditions dans lesquelles ce droit s'exerçait dès lors, présentent assez d'analogie avec le texte de plusieurs chartes de commune pour qu'on puisse croire que le droit d'arsin ou d'abatis de maison dérive bien de cette législation. Le récit des troubles de Flandre en 1127 et 1128 par Galbert nous montre combien alors était fréquent l'exercice de ce droit[4]. Nous avons déjà montré qu'il était appliqué à Saint-Omer, dans le cas de refus de se soumettre à la juridiction de la commune, par le § 20 de la keure de 1127. Celle de 1168 déclare qu'on abattra la maison du juré convaincu de faux témoignage (§ 48) et l'ordonnance rendue par Philippe d'Alsace vers 1178, obligatoire pour toute la Flandre, consacre et détermine les formes d'application de ce droit, telles que nous les voyons se perpétuer pendant les deux siècles suivants[5].

Nous avons déjà parlé des exemples assez nombreux d'appli-

---

1. Ch. de 1151. *Pièces justificatives*, V.
2. Registre aux bans, 141, 480.
3. « De incendio convenit, quod nullus infra patriam praesumat facere
« propter iram aut inimicitiam aut quamlibet malivolam cupiditatem,
« excepto si talis fuerit rebellis qui justiciam facere noluerit et aliter
« districtus esse non poterit et ad nos ut in praesentia nostra justitiam
« reddat venire dispexerit, condicto commune placito simul ipsi pa-
« genses veniant et si unianimiter consenserint pro districtione illius
« causa incendatur, tunc de ipso placito commune consilio facto, secun-
« dum eorum ewa fiat peractum et non pro qualibet iracundia aut
« malivola intentione nisi pro districtione nostra. » (*Capitula ad leg. Saxonum*, éd. Merkel, p. 20, VIII.)
4. Voy. Galbert dans Pertz, § 12, p. 566, l. 27, p. 576, l. 39, p. 591, l. 19.
5. Warnkoenig, II, p. 424, § 8.

cation de ce droit à Saint-Omer qui nous sont parvenus[1]; il ne nous reste plus qu'à faire remarquer que l'incendie effectif de la maison avait persisté concurremment avec la démolition et que, dans tous les exemples que nous possédons, l'arsin n'est exercé par la justice de la ville qu'à défaut de la comparution et de l'amende honorable du condamné.

D'après le § 16 de la keure de 1168, le comte confisquait à Saint-Omer les biens du meurtrier en fuite[2]. Cette confiscation s'exerçait dans toutes les villes de Flandre. Dans les villes qui jouissaient des priviléges les plus considérables, à Gand, à Bruges, à Audenarde, où le bourgeois ne pouvait forfaire plus de soixante livres, il y avait exception pour le crime de meurtre, le comte y héritait du condamné à mort[3]. A Lille, du moins au commencement du XIVe siècle, le privilége en faveur des bourgeois était plus étendu; la coutume rédigée par Roisin s'exprime ainsi : « Lois est en cheste ville que nuls ne nulle, loncl'usage anchyen, « ne fourfait corps et avoir[4]. »

Ce fut sans doute à l'exemple de cette ville, et en arguant du texte qui les privilégiait au mieux des villes de Flandre, que les bourgeois de Saint-Omer revendiquèrent et firent admettre en leur faveur ce même privilége de non-confiscation. Le 3 décembre 1378, un accord entre l'échevinage et la comtesse Marguerite reconnaît qu'à Saint-Omer « aucun bourgeois ne puet confisquer ses biens[5]. » L'échevinage revendiqua même ce privilége pour les biens des bourgeois sis hors de la ville et obtint satisfaction; nous en avons des exemples pour les biens de bourgeois condamnés, sis au comté d'Arques, seigneurie de l'abbaye de Saint-Bertin[6], et sur les terres du seigneur d'Esquerdes[4]. En 1394, le bailli avait « mis la main » sur un fief tenu par un bourgeois condamné; ce fut l'occasion pour l'échevinage de faire reconnaître solennellement ce privilége par le duc de Bourgogne[8]. En décembre 1440, Charles VII confirmant les franchises de Saint-Omer consacra encore ce privi-

---

1. Voy. plus haut, p. 180, n. 3. — Sur le droit d'arsin en général, voyez Leglay, *Traité de l'arsin et de l'abatis de maisons dans le nord de la France*.
2. Voy. plus haut, p. 89, n. 2.
3. Keure de 1190, art. 16 (Warnkœnig, II, p. 418).
4. Roisin, p. 114.
5. *Analyse et extraits d'un registre des archives de Saint-Omer*, n° 125.
6. Accord avec l'abbaye du 12 janvier 1384-85 (Ibid., 132).
7. Accord avec le seigneur d'Esquerdes du 16 janvier 1389-1390 (Ibid., 136).
8. Voy. plus haut, p. 89, n. 2.

lège de non-confiscation ; se basant sur les articles de la charte de 1127, qui concèdent à la ville les meilleurs privilèges des villes de Flandre (§ 1) et qui l'exemptent de tous paiements d'argent à son suzerain (§§ 9 et 13), il déclara explicitement que ces articles emportaient exemption de toute confiscation des biens des bourgeois condamnés, en réservant toutefois les crimes de lèse-majesté et d'hérésie[1].

La perte de la bourgeoisie est une peine assez souvent prononcée par les règlements municipaux, nous en avons dit plus haut quelques mots et comme c'est toujours pour contravention à des règlements commerciaux[2], nous aurons à en parler encore lorsque nous traiterons ce sujet, en même temps que de la peine très-fréquemment prononcée aussi de la perte du métier à temps ou à perpétuité.

Nous avons déjà eu l'occasion de mentionner les amendes honorables et leurs formes, à l'occasion du rôle qu'y avait le châtelain et des cérémonies de la conclusion d'une paix, qui était une véritable amende honorable faite par le coupable ou « ses amis » à l'offensé ou à sa famille. Le plus ancien exemple que nous ayons d'une amende honorable faite à la ville, est du 14 septembre 1341[3]. Il semble que cette peine n'ait pas existé fort anciennement et qu'elle ait été instituée pour que le coupable pût « eschiever la vengance » que pouvait exercer la commune contre sa personne ou ses biens, ainsi que le dit la formule qu'un procès-verbal d'amende honorable place dans la bouche d'un condamné[4]. Cette opinion semble confirmée par ce fait que l'on voit une sommation de venir faire amende honorable précéder les exécutions d'arsin[5].

Dans toutes les relations qui nous sont parvenues nous voyons la cérémonie se passer à peu près dans les mêmes formes. Les condamnés retenus en prison ou qui viennent de se constituer prisonniers, sont amenés par le châtelain en halle devant l'échevinage, « nus kiefs, sans caperons, en cotes, tous deschiaus, « nus piés, les manches desboutonnées et reversées, cascun un « tison ardant en se main de le longeur d'une aune et démie. » Là, à genoux, ils prononcent les formules d'amende honorable, déclarent amender leur crime, jurent la paix tant à l'échevinage

1. *Ordonn.* t. XIII, p. 327.
2. Voy. Registre aux bans, 95, 489.
3. J'en ai publié la relation dans mes *Analyse et extraits d'un registre des archives de Saint-Omer*, appendice, VII.
4. 22 avril 1348 (Ibid., IX).
5. En 1405 (Ibid., XXIV).

qu'à leurs victimes ou aux parents de leurs victimes, s'il s'agit de crime contre la personne de bourgeois, et remettent leurs torches au maieur, après quoi ils sont reconduits en prison[1].

Parmi les peines énumérées, tant dans les chartes constitutives de la commune que dans les bans municipaux, il n'en est point comme nous l'avons vu de plus fréquemment mentionnées que les amendes profitables. Depuis le crime jusqu'à la moindre contravention la peine prononcée était presque toujours l'amende, depuis son maximum de 60 livres, qui « restore » les crimes, jusqu'à l'amende de six sous ou de la perte d'un vêtement qui répare les contraventions de police.

On se souvient que, d'après la keure de 1168, l'amende de dix livres était prononcée pour les crimes ; il semble probable qu'au siècle suivant elle était, comme dans la plupart des villes de Flandre, de 60 livres ; ce fait, nous l'avons déjà dit, est d'autant plus vraisemblable que, malgré le défaut de proportionnalité des amendes aux délits que l'on remarque dans les réglements municipaux, il semble difficile de croire que la peine appliquée aux crimes ait été moindre que celle qui punissait de simples contraventions, telles, par exemple, que le port d'armes par les gens de métier[2]. Dans ces amendes payées pour crimes ou délits nous avons déjà vu qu'en général un tiers était applicable aux fortifications, un tiers au châtelain et un tiers à la victime. Une part des amendes inférieures était attribuée au bailli et une part aux sergents de la ville dont c'était les émoluments. Dans les amendes pour contraventions aux réglements commerciaux ou industriels, une part était attribuée aux coriers des métiers. Il semble qu'à Saint-Omer, comme à Bruges, à Gand et dans d'autres villes, le bourgeois ne pouvait forfaire plus de soixante livres[3]. Dans tous les cas, au xive siècle, les amendes ne se cumulaient pas, « le grigneur amende emportait le meindre »[4].

Dans les règlements municipaux, la formule qui prononce l'amende est souvent conçue en ces termes : *Soixante livres qui ne font que vingt livres, soixante sous qui ne font que*

---

1. Voy. les relations indiquées plus haut et les suivantes : 28 novembre 1348 (Ibid., n° 61). — 5 novembre 1367 (Ibid., n° 104). — 13 janvier 1413-1414 (Ibid., append., XXVII). — 17 juillet 1513 (Ibid., n° 291).
2. Voy. Registre aux bans, 322, 480.
3. Il en fut du moins ainsi au xve siècle, comme on le voit par une enquête que l'échevinage fit faire à Gand en 1401 (*Analyse et extraits d'un registre des archives de Saint-Omer*, append., XXIII).
4. Règlement de 1341 (Ibid. n° 50).

vingt sous; je n'ai pas pu trouver exprimée la raison de cette diminution de l'amende, mais n'y a-t-il pas lieu de penser qu'elle provient de la pratique et que cela signifie, alors que la coutume prononçait une amende de 60 sous, qu'il était d'usage que le tribunal ne condamnât qu'à une amende inférieure? Des termes de plusieurs règlements qui déclarent que l'amende est à prendre sur le condamné ou « sor chelui ki le racheteroit[1], » on peut conclure qu'il était toujours possible de payer l'amende d'autrui. Nous avons vu que les amendes de 60 livres, de 20 livres, de 10 livres et de cent sous étaient ordinairement la peine des crimes, quoiqu'on les trouve aussi appliquées à des contraventions et principalement à celles commises par les gens de métier, qu'on paraît avoir toujours particulièrement redoutés. Au-dessous, l'amende de 60 sous était une des plus fréquentes, surtout pour les délits commerciaux; l'amende de 6 sous était réservée pour les contraventions légères aux règlements de police. Dans certaines de ces contraventions le sergent qui les constatait devait prendre pour amende le vêtement même du coupable[2].

1. Voy. par exemple, Registre aux bans, 233.
2. Ibid., 352.

CHAPITRE VIII.

L'ADMINISTRATION.

§ Ier. *Origines des attributions administratives des magistrats municipaux.* — § II. *Action politique de la ville.* — *Droit de Sceau.* — *Monnaie communale.* — *Cloche du ban.* — § III. *Propriétés communales.* — *Bois de Loo et terres avoisinantes ; rapports avec le châtelain.* — *Marais et pâtures à l'Est et au Nord ; contestations avec l'abbaye de Saint-Bertin.* — *Marais et pâtures au Nord-Ouest ; contestations avec le chapitre.* — § IV. *Administration des communaux.* — *Droits qu'y possédaient les bourgeois.* — § V. *Propriétés communes situées dans l'enceinte.* — *Gilde-Halle.* — *Chapelle sur le marché.* — § VI. *Revenus de la ville.* — *Rentes foncières ; locations ; fermages.* — *Impôts ; cauchiage et fouage ; Issue ; Réceptions dans la bourgeoisie ; Réceptions dans les métiers et dans la hanse etc.; Assise.* — § VII. *Charges et redevances des bourgeois et de la ville.* — *Dépenses de la ville.* — § VIII. *Administration financière ; argentiers.* — *Analyse d'un compte de la ville.*

Les échevins au moyen âge n'avaient pas seulement des attributions judiciaires et comme conséquence un pouvoir législatif, ils étaient aussi des administrateurs. Ils étaient, en toutes circonstances, les mandataires de la communauté des habitants, et en même temps, ils étaient ses chefs militaires. Ils représentaient la ville, avaient le pouvoir de l'engager, avaient l'administration des propriétés communes, la gestion des revenus, l'administration des finances, ils devaient pourvoir à l'entretien des édifices communaux, aux travaux publics, veiller au bon état et à la sécurité des rues. La commune jouissait donc, à côté de l'indépendance de la justice, de l'indépendance de l'administration. C'est ce côté du rôle des magistrats municipaux qui nous reste à examiner.

§ I.

Les échevins n'avaient pas joui de tout temps de ces attributions administratives ; les anciens *Scabini* n'étaient que des juges, et à côté d'eux pour veiller aux intérêts corporatifs, pour régler les rapports, les droits et les devoirs qui étaient nés entre les habitants des relations de voisinage, pour administrer les terres communes et pourvoir aux finances en levant des impôts et en faisant les dépenses de la communauté, existait un second collège de magistrats [1]. Nous avons déjà dit que le *major* et les *jurati* que nous rencontrons dans les premières chartes de Saint-Omer devaient être, l'un, l'ancien chef de la communauté, les autres, les anciens magistrats corporatifs chargés de ces intérêts.

Si ces magistratures et ces offices sont pour le moins aussi anciens que ceux des échevins, on conçoit cependant qu'ils aient été moins à l'abri que les fonctions judiciaires de transformations et d'atteintes de toutes sortes. Si, comme cela résulte des derniers travaux de la critique, il faut voir dans ces magistrats les héritiers des anciens administrateurs de la *marke* franque, on conçoit combien durent faire subir de changements à leurs fonctions, non seulement les conséquences de l'organisation féodale, l'asservissement d'une partie de la population, les constitutions de seigneuries, les usurpations, les collations d'immunité, le morcellement féodal du territoire, mais aussi le développement même de la civilisation, la modification des conditions de la propriété, les complications de la vie et la transformation des liens sociaux.

L'administration du territoire de la communauté avait fait d'abord leur principale attribution ; leur rôle alla en décroissant lorsque ce territoire lui-même subit des amoindrissements, soit par suite de la formation de domaines privés, soit par suite d'empiétements des seigneurs. Au moment où nous assistons au développement des villes, les relations entre leurs habitants étaient fondées, bien moins sur la participation à l'usage de bois,

---

1. Voy. Maurer, *Geschichte der Markenverfassung*, et Vanderkindere, *Notice sur l'origine des magistrats communaux*.

de terres et de pâturages communs, que sur le ressort d'un même tribunal ; la population des villes était alors surtout commerciale et industrielle. Ajoutons que l'organisation féodale avait substitué en beaucoup d'endroits et pour beaucoup de choses des fonctionnaires du suzerain aux anciens magistrats locaux, peut-être même avait-elle parfois transformé ces derniers en officiers féodaux, portant ainsi à leur indépendance, et conséquemment à leur influence, une grave atteinte dont devaient bénéficier les magistrats d'ordre exclusivement judiciaire, qui, plus indépendants, demeurèrent les représentants naturels des hommes libres de la classe inférieure. C'est à ces causes qu'il faut en partie attribuer ce fait que le tribunal des échevins apparaît tout d'abord comme le centre de la vie municipale.

On ne saurait donc s'étonner, en voyant que les magistrats des villes, auxquels nous attribuons une aussi ancienne origine, n'ont, à l'époque où nous les rencontrons, c'est-à-dire lors de la consécration des privilèges des villes, qu'un rôle effacé et des attributions indécises. On ne saurait s'étonner que, pour pouvoir remonter jusqu'à leurs fonctions primitives, il faille en demander le secret à l'organisme des villages, où, naturellement, les rapports de ces magistrats avec l'administration des terres communes sont restés plus sensibles, où l'organisation territoriale a été moins bouleversée, où les fonctions des magistrats ont conservé plus longtemps leur caractère ancien.

Quoi qu'il en soit, dans la ville qui nous occupe, dès le moment où nous pouvons en étudier la constitution, il y a presque fusion entre les deux collèges de magistrats : la compétence n'est plus distincte, l'échevinage centre de la vie municipale hérite de toutes les fonctions de l'ancien collège des *jurati* et celui-ci même ne tarde pas à disparaître. C'est à peine si dans les rares indications qui le concernent et que nous avons énumérées[1] on peut démêler encore quelques vestiges de ses attributions anciennes[2].

Il n'est pas nécessaire du reste, pour expliquer l'origine de toutes les attributions administratives des échevins, de supposer que c'est un héritage qu'ils tiennent exclusivement du collège

---

1. Voy. plus haut, p. 167.
2. La représentation des deux maieurs accompagnés de neuf têtes d'échevins sur le plus ancien sceau communal semble leur attribuer une importance qu'ils paraissent avoir perdue, lorsque le sceau qui remplaça l'ancien, vers l'époque de Louis IX, mit sur le même rang les six échevins qui y sont figurés.

des *jurati* qu'ils ont fini par absorber. Il en est certainement un bon nombre qui, nées seulement à l'époque communale, n'ont jamais été exercées que par l'échevinage qui avait à ce moment le privilége d'être le représentant naturel de la communauté.

Nous avons déjà eu l'occasion de constater que, lors des troubles de Flandre, pendant les années 1127 et 1128, ce sont les échevins qui prennent des engagements au nom des hommes libres des villes [1] ; plus tard, c'est toujours l'échevinage qui exerce, au nom de la ville de Saint-Omer, les droits qu'elle a acquis. C'est par lui qu'elle exerce une action politique, par lui qu'elle est en relations et qu'elle traite avec ses suzerains ou même avec les princes étrangers. Ce sont les échevins qui engagent la ville en apposant au bas des actes le sceau de la commune, ce sont eux qui ont battu monnaie au nom de la ville, ce sont eux qui font sonner la cloche du ban qui convoque les habitants pour les élections ou pour la guerre.

L'exercice par l'échevinage de ces prérogatives fera comprendre pourquoi c'est à propos de ses attributions que nous parlons de l'action politique de la ville ainsi que des droits de scèau, de monnaie et de beffroi.

§ II.

Nous avons longuement exposé dans le second chapitre de cet ouvrage quel fut le rôle que jouèrent les villes flamandes, et en particulier la ville de Saint-Omer, après la mort de Charles le Bon, pendant les années 1127 et 1128 [2]. Le peu que nous savons sur l'attitude et l'action politique de la ville après cette époque, appartient aussi à son histoire proprement dite, il serait superflu d'y revenir. Nous avons caractérisé la nature des rapports qui unissaient la ville à son suzerain, rapports très-comparables aux relations féodales et qui expliquent parfaitement le rôle que joua la ville. Nous nous bornerons ici à rappeler que les villes furent requises, comme les seigneurs, de garantir les traités qui furent conclus par leurs suzerains ; nous citerons, entre autres exemples, la garantie donnée par les maieurs, échevins et jurés de Saint-Omer, au nom de la ville, en janvier 1200, au traité de Péronne [3] et une garantie semblable pour le traité

---

1. Voy. plus haut, p. 42.
2. Voy. plus haut, pp. 42, 57, etc.
3. Voy. plus haut, p. 71.

conclu entre le comte Ferrand et le prince Louis, le 24 février 1212[1].

A ces actes solennels l'échevinage apposait le grand sceau de la ville. Nous avons dit plus haut ce qu'il fallait penser du prétendu sceau de 1052[2]; la première mention, en même temps que la première empreinte que l'on possède, du sceau communal de Saint-Omer est de 1199-1200 ; mais il est probable qu'aussitôt après que la charte de Guillaume Cliton eut reconnu à la ville la double indépendance de la justice et de l'administration, elle eut un sceau, qu'apposèrent les magistrats, au nom de la communauté, et les caractères archéologiques de l'empreinte de 1200 que l'on possède doivent faire présumer que ce fut alors que la matrice en fut gravée[3]. La plus récente empreinte de ce sceau que l'on connaisse est de 1213[4]. En 1247 en apparaît un nouveau, d'une gravure bien moins grossière, qui remplace le précédent, et dont l'emploi dura pendant tout le moyen-âge ; la dernière empreinte connue est de 1499[5].

C'était là le sceau que sa légende appelle le *sigillum communionis*, que les actes postérieurs nomment *le grant seel de la communalté*. Il était conservé à la trésorerie de la Gilde-Halle dans une *huche* particulière qui ne pouvait s'ouvrir qu'à l'aide de quatre clefs distribuées, au XVe siècle, entre l'échevinage, les jurés, les keuriers des métiers et les maieurs de la draperie ; son apposition requérait donc l'intervention de presque tous les magistrats qui représentaient la ville, et l'on comprend qu'elle ne se faisait qu'aux actes solennels, que l'emploi de ce sceau était « limité aux intérêts politiques et administratifs de la commu- « nauté bourgeoise[6] ».

Les autres actes où la ville intervenait par ses magistrats étaient scellés du *seel aux causes*. Un sceau de 1209, appendu à une donation, dans laquelle interviennent, pour la garantir,

---

1. Voy. Ibid.
2. Voy. plus haut, p. 39.
3. Ce sceau a été plusieurs fois reproduit. Voy. entre autres de Wailly, *Éléments de paléographie*, II, 398, et Hermand et Deschamps de Pas, *Histoire sigillaire de Saint-Omer*, pl. I, fig. 1. Cet ouvrage me dispense d'entrer ici dans de grands détails sur les sceaux communaux de Saint-Omer ; la matière a été épuisée par les deux savants auteurs.
4. Ibid., p. 4.
5. Ibid., p. 6.
6. J'emprunte tous ces détails à l'*Histoire sigillaire* où MM. Hermand et Deschamps de Pas ont cité tous les actes sur lesquels ils s'appuient.

les échevins de Saint-Omer, semble avoir eu dès lors cet emploi ; mais ce n'est qu'en 1280 qu'on voit apparaître, sur la légende même du sceau, l'indice de sa destination : † SIGILLVM VILLE SANCTI AVDOMARI AD CAVSAS.

Une troisième espèce de sceau communal, dont la première empreinte connue est de 1304, exista dans la ville. La légende explique son usage : S' DE LE VILLE DE S' OMER AS CONISANCHES. C'est là vraisemblablement le sceau gravé en exécution de la charte du comte Robert II, en 1293[1]. On le trouve appliqué aux conventions, obligations, contrats, reconnaissances de dettes etc. conclus entre particuliers, devant le magistrat[2].

On sait que le droit de monnaie, qui avait été concédé à la ville, en 1127, par Guillaume Cliton, en indemnité des dommages qu'elle avait éprouvés et pour subvenir à ses dépenses, lui fut retiré seize mois après par Thierry d'Alsace. La disposition de la charte du 22 août 1128, qui supprime le droit de la ville à cet égard, est reproduite dans la confirmation des priviléges de Saint-Omer du 22 janvier 1165, dans celle de 1168 et dans toutes les confirmations postérieures. Aucun texte, ni du XIIe siècle ni du XIIIe, ne mentionne de monnaie communale, et il semble qu'il n'y ait aucune raison de douter que la ville n'a pu jouir de ce droit que pendant les seize mois qui séparent la charte de Guillaume de Normandie de celle de Thierry d'Alsace. Plusieurs numismates cependant se sont crus autorisés à penser qu'au XIIe siècle, après la keure de 1128, et au XIIIe siècle, avait existé une monnaie communale[4]. M. Dewismes dans son *Catalogue raisonné des monnaies du comté d'Artois* n'a pas décrit et publié moins de trente petites monnaies différentes, du XIIe et du XIIIe siècle, qu'il nomme des monnaies communales de Saint-Omer[5]. Mais lorsque l'on examine attentivement cette série nombreuse, on voit que si, pour la plupart de ces pièces, on ne saurait douter qu'elles ont été frappées à Saint-Omer, il en est un certain nombre que l'on doit restituer à la série abbatiale, d'autres qu'il n'y a aucune raison de ne pas faire rentrer dans la

---

1. *Pièces justificatives*, LXIX. — MM. Hermand et Deschamps de Pas appliquent au scel aux causes cette concession de Robert.
2. Voy. plus haut, p. 186.
3. Voy. plus haut, pp. 53 et 61.
4. Hermand, *Histoire monétaire d'Artois*, 1843. — Serrure, *Observations archéologiques à propos de quelques monnaies inédites de Saint-Omer*. Dans la *Revue de numismatique belge*, année 1856.
5. Saint-Omer, 1866, p. 151 et suiv., pl. II et III.

série comtale. On ne peut guère, selon nous, attribuer avec quelque raison, au monnayage de la commune que les deux petits deniers, sur lesquels M. Dewismes voit, avec assez de vraisemblance, la représentation des deux maieurs[1], avec les légendes, pour l'un : s. o. s. o., et pour l'autre : s+ome. s+ome., dont les caractères archéologiques rendent tout-à-fait naturelle l'attribution aux années 1127-1128.

Il est du reste un argument qui nous paraît décisif pour prouver que la ville n'a pas pu battre monnaie après le retrait de cette prérogative par Thierry d'Alsace. La monnaie concédée en 1127 à la commune n'était autre que la monnaie comtale, l'art. 14 de la keure est catégorique à cet égard : c'est de sa monnaie que le comte gratifie la ville, elle formait pour lui un revenu annuel de trente livres. Si donc la monnaie avait jamais fait retour à l'échevinage après 1128, le monnayage du comte aurait disparu à ce moment, or il n'est besoin que de feuilleter les livres de MM. Hermand et Dewismes pour voir que c'est ce qui n'a jamais eu lieu.

Comme toutes les autres communes du Nord, Saint-Omer avait sa cloche du ban, « le bancloque »; le magistrat la faisait sonner pour convoquer la milice bourgeoise, pour appeler tous les bourgeois à l'exécution d'une sentence d'arsin[2], pour convoquer les électeurs à la halle[3]; elle sonnait en cas d'émeute ou même de rixe[4] et chaque soir pour le couvre-feu[5]; mais ce qui est particulier à Saint-Omer, c'est qu'elle n'était pas suspendue dans un beffroi municipal; un acte du 3 août 1526 nous apprend que « la cloche du ban et effroy d'icelle ville.... « pesant 3798 livres » était suspendue dans le clocher de l'église collégiale[6].

§ III.

Nous avons dit que l'administration des biens communaux était la plus ancienne des attributions des magistrats. Nous avons en effet constaté que, bien avant de jouir des droits de commune

---

1. Pl. II, n°* 29 et 30 et p. 160.
2. *Analyse et extraits d'un registre des archives de Saint-Omer*, append., pièce X.
3. Voy. plus haut, p. 157.
4. *Analyse et extraits d'un registre des archives municipales*, n° 291.
5. Registre aux bans, n° 35.
6. *Analyse et extraits*, n° 301.

proprement dite, les habitants avaient constitué une communauté ayant des droits de propriété, ou tout au moins d'usage, sur une partie du territoire. La charte de 1127 fait remonter au temps de Baudouin le Barbu, c'est-à-dire avant 1036, les droits des habitants de Saint-Omer sur le bois de Loo, sur des marais, des prés, des bruyères et la terre dite de Hongrecoultre[1]. Une charte de 1056 constate la possession par les bourgeois de territoires sis du côté d'Arques[2], et une expression de Simon semble indiquer que la communauté bourgeoise acquit, en 1077, la pâture dite *Suinard* dont nous parlerons bientôt[3].

Comment et à quelle époque les habitants de la ville avaient-ils acquis des droits sur ces territoires dont la propriété avait incontestablement appartenu autrefois à l'abbaye de Saint-Bertin ? Il est plus difficile encore de le dire que pour les usurpations des suzerains. Les avaient-ils acquis sur les propriétaires primitifs, ou postérieurement au morcellement du territoire entre les églises, le comte et le châtelain ; quelle était exactement leur nature ? C'est ce qu'aucun texte, aucun indice n'a pu encore nous découvrir, et il semble probable que, même au moyen âge, alors que les questions d'origine de ces biens ne pouvaient manquer d'avoir de l'intérêt pour établir les droits de la commune, on l'ignorait, puisque sans cesse les bourgeois furent en discussion à ce sujet avec les autres puissances de la ville. Quoi qu'il en soit, autant qu'on peut le reconnaître par les expressions vagues de la keure de 1127, les territoires sur lesquels les habitants avaient des droits à cette époque et à l'époque antérieure, étaient à peu près les mêmes que ceux dont nous leur verrons confirmer postérieurement la possession ou l'usage.

Il nous reste maintenant à examiner quels furent pendant le cours du moyen âge les territoires sur lesquels la commune eut ces droits, à déterminer quels en furent exactement le caractère et la nature et comment ils furent administrés par ses magistrats.

Parmi les terrains qui entouraient la ville et qui se composaient de marais, d'étangs, de pâtures, de bruyères et de bois,

---

1. § 18. Voy. plus haut, p. 53.
2. Guérard, *Cartulaire de Saint-Bertin*, p. 185.
3. Simon dit que c'est à cette époque que l'abbaye de Saint-Bertin perdit cette propriété (Ibid., p. 197). En août 1200 confirma le comte de Flandre à la ville la propriété de cette pâture qui lui était contestée par l'abbaye (*Pièces justificatives*, XXVIII).

les uns étaient possédés par l'abbaye, d'autres par la collégiale, d'autres par le châtelain, d'autres enfin par la ville.

Le bois de Loo et les terres dont il est question dans la charte de 1127, qui confirme à la ville les droits qu'elle y possédait au commencement du XIᵉ siècle, étaient situées au S.-E. de la ville. Le bois, défriché déjà au XVIᵉ siècle[1], couvrait les hauteurs de la Malassise, entre Saint-Omer et Blandecques ; les *Bruyères* ont jusqu'à présent conservé leur nom et leur aspect. Sur ces terres, les habitants, ainsi que le dit du reste la charte de 1127, avaient seulement un droit de pâture (art. 18) et encore, ce droit de pâture n'était pas franc de toute redevance. Une partie de ces terres appartenait au châtelain et les habitants lui payaient tribut pour la jouissance de leurs droits. En septembre 1209, un des prés, sis au-dessous des bois de Loo, fut engagé à la ville par le châtelain pour la somme de cent cinquante livres[2]. Au mois de mars suivant, la ville prêtait encore sur le même pré au châtelain la somme de cinquante autres livres, acquérait le droit de le mettre en culture, et en outre, jusqu'au remboursement des deux cents livres que le châtelain avait reçues, était mise en possession des droits que celui-ci percevait sur les animaux qu'on faisait paître au bois de Loo[3].

En septembre 1218, le châtelain fit abandon de cinq mesures de ce pré, qui longeaient les portes de la ville, pour augmenter les fortifications, et en même temps renonça aux redevances qu'il percevait sur les animaux mis en pâture, à condition que le pâturage y serait libre à l'avenir[4]. En janvier 1222, il vendit le reste de ce pré à Foulques de Sainte-Aldegonde[5], quant au bois, il s'engagea, en mars 1222, à ne le point aliéner[6].

Des territoires voisins indiqués dans la keure de 1127, la terre dite de Hongrecoultre est seule mentionnée par les documents postérieurs. Une charte de 1166 nous fait connaître qu'à son sujet la ville avait eu des contestations avec le chapitre[7].

---

1. « Une aultre pièce de commune, tenant West ausdictes bruyères, « OEst et Noert au lieu où fut le bois de le Loe à présent terres labou- « rables apartenant à Phelippes de Wissocq et Zut à la terre de la « Maladrie... » (Mesurage des terres de la ville fait en 1547. *Gros registre du greffe*, fº 194.)
2. Voy. plus haut, p. 110, n. 1.
3. *Pièces justificatives*, XXX.
4. Ibid., XXXV et XXXVI.
5. Ibid., XXXVII.
6. Voy. plus haut, p. 109.
7. *Pièces justificatives*, XIII.

La pâture dite *Suinard*[1] était située plus à l'Est, entre Saint-Omer et Arques. En 1056, elle appartenait à l'abbaye de Saint-Bertin; elle ne lui appartenait plus en 1077. En 1099, à la suite de contestations entre l'abbaye et la ville, des arbitres en tracèrent les limites. Suivant le maître de la léproserie, qu'ils interrogèrent, elle avait été divisée au temps de l'abbé Léon, c'est-à-dire entre 1198 et 1163, à la suite de rixes fréquentes entre les bergers de la ville et les habitants d'Arques. On l'attribua en partie à la ville[2]. Cette propriété lui fut de nouveau confirmée en 1212, par le prince Louis[3], et en mars 1230, par Louis IX[4].

Au Nord-Est et au Nord, d'Arques à Salperwick, les possessions de la ville étaient enchevêtrées avec celles de l'abbaye et du châtelain; la nature même de ces possessions et des droits qu'y avait la ville était une cause continuelle de contestations et de conflits. En 1175, à la suite de contestations, une démarcation entre les pâtures de la ville et celles de l'abbaye fut faite par des prudhommes et des pairs du château, et confirmée par Philippe d'Alsace[5]. Les pâtures et les marais les plus proches de l'enceinte furent en général attribués à la ville; une disposition bizarre de cette charte, c'est que, réservant à l'abbaye le droit de pêche dans la grande Meer, elle déclare punissable d'une amende de 60 livres quiconque sera convaincu, par jugement d'échevins, d'y avoir pêché sans autorisation de l'abbé. Je ne pense pas qu'on puisse entendre par cette disposition que l'échevinage de Saint-Omer était compétent en matière de délits commis sur les marais de l'abbaye, je crois plutôt qu'il est sous-entendu ici que le délinquant est un bourgeois de Saint-Omer, ou bien qu'il faut voir dans ces échevins les échevins d'Arques dont dépendaient ces marais. Cette délimitation et ce règlement furent confirmés la même année par le pape Alexandre III[6].

En 1194, Philippe-Auguste les confirma[7], de même; Baudouin

---

1. En 1566 les communes pâtures de Saint-Omer sont appelées le *Zwinaert*. (Bornage de la banlieue publié par Deschamps de Pas, *Notice descriptive des limites de la Banlieue*, p. 233.)
2. 1199. Confirmation par Lambert, évêque de Térouane (*Grand cartulaire de Saint-Bertin*, t. I, p. 594). — 1er août 1200. Confirmation par le comte de Flandre (*Pièces justificatives*, XXVIII). — Voy. Deschamps de Pas (*Ouv. cit.*, p. 207).
3. Cartul. AB XVIII, 15, f° 29 v°.
4. Ibid., f° 32 v°.
5. *Pièces justificatives*, XV.
6. *Pièces justificatives*, XVI.
7. Ibid., XX.

de Constantinople, en 1198[1], le prince Louis en février 1212[2], et Louis IX, en mars 1230[3]. Malgré ces confirmations successives, les différends n'avaient pas cessé entre l'abbaye et la ville et nous avons déjà raconté comment la cour de Rome intervint dans l'affaire, de 1198 à 1204[4]. Nous ne mentionnerons que pour mémoire un accord de 1213[5], et la nomination de commissaires, en 1235, par Grégoire IX, spéciale il est vrai à un différend relatif aux limites des juridictions d'Arques et de Saint-Omer, mais touchant accessoirement à la question des droits respectifs sur les marais et les pâtures[6].

Le bornage de la banlieue du côté d'Arques, fait en avril 1247, confirmé par le comte en février 1248, mit provisoirement fin aux différends existant à ce sujet entre l'abbaye et la ville[7]. A peu près à la même époque, en février 1248, un accord entre la ville et l'abbaye, accord confirmé par le comte d'Artois, régla les conditions de la possession de la Meer par l'abbaye[8], et déclara la ville quitte à l'avenir d'une redevance annuelle de dix livres qu'elle payait à l'abbaye pour la pâture qui la joignait, à charge pour la ville de ne plus prétendre à aucun droit de passage dans la Meer.

Au N.-O., c'étaient les possessions du chapitre que rencontraient les pâtures de la ville, entre Salperwick et Saint-Martin-au-Laërt. Dès 1166, à la suite d'un accord conclu avec les chanoines, des arbitres tracèrent une ligne de démarcation entre les marais de la ville et ceux qui appartenaient à la manse de la prévôté[9].

Au siècle suivant, la ville, par suite d'empiétements successifs, se trouvait en possession aussi bien des marais qui lui avaient été attribués que de ceux que la charte de 1166 avait déclarés faire partie de la manse prévôtale. En 1236, le chapitre invoqua l'ancien partage, la ville prétendit l'ignorer et allégua sa possession. En suite d'un arbitrage, la plus grande partie du terrain contesté, moins toutefois la seigneurie de Burques, fut abandonnée à la

---

1. Ibid., XXVII.
2. Ibid., XXXIII.
3. Cartul. AB XVIII, 15, f° 32.
4. Voy. plus haut, p. 138 et 139.
5. *Grand cartulaire de Saint-Bertin*, t. II, p. 128.
6. Ibid., p. 556.
7. *Pièces justificatives*, XLV.
8. Ibid., XLVIII et LI. — Voy. plus haut, p. 139.
9. Ibid., XII.

ville, et comme compensation de l'abandon de ses droits sur cette partie, que consentait le chapitre, il lui fut attribué : dans *Vakestrate*, la maison de Guillaume Vake et cinq maisons adjacentes, une maison sise entre Sainte-Aldegonde et la Gilde-Halle, une maison située à côté de l'Escoterie au brûle, une rasière de froment, neuf gelines, les hôtes de Tadinghem et tous les biens tenus autrefois en fiefs par Guillaume Vake et achetés par Gautier de Ghistelles[1]. La seigneurie de Burques ne fut cédée par le chapitre à la ville qu'en 1423[2].

§ IV.

Maintenant que nous avons montré, autant du moins que les actes qui nous sont parvenus nous le permettaient, quelles étaient les propriétés communes de la ville de Saint-Omer, nous avons à examiner quels droits y possédaient les habitants, et comment elles étaient administrées.

La règle la plus ancienne qui nous soit parvenue relative aux *communaux* est la défense de se les approprier. La charte de Philippe d'Alsace, de 1175, que nous avons déjà citée, déclare que les marais devant être communs à tous les bourgeois (*universitati burgensium*) il est défendu d'y construire aucun édifice particulier, à peine d'une amende de soixante livres au profit du comte et du droit pour la ville de détruire les travaux qui auraient été faits[1]. D'après cet acte, le consentement de toute la ville était nécessaire pour autoriser la construction d'une maison dans le marais. A la fin du XIIIe siècle, les écheyins pouvaient donner congé « de fuir « le pasture de le ville pour faire vergiers ou autres aisemens[4]. »

Bien entendu la jouissance de la pâture était réservée aux seuls bourgeois ; le bourgeois qui était convaincu d'y avoir mené paître les bêtes d'un étranger perdait son droit de bourgeoisie[5], les chanoines n'avaient pas le droit d'y envoyer leurs bestiaux[6].

Ce droit de faire paître les bestiaux était le principal qu'avaient les bourgeois ; il était cependant soumis à certaines restrictions. Chaque bourgeois n'y pouvait mettre plus de cinq animaux à la fois, à peine d'amende et de confiscation[7], les porcs qu'on y con-

---

1. Pièces justificatives, XLI.
2. Deschamps de Pas. *Notice sur la banlieue*, p. 214.
3. Pièces justificatives, XV.
4. *Registre aux bans*, 179.
5. Ibid., 106.
6. Voy. plus haut, p. 140, n° 3.
7. *Registre aux bans*, 132.

duisait devaient avoir un anneau dans le nez[1] ; en outre certaines parties étaient interdites à la pâture[2]. Les bourgeois avaient encore le droit d'envoyer leurs valets et meschines faire de l'herbe, sauf pendant la nuit et le dimanche et à condition de ne pas jeter cette herbe au fumier, de n'aller à l'herbe qu'une fois par jour, de ne pas en faire plus d'une charge de bateau par maison[3]. Dans le bois de Loo, il était défendu de couper du bois[4]. Il était en outre interdit de jeter dans les communaux des décombres ou de la terre[5] et les échevins seuls pouvaient autoriser à y prendre du gazon, de la terre à foulon, de la terre rouge, du sablon ou des graviers (*keiseles*)[6].

§ V.

Nous ne saurions entrer dans de grands détails sur les propriétés de la ville situées dans son enceinte, ni sur leur administration. Nous avons déjà indiqué comment la ville acquit pièce à pièce son territoire, et du reste, nous n'avons ici à revenir que sur les possessions qui restèrent affectées à des usages communs.

Nous serons brefs en ce qui concerne la Gilde-Halle, ce que nous en avons dit précédemment et surtout l'excellent travail de M. Deschamps de Pas[7], nous dispensant d'entrer à cet égard dans de longs détails. Nous pouvons donc nous borner à rappeler ici ce fait étrange que primitivement ce monument essentiellement municipal, qui semblerait avoir dû être la première propriété communale et le point de départ de tous les accroissements de la commune, ne lui appartenait pas ; ce ne fut qu'en 1151, vingt-cinq ans après la concession à la ville de sa première charte, que le comte Thierry d'Alsace la concéda aux bourgeois[8]. Je ne sais trop où s'élevait cet hôtel de ville primitif ; mais contrairement aux conclusions de M. Deschamps de Pas, il me semble probable que ce n'était point sur le même emplacement où l'on en construisit plus tard un second, puisque, par une charte de 1176, confirmée par le comte, la ville concéda sa vieille Gilde-Halle à Guil-

1. *Registre aux bans*, 154.
2. Ibid., 201, 408, 454.
3. Ibid., 132.
4. Ibid., 172.
5. Ibid., 165.
6. Ibid., 308.
7. *Essai historique sur l'Hôtel de Ville de Saint-Omer*, dans les *Mémoires de la Société des Antiquaires de la Morinie*, t. IV, pp. 281 à 377.
8. Voy. plus haut, p. 64.

laume de Malines[1]. Ce Guillaume de Malines y installa sept étaux de boucherie en vertu d'un accord qu'il fit la même année avec le chapitre de Watten qui les possédait[2]. En 1201, la vieille Gilde-Halle et les étaux avaient passé à l'un des principaux bourgeois de Saint-Omer, nommé Florent ; la possession lui en fut confirmée à cette époque par Baudouin de Constantinople[3], et en 1212 par le prince Louis, fils de Philippe-Auguste[4].

Il me semble donc vraisemblable qu'en confirmant, en 1212 et en 1230, les chartes de Thierry d'Alsace de 1151 et de 1157, relatives à la possession du fonds de la Gilde-Halle, le prince Louis et Louis IX ne les appliquaient pas au même emplacement pour lequel elles n'auraient pu être qu'une lettre morte[5] et que dans tous les cas, c'est d'un nouvel édifice, élevé sur un autre emplacement, qu'il est question dans la charte par laquelle le prince Louis concède à la ville les dépendances qui avaient été élevées à l'Est de la Gilde-Halle, lors de son entrée dans la ville. Cette charte fut confirmée, en mars 1230, par Louis IX[7]. En mai 1248, Robert Ier, comte d'Artois, concédait à la ville sur ce qu'il continuait d'appeler la nouvelle Gilde-Halle, les droits qu'elle avait eus sur l'ancienne et nous avons déjà fait remarquer, à propos de cette charte, qu'à cette époque encore le comte s'y réservait la justice[8].

Nous terminerons ce que nous avons à dire des propriétés communes de la ville par quelques mots sur un édifice religieux qui n'appartint à la ville que vers la fin du XIIIe siècle, je veux parler de la Chapelle sur le marché (*capella beate Marie sita in foro Sancti Audomari*) qui s'élevait sur le milieu de la grande place de Saint-Omer et qu'on appelait aussi chapelle de Notre-Dame des Miracles. Elle avait d'abord appartenu complètement au chapitre de l'église collégiale ; en août 1271, le comte d'Artois autorisa les chanoines à la reconstruire en pierres ainsi que les édifices qui en dépendaient, et, d'accord avec les échevins, les chanoines la rebâtirent plus longue de douze et plus étroite de

---

1. Deschamps de Pas, *Mémoire cité*, p. 286.
2. Ibid., p. 348.
3. Ibid., p. 287.
4. Ibid., p. 354. « Veterem Ghilthallam que valet anuatim quatuor « marcas et macellos ubi venduntur carnes qui valent tres marcas... »
5. Archives municipales, *Cartul.* AB XVIII, 15, f° 30 et 33.
6. Pièces justificatives, XXXIV.
7. *Cartul.*, AB XVIII, 15, f° 33 v°.
8. Voy. plus haut, p. 183.

quatre pieds qu'elle n'était auparavant[1]. Le 31 octobre suivant, le comte concéda à la ville tous les revenus qui pouvaient provenir du fonds, des dépendances et des alentours de cette chapelle[2]. Une charte de 1344 nous apprend que l'*arca*, dont il est question dans le document que nous venons de citer, était une espèce de halle, sise au-dessous de la chapelle, où l'on vendait du pain et où s'entassaient les malades et les infirmes qui attendaient « le grace de Dieu et de la glorieuse vierge Marie »; les autres dépendances, les *coins* et les alentours de l'édifice, consistaient sans doute en échoppes et en baraques de bois où l'on vendait les vivres, les ex-voto et les menus objets de piété nécessaires aux pèlerins; les revenus attribués à la ville provenaient de la location de ces échoppes. Cette chapelle et ses alentours, encombrés de malades, d'infirmes, de pèlerins, de mendiants et de vagabonds de toute sorte, devait avoir l'aspect d'une cour des miracles. Dès 1272, une charte constate que c'était un rendez-vous habituel de voleurs et de malfaiteurs qui venaient y chercher le refuge que leur assurait la sainteté du lieu contre la juridiction séculière. Le magistrat s'émut de ce danger et obligea le chapitre à y renoncer au privilége de droit d'asile, sous peine de voir la chapelle des miracles détruite de fond en comble[3].

1. Pièces justificatives, LX.
2. *Archives munic.*, CXXVI, 1. « Quod... habeant usum, profectus et
« emolumenta quecumque que provenire poterunt ex arca, sive fundo ac
« etiam circuitibus, appenditiis, sive angulis omnibus oratorii beate
« Marie, quod de novo in foro ville nostre Sancti Audomari predicte, de
« beneplacito et assensu nostro et dictorum majorum et scabinorum
« consensu, edificatur. »
3. « Th. decanus et capitulum, ecclesie beati Audomari.., notum facimus
« quod cum a prima constructione sollie sive lignee capelle aut oratorii
« quod vel quam habebamus in foro ville S. Audomari, de speciali gratia
« et voluntate et assensu majorum et scabinorum dicte ville, ordinatum
« et concessum fuerit... quod malignantes et injuriosi quicumque ibidem
« causa potencie seu jurisdictionis secularis vitande confugerent, refu-
« gium seu defensionem aliquam ibidem ratione dicte capelle seu ora-
« torii non haberent immo a seculari justicia a dicto loco indifferenter
« capi et extrahi possent, sicut si in aliqua alia parte ipsius fori inventi
« fuissent et si forte super hoc majores et scabini predicti a nobis vel
« ab aliquo alio, per nos vel nomine nostro vel nobis procurantibus, con-
« tigeret impediri seu etiam molestari, ipsam capellam seu oratorium,
« sine alicujus prejudicio, poterant funditus amovere nec hoc contra-
« dicemus, quia locus valde aptus erat ad capiendum confluentes causa
« devotionis ibidem. De consensu et speciali gracia dictorum majorum
« et scabinorum bene placito..., etc. » (Orig. scel. Archives municipales, CXXIV, 12. — 1272, novembre.)

A cette énumération des propriétés communes de la ville, nous pourrions ajouter l'indication de beaucoup d'autres édifices publics, comme les différentes halles, d'un grand nombre de maisons ou de petits terrains loués à des particuliers, mais comme nous n'avons sur la plupart de ces possessions d'autre indication que leur mention dans des comptes ou des terriers, qu'elles n'ont pas le caractère de possessions à usage commun des pâtures et des autres immeubles mentionnés plus haut, que du reste nous aurons occasion d'y revenir à propos des revenus de la ville, nous pouvons nous dispenser de donner ici une liste qui serait fastidieuse et dépourvue d'intérêt.

On peut voir par ce qui précède que les propriétés communes étaient loin de produire pour la ville un revenu considérable ; tout entières réservées à l'usage des habitants, ce n'était qu'exceptionnellement, par suite d'aliénations et de locations partielles, ou encore par suite de permissions d'extraire de la terre à foulon ou du sable, qu'elles pouvaient produire quelques recettes qui du reste ne devaient pas compenser les frais d'entretien ni même les frais de justice, auxquels les contestations qu'elles soulevaient ne cessaient de donner lieu. Des textes que nous avons cités semble résulter que l'administration de ces *communes* n'a pas toujours appartenu entièrement aux magistrats municipaux et qu'il fallut, au moins dans certains cas, une délibération et un consentement de tous les coparticipants, c'est-à-dire de tous les bourgeois. C'est ce que semble impliquer la charte de 1175, que nous avons analysée, qui stipule que tout congé de bâtir dans le marais devra être donné : *communi assensu et consilio totius urbis*[1]. Cependant, comme nous l'avons vu, l'administration de ces propriétés était au XIIIᵉ siècle complètement entre les mains de l'échevinage.

§ VI.

Nous devons maintenant énumérer les autres revenus de la ville. Ils étaient de deux sortes, les uns provenaient de locations d'immeubles ou de rentes foncières, les autres d'impôts directs ou indirects, levés, soit sur les habitants, soit sur les étrangers. Nous compléterons cet exposé en énumérant les autres charges financières auxquelles étaient soumis les bourgeois. Nous aurons ensuite à examiner comment étaient dépensés ces revenus. De cette étude se

---

1. Pièces justificatives, XV.

dégagera le tableau complet de la gestion financière des magistrats municipaux.

Nous rencontrons la mention des divers revenus de la ville, dans les chartes d'abord, puis dans une sorte de compte de recettes, en partie de l'année 1279, en partie de l'année 1285, que l'on trouvera aux pièces justificatives et qui dut servir de *cueilloir* aux receveurs de la ville; je trouve des indices de ce fait dans la transcription de ce document au *registre aux bans* de l'échevinage, dans les nombreux articles non suivis d'un chiffre, qui semblent avoir été transcrits, comme on dirait aujourd'hui, pour mémoire, enfin dans les additions postérieures qui ont été intercalées entre les divers chapitres de ce compte. D'autres renseignements sur les recettes municipales se trouvent dans les notes financières des premiers *Registres au renouvellement de la loi* et surtout dans les comptes de l'argenterie de la ville dont le plus ancien est de 1413-1414.

Les principales rentes foncières perçues par la ville étaient celles qu'elle possédait sur la Ghière, bourg de la banlieue, situé au-delà du faubourg du Haut-Pont. La première mention de ces rentes que je connaisse est de 1272; à cette époque l'échevinage les grevait d'une rente de quatre livres de parisis au profit du châtelain[1]; elles sont détaillées dans le compte de 1279 et se montaient à cette époque à treize livres quinze sous[2].

A côté de ces rentes, le même document en indique quelques autres d'assez peu d'importance et mentionne le produit d'une dizaine de maisons se montant annuellement à 17 livres 9 sous, sans distinguer entre celles qui étaient louées par la ville et celles sur lesquelles la ville possédait seulement des rentes foncières[3].

La ville louait encore un certain nombre d'échoppes, de magasins, de celliers et de terrains de diverses natures qu'elle possédait, ainsi que des moulins à vent et à eau et les fossés des fortifications dont les produits lui avaient été concédés par Baudouin de Constantinople.

Les différentes halles constituaient un revenu assez considérable. Les unes étaient affermées, les autres étaient exploitées en régie par des fonctionnaires de la ville qui y percevaient les droits de *hallage* et *d'étallage*.

Certains revenus devaient être appliqués à un certain ordre de

---

1. Voy. plus haut, p. 104.
2. Registre aux bans, n°° 1057 à 1079.
3. Ibid., 1049 et 1081 à 1083, etc.

dépenses. Il en était ainsi en particulier pour le *cauchiage* et le *fouage*.

Le *cauchiage* ou *cauchie* était un droit de un denier de parisis que l'on percevait aux portes, sur les charrettes à deux roues, à charge par la ville de l'entretien des chaussées.

Un accord du 17 juin 1333, entre l'échevinage et le chapitre, nous explique ce qu'était le *fouage* ou *fouich*: « une débite que « on queille pour aparfondir et netoier la rivière[1]. » Ce droit était perçu sur les marchandises qui arrivaient par eau. Seulement, tandis que le tarif du cauchiage était assez simple, que cet impôt était perçu sur les véhicules, indépendamment de leur contenu, l'assiette du fouage était au contraire établie sur les marchandises dont son tarif comporte une assez longue énumération. Il nous est parvenu un tarif du cauchiage de 1320 environ[2], et un tarif du fouage de la fin du XIIIe siècle[3]. Les bourgeois étaient exempts de ces deux droits. En 1414, ces deux impôts ne produisaient pas moins de 700 livres[4].

Le droit d'*issue* était, ainsi que l'explique Warnkoenig[5], un impôt proportionnel perçu sur la fortune exportée, sur les successions qui passaient aux étrangers, sur les biens des bourgeois qui allaient s'établir ailleurs. En 1414, il avait produit à la ville 300 livres[6].

La keure de 1168 fait mention d'un droit de réception de dix sous que payaient à la ville, lors de leur admission, les étrangers qui devenaient bourgeois (art. 45). Le montant de ce droit était encore le même au XVe siècle. Nous avons déjà dit qu'il avait été grevé d'une redevance de quatre sous six deniers au profit du châtelain, redevance que celui-ci vendit à la ville en 1281[7].

---

1. *Arch. du chapitre*, II G 197. Cf. Accord entre l'abbaye et la ville en 1334. « Le rivière... pour lequelle wydier ou netier il est acoustumé de « paier fouich ou delfguelt. » (Arch. munic. Gros registre, f° 29 v°.) Cf. à Bruges la vente du fief dit d'*Effeghelt*, dépendant du tonlieu, en 1272 (Warnkoenig, *Histoire de Flandre*, IV. Pièces justificatives, IX) et l'abolition de « l'exaction que on appielle en Flamenc Heffeghelt », en 1279 (Ibid., Pièces justificatives, XII).
2. Pièces justificatives, CI.
3. Ibid., *Registre aux bans*, n° 578.
4. Premier compte de l'argenterie.
5. *Histoire de la Flandre*, II, 287.
6. Premier compte de l'argenterie. — L'ordonnance de 1447 stipule qu'à l'avenir il sera affermé (art. 26).
7. Voy. plus haut, p. 105.

Il faut encore compter dans les revenus de la ville les droits perçus pour réception dans les métiers, ceux perçus pour réception dans la hanse, le droit de scel, les amendes prononcées par l'échevinage, — la plupart étaient perçues au profit de la ville[1], — et les revenus du *tonlieu* et du *saccage* pendant les mois où la ville les percevait[2].

Les recettes les plus considérables provenaient des impôts levés sous le nom d'*assise* ou *maletôte*. Nous n'avons pas de mention de ces perceptions antérieures à 1270, mais comme elles constituaient le plus clair du revenu de la ville, il y a tout lieu de croire qu'elles sont beaucoup plus anciennes. Deux tarifs d'assise nous sont parvenus, l'un probablement de 1282[3], l'autre peu postérieur[4]; aux articles de ces deux tarifs sont jointes des dispositions réglant les conditions de la perception. Ces documents nous permettront de déterminer avec quelque précision en quoi consistait cet impôt.

L'assise était d'abord un impôt indirect que payait le vendeur sur les marchandises vendues. Aucun objet susceptible de commerce n'y était soustrait, puisque les tarifs établissent pour les marchandises non tarifées un droit proportionnel au prix de vente, qu'on peut considérer comme la moyenne du droit d'assise : deux deniers pour vingt sous[5]. Les tarifs taxent les grains, les boissons, les bestiaux, les bêtes de somme et de trait, le poisson, les huiles, les graisses, les fromages, le beurre, les fruits, les épices, les métaux, les étoffes, les laines, les peaux, les bois, le sel, etc. Les vendeurs, les acheteurs ou les courtiers, devaient faire déclaration de la vente aux échevins. Les portefaix, les déchargeurs, les brouetteurs, les mesureurs, ne pouvaient toucher aux marchandises qui n'avaient pas payé l'assise, sous peine de perdre leur métier, leur bourgeoisie et sous peine d'amende, voire de bannissement. Les hôteliers eux-mêmes étaient punis d'une amende si leurs hôtes apportaient chez eux des marchandises qui n'avaient pas acquitté les droits. La preuve qu'une marchandise avait payé était fournie par un plomb apposé par le *garde de l'assise*.

---

1. L'art. 33 de l'ordonnance de réforme de l'échevinage de 1447 indique que les amendes qui auraient dû entrer dans les caisses de la ville étaient perçues au profit des sergents, amans ou échevins.
2. Voyez plus haut, p. 90, et Pièces justificatives, XCVIII, C et CII.
3. *Registre aux bans*, n°⁵ 85 à 948.
4. Ibid., n°⁵ 949 à 965.
5. Ibid., 911 et 961.

L'assise n'était pas seulement un impôt indirect, on comprenait encore sous ce nom un impôt sur le revenu ou du moins sur les rentes héritables et sur le prix des loyers. Dans les deux tarifs qui nous sont parvenus, la taxe annuelle que payaient de ce chef les rentiers et les propriétaires varie de un à cinq deniers par livre de rente ou de prix de location[1].

L'assise était affermée, du moins à l'époque de nos tarifs, et les fermiers, qui étaient tenus à fournir des cautions, payaient la ville par douzième[2].

La ville ne pouvait lever cet impôt sans l'autorisation du suzerain. La plus ancienne concession de cette nature que nous connaissions est du 1er novembre 1270[3]. Naturellement ces concessions n'allaient pas sans condition, les actes du suzerain n'en mentionnent aucune, mais une quittance de la comtesse d'Artois qui nous est parvenue nous montre que pour prix d'une autorisation de lever l'assise pendant six ans, donnée en 1323, la ville s'était engagée à payer la somme de neuf mille livres, à raison de quinze cents livres par an, pendant les six ans que durait la concession[4]. Plus tard, au XVe siècle, les ducs de Bourgogne prélevèrent le quart de l'assise, sauf pour les cervoises où il ne prélevèrent que le cinquième[5].

§ VII.

L'assise était le seul impôt municipal dont les bourgeois n'étaient pas exempts; ce n'était pas cependant la seule charge financière qui pesât sur eux. Nous avons déjà eu l'occasion de mentionner la plupart d'entre elles, rappelons seulement le *forage*

---

1. *Registre aux bans*, 912 et 964.
2. Ibid., 933.
3. « Robertus comes attrebatensis... ad supplicationem et instantiam « dilectorum et fidelium nostrorum majorum et scabinorum ville nostre « Sancti Audomari, propter urgentem necessitatem et ingens commodum « dicte ville Sancti Audomari, volumus et concedimus ut dicti majores « et scabini possint facere assisiam in jam dicta villa Sancti Audomari « super mercaturis et alia que sibi et ville viderint fore utilia et prout « per juramentum suum sibi pro utilitate communitatis sue videbitur « expedire, salvo in omnibus jure nostro... » (*Archives municipales*, XXXIII, 3.) — Le 28 février 1284-1285, les lieutenants du comte d'Artois autorisent la ville à lever : « assisiam quamdam que malatouta wul-« gariter dicitur, a predicto comite olim concessam. » (Ibid. XXXIII, 6.)
4. *Pièces justificatives*, LXXXIV.
5. Comptes de l'argenterie.

perçu au profit du châtelain, que les bourgeois payaient, puisqu'il est stipulé dans les tarifs qu'ils sont exempts seulement de l'issue des vins[1]; le *portage* de la porte Sainte-Croix tenu en fief du comte[2]; et enfin le *rouage*, droit qui se percevait « sur le charroy et autres marchandises qui passent et « wident hors de ladite ville par les portes Boullizienne, Sainte-« Croix et du Brulle[3] ». Ce droit était, dès le XIIIe siècle, possédé par les seigneurs de Clarques; nous voyons l'un d'eux, Guillaume, en exempter en 1235 l'abbaye de Furnes[4] et l'abbaye du mont Saint-Éloi[5], et en 1238 le prieuré d'Aubigny[6]. Ce ne fut qu'en 1527 que, moyennant deux cents carolus d'or, la ville de Saint-Omer racheta de Jean de Croy, seigneur de Clarques, ce droit qui rapportait, année moyenne, cinquante livres de parisis, défalcation faite d'une rente de cinquante autres livres dont il était grevé au profit du comte d'Artois[7]. C'est de cette rente que nous voyons en 1306 le bailli faire recette pour le comte[8]. Nous avons mentionné plus haut l'obligation où se trouvaient un certain nombre d'habitants de faire moudre, qui aux moulins du châtelain, qui aux moulins de Saint-Bertin[9].

Malgré les termes si précis de ses priviléges, la ville ne fut pas toujours exempte de *taille*. Sous Philippe-le-Bel du moins, à l'occasion du mariage de Charles, comte de la Marche, elle s'était engagée à payer au roi la somme de 11,000 livres, dont Louis X lui fit remise en 1315, en considération des « arsins et damages » qu'elle avait soufferts pendant la guerre[10]. Au moins depuis le XVe siècle, époque où on les voit figurer dans les comptes, la ville paya encore annuellement au roi des *Aides*.

---

1. Voy. plus haut, p. 102.
2. Ibid., p. 91.
3. *Archives municipales*, XXXII, 1.
4. Van de Putte et Carton, *Chronicon et cartularium abbatiae sancti Nicholai de Furnis*, p. 100.
5. Cartul. d'Aubigny, f° 73.
6. Ibid.
7. *Analyse et extraits d'un registre des archives de Saint-Omer*, n° 302.
8. « Du rouage de le porte Boullenisienne et est li rouages à pluseurs « personnes et puet li bailli de Saint-Omer si tost que li Ascension est « passée clore le bloc et prendre la rente Mgr. » (*Comptes du bailliage*, — ms. 870 de Saint-Omer.) — Cf. plus haut p. 121. — « Simon Bouve tient 1 Bloch c'on dist li Ruage. » (*Registre au renouvellement de la loi*, de 1320, f° 30, v°.)
9. Voy. plus haut, p. 105 et 112.
10. Archives municipales. *Premier registre au renouvellement de la loi*, f° 116, v°.

Nous ne nous arrêterons pas au détail des dépenses de la ville qu'on pourra voir énumérées dans le compte dont nous donnons plus loin le résumé. Les plus lourdes consistaient en rentes servies aux nombreux créanciers, auxquels elle avait sans cesse recours pour mettre son budget en équilibre ; les dépenses pour travaux publics et voirie n'étaient guère moins considérables ; nous ne mentionnerons que rapidement les traitements des magistrats et fonctionnaires de la ville, les frais d'administration et de police, les dépenses du guet et de la garde, et les nombreux dons de courtoisie, dîners et fêtes faits pour « l'honneur de la ville. »

§ VIII.

Les plus anciens renseignements que nous possédons sur l'administration financière ne sont pas antérieurs aux premières années du xive siècle. Aucun compte du xiiie siècle n'est parvenu jusqu'à nous, pour témoigner de l'obéissance de la ville à l'ordonnance de Louis IX, qui obligeait les villes à soumettre leurs comptes à la vérification des gens du roi, et essayait d'organiser le contrôle de leurs finances[1]. Il semble probable, qu'avec beaucoup d'autres villes, elle put se soustraire aux obligations de cette nature, que les divers rois de France essayèrent de leur imposer. Dans tous les cas, on se rappelle qu'en 1305 les habitants portaient des plaintes graves contre l'administration financière de leurs magistrats, qu'ils ne les accusaient de rien moins que de « fausseté, barat ou trecherie », et demandaient la production des anciens comptes des échevins[2]. Les ordonnances de la comtesse Mahaut, tout en écartant ces prétentions « du commun », posèrent en principe le droit du suzerain d'examiner, de contrôler et de corriger l'administration financière des villes, et soumirent à une vérification les anciens comptes[3]. L'ordonnance du 25 mai 1306, sans accepter ni repousser les accusations portées contre les magistrats, sans établir s'il y avait eu de leur part « trecherie » ou seulement « simplece et négligence notable sans « vilain meffait », reconnut néanmoins que les finances périclitaient et sembla l'attribuer à l'absence de tout contrôle sur les comptes de la ville, que les magistrats sortant de charge rendaient à leurs successeurs. Elle établit pour l'avenir la publicité

---

1. *Ordonn.*, I, 82.
2. *Pièces justificatives*, LXXIV et LXXV.
3. Ordonnance du 22 octobre 1305. (Ibid.)

de ces comptes[1], qui durent être rendus par l'échevinage dans la quinzaine qui suivait sa sortie de charge, en présence du bailli, sous la surveillance des *douze jurés pour le commun*, en halle ouverte, et annoncés trois jours avant à la *bretèque*, afin que quiconque y avait intérêt pût y venir.

Il nous est impossible, en l'absence de tout document, de nous faire une opinion sur l'administration des magistrats municipaux de cette époque. S'il est certain que les finances étaient en mauvais état, que la ville était déjà fort obérée, que les recettes ne suffisaient pas aux dépenses, on ne saurait en bonne critique admettre complétement les griefs articulés par les délégués du commun, ni l'espèce de sanction qui leur fut donnée par la comtesse. Les guerres et leurs conséquences, la dépopulation, la cessation du commerce, le dépérissement de l'industrie, et plus encore que tout cela, le système de fiscalité de Philippe-le-Bel, ses exactions impitoyables ont ruiné, on le sait, nombre de villes dont les magistrats ont été l'objet d'accusations analogues, et ces causes suffisent pleinement à expliquer le mauvais état des finances de Saint-Omer, comme celui de la plupart des communes à la même époque.

Les ordonnances de Mahaut ne relevèrent point la ville; dix ans après, la demande de lever une assise est motivée par « la « grand charge de dette dont elle est oppressée[2] ». Dès les premières années où nous avons quelques renseignements sur ses recettes et ses dépenses[3], nous ne voyons que bien rarement ses comptes se solder par un excédant de recettes ; sans cesse elle est obligée de recourir à des expédients et le plus souvent à des emprunts. L'ordonnance de réforme de 1447 témoigne encore dans son préambule, qu'elle est « moult fort endestée ». Pour y remédier, l'ordonnance établit une participation plus réelle des douze jurés à l'administration financière (art. 3), réduit une partie des traitements des magistrats et officiers, défend les dons de courtoisie et les dîners aux dépens de la ville (art. 21), déclare que les travaux publics devront être mis en adjudication (art. 24), et les travaux d'entretien affermés (art. 23), fixe les conditions de leur vérification, de leur réception et de leur paiement (art. 25), oblige à affermer les impôts, droit d'issue, assise (art. 26, 29), à vendre un certain nombre de menus offices (art. 33); enfin, outre

---

1. Voy. plus haut, p. 155.
2. 8 mai 1316. (*Archives municipales*, XXXIII, 10.)
3. Depuis 1319, dans les *Registres au renouvellement de la loi*.

la reddition annuelle des comptes, oblige le maieur et les échevins à une vérification mensuelle (art. 37).

Quoique les comptes fussent faits au nom des échevins, et, après 1305, sous la surveillance des *douze jurés*, on pense bien que le détail de l'administration financière proprement dite n'était point en leur main. La perception des revenus de la ville, leur gestion, les payements et les autres dépenses, étaient faits, sous leur direction et sous leur responsabilité, par un fonctionnaire analogue au receveur municipal de nos villes. Les plus anciennes indications sur l'administration financière que nous ayons, font mention de deux *argentiers* en 1320 ; les plus anciens comptes de la ville sont également toujours rendus par deux argentiers ; cependant, l'ordonnance de 1447 ne parle que d'un seul. A cette époque, ce fonctionnaire était élu pour trois ans par les maieur, échevins et jurés réunis ; il était indéfiniment rééligible et ne pouvait faire partie de *la loi* (art. 14).

Ainsi que nous l'avons déjà dit, Saint-Omer, moins heureux que d'autres villes, n'a pas conservé de comptes fort anciens[1] : les états de recettes de 1279 et de 1282 que nous avons cités sont plutôt des *cueilloirs* que des comptes. Le plus ancien compte régulier remonte à 1413-14. C'est une opinion reçue à Saint-Omer que les registres antérieurs ont été détruits à l'époque de la Révolution. J'ai quelque peine à le croire, d'abord parce que, malgré mes recherches, je n'ai trouvé nulle part la trace de cette destruction, ensuite parce que je trouve la plupart des comptes antérieurs dans les registres dits *au renouvellement de la loi*[2]. Sans doute, dans ces registres assez mal tenus, les comptes n'ont pas la belle régularité et l'uniformité qu'ils ont acquises plus tard ; on y trouve cependant, pour chaque année, les éléments essentiels d'un compte, à l'état il est vrai de notes abrégées, mélangées avec des mentions de plaids, ou d'autres indications ; j'incline à croire qu'il n'y a pas eu d'autres comptes officiels de la ville jusqu'en 1413. A partir de cette époque seulement, les comptes auraient été consignés sur des registres spéciaux, et en même temps plus développés et écrits avec plus de soin. Cette série de comptes, qui commence à 1413, continue presque

---

1. Les comptes d'Ypres et de Bruges remontent à 1280, ceux de Gand à 1314.

2. Le plus ancien est de 1320. « Les rechoites Antoine de Gand et Jehan de Wessoc commenchans à le Candelier l'an XX, durans dusques à le Candelier l'an XXI. » Et plus loin : « Les mises desdis argentiers en « ledite année. » (*Premier registre au renouvellement de la loi*, f° 36 v°.)

sans lacunes jusqu'à la Révolution ; on conçoit de quel intérêt elle est pour l'histoire de la ville. Bien que même les premiers de ces comptes soient postérieurs à l'époque dont nous nous attachons à étudier l'organisation, comme nous manquons de renseignements pour les siècles antérieurs, et que, sauf la régularité et quelques détails dont il est facile de faire la part, ils représentent assez bien les budgets de la ville du XIIIe et du XIVe siècle, il nous a paru intéressant de donner ici le résumé du premier de tous. C'est le complément indispensable de ce que nous avons dit de l'administration financière.

Il faut toutefois remarquer que dans ce compte, tant pour les recettes que pour les dépenses, nous n'avons guère donné que les titres des chapitres, laissant de côté l'infini détail dont ils sont suivis, détail rempli de faits intéressants, mais qui étaient inutiles pour le but que nous poursuivions, qui était de donner seulement un aperçu d'un budget municipal de Saint-Omer au moyen âge.

« Compte de la recepte et despense des deniers de la ville de Saint-Omer, faites par Andrieu de Morcamp et Julien le May, argentiers de ledicte ville, commenchans à le Candelier l'an MCCCC et XIII, et finans à le Candelier l'an MCCCC et XIV. »

Recettes. — « Rechoipte des rentes héritables appartenans à la ville. »

« Hallages et estallages pour les termes de Noel et S. J. B. (Etallages des boulangers, des tanneurs. — Hallages des toiles, des laines, de la mercerie, etc.) 729 l. 2 s. 5 d. et 6 capons.

« S'enssieut les parties qui sont à le ville, lesquelles sont restées vagues pour cette présente année et autres qui sont bailliés à vie qui ne rendent aucun pourfit.» (C'est ce qu'on nommerait, en comptabilité moderne, les restes à recouvrer.)

« Value de Cauchie et Fouych...., 700 l. »

« Amages..., 47 l. 5 s. »

« Yssue..., 300 l. »

« Rechoipte de nouviaux bourgois qui paient cascun pour une fois au pourfit de le ville x s. monnoie roial..., 47 l. 10 s. par. »

« Recepte des nouviaux aprentis des trois mestiers qui paient cascun pour une fois x s. monnoie roial..., 26 l. par. »

« Rechoipte des amendes et fourfaitures appartenant à le ville..., 69 l. 5 s. »

« S'enssieut les noms de ceux qui en l'an de ce compte, ont

esté tenus d'amendes, desquels on n'a peu recevoir le droit de le ville, tant pour leur povreté comme parce qu'ils sont fugitifs...»

« Value des drois de le hanse qui sont tels que cascun qui y entre paie 10 ans durans XL s. à XI d. de l'acroupi..., 64 l. 17 s. 4 d. mon. cour. val. au parisis, 60 l. 13 s. 2 d. »

« Value des hallages sur le fait de le drapperie nommé le caltre..., 670 l. »

« Autre recepte de vins venus au cay appartenant as marchans estrangers, dont cascune piéce paie VI d. monnoie courant... »

« Rechoiptes de vieuses debtes..., 14 l. 2 s. 10 d. »

« Value de l'assis du grain..., 1133 l. »

« Rechoipte commune. — Autre recepte de tisserans de toilles qui sont estrangiers et vienent faire et tenir leur dit mestier après ce qu'ils sont juré bourgeois en le ville, dont à le ville en appartient pour cascun V s. monnoie courant..., 12 s. 10 d. »

« Autre recepte de plusieurs personnes qui du temps de ce compte ont acaté rentes à vie sur le ville..., 318 l. 17 s. 6 d. »

« Autres recheptes de plusieurs assis, esquelx monsieur le duc prent son quart, réserve des cervoises brassées en le ville dont il ne prent que le quint..., 5097 l. 2 s. 9 d. ob. par. »

« Cens de l'assis du blé..., de le drapperie et sayes..., de le taintelerie..., du cuir tané et à tout le poil, cordewan et bazane ..., de le boucherie..., de bos et quartier..., de pois et graterie..., du poisson de mer..., des vins.... »

(Toutes ces recettes produisent pour ce compte une somme de 19,782 l. 7 s. 6 d. par.).

Dépenses. — « Rentes héritables..., 71 l. 10 d. par. »

« Rentes à vie..., 7,270 l. 16 s. 8 d. par. »

« Aydes du roy..., 447 l. 10 s. 10 d. par. »

« Pensions de le cambre... (traitements de chapelain, clerc de la halle, argentier, clerc de l'argenterie, sergans, wettes, messagers, escarwettes, roy des ribauds et commis), 446 l. 8 d. par. »

« Despenses pour pensions foraines, gaiges et salaires de consillers tant dehors le ville comme dedens et autres serviteurs d'icelle..., 1,284 l. 6 d. par. »

« Despense pour draps des sergens et autres officiers de le ville..., 84 l. 18 s. 2 d. par. »

« Despense des vins et chires délivrez aux maieurs et eschevins..., 523 l. 1 s. 1 d. »

« Despense pour voyages, messagerie de cheval et de piet..., 374 l. 14 s. 3 d. »

« Despense pour procès, escriptures, impetracions de mandemens et salaires de sergans et autres semblables, 62 l. 2 s..., 6 d. »

« Despense pour les chevauchiers des IIII sergans..., 4 l. mon. courant. valent au parisis, 68 s. 7 d. »

« Despense pour presens de vin..., 48 s. mon. cour. »

« Presens fais par Pierre de Morcamp..., 7 l. 1 s. 6 d. »

« Presens fais par Jehan Bollart, par Jehan de Saint-Audegonde, somme toute des presens fais par les IIII sergans de nos seigneurs..., 85 l. 10 s. 7 d. monnoie courant. qui valent au parisis, 73 l. 6 s. 2 d. »

« Despense pour presens de poisson et volille..., 27 l. 12 s. par. »

« Despenses pour dons et courtoisies fais aux arbalestriers et archiers de le ville, tant pour le jour de may comme autrement..., 93 l. 14 s. 11 d. par. »

« Despense pour dons d'aumousner..., 67 l. 10 s. 10 d. par. »

« Despense pour le franque feste..., 73 l. 12 s. 4 d. »

« Despense pour le hallage des draps et eswart nommé le caltre fais en le ville ou temps de ce compte..., 216 l. 18 s. 10 d. »

« Despenses pour povres personnes..., 17 l. 19 s. mon. cour., au par., 15 l. 7 s. 8 d. »

« Despense pour cateux d'orphelins paiet par les argentiers..., 18 l. 10 s. »

Despense pour gaiges, salaires et autres frais pour le gait de le ville de jour et de nuit, aux portes, tour du chastel et forteresses de le ville..., 616 l. 6 s. 6 d. par. »

« Despense de bouche fais par nos seigneurs maieurs et eschevins pour l'estat et honneur de le ville et recevoir les seigneurs venans en icelle..., 65 l. 4 s. 6 d. par. »

« Despense pour dons et courtoisies fais pour l'onneur de le ville..., 55 l. 5 s. 11 d. »

« Despense pour le visitation des comptes. Nient pour cest an. »

« Despense pour prest fait à Mgr le duc de Bourgogne..., 2,372 l. 4 s. par. »

« Despense commune... (papier, parchemin, sacs à procès, petites réparations de l'hôtel de ville, reliure, éclairage, etc.), 423 l. 7 s. 11 d. »

« Austre despense de debte deue as marchans des bos de Biaulo et de Richoud..., 788 l. 11 s. 5 d. par. »

« Despense de perte de monnoie..., 16 l. 11 s. 6 d. par. »

« Despense pour les mises du vin de pris prises par Mgr le duc..., 157 l. 8 s. 3 d. »

« Despense pour le fait de la guerre..., 1,038 l. 6 s. 11 d. »

« Chi après s'enssieut les ouvrages de le ville..., 5,447 l. 9 s. 8 d. de par. »

« Despense totale : 21,490 l. 3 s. 1 d. »

CHAPITRE IX.

L'ADMINISTRATION (*suite*).

§ I. *Officiers de la commune.* — § II. *Police de la ville ; juifs et hérétiques; vagabonds, ribauds, mendiants ; prostitution; port d'armes.* — § III. *Police des lieux publics; auberges et tavernes. — Police des jeux. — Règlements somptuaires. — Police de nuit.* — § IV. *Voirie.* — § V. *Eaux.* — § VI. *Police rurale; chasse et pêche.* — § VII. *Travaux publics; fortifications.* — § VIII. *Assistance et instruction publiques.* — § IX. *Milice communale. — Guet et garde de la ville.*

§ I.

L'administration d'une grande ville comme Saint-Omer comportait un assez grand nombre de fonctionnaires[1]. Cependant, comme les magistrats communaux non-seulement prenaient part à la direction des affaires, mais encore en surveillaient l'exécution jusque dans les plus minces détails, la plupart de ces fonctionnaires, sauf le clerc principal de la ville et les argentiers que nous avons déjà mentionnés, étaient des employés tout à fait inférieurs.

En dehors des clercs de l'argenterie et des clercs de la halle, qui étaient occupés aux écritures des bureaux, ceux que l'on trouve mentionnés dans les documents étaient chargés d'assurer l'exécution des règlements de police et de voirie de l'échevinage,

---

1. Leurs salaires montent à 1,730 livres en 1413-1414, sans compter leurs vêtements, qui sont comptés à part 84 l.

et de veiller à la sécurité de la ville. Les principaux étaient les sergents, officiers de police judiciaire et administrative. En même temps qu'ils veillaient à la sécurité de la rue, arrêtaient les délinquants et les criminels, ils étaient chargés de pratiquer les saisies, de notifier les assignations et les sentences des échevins, de publier leurs arrêtés. C'étaient à la fois les commissaires de police et les huissiers de l'échevinage. Le *Preco*, qui est mentionné au § 46 de la keure de 1168, devait être un officier de cette nature. Leur salaire était constitué par une partie du produit des amendes [1].

Au-dessous d'eux, les *waites* semblent avoir eu un rôle tout-à-fait semblable à celui de nos sergents de ville [2]. Les *wardeurs* ou gardes paraissent avoir eu encore une position inférieure, que l'on peut comparer à celles des gardes champêtres ; ils étaient chargés de la police des faubourgs et des pâtures ; il y en avait quatre pour l'Erbostade, autant pour le Haut-Pont, autant pour Lyzel, deux pour le Colhof, six pour le Zuinart, et sept pour les pâtures communes [3]. Les eaux, rivières et canaux avaient leur police spéciale constituée par deux *watregraven* [4].

Les bourgeois eux-mêmes participaient à la police. Ils devaient accourir aux cris : à l'aide ! poussés par les sergents, les waites [5] ou des bourgeois, arrêter les bannis, les étrangers armés qu'ils trouvaient dans la ville, ou crier : bourgeoisie ! à leur rencontre [6].

§ II.

Il nous reste à exposer quels étaient les principaux règlements de police en vigueur dans la ville.

Il n'est pas inutile de faire remarquer préalablement que la plupart des renseignements que nous avons à ce sujet se trouvent dans le *Registre aux bans,* et par conséquent datent de la fin du XIIIe siècle. Si la plupart de ces règlements n'ont fait que consacrer d'anciens usages, il en est aussi un certain nombre qui ont eu précisément pour but de combattre les usages établis, de modifier des règlements contraires. Il est le plus souvent assez facile de ne se point tromper sur leur caractère, néanmoins il y a quel-

---

1. *Registre aux bans,* n°s 1, 82, 531, 559, 561, 564, 566, etc.
2. Ibid., 257, 393, etc.
3. En 1320. Premier registre au renouvellement de la loi.
4. Ibid.
5. Ibid., n° 566.
6. Ibid., n° 568.

ques cas douteux dont on ne pourrait faire la critique qu'à l'aide de documents antérieurs.

De ce nombre sont précisément ceux relatifs aux hérétiques et aux juifs. Il est défendu de vendre du pain aux hérétiques et d'avoir des relations avec eux [1]. Il est interdit de louer une maison de la ville et de la banlieue à un juif [2]. Les règlements échevinaux s'attachent à ne laisser dans la ville ni vagabonds, ni pauvres, ni mendiants ; les *ribauds* et les *houliers* doivent être bannis de la ville [3], à moins qu'ils ne prouvent qu'ils exercent un métier qui leur fournit des moyens d'existence [4] ; il est défendu de les héberger, voire de leur faire l'aumône [5]. Les ouvriers sans ouvrage devaient également quitter la ville [6]. En vertu du même principe, on ne tolérait, ni dans la ville ni dans la banlieue, les femmes de mauvaise vie ; et si elles rentraient après avoir été chassées, elles étaient condamnées à avoir l'oreille coupée [7]. Cette mutilation précédait même le bannissement lorsqu'on les prenait en flagrant délit [8]. Rencontrées la nuit dans les rues par les sergents, les « légières femes » pouvaient être dépouillées par eux de tout ce qu'elles avaient sur elles sans pouvoir exercer aucun recours [9]. La prostitution devait donc être absolument clandestine ; les règlements municipaux ne toléraient aucune maison publique et punissaient les propriétaires qui louaient leur maison à des « femes de vie [10]. »

Tout port d'armes était sévèrement interdit, surtout aux étrangers et aux gens de métier, et principalement pendant la nuit. Les règlements énumèrent les armes interdites : « kenivet, miséricorde, coutel à pointe, make, fausard, broke de fust, bos affaitiés, ghisarme, » hache, arcs et flèches, épées, etc. [11]. Le bourgeois *en faide* pouvait porter seulement des armes défensives [12]. On ne pouvait éviter l'amende lorsqu'on était pris avec des armes qu'en prouvant qu'on voyageait et qu'on ne faisait que traverser la

---

1. *Registre aux bans*, n° 1.
2. Ibid., n° 171.
3. Ibid., n° 104.
4. Ibid., n° 142.
5. Ibid., n° 500.
6. Ibid., n° 475.
7. Ibid., n° 103.
8. Ibid., n°° 319, 320, 445.
9. Ibid., n° 531.
10. Ibid., n°° 143, 409, 523.
11. Ibid., n°° 118, 119, 145, 148, 163, 367, 480, 364, 569.
12. Ibid., n° 119.

ville[1]. Même la nuit, on ne pouvait porter d'autres armes qu'un bâton[2]. Encore ne fallait-il pas qu'il fût caché, il devait être porté à découvert[3]. Il était défendu, dans l'intérieur des murs, de tirer de l'arc, de l'arbalète, ou de lancer des « cantpiles[4]. » Le maieur et les échevins, tant en fonctions qu'après leur sortie de charge, pouvaient seuls porter et faire porter à leurs valets telles armes qu'il leur plaisait[5].

§ III.

Les lieux publics, et en particulier les auberges et les tavernes, étaient soumis à une surveillance et à des obligations assez rigoureuses. Les bourgeois seuls pouvaient être hôteliers[6]. Les règlements de police avaient surtout pour but de les empêcher de nouer des relations commerciales avec les marchands qu'ils logeaient; il était défendu à ceux qui logeaient des marchands de draps de s'occuper d'aucun commerce touchant à la draperie[7]; il leur était défendu de tenir marchandise « ki afière à taintelerie[8], » de même, d'aider les marchands de blé à acheter ou à vendre[9]. En fait, ils devaient souvent enfreindre ces défenses et se mêler de commerce. Un ban des échevins fait mention des « blankes saies » qui étaient accrochées chez eux, et qu'il était, du reste, défendu de leur acheter[10]. On allait jusqu'à les rendre responsables de leurs hôtes. Sous peine de 60 s. d'amende et de perdre leur métier an et jour, ils devaient obliger les marchands de draps qui logeaient chez eux à payer, dans les sept jours, les draps qu'ils avaient achetés à la halle[11]. Ils ne devaient recevoir chez eux les acheteurs de blanches saies qu'après s'être assurés qu'ils avaient donné à la halle caution de cent livres d'esterlings[12].

Les règlements étaient plus rigoureux encore pour les *taverniers*. Ils ne devaient avoir dans leur taverne du vin qu'à deux

---

1. *Registre aux bans,* n° 119.
2. Ibid., n°⁸ 441, 442, 564.
3. Ibid., n° 330.
4. Ibid., n° 115.
5. Ibid., n° 189.
6. Ibid., n° 562.
7. Ibid., n° 243.
8. Ibid., n° 100.
9. Ibid., n° 2.
10. Ibid., n° 575. Cf. n°⁸ 176 et 242.
11. Ibid., n° 85.
12. Ibid., n° 346.

prix, un prix pour le vin blanc, et un prix pour le vin rouge [1]. Ils devaient vendre exactement le même vin que celui qu'ils avaient « fait crier [2]. » Sous peine de perdre leur métier, il leur était interdit de mélanger leur vin soit avec d'autres vins, soit avec des substances quelconques [3]. Après la fin d'avril, il leur était défendu de tenir la boisson dite « raspei [4] » (piquette). Depuis le mois d'août jusqu'à la fin de septembre, il était interdit de tenir taverne et de vendre du vin dans la banlieue, sauf dans la rue de Tilque [5]. Il était défendu aux taverniers de prendre en gage du fil ou de la laine [6]. Ils étaient responsables devant la justice de leurs garçons ou valets [7]. Les tavernes se fermaient quand sonnait la cloche de paix. Après cette heure, il était défendu d'y donner à boire [8], sauf aux voyageurs [9]. Les jeux, et particulièrement le jeu de dés, y étaient interdits [10]. On y jouait pourtant, et les règlements ne laissaient pas que de le tolérer, puisqu'un ban oblige le tavernier à rendre gratuitement ses vêtements au client qui les aurait perdus au jeu chez lui [11].

Presque tous les jeux étaient, dès le XIIe siècle, proscrits à Saint-Omer bien plus rigoureusement que dans la plupart des autres villes. La keure de 1168 [12] punit d'une amende de dix sous ou du pilori les joueurs de *tremerel* ou de *ridechôh* [13]. Nous avons vu les dés interdits dans les tavernes, ils étaient de même interdits partout ailleurs [14]. Il était défendu d'en tenir école dans la ville et même d'en fabriquer [15]. Ces interdictions ne se bornaient pas aux jeux de hasard : le jeu de paume était interdit dans la

1. *Registre aux bans*, n° 215.
2. Ibid., n° 31.
3. Ibid., n° 22.
4. Ibid., n° 2.
5. Ibid., n° 228. Cf. n° 519.
6. Ibid., n° 522. Cf. n° 229.
7. Ibid., n°° 18 et 410.
8. Ibid., n°° 444, 565.
9. Ibid., n° 35.
10. Ibid., n°° 33 et 444.
11. Ibid., n° 34.
12. Pièces justif. XIV, § 43.
13. A Arras, le jeu de tremerel était, en 1194, affermé au bourreau (Guesnon, *Sigillographie d'Arras*, préface, p. XIV). — La charte de commune de Ham spécifie que la réglementation « super ludos, quos vulgo « vocant *tremerel* et super rotationes in tabernis » est réservée à l'échevinage.
14. *Registre aux bans*, n° 317, 559.
15. Ibid., n° 105.

ville¹, de même le jeu de boule, mais cette dernière défense ne s'appliquait qu'aux établissements de jeux, car le règlement s'empresse d'ajouter « mais chascuns puet bouleir ès rues et ès gar- « dins pour aus esbanoier². »

Les règlements municipaux qui nous sont parvenus sont d'une rigueur telle en ce qui touche les fêtes, les repas, les réunions, qu'on a quelque peine à croire qu'ils aient été en cela bien strictement observés. Non-seulement ils avaient la prétention d'interdire les fêtes qui précédaient un voyage, un pèlerinage ou suivaient un heureux retour³, mais encore ils voulaient réglementer jusqu'aux réunions les plus intimes : « Ke nus ne doinst à « maigner le vesprée se n'est peire et meire et antains, frère et « sereurs et serourges⁴ ; » défense de prendre hors de chez soi un repas se composant de plus de « six écuelles⁵ ». Nous avons vu plus haut toute une série de règlements somptuaires qui empêchaient les noces d'être trop brillantes et trop dispendieuses.

Nos règlements sont muets sur les fêtes populaires, et en l'absence de tout renseignement, il n'est guère possible d'interpréter leur silence. Il semblerait étrange cependant que la société d'alors fût triste, comme paraissent le témoigner les dispositions que nous venons d'énumérer. On se figure mal une populeuse cité flamande, pleine d'ouvriers organisés en corporations, sans fêtes bruyantes, sans repas et sans manifestations d'aucun genre. Les siècles suivants, pour lesquels nous avons des renseignements à ce sujet, ne démentent pas l'idée que l'on pouvait s'en faire. Les copieux repas que font à tout propos les magistrats « pour l'honneur de la ville » et à ses dépens, les vins de courtoisie qu'ils ne manquent pas d'offrir à tous les personnages qui traversent la cité, les préparatifs pour les *ducasses*, les foires, et toutes les fêtes religieuses, dont on trouve les dépenses énumérées dans tous les comptes, doivent suffire à prouver que, si quelque échevinage chagrin avait rêvé pour les habitants de Saint-Omer une vie austère, morne et silencieuse, il n'avait certainement pas réussi.

Une fois la cloche de paix sonnée, il était défendu de circuler sans lumière⁶. Tout travail était interdit aux artisans, surtout à ceux dont le métier était bruyant⁷ ; il était défendu de faire hurler

---

1. *Registre aux bans*, n° 286. — 2. Ibid., n° 426.
3. Ibid., n° 459.
4. Ibid., n° 549.
5. Ibid., n° 459.
6. Ibid., n°ˢ 390, 440, 442, 563.
7. Défense aux *Hugiers* d'ouvrer de nuit (Ibid., n° 135), aux fabricants

— 260 —

les animaux ou de hurler soi-même[1] ; il était même défendu de siffler, et la peine pour les délinquants était, pour la première fois, une amende de soixante sous, la perte de la bourgeoisie, et, en cas de récidive, rien moins que le bannissement [2].

§ IV.

Le grand nombre des règlements relatifs à la police de la voirie et les nombreuses défenses de déposer des ordures dans les rues, sont loin d'être des preuves de la propreté de la ville au moyen-âge. Si l'on défend aux marchands tenant étal de jeter des boyaux et d'autres ordures sur le marché[3], aux bourgeois de jeter des cendres, des ordures, des bêtes mortes ou des peaux dans les rues[4], dans les enclos[5], ou contre les fontaines[6], aux tripiers, aux marchands de chair cuite et aux marchands de poissons, de jeter çà et là sur la place des yeux, des pieds de moutons et d'autres débris[7] ; si l'on oblige à aller enfouir dans les champs le sang des animaux abattus[8], les eaux et les intestins des poissons, au lieu de les jeter dans les ruisseaux des chaussées[9], il faut croire que l'état de la ville nécessitait tous ces règlements, et il n'est guère probable qu'aussitôt promulgués ils en changeaient l'aspect. Du reste, certains articles sont plus caractéristiques : obligation de faire enlever dans les trois jours les ordures (« boue, chendres, fiens ») que l'on jette devant la maison d'autrui[10] ; la terre déposée par un propriétaire sur la voie publique devant sa maison, doit être enlevée dans les quinze jours[11]. Indépendamment des ordures, les rues devaient être assez encombrées, et les règlements cherchaient à y remédier : défense de laisser dehors pendant la nuit des tonneaux vides[12] ; défense d'amonceler des

de roues de charrettes (401), aux tisseurs (542), aux lormiers (543). Défenses générales (387, 405, 436).
1. *Registre aux bans*, 383 *bis*.
2. Ibid., n° 532.
3. Ibid., n° 78.
4. Ibid., n°* 123, 259, 481.
5. Ibid., n° 138.
6. Ibid., n° 352.
7. Ibid., n°* 538 et 561.
8. Ibid., n° 300.
9. Ibid., n° 366.
10. Ibid., n° 158.
11. Ibid., n° 291.
12. Ibid., n° 275.

fagots où ils peuvent gêner[1]; défense de faire décharger des pierres blanches si on ne les a achetées[2]; défense de laisser tomber du bois dans les rues[3]; défense de laisser les pourceaux errer dans la ville[4].

Les peines prononcées par les règlements contre les contrevenants n'étaient pas de nature à en diminuer le nombre, c'était d'ordinaire une amende de six sous qui était perçue moitié au profit du dénonciateur et moitié au profit de l'aman[5]. Une peine particulière était appliquée à qui était pris en flagrant délit de déposer ou de faire des ordures sur la chaussée, on lui ôtait « sen seurcot[6]. »

On trouve mention dans les règlements de « vallets des boues[7] » qui devaient être préposés à leur enlèvement ; mais voici le moyen fort imparfait qui était employé pour nettoyer les rues, tel qu'il nous est indiqué par un ban municipal : Quiconque amenait en ville une charrette de sablon, terre, gravier ou gazon devait, en échange, remporter hors de la ville une charretée de boue ou d'ordures[8]:

A la fin du xiiie siècle, les chaussées étaient empierrées et quelques-unes au moins pavées; on achetait pour leur entretien des pierres que des règlements interdisent de s'approprier[9]. On a vu plus haut qu'il était pourvu à leur entretien par un impôt spécial, nommé le cauchiage. Il était défendu de faire trotter dans la ville les chevaux des charrettes[10].

Dans les rues pavées, il fallait avoir la permission de deux échevins pour faire saillir le seuil de sa maison[11]. Il était défendu de placer des étaux sur la chaussée[12]. Les marquises des boutiques devaient être assez élevées pour qu'on pût chevaucher à l'aise au-dessous[13]. Les ouvertures des ateliers des forgerons et des lormiers devaient être disposées de façon que leur lumière ne pût gêner

---

1. *Registre aux bans,* n° 122.
2. Ibid., n° 169.
3. Ibid., n° 340.
4. Ibid., n°° 156, 335.
5. Ibid., n° 480.
6. Ibid., n° 352, 369.
7. Ibid., n° 377.
8. Ibid., n° 357.
9. Ibid., n°° 147 et 527. Cf. n° 131.
10. Ibid., n°° 229 et 297.
11. Ibid., n° 131.
12. Ibid., n° 67.
13. Ibid., n° 316.

les passants [1]. Un ban de la fin du XIIIᵉ siècle ordonnne la suppression de tous les lieux d'aisance, et déclare qu'il ne pourra y avoir de fosses qu'à une distance de dix pieds des murs de la ville [2]; je pense qu'il ne s'agit ici que des lieux d'aisance publics. Toutes les façades devaient être nettoyées à la mi-mars; en même temps, chacun était tenu de réparer ses clôtures et d'entretenir ses chemins [3]. A la Pentecôte, toutes les cheminées devaient avoir disparu, et, jusqu'au retour de l'hiver, il était interdit de faire du feu dans une cheminée [4]. Cette disposition avait sans doute pour but d'éviter les dangers d'incendie. Nos règlements ne témoignent pas du reste d'autres précautions à cet égard; le seul article qui y soit relatif oblige les habitants, lors d'un incendie, à mettre à leurs portes et à leurs fenêtres des lumières dans les rues « là li berman et broueteur iront à l'eawe [5]. »

§ V.

Les cours d'eau étaient soumis à des règlements de police très-analogues à ceux relatifs aux voies publiques. Les principaux avaient pour but de les préserver des ordures et de l'encombrement; défense de jeter des eaux sales, des cendres, des ordures, de laver des tripes ou du linge dans les rivières, les canaux, les fossés, les gués ou les fontaines de la ville [6]; défense d'avoir des lieux d'aisance donnant sur les cours d'eau [7]; défense d'encombrer les rivières de bois [8]. L'entretien et le nettoyage des petits cours d'eau qui traversaient la ville étaient à la charge des propriétaires riverains [9]. L'entretien et le nettoyage des rivières et des canaux plus considérables étaient à la charge de la ville. On a vu plus haut que le produit de l'impôt, nommé *fouage*, était applicable à ce service public [10]. Les gués devaient avoir, à la fin

---

1. *Registre aux bans*, n° 325.
2. Ibid., n° 224.
3. Ibid., n° 473.
4. Ibid., n° 497.
5. Ibid., n° 447.
6. Ibid., nᵒˢ 81, 136, 137, 139, 207, 351, 352.
7. Ibid., n° 274.
8. Ibid., n° 289.
9. Ibid., n° 92.
10. Le 8 mai 1316, le magistrat de Saint-Omer remontre à la comtesse d'Artois « les grans dépens, frais et cous qu'il leur a tenu de nécessité « fere pour fouyz, pour rejeter et retenir net et délivré le cours de la « rivière qui y vient de Gravelingues, pour ce que plus seurement et

du XIVᵉ siècle, une largeur de vingt-deux pieds, dans les grandes rivières, et de quatorze pieds dans les autres [1]. Les riverains ne pouvaient faire de prise d'eau qu'à condition de ne pas diminuer le niveau, c'est-à-dire à condition de faire retourner l'eau à la rivière après l'avoir utilisée [2].

L'eau potable était fournie à Saint-Omer, du moins dès le commencement du XVᵉ siècle, par des conduits ou « pippes » qui amenaient dans les fontaines publiques les eaux de Longuenesse. Il nous est resté plusieurs mentions de nettoyages et de réparations de ces conduits. En 1412, ils étaient en si mauvais état, qu'ils ne donnaient plus d'eau, et que les habitants étaient obligés d'aller se pourvoir à une fontaine située au-delà de la porte Sainte-Croix, dans les prés de le Borsgravemerch, appartenant à Aleaume de Sainte-Aldegonde [3].

§ VI.

La banlieue comprenait, outre les pâtures communes, un grand nombre de terrains cultivés, en marais dans les parties basses, et en céréales, blé, avoine, pois, etc., sur les hauteurs. Leur police était confiée à des gardes champêtres, nommés « wardes des blés » ou « wardes des warisons, » qui étaient payés sur le produit des amendes perçues pour contraventions aux règlements [4]. La plupart des règlements de l'échevinage relatifs aux champs et aux cultures n'avaient d'autre but que de les sauvegarder ; ils interdisaient de passer sur « fruit et maresc, » soit à pied, soit à cheval, depuis la mi-mars jusqu'après la saint Remi (1ᵉʳ octobre) [5], obligeaient les piétons et les cavaliers à suivre dans la campagne les sentiers ou coulées [6]. Un plus grand nombre avaient pour but de protéger les « warisons » contre les animaux [7]. Les porcs qu'on

« plus délivrément li bien et li marchandises y puissent venir et aler,
« qui autrement sans grant travail et coust et aucune fois pareille des-
« dites marchandises n'y pooient mie boinement venir, pour les empes-
« chements qui en ladite rivière estoient creu et multiplié par esla-
« vaisses et par autres accidents ; » et demandent à augmenter le droit sur les marchandises qui arrivent par eau. (Arch. municip. XXXII. 10.)

1. En 1385, ibid., *Gros registre du greffe*, fᵒ 32.
2. *Registre aux bans*, nᵒˢ 166 et 551.
3. *Analyse et extraits d'un registre des archives de Saint-Omer*, nᵒ 182. Cf. nᵒˢ 203, 240 et 262.
4. *Registre aux bans*, nᵒ 204, 234, etc.
5. Ibid., nᵒ 116 et 234.
6. Ibid., nᵒ 132.
7. Ibid., nᵒ 204, 377, 484, etc.

y prenait pouvaient être tués, une moitié de la bête allait au propriétaire du champ en indemnité du dommage causé, l'autre moitié se partageait entre le bailli, le châtelain et la ville[1]. Quelques bans sont relatifs à la police des moissons. Il était défendu de charroyer la dîme en même temps que le reste de la récolte[2], et on ne pouvait charroyer pendant la nuit[3]. Pouvaient seuls glaner ceux qui n'étaient pas capables d'être moissonneurs[4]. Défense de sarcler le blé d'autrui sans permission[5]; défense aux taverniers de recevoir des gerbes en paiement. Le valet qu'on surprenait donnant des gerbes aux valets des dîmeurs était puni par la perte de l'oreille[6]. En dehors de ces règles, il n'y a dans les règlements que l'interdiction de porter du fumier sans autorisation sur les terres des bourgeois qui soit relative aux cultures[7].

Il semble que la chasse ait été de droit commun pour les bourgeois, au moins dans les propriétés de la ville. Les règlements restrictifs que nous rencontrons, interdisent la chasse pendant certaines époques, des cendres à la saint Jean[8], pendant la moisson[9], réservent certains territoires, le bois de Loo[10], ou défendent la chasse aux cygnes[11]. A part ces restrictions, il semble que chacun pouvait chasser avec tels « engins » qu'il lui plaisait.

Les règlements sur la pêche étaient plus compliqués ; les bourgeois jouissaient du droit de pêcher dans les marais, et, en général, dans toutes les eaux appartenant à la ville ; mais, partout où les eaux de la ville joignaient celles de l'abbaye de Saint-Bertin ou celles de l'abbaye de Clairmarais, le droit de pêche fut, pendant tout le moyen-âge, l'objet de contestations sans fin. La plupart des bornages de marais que nous avons cités, contiennent des dispositions à cet égard qui peuvent se résumer ainsi : réserve pour chacun des propriétaires du droit de pêche dans ses eaux, interdiction de la pêche dans les eaux communes[12]. En février

---

1. *Registre aux bans*, n° 157. Cf. n° 162.
2. Ibid., n° 225.
3. Ibid., n° 227.
4. Ibid., n° 226.
5. Ibid., n° 233.
6. Ibid., n° 229.
7. Ibid., n° 221 et 458.
8. Ibid., n° 231, 473.
9. Ibid., n° 229.
10. Ibid., n° 172.
11. Ibid., n° 117.
12. Voy. l'accord de 1175. (Pièces justificatives, XV.) Cf. *Registre aux bans*, n° 281.

1279-80, un arrêt du parlement de Paris établissait les droits de pêche respectifs des moines de Clairmarais et des bourgeois[1]. En 1311, nouvelles contestations à ce sujet, la ville prétendant restreindre le droit de pêche des religieux aux eaux qui sont sur leurs terres. A la suite d'un accord, il fut décidé que les religieux pourraient pêcher jusques au « treu de le Mere, au leis d'amont « vers Saint-Omer..... et de le rivière d'amont doudit treu de le « Mere, en montant vers ledite vile, une verghe de XXI piet de « lonc, au bout de lequele verghe doit avoir un bouve, et à l'autre « leis de ledite yauwe doit aussi avoir un bouve à nivel[2].... » En 1334, l'abbaye de Saint-Bertin reconnut aux bourgeois le droit de pêcher « par tout le rivière ki keurt devant le Vies Mous-« tier[3]. »

Quant à la police proprement dite de la pêche, les règlements déterminent la grandeur des poissons qu'il est permis de prendre[4], la largeur des mailles du filet[5], interdisent la pêche en temps de frai[6] et la pêche de nuit[7]. Il n'est jamais fait mention que de la pêche au filet; les poissons dont il est question sont les carpes, les tanches, les bars et les « beketel. »

§ VII.

Les fortifications étaient, nous l'avons déjà dit, entretenues et réparées par le budget municipal ; on a vu que dans beaucoup d'amendes, une partie devait être affectée à ce service[8], et que les produits des eaux et des berges des fossés concédés à la ville étaient aussi applicables à cet entretien[9].

Nous avons déjà parlé de la cession faite en 1218 par le châtelain à la ville, d'une bande de pré longeant les fossés vers Saint-

---

1. Delisle, *Restitution d'un volume des Olim*, n° 389.
2. *Arch. municip.* CXXXVII, 13.
3. *Analyse et extraits d'un registre des archives de Saint-Omer*, n° 36.
4. *Registre aux bans*, n° 282.
5. Ibid., n° 283.
6. Défense de pêcher de la saint Jean à la mi-mars (12 janvier 1384-1385. — *Gros registre du greffe*, f° 32).
7. *Registre aux bans*, n° 284.
8. Keure de 1168, §§ 16 et 17. — Cf. plus haut, p. 213.
9. Concession par Philippe-Auguste en 1197 (*Pièces justificatives*, XXI). — Confirmation par Baudouin de Constantinople en 1198 (Ibid., XXIV). — Confirmation par le prince Louis en février 1211-1212 (Ibid., XXXII). — Confirmation par Louis IX en mars 1229-1230. (*Arch. municip.* AB XVIII, 15, f° 32 v°.)

Michel, qui dut servir aux fortifications [1]. A part ces indications et quelques règlements de police qui interdisaient de prendre des pierres aux forteresses de la ville [2], d'encombrer les fossés des fortifications de cendres ou d'ordures [3], d'y faire pâturer les bestiaux [4], d'y établir des haies, des palissades ou des murs [5], de planter des arbres, ou d'élever une bâtisse quelconque à moins de dix pieds des fortifications [6], nous n'avons presqu'aucun renseignement sur les travaux de défense entrepris par la ville, non plus du reste que sur les autres travaux publics auxquels devait subvenir la caisse municipale, jusqu'à l'époque où nous possédons des comptes réguliers annuels. On a pu voir dans celui dont nous avons donné plus haut le résumé, que les travaux publics en étaient la principale dépense, et qu'elle se montait pour la seule année 1413-1414, à 5,447 livres 9 s. et 8 d. de parisis. Ces dépenses n'étaient pas restreintes, du reste, aux seuls édifices de la ville. En 1282, les habitants de Saint-Omer sollicitaient et obtenaient comme un privilége le droit de rebâtir à leurs frais, plus hauts et plus larges, le pont de Watten et tous les ponts de Saint-Omer à Gravelines, pour favoriser la navigation et le commerce de leur ville [7].

L'échevinage avait construit « pour le seurté et fortereche » de la ville, « un escaffaut ou garite de bos sur le bout du mur des « closures de le ville, en l'espasse qui est entré le porte Boulli« sienne et le chastel. » Ce travail de défense porta ombrage au duc de Bourgogne, qui, en considération du préjudice qu'il pourrait, « pour le hauteur de li, » porter au château, en face duquel il s'élevait, contraignit la ville à s'engager, le 29 mars 1337, à le faire démolir à première réquisition [8]. Il existait encore en 1378, époque à laquelle, dans un accord entre eux et la comtesse de Flandre, les magistrats de Saint-Omer renouvellent cette promesse et s'engagent à faire démolir « ladite agairte » au bon plaisir de leur suzerain, et « ensemble l'esquargatte qui siet au « desseure du comble de le porte Boulisiene [9]. »

1. Pièces justificatives, XXXV et XXXVI.
2. *Registre aux bans*, n° 147.
3. Ibid., n° 136. — 4. Ibid., n° 155.
5. Ibid., n° 217.
6. Ibid., n° 250.
7. Pièces justificatives, LXVII. — Cf. d'autres difficultés relatives au pont de Watten dans *Analyse et extraits d'un registre des archives de Saint-Omer*, n° 80.
8. Ibid., appendice V,
9. Ibid., n° 125.

La charte de réforme de l'échevinage de 1447 est la seule qui contienne des articles relatifs aux travaux publics. Elle porte que les fossés des fortifications doivent être affermés à charge de l'entretien (art. 23), que les travaux doivent être concédés à des entrepreneurs ensuite d'adjudication (art. 24), qu'ils doivent être soigneusement vérifiés avant acceptation et paiement (art. 25), qu'ils ne doivent être exécutés en régie que s'il ne se présente pas d'adjudicataires (art. 32), que les fermiers et les adjudicataires doivent fournir des cautions suffisantes (art. 30).

§ VIII.

L'étude de l'administration municipale d'une ville devrait, semble-t-il, comprendre l'organisation de l'assistance et de l'instruction publiques, mais l'une fut pendant longtemps abandonnée à l'initiative privée ou au zèle des établissements religieux, l'autre fut pendant tout le moyen-âge le monopole du chapitre de la collégiale.

La première mention d'une assistance des pauvres et d'une école à Saint-Omer se trouve dans un texte du xe siècle. Un sourd-muet étant venu à Saint-Bertin se mit à chanter d'une voix forte ; les moines le conduisirent alors à l'*Œconomus pauperum*, qui l'interrogea, et remarqua qu'il n'était plus sourd. Comme c'était un jeune homme, on l'envoya à l'école des chanoines où il fut instruit [1].

La *léproserie*, située près du bois de Loo, et qui est mentionnée dans les chartes de commune [2], avait été fondée avant 1106 par un personnage nommé Vunrad, et dotée, à cette époque, par le chapitre et l'abbaye du produit de certaines dîmes qui leur étaient communes [3]. L'échevinage semble être longtemps resté absolument étranger à son administration ; ce n'est qu'au xve siècle, en 1422, qu'on a trace de son intervention. A cette époque, les magistrats dirigeaient cet établissement, et commettaient un bourgeois pour le visiter [4]. Plus tard, en 1464, un nouveau règlement fut soumis à leur approbation [5]. Pendant le moyen-âge, l'échevinage ne s'occupa des lépreux que pour les bannir de la ville ; sauf trois jours par an, ils n'y pouvaient point entrer. Le

---

1. Miracles de Saint-Bertin. *Acta Sanctorum*, 5 septembre, p. 597.
2. Voy. charte de 1127, § 18.
3. Guérard, *Cartul. de Saint-Bertin*, p. 237.
4. *Analyse et extraits d'un registre des archives de Saint-Omer*, n° 207.
5. Ibid., n° 265.

« waite » qui apercevait un mesel qui avait enfreint cette défense, devait aussitôt le chasser en le frappant, ou même en le piquant de pointes de fer [1]. Les méseaux étaient cependant tolérés, probablement pour solliciter la pitié des passants, à trois des portes de la ville [2].

Les hôpitaux abondaient à Saint-Omer ; il ne nous appartient pas de faire ici leur histoire [3], puisque, pendant la première période du moyen âge du moins, ils s'administraient presque tous eux-mêmes et échappaient presque complètement à toute ingérence des magistrats municipaux. Aussi nous bornerons-nous à une simple énumération.

L'*Hôpital du Soleil*, situé hors de la porte du Haut-Pont, doté en grande partie par la famille de Sainte-Aldegonde, existait avant 1330 [4].

L'*Hôpital de saint Jean-Baptiste*, situé dans la Litte-rue, fondé en 1408 par les héritiers de Jean de Wissocq, avait pour but de « rechevoir, couchier, herberguier et alimenter les povres [5]. »

L'*Escoterie*, hôpital de très-ancienne fondation, situé rue du Brûle, appartint d'abord au chapitre, et fut administré sous sa direction [6]. Il recevait des vieillards, des malades et des voyageurs. Au XVe siècle, il était, comme les autres hôpitaux, entièrement administré par l'échevinage, dont il reçut un règlement en 1417. A cette époque, la ville y entretenait, pour le service des malades, huit femmes non mariées, laïques, et quatre servantes qui devaient être bourgeoises ou filles de bourgeois [7]. On y réunit, en 1427, l'*hôpital Saint-Louis*, dit du *Cheval d'or*, ancien hôpital fondé au XIIIe siècle, qui était situé tout proche. La conduite des femmes qui soignaient les malades de l'Escoterie n'ayant pas été exempte de reproches, l'échevinage les remplaça à cette époque par les sœurs de l'hôpital Saint-Louis [8].

---

1. *Registre aux bans*, n° 257.
2. Ibid., n° 449.
3. Nous savons qu'elle ne tardera pas à être publiée par M. Deschamps de Pas, qui en a réuni depuis longtemps tous les éléments.
4. Voy. les donations qui lui sont faites en 1330 et 1331 par la famille de Sainte-Aldegonde. (*Analyse et extraits d'un registre des archives de Saint-Omer*, n°s 22, 27, 29.)
5. Voy. l'analyse de l'acte de fondation. (Ibid., n° 166.)
6. Sur l'origine de ce nom, voy. la charte adressée en 858 au roi Louis par les évêques de la province de Reims : « Hospitalia peregrinorum « sicut sunt Scottorum, etc. » (*Capitul. Caroli Calvi*, p. 187.)
7. *Analyse et extraits...* n° 197.
8. Ibid., n° 222.

L'Hôpital des pestiférés tenu par les Alexiens (*Cellebroeders*), celui des vieillards de la Litte-rue, la maison de charité des orphelins, dite des Bleuets, sont de fondation beaucoup plus récente, et nous n'avons pas à nous en occuper ici [1].

Outre les hôpitaux, il y avait à Saint-Omer, dès le xiii° siècle, probablement annexées à chaque paroisse, d'autres institutions de bienfaisance. C'étaient les *Tables des pauvres;* nous avons des mentions de celles des paroisses de Saint-Michel, de Saint-Denis et de Sainte-Aldegonde [2]. Le Chapitre avait aussi sa table des pauvres, mais comme son église n'était pas paroissiale, c'étaient les pauvres de Saint-Denis et de Sainte-Aldegonde qui en bénéficiaient. Ces établissements correspondent assez exactement aux institutions qu'on a nommées de nos jours fourneaux économiques. On y cuisait des aliments qu'on distribuait aux pauvres, et, en outre, on leur donnait des vêtements et d'autres secours. Ils étaient gouvernés chacun par trois administrateurs annuels, qu'on nommait *tabliers*, et qui étaient à la nomination des curés des paroisses. L'échevinage n'était pas indifférent à ces institutions, et nous le voyons, en 1228, d'un commun accord avec le Chapitre, renoncer aux droits contestés entre eux sur une maison, pour les abandonner à la table des pauvres du Chapitre [3]. Il nous est parvenu un *cueilloir* du xiii° siècle de la table des pauvres de la paroisse Saint-Michel [4], mais comme il contient seulement des listes de redevances et de rentes, l'indication des anniversaires de donateurs qui étaient à la charge de l'établissement et un certain nombre de chartes de donations, il nous montre seulement combien ces institutions étaient riches et populaires, mais malheureusement nous laisse sans indication sur l'emploi qu'on faisait des revenus. Les comptes de la table des pauvres du Chapitre qui sont conservés dans ses archives ne commencent qu'au xv° siècle.

On voit combien était restreint le rôle de l'administration municipale dans l'assistance publique, surtout avant qu'au xv° siècle on lui ait attribué le gouvernement de la plupart des hôpitaux. Presque tout entière la charité s'exerçait par l'initiative privée ou par les établissements religieux. Quelquefois cependant, l'échevinage décidait que quelque somme d'argent en litige ou quelque

---

1. Voy. ibid., n°⁸ 276, 365, 438.
2. *Analyse et extraits...* n° 188.
3. Pièces justificatives, XXXVIII et XXXIX.
4. Ms. de la bibliothèque de Saint-Omer, n° 830.

amende serait distribuée aux pauvres [1], mais c'est là un fait exceptionnel ; il donnait bien encore de temps à autre quelques subventions, quelques aumônes aux mendiants, mais c'était peu de chose, comme on peut s'en convaincre en voyant figurer seulement dans le compte de 1413 que nous avons résumé plus haut, sous les rubriques « dons d'aumosnes » et « despens pour povres « personnes, » une somme totale de quatre-vingt cinq livres neuf sous six deniers.

Le Chapitre avait le privilége de tenir à Saint-Omer les seules écoles publiques [2], aussi ne voyons-nous jamais le magistrat se préoccuper de l'instruction ; il faut aller jusqu'à la fin du XIVe siècle pour trouver trace de son intervention dans cette question. Nous savons qu'en 1368, il attaquait en justice le Chapitre qui avait mis au gouvernement des écoles de Saint-Omer un Italien qui ne savait pas la langue du pays [3].

§ IX.

L'une des dernières attributions des magistrats municipaux que nous ayons à signaler, consiste dans le commandement de la milice communale. Il est probable que cette fonction appartenait d'abord au châtelain ; la chronique de Galbert de Bruges montre les habitants des villes conduits en campagne par leurs châtelains [4] ; et certains châtelains conservèrent pendant tout le moyen-âge cette prérogative [5]. Quoi qu'il en soit, les chartes de commune de Saint-Omer ne font plus mention de cette fonction du châtelain ; le commandement de la milice communale y appartient exclusivement aux magistrats municipaux.

Cependant le châtelain, qui occupait en quelque sorte la citadelle de la ville, avait dû garder une certaine influence. En temps de siége, son autorité devait prévaloir sur toutes les autres ; il

---

1. *Analyse et extraits*... n° 19.
2. Une bulle d'Alexandre III, en date du 18 mai 1160, qui confirme au chapitre ce privilége, nous donne quelques détails sur son exercice : « Regimen quoque scolarum cum prebenda et pertinentis suis quod « annuatim concedi antiquitus consuevit, post decessum Guidonis de « Aria cui in vita sua noscitur esse concessum nulli in perpetuum con- « cedatur nisi de communi assensu capituli. » (Arch. du chapitre, II G 315.) L'écolâtre avait la haute direction des écoles ; cette dignité fût supprimée en 1429. (*Ibid.*, II G 531.)
3. *Analyse et extraits d'un registre de Saint-Omer*, n° 105.
4. Pertz, SS, t. XII, p. 602, l. 32. — p. 608, l. 55. — p. 578, l. 31 et 45.
5. En particulier celui de Lille. — Voy. Roisin, p. 291 et 327.

conservait la charge de défendre et de protéger la ville[1]; ses vassaux venaient garder le château en qualité d'estagers, et recevaient pour cela de la ville une redevance en nature composée de fromages et de peaux de moutons[2].

La charte de 1127 stipulait que la milice de Saint-Omer ne pouvait être requise par le comte que pour défendre le sol de la Flandre, dans le cas d'invasion du territoire par une armée ennemie; jamais elle ne pouvait être emmenée hors du pays (§ 4). Cette concession est reproduite dans toutes les confirmations postérieures.

La charte de 1168 contient quelques autres dispositions relatives au service militaire dû par les habitants. Elle nous apprend que c'étaient les maieurs et les jurés qui commandaient à cette époque la milice communale, et que deux jurés avaient le droit de dispenser un bourgeois de faire partie d'une expédition. Le bourgeois qui ne se rendait pas à l'appel du ban, en était quitte pour une amende de six sous (§ 35).

Lorsque la milice était convoquée, les bourgeois qui en faisaient partie devaient observer strictement entre eux la paix; quiconque enfreignait cette disposition était passible de la peine à laquelle étaient condamnés les violateurs de la paix dans l'intérieur de la ville. C'était probablement pour conserver aux maieurs et aux jurés une entière autorité sur leurs hommes, et pour les autoriser à user envers eux de punitions corporelles, que le même article stipule une exception à cet égard en leur faveur (§ 35).

La même charte établit, en outre, qu'il est interdit aux habitants de Saint-Omer de prendre du service dans un autre pays. C'était là sans doute une interdiction nouvelle, car, comme disposition transitoire, elle autorise ceux qui se trouveraient au service d'un seigneur à achever leur temps de service, à condition toutefois de ne porter aucun dommage, par le fait de leur engagement, à leurs concitoyens. Si l'armée dans laquelle ils combattent fait du butin sur les possessions des bourgeois, ils pourront de bonne foi recevoir la part qui leur sera donnée, mais à leur retour ils devront rendre cette part à son légitime possesseur. Si celui-ci réclame davantage, ils seront admis à prêter serment qu'ils n'ont pas reçu plus que le montant de leur restitution (§ 34).

A la fin du XIIIe siècle, les chefs militaires des bourgeois étaient

---

1. « Castellanus prepositus ad protegendos et defendendos Audomaren-
« ses. » (Lambert d'Ardres.)
2. Keure de 1127, § 3. — Cf. la mention des estagers dans un ban municipal du XIIIe siècle. (Pièces justif. LXXXVI, n° 5.)

les *connétables*[1], et pour tout ce qui concernait le service militaire, la ville était divisée en *connétablies*[2]. D'après l'ordonnance de 1447, les connétables étaient nommés chaque année par le maieur et les échevins aussitôt après l'élection de la loi (§ 34).

Tous les habitants de la ville devaient posséder des armes que les connétables étaient chargés d'inspecter[3]. Les chevaux des habitants étaient soumis à réquisitions ; ces réquisitions ne pouvaient se faire que par les connétables ; le cheval qui avait été emmené à quatre journées de la ville ne pouvait être de nouveau réquisitionné que l'année suivante[4].

Nous manquons de renseignements sur la composition de la milice communale de Saint-Omer, et nous ne savons rien de son histoire au moyen âge. Indépendamment du rôle qu'elle fut appelée à jouer certainement dans les nombreuses guerres flamandes, et en particulier dans les sièges de Saint-Omer, elle était convoquée par la cloche du ban pour prêter main-forte à l'exécution des sentences d'arsin[5]. Ses fonctions les plus ordinaires devaient être de fournir le guet et la garde de la ville. Nous n'avons aucun renseignement à ce sujet pour les premiers temps du moyen âge ; nous savons par le compte de 1413-1414, que ce service avait coûté cette année-là à la ville 616 livres 6 sous 6 deniers ; mais ce n'est que par une disposition de l'ordonnance de réforme de 1447 (§ 34), que nous voyons tous les habitants de Saint-Omer obligés au guet et à la garde.

---

1. *Registre aux bans*, n° 544.
2. Liste de personnes auxquelles on avait commandé de fournir 2,280 rasières de blé en « le connestablie du Viesmarket. » Elles n'en fournissent que 1,700 rasières (Rouleau du xiii° siècle, *Archives munic.*, CXIV, 21).
3. *Registre aux bans*, n° 502.
4. *Ibid.*, n° 430.
5. *Analyse et extraits d'un registre des archives de Saint-Omer*, appendice, XXIV.

CHAPITRE X.

LE COMMERCE.

§ Ier. *Importance du commerce à Saint-Omer. — La* Gilde; *son rôle dans la formation des communes. —* § II. *La* Hanse de Saint-Omer. *— La* Hanse de Londres. *—* § III. *Règlements commerciaux; Halles et étaux.* — § IV. *Marchés et foires. —* § V. *Intermédiaires entre les acheteurs et les vendeurs; courtiers;* deskerkeurs; abrokieres. *— Mesureurs et peseurs jurés. — Règlements sur les poids et mesures. —* § VI. *Mouvement et commerce de l'argent; prêt à intérêt; change. —* § VII. *Commerce par eau; corporation des mariniers. — Commerce maritime; exemption du droit d'épave. —* § VIII. *Conditions du commerce à Saint-Omer; impôts sur le commerce; tonlieu. — Priviléges des marchands étrangers. —* § IX. *Franchises et priviléges des marchands de Saint-Omer :* 1° *en Flandre;* 2° *à l'étranger et principalement en Angleterre.* — § X. *Nature du commerce de Saint-Omer. — Laines et tissus. — Vins. — Cuirs et pelleteries. — Poisson. — Marchandises diverses.*

Quand nous n'aurions qu'à montrer que l'industrie et le commerce ont contribué à former à Saint-Omer l'agglomération urbaine, qu'ils ont favorisé l'indépendance de la ville, accru sa prospérité, augmenté sa population, nous devrions en étudier le développement et l'organisation. Mais c'est par des liens bien plus étroits qu'ils tenaient aux institutions municipales, et leur étude va nous ramener de nouveau à l'examen des origines de la commune.

§ I.

Nous n'avons pas à rechercher ici les causes qui firent de la Flandre dans les premiers siècles du moyen âge le centre le plus important du commerce entre la France, l'Allemagne, tout le nord-ouest de l'Europe et l'Angleterre. Les conditions de la marine d'alors firent de toutes ses villes, en relation avec la mer, le centre d'un trafic considérable, accru encore par leur industrie qui transformait et réexpédiait manufacturées les matières premières qu'elles recevaient. Saint-Omer était, par sa situation géographique, naturellement apte à devenir un comptoir et un entrepôt importants; sa situation sur l'Aa la mettait en relation avec le port de Gravelines, l'activité et la renommée de sa manufacture de laines contribuaient à développer sa prospérité commerciale.

Avant que les villes flamandes aient été dotées de leurs privilèges municipaux, leur population était déjà, en très-grande partie du moins, formée d'artisans et de marchands. On le peut voir en lisant le récit qu'a fait Galbert des troubles qui agitèrent le comté pendant les années 1127 et 1128; il n'est guère de pages où l'on ne voie figurer, à côté de la noblesse féodale, tout un peuple de commerçants. Il serait fastidieux d'y relever les nombreuses mentions relatives au commerce, en voici du moins quelques-unes : les Brugeois apprennent certains événements par des marchands de leur ville qui commerçaient à Londres [1]; à l'époque du meurtre du comte il y avait à Ypres, dans la cathédrale, une foire fréquentée par des marchands lombards [2]; un des prétendants au comté arrêta à cette foire tous les marchands qu'il put prendre, et les obligea à le reconnaître comme comte [3]; plus tard, le principal grief des Flamands contre Guillaume Cliton fut le dommage que ces guerres avaient fait subir au commerce [4].

1. « Per negotiatores nostros intelleximus qui eodem die Londoniae « mercaturae intenti fuere. » (Pertz, SS, t. XII, 568 l. 23.)

2. « Quo tempore negotiatores omnium circa Flandriam regnorum ad « Ipram confluxerant in cathedra sancti Petri, ubi forum et nundinae uni-« versales feriebantur, qui sub pace et tutela piissimi comitis securi nego-« tiabantur. Eodem tempore ex Longobardorum regno mercatores des-« cenderant ad idem forum, apud quos comes argenteam kannam eme-« rat marcis XXI, quae miro opere fabricata, suis spectatoribus potum, « quem in se continebat, furabatur. » (Ibid., p. 570, l. 27.)

3. « Universos negotiatores cujuscumque loci fuissent securitatem et « fidelitatem sibi et suis jurare coegit, quos in foro capere potuisset, « alioquin a se recedere non permisit, sed tamdiu captivavit, donec « omnia et securitates sibi peregissent. » (Ibid., p. 572, l. 18.) « Captivati « sunt mercatores Flandriae, de quocumque loco apud forum convenis-« sent in Ipra, et constricti in Willelmo fidem, securitatem et hominia « facerent et sic in comitem sibi assumerent. » (Ibid., p. 575, l. 18.)

4. « Ecce! patet quomodo mercatores et universae terrae Flandriae

Nous avons déjà remarqué que les privilèges concédés le 14 avril 1127 aux bourgeois de Saint-Omer n'étaient guère que des privilèges commerciaux[1]. Dans cette charte la *Gilde*, c'est-à-dire l'association des commerçants et des artisans, semble complétement assimilée à la commune ; il y est dit expressément que les franchises de tonlieux, de hanses, de coutumes de toute sorte qu'elle octroie, sont concédées exclusivement à ceux qui font partie de la Gilde (*qui gildam eorum habent*. — § 5), et plus loin, que les produits de la monnaie concédée aux habitants de la ville en dédommagement des pertes qu'ils ont subies, seront affectés *ad gilde sue sustentamentum* (§ 14).

En Flandre, l'exemption de tonlieu au port de Dixmude et de Gravelines, un privilège de tarif pour le tonlieu de Bapaume (§ 5), et plus tard, en 1128, pour le tonlieu de Gand (charte de 1128, § 5), l'exemption du droit d'épave (*sewerp*), l'exemption du duel judiciaire sur tous les marchés (§ 8), la franchise de tout péage entre Nieurlet et Saint-Omer (§ 16), l'exemption du droit de hanse sur les routes conduisant en Allemagne (§ 6); en Angleterre, des promesses de franchises pour l'époque de la paix (§ 7) ; en France et en Vermandois, l'exemption de tous tonlieux travers et péages (§ 11), montrent bien quelle était déjà à cette époque l'activité commerciale des bourgeois de Saint-Omer, et surtout quel rôle prépondérant avaient dans la ville les commerçants.

A n'en pas douter, c'était leur association (*gilda*) qui était devenue la commune, puisque c'était elle qui recevait des privilèges, puisque leur lieu de réunion (*gildhalla*) abritait en même temps les juges naturels des bourgeois, les échevins[2], et devenait ainsi le centre de toute la commune réunissant ses deux éléments principaux, le tribunal des échevins et la halle de la communauté des marchands (*forum causarum et mercatorum ghilleola*)[3].

Qu'était cette gilde à laquelle nous voyons en quelque sorte l'association communale se substituer? Comment avait-elle pris naissance à Saint-Omer ? En l'absence de tout document précis, nous sommes obligés de recourir aux comparaisons et aux con-

---

« negotiatores obsessi sunt caussa comitis ipsius et jam per annum « istum consumpsimus substantias nostras. » (*Ibid.*, p. 608, l. 33.)

1. Voy. plus haut, p. 153.
2. La concession de 1151 porte qu'elle est donnée « ad omnem mercaturam tam in scopis quam in Gildhalla exercendam. » (*Pièces justificatives*, V et VI.)
3. Lambert d'Ardres, p. 115.

jectures. Nous avons déjà cité au cours de ce livre, pour montrer le développement de la ville, quelques indications sur son commerce antérieurement au xɪɪ° siècle. Un diplôme de l'an 800 montre, que les moines de l'abbaye achetaient des étoffes en Angleterre[1]. En 874, un marché se tenait dans la ville tous les vendredis[2]; au x° siècle, un hagiographe fait mention d'une caravane de commerçants saxons qui, après avoir traversé Saint-Omer, rencontraient au delà de Langres des marchands de Verdun, et voyageaient de concert avec eux, puis s'en séparaient pour aller à Rome, tandis que les Verdunois allaient en Espagne[3]. Enfin, en 1050, l'ostension du corps de saint Bertin se fit, au rapport de Simon, pendant une foire qui se tenait à Saint-Omer[4]. On peut trouver en outre, dans le cartulaire de Saint-Bertin, bon nombre de textes qui témoignent combien, au xɪ° siècle et même au x°, les rapports entre Saint-Omer et l'Angleterre étaient fréquents. Nul doute que, bien antérieurement à la concession de la charte de 1127, au temps où la plus grande partie du territoire, et les habitants eux-mêmes, étaient soumis à l'abbaye, Saint-Omer ait été habité par un certain nombre de commerçants.

Leur association doit remonter à cette époque éloignée. Il y avait impossibilité alors de faire le commerce isolé; l'état des routes, la constitution sociale exigeaient, pour le trafic lointain, des caravanes analogues à celle que nous venons de mentionner, capables de se défendre, de résister aux violences et aux exactions des seigneurs. Les risques du commerce faisaient naître naturellement dans l'esprit de ceux qui s'y livraient l'idée d'une espèce de société d'assurance mutuelle.

L'association était familière à tous les peuples de la famille germanique. Pour agrandir le cercle de la famille, pour avoir à produire devant les juges un plus grand nombre de conjurateurs, pour se faire des *amis*, garants au besoin du wergeld, pour résister aux violences et aux exactions, pour se garantir réciproquement leurs propriétés ou le libre exercice de leur profession, les Germains resserraient, par des associations constituées sous serment, les relations de voisinage qui existaient entre eux et ne leur semblaient pas suffisantes. Ces associations, dans lesquelles chaque membre payait une cotisation, qui étaient généralement placées sous

---

1. « Drappos ad kamisias ultramarinas quae vulgo *berniscrist* vociꞏ
« tantur. » (Guérard, *Cartul. de Saint-Bertin*, p. 66.)
2. Voy. plus haut, p. 16.
3. *Miracula Sancti Bertini. Acta Sanctorum*, 5 septembre, p. 597.
4. Voy. plus haut, p. 33.

l'invocation d'un saint ou sous le patronage d'un personnage puissant, qui réunissaient leurs membres dans des banquets communs, étaient connues sous le nom de *gildes*. Les textes les appellent aussi *convivia, conjurationes, confratriae, consortia, amicitiae*. Des sociétés de ce genre se proposaient toutes sortes d'objets ; il y en avait qui étaient des assurances contre le naufrage ou l'incendie, d'autres, des sociétés de secours mutuels ou de charité, d'autres avaient un caractère essentiellement religieux. Néanmoins les indications qui sont arrivées jusqu'à nous prouvent que leur organisation, pour peu que nous la puissions deviner, avait un caractère d'identité remarquable.

Il est à peine besoin de rappeler les nombreuses interdictions dont elles furent l'objet de la part des puissances laïques ou ecclésiastiques, lorsqu'elles crurent voir dans ces réunions des conspirations, des associations de débauche, de brigandage ou de vol, ou lorsqu'elles y virent persister les traditions ou les rites païens des anciennes croyances religieuses [1].

Les associations de marchands revêtirent tout naturellement les formes des *gildes*, et c'est comme associations commerciales que les gildes ont exercé une grande influence sur la formation et l'organisation des communes [2].

---

1. « De sacramentis per gildonia invicem conjurantibus ut nemo « facere presumat. Alio vero modo de illorum elemosinis aut de incen- « dio, aut de naufragio quamvis convenientias faciant nemo in hoc « jurare praesumat. » (Capitul. de 779, Pertz, *Legum.* I. 35.). — « Omnino « prohibendum est omnibus ebrietatis malum et istas conjurationes, « quas faciunt per S. Stephanum, aut per nos, aut per filios nostros pro- « hibemus. » (Capitul. de 789, Pertz, *Ibid.*, p. 68.). — « De conjura- « tionibus et conspirationibus, ne fiant et ubi sunt inventae destruan- « tur. » (Capitul. de 794, art. 31, Pertz, *Legum.* I. 74.) — Voy. les dispositions du concile de Nantes (v. 800), *de collectis vel confratriis quas consortia vocant*, interdisant ceux qui ont pour but le plaisir, les banquets, les fêtes, et autorisant ceux qui ont un but religieux. (Labbe, *Concilia*, éd. 1672, IX, col. 472.) Ces dispositions sont reproduites en 852 par Hincmar, dans ses instructions aux prêtres de son diocèse. (*Ibid.*, VIII, col. 572.) — Cf. la lettre d'un évêque de Bourges (v. 870). « Ipsas vero amicitias « nolite per sacramenta, sicut nunc usque aliquos fecisse audivimus fir- « mare, quoniam illud sacramentum nunquam sine peccato poterit « esse. » (Mabillon, *Vetera analecta*, p. 101, col. 2.) — « Volumus ut pres- « byteri et ministri comitis villanis precipiant ne collectam faciant, « quam vulgo geldam vocant, contra illos qui aliquid rapuerint. » (Capitul. de 884. Baluze, II, col. 290.)

2. Voy. Wauters. *Les gildes communales au XIe siècle, fragment de l'histoire des institutions de nos communes*, in-8° de 29 pages. *Extrait des bulletins de l'académie royale de Belgique*, 2e série, t. XXXVII, 1874. Dans ce

Il ne nous est parvenu que peu de renseignements sur les associations de ce genre, qui ont existé sur le continent avant l'époque communale et on le conçoit facilement, parce que les nombreuses prohibitions dont elles ne cessèrent d'être l'objet, en faisaient en quelque sorte des sociétés secrètes[1]. Les associés, du reste, dont le but était souvent de s'assurer le monopole du commerce d'une région, ne devaient pas tenir à publier leurs statuts. Un chroniqueur du commencement du XII° siècle (v. 1020) nous a laissé quelques détails sur une association de ce genre qu'avaient contractée entre eux les marchands de Thiel, port du Teis-

mémoire où M. Wauters a groupé une foule de renseignements, il a très-bien montré que Augustin Thierry, qui avait très-judicieusement observé la ressemblance qui existe entre les associations communales et les gildes, n'avait pas vu, faute de documents, les transformations qu'avait subies la gilde, avant d'exercer une influence sur les institutions municipales. C'est faute de l'avoir suivie dans cet état intermédiaire, qu'il a placé en Scandinavie le berceau de la gilde, et « localisé une institution « qui appartient à la race germanique tout entière. » Dans un autre mémoire (*Rapport sur un travail de M. L. Vanderkindere, intitulé :* Notice sur l'origine des magistrats communaux, *Ibid.*, t. XXXVIII) M. Wauters, tout en ayant le tort de ne pas admettre des résultats fort importants acquis à la science par le travail qu'il combat, a fort justement revendiqué la part de la gilde dans la formation des villes. — M. Brentano, dans l'*Essay* que nous citons plus loin, a aussi trop particularisé les gildes en prétendant que cette forme d'association fut transportée d'Angleterre en Danemark à l'époque de Canut, au XI° siècle. La seule raison qu'il en donne, c'est que l'on trouve nombre de gildes portant le nom de ce roi.

1. Il faut ajouter à ces raisons de la rareté des anciens statuts ou même des anciennes mentions de gildes, le déplacement des centres commerciaux. Les grandes villes du moyen âge ne sont pas celles où s'étaient créés les premiers centres de commerce. Dans les premiers temps, c'étaient les ports de mer qui avaient le monopole du commerce. Quentovic, Dorestad, Thiel, ont disparu pour faire place aux villes de l'intérieur en communication avec la mer par des cours d'eau. En outre, à l'époque communale, bien que les gildes aient formé la commune et aient été absorbées par elle, on devait peu s'inquiéter de leurs anciens statuts ; l'histoire utile ne datait que de la concession des franchises à la ville et de sa reconnaissance comme individualité par le suzerain. Voyez les preuves qu'a réunies M. Wauters, de l'existence au XII° siècle de précieux dépôts d'archives dont il n'est rien resté. (*De l'origine et des premiers développements des libertés communales.* Preuves. Préface, p. XVI et suiv.). — Les principales gildes dont l'érudition s'est occupée sont presque toujours celles de l'Angleterre et du Danemark, parce qu'elles ont persisté dans ces pays sous leurs formes primitives. Voy. Wilda (W. Edward), *Das gildenwesen im mittelalter.* Berlin, 1831, in-8° et Fortuyn (G. J.) *De gildarum historia, forma et auctoritate politica medio imprimis aevo.* Amstelodami, 1834, in-8°. Je ne cite que pour mémoire le livre de Kofod Ancher que je n'ai pas pu connaître.

terbant, qui demandaient à l'empereur de les garantir contre la concurrence commerciale des Hollandais dans le Wahal, le menaçant, s'il refusait, d'abandonner le commerce avec la Grande-Bretagne et conséquemment de ne plus payer d'impôts[1]. Cette association, d'après Alpert, avait elle-même juridiction sur ses membres et prétendait qu'elle tenait de l'empereur ce privilége d'immunité. Le même chroniqueur ajoute sur le peu de foi de ces hommes dans les serments, sur leurs débauches, sur leurs mœurs, quelques détails certainement peu véridiques, mais qui traduisent sans doute le sentiment populaire à leur égard, et suffisent à montrer que cette association était une véritable gilde [1].

Dès l'année 1001, les statuts de l'association des négociants de Cambrai étaient reconnus par l'empereur Othon III[2].

Alors qu'ils étaient encore sous la domination de l'abbaye, qu'ils en étaient encore les hommes, les marchands de Saint-Omer ont dû former une association de ce genre, semblable, par exemple, à la confrérie de Saint-Eucher, qui réunissait au milieu du XIe siècle les serviteurs de l'abbaye de Saint-Trond[3]. Il n'est pas fait mention dans l'acte de fondation de cette confrérie d'un but commercial, mais une charte de 1111 nous indique que les boulangers, les brasseurs, les cordonniers et les marchands de Saint-Trond étaient sous la domination du monastère[4], et conséquemment il n'est pas téméraire d'induire qu'ils devaient en faire partie.

C'était du reste un fait ordinaire que ces associations ou confréries entre les serviteurs des églises ; elles prenaient, au dire du chroniqueur Guimann, qui écrivait à Arras au XIIe siècle, le nom de *charité*. Il nous donne pour exemple celle formée à Arras entre les gens de métier (*ministeriales*) qui payaient à l'abbaye de Saint-Vaast, — comme les marchands de Saint-Trond à la leur, — les parmentiers quatre sous, les cordonniers dix sous, la gilde des marchands, par l'intermédiaire des échevins, XXIV sous dits de la chandelle[5] (*de candela*).

---

1. Pertz, SS. t. IV, p. 718. — Sur les vicissitudes de Thiel, voy. Wauters, *mém. cit.*, p. 8 à 10.
2. Diplôme en faveur du Cateau. « Omnes ibidem negociantes tali pace « et lege utantur quali cameracenses utuntur negociantes. » (*Mémoir pour l'archevêque de Cambrai*, 1769, in-4°, p. 9, pièce 6.)
3. Piot, *Cartulaire de l'abbaye de Saint-Trond*, t. I, p. 152.
4. Ibid., p. 138.
5. Guimann, *Cartulaire de l'abbaye de Saint-Vaast*, publ. par le chanoine

C'est de cette *charité* qu'est sortie la commune d'Arras ; c'est le même nom que portait au xi⁰ siècle la confrérie de la halle aux draps de Valenciennes, dont les statuts qui nous sont parvenus, malheureusement traduits et interpolés, nous présentent un si curieux tableau d'une association commerciale et industrielle, ayant à la fois le caractère d'une confrérie religieuse et d'une société de plaisir [1]. C'est encore sous le même nom de *charité* que nous voyons les tarifs de péage de Bapaume, au xiii⁰ siècle, appliquer à la gilde de Saint-Omer, conformément à l'article 5 de la charte de 1127, les mêmes priviléges qu'à la charité d'Arras [2]. Nous sommes donc fondés à croire que cette gilde ou charité de Saint-Omer, qui devint la commune, avait été à l'origine une association tributaire de l'abbaye comme celle d'Arras.

La perception des droits du marché qui se tenait chaque semaine à Saint-Omer, dès la fin du ix⁰ siècle, et la possession immémoriale du *tonlieu*, c'est-à-dire du principal revenu du commerce de Saint-Omer, par les deux églises de Saint-Omer et de Saint-Bertin, me semblent des indices de plus qu'à l'origine le commerce entier de la ville avait dû relever en quelque sorte des deux églises.

Les plus anciennes gildes d'artisans, tant en Flandre que chez les autres peuples germaniques, ont une origine analogue. Ce sont les sociétés d'artisans faisant partie de la *familia* du sei-

---

Van Drival, Arras 1875, in-8⁰, p. 191. — C'est l'origine de la confrérie de la Sainte-Chandelle d'Arras. — La *candela* jouait un rôle dans nombre de gildes. Cf. gilde du roi Eric : « Omnes qui intrant gildam jurent super « candelam prout rex voluerit » (art. 44. A. Thierry, *Considérations sur l'histoire de France*, éd. Furne, p. 290). — « Qui candelam offerre voluerint », dit Hincmar au sujet des gildes dans ses instructions que nous avons citées plus haut. (Labbe VIII, col. 572.)

1. Le meilleur texte a été publié par M. Cellier. *Recherches sur les institutions politiques de la ville de Valenciennes*, dans le t. III des *Mémoires historiques* de la Société d'agriculture, sciences et arts de Valenciennes, p. 285. La rédaction primitive perdue est de 1067 ; M. Cellier pense, avec assez de raison, que la traduction qu'on en possède fut faite en 1176, mais la copie la plus ancienne qu'on ait retrouvée n'est que du xiv⁰ siècle.

2. Le texte y ajoute la *charité* de Douai, dont il n'est pas fait mention dans la charte de Saint-Omer. — « Trosiaux de dras à dos ki n'est de la « charitei d'Arras, ou de Saint-Omer, ou de Douay, soit xxv d. » (Tarif du péage de Bapaume. *Arch. municip. de Saint-Omer.* AB XVIII, 16, f⁰ 45). Cf. le texte publié par M. Tailliar (*Recueil d'actes..... du nord de la France*, p. 24, art. 11). Ce tarif est non pas de 1202 comme l'a cru M. Tailliar, mais de 1273.

gneur laïque ou ecclésiastique, travaillant pour lui sous la direction d'un *ministerialis* ou officier seigneurial qui les ont les premiers formées [1].

Quant à la transformation de la *gilde* particulière en association municipale, dont nous avons parlé tout à l'heure avant de remonter aux origines, si les indications que nous avons tirées de la charte de Saint-Omer et du nom primitif de l'hôtel de ville avaient pu encore laisser quelques doutes, l'intervention des échevins qui semblent, d'après Guimann, les administrateurs de la gilde des marchands d'Arras est faite pour les lever. Cette transformation n'est pas, il s'en faut, un fait exceptionnel. Les preuves directes manquent, il est vrai, pour les villes flamandes, mais on en possède des exemples nombreux pour les villes danoises et surtout pour les villes anglaises [2].

Autant qu'on peut le conjecturer d'après les rares indications qui nous sont parvenues, la gilde comprenait aussi bien les artisans que les marchands de Saint-Omer ; il semble qu'elle devait être une large association, embrassant dans son sein tous les habitants qui participaient au commerce ou à l'industrie, pour que les priviléges de la ville aient ainsi disposé en sa faveur, puisque plus tard, lorsque de nouvelles associations privilégiées se formèrent, ce mot avait un peu perdu de son sens précis.

Le 21 février 1164-65, c'est encore aux membres de la gilde de Saint-Omer que le comte confirme des franchises à Grave-

---

[1] Dr Lujo Brentano d'Aschaffenbourg, *Essay..... on the history and developpement of gilds.* Dans *English-Gilds*, London 1870, in-8°.

[2] Selon A. Thierry, d'après Wilda, dans les villes d'Odensée, de Slesvick et d'Elensbourg, « l'organisation urbaine résulta d'un simple déve-
« loppement du statut primitif de la ghilde, qui avait pour chef-lieu
« l'une de ces villes. » (*Considérations sur l'histoire de France*, p. 247.) — En Angleterre, la presque identité entre la gilde et la commune est prouvée par le texte suivant : « Si quis nativus quiete per unum annum
« et unum diem in aliqua villa privilegiata manserit, ita quod in eorum
« communem gyldam tanquam civis receptus fuerit eo ipso a villenagio
« liberabitur. » (Glanvil, dans Houard, *Loix anglo-normandes*, t. I, p. 444.)
— Les statuts des plus anciennes gildes anglaises ont été publiés dans Thorpe, *Diplomatarium anglicum aevi Saxonici*. Londres 1865, in-8°. — Il y en a aussi dans Houard. *Loix anglo-normandes.* Les statuts des gildes de Cambridge et d'Exeter du IXe siècle, ont été publiés par A. Thierry. *Récits des temps mérovingiens*, t. II, p. 271-274. — Des rédactions plus récentes, mais dont plusieurs ne sont que la reproduction de textes anciens se trouvent dans *English-Gilds : the original ordinances of more than one hundred early english gilds... edited with notes for the*, Early English text society, *by the late Mr. Toulmin Smith, with an introduction and glossary... by his daughter Lucy Thoulmin Smith.* Londres 1870, in-8°.

lines[1]. Au milieu du XIIIe siècle, la *gilde* existait encore à l'état de corporation ; dans le beau pavé sculpté de la collégiale, sur une des dalles votives qui subsistent encore, on peut lire l'inscription suivante qui entoure un grand sujet pieux, trop fruste pour que j'aie pu l'expliquer : ISTVM LAPIDEM FRATRES DEDERVNT DE GILDA. L'un des bans de l'échevinage de la fin du XIIIe siècle stipule que ceux qui ont « le ghilde » ont seuls part à l'étape[2]. Enfin, en 1282, le comte Guy de Dampierre, interprétant les chartes qui réglaient la situation à Gravelines des membres de la gilde de Saint-Omer, dont les dispositions étaient « un pau obscur », traduit ainsi «·en roman » celle relative à la gilde : « Tout chil ont leur ghylde et à ychela appartiennent », et, dans ses commentaires, l'interprète comme s'il s'agissait de tous les bourgeois de Saint-Omer.

§ II.

Au contraire de la gilde, la *hanse de Saint-Omer* est une association exclusivement commerciale qui se forma plus tard, nous ne savons exactement à quelle époque. On possède un registre des receveurs de la hanse qui commence en 1244 et finit en 1368[3]. En tête, est transcrit son règlement[4]. La hanse avait dans la ville le monopole du commerce avec l'Angleterre, l'Ecosse, l'Irlande, et les contrées au delà de la Somme. Chaque confrère, pour faire partie de la hanse, devait payer une somme qui variait selon que le nouveau confrère était ou non fils d'un membre de la hanse[5]. A la tête de l'association était un magistrat que le règlement nomme *doyen*, mais que les autres documents appellent toujours *maieur*[6]. A partir de 1319, on trouve

---

1. Pièces justificatives, X.
2. *Registre aux bans*, n° 495.
3. C'est aujourd'hui le ms. n° 889 de la bibliothèque de Saint-Omer. Voy. sur ce registre une notice de M. Deschamps de Pas, dans les *Bulletins de la Société des antiquaires de la Morinie*, livr. 14, 1855.
4. Pièces justificatives, XLIV.
5. Le fils de confrère devait six sous « de esterlins à le hanse » et quarante d. « à le hopringhe, » les autres candidats, dix sous à la hanse et six s. huit d. « à le hopringhe. » Je n'ai pu me rendre compte de ce qui était exprimé par ce mot qui, d'après ses racines, semble avoir à peu près la même signification que hanse. Ce prix d'entrée ne fut pas toujours constant, une mention du registre montre qu'en 1269 on l'élève à dix marcs.
6. En 1312, on trouve dans le registre mentionné « Jehan Bateman, « maieur de le hanse. » — Cf. *Registre aux bans*, n° 298.

chaque année la mention de deux « maiieur de le hanse », dans les *registres au renouvellement de la loi*, ce qui peut faire croire qu'ils étaient à la nomination de l'échevinage. L'administration financière de la hanse était confiée à des receveurs nommés chaque année[1], il y avait en outre des sergents des maieurs des marchands[2].

A son entrée dans la hanse, chaque membre devait prêter serment de se conformer au règlement et principalement de ne point faire « manouvrage de ses mains et abrokerie et regraterie[3] ». On voit que c'était une association de haut commerce. Les membres devaient avoir leur résidence à Saint-Omer; on le voit par les mentions d'exclusion que contient le registre; par exemple, en 1269, deux noms sont effacés avec la mention : « Por che k'il « ala manoir heurs de le vile. » Parmi les 550 noms qui s'y trouvent inscrits au fur et à mesure de leur admission on remarque beaucoup d'Anglais et d'Ecossais, en 1367, un Génois : « Angelin de Ducs de le rivière de Genneve. » L'exclusion n'était pas la seule peine que prononçait la hanse contre ses membres, les infractions aux règlements étaient souvent punies d'amendes[4].

La matrice du sceau de la hanse, du xiiie siècle, se conserve aujourd'hui au musée de Saint-Omer. Elle représente le patron de la ville avec la légende : s'MERCATORVM BEATI AVDOMARI[5]. Les bans municipaux de la fin du xiiie siècle montrent que le monopole attribué à la hanse et l'exclusion des artisans étaient reconnus officiellement[6].

C'était par cette hanse particulière que la ville de Saint-Omer était l'une des dix-sept villes dont se composait primitivement la compagnie de commerce connue sous le nom de *Hanse de Londres*

---

1. Il n'y en a qu'un par année de 1244 à 1250, deux après cette date. Ils n'étaient pas rééligibles, car c'est toujours avec au moins un an d'intervalle qu'on voit reparaître les mêmes noms. Une mention de l'année 1338 montre que comme la loi de la ville on les nommait à l'Epiphanie.
2. *Registre aux bans*, n° 273.
3. Le nom de *Willaume de Le Bègue*, inscrit en 1344, a été barré et on a ajouté au-dessous la mention : « osté pour chou que il fait mainouvrage « contre les estatus de la hanse. » A côté d'autres noms grattés est la mention : « fuitieus » ou « hanse frainte. »
4. Par ex. en 1335. « Gille du Vimer, x mars à paier dedens x ans une marc par an. » D'autres amendes sont payables en cinq ans.
5. Publ. par Hermand et Deschamps de Pas, *Histoire sigillaire de Saint-Omer*, pl. IV, n° 18.
6. *Registre aux bans*, n°s 185 et 203.

qui avait le privilège du commerce avec l'Angleterre[1]. On est frappé de la ressemblance qu'offrent les règlements des deux associations, et, du reste, les statuts français de la hanse de Londres portent que personne ne peut y être associé « se il n'a gaai-« gnié sa conflarie dans la vile où il est manant 1 marc d'or ou « x mars d'estrelins[2]. »

§ III.

Malgré les priviléges énormes que ces compagnies de commerce s'étaient attribués, elles ne s'étaient cependant pas substituées aux échevins pour l'organisation, la réglementation et la police du commerce de la ville. Non-seulement les échevins établissent l'*assise*[3], nomment les receveurs des droits d'étal[4] et les courtiers[5], commettent les priseurs[6], mais encore ils règlementent jusque dans ses plus minutieux détails tout le commerce, inspectent et vérifient eux-mêmes les marchandises[7].

Avant d'entrer dans le détail de tous les règlements municipaux relatifs au commerce, il ne serait pas inutile d'essayer d'en dégager le sens général, de dire quel a été le but que se sont proposé les magistrats qui les ont promulgués. Malheureusement, il n'est guère possible de trouver une idée générale présidant à l'énorme quantité de ces dispositions. La protection du commerce et de l'industrie de Saint-Omer en ont été le but le plus constant : les bourgeois sont plus favorisés que les étrangers; ceux-ci, quoiqu'on se préoccupe de les attirer sur le marché, n'obtiennent guère d'exemption qu'à condition de réciprocité pour les marchands de Saint-Omer dans les villes dont ils sont bourgeois. On se préoccupe beaucoup de les empêcher de faire du commerce entre eux, ils ne doivent venir à Saint-Omer que pour commercer avec les bourgeois de la ville. Les principales garanties qu'on leur offre sont la sécurité et une prompte justice.

Une tendance remarquable des règlements municipaux, est

---

1. Voy. Lappenberg, *Urkundliche Geschichte des hansischen Stahlofes zu London*. Hambourg, 1851, in-4°.
2. Warnkoenig. *Histoire de la Flandre*, t. II, *Pièces justificatives*, XXXIV, § 5.
3. *Registre aux bans*, n° 917.
4. Ibid., n° 554.
5. Ibid., n°⁵ 95, 477.
6. Ibid., n° 794.
7. Ibid., n°⁵ 355, 557, etc.

d'empêcher de spéculer sur les marchandises, c'est du moins ainsi que j'interprète les nombreux règlements qui interdisent de revendre des marchandises qu'on vient d'acheter, avant de les avoir emmagasinées[1].

Le meilleur moyen d'attirer les étrangers sur le marché et d'accroître le commerce était de lui acquérir une bonne renommée. C'est de cette idée que procèdent, sans nul doute, les règlements si nombreux qui fixent les conditions de vente de tous les objets de commerce et qui obligent à ne vendre que de la marchandise « bonne et loyale. » En les exposant dans la suite de cette étude, nous verrons jusqu'à quel point on était allé dans la voie de la réglementation.

Nous avons déjà dit souvent que la *Gilde-Halle*, ou plus simplement la halle dont on voit la figuration symbolique sur le sceau municipal, était le lieu de réunion des marchands, qu'elle contenait les hangars où ils emmagasinaient leurs marchandises et les étaux où ils les vendaient. D'après les chartes de concession du terrain par le comte, en 1151 et en 1157, toutes espèces de marchandises se vendaient dans la Gilde-Halle. Elle devait cependant être dès cette époque trop étroite, puisqu'on y avait ajouté des dépendances ou appentis; on sait que ceux-ci ne furent donnés à la ville qu'en 1212, par le fils de Philippe-Auguste[2]. Les marchands étrangers ne pouvaient exposer et vendre que dans la Gilde-Halle, dans ses dépendances ou sur la place du marché, la grande place actuelle de Saint-Omer, qui s'étendait devant l'hôtel de ville. Les bourgeois seuls avaient le droit de vendre dans leurs maisons[3].

Ces dispositions se retrouvent dans les règlements municipaux de la fin du xiiie siècle, et même avec des restrictions au droit que la charte de 1151 laissait aux bourgeois de tenir étal dans leurs maisons. On défend par exemple aux marchands d'acheter des saies dans les maisons des saieurs ; les saies ne se peuvent vendre qu'en halle[4]. Les jours de marché, les chausses ne se pouvaient vendre qu'en halle[5]; les mercredis et les samedis les merciers ne pouvaient tenir étal qu'en halle[6]. Ces prescriptions ne devaient

---

1. Voy. par ex. *Registre aux bans*, n°s 13, 28, etc.
2. Voy. *Pièces justificatives*, XXXIV.
3. Ibid., V et VI.
4. *Registre aux bans*, n° 176.
5. Ibid., n° 194.
6. Ibid., n° 218.

pas cependant être bien rigoureusement observées, car, en 1282, Robert, comte d'Artois, fit une ordonnance pour prescrire à tous les marchands de n'exposer en vente des marchandises, de ne faire acte de commerce, que dans les halles communes, ne faisant d'exception que pour les comestibles au détail et la viande de boucherie[1].

La halle principale, la Gilde-Halle, avait d'abord dû suffire avec ses dépendances à contenir les étaux de tous les marchands qui commerçaient à Saint-Omer, mais avec le temps elle dut devenir insuffisante, et l'on voit mentionnées dans les textes du XIIIe et du XIVe siècle un certain nombre de halles spéciales.

Une charte de Philippe d'Alsace, en date de 1174, concède à son chancelier pour sa vie durant : *domum meam in qua lana venditur apud Sanctum Audomarum*[2]. Il est difficile de dire s'il s'agit dans ce texte d'une halle spéciale où, dès cette époque, se serait fait le commerce des laines.

La *halle de la boucherie*, située sur le grand marché, mentionnée au XIVe siècle[3], devait être restée dans l'ancienne gildehalle, abandonnée, en 1176, à Guillaume de Malines, fermier à cette époque des étaux de boucherie, comme nous le verrons tout à l'heure.

La *halle au pain* est mentionnée à la fin du XIIIe siècle[4].

La *halle aux cauches*, « liquel siet au bout de *Vakestraet* « si c'on va dou marché en le Liste-rue », fut vendue à la ville, en 1268, par Guillaume de Boulogne, héritier de Jean de Boulogne, auquel elle avait jusqu'alors appartenu[5]. Les règlements lui donnent encore à la fin du XIIIe siècle le nom de *Hale Jehan de Bouloigne*[6]. Il semble qu'elle était déjà condamnée au commencement de l'année 1302, époque à laquelle la ville acquiert de « Jehan de le Hale » une masure et « une maisonchele séant en « le vakestraet, » pour construire « une hale pour vendre cau-

---

1. *Pièces justificatives*, LXVI.
2. *Archives du chapitre.* Cartul. II, G 53.
3. Entre autres en 1387. Voy. *Analyse et extraits d'un registre des archives de Saint-Omer.* Appendice, XXI.
4. *Registre aux bans*, n° 8.
5. Guillaume de Milli au nom de sa femme, sœur de la veuve de Jean de Boulogne, renonce à tous les droits qu'il pouvait avoir sur cette halle en juin 1268. (*Arch. municip. de Saint-Omer*, CXXX, n° 4, publ. par Deschamps de Pas, *ouv. cit.*, p. 358.)
6. *Registre aux bans*, n° 194.

« ches[1] ; » elle ne fut cependant démolie qu'en 1381 pour élargir la Litte-rue[2].

La *Halle aux merciers* est mentionnée au XIIIe siècle[3]. Le 14 septembre 1341 et le 22 avril 1348, on voit l'échevinage y siéger, pour recevoir des amendes honorables ; au commencement du XVe siècle, elle était le siège de tous les tribunaux de Vierscaires[4].

La *Halle des Viesiers* est aussi mentionnée dans les règlements de l'échevinage de la fin du XIIIe siècle. En dépit de son nom, on y exposait les « grans draps » pendant les franches foires[5].

Les emplacements ou *étaux* qu'occupaient les marchands dans les halles leur étaient loués et constituaient un revenu. En 1176, les étaux de boucherie (*macellos, videlicet stallos ubi venduntur carnes*), étaient inféodés au prévôt de Watten, qui en afferma sept (*de melioribus quos habuit*) à Guillaume de Malines, moyennant un cens annuel de trois marcs d'argent[6]. A la même époque, les bourgeois abandonnaient au même Guillaume de Malines toute l'ancienne Gilde-Halle, à condition qu'il les déchargeât d'un service féodal[7]. C'était bien celle qui contenait les boucheries, car, en décembre 1201, Baudouin de Constantinople la concéda en fief avec ses étaux de bouchers à l'un des plus riches bourgeois de la ville, Florent de Saint-Omer[8]. En 1212, le fils de Philippe-Auguste renouvela cette concession, sans mentionner la charte de 1201. Selon cette dernière charte, la vieille Gilde-Halle donnait par an un revenu de quatre marcs, et les étaux de boucherie un revenu de trois marcs[9] ; c'était le fermage que payait déjà en 1176, pour ses sept étaux, Guillaume de Malines.

Le droit d'étal à la halle payé par les cordonniers appartenait au châtelain ; ceux qui étaient bourgeois de Saint-Omer payaient trois deniers, les étrangers cinq deniers. En janvier 1273-74, le

---

1. Le 5 janvier 1301-1302. (*Arch. municip.*, CXXX, n° 4. Publ. Deschamps de Pas, *Ibid.*, p. 360.)
2. Autorisation de la démolir, donnée par la comtesse d'Artois le 20 octobre 1381. (*Ibid.*, CXXX, n° 5, et Deschamps de Pas, *Ibid.*, p. 362.)
3. *Registre aux bans*, n° 434.
4. *Analyse et extraits d'un registre des archives de Saint-Omer*, n° 216, art. 40, et appendice VII-IX. Cf. *Arch. nat.*, X1A 34, f° 293.
5. *Registre aux bans*, n° 776.
6. Deschamps de Pas. *Ouv. cit.*, p. 285.
7. *Ibid.*, p. 286.
8. *Ibid.*, p. 287.
9. *Ibid.*, p. 354.

châtelain inféoda ces perceptions à un bourgeois de Saint-Omer, Lambert Wolveric[1].

En général, les marchands payaient leur place le dimanche pour la semaine, mais devaient donner gages pour toute l'année. Les échevins fixaient le tarif de location des étaux qui leur appartenaient et faisaient faire les perceptions par des fonctionnaires spéciaux[2]. Faute de paiement, les marchands étaient bannis an et jour et s'ils rentraient avant l'expiration de leur temps, mis au pilori. Les *machecliers* payaient leurs étaux entre quatorze et seize deniers par semaine, selon la position qu'ils occupaient. Chaque marchand n'avait pas le droit d'occuper autant de place qu'il le voulait; ainsi, un règlement stipule que celui qui n'a à exposer en vente que quatre pièces de draps n'a droit qu'à un étal[3]. La police des halles était faite par des gardiens nommés par l'échevinage[4].

§ IV.

On se rappelle que la mention d'un marché à Saint-Omer remonte à la fin du IXe siècle. En 874, Charles-le-Chauve confirmait la possession de ses produits à l'abbaye de Saint-Bertin[5]. Pendant le moyen âge, c'était le mercredi et le samedi que se tenaient les marchés de Saint-Omer; le marché du mercredi paraît avoir été le plus important. Il s'y faisait surtout un commerce de denrées, de bestiaux, de céréales, et un commerce au détail des produits de l'industrie de la ville. Ces jours-là, les places et les principales rues s'encombraient de bancs, de « haions, » d'étalages, de barrières, qui devaient être enlevés dès le soir[6]. Il y avait le marché au blé, le marché au poisson, le marché aux bestiaux, le marché au fil[7]. En outre, sur le grand marché s'étalaient les merrains, les lates, les huches « et « autres ostigemens[8]. » Quelques bans, semblables à ceux qu'on a fait de tous temps sur la matière, en réglaient la police[9].

1. *Pièces justificatives*, LXI.
2. *Registre aux bans*, n°s 434, 554.
3. Ibid., p. 576.
4. Ibid., p. 559. — Cf. dans la charte de 1151, le gardien des halles qui livre l'accusé au juge. (*Pièces justificatives*, V.)
5. Voy. plus haut, p. 16.
6. *Registre aux bans*, n° 397.
7. *Registre aux bans*, n°s 2, 54, 69, 148.
8. Ibid., p. 114, 126.
9. Ibid., p. 71, 78, 260, etc.

C'est aussi, comme on sait, à une époque reculée, au milieu du xıe siècle, que nous rencontrons la première mention de foires tenues dans la ville[1]. Néanmoins ce n'est que deux siècles plus tard que nous trouvons de véritables renseignements sur les foires de Saint-Omer, et il semble bien que ce fut à cette époque seulement qu'elles eurent pour le commerce de la ville une grande importance. La grande foire de Saint-Omer ne fut créée qu'en 1271. Les bourgeois avaient souvent déjà demandé la concession d'une foire d'un mois entier, à l'instar des foires de Champagne et de Flandre. En mars 1269-70, le comte d'Artois leur donna satisfaction et chargea le bailli de Saint-Omer et des commissaires spéciaux de s'entendre avec les échevins pour en déterminer les conditions et en rédiger les statuts[2]. Les modèles qu'ils choisirent furent, pour les règlements généraux, l'ordonnance sur les foires de Flandre, et pour les conditions de franchises à faire aux marchands qui fréquenteraient les foires, les coutumes de la foire de Thourout.

On trouve ces deux documents transcrits dans le *Registre aux bans*[3]; ils furent appliqués autant que les conditions particulières dans lesquelles on établissait la nouvelle foire s'y prêtaient, et cette raison nous détermine à en donner une brève analyse.

Pour favoriser les foires de Flandre, il était défendu, dans toutes les villes de Flandre, pendant un délai qui variait, suivant les marchandises, de huit à quinze jours avant et après la foire, de vendre ou d'acheter en gros des draps, des laines, des fourrures, des pelleteries, des « avoirs de pois », et en général de toutes les marchandises dont devait se faire un certain trafic pendant la foire. Le commerce de gros n'était toléré qu'entre bourgeois d'une même ville et pour les produits de cette ville.

Depuis le jour où la ville dans laquelle une foire devait se tenir commençait à louer ses emplacements et pendant huit jours après la fin de la foire, toutes les halles de Flandre étaient fermées.

Pour attirer le public, le vin était tarifé pendant la durée des foires à quatre deniers le lot, et une commission de cinq prud'hommes des diverses villes de Flandre était chargée de fixer le prix des logements et des hôtels.

1. Voy. plus haut, p. 33.
2. *Pièces justificatives*, LVIII.
3. Nos 765 à 779 et 811 à 847. — Nous n'avons pas reproduit l'ordonnance sur les foires de Flandre qui est publiée dans Warnkoenig, *Histoire de la Flandre*, t. II, p. 496.

Les franchises concédées aux marchands qui fréquentaient la foire de Thourout étaient les suivantes :

Le droit de tonlieu était aboli pendant toute la durée des foires. La ville ne levait plus qu'un droit d'issue uniforme et extrêmement faible sur toutes les marchandises non vendues ; un tarif spécial réglait le droit d'issue des marchandises vendues et encore les marchands des villes de Bruges, Gand, Ypres, Nieuport, Audenarde et Lewen en Brabant, en étaient complètement affranchis.

Les échevins de Saint-Omer imitèrent autant qu'ils purent ces dispositions. La foire qu'ils instituèrent dura pendant tout le mois de juin, mais elle ne fut franche que pendant les quatorze premiers jours. Comme le principal impôt qui frappait les marchandises était le *tonlieu*, il fallut s'arranger avec le chapitre et l'abbaye qui le possédaient en commun. Une charte, en date d'avril 1271, nous montre les deux églises accensant à la ville le tonlieu des huit premiers jours de juin, moyennant une redevance annuelle de six livres de parisis, sans rien stipuler relativement aux six jours suivants, qui cependant, d'après la charte elle-même, devaient être également francs de tonlieu[1]. Une charte non datée mais probablement de la même époque, transcrite dans le *Registre aux bans*[2], indique une autre combinaison pour le même objet, mais on peut douter qu'elle ait été appliquée. La voici : d'après d'anciens usages le tonlieu était perçu différemment et au profit de diverses personnes pendant ce mois de juin ; suivant le tarif ordinaire et au profit des églises du 1er au 8, au double du tarif et au profit des églises du 9 au 14, au tarif ordinaire et au profit de la ville du 15 au 25, moitié au profit de la ville et moitié au profit des églises du 26 au 30. On voit que c'était d'une belle complication. Le chapitre échangeait simplement ses quatorze jours de perception contre les dix de la ville, espérant sans doute que l'affluence produite par la foire compenserait les différences du nombre des jours et du tarif.

Revenons aux autres réglements de la foire. Huit jours avant et huit jours après, la vente en gros des saies et des draps était interdite[3]. Pendant toute sa durée, il était interdit aux « merchier, espetiier, orfeivre, vairier, peletier, linge, toile, « corduanier, coutelier, capelier, fourbisseur d'espées, coroier,

---

1. *Pièces justificatives*, LIX.
2. N° 848.
3. *Registre aux bans*, n° 774.

« caucheteur, faiseur de pos d'estaim, visier, » d'avoir « haions « el markié, » sans doute, parce que la foire ayant pour but principalement le commerce en gros des produits de l'industrie de la ville on se souciait peu d'encombrer le marché par le commerce de détail. Le marché était réservé aux chaudronniers, et à tous les marchands qui tenaient échoppes dans Saint-Omer et dont les échoppes devaient être closes pendant la foire[1]. Des réglements indiquaient les places assignées aux diverses marchandises : le blé dans la tenne-rue, les saies dans la halle des merciers, les « grans dras » dans la halle des viesiers, le drap au détail dans la grande halle. Ils fixaient en outre les trois jours de montre des draps.

Il était pendant la foire interdit aux bourgeois d'aller commercer hors de la ville, soit pour vendre, soit pour acheter[2].

Nous ne pouvons malheureusement pas apprécier, faute de documents qui nous donnent des chiffres, l'importance de cette foire. Elle semble avoir été longtemps la seule de Saint-Omer. Le 24 décembre 1366, la comtesse Marguerite en créa une nouvelle, commençant à la Saint-Michel (8 mai) et durant neuf jours[3]. Pour la rendre franche de tonlieu, comme la précédente, l'échevinage accensa au chapitre et à l'abbaye la part de cet impôt qu'ils possédaient[4].

§ V.

Presque tout le commerce en gros de Saint-Omer se faisait par l'intermédiaire de courtiers ou *makelares-jurés*. Il y avait des courtiers de draps et de saies, de laines, de vin, de charrettes[5]; en revanche, certains commerces ne pouvaient employer de ces intermédiaires, par exemple, ceux de blé[6], d'oignons[7], de charbons[8]. Chaque genre de commerce avait ses courtiers, auxquels il était défendu de s'occuper d'autres marchandises[9]. C'étaient en général des espèces d'officiers qui devaient être bourgeois, étaient

1. *Registre aux bans*, n° 775.
2. Ibid.
3. *Arch. nation. Trésor des chartes*, JJ. 97, f° 114, pièce 442.
4. Voy. *Analyse et extraits d'un registre des archives de Saint-Omer*, n°ˢ 102 et 106.
5. « Coretiers de karetes jureis. » *Registre aux bans*, n°ˢ 365, 518.
6. *Registre aux bans*, n° 12.
7. Ibid., n° 152.
8. Ibid., n° 140.
9. Ibid., n°ˢ 45, 556.

investis de leur office par les échevins et prêtaient serment[1]. Cependant un ban de la fin du xiiie siècle déclare libre le courtage des laines et des draps, sauf paiement à la ville de certaines redevances : « On fait asavoir ke tout chil ki voelent puent « waigner leur pain de coreterie en le vile, de laines et de dras « gros[2]. » Mais je croirais volontiers que ce ne fut là qu'une mesure de circonstance destinée à procurer de l'argent à la ville.

Il n'en était plus de même dans tous les cas au commencement du xve siècle. En 1414, les magistrats municipaux en fonctions avaient destitué tous les courtiers de draps de la ville au nombre de douze, sous prétexte que ce nombre était trop considérable et que du reste « ès couretiers avoit trés grand deffaulte ou préjudice de la « chose publique. » Ensuite, ils avaient vendu six offices de courtage et s'étaient partagé les cinq cents écus provenant de cette vente. C'était, prétendirent-ils, les « gaiges et salaires de « leurs offices de l'échevinage à cause desquels offices ils ont « continuelment grans frais, paines et labours. » Le conseil du duc de Bourgogne, devant qui l'affaire fut portée, reconnut, le 4 mai 1417, le droit des magistrats de disposer à leur gré des offices de la ville, mais déclara que le produit des ventes d'offices devait être versé à la caisse municipale, et eu égard au cas particulier, attribua au duc les cinq cents écus qu'avaient induement touchés les magistrats[3]. C'est comme on voit l'histoire de l'*huître et des plaideurs*. Les magistrats ne se tinrent pas pour battus dans leur prétention de s'attribuer à eux personnellement le produit des ventes des offices de cette nature. A la faveur des guerres et probablement à cause de leur docilité aux demandes de subsides, ils obtinrent, le 15 décembre 1418, de Jean-le-Bon, la confirmation de leur droit de « prendre à leur proufit, les « eschéances des estaulx de bouchiers et de poissonniers et « autres, et des offices qui sont ordonnés pour le gouvernement « de la ville, comme couretiers de draps, de vin et autres sembla- « bles....., » en considérant que c'est, avec « aucunes menues « courtoisies qui sont de petit profit, le seul gage qu'ils puissent « avoir[4]. » On se souvient que la réforme de 1447 abolit cet usage singulier et attribua aux magistrats des émoluments fixes.

Revenons aux courtiers du xiiie siècle. Ils devaient vendre les

---

1. *Registre aux bans*, n° 95.
2. Ibid., n° 422.
3. *Analyse et extraits d'un registre de Saint-Omer*. Appendice, n° XXVIII.
4. Ibid., n° 202.

marchandises « des bonnes gens bien et loyaument[1], » ne s'aboucher avec les marchands qu'autant que ceux-ci requéraient leurs services[2], que d'autre part il leur était défendu de refuser[3]. Il leur était interdit d'être en même temps marchands et courtiers du même commerce[4] et d'être hôteliers[5]. Les courtiers de draps ne pouvaient non plus être fabricants[6]. Ils ne pouvaient acheter du drap à la halle qu'accompagnés de l'acheteur[7].

Les courtiers ne devaient avoir aucune relation avec les marchands étrangers hors de la ville et de la banlieue[8]. Les courtiers de vin ne devaient acheter du vin qu'en « ville de loy[9]. »

En qualité d'officiers nommés par les magistrats et privilégiés, ils avaient une certaine responsabilité et des fonctions publiques. Par exemple, les courtiers de draps devaient couvrir sur chaque pièce les marques spéciales à chaque fabricant et ne laisser apparente que la marque de la fabrique de la ville[10]. Ils ne devaient autoriser l'enlèvement des saies de la halle qu'après les avoir vu peser[11]. Ils étaient passibles d'amendes, s'ils s'entremettaient pour faire vendre ou acheter des saies déchirées au caltre, c'est-à-dire désignées comme mauvaises par le contrôle des *esgardeurs*[12]. Lorsqu'ils avaient donné au vendeur le denier à Dieu, ils étaient responsables de la tenue du marché[13].

Leurs services étaient tarifés; ils ne pouvaient pas percevoir plus d'un denier par livre de marchandise, plus de six deniers par pièce de drap vendu en gros; il n'y avait pas lieu à courtage pour le drap détaillé. La peine, en cas d'infraction à ce règlement, était, pour le courtier, soixante sous d'amende et le bannissement de dix ans et dix jours sur sa tête; pour l'acheteur qui lui aurait payé plus que le tarif, dix sous d'amende[14]. Les ven-

---

1. *Registre aux bans*, n° 303.
2. Ibid., n°ˢ 301, 304.
3. Ibid., n° 372.
4. Ibid., n° 83.
5. Ibid., n° 477. Cet article est spécial aux courtiers de vin; mais par la réglementation des auberges on peut généraliser. Voy. plus haut, p. 257.
6. Ibid., n° 487.
7. Ibid., n° 84.
8. Ibid., n° 261.
9. Ibid., n° 42.
10. Ibid., n°ˢ 573, 574.
11. Ibid., n° 176.
12. Ibid., n° 501.
13. Ibid., n° 312.
14. Ibid., n°ˢ 102, 302.

dredis et samedis les laines étaient exemptés de tout courtage et les courtiers de laines n'avaient pas même le droit de se montrer à la halle[1]. La ville percevait un impôt sur les bénéfices des courtiers, c'était deux deniers d'esterlin par sac de laine, autant pour les peaux, une maille pour une charretée, un denier pour un char et pour le reste à l'avenant[2]. Le ban qui établit la liberté du courtage des laines stipule que le tiers des courtages perçus sera attribué à la ville[3].

A côté des courtiers, le commerce exigeait d'autres intermédiaires, c'étaient les hommes de peine, *deskerkeurs, broueteurs, abrokieres, opslares*. Leurs fonctions se rapprochaient beaucoup de celles des courtiers qu'ils paraissent avoir souvent remplacés, malgré quelques défenses que l'on rencontre dans les réglements. Comme celles des courtiers elles étaient des offices[4]. Les principaux étaient les *abrokieres* de blé et les *opslares* ou *deskerkeurs* de vin. Nous aurons occasion d'en reparler, lorsque nous traiterons du commerce des vins et des blés.

D'autres intermédiaires encore étaient les *mesureurs* et les *peseurs*. Un règlement du XIII° siècle, qui interdit les balances particulières au-dessus de soixante livres, indique que le poids « est en le main d'eskevins[5]. » Cependant nous voyons dans les comptes du bailliage que nous possédons, de 1306 à 1342, le receveur porter en recette chaque année le produit « du fief « messire Jehan de Saint-Omer, qu'il tient de Monsieur le conte « en fief, c'est assavoir tout le pois de toutes marcheandises de le « vile de Saint-Omer[6]. »

Les mesureurs nommés par les échevins pouvaient seuls mesurer le drap, les saies, les cauches, les toiles, les canevas, vendus en gros à la halle[7]. Le blé devait être mesuré par les *mesureurs* de blé jurés[8]. On trouve aussi la mention de *mesureurs de waides*[9]. Les fourrures de peaux d'agneau ne pouvaient se vendre que si elles avaient « le grandeur de le corde ki est à le hale[10]. » Comme le courtier, le mesureur devait s'en tenir

1. *Registre aux bans*, n° 536.
2. Ibid., 379, 380.
3. Ibid., n° 422.
4. Ibid., n°° 23, 211, 288, etc.
5. Ibid., n° 356.
6. Ms. de Saint-Omer, n° 870.
7. *Registre aux bans*, n°° 93, 130, 411, 490, 555.
8. Ibid., n° 439.
9. Ibid., n° 363.
10. Ibid., n° 463.

à sa spécialité et n'être pas « marchans de l'avoir dont il est mesureires[1]. »

La halle contenait en outre les étalons des poids et mesures[2], qui servaient de modèles à ceux que faisaient fabriquer les marchands[3].

Le nombre des poids et mesures que pouvait avoir chaque marchand était limité[4], et ceux qu'il possédait devaient être marqués au poinçon de la ville[5]. Les détenteurs de fausses mesures étaient sévèrement punis. Quelqu'un qui trouvait une fausse mesure et la jetait à l'eau, était condamné à soixante sous d'amende, si plus tard l'on retrouvait la mesure dont il s'était ainsi débarrassé[6].

Les mesures usitées à Saint-Omer étaient la toise et l'aune, pour les mesures de longueur, la rasière et le quartier, pour les mesures de capacité. La livre est le poids le plus souvent désigné. La rasière seule paraît avoir eu une contenance spéciale à Saint-Omer. Nous manquons du reste de documents pour déterminer leurs rapports avec nos poids et mesures. Outre ces mesures, qui représentaient des quantités fixes, on trouve la mention de nombre d'autres qui ne pouvaient donner que des évaluations approximatives : la somme, la navée de poisson, la poise, le sac de laines, la charrette (à deux roues), le char (à quatre roues), le tonneau, etc.

§ VI.

Nous manquons presque complétement de renseignements sur le commerce et le mouvement de l'argent à Saint-Omer au moyen âge. D'après les documents qui se sont conservés, il semble que tout le commerce se soit fait avec la simplicité la plus élémentaire. Nulle trace de moyens analogues à la lettre de change pour transporter les valeurs d'un lieu dans un autre, nul vestige de procédés de crédit, peu de mention du commerce de l'argent, du prêt à intérêt et du change. Il semble en effet que le com-

---

1. *Registre aux bans*, n° 329.
2. « Le longeur de le toise est en le hale. » (Ibid., n° 240.)
3. Défense de faire « rasierres ne quartier à autre molle fors dont li « molles est à le hale. » (Ibid., n° 266.)
4. Chaque marchand ne doit avoir qu'une paire de mesures. (Ibid., n° 265.)
5. Ibid., n°⁸ 197, 202, 264.
6. Ibid., n° 149.

merce en gros se faisait presqu'au comptant; les acheteurs de pièces de draps à la halle n'avaient que sept jours de crédit[1].

Nos réglements ne font nulle part mention de classes d'individus vouées spécialement au commerce de l'argent, telles que les *Lombards*, les *Caorsins*, les *Juifs*, si nombreux au moyen âge dans la plupart des villes commerçantes. On a vu qu'ils ne mentionnent les juifs que pour les proscrire. Un ban municipal interdit à tous les étrangers de prêter à intérêt[2]. Est-ce à dire que le commerce de l'argent était réservé aux bourgeois ? La légitimité du prêt à intérêt était reconnue par les réglements, puisqu'ils stipulent qu'il ne sera autorisé que de la part de ceux qui tiennent table de prêt (*estavlie de prester*[3]). Le prêt sur gages seul était absolument interdit[4]. Les réglements fixent le maximum du taux de l'intérêt; il était, à la fin du XIIIe siècle, de deux deniers pour livre par semaine[5], ce qui est plus de 43 0/0 par an. Il me semble que l'élévation exorbitante de ce taux, son établissement sur la somme d'une seule livre et pour l'espace restreint d'une semaine, suffisent à indiquer que le prêt d'argent ne devait pas entrer dans les habitudes du gros commerce d'alors.

Les prêteurs d'argent ou usuriers étaient-ils les mêmes que les changeurs ? C'est une question à laquelle je n'ai pas trouvé de réponse dans les documents. Si le prêt d'argent ne paraît pas avoir pris de grands développements, le change de monnaie au contraire devait être fort prospère dans une ville qui recevait beaucoup de commerçants étrangers. Ceux qui avaient *cange loei*, c'est-à-dire sans doute ceux qui affermaient à la ville une boutique de changeur, pouvaient seuls tenir table de change; il était défendu aux bourgeois de tenir table de change à leurs portes ou à leurs fenêtres[6]. Il est assez souvent mention dans les réglements du *Cange*, qui semble avoir été un lieu de change public situé dans la halle. Il était défendu de vendre du drap

---

1. *Registre aux bans*, n° 85.
2. Ibid., n° 216. — En 1321, la chambre des Comptes donne ordre de ne point percevoir à Saint-Omer, « la costume des deniers et maille pour « livre que les Ytaliens paiient à notre signeur le roy de France..... « dans toutes les parties de la Flandre. » (*Pièces justificatives*, LXXXI.) Doit-on croire que c'est à cause de cette interdiction particulière à Saint-Omer ?
3. Ibid., n° 305.
4. Ibid., n°ˢ 127, 196, 520.
5. Ibid., n°ˢ 528, 534.
6. Ibid., n° 133.

devant le change¹, d'emmener les gens du change pour changer sa monnaie². Il n'y a pas dans les réglements de taux de change, mais le courtage du change était sévèrement prohibé³.

Les principales monnaies que les documents nous montrent en circulation à Saint-Omer, sont : la monnaie de parisis et la monnaie de tournois ; les réglements défendent, principalement aux courtiers, de les confondre⁴, ce qui se conçoit facilement puisque la monnaie de tournois était moins forte que la monnaie de parisis, dans la proportion de 4 à 5. Les *esterlins* sont presque aussi souvent mentionnés ; ils valaient 4 deniers de tournois en 1265.

§ VII.

Une grande partie du commerce de Saint-Omer se faisait par eau, principalement par l'Aa et aussi par les autres cours d'eau, et par les canaux déjà nombreux en Flandre au xiiie siècle. On verra plus loin les priviléges commerciaux de Saint-Omer dans les ports de l'Aa (Watten, Bourbourg, Gravelines). Les transports par eau étaient le monopole de la corporation des mariniers, ayant à sa tête un *comte des mariniers*⁵, qui faisait partie de la hanse. A moins de conduire soi-même ou par son domestique sa marchandise, on devait utiliser les *voitures* des mariniers. Leurs services étaient du reste tarifés ; les membres de la hanse payaient moitié moins que les étrangers. En outre, ceux qui leur confiaient des marchandises n'étaient pas sans garanties contre eux. Les mariniers qui causaient un « domage » excédant la valeur de quatre deniers, étaient punis de la mutilation de l'oreille, de la confiscation du bateau — même s'il ne leur appartenait pas — et du bannissement perpétuel.

Les mariniers étaient encore soumis à d'autres réglements ; les uns avaient pour but la sécurité de la ville : défense d'amener dans la banlieue des étrangers armés⁶ ; défense d'amener pendant la nuit des passagers de Clairmarais à Saint-Omer et réciproquement⁷ ; défense de prendre des passagers pour aller

---

1. *Registre aux bans*, n° 181.
2. Ibid., n° 133.
3. Ibid., nos 421, 448.
4. Ibid., n° 304.
5. Ibid., n° 150.
6. Ibid., n° 163.
7. Ibid., n° 164.

au-delà d'Oudemonster sans la permission des échevins[1]. D'autres règlements avaient trait à la police de la navigation : aussitôt leurs bateaux amarrés au quai, ils devaient les décharger, puis les conduire hors de la ville sans délai[2]. Ils devaient prendre assez peu de cargaison pour arriver jusqu'au quai sans alléger[3]. Il était défendu de faire réparer les bateaux sur la Ghière au-delà de Malevaut[4] ; il était défendu de couler à fond des bateaux, et d'entraver ainsi la navigation[5].

Les nombreuses relations qui existaient entre Saint-Omer et l'Angleterre, et dont nous parlerons plus loin, sont un indice de l'activité que devait avoir le commerce maritime. Dès 1127, le comte de Flandre avait exempté les habitants de Saint-Omer du droit d'épave (*Sewerp*) sur toutes les côtes de Flandre ; la même charte leur promettait pareille exemption à Wissant et sur les côtes du comté de Boulogne (§ 18) ; mais les comtes de Flandre furent impuissants à exécuter cette promesse. Malgré l'abolition de cette coutume par le roi de France à la requête de l'archevêque de Reims, en 1192[6], elle continua encore à exister après cette époque, sous le nom de *Lagan*, au profit du comte de Boulogne sur ses domaines, puisque, en 1206, il en concéda l'exemption aux bourgeois de Saint-Omer[7]. Malgré ces concessions, le comte de Flandre y prétendait encore en 1320, sur les biens des négociants de Saint-Omer ; il fut débouté par un arrêt du parlement de Paris[8]. En 1330, Louis de Nevers dut encore en confirmer l'exemption, en précisant à quels cas elle s'appliquait[9].

---

1. *Registre aux bans*, n° 89.
2. Ibid., n°° 407, 414, 453.
3. Ibid., 456.
4. Ibid., 262.
5. Ibid., 358.
6. *Monuments de l'histoire du Tiers-État*, I, p. 115 et 116. La charte de l'archevêque de Reims explique très-clairement en quoi consistait ce droit : « In terris Philippi quondam Flandrensis comitis, Bernardi de « Sancto Walerico et Willelmi de Caeu, perversa consuetudo *lagans* « nominata inoleverat ; videlicet quod si navis, aliunde veniens et fluc- « tibus maris forte agitata, scopulis sive harene maris illisa, frangere- « tur, res in ea existentes in dirreptionem hominum cederent predatio- « nem. »
7. *Pièces justificatives*, XXXIX. — A la même époque il octroyait le même privilège aux bourgeois de Rouen (Chéruel, *Histoire de Rouen*, t. I p. 260).
8. Archives municipales. Premier registre au renouvellement de la loi, fol. 25.
9. *Analyse et extraits d'un registre des archives de Saint-Omer*, n° 25.

En même temps qu'il exemptait les bourgeois du droit de *Lagan de mer*, le comte de Boulogne, en 1206, garantissait à leurs navires la libre pratique des ports du Boulonnais et de la terre de Mercq, à cette condition toutefois que la seule marchandise protégée et garantie serait celle des bourgeois de Saint-Omer. En cas de doute de la part des gens du comte sur les propriétaires des marchandises, les échevins de Saint-Omer devaient recevoir des bourgeois qui se prétendaient propriétaires, la preuve qu'ils l'étaient en effet et mander par lettres, sous la garantie de leurs serments, aux gens du comte cette preuve qui entraînait la liberté des marchandises [1].

§ VIII.

On a vu dans les pages précédentes quelle était à Saint-Omer l'organisation commerciale ; nous devons maintenant étudier les conditions du commerce. Nous parlerons d'abord des impôts qu'il supportait, et du traitement des marchands étrangers à Saint-Omer, puis des conditions faites aux marchands de Saint-Omer dans les divers pays qu'ils fréquentaient.

Les principaux droits perçus sur les marchands étaient : le droit *d'étal* ; c'était la location de l'emplacement qu'ils occupaient dans les lieux de vente ; les droits de *pesage* ou de *mesurage* et de *courtage* [2] ; l'*assise*, droit prélevé au profit de la ville sur la vente de la plupart des marchandises ; c'était presque toujours un droit de 2 d. par livre sur le prix de vente, c'est-à-dire un peu moins de un pour cent de la valeur des marchandises [3] ; le *forage*, droit de vente sur les vins perçu au profit du châtelain ; le *rouage*, le *portage*, le *cauchiage*, le *fouage*, le *saccage* et le *tonlieu*, droits d'entrée ou d'issue perçus : le rouage et le portage au profit du comte [4], le cauchiage et le fouage au profit de la ville qui les appliquait à l'entretien des chaussées et des canaux, le tonlieu et le saccage, qui paraît s'être confondu avec lui, au profit de l'abbaye de Saint-Bertin et du chapitre de l'église Notre-Dame qui en avaient la propriété indivise.

Nous avons déjà donné au cours de ce livre les détails que nous avons pu recueillir sur chacun de ces impôts [5] ; il nous reste

---

1. *Pièces justificatives*, XXIX.
2. Voyez plus haut, p. 243.
3. Voy. plus haut, p. 244.
4. Voy. plus haut, p. 102.
5. Voy. plus haut, p. 245, 121.

cependant à parler du tonlieu que nous n'avons guère fait que mentionner jusqu'ici.

On a fait communément avec Folquin remonter la possession du tonlieu par les deux églises à l'année 874, époque à laquelle Charles le Chauve leur a concédé les produits du marché du vendredi, bien qu'aucune phrase de ce diplôme ne fasse mention du tonlieu [1]. La plus ancienne indication que j'aie pu retrouver, est la souscription d'un tonloyer, en 1043, à un échange entre l'abbé de Saint-Bertin et le prévôt de Saint-Omer [2]. En 1117, le comte Baudouin en confirma explicitement la possession au chapitre et à l'abbaye, ajoutant que cette possession remontait à plus de trente ans, et qu'elle avait été l'objet de contestations de la part des bourgeois [3]. C'est en 1123 qu'on trouve pour la première fois mention du tonlieu dans les bulles confirmatives des biens du chapitre et de l'abbaye [4], mention qui se trouve reproduite dans la plupart des confirmations postérieures. La charte par laquelle Thierri d'Alsace confirma à la ville ses priviléges, le 22 août 1128, lui concède, à charge d'une redevance annuelle de cent sous, la possession du tonlieu (§ 24). Il est difficile de dire s'il faut voir dans cette concession une suite des contestations par la ville de la possession du tonlieu par les églises, ou seulement, comme nous l'avons supposé [5], la concession d'une part anciennement réservée au comte.

Les différends entre la ville et le chapitre au sujet du tonlieu persistaient, du reste, à cette époque, car c'est un des objets qui, d'après l'accord de 1166, devaient être soumis au jugement du tribunal arbitral établi par cette convention [6]. Les églises eurent aussi à maintenir leur droit contre les châtelains qui prétendaient que les hommes de leur fief devaient en être exempts; ce ne fut qu'après excommunication du châtelain Guillaume IV [7] qu'intervint un accord soumettant au droit de tonlieu les hommes du château, sauf pour les animaux qu'ils élevaient, et les fruits qu'ils recueillaient sur le fief [8].

1. Guérard, *Cartulaire de Saint-Bertin*, p. 118, voy. plus haut, p. 16.
2. *Pièces justificatives*, I.
3. *Pièces justificatives*, II. Voy. plus haut, p. 34.
4. Bulle de Calixte II en faveur du chapitre (*Cartulaire de Térouane*, pièce 11). Bulle du même en faveur de l'abbaye (Guérard, *Cartulaire de Saint-Bertin*, p. 263).
5. Voy. plus haut, p. 90.
6. Pièces justificatives, XIII. — Voy. plus haut p. 141.
7. Pièces justificatives, XVII.
8. Ibid., XVIII.

Nous avons déjà dit que la ville, pour établir des foires franches, avait racheté à diverses reprises le tonlieu pendant un certain nombre de jours et à certaines époques de l'année[1]. Au xvie siècle, elle entra en négociation avec les églises pour le racheter complètement[2]. Ces négociations n'aboutirent qu'au commencement du xviiie siècle; le 21 juillet 1706, la ville racheta le droit de tonlieu, moyennant deux rentes annuelles : l'une, de 407 l. 3 s. au chapitre pour sa part; l'autre, de 542 l. 17 s. à l'abbaye pour la sienne, outre la rente de 24 l. du précédent rachat pendant la foire Saint-Michel[3].

Le plus ancien tarif du tonlieu qui nous soit parvenu, remonte au milieu du xiie siècle (entre 1159 et 1167), mais les deux rédactions de ce tarif que nous possédons sont plus récentes. L'une est une copie latine, transcrite au xiiie siècle dans un cartulaire municipal[4], l'autre est une traduction française, de l'année 1328, remarquable en ce qu'elle est en partie assonnancée et même rhythmée, sans doute comme moyen mnémonique. Nous possédons deux exemplaires originaux de cette traduction, sur deux pancartes, d'une écriture très-soignée, conservées l'une dans les archives municipales, l'autre dans les archives du chapitre[5]. Un autre tarif date du xiiie siècle; nous en possédons un texte latin copié au xviiie siècle dans les archives de l'abbaye de Saint-Bertin[6], une traduction du xiiie siècle, dont la pancarte originale s'est conservée dans les archives du chapitre de Saint-Omer[7], et un

1. Voy. plus haut p. 290.
2. En 1527. (Arch. municip. Gaillon, *Table des registres de délibération de l'échevinage*, au mot Tonlieu. Il renvoie à un registre perdu.)
3. Arch. municip. AB XLIII. 1.
4. Pièces justificatives, XCIII.
5. Pièces justificatives, XCIV. — M. Vallet de Viriville avait déjà signalé ce tarif intéressant (*Essai sur les archives historiques du chapitre de l'église cathédrale de Notre-Dame de Saint-Omer*, dans les *Mémoires de la Société des antiquaires de la Morinie*, t. VI, p. xxiii), malheureusement il n'avait connu que l'exemplaire des archives du chapitre qui ne porte pas de date et s'était cru en présence d'un tarif original écrit en français au milieu du xiie s. Plus récemment ce document a été adressé à la commission des travaux historiques par M. Deschamps de Pas qui, ne connaissant aussi que la pancarte non datée, la croyait du premier quart du xiiie siècle. Il a été l'objet d'un rapport de M. Bourquelot (*Revue des Sociétés savantes*, 4e série, t. IX, janvier 1869, p. 60). M. Bourquelot avait déjà signalé les assonnances qui se trouvent dans cette rédaction; il disait même que ce tarif était en vers et que si le rhythme était imparfait, si la rime manquait souvent, c'était à raison des nécessités du sujet.
6. Pièces justificatives, XCV.
7. Ibid., XCVI.

remaniement fait en 1401, dont nous avons également la pancarte originale[1]. En 1512, un nouveau tarif fut établi de concert avec le magistrat de la ville[2]. C'est ce dernier tarif qui faisait encore loi au commencement du XVIIIe siècle, ainsi que le prouve un placard imprimé en 1705[3].

L'abbaye de Saint-Bertin possédait quatre parts, et le chapitre trois parts de ce tonlieu; en outre, pendant les *mois du roi*, nommés aussi *mois du comte*, ou *mois de la ville*, c'est-à-dire pendant une partie des mois de juin et de juillet, et des mois d'octobre et de novembre (8 juin-9 juillet, et 15 octobre-16 novembre), on payait double tonlieu, parce que la ville en percevait la moitié. C'est ce qu'on nommait aussi le *saccage*[4].

Malgré tous les tarifs qui nous sont parvenus et que nous venons d'énumérer, il n'est pas facile de dire en quoi consistait le droit de tonlieu, ni quelle était son assiette, encore moins comment se faisait sa perception. C'était à la fois un droit d'entrée, d'issue, de passage, et en même temps un droit sur la vente. Il frappait les denrées, les matières premières et fabriquées, les bestiaux et les animaux de tous genres, tantôt d'un droit fixe, et tantôt d'après la quantité ou la valeur, parfois d'un droit en nature, et parfois d'un droit en argent. Il était perçu tantôt de l'acheteur et tantôt du vendeur, dans l'enceinte de la ville et hors de la ville, dans les limites d'une circonscription que décrivent plusieurs de nos tarifs. En prenant pour base le chiffre de l'accensement de la part du chapitre à la ville pendant les huit premiers jours de juin, en avril 1271[5], on peut croire qu'il rapportait annuellement aux deux églises un peu plus de 2,000 livres de parisis, soit à peu près 120,000 francs de notre monnaie avec sa valeur actuelle.

Sous la dénomination générale de tonlieu étaient compris divers droits appelés, suivant les cas, tonlieu proprement dit, petits tonlieux, — c'étaient les droits perçus hors de la ville, — saccage, ruage, portage et travers. Il comportait une foule d'exceptions, de diminutions, de différences dans les perceptions, de conditions, d'abonnements, de tarifs spéciaux, etc. Sans parler des mois du roi, pendant lesquels on payait double, ni de l'époque des foires franches pendant lesquelles on ne payait pas, certains

---

1. Pièces justificatives, XCVII.
2. Il a été publié par M. Deschamps de Pas dans la *Revue des Sociétés savantes*, 1863, 1er semestre, p. 220.
3. Arch. du chapitre, II G 1907.
4. Pièces justificatives, CII.
5. Pièces justificatives, LIX.

objets payaient moins à certains jours qu'à d'autres ; le fil, par exemple, payait moins le vendredi et le samedi que les autres jours de la semaine, les objets de chaudronnerie étaient exempts de droits les jours de marché. On ne payait rien pour la rentrée ou la vente de sa propre moisson, rien pour l'achat d'effets d'habillement, et, en général, rien pour les objets qu'on achetait pour son usage personnel si l'on n'était pas marchand. On distinguait entre les habitants d'au delà la Lys et ceux d'en deçà ; les Anglais avaient un traitement spécial. Les bourgeois de Saint-Omer étaient exempts de tout tonlieu. Les vassaux du châtelain et leurs hommes étaient exempts, mais seulement pour les animaux qu'ils élevaient et les fruits qu'ils recueillaient sur leurs terres [1]. Les habitants de Bourbourg étaient exempts, moyennant le paiement d'un droit fixe de un denier, excepté pour le miel, les plumes et les bêtes vives, et les contestations à ce sujet devaient être jugées par les échevins de Saint-Omer [2]. Certains habitants de Buscure, ceux de Morbeke, les hommes du châtelain de Nieurlet, les hôtes de la chapelle de Ruhout, les habitants d'Arques étaient exempts de tout tonlieu s'ils n'étaient marchands. Les tarifs contiennent une foule d'exceptions pour les personnes, tantôt exemption complète, tantôt à raison d'un abonnement, en échange d'un droit fixe ou d'une rente en nature ou en argent. Ces exemptions sont stipulées parfois en faveur de certains individus : Simon de Bilques était exempt, moyennant une rente de huit gelines ; Hubert de Bouvelinghem, moyennant une rente de deux rasières de froment, etc. ; d'autres, en faveur du possesseur d'une seigneurie, le seigneur de Monnecove, par exemple, d'autres en faveur du possesseur d'un office, le maire de Blendecques, le maire de Watten, qui payait deux anguilles lors de sa nomination, ou encore en faveur de l'habitant ou du propriétaire d'une maison : celui qui fournissait la maison où l'on percevait le tonlieu, ceux qui habitaient une maison près de Watten où l'on vendait de la chaux [3], etc., etc.

Nous avons déjà parlé de la condition des étrangers à Saint-Omer [4] ; nous n'avons que peu de renseignements sur les conditions particulières qui étaient faites aux marchands ; il est probable que les négociants étrangers y jouissaient à peu près des mêmes privilèges que dans le reste de la Flandre. En général, le

---

1. Pièces justificatives, XVIII.
2. Accord de 1165 environ. *Pièces justificatives*, XI.
3. En 1285. Arch. mun. CXCIX 3 et 4.
4. Voy. plus haut p. 209.

traitement des marchands étrangers dans une ville était déterminé par le principe de réciprocité[1], comme nous le voyons stipulé, dès 1165, pour les habitants de Bourbourg et de Gravelines qui jouissaient à Saint-Omer des mêmes priviléges de franchises et d'exemptions d'impôts dont les habitants de Saint-Omer avaient été gratifiés chez eux[2]. Les priviléges concédés le plus ordinairement aux marchands pour les attirer dans les villes commerçantes de la Flandre étaient des garanties de sécurité; n'avoir pas leurs marchandises saisies pour contraventions ou délits commis ailleurs que dans la ville où elles se trouvaient, ou pour contraventions ou délits commis par d'autres que leurs propriétaires, exemption du duel comme les marchands flamands, droit de n'être jugé que par les échevins, etc.; c'était aussi des garanties de liberté et de facilité pour leur commerce, le droit d'acquérir dans les villes des comptoirs ou des entrepôts, la mise en liberté sous caution, la possibilité de répondre en justice par procureur, etc.[3] Nous savons qu'à Saint-Omer on surveillait les marchands étrangers pour qu'ils ne fissent point le commerce entre eux et qu'il leur était défendu de s'acheter des marchandises les uns aux autres[4].

Pendant la première partie du moyen âge, ils ne semblent pas y avoir joui d'exemptions, ni de franchises particulières; ce ne fût que plus tard, lorsque commença la décadence du commerce, que l'on songea à les attirer par des priviléges spéciaux. Les tracasseries fiscales, l'établissement continuel de péages nouveaux sur les routes commerciales et d'impôts dans les villes fréquentées par les marchands, les ordonnances sur les Lombards, les interdictions de trafic avec les ennemis aux époques de guerre, la piraterie de la fin du XIIIe siècle, les luttes du commencement du XIVe, les désastres, les pertes matérielles, les alarmes causées par les guerres avaient dû à peu près complétement ruiner le commerce et l'industrie. En 1302, après Courtrai, le territoire de Saint-Omer avait été dévasté, les années 1305 et 1306 avaient été des années de troubles et d'émeutes. Philippe le Bel songea vers la fin de son règne à rappeler les marchands, Louis X et Charles IV surtout firent pour cela de vains efforts. Il nous est

---

1. Voy. Warnkoenig. *Histoire de la Flandre*, t. II, p. 179 et Sartorius, *Hist. des villes hanséatiques*, t. II, p. 187.
2. *Pièces justificatives*, X.
3. Voy. principalement les priviléges offerts, vers 1252, aux marchands de Lubeck pour les attirer en Flandre (Archives du Nord, B 74).
4. *Registre aux bans*, n°s 364, 419.

parvenu plusieurs documents qui accusent la tendance qui régna à ce moment, et exposent, les uns, les priviléges concédés par les comtes d'Artois ou les rois de France aux marchands étrangers, les autres, les avantages que sollicitaient en leur faveur les échevins de Saint-Omer.

Il semble bien probable que beaucoup de ces avantages devaient être personnels et que la ville devait négocier, sinon avec chaque marchand, du moins avec les marchands de chaque ville ou de chaque nation, sans se soucier de rendre publiques toutes les concessions qu'elle leur faisait. Le 20 septembre 1281, le comte d'Artois autorisait l'échevinage, sur sa requête, à faire aux étrangers qui désiraient venir à Saint-Omer tels avantages qui lui sembleraient bons « au profit et à l'amendement » de la ville[1]. Les marchands étrangers qui fréquentaient le marché de Saint-Omer étaient presque tous des Anglais, c'était à eux que le commerce et surtout l'industrie de la ville devaient beaucoup de leur importance; les laines anglaises alimentaient à peu près seules la fabrique de la ville; du traitement des marchands anglais à Saint-Omer dépendait en grande partie le traitement des marchands de Saint-Omer en Angleterre; c'étaient les Anglais que les guerres d'alors troublaient et chassaient le plus souvent, eux encore qui pouvaient le plus facilement déserter le marché de Saint-Omer pour ceux de la Flandre qui leur était plus souvent ouverte; aussi, dans les divers documents relatifs à la condition des marchands étrangers à Saint-Omer, c'est des Anglais qu'il est le plus souvent question, et, même dans les chartes qui règlent la condition de tous les marchands qui fréquentaient l'étape, on se préoccupe surtout des intérêts anglais.

Une lettre assez obscure nous fait savoir qu'au commencement du XIVe siècle, vers 1312 probablement, les échevins avaient chargé deux personnages d'une mission auprès du maire et des marchands de Londres pour attirer à Saint-Omer des marchands anglais au détriment des villes de Bruges et d'Anvers. D'après la lettre qui nous est parvenue, les marchands de Londres, après une réunion, paraissaient disposés à accepter les offres qui leur étaient faites; il ne restait qu'à obtenir des lettres du roi et de la comtesse d'Artois, mais sur ces offres elles-mêmes et sur l'issue de la négociation nous ne savons presque rien[2]. Peut-être cependant faut-il voir la conséquence de ces pourparlers dans les diverses conces-

---

1. Pièces justificatives, LXV.
2. Ibid., LXXVIII.

sions qui furent faites au commencement du xiv⁰ siècle aux marchands qui fréquentaient l'étape de Saint-Omer. Le 4 mai 1313, le roi Philippe IV octroya divers priviléges, principalement aux marchands anglais, pour une période de dix ans[1]. Le roi déclarait prendre sous sa sauvegarde les marchands étrangers qui viendraient à Saint-Omer, les autorisait à voyager et à commercer librement dans tout le reste du royaume, leur garantissait qu'ils ne seraient pas poursuivis pour délits commis ou pour dettes contractées ailleurs, sauf cependant pour exécution de contrats faits aux foires de Champagne, les exemptait du droit d'épave, autorisait les échevins à les recevoir librement et à leur concéder des lieux de vente et des entrepôts ; enfin leur promettait qu'en cas de guerre, les marchands résidant à Saint-Omer, même ceux du pays avec lequel la France serait en guerre, n'auraient ni leurs personnes ni leurs biens saisis, qu'ils auraient un délai de 60 jours pour évacuer le territoire et le droit de se procurer les véhicules nécessaires pour emporter leurs marchandises[2]. Il semble aussi qu'une lettre écrite le 28 mai 1314 par le roi de France au roi d'Angleterre fasse allusion à ces négociations et indique qu'au moins en partie elles avaient eu une issue favorable[3]. Dans cette lettre, Philippe le Bel se plaint de ce que les marchands de laines anglais, qui autrefois tenaient étape à Anvers et qui depuis sont venus à Saint-Omer, où il leur a assuré des priviléges, ne fréquentent plus les foires de Lille et en détournent tous les autres marchands. Il insiste sur les avantages de ces foires, observe que les marchands anglais se trouvent à Saint-Omer plus près de Lille que quand ils avaient leurs magasins à Anvers et conclut en priant le roi d'Angleterre d'inviter, d'obliger au besoin, les marchands anglais à fréquenter les foires de Lille et surtout d'annuler tous les engagements que

---

1. *Arch. municip.* CCII, 34.
2. « Adicientes etiam hujusmodi graciose concessioni nostre quod si,
« processu temporis, guerram, quod absit, inter nos et alium quem-
« cumque vel alios forsan oriri contigeret, mercatores predicti, in dicta
« villa stationarii, licet de regno aut terra in quibus guerra hujusmodi
« moveretur fuerint oriundi, corpora, mercaturas et bona propter hoc non
« committant; dum tamen regnum nostrum de corporibus, bonis et mer-
« caturis vacuent infra sexaginta dies a tempore quo de dicta guerra
« per famam publicam vel aliter, sufficienter primitus certificari pote-
« runt computandos, quod sibi facere liceat. Et pro hujusmodi evacua-
« tione facienda, si eam fieri oporteat, volumus et mandamus quod
« prefatis mercatoribus quadrige et vecture alie ad hoc sibi utiles et
« necessarie, ad sumptus suos et competens precium, liberentur. »
3. Rymer, *Fœdera*, éd. de 1816, t. II, p. 248.

prennent les marchands de n'y pas venir. Le 16 juillet, Édouard II écrivit au roi de France qu'il ne pouvait lui faire de réponse immédiate, mais qu'il ne tarderait pas à lui proposer à ce sujet une résolution et un traité[1]. Nous ne savons si cette affaire eut une suite. La lettre du roi anglais a tout l'air d'une fin de non-recevoir; Philippe le Bel ne tarda pas à mourir; la lutte contre la Flandre, qui recommença en 1315, et surtout les troubles suscités par Robert d'Artois, qui, en 1316, prit Arras et Saint-Omer et ne se rendit qu'à la fin de cette année, durent empêcher le roi de France de se préoccuper de l'absence des marchands anglais aux foires de Lille.

Le 26 août 1319, le connétable Gaucher de Châtillon, lieutenant du roi aux frontières de Flandre, considérant qu'à la suite des guerres, la ville de Saint-Omer avait été « de moult longe main griefvement oppressée, » chargea un bourgeois, Jean Bonenfant, de faire en sorte que les marchands d'Angleterre reviennent comme autrefois, de leur assurer qu'ils pourraient former à Saint-Omer des associations, de leur garantir leurs anciens priviléges, coutumes, franchises et libertés; en outre, il promettait aux maieur et aux échevins de s'entremettre auprès du roi pour faire augmenter ces priviléges et surtout pour faire préciser, dans le réglement de la condition des marchands étrangers, les points obscurs[2]. Ce fut à la suite de cette intervention que, le 12 avril 1320, le roi de France confirma pour quatorze ans les priviléges qu'il avait concédés, en 1313, aux marchands étrangers qui fréquenteraient l'étape de Saint-Omer[3]. Cette confirmation reproduit la concession précédente. Cependant, elle précise davantage les conditions dans lesquelles les marchands pourront évacuer le pays en cas de guerre, et ajoute aux priviléges précédemment énumérés l'autorisation du libre cours des esterlins. Quelques mois plus tard, le 15 juillet de la même année, la comtesse Mahaut concéda aux mêmes marchands des priviléges beaucoup plus étendus et beaucoup plus importants[4]. Elle leur garantit la location de lieux de vente et d'entrepôts pour un prix raisonnable et juste, la complète liberté du commerce entre eux, avec toutes manières de gens et à toutes heures, l'exemption de l'assise et de toutes les « coustumes anciennement usées à l'entrée et

---

1. Rymer, *loc. cit.*, p. 251.
2. *Arch. municip.*, CCII, 35.
3. Ibid., LVIII, 4.
4. Pièces justificatives, LXXIX.

à l'issir. » Les marchandises des marchands étrangers, leurs biens ni leurs personnes ne pourront être saisis ni arrêtés pour aucun crime, délit, dettes ou contrats, sauf les cas de flagrant délit et quand le marchand sera principal débiteur ou plége. Ils pourront toujours être mis en liberté sous caution ; ils auront un peseur élu par eux, avec le consentement des échevins ; les marchandises et principalement les laines, une fois achetées, reconnues et livrées, l'acheteur ne sera jamais admis à demander la résiliation de la vente ; le cours des esterlins sera libre ; les associations des marchands étrangers seront autorisées ; on ne pourra en aucun cas crier « commune ne bourgeoisie » sur eux et sur leurs gens ; ils ne seront pas responsables des faits de leurs vallets qui ne pourront forfaire l'argent ni les marchandises de leurs maîtres ; ils pourront se vendre entre eux toute espèce de boissons et de vivres, pour leur usage et celui de leurs gens et de leurs familles, sans tenir taverne et sans payer assise ; ils pourront avoir des courtiers et des porteurs à leur élection ; ils pourront faire tenir en prison les bourgeois leurs débiteurs, lorsque la dette sera suffisamment prouvée ; on ne pourra les mettre hors des maisons ou locaux qu'ils occuperont, à raison d'arrérages dus par le fonds ; deux marchands et deux bourgeois pourront être adjoints à l'échevinage pour taxer les loyers à prix raisonnable ; ils seront admis à revendiquer les biens et marchandises sorties de leurs mains partout où ils les trouveront, quand ils pourront prouver leur propriété. L'ordonnance reproduit les dispositions antérieures relatives au délai de 60 jours pour évacuer la ville en cas de guerre, elle ajoute seulement que les véhicules nécessaires à l'évacuation des marchandises seront taxés à prix raisonnable ; de tous les impôts qui grevaient le commerce et dont nous avons parlé, elle ne maintient que quelques droits d'entrée et d'issue sur les laines, deux deniers de parisis par fardeau à l'entrée, quatre deniers à l'issue et quatre deniers par sac arrivant à quai.

Ces priviléges, dont quelques-uns semblent exorbitants et en complète contradiction avec les anciens réglements échevinaux, accusent nettement une époque de décadence. Malgré toutes les promesses et toutes les garanties qu'ils offraient aux marchands qui voudraient venir commercer à Saint-Omer, ils étaient impuissants à leur assurer, d'une manière efficace, la première de toutes les conditions de la prospérité commerciale, la sécurité. Du reste la guerre de Cent ans allait commencer et déshabituer pour longtemps le commerce étranger des entrepôts et des routes de France. Ce sont probablement ces priviléges dont les magistrats de Saint-

Omer faisaient part aux Brugeois, vers 1320, par une lettre qui nous est parvenue, bien que dans ce document, il ne soit question que des garanties de sécurité promises aux étrangers[1].

Les souverains n'avaient fait toutes ces concessions que sur la demande des échevins de la ville, encore n'avaient-ils pas octroyé tous les privilèges que ceux-ci avaient sollicités. Il nous est parvenu plusieurs documents qui sont les minutes des requêtes qui furent adressées à cette époque au roi et à la comtesse d'Artois, ou des projets d'ordonnance préparés par les échevins. Ces documents n'étant pas datés, il est difficile de savoir de quelle concession ils ont été les préliminaires, mais comme ils ont beaucoup de dispositions communes avec les ordonnances que nous venons d'analyser, on peut croire que celles de leurs dispositions qui ne se retrouvent pas dans les privilèges concédés ont toujours été repoussées par les suzerains et que les marchands n'en ont jamais joui.

Une de ces requêtes[2] demandait en faveur des marchands étrangers, pour leur liberté, pour leur sécurité, pour le cours des monnaies, pour les délais d'évacuation en cas de guerre, à peu près tous les privilèges qui leur ont été accordés. Une autre[3] demandait en outre qu'on exemptât les marchands anglais de tous les nouveaux péages établis entre leur pays et Saint-Omer, qu'on autorisât le cours de toutes les monnaies dont les marchands étrangers voudraient faire usage, qu'en cas de guerre on leur garantît, pour l'époque de la paix, le rétablissement de tous leurs privilèges, qu'on ne pût les contraindre, en aucun cas, à décharger ou à vendre leurs marchandises où qu'ils s'arrêtent, ailleurs que là où ils désirent aller, qu'on assurât une certaine liberté au commerce, même pendant la guerre, qu'on leur garantît la liberté et la sécurité du transport des matières d'or et d'argent. Un projet de concession[4], au nom de la comtesse Mahaut, contient, outre les privilèges que nous avons déjà exposés, d'autres règlements pour leur procurer des logements et des entrepôts à des prix raisonnables, dispose qu'on ne pourra augmenter leurs loyers, qu'ils pourront résilier leurs locations quand ils voudront, qu'en cas de grande affluence on pourvoira à leur logement et à celui de leurs marchandises; on leur promet une justice rapide pour le recou-

---

1. *Arch. municip. Registre au renouvellement de la loi*, I, fol. 127 v°.
2. *Arch. municip.*, LVII, 12.
3. Ibid., LVII, 13.
4. Ibid., CXXXII.

vrement de leurs créances, des priviléges pour la garde en prison de leurs débiteurs; on autorise leurs associations auxquelles on concède droit de juridiction sur leurs membres, moins toutefois la haute justice[1]; enfin on leur accorde le droit d'acheter et de porter toutes armes et armures qu'il leur plaira.

Est-il besoin de répéter que tous ces priviléges accordés ou demandés ne sont que les symptômes d'une décadence profonde. Pendant la seconde moitié du XIIIe siècle, une sécurité chaque jour croissante avait fait prospérer le commerce et l'industrie; au XIVe siècle, grâce à la politique des rois de France, le commerce abandonna complètement les routes du royaume. L'Angleterre, par la Flandre et l'Allemagne d'abord, puis par la mer, — le commerce maritime devient à cette époque plus aventureux, — trafique avec l'Orient et les contrées méridionales. Quant au commerce des laines anglaises, il ne tarde pas à cesser; la Grande-Bretagne, si longtemps tributaire du continent pour les tissus, songe à créer son industrie. Édouard III profite de la décadence des grandes villes drapantes, pour attirer par tous les moyens les ouvriers flamands, interdit l'exportation des laines, défend l'entrée des tissus étrangers. Toutes les requêtes par lesquelles les magistrats de Saint-Omer demandent, à cette époque, des priviléges nouveaux ou des remises d'impôt sont accompagnées de plaintes sur l'état de la ville : « Toute la marchandise qui souloit
« venir à Saint-Omer s'en va maintenant en Flandre qui est à
« une liue près.... tout li marcheant qui souloient venir à Saint-
« Omer pour acheter les denrées s'en vont par dela et ainsi la
« ville demeure sanz nulle marchandise et demourra et ne pourra
« longuement durer qu'elle ne soit perdue et degastée[2]. » Les remèdes qu'on essaya ne servirent qu'à hâter le mal, la ville ne

---

1. « Derekief les marceans dou roiaume d'Engleterre et dou resort
« aient leur assamblées, cours et congregations en nostre vile et l'estape
« devant dite de Saint-Omer, des compaignons de leur compaignie et
« chiaus que il, en leur compaignies, dudit roiaume et du resort, vau-
« dront acqueller et reserver, ausi sovent que il voient que il soit à fere
« par leur semonneur ou par leur cloche que à ce vaudront asiner sans
« no baillius ou eschevin, d'amender et redresser et punir toute ma-
« nière de trespas et convenances et contrais entr'aus fais, sauve très-
« pas qui touke vie ou menbre, laquelle chose soit à nous réservée,
« mais tous autres trespas soient amendés et punis devant la compai-
« gnie selonc les ordenances et les usages entr'aus fait. »

2. Requête (s. d. XIVe s.) au roi de France pour demander la remise d'un nouvel impôt de quatre deniers pour livre mis sur les marchandises (*Arch. municip.*, CLXXXII, 6).

cessa dès lors de dépérir. Au xv⁰ siècle, il y avait « plus de deux mille maisons entièrement démolies, ruinées et abatues et autre grant nombre apparans de cheoir en pareille désolacion[1]. »

§ IX.

Nous avons maintenant à nous occuper des conditions dans lesquelles les habitants de Saint-Omer faisaient le commerce hors de leur ville. Nous passerons en revue successivement les divers pays qu'ils fréquentaient.

On se rappelle les franchises en Flandre que leur concédait la charte de 1127; privilège d'être traité comme les villes de Flandre les plus favorisées, exemption de tonlieu à Dixmude et à Gravelines, exemption générale de péages par toute la Flandre, exemption du duel sur tous les marchés de Flandre. En 1128, Thierri d'Alsace supprima la mention de l'exemption de tonlieu au port de Dixmude et spécifia que les marchands de Saint-Omer seraient traités à Gand, pour le tonlieu, de la même manière que les Brugeois.

En 1157, le même comte leur concéda, aux foires de Lille, les franchises dont y jouissaient les marchands de Gand, de Bruges et d'Ypres, et aux foires de Mecines et d'Ypres les franchises qu'y avaient les marchands de Gand, de Bruges, de Furnes et de Dixmude[2].

En 1165, les franchises stipulées en faveur des habitants de Saint-Omer à Gravelines, par la charte de 1127 et ses confirmations, furent l'objet d'un réglement de la part d'arbitres, réglement confirmé le 21 février par le comte Philippe d'Alsace[3]. Aux termes de cet accord, les bourgeois de Saint-Omer sont francs de tonlieu à Gravelines, d'où qu'ils viennent et où qu'ils aillent, quelque marchandise qu'ils amènent ou emmènent, sauf le cas où ils déchargeraient leurs marchandises et les vendraient; alors ils paieraient la coutume établie. S'ils ne les vendent pas ils peuvent librement et sans payer tonlieu les emmener où bon leur semble par eau ou par terre.

Si les membres de la gilde de Saint-Omer et ceux de la gilde de Bourbourg achètent en commun des marchandises à Grave-

---

1. *Analyse et extraits d'un registre des archives de Saint-Omer*, n° 277.
2. Pièces justificatives, VII.
3. Pièces justificatives, X. — Confirmée par Baudouin de Constantinople en 1198. Pièces justificat., XXV.

lines, la gilde de Saint-Omer a deux parts, celle de Bourbourg une part ; en outre, les échevins de Gravelines doivent avoir part au marché, même s'ils sont absents, lorsque leur absence est motivée par le service du comte.

Ni pour dettes ni pour affaire commerciale les habitants de Saint-Omer ne sont justiciables de la justice de Gravelines, sauf les cas de flagrant délit, de crime demandant une répression immédiate ou de déni de justice de la part des juges de Saint-Omer.

Ces franchises en Flandre persistèrent après la séparation de l'Artois. En 1194, Philippe-Auguste confirma les priviléges à Gravelines que nous venons d'exposer[1]. De même, en 1211, le prince Louis, son fils[2] ; en mars 1229-1230, le roi Louis IX[3], etc. En mai 1255, l'échevinage obligea la comtesse de Flandre à reconnaître ces mêmes franchises[4]. Le comte de Flandre, Guy de Dampierre, confirma d'une façon générale tous les priviléges des bourgeois de Saint-Omer en Flandre et spécialement leurs franchises commerciales, avec toutes garanties de sécurité, spécifiant leur droit de ne pas avoir leurs marchandises saisies, de pouvoir faire adapter les ponts et spécialement le pont de Watten aux besoins de leur navigation, et leur garantissant, de nuit comme de jour, la libre pratique du port de Gravelines, principalement pour la pêche et la préparation des harengs[5]. En octobre 1282, il revint sur les priviléges des habitants de Saint-Omer à Gravelines pour les interpréter et les expliquer, parce que certains points étaient « un pau obscurs[6] » et parce que, à diverses reprises, les bourgeois de Saint-Omer avaient été molestés à ce sujet. Le comte déclarait que les habitants de Saint-Omer ne seraient pas tenus d'observer les bans ou réglements que feraient les magistrats de Gravelines, lorsqu'ils seraient contraires à leurs priviléges, il s'engageait même à annuler ces réglements, sur requête des maieur et échevins de Saint-Omer, rappelait que les gens de Saint-Omer ne pouvaient être arrêtés à Gravelines, eux ni leurs biens, que « pour mellée ou dete conute, » non plus que sur le chemin, par terre ou par eau, entre Saint-Omer et Gravelines, qu'ils devaient avoir le libre parcours entre les deux villes et qu'on ne pouvait leur créer à cet égard aucun empêchement.

1. Pièces justificatives. XX.
2. Arch. municip. AB XVIII, 15, fol. 29.
3. Ibid., fol. 31 v.
4. Pièces justificatives, LV.
5. Ibid., LXVII.
6. Ibid., LXVIII.

Malgré ce privilége, Gilles de Haveskerque, seigneur de Watten, seigneurie qu'il fallait traverser pour aller de Saint-Omer à Gravelines, prétendait, à raison de sa justice, pouvoir s'opposer à la libre circulation sur ses terres. En 1282, la ville de Saint-Omer lui achetait encore des lettres de sauvegarde moyennant la somme de 160 livres de parisis[1]. Malgré cette sauvegarde les contestations continuèrent ; les parties s'en remirent à des arbitres dont le jugement, confirmé par le comte, le 1er avril 1283, décida « ke tous li avoirs alant et menant par tere
« et par eauve de Saint-Omer vers Grevelinghes et de Grave-
« linghes vers Saint-Omer, en le seigneurie le seigneur de Wat-
« tenes, le droit kemin alant sans nul mal enghien, soit frans et
« cil ki le menront, en tel manière ke on ne puist sus faire claim
« ne arrest, ne seur cors, ne seur avoir, pour meffait, pour dete
« ne pour autre cose se n'est pour meslée ou pour dete conute,
« mais tout frankement et delivrement puissent aler, mener et
« ramener, par les chemins dessus dit, leur cors et leur biens,
« sans empêchement ne encombrement de chemin, en terre et en
« eauve...[2] » En novembre suivant, Gilles de Haveskerque confirma les franchises des habitants de Saint-Omer dans la seigneurie de Watten[3].

Ce ne furent point les seuls différends qui eurent lieu au sujet des franchises des Audomarois à Gravelines. Au commencement du XIVe siècle, les échevins de Gravelines voulurent assujettir aux droits des marchandises appartenant à des bourgeois de Saint-Omer, et comme ceux-ci refusaient d'acquitter ces droits, ils firent opérer la saisie; un arrêt du Parlement de Paris, du 5 juin 1310, ordonna la restitution[4]. Par contre, sous le prétexte de la réciprocité inscrite dans les priviléges, les habitants de Gravelines ayant voulu se soustraire à Saint-Omer au paiement des malétôtes, un arrêt du Parlement de Paris, du 25 avril 1312, maintint le magistrat de Saint-Omer dans le droit d'exiger des habitants de Gravelines les impôts établis dans la ville sur l'achat et la vente des denrées[5].

De tous les pays étrangers où se rendaient les marchands de Saint-Omer, l'Angleterre était naturellement de beaucoup le plus

1. Arch. municip. CCIII, 2.
2. Arch. nat. Trésor des chartes, JJ 61, pièce 195.
3. *Analyse et extraits d'un registre de Saint-Omer*, n° 14.
4. Boutaric, *Actes du Parlement de Paris*, n° 3889.
5. Ibid., 3897 et 3935.

fréquenté par eux. Dès 1127, Guillaume de Normandie leur promettait de faire de leurs franchises en Angleterre une des conditions de la paix avec le roi Henri I[er][1]. Dans les premières années de son règne, Henri II leur concéda les plus anciens priviléges commerciaux qui nous soient parvenus[2] : droit d'avoir des magasins dans la cité de Londres, d'y trafiquer sans aucune intervention des gens du roi, exemption du droit de visite (*scawinga*), garanties de sécurité pour fréquenter toutes les foires et tous les marchés d'Angleterre, et exemption du droit de *lestage*.

Le 4 juin 1204, Jean-sans-Terre garantit à tous les marchands étrangers la sécurité et la liberté de leur commerce, moyennant le paiement de l'impôt du quinzième qu'il venait d'établir et des droits accoutumés[3]. Le 13 septembre 1208, le même roi confirma nominativement les garanties de sécurité et les priviléges anciennement concédés aux commerçants de Saint-Omer, ainsi qu'à ceux de Gand, d'Ypres et de Bruges[4].

Le 11 février 1255, Henri III confirma les franchises qu'avaient dans son royaume les marchands étrangers, leur assura que leurs marchandises et leurs biens ne pourraient être saisis que pour répondre des dettes dont leurs possesseurs seraient débiteurs principaux ou pléges, et aussi dans le cas de défaut en justice. Il leur garantit la possibilité de revendication de leurs biens partout où ils seraient trouvés, et leur non confiscation en cas de décès même intestat[5].

Le 1er juin 1285, Édouard Ier confirma explicitement ces priviléges[6], y ajoutant l'exemption pour leurs marchandises du droit nommé *muragium*, contre lequel les bourgeois de Saint-Omer avaient réclamé dès le règne d'Henri III[7] et la promesse qu'en cas

---

1. Charte de 1127, § 7.
2. Pièces justificatives, VIII.
3. *Rotuli litter. patent*, p. 42.
4. *Arch. muncip.* XLII, 1. — *Rotuli Chartarum*, t. I, 1re partie, p. 182-185. — Le 1er janvier 1209, il envoie à la Rochelle la liste des villes qu'il a autorisées à commercer librement, ce sont Saint-Omer, Arras, Gand, Ypres, Bruges et Lille (*Rotuli litt. patent.*, I, 1re partie, p. 91).
5. *Arch. municip.*, XLII, 3. — Indiq. dans *Calendar. rotul. patent.* 1802, in-fol. p. 27.
6. *Arch. municip.* XLII, 6. — Publ. Rymer. *Foedera*, éd. de 1816, t. II, p. 655.
7. Les officiers royaux ayant saisi à Londres les marchandises de bourgeois qui refusaient d'acquitter ce droit, les *majores et scabini* de Saint-Omer écrivirent à Henri III pour soutenir que cet impôt était compris dans ceux dont ils étaient exemptés : « Sane vestram latere nolu-

de guerre ils auraient quarante jours pour évacuer le royaume avec leurs marchandises. Édouard II confirma ces lettres patentes le 28 février 1320, et de nouveau le 8 juin 1323, en y ajoutant la stipulation que les marchands de Saint-Omer ne seraient pas solidaires les uns des autres et que leurs marchandises ne répondraient que des contraventions de leurs propriétaires[1].

Édouard III confirma encore toutes ces chartes, le 24 avril 1334, en y ajoutant de nouvelles promesses de liberté commerciale et de sauvegarde[2].

Tels sont les priviléges généraux accordés aux marchands de Saint-Omer par les rois d'Angleterre, mais ainsi qu'on le peut aisément penser, ils n'en jouirent pas sans discontinuité pendant la période de deux siècles qu'ils embrassent. Les vicissitudes que subit Saint-Omer, qui, pendant ces deux siècles, changea jusqu'à sept fois de suzerain et fut à diverses reprises possédée par les comtes de Flandre, les rois de France, les comtes d'Artois et les ducs de Bourgogne, les alternatives de guerre et de paix de l'Angleterre avec la France et avec la Flandre, ne furent pas sans influence sur les relations commerciales. Les documents que nous avons pu réunir sont trop peu nombreux, pour que nous ayons pu tenter une histoire bien complète des rapports commerciaux de Saint-Omer avec la Grande-Bretagne[4]. Ceux que nous avons pu grouper suffisent cependant à montrer combien fut actif, même aux époques les plus troublées, le commerce entre les

---

« mus majestatem quod ballivi Lundonienses bona conburgensium nos-
« trorum ceperunt et detinent arrestata, occasione cujusdam consuetu-
« dinis [si]ve potius exactionis quam nituntur introducere et extorquere
« ab eisdem et quam nunquam retroactis temporibus solverunt, quae
« vulgo dicitur *muraille*... » (Lettre s. d. — *Royal and other historical letters illustrative of the reign of Henri III*, t. I, p. 489, dans la collection du Maître des rôles.)

1. *Arch. municip.* XLII, 4. — Ind. *Calend. rotul. patent.*, p. 87.
2. *Arch. municip.* XLII, 5. — Ind. *Calend. rotul. patent*, p. 92.
3. *Arch. municip.* XLII, 7 et 8. — Publ. Rymer, t. II, p. 859.
4. Nous n'avons guère connu d'autres documents que ceux imprimés dans les collections publiées par la commission des Records. Or, la série de ces documents ne commence qu'avec le XIIIe siècle, elle manque pour les années 1210 et 1211 et cesse avant le commencement du XIVe s. Il existe certainement d'autres documents dans les archives anglaises, mais nous n'avons pu les connaître. — Gheldolf, dans sa *Note sur les relations entre la Flandre et les pays soumis au roi d'Angleterre* (Histoire de la Flandre, t. III, p. 195-218) s'est servi presque exclusivement de ces matériaux.

deux pays, à en mieux faire connaître la nature, les conditions et à en marquer les différentes phases..

Les plus anciens textes ne remontent qu'à l'époque où la ville de Saint-Omer, ensuite du traité de Péronne, était redevenue flamande. A ce moment, la Flandre et l'Angleterre étaient unies, par conséquent, la charte de privilège de Henri II en faveur des marchands de Saint-Omer devait avoir vigueur, et du reste, en 1204, Jean-sans-Terre garantissait aux marchands étrangers la liberté de leur commerce. Ces privilèges généraux n'excluaient pas cependant les licences spéciales et les saufs-conduits personnels pour les marchands flamands ; il semble même que chaque exportation de marchandise anglaise ne pouvait avoir lieu sans une permission. Gheldolf, dans le travail que nous avons déjà cité, a analysé un grand nombre de ces permissions et de ces licences; il en est plusieurs qui concernent des marchands de Saint-Omer.

L'un de ceux qui paraissent avoir eu les plus fréquentes et les plus considérables relations d'affaires avec l'Angleterre, Florent, que l'on surnommait Florent le Riche (*de Rycke*) celui-là même qui possédait les étaux de boucherie de Saint-Omer, et tenait en fief la vieille Gilde-Halle, obtenait, le 8 avril 1202, du roi d'Angleterre, un sauf-conduit pour lui et ses marchandises et le droit de commercer librement pendant six mois[1]. Le 11 mai suivant, son sauf-conduit était renouvelé par des lettres-patentes qui ne fixaient plus de terme à son commerce et qui l'autorisaient à commercer librement, en temps de guerre comme en temps de paix[2]. Malgré ces lettres, il eut besoin, en avril 1206, d'une permission pour exporter une cargaison de cuirs et de laines[3]. Le 14 juin 1207, il reçut un nouveau sauf-conduit l'autorisant à commercer librement et lui garantissant un délai de quarante jours dans le cas où ce privilège lui serait retiré[4] ; mais ces nouvelles lettres-patentes furent sans doute motivées par son association avec Henri de Boulogne qui y est nommé avec lui. Le 14 novembre 1207, le roi d'Angleterre chargea ces deux marchands de lui acheter trois ou quatre chevaux, dont le montant leur serait remboursé sur présentation de cet ordre[5] ; le 7 avril 1209, il leur donna ordre de payer à Gautier de Bailleul cent marcs qui devaient être employés

---

1. *Rotuli litter. patent.* t. I, 1re part., p. 9.
2. Ibid., p. 10.
3. Ibid., p. 65.
4. Ibid., p. 73.
5. Ibid., p. 77.

en achat de chevaux[1]. Ainsi des marchands de Saint-Omer devenaient les banquiers du roi d'Angleterre. Le fils de Florent, Guillaume de Saint-Omer, succéda à son père dans cette situation. Dès le 3 juillet 1212, alors que Saint-Omer était redevenu français et qu'il y avait rupture entre la France et l'Angleterre, Jean-sans-Terre lui faisait payer cent livres sur la garantie que le comte de Boulogne et Hugues de Boves donnaient de sa fidélité[2]. Plus tard, le 16 mai 1218, le même Guillaume reçut encore du roi Henri III quarante sous de remboursement[3], et le 30 août de la même année, la somme de 3571 marcs 10 sous, à compte sur les 6000 marcs qu'il avait payés pour le compte du roi, à Louis, c'est-à-dire peut-être, au prince Louis de France pendant sa royauté éphémère. Ces divers remboursements lui étaient faits grâce à d'autres emprunts que contractait dans ce but Henri III[4].

A côté des saufs-conduits concédés à Florent, pendant que Saint-Omer était encore une ville flamande, il faut mentionner les suivants : le 25 mai 1202, autorisation de commercer librement pendant quatre mois concédée à Pasquin, marchand de Saint-Omer[5] ; le 11 juin 1202, autorisation de commercer librement accordée à Guillaume, fils de Wascelin, à la requête de l'archevêque de Cantorbéry[6] ; le 3 février 1206, Jean Pic du Plomb est autorisé à exporter en Flandre une cargaison de porc salé et de fromage[7], le 25 mars 1208, Jean-sans-Terre autorise la vente de laines, faite par l'évêque de Norwich à Martin, marchand de Saint-Omer[8].

Pendant cette période de paix, on trouve une mention de laines confisquées sur cinq marchands de Saint-Omer. Le 29 octobre 1205, le roi d'Angleterre en ordonnait la restitution, mais cette confiscation exceptionnelle n'avait certainement rien de commun avec celles dont nous allons parler tout à l'heure[9].

---

1. *Rotuli litter. patent.* t. I, 1re partie, p. 90.
2. *Rotuli litter. claus.* I, p. 119.
3. Ibid., p. 362.
4. Ibid., p. 369. — Cf. le payement fait le 15 avril 1220 par Henri III à Hugues de Cercamps et à Jacques de Fauquembergue — 300 marcs à compte sur 800, terme de la somme de 10,000 marcs à payer pour la paix (*Rotul. litt. claus.*, p. 415). Ces payements se faisaient sans doute en exécution du dernier article du traité conclu le 11 septembre 1218 entre le prince Louis et Henri III. Voy. Rymer, *Foedera*, éd. de 1816, t. I, p. 148.
5. *Rotul. litt. patent.*, I, p. 11.
6. Ibid., p. 12.
7. Ibid., p. 59.
8. Ibid., p. 81.
9. « Rex Willelmo de Braosa, etc... Mandamus quod deliberetis lanam

Nous n'avons pas besoin de rappeler les événements des années 1212 et 1213, le guet-apens de Péronne, le traité de Pont-à-Wendin, la prise de Saint-Omer par le prince Louis, l'alliance du comte Ferrand avec l'Angleterre, sa revendication du territoire qu'on venait de lui ravir et l'expédition dans laquelle il s'avança jusque sous les murs de Saint-Omer et mit à sac ses faubourgs. Le 10 juillet 1213, le roi d'Angleterre faisait publier dans ses ports l'ordre d'arrêter les marchands de Saint-Omer, de Douai et des domaines du duc de Louvain, avec tous leurs biens et marchandises[1]. Cependant, le 30 juillet suivant, un certain nombre d'entre eux obtenaient des saufs-conduits sous caution[2], et un nouvel ordre de saisie, adressé aux baillis des foires et ports de mer, le 14 octobre de la même année, comprend non pas tous les marchands de Saint-Omer, mais seulement ceux qu'un délégué du roi devait désigner[3].

Il est vrai qu'à ce moment, quoique possédée par le prince Louis, la ville de Saint-Omer était de cœur avec la Flandre et surtout avec l'Angleterre. Au moment où la coalition se formait contre Philippe-Auguste, le prévôt de Saint-Omer, Gautier, frère du châtelain Guillaume V, après la retraite de Ferrand en Zélande, délégué par le comte de Flandre auprès du roi d'Angleterre, força Jean à revenir en toute hâte à Londres et détermina le départ du comte de Salisbury avec des secours en hommes et en argent[4]. Le 5 octobre suivant, le roi d'Angleterre récompensa son zèle par un don de cinquante livres[5], le 7 février 1214, par la collation de l'archidiaconat de Totness (comté de Devon) et des églises des saints Probus et Burinus dans l'évêché d'Oxford (comté de Cornouailles)[6]; entre temps, le prévôt suivait le comte de Flandre dans ses expéditions de l'hiver de 1214, dans les chevauchées où l'on incendia les faubourgs de Saint-Omer et où l'on

---

« Willelmi de Bolonia, Willelmi de Budingham, Willelmi de Aria, et « Alelmi filii Willelmi, et Auberti patris sui qui mercatores sunt de « Sancto Homero; quia volumus quod libere eant cum rebus suis per « totam terram et potestatem nostram faciendo rectas et debitas consue- « tudines » (*Rotul. litt. claus.*, I, p. 55).

1. *Ibid.*, p. 145.
2. Gheldolf, *loc. cit.*
3. *Rotul. litt. patent.*, I, 1re part., p. 105.
4. Lettre de Jean-sans-Terre au comte de Flandre en date du 21 sept. (Gheldolf, *loc. cit.*)
5. *Rotul. lit. claus.*, p. 153.
6. Gheldolf, *loc. cit.*

dévasta le comté de Guines[1]. Le 8 mars de la même année, une licence de commerce lui fut octroyée à la demande du comte de Flandre[2]. Un peu plus tard cependant, le roi d'Angleterre semble s'être défié de lui, une lettre close d'août 1214 donne ordre de s'assurer de sa personne et de le conduire sous bonne garde à Rochester, où il devait être mis en prison[3].

A la même époque, d'autres seigneurs de la même famille se trouvaient attachés au roi d'Angleterre. Eustache de Fauquembergue, dont nous rencontrons la signature au bas des lettres patentes de Jean-sans-Terre, dès l'année 1201[4], fut envoyé en mission auprès du roi de France, le 16 août 1205[5]; le 21 décembre de la même année, il fut envoyé en Flandre, toujours pour le service du roi d'Angleterre[6]. Pendant les années suivantes, et spécialement en 1214, il ne cesse de figurer comme témoin dans les actes royaux[7]. Il fut trésorier du roi d'Angleterre en 1215[8], et nous le voyons exercer ces fonctions jusqu'en 1221[9].

Guillaume le Breton, qui, dans son récit de la bataille de Bouvines, énumère toutes les villes dont les milices figuraient dans les deux armées, nomme Saint-Omer parmi celles dont les bourgeois avaient pris parti pour le comte de Flandre[10]. Ses sympathies alors étaient toutes pour la coalition, l'alliance avec les producteurs de laines lui semblait indispensable, par-dessus les armées de Philippe-Auguste ses drapiers donnaient la main aux marchands anglais, et au moment même de la guerre envoyaient à Jean-sans-Terre l'assurance de leur bonne amitié, de leur fidélité, de leur aide au besoin, l'assurance surtout qu'ils ne tien-

---

1. Chron. d'Ardres. D'Achery. *Spicileg.*, éd. in-fol., II, p. 853. — Sur ce prévôt omis dans les listes du *Gall. Christ.*, voy. les *Châtelains de Saint-Omer*, 1875, in-8°, p. 33.
2. Gheldolf, *loc. cit.*
3. *Rotul. litt. claus.*, p. 210. — Un autre chanoine de Saint-Omer, Pierre de Colmieu, qui fut prévôt du chapitre quelques années plus tard, fut aussi employé par le roi d'Angleterre dans les négociations avec la France. (Voy. Rymer, *Foedera*, éd. de 1816, t. I, p. 158).
4. *Rotul. litt. pat.*, t. I, 1re part., p. 86, 93.
5. *Rotul. litt. claus.*, p. 32.
6. Ibid., p. 16.
7. Ibid., pp. 207, 208, 213 et suiv.
8. Ibid., p. 368.
9. Ibid., p. 383.
10. « Nec minus et sancti populus venerator Homeri
    In comitis partes juratus millia multa
    Mittit ei juvenes clara virtute coruscos. »
(Philippide, dans les *Histor. de France*, t. XVII, liv. II, vers 119.)

draient aucun compte des défenses de commercer en Angleterre que pourrait promulguer le roi de France[1].

En pleine guerre, des marchands de Saint-Omer commerçaient en Angleterre. Le 2 mai 1214, Lambert le Vilain, *mercator Sancti Audomari,* reçoit un sauf-conduit du roi[2]; le 25 mai suivant, son sauf-conduit est renouvelé pour comprendre ses serviteurs[3]. Le 18 juin 1214, Gilles de Boidinghem, *mercator de Sancto Audomaro*, obtenait un sauf-conduit pour commercer en Angleterre jusqu'à la fin de décembre[4].

Aussitôt après la perte de la bataille, dès le 5 août, le roi d'Angleterre expédia de Guildford, dans le comté de Surrey, aux gardes des foires et des ports, l'ordre d'arrêter tous les marchands. Quelques jours plus tard, on les autorisa à partir sur de petits bateaux et sans qu'ils puissent emmener de chevaux, mais on excepta de cette autorisation les marchands de Saint-Omer et ceux d'Arras. Le 28 août, nouvel ordre d'arrêter tous les marchands de Flandre qui se trouvent dans les bonnes villes et de se saisir de leurs biens jusqu'à ce qu'il en soit décidé autrement[5].

Gilles de Boidinghem, le marchand de Saint-Omer dont nous avons mentionné le sauf-conduit, avait eu comme les autres ses marchandises saisies; il obtint des lettres de restitution, moyennant une caution de 200 livres, le 28 décembre 1214, après qu'une trêve eût été conclue avec le roi de France[6]. En même temps, comme son sauf-conduit était périmé, un nouveau lui fut accordé pour toute la durée des trêves avec cette clause, qu'en

---

1. Ce ne sont pas seulement les échevins, mais avec eux les *probi homines,* les honnêtes gens de la ville qui adressent cette lettre au roi d'Angleterre : « erimus vobis et regno vestro et hominibus vestris veri « et fidi amici..... omnes illos quos poterimus tam de Flandria quam de « aliis terris attrahemus ad servitium et fidelitatem vestram..... omnes « mercatores terre vestre et nuncios et homines vestros in villis et « potestatibus nostris cum omnibus rebus suis recipiemus, conserva- « bimus, manutenebimus et conducemus tanquam nos et nostra..... Et « si rex Francorum vel aliquis alius nobis prohibuerit ne in terram ves- « tram veniamus ad mercandisas ibi faciendas nos ideo illud non omit- « temus. » (Champollion, *Lettres de rois,* t. 1, p. 24.)

2. *Rotul. litt. patent.,* t. I, 1re part., p. 114.

3. « ... In eundo cum una navi sua per totam potestatem nostram et « redeundo et ibi negociando cum rebus et mercandisis suis, faciendo « inde rectas consuetudines... » (*Ibid.,* p. 115.)

4. Ibid., p. 117.

5. *Rotul. litt. claus.,* pp. 209-211.

6. Ibid., p. 182. — Une trêve de cinq ans avait été conclue le 18 septembre. (Rymer, *Foedera,* éd. de 1816, t. 1, p. 125.)

cas de rupture des trêves, il aurait un délai de quarante jours pour évacuer le pays[1].

Pendant les quelques mois de paix qui suivirent, nous ne rencontrons qu'un seul sauf-conduit délivré à un Audomarois : le 9 novembre 1215, Gilbert, marchand de Saint-Omer, reçut l'autorisation d'emporter vingt sacs de laines[2].

L'expédition du prince Louis en Angleterre eut sur le commerce l'effet habituel; les marchandises des négociants étrangers furent saisies. Trois marchands de Saint-Omer, Barthélemy, Simon de Grosse Rue et Guy Gurzenove, avaient été arrêtés avec leurs marchandises; le roi Jean ordonna de les mettre en liberté et de leur délivrer leurs biens saisis, le 19 février 1216[3].

A ce moment, en voyant le roi Jean abandonné de ses barons et le prince Louis acclamé à Londres, les marchands de Saint-Omer purent croire que la domination française assurerait la prospérité de leur ville puisqu'elle allait s'étendre sur les pays de production de la laine. Il est probable qu'ils se rallièrent alors complétement, comme leur châtelain Guillaume V, l'ancien familier du comte Ferrand, qui maintenant était en Angleterre à la suite du fils de Philippe-Auguste[4]. Cependant, nous voyons à cette époque, le 13 avril 1216, — il est vrai qu'à cette date, Louis n'avait pas encore rejoint les seigneurs français qui se trouvaient à Londres, — un marchand, Michel de Saint-Omer, obtenir du roi Jean, qui était à Reading, dans le Berkshire, l'autorisation de vendre des chevaux et une licence de commerce, à condition de donner caution de ne pas fréquenter le pays occupé par les ennemis[5].

S'il ne nous est pas resté d'indications relatives aux marchands de Saint-Omer qui se rendirent en Angleterre en 1216 et en 1217, on doit précisément attribuer ce fait à la grande liberté que dut y avoir à ce moment le commerce français. Les rapports commerciaux ne durent pas se ralentir pendant les années suivantes,

1. *Rotul. litt. pat.*, t. I, 1re part., p. 125.
2. Ibid., p. 158.
3. *Rotul. litt. claus.*, t. I, p. 248. — Nous voyons, le 14 avril 1224, l'un de ces marchands, Barthélemy, recevoir dix livres pour 73 marcs, à lui enlevés à Folkestone, du temps du roi Jean. (*Rotul. litt. claus.*, t. I, p. 593.) Ne serait-ce pas la liquidation de cette affaire ?
4. *Les châtelains de Saint-Omer*, p. 32.
5. « ...Quod veniat in terram nostram cum equis vendendis et aliis « mercandisis suis, ita quod, in primo portu quo applicuerit, plenam se- « curitatem faciat quod neque cum equis neque cum aliis mercandisis « suis ibit ad inimicos nostros. » (*Rotul. litt. patent.*, t. I, 1re part., p. 176.)

grâce aux trêves consenties de part et d'autre[1]. Nous avons déjà indiqué les relations d'Henri III avec le fils de Florent le Riche. En 1223, on restitue à un autre marchand, Guillaume, fils d'Hervé de Saint-Omer, 50 livres qui lui avaient été enlevées du temps du roi Jean[2]; en 1224, on fait une restitution analogue à un autre marchand de Saint-Omer, Barthélemy[3].

Les luttes d'Henri III contre ses barons amenèrent, le 8 août 1223, un embargo sur les navires qui se trouvaient dans les ports[4], mais, le 16 du même mois, on relâcha deux navires chargés de vins pour le compte de Guillaume le Petit de Saint-Omer[5], et le lendemain on laissa partir tous les bateaux étrangers et tous les bateaux pêcheurs[6].

Malgré les trêves, de part et d'autre s'était continuée sur mer une petite guerre de piraterie; le 24 février 1224, Henri III envoya des délégués à Saint-Omer[7], le 10 mars suivant, le chancelier[8], et le 15 avril, Simon d'Ecquinghem, pour faire, avec l'assentiment du roi de France, une enquête sur les prises qui avaient été faites et établir un règlement de dommages[9].

Il ne paraît pas que la guerre de 1224 ait eu un contre-coup sur le commerce des deux pays, et il semble que les alternatives de trêve et de guerre des années suivantes, tout en l'affaiblissant et en lui enlevant à peu près toute sécurité, ne lui firent pas subir de vicissitudes considérables. Il n'en fut pas de même de la reprise des hostilités en 1242; sur l'avis que lui donnèrent le maire et le vicomte de Londres, que le roi de France avait fait arrêter les marchands anglais qui se trouvaient en France, Henri III donna ordre, le 20 septembre 1242, d'arrêter les marchands français qui commerçaient en Angleterre et de saisir leurs biens, exceptant toutefois, avec les sujets du comte de Flandre, tous les marchands qui auraient un sauf-conduit royal[10].

---

1. Le traité de paix entre le prince Louis et Henri III est du 11 septembre 1217. (Rymer, *Foedera*, t. I, p. 148.)

2. Cette restitution est poursuivie sur des marchands de Lille, de Gravelines et de Bruges, dont on saisit les biens pour répondre de cette somme. (*Rotul. litt. claus.*, t. I, p. 562.) Ils leur sont restitués le 24 octobre sur la caution que fournissent deux bourgeois de Bruges. (*Ibid.*, p. 566.)

3. Voy. plus haut p. 321, n. 3.

4. *Rotul. litt. claus.*, t. I, p. 558.

5. Ibid., p. 559. — 6. Ibid.

7. Rymer, *Foedera*, t. I, p. 172.

8. *Rotul. litt. claus.*, t. I, p. 587. — 9. Ibid., p. 631.

10. Champollion, *Lettres des rois et reines*, t. I, lettre LII.

Vers la même époque, les rois d'Angleterre inaugurèrent, en ce qui touche le commerce international, une politique qui devait être bien plus fatale encore au commerce et à l'industrie des villes du nord de la France que les saisies temporaires de marchandises et les arrestations de marchands : ils interdirent absolument l'exportation des laines. Malgré ces prohibitions, dont les premières furent promulguées sous Henri III, le commerce avec la Flandre et avec la France continua clandestinement; les marchands anglais, les officiers royaux et les gardes des ports eux-mêmes, ne respectèrent pas ces défenses; une ordonnance d'Édouard Ier, en date du 10 avril 1274, qui les renouvelle le dit expressément[1]; on conçoit néanmoins combien le commerce dut en souffrir. Tout d'abord, il est vrai, ce furent des mesures temporaires, provoquées par les événements; il n'en est pas moins vrai qu'elles ruinaient l'industrie française et flamande, et obligeaient la fabrique anglaise à se mettre en état de subvenir aux besoins du pays. Aussi, lorsque les ports se rouvraient, lorsque le commerce redevenait libre, le trafic restait néanmoins bien inférieur à ce qu'il avait été précédemment. Du reste, la navigation n'était point sûre; de part et d'autre, à la faveur de l'état de guerre, des navires armés tenaient la mer; vers la fin du XIIIe siècle, entre 1290 et 1293, il y eut une recrudescence de piraterie[2].

Aux prohibitions du roi d'Angleterre, le roi de France répondait par d'autres interdictions, faisait surveiller les côtes, pour empêcher les vivres, les hommes, les chevaux de passer en Angleterre, et en même temps il tâchait de pourvoir ses villes drapantes de laines d'Ecosse et d'Italie[3].

Les renseignements font défaut sur les relations commerciales des Audomarois avec l'Angleterre au commencement du XIVe

---

1. Rymer, *Foedera*, t. I, p. 510.
2. Il semble toutefois qu'elle ne fut jamais autorisée par les souverains et qu'ils ne donnèrent pas de lettres de marque. Voy. les réglements de dommages réciproques qui furent faits à ces occasions. — Vers 1290, un marchand anglais dont les Français avaient pris le drap qui se trouvait sur le bateau d'un marin de Bayonne, demandait au roi d'Angleterre des lettres de marque sur un vaisseau espagnol chargé de vins pour le compte des marchands de Saint-Omer. Cette requête, qui s'est conservée, porte au dos la mention suivante : « Le roy ne voet mie graunter la marke quant à ore par aukunes certeines raisons..... » (Champollion, *Lettres de rois*, t. I, lettre CCLXXVII.)
3. Voy. Gheldolf. *Ouv. cit.*, p. 215-217. — Saint-Genois, *Invent. analyt. des chartes des comtes de Flandre*. Gand, 1846, in-4°, n° 730.

siècle; mais quel pouvait être le commerce pendant les guerres de Philippe le Bel avec la Flandre, lors de la dévastation de tout le territoire de Saint-Omer qui suivit la bataille de Courtrai, au moment des émeutes de 1305 et 1306, pendant les famines et les épidémies de 1315 et 1316, lors de la campagne de Robert d'Artois et de la prise de Saint-Omer qui s'en suivit en 1316?

Il survivait néanmoins, et pendant les rares périodes de calme de ces temps troublés, les bourgeois s'empressaient de solliciter des priviléges pour attirer chez eux des marchands étrangers, négociaient pour se faire rouvrir les marchés anglais. Vers 1322, ils écrivaient au roi d'Angleterre[1], lui faisaient écrire en leur faveur ainsi qu'à la reine, par Eudes de Bourgogne et par la comtesse Mahaut[2], pour obtenir les priviléges qu'Edouard II leur concéda en 1323[3]. Mais les garanties de sécurité qu'ils obtenaient pour trafiquer en Angleterre étaient illusoires; à ce moment plus que jamais, les rois d'Angleterre interdisaient l'exportation des laines, que l'industrie anglaise commençait du reste à se réserver. Contre le but que se proposaient les villes qui les sollicitaient, les garanties promises aux étrangers qui viendraient en Angleterre ne pouvaient servir qu'à attirer les ouvriers, que le manque d'ouvrage, la famine et les guerres faisaient émigrer en grand nombre.

Nous nous sommes longuement étendu sur les relations de Saint-Omer avec l'Angleterre, parce que c'était avec les Anglais que cette ville entretenait le commerce le plus actif; c'est à l'Angleterre qu'elle devait sa prospérité; elle déchut aussitôt que les laines anglaises disparurent du continent.

Il nous reste à dire quelques mots des relations commerciales que les marchands de Saint-Omer entretinrent avec d'autres pays.

La charte de 1127 stipulait que le droit de *hanse* ne pourrait être perçu par les officiers du comte de Flandre sur les bourgeois qui iraient commercer dans l'empire (§ 6). Les relations avec l'Allemagne et en particulier avec Cologne devaient être en effet de la plus grande importance pour les négociants de Saint-Omer, comme pour ceux des autres villes de la Flandre. Au XIIe siècle, c'était par Cologne, autant au moins que par les foires de Cham-

---

1. Pièces justificatives, LXX.
2. *Archives municip.*, LVIII, n° 12.
3. Ibid., XLII, 4.

pagne, que les marchandises du Levant pénétraient dans l'Occident; c'était là que les négociants de Flandre recevaient des marchands d'Allemagne les métaux et les bois ; des marchands italiens et en particulier des Vénitiens, les épices, les teintures, les métaux précieux, les pelleteries, et nombre d'autres objets de commerce de cette provenance que nous voyons figurer dans les tarifs de l'Europe. Nous savons que les marchands flamands se rendaient en grand nombre en Allemagne, soit par la route de terre, soit par l'Escaut, la Meuse et le Rhin. Outre le grand marché de Cologne, ils fréquentaient particulièrement les foires d'Aix-la-Chapelle et de Duisbourg ; les empereurs favorisèrent le commerce et concédèrent aux négociants flamands nombre de priviléges auxquels durent participer les négociants de Saint-Omer[1]. A la fin du XIIIe siècle, quand les tracasseries fiscales firent déserter complétement la route de France, le trafic de Cologne et de la Flandre s'accrut d'autant, mais à cette époque, Saint-Omer devenu français n'était plus en mesure d'en bénéficier.

La charte de 1127 et celle de 1128 promettaient aux bourgeois de Saint-Omer des franchises de tonlieu, de travers et de passage en France et en Vermandois (§ 11). Les marchands de Saint-Omer portaient en France leurs draps et y achetaient des vins. C'était surtout aux foires de Champagne que se faisait le trafic; la « moison » du drap de Saint-Omer est une de celles fixées dans les réglements des foires[2]. Dans le conte de *la bourse pleine de sens*, nous voyons un marchand du Nivernais, maître Renier, s'approvisionner à la foire chaude de Troyes, de draps de Bruges et de Saint-Omer[3]. Les tarifs des douanes du port de Marseille mentionnent les estanforts de Saint-Omer[4]. Le principal et le plus ancien péage placé sur la route des foires de Champagne était le tonlieu de Bapaume qui, aux termes d'une enquête faite à Cappy, en 1202, se percevait sur toutes les marchandises qui de Flandre allaient en France, en Champagne, en Bourgogne, en Provence, en Italie et en Espagne[5]. La charte de

---

1. Voy. Warnkoenig, *Histoire de la Flandre*, t. III, p. 50 et t. II. Pièces justif. VI, VII, X. — Van Bruyssel, *Histoire du commerce de la Belgique*.
2. Bourquelot, *Foires de Champagne*, t. I, p. 285.
3.   « ... N'ot cure de friperie
    Mes d'escarlate tainte en graine,
    De bons pers et de bonne laine
    De Bruges et de Saint-Omer. »
     Fabliaux et Contes, éd. Méon, t. III, p. 41.
4. Depping, *Livre des métiers*, p. 118.
5. Tailliar, *Recueil d'actes*, p. 14.

1127 stipule que les bourgeois de Saint-Omer y doivent être traités sur le même pied que ceux d'Arras (§ 5). Le tarif du tonlieu de Bapaume de la fin du XIIIe siècle, qui nous est parvenu, contient en effet des règlements spéciaux relatifs aux marchandises et surtout aux draps d'Arras et de Saint-Omer[1]. Plus tard, les péages de Roye, de Compiègne, de Péronne, prétendirent à des priviléges analogues. En 1269, des marchands de Saint-Omer qui conduisaient des draps à La Rochelle avaient évité divers lieux de péage, entre autres Roye et Compiègne; arrivés à Abbeville, ils virent leurs marchandises saisies au nom des péagers du roi; le Parlement de Paris ordonna la restitution des draps sur la preuve faite par les marchands, que les péages ne se trouvaient pas sur leur chemin[2]. En 1270, les marchands de Saint-Omer, qui avaient coutume de conduire à Reims des serges, des camelots, des étamines et de la mercerie, soutinrent en Parlement un procès contre les péagers du roi qui voulaient les obliger à passer par Péronne; l'arrêt du Parlement les autorisa à suivre leur route habituelle et à acquitter les droits à Roisel[3].

§ X.

Bien que dans les pages qui précèdent nous ayons eu souvent l'occasion de mentionner les principales marchandises qui faisaient l'objet du commerce de Saint-Omer, il n'est cependant pas inutile d'insister sur ce sujet pour mieux montrer quelle était l'importance et la nature de ce commerce. Malheureusement, il n'est pas un seul document qui puisse nous fournir des chiffres pour l'époque de sa prospérité et nous ne pouvons essayer aucune évaluation.

On sait que les laines que la ville achetait pour les tisser et les étoffes de laines qu'elle vendait formaient le commerce le plus important. C'était d'Angleterre que venaient presque toutes les laines, une grande partie étaient des *laines d'abbaye*, c'est-à-dire qu'elles provenaient des troupeaux des abbayes anglaises; un document précieux conservé aux archives de Douai nous a fait parvenir une liste de cent deux abbayes anglaises, avec le prix moyen du sac de laine dans chacune d'elles, au milieu du XIIIe

---

1. Tailliar, *Recueil d'actes*, p. 14.
2. *Olim*, t. I, p. 739, n.
3. Ibid., t. I, p. 356, xv.

siècle[1]. Les marchands se pourvoyaient de laine probablement aux abbayes mêmes, mais plutôt aux grandes foires de Northampton, de Winchester, de Boston, de Saint-Yves et de Stamford. A la fin du xiiie siècle, Saint-Omer paraît avoir employé surtout des laines d'Ecosse, d'Aberdeen, de Perth, de Monros, de Berwick[2], il semble qu'elles étaient considérées comme supérieures aux laines d'Irlande et de Galles. A la même époque, on employa aussi des laines indigènes, par exemple, les laines de Montreuil[3], mais il est probable que les pâturages du Nord de la France ne purent jamais en produire qu'en petite quantité.

Les laines venaient à Saint-Omer soit en toisons, soit après avoir déjà subi l'opération du lavage[4]. Les documents qui nous sont parvenus donnent aux diverses laines des dénominations qu'il n'est pas toujours facile d'expliquer ; le *registre aux bans* fait mention des « laines nostrées (indigènes) qu'on dit mecter, yekes, veulres (*velleris?*) » ou laines de Montreuil[5].

Les laines s'achetaient en gros, au sac. D'après le document de Douai que nous avons cité, le sac de laines d'abbaye valait en moyenne, en Angleterre, 35 livres : il y avait entre les diverses laines de grandes différences de prix, celles de l'abbaye de Wattham (Essex), par exemple, ne valaient que 28 livres, tandis que celles de l'abbaye de Morgan (Galles) se payaient 40 livres. Nous ne savons ce que représente en poids moderne le sac de laine, mais une note ajoutée au texte de Douai qui donne le rapport du sac anglais avec la *pierre* (unité de poids pour les laines), de Londres et de Douai, et le rapport de la pierre avec la livre, peut mettre sur la voie. D'après cette note, le sac de laines anglaises doit contenir vingt-huit pierres du poids de Londres et trente-et-une pierres et demie du poids de Douai. La pierre de Londres pesait treize livres, et la pierre de Douai onze livres et demie[6].

A Saint-Omer, les laines se vendaient soit au sac, c'est-à-dire en gros, soit « par pieres ou par pois », c'est-à-dire au détail. Ces deux commerces étaient distincts, et les courtiers de l'un ne pouvaient être courtiers de l'autre, ni s'associer avec des cour-

---

1. *Archiv. municip. de Douai.* Cartulaire OO., f° 44 v°.
2. *Registre aux bans*, n° 98.
3. Ibid., n° 535.
4. Pièces justificatives, XCIV, n°ˢ 27 et 29.
5. *Registre aux bans*, n° 535.
6. Cartulaire, OO. — D'après le *Livre des métiers*, le sac de laines anglaises pesait « xxxvi pierres au pois de ix livres la pierre » (éd. Depping, p. 336).

tiers de l'autre commerce[1]. Le courtage était de douze deniers d'esterlins[2], sur lequel la ville percevait deux deniers[3]. Les principaux jours de vente de la laine étaient le vendredi et le samedi; ces jours-là, il était défendu de vendre des laines dans les maisons, les laines au détail se vendaient dans la « neuve halle des laines[4] », les laines indigènes, et les blanches laines étrangères en gros ou en détail, se vendaient dans la vieille halle aux laines[5]; ces mêmes jours le commerce devait se faire sans l'intermédiaire des courtiers[6]. Il était défendu de mettre ou de prendre des laines en gage[7]. A diverses reprises les règlements ordonnent sous les peines les plus sévères de payer comptant les laines qu'on achète en Ecosse[8]. Les prescriptions relatives à la vente des laines à Saint-Omer sont analogues à celles qui régissaient tout le commerce au moyen-âge. Les marchands ne devaient pas parer leur marchandise, les laines devaient être aussi bonnes « dessous comme deseure », il était défendu de mélanger les laines de différents pays de production, et le vendeur ne devait pas tromper sur leur provenance[9].

On a déjà vu plus haut que les étoffes de laines de Saint-Omer se vendaient en Angleterre et dans toute la France, il semble aussi que l'Espagne était, au XIIIe siècle, un débouché ordinaire, et que les marchands espagnols fréquentaient constamment les halles au drap[10]. Les prescriptions relatives au commerce de ces étoffes sont nombreuses, la plupart ont pour objet de maintenir la renommée de la fabrique de la ville; nous réservons pour le chapitre suivant celles qui ont trait à la fabrication, et nous n'énumérons ici que celles qui concernent la vente proprement dite.

Le commerce en gros était soigneusement distingué du commerce au détail; le marchand au détail ne pouvait vendre en gros[11]. Les draps ne se vendaient en gros qu'à la halle, le mer-

---

1. *Registre aux bans*, n°s 537, 556.
2. Ibid., n° 423.
3. Ibid., n° 379.
4. Ibid., n° 530.
5. Ibid., n° 535.
6. Ibid., n° 536.
7. Ibid., n°s 196, 522.
8. Ibid., n° 85.
9. *Registre aux bans*, n°s 398, 478, 520.
10. Ibid., n° 98.
11. Ibid., n° 570.

credi[1]. Ce jour-là, la vente au détail y était prohibée. Ils ne pouvaient être portés à la halle qu'après avoir été reconnus, vérifiés, pesés et marqués « à l'enseigne » de la ville par les officiers des métiers[2], ceux qui étaient rejetés étaient déchirés et ne devaient plus être vendus[3]. A la halle, chaque pièce de drap payait un droit d'étal de 6 deniers[4]. Les courtiers y devaient couvrir les marques spéciales de chaque fabricant et ne laisser apparente que l'enseigne de la ville[5]. Les mesureurs de la ville avaient seuls qualité pour auner les draps vendus à la halle[6]. Les hôteliers étaient responsables du paiement des draps qu'achetaient les marchands qu'ils logeaient[7]. La vente en gros était seule soumise au courtage, on vendait au détail soit dans des maisons, soit à la halle sans intermédiaire[8]. Les détaillants pouvaient vendre chez eux, mais étaient soumis à l'obligation d'avoir un étal à la halle[9]. Les draps comme les laines étaient un objet sur lequel il était interdit de prêter de l'argent[10]. Le commerce du vieux drap était soumis à des règles spéciales; il était défendu d'en vendre par les rues, on ne devait en faire le commerce qu'à la halle, et sur étal de marchand de vieux drap[11].

Saint-Omer eut pendant tout le moyen-âge une célébrité toute particulière pour le commerce des vins. Quand, en 1340, Robert d'Artois conduisit une bande de Flamands contre cette ville, avec laquelle il avait conservé des intelligences et où il croyait entrer sans coup férir, ses soldats s'excitaient en se disant, au témoignage d'un chroniqueur : « Or tost compain, nous bevrons encore « en huy de ces bons vins de Saint-Omer[12]. » Les vins de Saint-Omer, c'étaient des vins de Reims, de Soissons, d'Auxerre, d'Orléans, de la Rochelle, de Saint-Jean-d'Angély, de Poitou ou d'Espagne[13]; les documents font aussi mention de vins de trille

1. *Registre aux bans*, n°˙ 248, 429, 490.
2. Ibid., n°˙ 176 et 273.
3. Ibid., n° 501.
4. Ibid., n° 102.
5. Ibid., n° 574,
6. Ibid., n°˙ 93, 102, 490.
7. Ibid., n° 85.
8. Ibid., n° 102.
9. Ibid., n° 253, 431, 493, 504, 505.
10. Ibid., n° 127.
11. Ibid., n°˙ 244, 245, 247, 337.
12. *Chronique de Flandre*, publ. par Denis Sauvage. Lyon, 1562, in-fol., p. 156.
13. *Registre aux bans*, n°˙ 26, 32, 37, 46, 88, 577. — Pièces justif. LXII. —

(treille)[1], qui étaient peut-être faits avec des raisins du pays, mais je doute que ce soit ceux-là qu'espéraient boire les soldats de Robert d'Artois.

Les indications relatives au commerce du vin sont extrêmement nombreuses dans les documents qui nous sont parvenus, principalement dans les réglements municipaux qui contiennent quantité de prescriptions, témoignant pour cette boisson précieuse d'une considération et d'un respect qui ne se sont pas encore tout à fait perdus dans nos départements du Nord.

Les vins qui se vendaient à Saint-Omer arrivaient généralement par bateaux et abordaient à l'endroit de la rivière d'Aa qui a retenu jusqu'à nos jours le nom de *Vinquai*. Le 24 juillet 1276, le comte d'Artois autorisa les bourgeois de Saint-Omer à ne pas acquitter les droits du péage de Bapaume pour les vins de Beauvoisis qu'ils amenaient dans leur ville, sauf lorsqu'ils faisaient passer ces vins dans les limites de péage de la châtellenie de Bapaume [2]. Plus tard, les vins de France venant par mer furent également exemptés des péages ; c'est ce qui résulte d'un arrêt du Parlement de Paris, rendu le 12 décembre 1321, contre les péagers de Compiègne, de Péronne, de Roye et de Nesle, qui réclamaient en acquittement de droits de péages, à plusieurs bourgeois, une somme de 500 livres de parisis pour du vin d'Auxerre amené par eux à Saint-Omer[3]. Le chiffre considérable réclamé peut servir à évaluer l'importance de ce commerce.

Outre le droit de tonlieu[4], le vin acquittait à Saint-Omer le droit de forage au profit du châtelain[5].

Les réglements municipaux interdisent aux mariniers de décharger du vin entre Gravelines et Saint-Omer[6], les bateaux devaient être assez peu chargés pour pouvoir arriver à quai sans alléger[7]. Aussitôt le bateau de vin attaché à la barre (*statboin*), les mariniers devaient l'évacuer et n'y revenir que pour l'amener à quai[8]. Le déchargement des vins et leur mise en cel-

---

Champollion, *Lettres de rois*, t. I, p. 368. — *Catal. des arch. Joursauvault*, n° 1367. — Boutaric, *Actes du parlement*, n° 6571.

1. *Registre aux bans*, n°* 32, 46.
2. Pièces justif. LXII.
3. Boutaric, *Actes du parlement*, n° 6571.
4. Pièces justificatives, XCIV, 22.
5. Pièces justificatives, LXXXV. — Voy. plus haut p. 102.
6. *Registre aux bans*, n° 87.
7. Ibid., n° 456.
8. Ibid., n° 414.

lier appartenaient à une importante corporation de la ville, celle des *deskerkeurs de vin* ou *opslares*.

A la fin du xiiie siècle, les châtelains, qui semblent avoir eu en quelque sorte le patronage du commerce des vins, prétendaient avoir la nomination de quatorze deskerkeurs, qui, lors de leur entrée en fonction, payaient chacun un marc au châtelain; la ville, sans contester ce dernier point, soutenait qu'elle seule pouvait avoir les nominations dans un métier qui lui appartenait. Le 24 décembre 1280, un accord entre la ville et l'échevinage[1] décida que le métier se composerait à l'avenir de vingt deskerkeurs à la nomination des échevins, qui auraient le monopole du déchargement des vins sur le quai; en cas de presse seulement, la ville se réservait de leur adjoindre un certain nombre d'aides. Ces portefaix étaient associés entre eux et se partageaient les gains, à condition toutefois de travailler de leurs mains, sauf en cas de maladie, auquel cas ils touchaient demi-part. Quand un deskerkeur « recevait le métier », il devait être présenté au châtelain, lui payer un marc d'argent de trente-cinq sous de parisis et verser au fond commun, pour les cordes et les poulains, une somme de cent sous de parisis; tout autre don pour réjouissance était interdit.

Cette organisation de la corporation des deskerkeurs de vin était chose nouvelle, auparavant il en existait un bien plus grand nombre et ils n'avaient pas de monopole. Un réglement, antérieur d'environ dix ans à l'accord de 1280, mentionne ceux du rivage, ceux de Saint-Bertin, ceux du Haut-Pont; de plus, il leur défend de s'associer entre eux et déclare formellement la profession libre : tous ceux qui veulent peuvent avoir un poulain et faire ce métier, qui voudrait les en empêcher perdrait le droit d'exercer pendant an et jour; seulement, leur salaire était taxé par les échevins[2]. Les bans contiennent en outre quelques dispositions qui indiquent quels étaient les défauts habituels des deskerkeurs; à diverses reprises, ils leur défendent de boire « le vin des bones gens », soit sur le rivage, soit sur les bateaux, soit dans les celliers, avec des « pipes afaitiés ». Posséder une de ces pipes était un délit puni du pilori[3]. Un réglement, dicté par la méfiance que nous verrons manifestée à l'égard de tous les gens de métier,

---

1. Pièces justificatives, LXIV.
2. *Registre aux bans*, n° 159.
3. Ibid., n°[s] 159 et 174.

leur défendait de porter des leviers, sauf en allant à leur travail, ou lorsqu'ils en revenaient[1].

Le vin destiné à la vente était porté à l'étape. Tout vin à vendre devait y passer[2] ; les tonneaux qui y étaient entreposés devaient porter sur leur barre l'indication de la provenance du vin qu'ils contenaient ; les indications fausses étaient sévèrement punies[3]. Probablement pour prévenir la spéculation, il était interdit d'acheter du vin pour le revendre immédiatement[4]. Longtemps l'achat et la vente du vin furent absolument interdits aux étrangers[5]. En 1277, le comte d'Artois concéda pour trois ans aux étrangers le droit d'acheter du vin à l'étape[6]. Le commerce du vin en gros se faisait par l'intermédiaire des *makelares* ou courtiers, des *cuveliers* ou tonneliers, et des *abrokieres* dont la profession consistait à mettre le vin en brocs, mais ces professions semblent s'être souvent confondues en bien des points et avoir empiété souvent sur le métier des *deskerkeurs* dont la profession fut libre jusqu'en 1280, ainsi qu'on l'a vu. Les échevins qui, avec le bailli, avaient l'inspection des vins[7], nommaient les courtiers[8]. Ceux-ci se tenaient sur l'étape avec leur hanap et leur foret[9]. Ni eux, ni les abrokières ne pouvaient être taverniers, non plus qu'hôteliers, ni associés avec les marchands de vins[10] ; ils ne pouvaient être courtiers d'autres marchandises, ne pouvaient exercer leur métier que pendant le jour[11]. Ils allaient avec les marchands, soit sur l'étape, soit dans les celliers, les aidaient à acheter du vin, mais ne pouvaient s'entremettre entre vendeur et acheteur sans être requis et ne pouvaient se mettre plus de deux à goûter du vin[12]. Il leur était interdit d'exercer dans la banlieue, cependant, ils pouvaient, ainsi que les marchands de la ville, acheter du vin hors de la ville, pourvu que ce fût en « ville de loi »[13]. Ils ne devaient marquer les tonneaux sur l'étape que

---

1. *Registre aux bans*, n° 187.
2. Ibid., n° 41.
3. Ibid., n°° 32, 46.
4. Ibid., n° 28.
5. Ibid., n° 23 et 495.
6. Pièces justificatives, LXIII.
7. *Registre aux bans*, n° 355.
8. Ibid., n° 477.
9. Ibid., n° 338.
10. Ibid., 44, 45, 477.
11. Ibid., n° 43.
12. Ibid., n°° 39, 40.
13. Ibid., n°° 42, 255.

lorsqu'ils étaient vendus[1]. Les tonneliers qui transportaient du vin devaient préalablement déposer à la halle une caution de dix livres par tonneau ; ils la perdaient si le tonneau se défonçait[2]. Cette précaution peut servir à évaluer le prix moyen du tonneau de vin.

Les abrokières mettaient le vin en brocs, soit sur la voie publique, soit dans les celliers ; leur salaire était de douze deniers par tonneau[3]. Ils ne pouvaient forer un tonneau avant qu'il fût venu sur l'étape[4]. Une fois les tonneaux vidés, ils devaient être brisés dans les trois jours; le cuvelier coupable d'avoir mis un nouveau fond à un tonneau était puni d'une amende de soixante sous. C'était sans doute pour éviter toute tromperie sur la provenance, qu'on n'admettait pas qu'on pût faire resservir les vieux tonneaux[5].

Le vin une fois vendu, soit à des taverniers, soit à de simples particuliers, n'échappait pas à la surveillance des magistrats municipaux. On ne pouvait l'*aforer* que huit jours après la Saint-André, et après l'aforage, on ne devait ni le brasser, ni le mouvoir, ni le troubler[6] ; il était défendu au possesseur de vin vieux de mettre du *moust* dans son pourpris[7], enfin le même cellier ne pouvait contenir à la fois du vin blanc de Poitou, et des vins de France, d'Auxerre ou de Reims[8].

Quant aux taverniers, tout d'abord la ville se réservait le droit de pouvoir toujours requérir le meilleur vin au prix ordinaire[9]; ils devaient jurer devant les échevins de vendre leur vin aussi pur qu'ils l'achetaient[10] ; il leur était défendu d'y ajouter du miel, d'autre vin, ou « d'autres maises choses »[11]. Les mélanges de vin étaient absolument défendus[12]. Ils ne devaient pas tromper sur la provenance[13], devaient vendre exactement dans leurs tavernes le même vin qu'ils faisaient crier par les rues[14]; après la fin d'avril

1. *Registre aux bans*, n° 494.
2. Ibid., n° 350.
3. Ibid., n° 38.
4. Ibid., n° 41.
5. Ibid., n°ˢ 88, 418.
6. Ibid., n° 230.
7. Ibid., n° 186.
8. Ibid., n° 577.
9. Ibid., n° 19.
10. Ibid., n° 37.
11. Ibid., n° 20.
12. Ibid., n°ˢ 313, 355.
13. Ibid., n°ˢ 92, 46. — 14. Ibid., n°ˢ 31, 36.

il leur était interdit de posséder du râpé[1], enfin, ils ne pouvaient avoir du vin qu'à deux prix; l'un pour le vin blanc et l'autre pour le vin rouge[2].

Après le commerce des laines et tissus et le commerce du vin, celui des cuirs et des pelleteries était l'un des plus importants de la ville. Les divers tarifs distinguent entre les cuirs simplement salés et les cuirs tannés[3], ils énumèrent les cuirs de Cordoue, les peaux de chevreaux, d'agneaux, de brebis[4]. Les cuirs frais se vendaient devant la halle des machecliers[5], les marchands de cuirs tannés devaient avoir étal à la halle[6]. Les fourrures mentionnées par les réglements sont le *vair*[7], et les fourrures d'agneaux. Ces dernières devaient avoir la longueur d'une corde type déposée à la halle. Il était défendu de confondre ensemble les fourrures de provenances différentes[8]. La vieille pelleterie devait être distinguée par une « enseigne » spéciale[9].

Le poisson, surtout le poisson de mer salé, était à Saint-Omer l'objet d'un commerce considérable. Les documents mentionnent les poissonniers de mer et les poissonniers d'eau douce, les marchands de poisson frais et les marchands de poisson salé. Les principaux poissons dont il est question sont le saumon, l'esturgeon, le marsouin (*pourpois, porcus marinus*), l'anguille, la plye, les moules, les huîtres, les merluches, les baleines, mais surtout les maquereaux et les harengs[10].

On peut avoir quelque idée de l'importance du commerce des harengs par un procès que la ville soutint au parlement de Paris, en 1279, contre Guy de Dampierre. Celui-ci avait promulgué une ordonnance interdisant à une même personne d'acheter en un jour au port de Gravelines plus de 25,000 harengs, d'en faire saler en un jour plus de cette quantité, d'en exporter le même jour un nombre plus considérable. Ces défenses furent attaquées en parlement par les échevins au nom des marchands de Saint-

---

1. Ibid., n° 25.
2. Ibid., n° 215.
3. Tarif de tonlieu. Pièces justificatives, XCIV, n° 37.
4. Ibid., n°ˢ 35, 39, 40.
5. *Registre aux bans*, n°ˢ 219, 435. Cf. cependant n° 403.
6. Ibid., n° 506.
7. Ibid., n° 125.
8. Ibid., n° 463.
9. Ibid., n°ˢ 246, 321.
10. Tarif de tonlieu. Pièces justificatives, XCIV, n°ˢ 40, 66, 67, 71 à 78. — *Registre aux bans*, n°ˢ 62 à 82, 488.

Omer et il fut fait droit à leur requête en juin 1279[1]. Vers 1282, le comte Guy, en confirmant les priviléges des bourgeois de Saint-Omer en Flandre, leur reconnut le droit d'acheter dans les eaux de Gravelines, de saler jour et nuit et d'exporter frais ou préparés autant de harengs qu'ils voudraient, le tout sans payer de taxe[2]. Les réglements municipaux interdisent aux bourgeois de s'associer avec des étrangers pour ce commerce[3] (les marchands en gros seuls pouvaient avoir des rapports avec les étrangers pour le commerce du poisson[4]) et fixent le salaire maximum du *conteur de harencs* à un denier par mille, lui interdisant en outre l'accès des bateaux où il ne serait pas appelé[5]. Le poisson se vendait en gros, au Brûle[6]; les hôteliers ne pouvaient acheter de poisson qu'au détail[7].

Le métier des poissonniers avait comme les autres ses *coriers*; ceux-ci avaient la surveillance du poisson mis en vente, et si après l'heure d'ouverture du marché l'on trouvait sur un étal du poisson pourri, chaque corier était passible d'une amende de dix sous[8]. Le commerce au détail était réglementé à outrance. Les marchands au détail ne pouvaient aller au devant des marchands en gros hors de la ville[9]. Le poisson au détail se vendait sur le *Stad* ou sur le Marché[10], ou « dans l'Ewe del Kay[11] », les harengs se vendaient aussi devant l'escoterie et devant l'église Sainte-Marguerite[12]. Le poisson devait être payé comptant[13]. Une disposition du *Registre aux bans* déclare expressément libre la vente des saumons, esturgeons et marsouins; cependant, un règlement, rédigé vers 1320, oblige les poissonniers de mer à faire « plégerie du métier »[14]. Les poissonniers ne devaient vendre à la fois qu'une

---

1. *Olim* (éd. Beugnot), t. II, p. 133, XIII. — Arch. municip. CCXCII 23, et cartul. AB XVIII 15, f° 39 v°. Ce dernier texte porte la fausse date de 1201.
2. Pièces justificatives, LXVII.
3. *Registre aux bans*, 290.
4. Ibid., n° 69.
5. Ibid., n° 223.
6. Ibid., n° 69.
7. Ibid., n° 572.
8. Ibid., n° 515.
9. Ibid., n°⁵ 70, 315.
10. Ibid., n° 75.
11. Ibid., n° 64.
12. Pièces justificatives, XC.
13. *Registre aux bans*, n°⁵ 79, 512.
14. Pièces justificatives, XC. Cf. *Registre aux bans*, n° 512.

somme de poisson [1], ils n'en pouvaient vendre plus de deux *navées* par jour [2]. Les femmes ne pouvaient vendre d'autre poisson que des harengs, des moules, des huîtres, des merlus [3] et du poisson d'eau douce [4], le commerce du poisson de mer à étal leur était interdit sous peine de bannissement [5]. D'autres prescriptions concernent les conditions de vente du poisson, la propreté des étaux, et la police du métier [6]. Outre les divers poissonniers dont nous venons de parler, il y avait encore des marchands de poisson cuit; ce métier était exercé par des gens du Haut-Pont et de Vakestrat [7].

Il ne nous reste, pour achever de donner du commerce de Saint-Omer au moyen âge l'idée que les documents conservés permettent de s'en faire, qu'à donner une rapide énumération des marchandises dont les documents nous ont conservé la mention sans autres renseignements.

Les grains et céréales qui se vendaient aux marchés venaient principalement des campagnes environnantes, cependant le blé venait parfois d'Angleterre [8]. Il devait être mesuré par les *mesureurs de blei jurés* [9]. Les grains et les fourages se vendaient « entre les IIII corons du marché [10]. » Toutefois les avoines se vendaient aussi au Haut-Pont, dans les bateaux qui les amenaient [11]. Le bois brut ou préparé, le merrain, les lattes, se vendaient sur la Ghière [12]. Le charbon se vendait au sac sur le marché [13].

Parmi les denrées, les comestibles et les boissons, les documents énumèrent les viandes salées [14], le sel qui venait en partie de Poitou [15], le beurre qu'on falsifiait avec du suif [16], les oignons, les

1. *Registre aux bans*, n° 68.
2. Ibid., n° 498.
3. Ibid., n° 488.
4. Ibid., n° 370.
5. Pièces justificatives, XC.
6. Voy. ibid., et *Registre aux bans*, n°˙ 62 à 82, 393, 489, etc.
7. Ibid., n°˙ 366, 561.
8. Voy. importation de blé de Chileham par Foubert de Douvres en 1183 (Bibl. nation., coll. Moreau, t. LXXXVII, p. 209).
9. *Registre aux bans*, n° 439.
10. Ibid., n°˙ 486, 533.
11. Ibid., n° 97.
12. Ibid., n°˙ 114, 289, 294, 557.
13. Ibid., n°˙ 120, 121, 140, 232.
14. Tarif de tonlieu, pièces justificatives XCIII, n° 64.
15. *Registre aux bans*, n° 101.
16. Ibid., n° 385.

aulx, les noix, les figues, le miel[1], la cervoise et l'ale d'Angleterre (goudale) qui se vendait un denier le pot[2].

Le marché aux bestiaux se tenait, dit un réglement, derrière la maison de Guillaume l'Anier[3] ; cette indication ne nous permet pas d'en fixer l'emplacement. Les tarifs taxent les droits d'entrée des porcs, des agneaux, des brebis, des vaches, des chevaux, des ânes, des mules, des ours et des singes[4] ; ils imposent un certain nombre de métaux, le plomb, le cuivre, le fer, l'acier (gladifer de Normandie), l'archal, l'étain ; des armes et des outils, épées, hauberts, arcs, lances, fourches, faucilles, enclumes, chaudrons, écuelles, hanaps, cuves, meules ; des meubles, huches, tables, auges, etc.

Parmi les marchandises importées, il faut encore signaler le fil, les toiles, les écorces nécessaires aux tanneurs, les chardons à l'usage des foulons, enfin les *avoirs de pois*, l'alun blanc et vermeil dont le moyen âge faisait un grand usage, la cire, la garance qui se vendait à côté du « pont de pierre », le poivre, le cumin et la guède.

1. Tarif de tonlieu, n°[s] 25, 69, 109, 124, 128.
2. *Registre aux bans,* n°[s] 404, 427.
3. Ibid., n° 383.
4. Tarif de tonlieu, 55 à 63.

CHAPITRE XI.

L'INDUSTRIE ET L'ORGANISATION DES MÉTIERS.

§ I. *Organisation de l'industrie.* — § II. *Le caltre.* — *Keuren des trois métiers de la draperie.* — *Keuren des autres métiers.* — § III. *Attributions des officiers des métiers, keuriers et eswardeurs.* — § IV. *Caractères de la réglementation des métiers.* — *Rôle des corporations dans la ville.* — § V. *Condition des gens de métier ; apprentis, ouvriers, maîtres.* — § VI. *Réglements particuliers à la draperie ; opérations préliminaires, tissage, foulage, lainage, ramage, tondaison, teinture.* — *Concurrence de la draperie des villages.* — § VII. *Tapissiers.* — *Tisserands des mollequiniers.* — *Feutriers.* — *Caucheteurs.* — *Cordonniers, sures et savetiers.* — *Selliers.* — § VIII. *Industries de l'alimentation.* — § IX. *Métiers divers.*

Nous achèverons l'étude des institutions municipales de Saint-Omer par le tableau du régime industriel qui y était en vigueur au moyen âge. L'organisation et la vie des corporations, la condition des artisans et des chefs d'industries, feront, avec l'examen des réglements particuliers des métiers les plus importants, l'objet de ce chapitre.

§ I.

Si les plus anciens documents relatifs à Saint-Omer, que nous avons maintes fois cités, contiennent des preuves nombreuses que dès l'époque où sa première charte lui fut concédée, c'était une ville industrielle pour le moins autant que commerciale, cependant aucun d'eux ne contient de renseignements sur la nature, l'importance, la condition de l'industrie. Les réglements nombreux et prolixes qui nous sont parvenus à ce sujet datent tous de la fin du XIIIe siècle et se trouvent dans le *Registre aux bans* que nous avons décrit. Je ne fais nul doute que la plupart d'entre eux ont consacré un état de choses qui durait depuis longtemps déjà, régi par des coutumes que la rédaction ne dut guère modifier. Les distinctions entre les corps de métier, leur organisation, leur police, les réglements de fabrications remontent à n'en pas douter au siècle précédent. Ce n'est pas seulement à la fin du XIIIe siècle que les villes et les artisans s'avisèrent d'organiser l'industrie, de se défendre contre la concurrence et de réglementer le travail ; cependant, dans le fait même de la rédaction des bans industriels à cette époque, surtout si on le rapproche des conditions de crise que subissaient alors l'industrie et le commerce, il me semble voir la trace de la préoccupation de retarder une décadence que tous les réglements étaient impuissants à conjurer. Il est impossible de déterminer quels sont au juste les articles nouveaux que ce sentiment a pu introduire dans les réglements industriels, mais nombre de précautions contre la fraude, de dispositions relatives à la surveillance des métiers, ou de prescriptions au sujet des procédés de fabrication qui indiquent qu'on voulait à tout prix maintenir à la ville sa réputation et protéger son industrie contre la concurrence étrangère, ont dû être ajoutées à cette époque.

Quoique nous ayons un nombre relativement considérable de renseignements sur l'industrie à la fin du XIIIe siècle, il s'en faut que ces renseignements soient complets et concernent tous les métiers. Il en est et de fort importants dont nous n'avons guère que la mention ; nous n'avons même pas l'indication de tous ceux qui étaient organisés en corps de métier et avaient des officiers ; sur d'autres, dont l'existence corporative est reconnue dans les *Registres au renouvellement de la loi*, nous ne possédons aucune disposition réglementaire ; il en est enfin pour lesquels les réglements se bornent à quelques prescriptions insignifiantes. Malgré ces lacunes qui empêchent de déterminer avec exactitude le nombre des corps de métiers et de pénétrer dans le détail de l'organisation de chacun d'eux, les réglements sont cependant assez nombreux pour qu'on puisse connaître l'organisation générale et de plus recueillir quelques renseignements plus amples sur les plus importantes des industries locales.

Nous avons trouvé dans les documents de la fin du XIIIe et du commencement du XIVe siècle, cinquante-neuf métiers mentionnés ; c'est précisément le même nombre que donne une liste des métiers de Gand de 1348, que Gheldolf a publiée[1]. Sur ce nombre, il n'en est guère que vingt-cinq auxquels on puisse attribuer une organisation ; il semble probable que la plupart des autres, représentés seulement par quelques personnes, ne formaient pas de corps particuliers et n'étaient soumis qu'à des règlements communs à tous les métiers. C'est quelque chose de savoir approximativement le nombre des industries exercées dans une ville, mais il est une autre statistique plus intéressante qu'il ne m'a pas été donné de pouvoir dresser ; je veux parler du nombre des artisans et par conséquent de l'importance de l'industrie. Mes recherches ne m'ont fait rencontrer aucun document qui puisse servir de base à un calcul même approximatif ; ni les règlements, ni les comptes, ni les chroniques ne semblent avoir rien contenu à cet égard.

Les corps de métiers dont nous connaissons l'organisation étaient gouvernés par un certain nombre de personnes du métier nommées *jurés, keuriers* et *eswardeurs* ou *rewardeurs*. Ces personnes, dont le nombre variait suivant les métiers, formaient ce qu'on appelait la *keure* du métier ; elles avaient à leur tête un président qu'on nommait *maieur, connétable* et parfois *châtelain*. Ces officiers et leur maieur étaient dans certains métiers élus par les membres de la corporation, dans d'autres, choisis par les échevins ; ceux-ci étaient dans tous les cas appelés à confirmer l'élection et à recevoir les serments des officiers élus. Les élections et les nominations se faisaient chaque année, quelques jours après le renouvellement de la loi, et les noms des keuriers des métiers se trouvent inscrits sur les registres à la suite de ceux des magistrats municipaux. Les termes de *keuriers* et d'*eswardeurs*, bien qu'employés très-souvent l'un pour l'autre, ne paraissent pas avoir toujours été synonymes ; il semble que les *eswardeurs* étaient spécialement des inspecteurs nommés par les échevins, tandis que les *keuriers* étaient élus par les gens de métier, que les eswardeurs pouvaient être choisis en dehors de la corporation, tandis que les keuriers en faisaient nécessairement partie. Quoi qu'il en soit, leurs fonctions étaient absolument les mêmes, et, dans le langage ordinaire, ces deux termes se confondent souvent. Au renouvellement de la loi de 1319, le clerc de la ville inscrivit, à la suite des noms des magistrats, ceux de cent treize officiers des métiers ; les divers métiers de la draperie à eux seuls n'en comptaient pas moins de quarante-huit ; comme les bans municipaux et les renouvellements postérieurs

---

1. *Histoire de la Flandre*, t. III. Pièces justificatives, XLVII.

en mentionnent quelques autres qui doivent avoir été oubliés en 1319 ou qui peut-être n'étaient pas soumis à une réélection annuelle, le personnel des officiers des métiers à Saint-Omer ne paraît pas avoir compté moins de cent cinquante officiers en exercice. Nous allons pénétrer dans le détail de l'organisation de ceux de ces métiers sur lesquels des documents nous sont parvenus.

§ II.

Sous le nom de *métiers de la draperie* on désignait les trois métiers des *tisserands*, des *foulons* et des *tondeurs*, qui, bien qu'ayant chacun une organisation distincte, étaient soumis au contrôle et à l'inspection des membres d'une espèce de commission supérieure de ces trois métiers, nommés les « *eswardeurs* « *des draps du caltre.* » Le *caltre*, à Saint-Omer et dans quelques autres villes de la même région, était, pour emprunter aux bans échevinaux leur définition, « le maison là on poise et « rewarde les dras et les saies[1]. » Cette institution était sans doute fort ancienne, car je trouve, en 1172, un personnage mentionné comme témoin, Jean du Caltre, qui lui avait emprunté son surnom[2]. Le corps des eswardeurs du caltre se composait de seize personnes : six marchands, trois teinturiers, trois tisserands et trois foulons ; à leur tête était un *maieur*, qui avait le titre de *maieur de la draperie;* ils avaient à leur disposition des officiers subalternes, les *sergents du caltre* ou *des eswardeurs*. Il ne m'a pas été possible de déterminer comment étaient nommés ces officiers ; leurs fonctions étaient annuelles, puisqu'on voit leurs noms changer presque toujours à chaque renouvellement de la loi, mais aucun texte ne nous apprend s'ils émanaient de l'élection des métiers ou s'ils étaient choisis par le magistrat ; c'est cette dernière hypothèse que je crois la plus probable en l'absence de tout document[3]. Nous reviendrons plus loin sur le rôle de ces officiers.

1. *Registre aux bans*, n° 620.
2. « Johannes de Caltra. » (*Grand cartul. de Saint-Bertin*, I, 370.) — Il m'a été impossible de découvrir l'origine et le sens de cette dénomination. — Cf. à Gand la place nommée « le Kautre. »
3. Il en fut du moins ainsi après l'ordonnance du 9 décembre 1447. L'art. 28 dispose que les maieurs et échevins, après le renouvellement de la loi, doivent nommer « les personnes nécessaires et en nombre à « l'eswart du caltre et draperie. » Il est vrai que, d'après la même ordonnance, ils devaient nommer les keuren des trois métiers, qui au xiv° s. étaient issues de l'élection.

On est mieux renseigné sur l'organisation intérieure de chacun des trois métiers de la draperie. Les réglements qui nous la font connaître ne datent que du commencement du xive siècle; il est probable qu'ils ne furent rédigés que parce que l'on réforma alors les anciennes coutumes; ils doivent contenir certaines innovations, et nous manquons d'éléments pour déterminer quelles sont les anciennes traditions qui y ont été conservées. Quoi qu'il en soit, nous allons résumer les renseignements qu'ils nous donnent. Le premier réglement concerne les *tisserands*[1]. Leurs officiers devaient être nommés par une élection à trois degrés. Chaque année, après le renouvellement de la loi, les officiers du métier, qui portaient les titres de *maîtres* et de *jurés,* devaient, au jour fixé par les échevins, s'assembler et procéder à une première élection de six prud'hommes du métier: deux drapiers, deux maîtres tisserands et deux ouvriers. Ces six prud'hommes se réunissaient à la keure et on procédait à une nouvelle élection de neuf autres prud'hommes du métier: trois drapiers, trois maîtres tisserands et trois vallets. Ces neuf élus remplaçaient les six premiers pour se joindre aux officiers du métier et faire l'élection définitive de la nouvelle keure qui se composait de seize personnes : huit drapiers, six maîtres tisserands et deux ouvriers. L'élection faite, les anciens jurés allaient présenter leurs successeurs aux échevins qui leur faisaient prêter serment; puis les nouveaux jurés élisaient le *maître,* qu'ils devaient choisir parmi les huit *drapiers;* l'ancien maître n'était pas rééligible; si les jurés ne pouvaient pas s'entendre sur un nom, la nomination appartenait aux échevins. Ce réglement, qui attribuait aux drapiers, dans le « gouvernement du métier des tisserands », la prééminence sur les artisans qui travaillaient de leurs mains, et dont la complication rappelle celle de l'ordonnance de réforme de l'échevinage, qui est de la même époque, ne paraît pas avoir subsisté longtemps, au moins sans subir des modifications; peut-être revint-on aux anciens usages; toujours est-il que le renouvellement de la loi de 1319 ne mentionne aucune des distinctions que nous avons énoncées et énumère comme composant la *keure* des tisserands : un *maître*, onze *jurés* et quatre *vallets*. Les réglements de la fin du xiiie siècle font parfois mention d'un *châtelain* des tisserands; je présume que c'est au maître du métier qu'il faut appliquer cette appellation[2].

1. *Pièces justificatives*, LXXXVIII.
2. *Registre aux bans*, nos 608, 610.

Le métier des *foulons* nommait ses officiers à peu près comme celui des tisserands. Chaque année, après le renouvellement de la loi, les jurés sortant de charge faisaient une première nomination de onze électeurs, six maîtres et cinq vallets, choisis dans tout le métier, ceux-ci à leur tour faisaient une seconde élection, les six maîtres désignaient deux vallets et les cinq vallets trois maîtres ; ces cinq élus devenaient les électeurs de la keure qui se composait de treize personnes, sept maîtres et six ouvriers, que les anciens jurés allaient présenter aux échevins qui recevaient leurs serments. L'élection du *maître* du métier avait probablement lieu comme pour les tisserands. Ici encore le règlement de 1305 se trouve en désaccord avec le *Registre au renouvellement de la loi*, dans lequel la *keure* des foulons ne se compose que de onze personnes, le maître du métier, six jurés et quatre vallets. Le *connétable des foulons* qui, d'après un règlement de la fin du xiiie siècle, doit convoquer ses compagnons, maîtres et vallets, pour aller inspecter le métier, qui doit interdire le travail au maître foulon dont les ouvriers n'ont pas été payés le samedi, ne doit être autre que le maître du métier[1].

Chez les *tondeurs*, les vieux jurés, assemblés par les échevins, nommaient onze prud'hommes du métier ; ceux-ci se séparaient en deux groupes, l'un de six personnes, l'autre de cinq ; le groupe des six désignait deux membres du groupe des cinq, le groupe des cinq désignait trois membres du groupe des six, et ces cinq prud'hommes, électeurs définitifs de la keure des tondeurs, nommaient enfin les neuf maîtres du métier qui devaient la composer ; ceux-ci choisissaient l'un d'eux pour *connétable*[2]. La keure des tondeurs n'était pas composée, comme les autres keuren des métiers de la draperie, de maîtres et d'ouvriers, parce que les ouvriers tondeurs avaient une keure particulière. A la fin du xiiie siècle, les échevins nommaient pour la composer quatre compagnons et leur connétable[3]. En 1305, le mode d'élection en fut changé, cinq ouvriers furent désignés par les vieux jurés des ouvriers tondeurs dont le nombre était réduit à trois ; parmi ces cinq candidats désignés, les cinq électeurs de la keure des tondeurs nommèrent les trois vallets jurés. Les échevins recevaient ensemble les serments de la keure entière du métier, composée des neuf maîtres et des trois vallets. Le renouvellement de la loi

---

1. *Registre aux bans*, n°s 669, 670.
2. Ibid., n° 700.
3. Ibid., n° 731.

de 1320 nous la montre aussi composée un peu différemment, d'un maître, de onze jurés et de trois vallets.

A côté de ces officiers des métiers de la draperie, il y en avait d'autres, probablement d'un rang inférieur, qui n'avaient que des fonctions spéciales, par exemple, les quatre hommes qui gardaient les bornes du vieux drap[1], et les deux hommes élus pour visiter les draps que l'on vendait avant de les envoyer au teinturier[2].

Les autres officiers, dont nous trouvons la mention dans les documents, sont les huit eswardeurs du grain, les huit keuriers du pain, les huit keuriers du poisson, les quatre keuriers des pourpointiers, les deux keuriers des selliers, les keuriers du métier des « cordewaniers, sueurs et chavetiers, » composés de quatre cordonniers, deux sueurs et deux savetiers, les onze keuriers des viandes, les quatre keuriers de vair-œuvre, les quatre keuriers des gantiers, les trois keuriers des escuciers, les quatre keuriers des angeliers, les quatre keuriers des caucheteurs, les quatre keuriers des chandeliers, etc.[3]. Nous n'avons pas de documents sur l'organisation intérieure de ces métiers.

§ III.

La principale fonction de tous ces officiers, eswardeurs ou keuriers, nommés par les échevins ou issus de l'élection, était d'assurer l'exécution des coutumes et réglements qui régissaient chaque métier; ils étaient à cet effet convoqués par le chef de la keure, et s'ils ne se rendaient pas à cette convocation, ils étaient, à moins d'excuse valable, passibles d'une amende de six à douze deniers[4]. Les eswardeurs du caltre non-seulement y examinaient les saies, qu'on devait leur apporter, mais encore pouvaient et devaient surveiller chacune des opérations des trois métiers; à cet effet, ils avaient le droit de pénétrer chez tous ceux qui se mêlaient de draperie[5]. On ne pouvait enlever une pièce de drap du métier ou des lisses sans la présence de l'un d'eux ou au moins d'un de leurs sergents[6]; ils devaient surveiller le tissage[7], ne laisser passer aux lisses une pièce ayant des défauts qu'après

---

1. *Registre aux bans*, n° 337.
2. Ibid., n° 579.
3. Registres au renouvellement de la loi, *passim*.
4. *Registre aux bans*, n°° 669, 689, 700.
5. Ibid., n° 602.
6. Ibid., n°° 553, 579.
7. Ibid., n° 611 n.

l'avoir marquée, pour qu'elle fût l'objet d'un examen particulier[1]; vérifier les chardons avant leur mise en vente, afin d'empêcher les foulons de se servir de chardons insuffisants[2]. Les teinturiers, les tondeurs, les foulons ne devaient recevoir que la marchandise qu'ils les autorisaient à mettre en œuvre. C'étaient eux aussi qui seuls pouvaient autoriser les divers métiers de la draperie à employer des ouvriers étrangers à la ville[3]. Au caltre, on leur apportait les pièces de draps et les saies complètement achevées, ils les pesaient, les examinaient, les vérifiaient; les intéressés ni personne autre ne pouvaient assister à cette inspection[4] qui se terminait par l'apposition sur la pièce de l'enseigne de la ville ou par son déchirement si elle avait été trouvée mauvaise[5].

A côté de ces eswardeurs, les keuriers des autres métiers inspectaient chacun leur métier particulier de la même manière, veillaient à l'observation des réglements, au maintien des procédés de fabrication, à l'exécution des conditions de salaires[6], etc. On doit croire, d'après les nombreuses dispositions qui menacent d'une amende de soixante sous ceux qui les injurient lorsqu'ils vont en *core*, — ainsi se nommaient leurs inspections, — que leurs fonctions n'étaient pas toujours très-faciles à remplir[7]. D'autre part, les articles qui leur interdisent de recevoir de l'argent, de se faire offrir à boire, de se faire payer « écot en taverne » ou d'envoyer demander des crêpes, des gâteaux et d'autres présents chez les femmes en couche, peuvent faire croire qu'ils n'y apportaient pas toujours beaucoup d'austérité[8]. Pour émoluments, ils avaient une part du produit des contraventions, en général le tiers, le quart ou le cinquième de l'amende[9]. Ces amendes n'étaient pas perçues par eux, ils n'avaient pas directement juridiction sur leurs métiers, ils devaient traduire les contrevenants devant les échevins, le vendredi à la halle, et c'étaient ceux-ci qui confirmaient et faisaient percevoir les

---

1. *Registre aux bans*, n° 588.
2. Ibid., n° 763.
3. Ibid., n° 594.
4. Ibid., n°ˢ 620, 621.
5. Ibid., n° 501.
6. Voy. pour les autres métiers de la draperie : Ibid., 602, 662, 685, 687, 689, 702, 729. Pour les keuriers des viandes, ibid., 55, 256, 345, 415. Pour les rewardeurs du blé, ibid., n° 6. Pour les keuriers du poisson, ibid., n° 515.
7. Ibid., n°ˢ 299, 602, 670, 689, 731.
8. Ibid., n°ˢ 425, 496.
9. Ibid., n°ˢ 1, 5, 8, 112, 588, 602, 731.

amendes qu'avaient prononcées les officiers des métiers[1]. Il n'y avait qu'une petite exception pour les maieurs du caltre ou des marchands auxquels était abandonnée une espèce de juridiction de police sur les métiers de la draperie[2].

§ IV.

L'ensemble des réglements relatifs à un métier était la *keure* de ce métier; il nous en est parvenu plusieurs et l'on peut voir aux pièces justificatives celles des divers métiers de la draperie, et les *keuren* des tisserands des muelekins[3], des tisserands de tapis[4], des caucheteurs[5], des feutriers[6], des tanneurs[7], des sures[8], des fripiers et des viesiers[9]. D'autres réglements sur ces métiers et sur plusieurs autres sont dispersés dans le *Registre aux bans*. Il est probable qu'ils étaient élaborés par les officiers de chaque métier, néanmoins, en principe, ils émanaient de l'échevinage qui s'est toujours réservé avec un soin jaloux le droit exclusif de réglementer les métiers de la ville[10].

Ces réglements sont d'importance fort inégale et sont loin d'être tous complets. En général, ils fixent l'organisation des corps de métiers et leur police, règlent les rapports entre les patrons et les ouvriers, entre les fabricants et les marchands, établissent les tarifs des matières premières et fabriquées, déterminent les conditions et les procédés de fabrication. Leur principal but semble avoir été d'égaliser la situation de tous les fabricants et d'empêcher toute concurrence en maintenant néanmoins le niveau de la fabrication de la ville. Comme dans tous les nombreux documents de ce genre que le moyen âge nous a laissés, la réglementation est ici excessive. On ne voit pas que le nombre des fabricants ait jamais été limité, mais le nombre des ouvriers et

---

1. *Registre aux bans*, n° 496.
2. Ibid., n°ˢ 649 à 652.
3. Ibid., n°ˢ 708 à 728 et 967 à 986.
4. Ibid., n°ˢ 755 à 760.
5. Ibid., n°ˢ 704 à 707.
6. Ibid., n°ˢ 732 à 745.
7. Ibid., n°ˢ 746 à 810.
8. Ibid., n°ˢ 805 à 810.
9. Pièces justificatives, LXXXIX et XCI.
10. Voy. les préambules des diverses *keuren* de métiers et les bans par lesquels les échevins interdisent toute immixtion dans les métiers et toute keure des gens de métier. (*Registre aux bans*, n°ˢ 249, 420, 485, 509, etc.)

des apprentis que chacun pouvait employer est fixé[1], le cumul des professions est interdit, il semble qu'on ne tolérait pas les sociétés commerciales, dans tous les cas on défendait toute association entre les maîtres des métiers qui dépendaient l'un de l'autre, entre tisserands et teinturiers par exemple[2]. Les jours chômés et les heures de travail étaient minutieusement fixés ; sauf quelques exceptions, le travail de nuit était interdit[3]. La prescription la plus générale est de faire « œuvre bonne et loyale[4] ; » quantité de dispositions cherchent à empêcher tout avilissement de la fabrication de la ville, de ce nombre sont celles relatives aux procédés sur lesquelles nous reviendrons ; d'autres ont pour but de combattre la contrefaçon et la concurrence. C'est dans ce but que chaque pièce d'étoffe, outre l'*enseigne* du fabricant, devait porter encore celle commune à toute la fabrication de la ville, et que celle-ci seule restait apparente pour les acheteurs, sans qu'il fût permis de faire aucune marque particulière qui laissât reconnaître chez qui elle avait été fabriquée[5].

Naturellement il était interdit de faire fabriquer hors de la ville[6], et l'importation des objets de fabrication extérieure n'était admise qu'après vérification et autorisation des keuriers des métiers, encore devait-on avoir soin de ne les point confondre avec ceux fabriqués à l'intérieur ; ils devaient porter une enseigne spéciale et être vendus dans des endroits déterminés[7].

Ces réglements avaient pour sanction les peines les plus sévères, parfois la peine de mort, souvent le bannissement, et cette dernière peine, lorsqu'il s'agissait de draperie, était aggravée de l'interdiction de travailler dans aucune des dix-sept villes drapantes qui faisaient partie de la hanse de Londres[8].

On a pu voir que ces réglements n'attribuaient aux corps de métier, contrairement à ce qui se passait dans d'autres villes, absolument aucun rôle politique. Il est à croire cependant qu'au cours du moyen âge, la nombreuse population ouvrière de Saint-Omer ne resta pas plus indifférente que celle des autres villes à l'organisation de la cité et au développement de ses institutions ; il

---

1. *Registre aux bans*, n° 690.
2. Ibid., n°⁸ 99, 100, 420.
3. Ibid., n°⁸ 214, 277, 588, 607, 611, 666, 708, 733, 806.
4. Voy. Ibid., n°⁸ 757, 805, et presque toutes les keuren de métiers.
5. Ibid., n°⁸ 199, 267, 573, 574, 592, 595, 611, 636, 641, 660, 661.
6. Ibid., n°⁸ 721, 733.
7. Ibid., n°⁸ 718, 732, 759.
8. Ibid., n° 588.

est probable qu'elle prit parti dans les guerres d'alors. A défaut de renseignements précis, les dispositions de défiance à l'égard des artisans que l'on rencontre dans le *Registre aux bans*, peuvent faire croire qu'ils usurpèrent parfois le pouvoir auquel l'organisation de la ville ne leur laissait nulle part. Quoi qu'il en soit, ce n'est que dans les troubles qui précédèrent la réforme de 1305 qu'il est resté quelque trace de leur action. Ils constituaient alors le *commun* de la ville, et, à partir de cette époque, les *douze jurés*, que l'ordonnance de 1305 associa à l'administration, peuvent être considérés comme leurs représentants.

§ V.

A Saint-Omer, comme dans toutes les villes industrielles du Nord, les artisans qui travaillaient de leurs mains, aussi bien les maîtres que les ouvriers, étaient, eu égard aux commerçants, des gens de condition inférieure. Les commerçants avaient la richesse, composaient l'aristocratie, administraient la ville, et excluaient soigneusement les gens de métier de toutes les charges publiques. On a vu qu'un artisan ne pouvait pas faire partie de la loi et qu'il lui était interdit d'entrer dans la hanse de Saint-Omer; à plus forte raison ne pouvait-il faire partie de la hanse de Londres dont les règlements parlent avec tant de mépris des gens de métiers, des foulons, des toiliers, des teinturiers « ki ont les ongles bleus », etc.[1]. Quoique les bourgeois seuls pussent être maîtres des métiers et qu'ils payassent, presque dans toutes les corporations, pour entrer en apprentissage, une redevance[2], il n'est pas malaisé de se rendre compte, d'après les règlements, de l'infériorité de la situation de ceux-là mêmes qui exerçaient l'industrie qui faisait la richesse de la ville. Un tisserand ne pouvait avoir plus de deux métiers[3], et probablement plus de deux ouvriers avec autant d'apprentis[4], un tondeur ne pouvait occuper plus de sept personnes[5]. Les maîtres tisserands, foulons, tondeurs ou teinturiers, étaient du reste presque complètement à la merci des *drapiers*, dont il faut se garder de faire des artisans. Ceux-ci, qu'on appellait aussi les *marchands*, avaient, on l'a vu, la prépondérance dans le métier des tisserands et dans la keure

---

1. Warnkoenig, *Histoire de la Flandre*, II, 510.
2. *Registre aux bans*, n°˙ 676, 703, 720, 758. — Pièces justif., LXXXVIII.
3. Ibid., n° 184.
4. Cf. Ibid., n°˙ 588 et 608.
5. Ibid., n° 690.

du caltre ; ils étaient les véritables chefs de l'industrie de la draperie, c'étaient eux qui achetaient les matières premières, occupaient, moyennant salaire, les tisserands, les foulons, les tondeurs, les teinturiers, et faisaient ensuite le commerce des étoffes. On conçoit dès lors que les maîtres de chaque métier n'étaient à côté d'eux que de fort petites gens, assez proches de la condition des ouvriers et qui quelquefois y revenaient, ainsi qu'en font mention nos réglements[1].

Nous avons déjà parlé de la défiance que les réglements manifestent vis-à-vis des gens de métier ; ils leur défendent de se réunir, de convenir entre eux d'aucun réglement, de porter des armes, d'avoir avec eux leurs outils, sauf en allant au travail, et ce, sous les peines les plus sévères, d'énormes amendes, la perte du métier, la prison ou le bannissement perpétuel[2]. Les gens de métier sans ouvrage étaient bannis sur leur tête[3] ; enfin, les villes concluaient entre elles des traités pour interdire leurs territoires réciproques aux gens de métier mécontents[4].

Il est fort peu question des apprentis dans nos réglements et seulement pour stipuler que, dans la plupart des métiers, il fallait, pour entrer en apprentissage, être bourgeois ou fils de bourgeois et payer une redevance à la ville, pour limiter le nombre des apprentis à un par « homme del métier, » c'est-à-dire probablement par ouvrier, et enfin pour interdire aux maîtres d'employer les apprentis à l'œuvre d'autrui[5].

Tous les ouvriers ou vallets n'étaient pas des bourgeois, mais les ouvriers étrangers ne pouvaient être employés qu'à défaut d'ouvriers bourgeois ; parmi ceux-ci, les maîtres appauvris qui voulaient reprendre du travail comme ouvriers, devaient être embauchés tout d'abord. Parmi les étrangers, ceux qui demeuraient dans la ville depuis an et jour devaient être embauchés avant les nouveaux survenants[6]. Naturellement il était défendu d'embaucher des bannis[7] et surtout ceux qui seraient allés à l'étranger contrefaire la fabrication de la ville, « fauseir » le

---

1. *Registre aux bans*, n° 541. Cf. la situation analogue de ceux de Paris. (*Livre des métiers*, p. 140.)
2. *Registre aux bans*, n°* 188, 249, 420, 474, 480, 526.
3. Ibid., n° 475.
4. Voy. un traité de cette nature conclu, le 12 juillet 1249, entre les villes d'Anvers, Bruxelles, Louvain, Huy, Maestricht, Tirlemont, Léau et Diest (Marshall et Bogaerts, *Recueil des antiquités Belgiques*, t. II, p, 44.)
5. Ibid., n°* 676, 726, 757.
6. Ibid., n°* 112, 296, 436, 541.
7. Ibid., n° 729.

métier; à ceux-là, l'accès de la commune était toujours formellement interdit[1]. L'ouvrier « horier », celui qui entretenait une femme de mauvaise vie, celui qui était « pourtrait de malvaiseté », celui qui avait des dettes à la taverne, devait ne pas pouvoir trouver de l'ouvrage[2]. Il était défendu aux ouvriers d'aller demander du travail à domicile[3], ceux qui en cherchaient se tenaient sur la grande place, devant la chapelle Notre-Dame des Miracles, où les patrons allaient les embaucher; d'autre part, il leur était défendu de se refuser à travailler[4]. Tous les gens de métier devaient n'être vêtus que de draperie fabriquée dans la ville[5], et ils ne pouvaient être employés que si leur costume représentait une certaine valeur, cinq sous pour les tisserands et les tondeurs, trois sous pour les foulons[6]. Les termes des règlements qui fixent les heures de travail ne permettent pas de préciser le nombre d'heures qu'avait la journée d'ouvrier, parce qu'elle se réglait sur les offices; presque pour tous les métiers, la journée commençait à l'heure des messes du matin de Saint-Nicolas et de Saint-Denis et se terminait, en hiver à l'heure des vêpres de Saint-Omer, en été à l'heure des complies; le samedi, le travail cessait à midi[7]. C'était ce jour-là que les ouvriers recevaient leurs salaires de leurs patrons, et ceux-ci des marchands qui les employaient[8]; les lisseurs n'étaient payés que chaque quinzaine[9]. Les paiements qui se faisaient en présence de témoins devaient être « en sèche monnaie »; il était interdit de donner ou de recevoir des paiements en nature[10], c'est sans doute du même esprit que dérivent les dispositions qui interdisent aux tondeurs de vendre des denrées à leurs ouvriers[11], et aux foulons de manger à écot avec leurs

---

1. *Registre aux bans*, nos 719, 756.
2. Ibid., nos 663, 664.
3. Ibid., nos 485, 605, 664.
4. Ibid., nos 322, 651.
5. Ibid., nos 372, 373.
6. Ibid., nos 609, 667, 729. — Cf. les dispositions analogues relatives aux ouvriers de Paris citées par M. Fagniez. (*Essai sur l'organisation de l'industrie à Paris*, dans la *Biblioth. de l'Ecole des chartes*, t. XXXV; p. 500.) Une de ces dispositions relative aux fourbisseurs explique la nécessité pour l'ouvrier d'avoir « cinc soudées de robe sus lui por les ouvriers « tenir nettement por nobles genz, contes, barons, chevaliers et autres « bones genz qui aucune foiz descendent en leurs ouvrouers. »
7. *Registre aux bans*, nos 588, 607, 611 n., 677, 678.
8. Ibid., nos 251, 437, 670, 674, 675, 686, 729.
9. Ibid., n° 279.
10. Ibid., 296, 541, 672, 675. — Cf. *Livre des métiers*, pp. 391, 399, 400.
11. Ibid., n° 730.

vallets[1]. Il était défendu aux marchands de demander du répit pour les payer, aux maîtres des métiers et à ceux-ci d'en accorder[2]. Les contraventions à ces règlements relatifs aux salaires étaient déférées, dans les métiers de la draperie aux maieurs des marchands, et dans les autres métiers à l'échevinage ; les peines prononcées étaient l'interdiction du travail et la saisie de la marchandise[3]. De même, lorsqu'un ouvrier commettait un larcin ou ne payait pas son écot, on lui retenait son salaire jusqu'à l'acquittement de la dette[4].

Parmi tous ces règlements, il n'en est aucun qui nous apporte des indications, qui seraient si intéressantes pour nous, sur le taux des salaires ; l'un indique que les tondeurs travaillaient à la journée[5] ; un autre, que les foulons travaillaient à leurs pièces[6], et un autre fixe à dix deniers la journée d'un maçon[7].

Les patrons étaient dans une certaine mesure responsables de leurs ouvriers ; en matière de contrats d'apprentissage, et de tous contrats relatifs au métier, leur témoignage faisait foi devant l'échevinage[8] ; ils devaient être bourgeois et demeurer dans l'enceinte de la ville[9], la plupart devaient payer pour acquérir le métier, cependant un article du règlement des mollequiniers déclare ce métier libre[10] ; il leur était défendu de se charger de plus d'ouvrage qu'ils n'en pouvaient faire[11] ; les maîtres seuls, à l'exclusion des ouvriers et des étrangers au métier, pouvaient entreprendre du travail[12].

§ VI.

Maintenant que nous avons résumé les renseignements que nous fournissent les textes qui nous sont parvenus sur l'organisation de l'industrie et la condition des gens de métiers, nous allons passer en revue les principales industries de Saint-Omer

1. *Registre aux bans*, n° 673.
2. Ibid., n° 674.
3. Ibid., n°' 650, 651.
4. Ibid., n° 609.
5. Ibid., n° 729.
6. Ibid., n° 662.
7. Ibid., n° 212.
8. Pièces justificatives, LXXXVIII.
9. *Registre aux bans*, n° 183.
10. Ibid., n° 713.
11. Ibid., n°' 668, 698.
12. Ibid., n°' 565, 680.

et tout d'abord celles qui se rapportent à la plus importante du pays, à la draperie. Il y aurait quelque témérité de ma part à entreprendre de résoudre les questions de technique ancienne relatives à la draperie à l'aide des seuls documents provenant de Saint-Omer ; une pareille tentative exigerait l'étude comparée de tous les documents sur la matière qui nous sont parvenus, elle m'eût entraîné bien loin de mon sujet, et en outre je dois avouer que je n'ai pas eu le courage de faire un pas dans cette voie alors que je savais qu'un maître allait ne pas tarder à traiter toutes ces questions dans une *Histoire de la draperie* attendue depuis longtemps avec impatience. On me pardonnera donc de m'être contenté de coordonner et de résumer les principales dispositions des réglements de Saint-Omer sur la fabrication.

On a déjà vu que la laine arrivait sur le marché en toisons ou en sacs. Avant d'être utilisées par les fabricants, ces laines devaient être soumises à un certain nombre d'opérations préliminaires. Un grand nombre d'expressions de nos textes nous montrent bien qu'elles les subissaient — la plupart sont du reste indispensables à la fabrication, — mais l'absence de réglements sur ce sujet, le peu de renseignements sur les ouvriers qui s'y livraient, et quelques autres indices me conduisent à penser que c'était à la campagne qu'avaient lieu ces préparations. Ainsi la fréquente mention de laines lavées ou non nous montre que tout d'abord les laines étaient soumises au *lavage*, les prescriptions relatives aux saies et aux draps de *laine ointe*[1] indiquent qu'elles subissaient l'*ensimage,* c'est-à-dire qu'on les graissait. Enfin, le *peignage* était fait par des femmes et l'une des dispositions qui les mentionnent prouve que c'était à la campagne, puisqu'elle défend de les passer en bateau de Oudemonster à Saint-Omer[2]. Certaines laines étaient teintes avant d'être tissées, peut-être même avant d'être filées[3]. Les réglements sont absolument muets sur le *filage* des laines. Ils disent seulement que la laine filée exposée en vente doit être bonne et loyale[4], que celle dont on fait blanche saie doit être « tors envers »[5], et enfin ils proscrivent certains fils, qu'ils nomment « ieblecket » et « hiewet »[6], surtout celui qu'ils appellent le « fil de broke », qu'ils interdisent

---

1. *Registre aux bans*, nos 579, 591, 600, 601.
2. Ibid., nos 90, 545.
3. Ibid., n° 579.
4. Ibid., n° 626.
5. Ibid., n° 205.
6. Ibid., n° 546.

même d'introduire dans la ville[1], tout particulièrement lorsque c'est du « fil de broke d'Arras »[2].

Les prescriptions relatives au *tissage* sont plus nombreuses. Les tisserands devaient n'avoir pas plus de deux métiers, et lorsqu'ils en avaient deux, un seul pouvait être affecté au tissage des saies ; à l'autre on devait tisser, soit de grands draps, soit des « cauches »[3]. Il leur était défendu d'avoir un métier en lieu caché, dans une grange, dans un cellier ; ils devaient être « dedens « les iiii seeus de le maison et hors cambre » afin de pouvoir être facilement inspectés[4]. Les réglements les plus minutieux déterminent la fabrication : les tisserands sont responsables de la laine qu'ils emploient, ils doivent tisser à quatre navettes[5], et ne lancer qu'un seul fil à la fois[6] ; la qualité du fil, sa torsion, tant pour la trame que pour la chaîne, les dimensions en long et en large des pièces d'étoffe, tant sur le métier qu'après qu'elles ont passé aux lisses, sont déterminées suivant qu'il s'agit de blancs draps, ou de draps teints en laine, bleu drap, vert drap, brunete, drap rayé, camelins, bifes, estainforts, saies ou cauches[7]. Les pièces devaient être inspectées lorsqu'elles quittaient le métier[8], celles qui étaient « maisement tissue » étaient coupées en trois morceaux ; cependant, lorsque la malfaçon consistait seulement en quelques fils rompus, on ne condamnait le maître tisserand qu'à une amende de huit deniers pour moins de quatre fils et de douze deniers par chaque fil de plus ; l'ouvrier, dans les mêmes cas, payait quatre et six deniers[9]. D'autre part, comme certains défauts, principalement ceux qui résultaient de l'insuffisance des dimensions, pouvaient être corrigés lorsque la pièce passait aux lisses, si le tisserand s'engageait à « prendre l'aventure des liches sor lui », on ne déchirait pas la pièce, mais l'eswardeur se contentait de la marquer d'un signe particulier pour qu'elle pût être reconnue à l'examen qui avait lieu après le ramage[10]. Bien entendu, c'était le tisserand qui était responsable de ses fautes et il devait rem-

---

1. *Registre aux bans*, n°⁸ 389, 658.
2. Ibid., n° 611 n.
3. Ibid., n° 611 n.
4. Ibid., n°⁸ 182, 542, 660.
5. Ibid., n°⁸ 611, 612.
6. Ibid., n° 590.
7. Ibid., n°⁸ 588, 594, 601, 603, 623, 624, 625, 627, 629.
8. Ibid., n° 579.
9. Ibid., n° 590.
10. Ibid., n° 588.

bourser le marchand lorsque, pour infraction aux règlements, les pièces étaient brûlées ou déchirées. Après cette inspection relative au tissage, les pièces qui quittaient le métier du tisserand devaient encore subir une autre épreuve ; on les portait au poids, où l'on déchirait en trois celles qui pesaient moins du poids fixé ; en outre, le tisserand était condamné à trois sous et le drapier à deux sous d'amende[1] ; un règlement nous apprend que pour les faire peser davantage on les mouillait, qu'on y ajoutait du sable ou des cendres ; lorsque ces fraudes étaient découvertes, le drap était brûlé, le drapier était condamné à soixante sous d'amende et perdait son métier pendant an et jour[2].

Les pièces tissées, vérifiées et pesées, allaient ensuite chez les foulons qui leur faisaient subir deux opérations. La première était le *foulage :* les pièces étaient foulées dans une auge avec de la terre à foulon pour les dégraisser ; elles dégorgeaient ensuite dans l'eau courante, puis étaient refoulées avec de l'eau chaude et de la terre glaise. La terre à foulon se trouvait sur le territoire de la ville et plusieurs bans contiennent des dispositions relatives à son extraction[3]. Un tarif fixait, selon les saisons, les salaires des maîtres et des ouvriers foulons [4]. On foulait à Saint-Omer non-seulement les tissus faits dans la ville, mais encore les draps étrangers nommés « doves et couvertures, » pourvu qu'ils eussent une longueur de vingt-cinq aunes [5]. Après le foulage, les draps étaient de nouveau visités, mais ils ne pouvaient être déchirés que si deux marchands en donnaient les raisons[6]. Les foulons ne cessaient d'être responsables des pièces qu'ils avaient foulées que lorsqu'elles avaient quitté les mains des tondeurs pour aller dans les maisons des marchands ; jusqu'à ce moment on pouvait les poursuivre pour « saies malement foulées [7]. »

La seconde opération que les foulons faisaient subir aux pièces de draps était le *lainage :* avant que le drap fût sec on tirait le poil à la surface au moyen de chardons ; nombre de bans réglementent le commerce des chardons de foulons, dont les « roles » devaient être « aussi bons dedans que dehors, » contenir un nombre déterminé de têtes de chardons et être « rewardés » avant

---

1. *Registre aux bans*, n°ˢ 581, 588, 589.
2. Ibid., n° 579.
3. Ibid., n°ˢ 165, 308, 470, 525, 560, 662.
4. Ibid., n°ˢ 111, 662.
5. Ibid., n° 285.
6. Ibid., n° 612.
7. Ibid., n° 671.

d'être mis en vente[1]. C'est en chardonnant les draps que les foulons se procuraient les « flocons » de laine qu'ils vendaient ensuite hors de la ville, abus qu'un réglement cherche à réprimer[2].

Les draps foulés et lainés, on procédait à leur *ramage*, c'est-à-dire à leur tendage sur des *rames* ou *lisses*, opération qui avait pour but de donner à l'étoffe toute sa longueur et toute sa largeur; elle ne suivait pas toujours immédiatement le lainage et n'avait parfois lieu qu'après la teinture et la tondaison. Le « maître des lisses » ne pouvait mettre en lisse qu'aidé de quatre ouvriers[3]. Ils ne pouvaient tendre que lorsque les lisses étaient telles qu'on pût « bien et loiaument atourner[4], » devaient veiller à ce que la lisse fût aussi bien « laonnée » dessous que dessus[5]. Les lisses étaient situées soit en plein air, soit dans des étuves ; le ramage en étuve coûtait, d'après les tarifs, le double du ramage en plein air ; le tendage des grands draps coûtait le double de celui des autres pièces[6]. Les lisseurs ne devaient pas tendre en étuve plusieurs draps les uns devant les autres[7]. Avant d'être tendue, l'étoffe était naturellement mouillée ; il était interdit aux lisseurs de garder chez eux du drap mouillé plus d'une nuit lorsqu'ils avaient des lisses vides, et en aucun cas plus de deux nuits[8]. Plusieurs bans déterminent les dimensions que les différents draps devaient avoir en *lames*, c'est-à-dire montés sur les lisses[9]. Les lisseurs n'étaient pas payés lorsque les pièces n'atteignaient pas les dimensions voulues et il leur était défendu de les leur faire avoir par force[10]. Lorsque le drap rompait aux lisses, on devait en vendre les morceaux sans qu'il fût permis au « sarchières » de les assembler[11] ; lorsqu'il rompait deux fois il devait dix sous d'amende[12]. Le difficile en ce cas devait être d'établir les responsabilités respectives du tisserand, du foulon, du teinturier, du tondeur ou du lisseur « par qui le défaut fus, » que les règlements cités plus haut rendaient

---

1. *Registre aux bans*, n°˚ 331 et 761 à 764.
2. Ibid., n° 521.
3. Ibid., n° 637.
4. Ibid., n° 649.
5. Ibid., n° 638.
6. Ibid., n° 254, 644.
7. Ibid., n° 643.
8. Ibid., n°˚ 278, 635.
9. Ibid., n°˚ 596, 598, 599, 600.
10. Ibid., n°˚ 634, 640.
11. Ibid., n°˚ 631, 632. Cf. 153, 298.
12. Ibid., n° 630.

responsables vis-à-vis du propriétaire du drap. Pour ôter le drap des lisses, il fallait d'abord attendre qu'il fût bien sec [1]; en outre, on ne pouvait l'enlever qu'après qu'il avait été visité et en présence des rewardeurs ou du moins de leur sergent; cependant, un règlement autorisait les lisseurs à détendre, avant cette formalité, les draps ramés en étuve, à condition toutefois de les garder chez eux jusqu'après la visite des rewardeurs [2]. Ensuite de cette inspection les saies déclarées insuffisantes étaient brûlées ou déchirées, le maître ou l'ouvrier déclaré coupable de la malfaçon payait une amende et devait des réparations à tous ceux qui étaient en droit de l'exiger.

La *tondaison* était la quatrième opération qu'avait à subir le drap, elle précédait généralement la teinture. Les draps ne pouvaient sortir de la ville avant d'avoir été tondus et ramés [3]. Un tarif fixait le salaire des tondeurs comme ceux des autres membres des métiers de la draperie [4]. Chaque tondeur ne pouvait prendre à la fois à tondre plus de quatre « torseaux » de draps [5]. Ils devaient tondre bien et loyaument, à l'endroit et à l'envers, à l'intérieur comme sur les bords de la pièce [6], ne devaient pas se servir de forces à dents [7], et ne tondre que des draps bien secs [8]. Lorsque les keuriers trouvaient chez un tondeur du drap mal séché aux lisses, ils pouvaient frapper le lisseur d'une amende de douze deniers [9]. Tout drap qui sortait de chez le tondeur pour aller chez le teinturier, devait être préalablement bien « estrikié [10] »; lorsque le drap était teint il retournait chez le tondeur qui l'appareillait de nouveau, c'est-à-dire l'éventait, l'aspergeait, le pliait, mais auparavant devait encore une fois le faire visiter par les keuriers [11]; c'est après cela que les *loieres* ou emballeurs en formaient des *torseaux* [12].

Il n'est pas beaucoup question dans les règlements des *teinturiers*, qui ne faisaient pas partie du métier de la draperie et qui

---

1. *Registre aux bans*, n° 642.
2. Ibid., n°˚ 552, 553, 611, 633.
3. Ibid., n°˚ 276, 686.
4. Ibid., n°˚ 111, 688, 695, 696.
5. Ibid., n° 699.
6. Ibid., n°˚ 461, 679.
7. Ibid., n° 701.
8. Ibid., n° 697.
9. Ibid., n° 702.
10. Ibid., n°˚ 684, 692, 694.
11. Ibid., n°˚ 688, 691.
12. Ibid., n°˚ 405, 406, 451, 452.

ne teignaient pas seulement des draps ; ils devaient cependant constituer une industrie importante puisque aucune saie non teinte ne devait quitter la ville [1], et qu'il était défendu de faire teindre hors de Saint-Omer [2]. Les bourgeois et même les étrangers achetaient très-souvent le drap non teint et l'envoyaient plus tard à la teinture ; un article des règlements interdisait au drapier d'envoyer directement son drap au teinturier [3].

Il était défendu aux teinturiers de teindre des draps en même temps que des fils et des laines [4]. Les seules teintures qui soient mentionnées dans nos documents sont la teinture en graine [5], et la teinture en garance. La garance, qui se récoltait dans le pays, se vendait « en la maison d'encosté le pont de pierre [6]. » L'alun était employé comme mordant, les règlements distinguent le blanc et le vermeil, et aussi ceux qu'ils nomment « Biset, Castille, « Bougie ; » il était défendu de les mélanger ; pour mettre l'alun dans sa cuve, le teinturier devait requérir la présence de deux marchands et d'un autre teinturier [7]. Quand une teinture avait été manquée, il était interdit de replonger le drap une seconde fois pour essayer de « l'amender de teinture, » il devait être déchiré, et le teinturier payait une amende de cinq sous de tournois [8].

Nous avons dit ailleurs comment se faisait le commerce des draps après la dernière vérification qui avait lieu au caltre, ajoutons seulement que chaque drapier était tenu d'exporter chaque année, après la Saint-Michel, au moins un trousseau de saies et draps [9] ; chaque trousseau ne pouvait contenir qu'un grand drap [10].

On voit quelles précautions étaient prises pour maintenir la fabrication de Saint-Omer « bone et loiale, » quel contrôle continuel suivait le drap depuis le métier du tisserand jusqu'à la cuve du teinturier ; cette réglementation minutieuse et cette surveillance excessive devaient avoir pour sanction les peines les plus sévères contre la contrefaçon. Dès le xiiie siècle, tout homme de métier « qui touche à la draperie » qui était allé hors de la ville pour

1. *Registre aux bans*, n° 582.
2. Ibid., n° 471.
3. Ibid., n°ˢ 579, 580.
4. Ibid., n° 388.
5. Ibid., n° 567.
6. Ibid., n°ˢ 374, 375.
7. Ibid., n°ˢ 173, 342, 386.
8. Ibid., n°ˢ 342, 588.
9. Ibid., n° 614, n.
10. Ibid., n° 619.

en contrefaire la fabrication ne pouvait plus travailler dans la ville ni y rentrer [1]. Sur la fin du XIIIe siècle et au XIVe surtout, la draperie des villages fit une grande concurrence à celle de Saint-Omer ; chassés de la ville par les conditions de la vie qui y devenaient plus difficiles, nombre d'ouvriers établirent des métiers dans la campagne, et naturellement, pour faire participer leurs tissus à la réputation de ceux de Saint-Omer, non-seulement ils imitèrent les procédés qui y étaient en usage, mais surtout ils contrefirent « les marques et enseignes » de ses fabriques.

La ville leur fit une rude guerre dont on peut suivre les différentes phases dans les documents que les archives de Saint-Omer nous ont conservés[2] ; à diverses reprises, elle put faire proscrire toute draperie dans les villages. Avec l'un d'eux surtout, la lutte fut longue et acharnée. Aux portes mêmes de Saint-Omer, dans le village d'Arques, possession de l'abbaye de Saint-Bertin, s'était établie toute une colonie de drapiers. La querelle qui s'engagea à leur sujet entre l'abbaye et la ville mériterait d'être racontée avec détails. Aux exécutions de jugements qui ordonnaient que le drap contrefait serait pendu à un gibet et brûlé ensuite, sans préjudice des peines prononcées contre les délinquants, succédaient de véritables expéditions guerrières contre la draperie d'Arques. Un accord entre la ville et l'abbaye, du 12 janvier 1384-1385, raconte qu'un jour les gens de métiers de Saint-Omer, armés, conduits par les officiers de la ville, se dirigèrent sur le village d'Arques, « et là par violence, hors de leur banlieue et justice, « rompirent et despecièrent tous les mestiers, lisses, polies et « autres ostils convenables à faire et labourer draps, tant ceux « desdits religieux comme de leurs ostes et subgés, et aucuns « draps apparaulx et filets qu'ils trouvèrent et firent aucuns « autres excès. » La ville dut cette fois faire amende honorable à l'abbaye, reconnaître que celle-ci était « en saisine de tenir les « habitants desdits lieux (d'Arques) en franchise, de avoir et « faire tous mestiers, ouvrages et estalz de drapperie et d'autres « mestiers quelconques, » et convenir d'une procédure particulière pour arriver à réprimer la contrefaçon des « seing et « marque » de la ville [3].

1. *Registre aux bans*, n° 128.
2. *Archives municip.*, CXXXIV, n° 1 à 6. — *Analyse et extraits d'un registre des archives de Saint-Omer*, n°⁵ 73, 85, 86, 87.
3. *Archives municip., Gros Registre du Greffe*, f° 32. — Voici comment les magistrats de Saint-Omer justifiaient leur conduite dans l'expédition d'Arques : « En la ville d'Arques, ville non close ni fermée, située à demie

Mais dans l'étendue de sa justice on continua à proscrire complètement la fabrication, à faire défense « par cri public, à tous « les habitans des villes champêtres de la banlieue et chatellenye « de Saint-Omer, de s'entremettre de faire aucune draperie, » à faire enlever les métiers qu'on y trouvait et à les brûler publiquement[1].

Toutes ces rigueurs, que chaque ville drapante exerçait, comme Saint-Omer, contre les fabricants de sa banlieue, ne pouvaient avoir pour conséquence de faire rentrer dans les villes les ouvriers ; elles réussirent à détruire les manufactures des villages, mais ce fut au profit de la fabrique anglaise où les ouvriers allèrent porter les procédés flamands et achever de naturaliser une industrie pour laquelle l'Angleterre avait été jusqu'alors tributaire du continent.

§ VII.

Il nous est resté quelques renseignements sur d'autres étoffes tissées qui se fabriquaient à Saint-Omer au moyen-âge. Nous allons rapidement les passer en revue. Nous avons une keure des *tisserands des tapis*[2] ; mais elle ne contient pas d'indications sur la nature des tapis qu'ils fabriquaient. Nous y voyons qu'un maître ne pouvait avoir plus de quatre métiers, qu'il devait n'avoir qu'une seule marque de fabrique[3], qu'il ne pouvait faire œuvre de ses mains pendant plus de dix ans et dix jours, que l'apprentissage durait quatre ans. Un seul article a trait à la technique du métier, il prescrit d'abord de ne pas mêler le fil de poil avec le fil de laine, mais de faire le tapis tout de l'un ou tout de l'autre, détermine les dimensions de l'*œuvre de toie* et des

« lieue de Saint-Omer, ès parties vers Flandres, estoient venus soudaine-
« ment plusieurs tistrans et foulons, conspirateurs bannys de Flandres,
« qui faisoient certaines assemblées et conventicules secrés et avoient
« intention de attraire aveuc eulx aucuns tistrans et aultres du commun
« de Saint-Aumer pour faire commocion et sedicion en la ville, si comme
« il fu relaté as dessusdis bailli, maieurs et eschevins par aucuns dignes
« de foy et que depuis fu detegiet et cogneu par aucuns de ces coulpa-
« bles qui pour ce furent exécuté à mort par leur connoissance sur ce
« faicte. Et pour obvier as grans perilz et inconveniens qui, pour assam-
« blée desdis bannis se peussent avoir ensievy, alèrent et firent lidit de
« la ville, ce que par eulx fu fait, ne mie tant, ne par telle manière que
« fu contenu en ladicte complainte desdis religieux. » (Ibid.)

1. *Archives municip.*, CXXXIV, n° 7.
2. *Registre aux bans*, n°ˢ 755 à 760.
3. Ibid., n° 267.

pavios; j'ai dû renoncer à expliquer la dernière partie de cet article[1].

Les *tisserands des mollequiniers*, dont nous possédons la keure[2], se nommaient à Paris *tisserands de couvre-chefs de soie*[3]; les *mollequins* qu'ils fabriquaient étaient, en effet, un léger tissu de soie qui servait à faire les voiles dont les femmes se coiffaient alors, voiles qui avaient pris le nom de l'étoffe qui servait à les confectionner[4]. Les prescriptions de leur keure contiennent un grand nombre de termes techniques qu'il ne m'a pas été possible d'expliquer tous; je me garderai bien dès lors d'essayer d'analyser ces dispositions et je me contente de renvoyer au texte que j'en publie ceux que peuvent tenter ces problèmes délicats. Comme les autres tissus fabriqués dans la ville, les mollequins devaient porter l'enseigne des tisserands et l'enseigne de la ville; ceux qui venaient du dehors devaient, avant d'être mis en vente, être examinés par les keuriers du métier.

Les *feutriers* fabriquaient des feutres pour la *sarpellie*[5]. Les feutres devaient être de « bonne bourre; » on en faisait de jaunes avec les « tondures, » mais il était interdit d'en faire « de poil, ne « de cotons, ne de polot. » Les réglements mentionnent le grand feutre et le feutre étroit. Il était interdit d'y mettre de la chaux. Les keuriers examinaient les feutres avant la vente, lorsqu'ils étaient encore chez le teinturier.

Les *caucheteurs* étaient les fabricants de *cauches*, c'est-à-dire de bas, qui alors montaient jusqu'à mi-cuisse. Les réglements nous montrent qu'ils se faisaient toujours en saie noire; la vente de ceux de bourre était interdite[6]. Toutes les chausses vendues dans la ville devaient être faites exclusivement avec du drap de la ville[7], elles devaient être de bonne étoffe et d'une seule pièce[8].

---

1. *Registre aux bans*, n° 755.
2. Ibid., n°ˢ 708 à 728.
3. *Livre des métiers*, tit. XLIV.
4. Voy. dans le *Lai du trot* la mention de quatre-vingts jeunes filles qui
   « Totes estoient desfublées
   Ensi sans moelekins estoient
   Mais capeaus de roses avoient. »

(Ed. Monmerqué et Fr. Michel, p. 74. — Cf. la mention des molequiniers d'Amiens dans les *Monuments de l'histoire du Tiers Etat*, t. II, pp. 490, 493.)

5. Keure des feutriers, *Registre aux bans*, 732 à 745.
6. Ibid., n° 412.
7. Ibid., n° 706.
8. Ibid., n°ˢ 146, 705, 707, n.

Les chausses se vendaient, les jours de marché, dans une halle spéciale nommée Halle de Jean de Boulogne[1], où chaque caucheteur devait avoir son étal et devait le tenir lui-même[2]. Les chausses destinées à l'exportation devaient être examinées par les keuriers avant d'être emballées[3]. Les chaussetiers dont nous parlons se nommaient *caucheteurs de nouvel drap*, par opposition aux *caucheteurs de vies draps*, qui ne faisaient de chausses qu'avec de vieux draps. Ceux-ci, auxquels le commerce des chausses neuves était interdit, avaient leurs étaux dans la halle des *Viesiers*. L'exportation des chausses de vieux draps était interdite.

Les industries du cuir sont représentées dans nos réglements, par des bans relatifs aux tanneurs et aux cordonniers. La keure des tanneurs interdit aux tanneurs de faire des chaussures[4], leur défend de vendre du cuir au détail ailleurs qu'à la halle[5], prescrit de ne vendre que du cuir tanné à trois ou quatre tans selon qu'il est destiné aux houseaux, aux empeignes, aux harnais ou aux semelles[6]. Avant d'être mis en vente, le cuir tanné devait être examiné par les keuriers, et celui qui était mal tanné ou avait été préparé avec trop de chaux était « lardé » de façon à ne pouvoir plus être vendu[7]. Le cuir tanné étranger ne pouvait être vendu à Saint-Omer que s'il provenait d'une ville de loi où l'industrie de la tannerie avait une keure[8]; dans tous les cas il devait être inspecté par les keuriers avant d'être exposé en vente ou mis en œuvre[9].

Les fabricants de chaussures composaient un métier qui se subdivisait en *cordonniers, sures* et *savetiers ;* les cordonniers semblent avoir fait spécialement la chaussure de luxe, de cordouan et de basane ; les sures, la chaussure ordinaire, en peau de vache ; il est inutile de préciser l'acception du mot savetier, qui s'est conservée. Les dispositions générales à ces trois catégories leur interdisent de tanner le cuir, disposent que les chaussures ne doivent se vendre qu'à la halle[10], défendent de faire semelle dou-

---

1. *Registre aux bans*, nos 194, 704.
2. Ibid., n° 413.
3. Ibid., n° 707, n.
4. Ibid., n° 464.
5. Ibid., n° 482.
6. Ibid., nos 109, 144, 746, 747, 748.
7. Ibid., nos 749 à 752.
8. Ibid., n° 754.
9. Ibid., n° 753.
10. Ibid., nos 464, 491.

blée, de graisser le cuir ailleurs qu'aux courroies, et établissent qu'on détruira les souliers « fendant en le semele[1]. » Les cordonniers doivent ne pas mêler ensemble le cordouan et la basane, n'employer d'autre cuir que pour les semelles et ne pas faire de chaussures de basane plus longues de sept pouces[2]. Les sures devaient n'avoir qu'un étal, et ne pas faire d'étalage hors de la halle dans les rues[3].

Les *selliers* ne semblent pas avoir eu un réglement particulier, quoiqu'ils aient formé un corps de métier, puisque leurs deux keuriers figurent dans les listes du renouvellement de la loi ; ils ne paraissent pas non plus avoir formé à Saint-Omer, comme ailleurs, un seul corps avec les *lormiers*, faiseurs de mors et de freins, auxquels nos réglements interdisent d'avoir sur la rue des ouvertures par lesquelles leur lumière pût gêner les passants, et défendent le travail de nuit[4].

A la suite de ces corps de métiers nous ne citerons que pour mémoire plusieurs autres industries de l'habillement dont nous ne connaissons l'existence à Saint-Omer que parce que leurs officiers sont mentionnés dans les *Registres au renouvellement de la loi*, ce sont les *pourpointiers*, les *gantiers*, les *fourreurs*, les *escuciers*, et les marchands de linge, toile et canevas. Enfin nous devons mentionner les *viesiers* et les *fripiers* dont nous ne saurions distinguer les industries bien que nous possédions les keuren des uns et des autres rédigées au commencement du xive siècle[5].

§ VIII.

Les réglements relatifs aux industries de l'alimentation sont assez nombreux. C'est par les dispositions relatives au pain que s'ouvre le *Registre aux bans*. Un certain nombre concernent le commerce du blé que surveillaient huit eswardeurs. Le blé devait être aussi bon dessous que dessus ; avant d'être vendu il devait être eswardé et qui l'achetait avant cette inspection ne pouvait plus avoir de recours contre son vendeur pour la qualité de la marchandise[6]. Le courtage des blés était interdit[7] ; divers régle-

---

1. *Registre aux bans*, n°* 807, 810.
2. Ibid., n°* 107 à 109, 476.
3. Ibid., n° 339.
4. Ibid., n°* 213, 325, 543.
5. Pièces justificatives, LXXXIX et XCI.
6. *Registre aux bans*, n°* 4, 5, 6, 15.
7. Ibid., n°* 1, 2, 9, 12.

ments ont pour but d'empêcher toute spéculation sur les grains[1].

Nous avons parlé ailleurs des obligations de banalité auxquelles les habitants furent soumis, nous n'y reviendrons pas. A la fin du XIIIe siècle, ces obligations n'existaient plus et les bourgeois portaient leur grain à moudre chez des meuniers de la banlieue, qui, pour salaire, prélevaient une certaine quantité du grain moulu ; s'il avait été constaté qu'un meunier se servait pour cela de fausse mesure, son moulin était interdit aux habitants de la ville sous peine de soixante sous d'amende[2].

Les boulangers, les aubergistes et les échevins avaient seuls le droit de four, les autres habitants devaient porter leurs pains chez les *fourniers* ; ceux-ci ne pouvaient enfourner d'autre pain que celui qui avait les dimensions voulues par les réglements. Les aubergistes devaient étaler à leurs fenêtres le pain qu'ils cuisaient pour leurs hôtes afin que les keuriers du pain pussent vérifier s'il était « bon et loial[3]. » Les *boulangers* tenaient étal dans la halle au pain ; le pain qu'ils vendaient était, bien entendu, soumis à des réglements et à une taxe ; l'une de ces taxes, de la fin du XIIIe siècle, nous est parvenue[4].

La viande était abattue, débitée et vendue par les *bouchers* et les *machecliers*. Il semble d'après les réglements que les bouchers ne vendaient que du mouton[5] ; les machecliers, qu'on a l'habitude de rapprocher de nos charcutiers, vendaient en effet surtout la chair de porc, mais achetaient et vendaient aussi des veaux et des bœufs[6] ; il semble même probable qu'ils avaient des tendances à étendre encore leur commerce, puisque les réglements leur interdisent la vente du poisson[7].

Les keuriers des viandes visitaient les animaux sur pieds avant qu'ils fussent abattus, et les viandes débitées avant qu'elles fussent mises en vente. Des rewardeurs spéciaux surveillaient la vente des porcs ; on ne pouvait les dépecer après les avoir échaudés que s'ils avaient été examinés par eux. Leur mission était surtout d'empêcher la vente en temps prohibé, de veiller à ce que la viande de porc ne passât pas en été plus de deux jours à l'étalage, etc.[8].

---

1. *Registre aux bans*, nos 10, 11, 13, 14, 16.
2. Ibid., nos 197, 198.
3. Ibid., nos 7, 8, 333.
4. Pièces justificatives, LXXXVII.
5. *Registre aux bans*, nos 345, 415.
6. Ibid., nos 307, 416.
7. Ibid., n° 58. — 8. Ibid., 47 à 58, 256.

Les machecliers tenaient étal dans l'ancienne halle au pain ; ils ne pouvaient faire le commerce ailleurs, leurs femmes ne pouvaient les y remplacer ; il leur était interdit d'avoir à côté de leur étal une fosse, de l'eau et un cellier pour serrer leur viande[1]. Les bans leur défendent d'abattre les truies qui portent ou peuvent porter, de conserver des bêtes vivantes pendant plus de trois jours, de faire le commerce entre eux[2]. Il semble qu'à Saint-Omer au moyen-âge on élevait beaucoup de porcs. Soit pour obliger à leur mettre des anneaux dans le nez, ou à les faire accompagner, soit pour défendre de les laisser errer, ou en interdire l'élevage à certaines professions, les règlements en parlent souvent ; ils mentionnent spécialement ceux des boulangers, des brasseurs, des barbiers, des forgerons, des maréchaux, etc.[3].

On a d'autant plus tort d'assimiler les machecliers aux charcutiers qu'une partie de l'industrie de ceux-ci était exercée au moyen-âge par les *vendeurs de viandes cuites*[4], dont il faut rapprocher les *tripiers*[5] et les *marchands de moutarde et de sauce verte*[6].

Les *pouletiers* vendaient, dans l'ancienne halle au pain ou entre la halle et le Vaskestratekin, des volailles et du gibier : poulets, oies, lapins, lièvres, etc., qu'ils achetaient eux-mêmes le samedi[7].

Nous avons déjà parlé des boissons à propos du commerce du vin et de la police des auberges et des tavernes ; il ne nous est pas parvenu de règlements relatifs aux brasseurs, nous voyons seulement qu'ils devaient ne faire l'ale qu'avec du blé, de l'avoine et de l'orge, que la goudale se vendait un denier, et enfin nous rencontrons une défense de faire brasser l'espèce de cervoise qu'on nommait « caritei[8]. »

§ IX.

Le registre aux bans est très-pauvre en ce qui concerne les industries du bâtiment ; on n'y trouve guère que des mentions qu'il

---

1. *Registre aux bans*, n°ˢ 52, 399, 417, 433, 434.
2. Ibid., n°ˢ 295, 311, 334.
3. Ibid., n°ˢ 156, 335, 368, 428, 455.
4. Ibid., n° 210.
5. Ibid., n° 359.
6. Ibid., n° 353.
7. Ibid., n°ˢ 59 à 61, 220, 382, 467, 479.
8. Ibid., n°ˢ 167, 195, 392.

est assez inutile de relever pour savoir qu'elles existaient; les quelques dispositions isolées qu'il contient sont sans grand intérêt: les couvreurs de tuile doivent avoir deux échelles[1], les tuiliers ne doivent pas faire sécher leurs tuiles dans l'enceinte[2]; leurs tuiles doivent être marquées de leur *enseigne* et avoir les dimensions déterminées par les réglements[3]; l'indication la plus intéressante est celle qui fixe à un maximum de dix deniers le prix de la journée des « plakieres et faisieres de murs de terre[4]. »

Nous terminons cette revue de l'industrie de Saint-Omer par l'analyse d'un certain nombre de bans concernant quelques métiers qu'on ne saurait faire entrer dans les catégories précédentes et pour lesquels il ne nous est pas parvenu de keuren.

Les *barbiers* devaient avoir une échoppe avec un bassin pour enseigne, pour le prix d'une barbe ou d'une saignée ils devaient prendre au moins une maille, il leur était interdit de crier leur industrie par les rues et d'aller dans les maisons sans y être appelés[5].

On sait par le *Dit d'un mercier* quelle variété extraordinaire d'objets se trouvaient dans les boutiques de mercerie[6]; les dispositions relatives à ce métier qui se trouvent dans le *Registre aux bans* de Saint-Omer ne démentent pas l'opinion qu'en peut donner le boniment de sept pages que débite, dans ce petit poëme, le mercier parisien. Outre la mercerie, la coutellerie, les bourses et le reste, on les voit vendre encore de la cire et des épices. Ils avaient une halle particulière, et c'est là seulement que les jours de marché ils pouvaient étaler et vendre[7].

Les *potiers*, qui, comme les tuiliers, devaient faire sécher les produits de leur industrie hors de la ville, paraissent avoir connu les couvertes de plomb pour la poterie, car c'est à cela vraisemblablement qu'ils pouvaient utiliser le plomb de gouttière que les réglements leur interdisent d'acheter sans s'enquérir de sa provenance[8].

Les *cuveliers* paraissent plutôt avoir été employés à soigner et à réparer les tonneaux qu'à en fabriquer. Ils étaient condamnés

---

1. *Registre aux bans*, n° 524.
2. Ibid., n° 134.
3. Ibid., n° 457.
4. Ibid., n° 212.
5. Ibid., n°° 258, 332.
6. Dans les *Proverbes et dictons populaires*. Paris 1831.
7. *Registre aux bans*, n°° 218, 238, 343, 583.
8. Ibid., n°° 134, 168.

à une amende de six sous lorsque, appelés pour un tonneau qui fuyait, ils tardaient à s'y rendre ; il leur était défendu de remettre un fond à un tonneau qui avait contenu du vin vendu au détail, ou d'arranger les barres d'un tonneau pour tromper sur sa provenance[1].

A côté d'eux il faut placer les *faiseurs de cercles* qui ne devaient pas en faire en bois vert[2], et les *tailleurs de bresil*, bois de teinture que l'on tirait de l'Inde et dont on faisait des barils. Les tailleurs de bresil ne travaillaient pas à leur compte, mais dans les maisons des bourgeois qui devaient acheter le bois entier « bon et loial », et le faire tailler chez eux ; l'importation et la vente dans la ville de « futaille de bresil » étaient interdites[3].

A la suite de tous ces métiers il faut citer encore les charrons, les hugiers, les chandeliers, les forgerons et les maréchaux dont les documents que nous avons connus contiennent seulement la mention[4].

Si longue et si fastidieuse que soit l'analyse des réglements des métiers de Saint-Omer que nous venons de faire, elle ne donne point encore l'idée de l'excès de réglementation désordonnée où étaient tombés à ce moment les échevins et les officiers des corps de métier. Pour ne pas abuser outre mesure de la patience du lecteur, pour ne pas allonger encore un travail déjà trop long, force nous a été de ne donner de tous ces réglements que de brèves analyses, de ne tirer de chacun que quelques indications essentielles ; pour ne pas nous répéter nous avons aussi dû abstraire de chaque keure les dispositions qui sont constamment reproduites dans chacune; enfin, nous avons dû coordonner toutes ces dispositions, ce que les anciens administrateurs s'étaient bien rarement préoccupés de faire. Si tout cela était nécessaire pour esquisser un tableau des métiers de Saint-Omer au moyen-âge, il n'en est pas moins vrai que cela change absolument la physionomie de l'ensemble des réglements telle qu'on la trouve dans le *Keureboek* ou *Registre aux bans;* c'est là qu'il faut les lire pour se rendre compte de la manière dont ils étaient faits, pour s'expliquer comment cette législation si minutieuse, si pointilleuse, présente d'énormes lacunes, pourquoi la même keure qui descend dans les

---

1. *Registre aux bans*, n°ˢ 46, 88, 161.
2. Ibid., n° 370.
3. Ibid., n°˙ 200, 402, 462, 529.
4. Ibid., n°˙ 135, 326, 380, 518.

détails les plus puérils omet les points principaux : chaque disposition avait pour but de réformer un abus, de maintenir en vigueur un usage qui tombait en désuétude, de rétablir une coutume perdue ; tout cela s'écrivait au fur et à mesure, s'ajoutait aux anciens réglements et à la coutume non écrite, et finissait par composer ces *keuren*, où manquent tout principe, toute idée générale, où les dispositions, souvent contradictoires, sont juxtaposées et non classées. De tout cela mon analyse ne pouvait donner la moindre idée, puisque, pour introduire dans le sujet quelque clarté et quelque précision, je devais chercher à classer, à généraliser, voire suppléer à certaines lacunes. La conclusion, c'est que pour juger cette réglementation de l'industrie il ne faut pas s'en tenir aux quelques pages que je lui ai consacrées, mais recourir au texte même des réglements que je publie, et ceci est la transition naturelle entre mon exposé et les pièces justificatives qui le suivent. J'ajoute que dans ces documents et particulièrement dans les keuren qui terminent le volume, nombre de dispositions relatives aux procédés de l'industrie du moyen-âge sont restées sans explication pour mon ignorance ; c'est par la comparaison avec d'autres textes et par la connaissance des objets dont il est question que l'on peut espérer résoudre ces petits problèmes philologiques et technologiques ; je suis contraint de les abandonner à de plus érudits.

PIÈCES JUSTIFICATIVES

I

CHARTES

I.

1042-1043, 1ᵉʳ mars.

Echange entre Roderic, abbé de Saint-Bertin, et Baudouin, prévôt de Saint-Omer.

In nomine sanctae et individuae trinitatis, Rodericus Christi favente clementia abbas coenobii Sancti Bertini. Notum sit omnibus tam praesentibus quam et futuris quod ego atque Balduinus prepositus ecclesiae sanctae Dei genitricis semperque virginis Mariae et sancti Audomari pontificis, de rebus ecclesiarum nostrarum, unam inter nos commutationem fecimus, quam etiam, ne lateret posteros, memoria litterali firmare volumus ; praefato namque praeposito, ejusdem rogatu et marchionis nostri Balduini jussu, terram quamdam intra ambitum hujus castelli, in qua ecclesiam parrochialem construeret, annuimus, pro qua in cambio tantumdem terrae similiter intra castellum sitam ab eodem praeposito recepimus, de qua annalis exit census IIII denarii et obolus, quem censum eo tempore solverunt Sigerus et Mantelus. Quam commutationem ne qua fraudari possit calliditate seu dolositate, sed ut stabilis permaneret, ut jam dictum est, studuimus litteris firmare, testibus adhibitis quorum nomina subscribimus pro astipulatione. Ego Rodericus gratia Dei abbas hanc commutationem feci et cartam hanc scribere jussi et signum meum supposui. † Leduini decani et monachi, † Bovonis monachi, † Suanini monachi, † Raineri monachi, † Gerbodonis monachi, †domni Drogonis episcopi, †Hucberti archidiaconi, † Balduini prepositi, † Gunfridi canonici, † Sechardi clerici, † Alberti canonici, † Vualdonis canonici, † Goteri canonici, † Nordberti canonici, † Odberti canonici, †Gerbodonis advocati, †Landberti castellani, † Baldulfi, †Gozelini, † Hezelini, †Regenmari telonearii, † Landberti qui suis sumptibus prefatam ecclesiam construxit, † Adelelmi. Actum est autem hoc puplice in claustro patris Bertini, anno incarnati verbi MXLII, indictione X, Kalendis Martii feria II primae ebdomadae, anno quoque regni Henrici regis Francorum XII et dominicatus Balduini marchionis VII. — Ego Rainerus humilis sacerdos et monachus jussus, scripsi et subscripsi.

(*Grand. cartul. de Saint-Bertin*, t. I., p. 95, *ex originali*.)

II.

V. 1117[1].

Baudouin, comte de Flandre et avoué, confirme à l'abbaye de Saint-Bertin ses possessions et spécialement le tonlieu de Saint-Omer, le village de Houlle et la terre de Rodelinghem.

In nomine patris et filii et spiritus sancti amen. Ego Balduinus, Dei misericordia Flandrensium comes et advocatus, deliberans in animo meo, me propter scelerum meorum enormitatem, a Deo juste flagellari et paterne castigari, maxime quod ecclesiis sanctorum, quarum defensor a Domino constitutus sum, debitum honorem non impendi nec eas iniquorum injuriis afflictos recte defendi, episcoporum, abbatum, religiosorum virorum, quos ad me visitandum Dei bonitas invitavit, usus consilio, ad penitentie condigne medelam et catholice confessionis asylum tota mente confugio; statuens et tam in presentia laicorum quam etiam clericorum decernens, ut, inter cetera que in terra nostra mea, ob salutem

---

1. La date de 1117 donnée par le cartulaire de Simon est d'une écriture du XVI° s., D. de Witte date cette pièce d'environ 1116.

anime mee emendari et in melius reformari desidero ecclesie sancte quam predecessorum meorum sublimitas fundavit bonisque suis ampliavit sua omnia in pace ampliori per me possideant. Unde precipio et precipiendo postulo ut specialiter ecclesie sanctorum confessorum Audomari atque Bertini, quo videlicet in loco requiem meam in Christo elegi, ubique in terra mea res suas tranquillas habeant. Teloneum vero suum quod per annos xxx[a] et eo amplius possederunt, unde et injurias multas a burgensibus suis nostro tempore sustinuerunt, libere deinceps et sine calumpniatoris offensa sicut antiquitus, possideant. Donationem etiam ville de Honela a Hunroco comite jamdudum factam eidem ecclesie confirmo. Terram etiam de Rolingehem, quam Arnoldus senior de Arda, et filius suus Arnoldus post eum, ecclesie sancti Bertini tradiderunt, ego, quia ad feodum meum pertinet, prefate ecclesie possidendam concedo. Hujus rei testes : Johannes Morinorum episcopus, Balduinus, presbyter et capellanus, Frodulfus, castellanus Bergensis, Amalricus conestabulus, Gerardus camerarius, Haimericus Casletensis.

Signum Balduini comitis filii Roberti [1].

Datum anno M CXVII [2].

(*Grand Cartul. de Saint-Bertin*, t. I, p. 180, *ex originali* [3].
Impr. Guérard, *Cartul. de Saint-Bertin*, p. 257, et Malbrancq, *de Morinis*, III, 105.)

III.

1127, 14 avril.

Priviléges et franchises concédés à la ville de Saint-Omer par Guillaume, comte des Flamands.

Ego Guillelmus, Dei gratia Flandrensium comes, petitioni burgensium Sancti Audomari contraire nolens, pro eo maxime quia meam de consulatu Flandriae petitionem libenti animo receperunt et quia honestius et fidelius coeteris Flandrensibus erga me semper se habuerunt, lagas [4] seu consuetudines subscriptas perpetuo eis jure concedo et ratas permanere praecipio.

---

1. Cette souscription du comte n'est pas dans la copie faite d'après l'original.
2. Écriture du XVIe siècle, dans le cartul. de Simon.
3. Le grand cartulaire de Dom de Witte dont nous avons suivi le texte, présente, d'après l'original, quelques différences avec le texte de Simon.
4. Mot saxon : *lag;* angl. *law.* Voy. Grimm, *Deutsche Rechts Alterthümer*,

1. Primo quidem, ut erga unumquemque hominem, pacem eis faciam et eos sicut homines meos, sine malo ingenio, manuteneam et defendam, rectumque judicium scabinorum erga unumquemque hominem et erga me ipsum eis fieri concedam ; ipsisque scabinis libertatem, qualem melius habent scabini terrae meae, constituam.

2. Si quis burgensium Sancti Audomari alicui pecuniam suam crediderit, et ille cui credita est, coram legitimis hominibus et in villa sua hereditariis, sponte concesserit, quod si, die constituta, pecuniam non persolverit, ipse vel bona ejus, donec omnia reddat, retineantur ; si persolvere noluerit aut si negaverit hanc conventionem et testimonio duorum scabinorum vel duorum juratorum inde convictus fuerit, donec debitum solvat, retineatur.

3. Si quis de jure christianitatis ab aliquo interpellatus fuerit, de villa Sancti Audomari alias, pro justitia exequenda, non exeat ; sed in eadem villa, coram episcopo vel ejus archidiacono, vel suo presbytero, quod justum est, clericorum scabinorumque judicio exequatur ; nec respondeat alicui, nisi tribus de causis ; videlicet de infractura ecclesiae vel atrii, de lesione clerici, de oppressione et violatione feminae. Quod si de aliis causis querimonia facta fuerit, coram judicibus et praeposito meo hoc finiatur. Sic enim coram K[arolo] comite et episcopo Johanne statutum fuit.

4. Libertatem vero, quam antecessorum meorum temporibus habuerunt, eis concedo. Scilicet quod nunquam de terra sua in expeditionem proficiscentur, excepto si hostilis exercitus terram Flandriae invaserit; tunc me et terram meam defendere debebunt.

5. Omnes qui gildam eorum habent, et ad illam pertinent, et infra cingulam ville sue manent, liberos omnes a teloneo facio ad portum Dichesmude et Graveningis, et per totam terram Flandriae, eos liberos a *sewerp* facio. Apud Batpalmas teloneum, quale donant atrebatenses, eis constituo.

6. Quisquis eorum ad terram imperatoris pro negotiatione sua perexerit, a nemine meorum hansam persolvere cogatur.

7. Si contigerit mihi aliquo tempore preter terram Flandriae aliam conquirere, aut si concordia pacis inter me et avunculum meum H[enricum] regem Anglie facta fuerit, in conquisita terra illa aut in toto regno Anglorum eos liberos ab omni teloneo et ab omni consuetudine in concordia illa recipi faciam.

8. In omni mercato Flandriae si quis clamorem adversus eos

---

p. 781. — Cf. dans les lois de Henri Ier : « Murdrum emendetur secundum « lagam regis Edwardi. » (Houard. *Lois Anglo-Normandes*, t. I, p. 269.)

suscitaverit judicium scabinorum de omni clamore sine duello subeant; a duello vero ulterius liberi sint.

9. Omnes qui infra murum Sancti Audomari habitant et deinceps sunt habitaturi, liberos a cavagio hoc est a capitali censu et de advocationibus constituo.

10. Pecuniam eorum quae post mortem comitis K[aroli] eis ablata est, et quae propter fidelitatem quam erga me habent adhuc eis detinetur, aut infra annum reddi faciam, aut judicio scabinorum justitiam eis fieri concedam.

11. Praeterea rogaverunt regem Franciae et Raulphum de Parona, ut ubicumque in terram illorum venerint, liberi sint ab omni teloneo et traverso et passagio ; quod et concedi volo.

12. Communionem autem suam, sicut eam juraverunt, permanere precipio et a nemine dissolvi permitto et omne rectum rectamque justiciam sicut melius stat in terra mea, scilicet in Flandria, eis concedo.

13. Et sicut meliores et liberiores burgenses Flandriae, ab omni consuetudine liberos deinceps esse volo : nullum scoth, nullam taliam, nullam pecunie sue petitionem ab eis requiro.

14. Monetam meam in Sancto Audomaro, unde per annum xxx libras habebam, et quicquid in ea habere debeo, ad restaurationem damnorum suorum et gilde sue sustentamentum, constituo. Ipsi vero burgenses monetam per totam vitam suam stabilem et bonam, unde villa sua melioretur, stabiliant.

15. Custodes qui singulis noctibus per annum vigilantes castellum Sancti Audomari custodiunt, et qui, preter feodum suum et prebendam sibi antiquitus constitutam in avena et caseis et in pellibus arietum, injuste et violenter ab unaquaque domo in eadem villa, scilicet ad Sanctum Audomarum Sanctumque Bertinum, in natali domini, panem unum et denarium unum aut duos denarios exigere solent, aut pro his pauperum vadimonia tollebant, nichil omnino deinceps preter feodum suum et prebendam suam exigere audeant.

16. Quisquis ad Niuverledam[1] venerit, undecumque venerit, licentiam habeat veniendi ad Sanctum Audomarum cum rebus suis in quacumque navi voluerit.

17. Si cum Boloniensium comite S[tephano] concordiam habuero, in illa reconciliatione illos a teloneo et sewerp apud Witsan[2] et per totam terram ejus liberos esse faciam.

1. Nieurlet. Nord, arrond. de Dunkerque, canton de Wormout, commune de Lederzéele.
2. Wissant. Pas-de-Calais, arrond. de Boulogne, canton de Marquise.

18. Pasturam adjacentem ville Sancti Audomari, in nemori quod dicitur Lo[1], et in paludibus et in pratis et in bruera et in hongrecoltra[2], usibus eorum, excepta terra Lazarorum, concedo, sicut fuit tempore Roberti comitis Barbati[3].

19. Mansiones quoque, quae sunt in ministerio advocati Sancti Bertini, illas videlicet que inhabitantur, ab omni consuetudine liberas esse volo : dabuntque singule denarios XII in festo sancti Michaelis et de brotban denarios XII et de byrban[4] denarios XII. Vacue autem nichil dabunt.

20. Si quis extraneus aliquem burgensium Sancti Audomari aggressus fuerit et ei contumeliam vel injuriam irrogaverit vel violenter ei sua abstulerit, et cum hac injuria manus ejus invaserit, postmodum vocatus a castellano vel uxore ejus seu ab ejus dapifero, infra triduum ad satisfactionem venire contempserit aut neglexerit, ipsi communiter injuriam fratris sui in eo vindicabunt, in qua vindicta si domus diruta aut combusta fuerit, aut si quispiam vulneratus vel occisus fuerit, nullum corporis aut rerum suarum periculum, qui vindictam perpetravit incurrat, nec offensam meam super hoc sentiat vel pertimescat; si vero, qui injuriam intulit presentialiter tentus fuerit, secundum quantitatem facti punietur, scilicet, oculum pro oculo, dentem pro dente, caput pro capite reddet.

21. De morte Eustachii de Stenford quicumque aliquem burgensium Sancti Audomari perturbaverit, et molestaverit reus proditionis et mortis K[aroli] comitis habeatur, quoniam pro fidelitate mea factum est quicquid de eo factum est; et sicut juravi et fidem dedi, sic eos erga parentes ejus reconciliare et pacificare volo.

Hanc igitur communionem tenendam, has supradictas consuetudines et conventiones esse observandas fide promiserunt et sacramento confirmaverunt : Ludovicus rex francorum, Guillelmus comes Flandriae, Raulphus de Parona[5], Hugo Candavena[6], Hosto castellanus[7] et Guillelmus frater ejus, Robertus de Bethuna[8] et Guillelmus filius ejus, Anselmus de Hesdinio[9], Ste-

---

1. Bois sur le territoire de Saint-Omer, sur la hauteur entre Saint-Omer et Blendecques.
2. Ager incultus.
3. 988-1036.
4. Ban du pain et de la bière.
5. Raoul de Vermandois.
6. Comte de Saint-Pol.
7. Châtelain de Saint-Omer.
8. Comte de Béthune. — 9. Comte d'Hesdin.

phanus comes Boloniensis, Manasses comes Gisnensis, Galterus de Lilers, Balduinus Gandavensis [1], Hiuvannus frater ejus, Rogerus castellanus Insulensis et Robertus filius ejus, Razo de Gavera [2], Daniel de Tenremont [3], Helias de Sensen [4], Henricus de Brocborc [5], Eustachius advocatus [6], et Arnulphus filius ejus castellanus Gandavensis, Gervasius Brugensis [7], Petrus dapifer [8], Stephanus de Seningaham [9]. Confirmatum hoc privilegium et a comite Guillelmo et predictis baronibus istis fide et sacramento sancitum et collaudatum, anno dominice Incarnationis MCXXVII, XVII kal. Maii, feria v^a, die festo sanctorum Tiburtii et Valeriani.

Willelmo Grosso homini meo comitatum mansionum suarum quas in ministerio Sancti Bertini possidet benevole concessi et dedi.

CIROGRAPHV ET CONTESTATIO PRESENTIS KARTAE.

(Deux exemplaires originaux scellés du sceau du comte et en forme de cirographes donnant réunis les mots reproduits ci-dessus en capitales. *Arch. mun. de Saint-Omer*. AB XIII. — Dans l'un des deux originaux, un certain nombre de mots et de phrases ont été grattés; ce sont : § 5. L'indication du port de *Dixmude* comme lieu où seront exempts de tonlieu les bourgeois de Saint-Omer, et l'indication qu'ils seront exempts du seewerp dans toute la Flandre. — § 7. La promesse d'exemption du tonlieu en cas de pacification. — § 10. La promesse de restituer la contribution de guerre; le § 17, c'est-à-dire la promesse d'exemption de tonlieu et de seewerp dans toute la comté de Boulogne. Ce sont les dispositions qui ne se retrouvent plus dans la Charte de 1128, et il est possible que cet exemplaire ait servi à établir le texte de la nouvelle concession. — Cop. du XIIIe s. *Ibid.* Cartul. AB. XVIII, 15, f° VIII.

Impr. *Recueil de Chartres, qui se trouvent dans les archives de la ville de Saint-Omer*. St-Omer, 1739, in-4°, p. 3. — Duchesne. *Hist. généal. des maisons de Guines*, pr. pp. 90 et 194; *Hist. de la maison de Béthune*, pr. p. 20. — Miraeus. *Opera diplom.*, t. IV, p. 195. — *Ordonn. des rois de France*, t. IV, p. 247.—Hennebert, *Hist. d'Artois* (trad.), t. III, 25.—Dereims, *Hist. de Saint-Omer* (trad.), p. 353. — Warnkoenig, *Flandrische staat.*, t. I, p. 27. et éd. Gheldolf, t. II, p. 409.—*Mémoires de la société des antiquaires de la Morinie*, t. II, p. 313 et t. IV, pièces justific., p. 1. — Indiq. Wauters, *Table des diplômes*, t. II, p. 141).

1. Seigneur d'Alost.
2. Rasse de Gavres, grand bouteiller de Charles le Bon.
3. De Termonde.
4. De Saint-Saens, Seine-Inférieure, arrond. de Neufchâtel-en-Bray.
5. Châtelain de Bourbourg.
6. Avoué de Terouane.
7. Châtelain de Bruges.
8. Chambellan de Charles le Bon.
9. Etienne de Seninghem, gendre du châtelain de Bourbourg.

IV.

1128, 22 août.

Priviléges et franchises concédés à la ville de Saint-Omer, par Thierri, comte des Flamands.

Ego Theodericus, etc... (*La première partie de cette Charte étant la reproduction du texte de la Charte de 1127 (Pièce III), je me suis contenté de noter les moindres variantes jusqu'au § 21.*)

Préamb., ligne 6 : *apr.* ratas *ajout.* eas.

§ 1. Ligne 2 : eosque *au lieu de* et eos.

§ 2. Ligne 1 : burgensis *au lieu de* burgensium.

Ligne 4 : *après* pecuniam *ajout.* illam.

Ibid. : ipsius *au lieu de* ejus.

Ligne 5 : *supprim.* si.

§ 3. Ligne 3 : *apr.* archidiacono *ajout.* vel decano.

§ 4. Ligne 2 : villa *au lieu de* terra.

§ 5. Ligne 3 : *supprim.* Dichesmude et.

Ligne 4 : meam *au lieu de* Flandriae.

Ibid. : liberi sint *au lieu de* eos liberos facio.

Ligne 5 : dant *au lieu de* donant.

A la fin du § 5 : ajout. : Et apud Gandavum quale dant burgenses de Brugis ipsi dent.

§ 7 *supprimé tout entier.*

§ 8. Ligne 3 : *après* ulterius *ajout.* ubique in terra mea.

§ 10 *supprimé tout entier.*

§ 13. Ligne 2 : *après* consuetudine *ajout.* prava.

Ibid. : *après* liberos *ajout.* eos.

Ligne 3 : exigo *au lieu de* requiro.

§ 14 *supprimé en entier.*

§ 17 *supprimé en entier.*

Entre les §§ 19 et 20 est intercalée la concession à Guillaume le Gros, qui, dans la Charte de 1127, se trouvait rejetée après les souscriptions.

§ 20. Ligne 4 : eorum *au lieu du second* ejus.

Ligne 10 : *supprim.* sentiat vel.

§ 21. Ligne 4 : *supprim.* de eo.

22. Monetam quam burgenses Sancti Audomari habuerant comiti liberam reddiderunt, eo quod eos benignius tractaret et

lagas suas eis libentius ratas teneret; et insuper ut ceteri Flandrenses eidem sua incrementa liberius redderent.

23. Teloneum vero suum ab eodem in perpetuo censu receperunt, quotannis c solidos dando.

24. Si quis etiam eorum, mortuo aliquo consanguineo suo, portionem aliquam possessionis illius sibi obvenire credens, et in comitatu Flandrie manens, cum eo qui possessionem illam tenebit, vel partiri infra annum neglexerit, vel eum super hoc per judices et scabinos minime convenerit; qui per annum integrum sine legitima calumnia tenuerit, quiete deinceps teneat et nulli super hoc respondeat. — Si autem heres in comitatu Flandrie non fuerit, infra annum quo redierit cum possessore agat supradicto modo. Alioquin, qui tenebit sine ulla inquietatione teneat. — Si autem herede aliquandiu peregre commorante, et cum redierit, portionem suam requirente, possidens se cum eo partitum esse dixerit, si ille per quinque scabinos probare falsum esse poterit, hereditas que eum attingit ei reddetur. Alioquin possidens, per quatuor legitimos viros, se ei portionem suam dedisse probabit et ita quietus erit. — Quod si heres infra annos discretionis fuerit, pater vel mater, si supervixerint, vel qui eum manutenebit, portionem que illum attinget scabinis et aliis legitimis viris, infra annum obitus illius, ostendat, et si eis visum fuerit quod ille fideliter servare debeat, ei committatur; sin autem, judicio et prudentia illorum ita disponatur, ne heres damnum aliquod patiatur; et cum ad annos discretionis venerit et opportunum fuerit, heredidate sua integre et sine aliqua diminutione investiatur. — Item, si quis alicui filium suum vel filiam in matrimonio conjunxerit, et filius ille vel filia sine prole obierint, ad patrem et matrem eorum, si supervixerint, si autem mortui fuerunt, ad alios filios eorum, vel filios filiorum redeat hereditas que pertinebat ad filium vel filiam quos aliis matrimonio copulaverant, et viventibus patre vel matre, eorum hereditas illa cum supradictis personis tantum dividatur; mortuis autem illis, propinquiores consanguinei illam, prout justum est, sortiantur. — Hanc igitur communionem tenendam et supradictas institutiones et conventiones esse observandas fide promiserunt et sacramento confirmaverunt : Theodoricus comes Flandrie, Willelmus castellanus Sancti Audomari, Willelmus de Lo, Iwanus de Gandavo, Daniel de Tenramunda, Raso de Gavera, Gislebertus de Bergis, Henricus de Broburc castellanus de Gandavo, Gervasius de Brugis. Prefati barones insuper juraverunt quod si comes burgenses Sancti Audomari extra consuetudines suas eicere et sine judicio scabi-

norum tractare vellet, se a comite discessuros et cum eis remansuros, donec comes eis suas consuetudines integre restitueret et judicium scabinorum eos subire permitteret. Actum anno dominice incarnationis MCXXVIII, in octabis assumptionis beate Marie.

(Original scellé du sceau du comte. *Arch. mun. de Saint-Omer*, AB. XIII. — Copie du XIII° s. *Ibid. cartul.* AB. XVIII, 15, f° x.

Impr. : *Recueil de Chartres... Saint-Omer*, 1739, in-4°, f° 11. — Warnkoenig. *Histoire de Flandres*, trad. Gheldolf, t. II, p. 514, seulement les additions importantes à la Charte de 1127. — *Mémoires de la société des antiquaires de la Morinie*, t. IV, p. 5. — Duchesne, *Hist. généal. des maisons de Guines*, p. 208. — Hennebert, *Hist. de la prov. d'Artois*, III, p. 32. (Trad.) — Ind. Wauters, *Table des diplômes*, t. III, p. 145).

V.

1151.

Donation aux bourgeois de Saint-Omer, du fonds de la Gilde-Halle de leur ville par le comte Thierri d'Alsace.

Ego Theodoricus Dei pacientia Flandrie comes, consensu uxoris mee Sibillae terram, in qua Gildalha apud Sanctum Audomarum in foro sita est, burgensibus ejusdem ville hereditario jure possidendam et ad omnem mercaturam in ea exercendam tradidi. Hanc quoque libertatem eis concessi ut si quis in eam venerit, undecumque reus fuerit, in ipsa domo, judici in eum manum mittere non licebit. Ille autem sub cujus custodia Gildalha tenetur, ammonitus a judice, nisi reus fidejussore se deffenderit, usque ad limen Gildalhe reum conducens, in presencia duorum scabinorum vel plurium eum judici tradat. Judex vero eum in potestate sua habens, secundum leges et consuetudinum proprietates, cum eo aget. Illud quoque addidimus quod alienus negociator nusquam nisi in predicta domo vel in foro merces suas vendendas exponat aut vendat. Solis autem burgensibus in Gildalla, in foro seu magis velint in propria domo sua vendere liceat. Quum autem humana omnia ex rerum et temporum varietate senescunt, sigilli mei auctoritate et subscriptorum testimonio hoc confirmavi, Gisleberti castellani de Bergis, Galteri castellani Sancti Audomari, Henrici castellani de Brocborc, Rogerius scouthete de Cortric, Radulfi Brugensis castellani, Ernoldi comitis Gisnensis, Gervasii de Vincbroc, Balduini de Bella, Baldevini Botel, Hugonis de Ravenesberc, Christiani de Aria, Walteri Gonella, Eustachii de Grimma, Willelmi dapiferi, Rogeri dispensatoris. Actum est hoc anno Domini MCLI.

(Orig. *Arch. mun. de Saint-Omer*, CXXIX. n° 1.
Impr. Warnkoenig, *Fl. staats*, t. I, preuves, p. 32, et trad. Gheldolf, t. II, p. 416. — *Mém. de la société des antiq. de la Morinie*, t. IV, p. 345. — Texte incomplet dans Duchesne. *Hist. généal. de la maison de Guines*, pr., p. 203. — Ind. Wauters, *Table des Diplômes*, t. II, p. 343.)

VI.

S. d. 1157 [1].

Donation aux bourgeois de Saint-Omer du fonds et des dépendances de la Gilde-Halle par le comte Thierri d'Alsace.

Ego Theodoricus Dei patientia Flandrensium comes, consensu uxoris mee Sibillae, *concedente*[2] *ita quoque Philippo filio meo*, terram, in qua Ghildhalla apud Sanctum Audomarum in foro sita est, *cum scopis et adpenditiis suis tam ligneis quam lapideis*, burgensibus ejusdem villae, hereditario jure possidendam et ad mercaturam, *tam in appenditis quam in Ghildhalla*, exercendam, tradidi. Hanc quoque libertatem eis concessi ut si quis in eam venerit, undecumque reus fuerit, in ipsa domo, judici in eum manum non mittere licebit, ille autem sub cujus custodia Ghildhalla tenetur admonitus a judice *reum extra limen Ghildhallae conducens, nisi fidejussione se defenderit*, in praesentia duorum scabinorum vel plurium eum judici *tradet;* judex vero eum in potestate sua habens *secundum quantitatem facti* cum eo aget. Illud quoque addidimus, quod alienus negociator nunquam nisi in praedicta domo, *aut in appendiciis ejus*, vel in *pleno* foro merces suas vendendas exponat aut vendat. Solis autem burgensibus in foro, in Ghildhalla seu magis velint in propria domo sua vendere liceat. Quoniam autem humana omnia ex rerum et temporum varietate senescunt, sigilli mei auctoritate et subscriptorum testimonio hoc *corrobovari :* Walterus [3] castellanus Sancti Audomari, Arnulphus de Arde, Henricus castel-

1. Cette charte est certainement de même date que la suivante, souscrite par les mêmes témoins et datée.
2. Les passages en italique sont ceux où est modifié le texte de la charte de 1151. (Pièce V.)
3. Les témoins sont autres que ceux de la Charte de 1151.

lanus de Brubborg, Elenardus de Sinningehem, Hugo de Ravensberghe, Baldevinus de Bailgul, Michael junior, Christianus de Aria, Guido castellanus de Bergis, Rogerus de Wavrin, Hellinus filius ejus.

(Orig. scel. *Arch. municip. de Saint-Omer*, CXXIX, n° 2. — Copie du XIII° siècle, *Ibid.*, *Cartul.*, AB. XVIII, 15, f° 10 v°.)

Impr. : Warnkoenig. *Fl. staats.*, t. I, pr. p. 32, et trad. Gheldolf, t. I, p. 416 (avec la date de 1151). — *Mémoires de la soc. des ant. de la Morinie*, t. IV, p. 345. — Texte incomplet : Duchesne, *Hist. généal. de la maison de Guines*, pr. p. 202. — Indiq. Wauters, *Table des diplômes*, t. II, p. 406.)

VII.

1157.

Concession de franchises aux foires de Lille, de Messines et d'Ypre par le comte Thierri d'Alsace.

Theodericus Flandrensium comes tam futuris quam presentibus in perpetuum. Que statuuntur a principibus terre in sui firmamento debent permanere. Eapropter, inclinatus ad preces dilectorum meorum, concedente etiam ac volente Sibilla uxore mea et Philippo filio meo, idem jus eandemque consuetudinem ac libertatem quam habent Gandavenses, Brugenses, Yprenses, in nundinis Insule, dilectis burgensibus meis Sancti Audomari et eorum posteritati habendam concessi.

Preterea idem jus eandemque consuetudinem ac libertatem quam habent Gandavenses, Brugenses, Furnenses, Dichesmuenses, in nundinis Mencinis et in nundinis Ypre, prefatis burgensibus meis eorumque posteritati, concessu uxoris mee Sibille et Philippi filii mei, concessi in perpetuum ac donavi. Et ne alicujus presumptione ulterius a prefata libertate privari conentur, subscriptorum testimonio et sigilli mei impressione presentem paginam corroboravi.

Testes : Walterus castellanus Sancti Audomari, Arnoldus comes de Ghisnes, Gerardus prepositus, Arnoldus de Arde, Henricus de Bruborg, Elnardus de Sininghem, Hugo de Ravenesberga, Balduinus de Bailgol, Michael junior, Christianus de Aria, Wîdo castellanus de Bergis, Rogerus de Wavrin, Hellinus filius ejus. Anno Domini M° C° LVII° [1].

(Orig. Scel. *Arch. mun. de Saint-Omer*, XLII, n° 1. — Cop. du XIII° s. *Ibid. cartul.* ABXVIII, 15, f° XII.)

1. La date est d'une écriture de la même époque, mais d'une autre main que le reste de la pièce.

VIII.

S. d. 1154-1162.

Henri, roi d'Angleterre, concède aux bourgeois de Saint-Omer avec le droit d'avoir des magasins dans la cité de Londres, des franchises et des garanties de sécurité pour leur commerce en Angleterre.

Henricus rex Anglie et dux Normannie et dux Aquitanie et comes Andegavensis, archiepiscopis, episcopis, abbatibus, comitibus, baronibus, justiciariis et vicariis et omnibus fidelibus suis Anglie salutem. Sciatis me concessisse burgensibus de Sancto Audomaro quod habeant in civitate Londonensi hospicia, ad voluntatem et arbitrium suum et quod vendant ibi res suas cui voluerint, sine visu justicie vel vicecomitis et sine scawinga[1] et dissolvant sine licentia trussellos suos[2], et eant nundinas et mercata et ferant et ducant res suas ad vendendum et emendum per totam Angliam in mea firma pace. Et sint quieti per totam Angliam, undecumque venerint, de lestagio[3]. Et prohibeo ne quis eis super hoc forisfaciat neque disturbet injuste sive res eorum super x libras. Fuerunt testes T[homas] cancellarius[4], Ricardus de Huram constabularius, Reg. de sancto Walerico, War filius Ber camerarius, Joscelinus de Balliolo. Apud Wildesor.

(Origin. scel. *Arch. municip. de Saint-Omer.* LVII. 2. — Cop. du xiii⁰ s. *Ibid.*, Cartul. AB. xviii, 15, f⁰ 33.)

IX.

1164-1165. 22 janvier.

Confirmation, par le comte Philippe d'Alsace, de la charte concédée par son père, le 22 août 1128. (Pièce IV.)

Ego Philippus, Dei gracia Flandrensium comes, petitioni burgensium Sancti Audomari satisfacere volens, pro eo maxime quia

---

1. Skevage, du saxon *sceavian*, inspecter. Voy. Ducange au mot *Scavagium.*
2. Voy. Ducange au mot *Trossa.*
3. Voy. Ducange au mot *Lasta.*
4. Thomas Becket ne fut chancelier que jusqu'à sa nomination à l'archevêché de Cantorbéry, en 1162.

honestius et fidelius ceteris Flandrensibus erga patrem meum et me semper se habuerunt, lagas et consuetudines eorum subscriptas, sicut pater meus eis concessit et sigilli sui impressione confirmavit, ratas et inconvulsas, jure perpetuo eis habendas, concedo et tenendas precipio.

(*Suivent mot pour mot les 24 §§ de la charte du 22 août 1128.*)

Hanc igitur communionem tenendam, et supradictas institutiones et conventiones esse observandas fide promiserunt et sacramento confirmaverunt : Theodoricus comes Flandriae, Willelmus castellanus Sancti Audomari, Willelmus de Lo, Iuwannus de Gandavo, Daniel de Tenramunda, Raso de Gavera, Gislebertus de Bergis, Henricus de Broburg castellanus de Gandavo, Gervasius de Brugis.

Ego quidem Philippus supradictas consuetudines et institutiones eis concedo et trado et sigilli mei impressione confirmo sub istorum testimonio : Willelmi castellani Sancti Audomari, Arnoldi comitis de Gisnes, Rogeri de Landast, Rogeri de Curtrai, Walteri de Locre, Eustachii camerarii, R. prepositi Ariae, Willelmi dapiferi, DD. de Sancto Audomaro, Rogeri dispensatoris.

Actum anno dominice incarnationis MCLXIV, XI kal. Februarii.

(Orig. seell. *Arch. mun. de Saint-Omer.* AB. XIII. — Cop. du XIIIe s. *Ibid.* AB. XVIII, f° 1.

Impr. : *Mém. de la société des ant. de la Morinie.* IV. p. just., p. 12. — Indiq. Wauters, *Table des dipl.*. t. II, p. 460.)

X.

1164-1165. 21 février.

Philippe, comte des Flamands, confirme le jugement des échevins et élus de Bourbourg sur l'exemption de tonlieu des habitants de Saint-Omer à Gravelines, règle les rapports des marchands de Saint-Omer entre eux et avec les échevins de Gravelines et décide que les contestations avec les marchands de Saint-Omer devront être jugées à Saint-Omer.

Philippus Dei gracia Flandrensium comes, tam presentibus quam futuris. Noverit universitas vestra quod, ex precepto meo, homines mei et electi de terra Burburgensi antiquas consuetudines burgensium Sancti Audomari, tempore antecessorum meorum

XII.

1166. 15 mai.

Pierre, prévôt du chapitre, déclare approuver la sentence arbitrale qui a déterminé la limite des possessions de la ville et de la prévôté dans les marais de Burques[1].

Quoniam ex habundantia iniquitatis palam est homines sepe a suis resilire pactionibus, necesse est, si quid inter eos contractum aut diffinitum super aliquo negotio fuerit, ad eorum repellendas improbitates, rem totam, prout gesta est, scripti testimonio commendare. Eapropter presencium hominum ac futurorum universitati, ego P[etrus] Sancti Audomari prepositus notum esse volo quod inter me et burgenses Sancti Audomari controversia quedam diu ventilata est super quibusdam paludosis terris quas de jure prepositure esse, secundum antiqua ecclesie scripta, constabat; sed tamen burgenses in communium pascuorum proprietatem eas reducere nitebantur. Communi tandem consensu, electi sunt hinc inde duodecim viri probi antiquorum finium non ignari qui et arbitratu suo litem dirimerent, fines juste metiendo, unicunque parti jus suum integre servarent. Hii autem fuerunt a parte mea electi VI viri : Gonfridus Gonne, David, canonici, Willelmus dapifer, Eustacius d'Esquerdes, Rogerus dispensator, Hugo de Burches, milites et homines mei ; a parte burgensium : Willelmus Vulpes, Marcillus de Foro, Eustachius Strabo, Guacelinus, Henfridus Canevas, Henricus Contenance, qui omnes et fidem dederunt et jusjurandum prestiterunt sese recte et eque predictos fines esse divisuros. Concordi itaque predictorum virorum judicio termini in hunc modum constituti sunt : a Hundesgat usque ad Grinbertipit et a Grinbertipit usque ad Maseca, a parte occidentali, juri prepositure cedit, a parte orientali, juri et pascuis burgensium. A Maseca autem usque ad Hetmere et a Hetmere usque ad rivulum Hoselberch, a parte occidentali, adjudicatum est prepositure, reliqua parte, que spectat ad meridiem, burgensibus attributa. Ne ergo predicte pactionis ratio evacuari aut in irritum duci possit, presentem paginam sigilli mei impressione placuit insigniri. Actum anno Do-

---

1. Burques, fief et hameau disparu, commune de Saint-Martin-au-Laert, canton de Saint-Omer. Voyez le *Dictionnaire géographique de Saint-Omer*, de M. Courtois.

mini MCLXVI, Idus maii, coram hiis testibus : Johanne decano, Matheo preposito de Cassel, Petro Tervannie, Guidone magistro, Rogero de Wavrin, Waltero magistro, Gerardo, Gunfrido Bolonie, Willelmo Oberti, Thoma, Stephano fratre suo, DD. juniore, Johanne Hermari, Johanne Sassonis, canonicis et laicis, Willelmo de Clus, Willelmo Vacca, Philippo Huberti, Willelmo monetario, Bartholomeo, Julio Gozone, Eustachio Cade, Everardo de Aria.

(Orig. scell. : *Arch. mun. de Saint-Omer*, LXXXI, 38. — Cop. du XIIIe s. *Cartul. AB.* XVIII, 15, f° 20, v°. — Cop. du XIII° s. *Arch. du chapitre de Saint-Omer. Cartul. II* G. 53, f° 54, v°. — Au dos de l'original est écrit : « Lettre du prevost de S.-Aumer, qui aproeve le devision de le pasture « vers Burkes. »)

XIII.

1166, 31 mai.

Accord entre la ville et le chapitre pour l'établissement d'un tribunal arbitral chargé de terminer leurs différends.

Quoniam pacis sectatores sumus et eam modis omnibus diligimus, eandem formam pacis, que inter nos canonicos et burgenses, qui communionis juramento obligati sunt in retroactis temporibus, habita est, in futuro volumus observari : de theloneo, de terra de Hunghrecoutre, de advocationibus, de hospitibus communi jure tenendis et regendis, et ne super ecclesias aut res nostras odio aliave causa dampnosam aut inutilem faciant constitutionem. Si quid etiam querele inter nos et ipsos emerserit non ad superiorem judicem ascendemus donec in claustro nostro convenientes, electis hinc IIII canonicis, illinc IIII burgensibus eorum racionabili arbitrio et considerationi litem finiendam subposuerimus. Si vero predicti octo compositores inter se concordes esse non poterint, nonum sibi quem ipsi voluerint eligent, et secundum arbitratum et dictum majoris partis illorum novem, controversia terminetur. Pro hoc ergo bono pacis inviolabiter servando atque tenendo, constituti sunt nobis a burgensibus c solidi in perpetuum per singulos annos in purificatione sancte Marie solvendi, hac tamen conditione ut si ea die soluti non fuerint, pro singulis diebus quibus detinebuntur xx solidi pro pena, juxta numerum dierum, superaddentur. Et ne pax ista inter nos constituta ullatenus valeat infirmari, presentis scripti paginam sigilli nostri impressione signavimus. Actum anno Domini MCLXVI°, II kl. junii, tempore Petri prepositi et Johannis decani et canonicorum : Petri Tervanie [1], [David supprepositi, Mathei prepositi de Cassel, Everardi cantoris, Gunfridi Gunne, Guidonis magistri, Rogeri de Waverin, Walteri magistri, Gerardi, Gunfridi Bolonie, Willelmi Oberti, David junioris, Stephani, Thome fratris ejus, Johannis Sassonis, Alexandri,] Eustachii de Scuerdes [2], et laicorum tempore Willemi dapiferi, Rogeri dispensatoris, Eustachii de Scuerdes, Willelmi Vulpis, Willemi de Clus, Eustachii Lusci, Marcilii de Foro, Bartholomei Belot, Willelmi monetarii, Eustachii Cade, Everardi de Aria, Pagani, Willelmi Vacce, Henfridi Canevas, Julii Wasselini, Arnoldi Cade, Henrici Contenence.

(Orig. (très-endommagé). *Arch. du chapitre de Saint-Omer*, II G. 1344. Le sceau manque. — Copie du XIII° s. *Arch. municip.*, AB. XVIII, 15, f° 21. C'est d'après cette copie qu'ont été transcrits les noms des témoins qui manquent dans l'original. — Copies du XV° s. *Arch. du chap. Cartul.* II G. 53, f° 25 et f° 46 v°, et *Cartul.* II G. 54, f° 18.

Impr. *Mémoires de la société des antiq. de la Morinie*, t. VI, p. 38.)

XIV.

S. d. v. 1168.

Keure de la ville de Saint-Omer concédée par Philippe d'Alsace.

In nomine patris et filii et spiritus sancti amen. Ego Philippus, Dei gracia Flandrensium comes, petitioni burgensium Sancti Audomari satisfacere volens, pro eo maxime quia honestius et fidelius ceteris Flandrensibus erga patrem meum et me semper se habuerunt, lagas et consuetudines eorum subscriptas, sicut pater meus eis concessit et sigilli sui impressione confirmavit, ratas et inconvulsas, jure perpetuo eis habendas, concedo et tenendas precipio.

(Les quinze premiers paragraphes de cette charte correspondent exactement au commencement de la charte de 1128 (Pièce IV), depuis le § 1 jusqu'au § 20 [3].)

---

1. Les noms entre [] manquent dans l'original.
2. L'original donne la suite depuis *Eustachii de Scuerdes*. (Esquerdes, Pas-de-Calais, arrond. de Saint-Omer, canton de Lumbres.)
3. La différence, dans la numérotation des §§ de ces deux Chartes pro-

16. Si quis in villa Sancti Audomari hominem occiderit, si deprehensus et reus convictus fuerit, nusquam salvationis remedium habebit. Quod si forte, nobis improvisis, fuga succurrente, discesserit, mansiones ipsius diruentur, reliqua omnia comitis erunt. Qui vero fugerit, ulterius in urbe non recipietur nisi prius occisi cognatis reconcilietur; x libras solvet, c solidos castellano et c communioni, ad muniendam villam.

17. Si quis intra villam hominem armis vulneraverit et testibus convictus fuerit, x libras solvet, terciam partem percusso et terciam castellano et terciam communioni, ad muniendam villam.

18. Si quis intra villam hominem percusserit et testibus convinctus fuerit, c solidos dabit, terciam partem percusso et terciam castellano et terciam communioni.

19. Si quis aliquem decapillaverit et inde convictus fuerit, xl solidos dabit.

20. Si quis alicui convicium dixerit et inde convictus fuerit, xl solidos dabit.

21. Qui infra bannileugam hominem annis vulneraverit, si convictus duobus testibus fuerit, c solidos dabit. Si autem occiderit, x libras dabit, c castellano et c communioni ad muniendam villam.

22. Quicumque de villa bestias suas per depredationem amiserit et raptorem earum in villa viderit, ad judicem adducet. Cumque ante judicem assisteret, si predo quod exigitur negaverit, opportebit eum aut sacramento aut ferro callido se purgare aut capitale addere.

23. Constituta est etiam pax negotiatori omni ad mercatum venienti: ut securus cum suis rebus veniat, securus redeat, exceptis his qui aut pecunie commodate aut prede super burgenses facte possint argui. Quod si quis, aliquem in veniendo aut redeundo perturbaverit, si rebus suis spoliaverit aut ipsum captivaverit, convictus duobus testibus, reddet capitale cui dampnum intulit et supra hoc x libras solvet, sicut prenotatum est.

24. Nullus vero pro vadimonio quod comiti aut ejus judici dederit, vel pro aliqua justicia quam in ejus presencia fecerit, apud communionem impedietur et nullus pro aliquo jure quod coram communione fecerit a judice comitis gravabitur.

25. Statutum est etiam ut quicumque burgensium ad placitum monitus fuerit, diem terminatum cause accipiat, et si quid temere

vient de ce que dans la Charte de 1128, on a dû conserver la numérotation de la Charte précédente de 1127, qui contenait un plus grand nombre de §§.

in illa monitione dixerit, non ei imputabitur usque ad diem placiti.

26. Similiter si villanus ad mercatum venerit et judex eum ad placitum vocaverit, quicquid in ipsa hora dicat non ei imputabitur donec placitandi hora coram judice presentetur.

27. Si quis autem de his qui in communione sunt debitorem suum convenerit, vel aliquem pro aliquo negotio ad judicem trahere voluerit et ille rebellis eum convicio dehonestaverit, si duos testes de communione contumelia provocatus habuerit, quicquid ei interim suas vindicando injurias et improperia fecerit penes judicem reus non erit.

28. Si quis burgensium aliquem in villa super quem querelam habeat apprehendere volens et tenere, quemlibet de communione secum in auxilium vocaverit et ille monitus ire noluerit, si duobus testibus super hoc convictus est, tantumdem persolvet ei quem adjuvare noluit quantum vocator probare poterit se per eum amisisse.

29. Si servus alicujus domini, burgensis fuerit, in urbe non capietur et si pro proprio servo aliquis dominus eum ad se trahere voluerit, propinquiores heredes illius, avunculos scilicet et materteras ad illud excutiendum conducat; quod si non fecerit, liberum dimittat.

30. De his qui de homicidio calumpniantur sive de alia re, si sunt de communione et ex justicia et judicio communionis possunt satisfacere, infra villam et bannileugam pacem habeant.

31. Si quis aliquod horum commissorum fecerit quorum emendatio c solidos aut minus constat et convictus precium statutum solvere nequiverit aut noluerit, mittetur in *pellori*, ubi sabbato a mane usque ad vesperum confixus stabit. Postea de villa expelletur nec ultra in illam redire poterit nisi permissione illius quem injuriando offendit et communionis assensu.

32. Vir autem quilibet scurrilis sive mulier litigiosa et convitiosa, si quemquam verbis mordacibus dehonestare ceperint, duorum de communione convicti testimonio, si XL solidos non solverint qui pro convitio instituti sunt, similiter mittentur in *pellori* sed postea de villa non expellentur.

33. Omnia, sive pecunia burgensium sive aliquid aliud, que duorum juratorum testimonio firmabuntur, super omnes quibus credita fuerint attingentur et super illos etiam qui per scabinos non justiciantur.

34. Preterea constitutum est quod nulli de hac villa aliam patriam impugnanti servire licet. Quod si forte hujusmodi servire ceperit priusquam ille cui commissus est guerram moverit, servi-

tium illud ceptum consummabit, ita tamen quod conductu suo dampnum civibus non inferet. Sed et si rapina alicubi de substantia burgensium facta fuerit ubi sub domino suo militet, si quicquam ei inde offertur, nulla calliditate quasi ne reddat accipere recusabit sed ea conditione quod reversus in villam ei reddet cui ablatum est, quantum in partem suam provenerit. Quod si amplius exigitur, juramento se expurgabit quod nec conductum ibi fecerit nec plus habuerit.

35. Preterea statuo quocumque banno motio agatur firmissimam pacem cunctos in procedendo et redeundo pariter habere. Quam si quis quolibet modo infringerit, eandem legem subire cogetur que infra civitatem pacem violantibus constituta est. Ab hac tamen lege excipimus majores et juratos, qui homines habent conducere et ordinare cum adversus hostes prodeunt. Quicumque autem, audito banni signo communionis, a congregatione aliorum defuerit, nisi concessu procuratoris vel duorum juratorum, VI solidos dabit.

35 bis. De quacumque autem re ad communionem clamor processerit, per ipsam prout poterit justicia fiet omni petenti.

36. Porro de homicidio ab externis perpetrato hoc constituo: Si quis burgensium, suorum homicidam propinquorum, quem odio habet, in villa Sancti Audomari viderit, communioni palam faciet, homicidaque quietus ea vice discedet. Quod si redire deinceps presumpserit quicquid ei faciat qui eum oderit, nullius culpe arguetur.

37. Nullus autem militum vel optimatum seu burgensium potest conducere in villam eum contra quem aliquis de communione habet querelam nisi per ejus licentiam.

38. Quotiens autem testes alii quam jurati producentur qui testimonium perhibituri sunt, de quacumque facta injuria oportebit eos prius jurare quia verum dicent secundum quod viderint et audierint.

39. Si quis autem in pomerium cujusquam intraverit ibique deprehensus et convictus duobus testibus fuerit, x solidos dabit.

40. Si miles vel alter quilibet alicui de communione argentum vel aliud debuerit debitum unde nolit justiciam sequi, judicio scabinorum clamator adjudicem communionis veniet et si commonitus ad diem denominatum se offerre indignatur, si locus est, corpus ejus, quousque debitum reddat, retineatur.

41. Clerici in suis capitulis coram episcopo respondebunt.

42. Quicumque latro captus in furto fuerit citius morte dampnabitur. Si vero quisquam antiquo latrocinio calumpniatus est

et noviter a vicinis de alio incusatus, purget se judicio ignis vel aque.

43. Et quicumque ad tresmerellum vel ad *ridechoh* capti fuerint dabunt x solidos et illi x in quorum domibus ludentes inventi fuerint, et si dare non possunt mittentur in *pellori*.

44. Statutum est etiam et a juratis communionis sacramento confirmatum quod nichil condonabunt alicui de jure suo, nec domino nec parenti, nec amico, neque pro amore neque pro timore.

45. Quicumque autem extraneus, burgensis fieri voluerit, pro voluntate communionis, xx solidos dabit.

46. Si quis burgensis alicui militi sua crediderit et ille sua vi suaque arrogancia reddere noluerit, majori communionis proclamationem faciet; major vero in ecclesiis per preconem palam faciet; deinde si quis post predictam querimoniam ei aliquid crediderit, primus clamator super vicinum suum, duorum testimonio de communione convictum, sua consequi poterit.

47. Si quis super aliquem in communione proclamaverit, primum jurabit quod juste proclamat, deinde testes proferat qui secundum quod audierunt et viderunt, quod verum perhibent testimonium jurabunt.

48. Si juratus vester, adjuratus per sacramentum communionis quod fecit negat, inde postea convinci potest, super hoc hanc do sententiam : quod domus ejus, si placet vobis, diruatur, quia tam ipse quam sua in voluntate vestra sunt et ipse amplius ut infamis persona a sede et officio jurati removeatur.

49. Si quis percussus proclamat de injuria sibi illata et postea, absque consensu communionis, si reconciliatus sit, se reconcilia tum negat et inde convictus sit, justiciam suam perdat et quod communio super illum impetebat assequi debet, super ipsum assequatur.

50. Si forte excessus gravis in urbe vel in suburbio contigerit non in communionem sed in auctorem sceleris tantum pro quantitatem facti culpam statuo retorquendam.

51. Item, si burgenses de invasione juris mei in causam duxero, presentis scripti testimonio et judicio scabinorum et juratorum suorum causa inter me et eos determinetur.

(*Les* §§ 52 à 55 *de cette charte sont, mot pour mot, la reproduction des* §§ 21 à 24 *de celle de* 1128. — *Pièce* IV.)

Ut autem communio ac libertas et institutiones prescripte a me et patre meo eis tradite et concesse rate et inconvulse in perpetuum permaneant, proprie fidei interpositione et sigilli mei impressione presentem paginam corroborravi. Nichilominus homines mei subscripti hec eadem sacramento confirmaverunt : Eustachius de Gremines, Guido Bergensis castellanus, Henricus de Morselede, Baldevinus de Bella, Christianus de Arie, Galterus Atrebatensis, Gillebertus de Arie, Gillebertus de Nivella.

(Orig. scel. : *Arch. mun. de Saint-Omer*, AB. XIV, n° 1.
Impr. : *Mém. de la société des antiq. de la Morinie*, t. IV, p. 13. — Indiq. Wauters, *Table des diplômes*, t. II, p. 491.)

XV.

1175 (entre avril et mai).

Philippe d'Alsace règle la limite des pâturages communs entre la ville, le chapitre et l'abbaye de Saint-Bertin.

Ego Philippus Flandrie et Viromandie comes notum esse volo tam posteris quam modernis in perpetuum, quod contentionem multo tempore habitam inter ecclesiam Sancti Audomari, ecclesiam Sancti Bertini adversus burgenses de Sancto Audomaro, de communi pastura eorum dividenda, juramento et fide interposita seniorum et prudentiorum vicinie et parium ipsius castelli, dirimi et terminari fecerunt. Juramento itaque prestito, dixerunt quod linea in directum ducta extra marginem Mere, ab antiqua cruce super Meram stante versus turrim ecclesie de Arkes, burgensium pastura de jure esset, quicquid infra continetur usque ad urbem. Omnem etiam pasturam que a cruce protenditur usque Oudamonstra et abhinc usque Elled et ab Elled usque ad paludem de Tillaka et a Tillaka usque ad paludem de Salperwic et a Salperwic usque ad paludem de Burke, que est Sancti Audomari, sub districtione juramenti sui, prefate urbis propriam esse testati sunt. Ego quoque, tam honori quam usui prefate urbis perspicere volens in posterum, totam hanc pasturam ita universitati burgensium communem fore statui ut nullus in ea aliquid sibi singulariter proprium haberet nulli in ea, nisi de communi consensu et consilio totius urbis, domum habere liceret. Si quis vero aliquid de ea sibi proprium vendicasse vel in ea edificasse convinci posset reus mihi LX librarum statueretur et burgenses liberam potestatem haberent propria auctoritate, absque forisfacto, domum ejus diruere. Ecclesie quoque Sancti Bertini jura sua in perpetuum conservari volens decrevi ne quis in Mera que ad prefatam ecclesiam pertinet, absque licentia abbatis, piscari audeat. Qui vero, judicio scabinorum, in ea piscatus fuisse convictus fuerit, absque abbatis assensu, LX librarum mihi reus erit. Ut autem pastura hec, juxta divisionem prescriptam, libera perpetuum et hereditaria burgensibus Sancti Audomari permaneat, sigilli mei auctoritate et subscriptorum testimonio eam confirmavi. Signum Gerardi cancellarii, S. Arnoldi supperioris de Sancto Sepulchro, S. Hugonis Furnensis abbatis, S. Willelmi castellani de Sancto Audomaro, S. Gileberti senescalli de Aria. Galterus quoque de Locris non tantum ut testis admissus est sed vice mea rem omnem instituit et ordinavit. S. Widonis de Stenvorda, S. Gileberti de Haveskerka, S. Hugonis de Swerdan, S. Wulfrici de Wulverthinga, S. Hugonis Canis, S. Hugonis de Mulna, S. Pirrini filii Rogeri, S. Petri senescalli. Factum est hoc anno MCLXXV dominice incarnationis.

(Orig. : *Arch. municip. de Saint-Omer*, CXX, 1. — Copie du xiiie siècle. Cartul., AB. XVIII, 15, f° 9.

Extraits fort incorrects dans Malbrancq. *De Morinis*, t. III, p. 302, et dans Hennebert, *Histoire d'Artois*, t. II, p. 373.)

XVI.

1175 (?) 14 mai.

Alexandre III confirme la division des pâturages communs entre la ville et l'abbaye de Saint-Bertin.

Alexander episcopus servus servorum Dei, dilectis filiis abbati Sancti Bertini et burgensibus Sancti Audomari, salutem et apostolicam benedictionem. Relatum est nobis ex parte dilecti filii nostri nobilis viri Philippi Flandrensis comitis quod cum inter vos, super communi pastura, contentio diutius permansisset, idem comes, pro bono pacis, seniores et prudentiores elegit ad jurgiorum materiam amputandam, fide data et juramentis prestitis, quod ipsorum seniorum arbitrium firmiter servaretur. Ipsi vero se ad litem dirimendam per bonam fidem, sine fraude, juramentis interpositis obligantes, prescriptas pasturas propriis limitibus, sicut in ipsius comitis scripto continetur autentico, distinxerunt, quorum divisionem prefatus comes ad cujus jurisdictionem loca pertinent, scriptura propria confirmavit et ut majus robur habeat firmitatis, eandem querit auctoritate apostolica confirmari. Inde est quod nos paci vestre, paterna volentes sollicitudine providere, eandem divisionem, sicut in jamdicto scripto contineri dinoscitur, auctoritate apostolica confirmamus et presentis scripti patrocinio communimus, statuentes ut nulli omnino hominum liceat hanc paginam vestre confirmationis infringere vel ei ausu temerario contraire. Si quis autem hoc attemptare presumpserit, indignationem omnipotentis Dei et beatorum Petri et Pauli apostolorum ejus se noverit incursurum. Datum Laterani II idus maii.

<small>(Cop. du XIIIᵉ s., *Arch. mun. de Saint-Omer.* Cart. AB. XVIII, fᵒ 24, vᵒ.)</small>

XVII.

S. d. avant 1178.

Guillaume, archevêque de Reims, mande aux doyens d'Hazebrouck et de Fauquembergue d'excommunier le châtelain de Saint-Omer, jusqu'à ce qu'il donne satisfaction aux chanoines au sujet du tonlieu et du forage.

W[illelmus] Dei gracia Remorum archiepiscopus apostolice sedis legatus, presbiterorum Sancti Audomari, de Hasebroch et de Falchenberga decanis, salutem. Sciat disretio vestra nos adjudicasse dilectis filiis nostris canonicis Sancti Audomari theloneum Sancti Audomari super quo querela inter castellanum Sancti Audomari et illos vertebatur, et quia super foragio et marisco et decem libris in quibus predicti canonici dampnificati sunt ab eodem castellano, diem ipsis in crastino sancti Remigii ut coram nobis super hoc litigatio veniret prefiximus ad quem nec idem castellanus nec venit nec aliquam pro se sufficientem misit responsalem, mandamus vobis quatinus ipsum excommunicationi subjiciatis donec predictis canonicis de dampnis et injuriis illatis et nobis de contemptu plenarie satisfecerit.

<small>(Original scell. : *Archives du chapitre de Saint-Omer*, II G. 1900.)</small>

XVIII.

1178.

Sentence arbitrale décidant que les hommes du châtelain sont exempts de tonlieu pour les animaux qu'ils élèvent et les fruits qu'ils recueillent, et que le cloître de Saint-Omer est exempt de forage.

Quoniam ex habundantia iniquitatis palam est homines a suis resilire pactionibus, necesse est, si quid inter eos contractum aut diffinitum super aliquo negotio fuerit, ad eorum repellendas improbitates, rem totam, prout gesta est, scripti testimonio commendare[1]. Eapropter ego Simon abbas Sancti Bertini et Petrus abbas Sancte Rotrudis de Andreiis et Alexander prepositus de Watenes et Davit quondam abbas in Claremarisco et Guido de Steinfort et Hugo Canis de Monte et Baldevinus minister de Eska et Nicholaus minister Sancti Audomari et Walterus Cocus presentium beneficio tam presentibus quam futuris insinuamus controversiam ortam fuisse inter canonicos ecclesie beati Audomari et Willelmum castellanum, super theloneo de hominibus castellani sumendo et foragio quod castellanus in atrio Sancti Audomari reclamavit, quamdiu ventilata est primo in presencia domini Desiderii Morinensis episcopi, dein in presencia domini Willelmi Remorum archiepiscopi sedis apostolice legati, ad quem canonici beati Audomari super jamdicto theloneo et foragio clamorem deposuerunt qui utrique parti diem perempto in Remis prefixit infra quem partes adverse in presentia domini Morinensis tutoris tunc temporis Gerardi prepositi Sancti Audomari apud beatum Bertinum constitute in nostrum hinc inde, juratoria prestita cautione, compromiserunt arbitratum. Nos vero, diligenter inquisita veritate et intellecta tam a religiosis viris quam ab aliis, uno ore pronuntiavimus ecclesiam beati Audomari theloneum sumere debere de hominibus castellani sicut de aliis, exceptis manentibus supra feodum de castello beati Audomari, qui, nostro arbitratu, theloneum de bestiis quas in feodo prenotato nutriunt et fructibus ibidem perceptis dare non debent ; atrium vero beati Audomari, tam a foragio quam omni alia exactione liberum esse debere adversus castellanum Sancti Audomari et quemcomque (sic) alium. Ut autem hec nostra definitio inconvulsa permaneret, ipsam sigillis nostris presenti pagine appensis communire necessarium duximus. Actum est hoc anno ab incarnatione Domini MCL XX VIII. Ammen.

(Orig. scell.: *Arch. du chap. de Saint-Omer*, II G. 1898. — Cop. du XVe s. *Cartul.* II G. 53, f° 51, et II G. 54, f° 16.

Impr. *Mémoires de la société des antiquaires de la Morinie*, t. VI, p. 26.)

XIX.

1193.

Le chapitre de Saint-Omer règle la position de ses hôtes (subsides).

Ego Gerardus Dei gratia Sancti Audomari prepositus et Flandrie cancellarius et Willelmus Sancti Audomari decanus totum-

---

[1]. Ce préambule est le même que celui de la pièce XII.

que ejusdem ecclesie capitulum, notum facimus presentibus et futuris quod subsides Sancti Audomari in pomerio manentes mansuras suas jure possident hereditario, sicut eas ab antiquis temporibus possederunt, sub ea videlicet libertate ut si quis subsidum mansuram suam vendere voluerit, libere et non petita id agat licentia; emptor autem XII denarios ecclesie Sancti Audomari pro relevamine persolvat in singulis partibus mansurarum, equa predicti relevaminis proporcione servata. Quod si virum subsidem decedere contingat, superstes uxor ejus predictum solvere tenebitur relevamen, heres vero nequaquam. Decedente autem uxore, vir superstes immunis a relevamine mansuram possidebit. Si quis vero eorum mansuram obligare destinaverit, sine omni exactione id ei licebit efficere. Set ne hec jura in posterum alicujus attemptet infirmare malignitas aut angere exactionibus aut inquietare calumpniis subsides memoratos, presentem paginam in eorum defensionem obtendimus quam et sigillorum nostrorum appensione et testium annotatione voluimus roborari. S. Cornelii et Petri de Ruhout presbyterorum, S. Roberti supprepositi, S. Gerardi custodis, S. Alexandri, Willelmi et Johannis filiorum ejus, S. Stephani Romani, S. Stephani cantoris, S. Petri de Reenscure, S. Johannis filii Beatricis, S. Petri Fulconis, S. Petri Alexandri, S. Guidonis, Symonis, Gerardi filiorum Gerardi, S. Willelmi de Aria. Datum anno incarnationis dominice MC nonagesimo tercio.

(Orig. scell. : *Arch. municip. de Saint-Omer*, XXXV, 1.)

XX.

1194 (du 10 avr. au 31 octob.), Saint-Omer.

Philippe-Auguste confirme les Chartes de Philippe d'Alsace (1165 et 1175, pièces X et XV), touchant : 1° les pâtures communes entre le chapitre, l'abbaye et la ville ; 2° les franchises dont les bourgeois de Saint-Omer jouissaient à Gravelines.

In nomine sancte et individue trinitatis, amen. Ph. Dei gracia Francorum rex. Noverint universi presentes pariter et futuri quod Philippus quondam comes Flandrie contentionem multo tempore habitam inter ecclesiam Sancti Audomari et ecclesiam sancti Bertini adversus dilectos nostros burgenses de Sancto Audomaro, de communi pastura eorum dividenda, juramento et fide interposita seniorum et prudentiorum hominum vicinie et parium ipsius castelli dirimi et terminari fecit.

(*La suite comme dans la charte de Philippe d'Alsace, de* 1175 (*Pièce XV*) *moins la disposition relative à la réserve de la pêche de la Meer en faveur de l'abbaye qui a été supprimée.*)

Ut autem pastura hec juxta divisionem prescriptam libera in perpetuum et hereditaria burgensibus Sancti Audomari permaneat, idem comes sigillo suo confirmavit. Preterea, ex precepto ejusdem comitis homines sui et scabini et electi de terra Bruburgensi antiquas consuetudines burgensium Sancti Audomari, tempore antecessorum suorum Greveninguis habitas, separatim distinxerunt[1], videlicet quod burgenses Sancti Audomari Greveningues a teloneo liberi sint, undecumque venerint vel quocumque perrexerint vel qualemcumque pecuniam adduxerint nisi eam in aliquam domum posuerint eamque ibi vendiderint, tunc jus constitutum reddant. Si vero non vendiderint, libere et absque teloneo ibi dando, quocumque voluerint terra vel navigio eam ducant. Nos vero qui audivimus cartam comitis et de pastura et de consuetudine apud Graveningues, presentem paginam sigilli nostri auctoritate et regii nominis charactere inferius, annotato quantum ad nos pertinet, confirmamus. Actum apud Sanctum Audomarum anno incarnati verbi MC XC quarto, regni nostri anno XV, astantibus in palatio nostro quorum nomina supposita sunt et signa : dapifero nullo, S. Guidonis buticularii, S. Mathei camerararii, S. Droconis constabularii. Data vacante cancellaria.

(Orig. scell. : *Arch. municip. de Saint-Omer*, CCXX, 5. — Cop. du xiiie s. *Cartul.*, AB XVIII, f° 28 v°. — Copies par D. de Witte, Bibl. nat. Ch. et dipl., t. 95. f° 202, et par Dom Grenier, *Ibid.*, f° 204 (d'ap. les mss. de Saint-Bertin). — Ind. Delisle. *Catal. des actes de Ph. Aug.*, n° 420.)

XXI.

1197 (du 6 avril au 31 octobre), Paris.

Philippe-Auguste concède aux bourgeois de Saint-Omer l'eau et tout le produit des fossés de leur ville.

Philippus Dei gratia Francorum rex, noverint universi presentes pariter et futuri quod nos aquam et essantias fossatorum

---

1. Voy. plus haut *Pièces justificatives*, X.

de Sancto Audomaro concedimus burgensibus nostris de Sancto Audomaro in perpetuum usum. Quod ut ratum permaneat et inconvulsum, sigilli nostri auctoritate et regii nominis karactere inferius annotato presentem paginam confirmamus. Actum Parisius, anno Domini mc nonagesimo septimo, regni nostri anno xviii, astantibus in palatio nostro quorum nomina subposita sunt et signa : Dapifero nullo, S. Guidonis buticularii, S. Mathei camerarii, S. Droconis constabularii. Data vacante cancellaria.

(Orig. scel. *Arch. municip. de Saint-Omer*, CXXXVII, 11. — Copie du xiii* s. *Cartul.* AB XVIII, f° 28.)

XXII.

S. d. v. 1198.

Confirmation des keuren de Saint-Omer par Baudouin de Constantinople.

In nomine sancte et individue trinitatis, Amen. Ego Baldevinus Flandrie et Hanoie comes, petitioni burgensium Sancti Audomari satisfacere volens, pro eo maxime quia honestius et fidelius ceteris Flandrensibus erga antecessores meos semper se habuerunt, lagas et consuetudines eorum subscriptas, sicut idem predecessores mei eis concesserunt et sigillorum suorum impressione confirmaverunt, ratas et inconvulsas jure perpetuo eis habendas concedo et tenendas precipio.

(*La suite comme dans la charte de Ph. d'Alsace de* 1164-65. (*Pièce IX.*) — *Au* § 14 : Successoribus autem Willelmi Grossi.)

Institutiones prescriptae a me et antecessoribus meis tradite et concesse, rate et inconvulse in perpetuum permaneant, juramenti interpositione et sigilli mei impressione, presentem paginam corroboravi. Testes : B[aldevinus] comes de Ghisnes, Gerardus de Balliolo, Henricus de Balliolo, Balduinus de Commines, Philippus de Aria, Johannes castellanus de Insula, Petrus de Maisnil, Baldevinus de Prat, Sygerus castellanus de Gandavo, Raco de Gaveres, Gerardus Sancti Audomari prepositus et Flandrie cancellarius, Theodericus castellanus de Dicsmuda, Petrus de Duai, Walterus de Avennes, Baldevinus camerarius, Gerardus de Sancto Oberto, Wilhelmus[1] domini comitis avunculus, Reinerus de Trit.

1. Guillaume de Hainaut, frère de Baudouin VIII, gouverna le Hainaut pendant la croisade (voy. le P. Anselme, *Hist. généal. de la maison de France*, II, p. 716).

(Orig. scel., *Arch. municip. de Saint-Omer*, AB, XIII, n° 3. — Cop. du xiii° s., *Cart.*, AB, XVIII, 15, f° 12 v°.
Impr., *Mém. de la soc. des antiq. de la Morinie*, t. IV, pièces justificatives, p. 24. — Duchesne. *Hist. généal. des maisons de Guines et d'Ardres*, pr. p. 461, avec la date 1192 environ. — Ind., Wauters, *Table des diplômes*, III, p. 101.)

XXIII.

1198.

Confirmation par Marie de Champagne, comtesse de Flandre, des lois et coutumes concédées à Saint-Omer, par Baudouin de Constantinople.

Ego Maria Flandriae et Hanoiae comitissa notum fieri volo tam futuris quam presentibus quod karissimis amicis meis burgensibus de Sancto Audomaro concessi, quod easdem leges et consuetudines quos dominus meus comes eis concessit, libenter observabo et in bona fide observari faciam, prorsus eodem modo quo scriptae sunt et sigilli domini mei comitis confirmatae. Actum apud Sanctum Audomarum, in domo Wilhelmi filii Alberti, anno dominicae incarnationis M° c° xc° octavo.

(Orig. scel. *Arch. municip. de Saint-Omer*, AB, XVIII, n° 1. — Cop. du xiii° s., *Cartul.*, AB, XVIII, f° 14 v°.
Impr. *Mémoires de la société des antiquaires de Morinie*, t. IV, pièces just., p. 26. — Ind. Wauters, *Table des diplômes*, III, p. 101.)

XXIV.

1198.

Baudouin, comte de Flandre, concède aux bourgeois de Saint-Omer l'eau et le produit des fossés de leur ville.

Ego Baldevinus dei gratia Flandrie et Haynonie comes notum facio presentibus et futuris quod aquam et essantias fossatorum de Sancto Audomaro concessi burgensibus meis de Sancto Audomaro in perpetuum usum modis omnibus ipsis profutura. Ut hec autem mea concessio rata et inconvulsa permaneat, eam sigilli mei appensione et presentis scripti patrocinio communivi, testibus quorum nomina subscripta sunt annotatis : G. preposito Sancti

Audomari, Baldevino de Comminis, G. de Balliolo, Philippo de Aria, Baldevino de Prat, Waltero de Avennes, Razone de Gaveres, Theoderico castellano de Dixmude, Balduino de Hondescote. Actum anno Domini M° C° XC° XVIII°.

(Copie du xiii° s., *Arch. municip. de Saint-Omer., Cartul.*, AB, XVIII, f° 13 v°.)

XXV.

1198.

Baudouin de Constantinople confirme la charte de Philippe d'Alsace (Pièce X) relative aux priviléges des marchands de Saint-Omer à Gravelines.

Baldevinus Dei gratia Flandrie et Hannoie comes tam presentibus quam futuris. Certum habemus quod ex precepto avunculi mei quondam Flandrie comes Philippi, homines sui et scabini et electi de terra Burburgensi antiquas consuetudines burgensium Sancti Audomari tempore antecessorum meorum Grevenengis habitas separatim distrixerunt ut presens pagina narrat.

(*La suite de cette charte est exactement semblable au texte de la concession de Philippe d'Alsace, du 21 février 1164-1165. (Pièces justificatives, X.)*

Ut autem consuetudines et distinctiones prefate, rate et inconvulse in perpetuum permaneant, presentem paginam sigilli mei appositione corroboravi, subscriptis hiis testibus : Balduinus comes de Ghines, Gerardo de Balliolo, Baldevino de Commines, Philippo de Aria, Johanne castellano de Insula, Petro de Maisnil, Baldevino de Prat, Sygero castellano de Gandavo, Racone de Gaveres, Theoderico castellano de Dikesmuda, Petro de Duai, Waltero de Avennes, Gerardo de Sancto Oberto, Willelmo domini comitis patruo, Reinero de Trit.

(Orig. scel., *Arch. municip. de Saint-Omer*, CCII, 1. — Cop. du xiii° s. *Ibid.*, AB, XVIII, 15, f° 13.)

XXVI.

1198.

Baudouin de Constantinople confirme la charte de Philippe d'Alsace déterminant la limite des pâtures communes entre le chapitre, l'abbaye et la ville. (Cf. Pièce XV.)

Ego Baldevinus Dei gratia Flandrie ac Hannonie comes, notum esse volo tam posteris quam modernis in perpetuum quod contentionem multo tempore habitam inter ecclesiam Sancti Audomari, ecclesiam Sancti Bertini adversus burgenses de Sancto Audomaro, de communi pastura eorum dividenda, juramento et fide interposita seniorum et prudentiorum vicinie et parium ipsius castelli, quondam Flandrie comes Philippus avunculus meus dirimi et terminari fecerit.

(*La suite comme dans la charte de Philippe d'Alsace, de 1175, n° 15, y compris la disposition relative à la pêche de la Meer.*)

Ut autem pastura hec, juxta divisionem prescriptam, libera in perpetuum et hereditaria burgensibus Sancti Audomari permaneat, sigilli mei auctoritate et subscriptorum testimonio eam confirmavi : B. comitis de Ghines, G. de Balliolo, H. de Balliolo, B. de Comines, Ph. de Aria, Johannis castellani de Insula, Petri de Mainil, B. de Prat, Sigeri castellani de Gandavo, Razonis de Gaveres, Theoderici castellani de Dixmue, Petri de Duaco, Walteri de Avennes, G. de Sancto Oberto, Willelmi patrui mei, Reineri de Trit, Gerardi prepositi Sancti Audomari.

(Orig. scel., *Arch. municip. de Saint-Omer*, CCXX, 4. — Cop. du xiii° s., *Ibid.*, *Cartul.*, AB, XVIII, 15, f° 13.)

XXVII.

1199, 5 mai.

Baudouin, comte de Flandre, confirme les échevins dans leur juridiction et leur reconnaît le droit d'améliorer les coutumes de leur ville.

Ego Balduinus Flandrie et Hainonie comes, omnibus notum fieri volo presentibus pariter et futuris quod burgensibus meis de Sancto Audomaro concessi ut de omni excessu et forefacto, secundum quod a bona veritate intellexerint, judicia proferant, sicut tempore Philippi comitis avunculi mei scabini fecerunt ; juri preterea suo quicquid voluerint, ad emendationem ville, superaddant, salvo jure meo et ville. Ut autem hec concessio rata sit et firma, presentem paginam sigilli mei appensione et testium subscriptione roborari precepi. Testes fideles mei : Gerardus de Ringhenescura, Gilo de Hasbroec, Nicholaus de Clarcis. Actum apud Sanctum Audomarum, anno Domini MCXCIX, quinto die maii.

(Orig. scellé. *Arch. municip. de Saint-Omer* AB XXV, 5. — Copie du xiii° s. *Cartulaire*, AB XVIII, 15, fol. 14 v°.)

XXVIII.

1200, 1er août.

Le comte de Flandre Baudouin confirme le jugement arbitral intervenu dans un conflit entre l'abbaye et la ville, relatif à la pâture dite Suinart.

Ego Baldevinus Flandrie et Haynonie comes, omnibus presentibus pariter et futuris notum facio quod concordiam que facta fuit inter abbatem Sancti Bertini et burgenses de Sancto Audomaro, de pastura que dicitur *Suinart*, consilio hominum meorum confirmavi; que concordia facta fuit in hunc modum: Scilicet quod, cum inter abbatem Sancti Bertini et burgenses de Sancto Audomaro controversia ageretur, super pastura que dicitur Suinart, laudabilium virorum examini litem hanc dirimendam, pari consensu, partes commiserunt, quatinus ipsi, veritate diligentius inquisita, de jure possessionis ejusdem pasture utrique parti quod suum erat tribuerent finemque imponerent questioni inviolabili observantia permansuram. Virorum autem hec sunt nomina ad hujus rei executionem electorum : Arnulfus advocatus Tervanne, Robertus de Kerseka, Johannes de Sinninghem, Eustachius Canis, Eustachius de Hanniles, Lammelinus, Johannes de Clusa, Willelmus Wasselini, Martius Tinctor, Theodericus Lurevocs, quibus undecimus adjunctus est vir boni testimonii Eustachius presbiter de Sancta Maria Magdalena. Prenominati igitur omnes, sub juramenti religione, arbitrati sunt quod linea directa, ducta ab arbore super fontem sita sub clivo montis, inter Lo et Arkes, versus territorium de Buiscura, quicquid inter eandem lineam usque ad terram leprosorum continetur, in usum burgensium cedere deberet ipsisque modis omnibus perpetuo prodesse, reliquam ex adverso linee partem juri abbatis asserentes. Ut autem distinctio predicte pasture ordinata a prefatis viris, sicut facta est per bonam concordiam, rata sit et firma, presentem paginam tam sigilli mei appensione quam testium subscriptione communiri feci. Testes inde homines mei quorum nomina hic subscripta sunt et quorum consilio istam feci confirmationem : Baldevinus de Aubengni, Baldevinus de Comminis et Baldevinus filius ejus, Henricus de Bailluel, Theobaldus de Eskirdevelde, Arnulphus de Plantis, Willelmus Morellus, Alardus Makerellus, Renaldus de Aria, Colinus de Clarkes. Actum apud Ariam, anno Domini MCC, kal. Augusti.

(*Arch. municip. de Saint-Omer.* Cart. AB XVIII, 15, fol. 13 v°.)

XXIX.

1206. Avril.

Exemption de lagan, garanties de sécurité et libre parcours accordés dans ses domaines aux bourgeois de Saint-Omer par Reinaud, comte de Boulogne.

Sciant presentes et futuri quod Ego, Reinaldus comes Bolonie et Ego, Ida ejus uxor, Bolonie comitissa et heredes nostri, in perpetuum quietos clamavimus a lagano maris burgenses Sancti Audomari et eorum res que in terram nostram de Bolonesio et in terram nostram de Merc venient ad laganum. Marinelli autem qui dictorum burgensium mercaturas adducent, cujuscumque terre fuerint, tam in pace quam in guerra, ipsi et eorum naves per terram nostram et portus nostros de Bolonesio et de terra de Merc salvum ingressum habebunt et egressum, tali siquidem modo, quod nulla mercatura que in navi fuerit sit garandizata, nisi illa que erit de Sancto Audomaro. Quod si eosdem burgenses, super mercaturis vel aliis rebus suis, contigerit a nobis quod sue non essent haberi suspectos, scabini Sancti Audomari coram se probationem accipient adeo legitimam, quasi sua essent catalla, quod catalla illa extra partem alterius sunt burgensium Sancti Audomari. Qua suscepta, per litteras suas super sacramentum suum, nobis mandabunt quod de catallis suis probationem susceperunt adeo legitimam sicuti catalla sua essent et sic res suas liberas optinebunt. Ut autem hec nostra concessio rata teneatur et firma, eam tenendam concessimus et nostrorum appositionibus sigillorum confirmavimus. Testes hujus rei sunt : Willelmus de Fielnes, Anselmus de Longovillari, Henfridus de Haneclinguehem, Willelmus de Montcavrel, Wido de Belebrone, Balduinus juvenis, Constabularius de Ermelinghem, Balduinus de Rivera. Actum anno dominice incarnationis M° CC° VI°, mense aprili.

(Orig. scel. des sceaux du comte et de la comtesse sur lacs de soie rouge. *Arch. municip. de Saint-Omer*, CLXII, 1. — Cop. Cartul. AB XVIII, 15, fol. 19. — *Archiv. nat.* JJ. 61, fol. 92 et 216, JJ 65, fol. 107, JJ. 80, fol. 23, JJ. 96, fol. 36.)

XXX.

1210-1211. Mars.

Guillaume, châtelain de Saint-Omer, concède aux bourgeois de Saint-Omer un pré et les redevances qu'il percevait sur les bestiaux qui paissaient dans le pâturage joignant le bois de Loo.

Ego Willelmus, Sancti Audomari castellanus, notum fieri volo tam futuris quam presentibus quod burgenses Sancti Audomari fideles et amici mei, ad peticionem meam accomodaverunt mihi, super pratum meum jacens extra muros inter portam que vulgo dicitur *Colhof* et domum dapiferi, L libras flandrensis monete, sub hac condicione quod si dictum pratum aptum inventum fuerit ad glebas effodiendas, in eo, ad libitum suum, eis fodere licet et ex glebis inde fossis, supradictas L libras, salvo sumptu in solucione L librarum, computabunt. Si quid vero valens ultra L libras inter receperint, testimonio scabinorum, J. scilicet Falconis et J. de Deverna fideli estimacione, mihi reddent. Ad hec predictis burgensibus cum prato concessi omnes redditus meos qui de animalibus ville Sancti Audomari in pastura circa Lho pascentibus annuatim me contingunt in pace et absque ulla inquietacione habendos, donec jam dictas L libras cum aliis CL libris mihi, quarum litteras meas cum sigilli mei robore penes se habent, integre persolvero. Ut hoc autem ratum habeatur et firmum, presens scriptum sigilli mei et sigilli Jacobi fratris mei appensione corroboravi. Actum anno Domini MCCX, mense marcio.

(Orig. scellé, *Arch. municip. de Saint-Omer*, AB III 8.)

XXXI.

1211-1212. Février.

Louis, fils de Philippe Auguste, confirme la keure concédée à la ville de Saint-Omer en 1164-65 par Philippe d'Alsace (voy. n° X).

In nomine sancte et individue Trinitatis, Ludovicus domini regis Francorum primogenitus. Noverint universi presentes pariter et futuri quod hec est continentia carte quam burgenses nostri de Sancto Audomaro habent a Philippo quondam comite Flandrie. Ego Philippus Flandrensium comes etc. (*Pièce* X)....

Nos autem predictorum burgensium nostrorum Sancti Audomari consuetudines, cartas et jura volentes illesa conservare, presentem paginam sigilli nostri auctoritate et nominis karactere inferius annotato precepimus confirmari. Actum apud Sanctum Audomarum, anno Domini MCCXI, regni vero karissimi domini et genitoris nostri anno XXXIII, astantibus in palacio ejusdem patris nostri quorum nomina supposita sunt et signa : dapifero nullo ; S. Guidonis buticularii, S. Bartholomei camerarii, S. Droconis constabularii. Data vacante cancellaria per manum Guidonis de Atheiis.

(Orig. scel. *Arch. municip. de Saint-Omer*, AB XIII, 5. — Copie de 1229. AB XIV, 1. — Copie du XIIIe s., ibid. Cartul. AB XVIII 15, fol. 31.)

XXXII.

1211-1212. Février.

Louis, fils de Philippe Auguste, confirme aux bourgeois de Saint-Omer la possession du produit des fossés de leur ville.

In nomine sancte et individue Trinitatis, amen. Ludovicus domini regis Francorum primogenitus. Noverint universi presentes pariter et futuri quod hec est continentia karte karissimi domini et genitoris nostri quam burgenses nostri de Sancto Audomaro ab eo habent : Ph. Dei gracia Francorum rex, noverint universi presentes pariter et futuri quod nos aquam et essantias fossatorum de Sancto Audomaro concedimus burgensibus nostris de Sancto Audomaro in perpetuum usum. Nos autem predictorum burgensium nostrorum consuetudines, cartas et jura volentes illesa conservare, sigilli nostri auctoritate et nostri nominis karactere inferius annotato presentem paginam confirmari precepimus. Actum apud Sanctum Audomarum, anno Domini MCCXI, regni vero karissimi domini et genitoris nostri anno XXXIII, astantibus in palatio ejusdem patris nostri quorum nomina supposita sunt et signa : dapifero nullo; S. Guidonis buticularii, S. Bartholomei camerarii, S. Droconis constabularii. Data vacante cancellaria per manum Guidonis de Atheiis.

(Orig. scellé, *Arch. municip. de Saint-Omer*, AB XIII, 6. — Cop. du XIIIe s. Cart. AB XVIII 15, fol. 28 v°.)

XXXIII.

1211-1212. Février.

Louis, fils de Philippe Auguste, confirme la charte par laquelle Philippe d'Alsace règle la limite des pâturages communs entre la ville, le chapitre et l'abbaye de Saint-Bertin.

Ludovicus domini regis Francorum primogenitus. Noverint universi presentes pariter et futuri quod hec est continentia carte Ph. illustris quondam Flandrie et Viromandie comitis quam burgenses nostri de Sancto Audomaro ab eo habent.

Ego Philippus Flandrie, etc. (*Charte de* 1175, n° XV).

Nos autem predictorum burgensium nostrorum consuetudines, cartas et jura volentes illesa conservare, sigilli nostri auctoritate et nostri nominis karactere inferius annotato presentem paginam conservari precepimus. Actum apud Sanctum Audomarum, anno Domini MCCXI, regni vero karissimi domini et genitoris nostri anno XXXIII, astantibus in palatio ejusdem patris nostri quorum nomina subposita sunt et signa : dapifero nullo, S. Guidonis buticularii, S. Bartholomei camerarii, S. Droconis constabularii. Data vacante cancellaria per manum Guidonis de Atheiis.

(Copie du XIII° s. *Arch. municip. de Saint-Omer*, Cart. AB XVIII, 15, fol. 29.)

XXXIV.

1211-1212. Février.

Louis, fils de Philippe Auguste, concède aux bourgeois de Saint-Omer les annexes établies à l'est de la Gilde-Halle lors de son entrée à Saint-Omer.

Ludovicus domini regis Francorum primogenitus. Noverint universi presentes pariter et futuri quod nos, ad petitionem burgensium nostrorum de Sancto Audomaro, eisdem, ad suos usus perpetuos, concedimus omnia appendicia Ghildhalle versus orientem, que ibidem facta fuerant in die illo quo castellum Sancti Audomari primo intravimus. Quod ut perpetuum robur obtineat, sigilli nostri auctoritate et nostri nominis karactere inferius annotato presentem paginam precepimus confirmari. Actum apud Sanctum Audomarum, anno Domini M° CC° XI°, regni vero karissimi domini et genitoris nostri anno xxxiii, astantibus in palatio ejusdem patris nostri quorum nomina subposita sunt et signa : dapifero nullo ; S. Guidonis buticularii, S. Bartholomei camerarii, S. Droconis constabularii. Data vacante cancellaria per manum Guidonis de Atheiis.

(Cop. du xiii° s. *Arch. munic. de Saint-Omer*, Cartul. AB XVIII, 15, fol. 30 v°. — Impr. Deschamps de Pas, *Essai historique sur l'hôtel de ville de Saint-Omer* dans les *Mémoires de la Société des antiquaires de la Morinie*, t. IV, p. 356.)

XXXV.

1218. Septembre.

Guillaume, châtelain de Saint-Omer, donne à la ville, pour servir à ses fortifications, un pré longeant les fossés du côté de Saint-Michel, et renonce aux droits qu'il percevait sur les animaux qu'on menait paître près des bois de Loo.

Ego Willelmus, Sancti Audomari castellanus, notum esse volo tam futuris quam presentibus quod, assensu domini Ludovici, domini mei, concessi et in perpetuum dedi burgensibus Sancti Audomari v mensuras prati mei versus Sanctum Michaelem, protensas in longum juxta fossata ville, in perpetuos usus eorum, ad ville munitionem. Ad hec eisdem burgensibus denarios quos accipere solebam de animalibus, pro pastura circa boscum quod dicitur Lo, quitos clamavi, ita quod animalia in predicta pastura sine exactione libere et quiete de cetero ire possunt et pascua habere. Ad petitionem vero meam, dominus meus Ludovicus hanc donationem et quitationem litteris suis patentibus confirmavit. Ut hoc autem scriptum majus robur habeat et ratum permaneat, sigilli mei appensione corroboravi. Actum anno Domini M° CC° XVIII°, mense septembri.

(Orig. scel. *Arch. municip. de Saint-Omer*, CXLIII, 1).

XXXVI.

1218. Septembre.

Louis, fils de Philippe Auguste, confirme la charte précédente.

Ludovicus domini regis Francie primogenitus, universis presens scriptum visuris, salutem. Noveritis quod Willelmus

Sancti Audomari castellanus, in nostra presentia constitutus, concessit et in perpetuum dedit burgensibus nostris de Sancto Audomaro quinque mensuras prati sui versus Sanctum Michaelem, protensas in longum juxta fossata ville, in perpetuos usus eorum, ad ville munitionem. Ad hec etiam eisdem burgensibus denarios quos percipere solebat de animalibus, pro pastura circa boscum que dicitur Lo, quietos clamavit, ita quod animalia in predicta pastura libere et quiete et sine exactione de cetero ire possint et pascua habere. Nos autem, ad petitionem ipsius castellani, hanc suam donationem et quictationem, presente scripto et sigilli nostri appositione, confirmavimus, salvo jure nostro et alieno. Actum apud Sanctum Audomarum, anno Domini M° CC° XVIII°, mense septembri.

(Orig. scel. *Arch. municip. de Saint-Omer*, CXLIII, 1. — Cop. du XIII° s. Cart. AB XVIII, 15, fol. 31.)

XXXVII.

1221-1222. Janvier.

Guillaume, châtelain de Saint-Omer, vend à Foulques, fils de Jean de Sainte-Aldegonde, moyennant 580 livres de parisis, un pré sis près du couvent de Saint-Michel et une rente annuelle de 30 livres de parisis à prendre sur le forage, à la charge de la redevance d'une lance par an.

Jeo Willaumes, castelains de Saint-Omer, conuz pardevant eskevins que jeo ai vendu à Folke le fils Johan de Saint Audegund tot les prei que jeo avoie dehors les murs de Saint-Omer, devers le mostier Saint Michiel, à tote le voie et à tote le saignorie qui apartienent au prei et trente lib. de parisis, à prendre sor mon forage au plus prest que jeo ai dedens le vile de Saint-Omer chescun an, à tos jors tenir Folke et tos les oers, de moi et de tos mes oers, de conisanche de une lanche par an à paier à mon castel, dedens le vile de Saint-Omer, le jor de Pentecoste ; et chest achat alieve cinc cens lib. et quatre vins de parisis dont li devant dis Willaume le doit aquiter et tenir sans damage et de ches deniers me a il fait pais à ma dete et de tote ches covenanches li ai jeo encovent aquiter et tenir en pais envers tos. Et Folke convint pardevant eskevins que tos les prous de chest devant dit prei et de chest devant dit forage tenroit le devant dit Johan[1] tote

1. Probablement erreur du scribe pour Folke.

la vie. Eskevins : Gile de Bodingehem, et Motay et Johan le fils dame Ysabel et David de Cassel et Mars le fils Lowis et Diereman et Symon Canne et Johan Bonenfant et Willaume de Cassel et Johan le fils Mars et Symon de Lokenes et Willaumes Suabble. Ceo est fet en l'an de l'incarnation nostre Seignor mil et deus cens et vinte un, el mois de genvier.

(Original endenté. *Arch. municip. de Saint-Omer*, CXLIII, 2.)

XXXVIII.
1228-1229. Janvier.

Les maieurs et échevins abandonnent à la table des pauvres de Saint-Omer tous leurs droits sur une maison sise entre l'escoterie et le cloître de Sainte-Aldegonde ; elle servira à cuire les aliments des pauvres des paroisses de Saint-Denis et de Sainte-Aldegonde.

Nos majores et scabini Sancti Audomari, omnibus presentem paginam inspecturis notum fieri volumus, quod nos, de communi assensu et voluntate, pro salute animarum nostrarum, predecessorum nostrorum et succedentium, concessimus et dedimus in elemosinam mense pauperum, que est in ecclesia beati Audomari, totum jus quod habebamus in mansura jacente inter Scoteriam sancti Audomari et atrium beate Aldegundis de qua diu extitit contentio inter nos ex una parte et ecclesiam Sancti Audomari ex altera, ita quod cibaria que debent decoqui ad usus pauperum et distribui pauperibus manentibus in parrochiis Sancte Aldegundis et Sancti Dyonisii ibi decoquantur et distribuantur modo supradicto et etiam quod, in eodem loco, commoditates omniaque alia bona que pauperibus commode fieri poterunt in perpetuum fiant; nec ad alios usus locus ille poterit de cetero converti. In cujus rei testimonium, presens scriptum sigilli nostri appensione corroboravimus. Actum anno Domini MCCXX VIII, mense januario.

(Orig. *Arch. du chap. de Saint-Omer*, II G 1211.)

XXXIX.
1228-1229. Mars.

Le Chapitre abandonne à la table des pauvres tous ses droits sur la même maison.

[Petrus], divina permissione prepositus, Ph. decanus et capitulum ecclesie Sancti Audomari, omnibus presentes litteras inspecturis, in Domino salutem. Noverit universitas vestra quod nos, de communi assensu et voluntate, pro salute animarum nostrarum et predecessorum nostrorum et succedentium, concessimus et dedimus in elemosinam mense pauperum, que est in ecclesia nostra, totum jus quod habebamus in mansura jacente inter Scoteriam sancti Audomari et atrium beate Aldegundis de qua diu extitit contentio inter nos ex una parte et burgenses de Sancto Audomaro ex altera ; ita quod cibaria que debent decoqui ad usus pauperum et distribui pauperibus manentibus in parrochiis Sancte Aldegundis et Sancti Dyonisii, ibi decoquantur et distribuantur modo supradicto ; et etiam quod, in eodem loco commoditates omniaque alia bona que pauperibus commode fieri poterunt in perpetuum fiant, nec ad alios usus locus ille poterit de cetero converti. In cujus rei testimonium, presens scriptum sigillorum nostrorum appensione corroboravimus. Actum anno Domini M° CC° XX° VIII°, mense martio.

(Cop. du XIII° s. *Arch. mun. de Saint-Omer.* Cart. AB XVIII, 15, fol. 23 v°.)

XL.

1229-1230. Mars.

Louis IX confirme les priviléges de la ville de Saint-Omer.

In nomine sancte et individue Trinitatis, amen. Ludovicus Dei gracia rex Francorum. Noverint universi presentes pariter et futuri quod nos cartam clare memorie Ludovici genitoris nostri regis Francorum illustris inspeximus in hec verba :

In nomine sancte... Ludovicus domini regis Francorum. (*Voir la charte de* 1211. *Piéce* XXXI) . . . .

Nos autem ejusdem genitoris nostri vestigiis inherentes, predictorum burgensium nostrorum consuetudines, cartas et jura volentes illesa conservare, sigilli nostri auctoritate et regii nominis karactere inferius annotato presentem paginam confirmamus. Actum apud Compendium, anno dominice incarnationis MCCXXIX, mense marcio, regni vero nostri anno IV, astantibus in palacio quorum nomina supposita sunt et signa : dapifero nullo, S. Roberti buticularii, S. Bartholomei camerarii, S. Mathei constabularii. Data vacante cancellaria.

(Orig. scellé, *Arch. municip. de Saint-Omer*, AB XIV, 1. — Cop. du XIII° s. Cart. AB XVIII, 15, fol. 31.)

XLI.

1236. Septembre.

Accord entre la ville et le prévôt du Chapitre terminant une contestation relative à la possession de marais.

Universis presentes litteras inspecturis, P. de Collemedio prepositus, Ph. decanus et capitulum Sancti Audomari, salutem in Domino. Noverit universitas vestra quod cum inter nos ex una parte et communitatem ville Sancti Audomari ex altera, questio verteretur super quodam marisco seu locis paludosis que dicebamus ad preposituram nostram pertinere, sicut apparebat per quandam divisionem factam inter virum venerabilem P. quondam prepositum et ipsam villam per quosdam bonos viros hinc inde assumptos, de qua littere ville apparebant; ad quod villa respondebat predicta quod divisionem illam ignorabat et si facta fuerit tanto tempore loca illa villa tenuit in communi pastura quod nichil poterat contra eos dici de jure. Cum igitur hinc inde fuerit diutius litigatum, tandem, bonis viris qui de consilio regis erant mediantibus, compositum est in hunc modum : Quod quicquid predicta villa nunc tenet in communi pastura a Hondescat usque ad Grimberghespit et a Grimberghespit usque ad Maseke et fossatum quod dividit communem pasturam a terra sive marisco de Salperwic et de Burkes, ex parte occidentali, circa quod fossatum, pro certa divisione facienda inter communem pasturam et predictas terras sive mariscos, positi sunt nunc termini lapidei et arborei, prenominate ville in communi pastura in perpetuum remanebit, quia per villam predictam, pro recompensatione juris, quod dicebamus nos in predictis mariscis habere, habuimus domum in qua mansit Willelmus Vake cum mansura et quinque domos cum mansuris sitis juxta domum predictam in Vakestrate, insuper mansuram que jacet inter Sanctam Aldegondem et Ghihallam ; domum eciam in brulio cum mansura que jacet juxta Scoteriam ; necnon et quatuor raserias frumenti et novem gallinas, hospites apud Tadingehem et omnia alia bona que dictus Willelmus Vake apud Burkes de nobis tenuit in feodum vel alias in hereditatem, in territoriis supradictis, empta a domino Waltero de Ghistella et quedam alia. Propter quod omni juri quod nobis et ecclesie nostre contra villam predictam super predictis mariscis competebat et omnibus litteris quas super hiis habuimus vel habemus, renunciavimus et renunciamus, quantum ad predictos mariscos. Et licet non credamus nos vel ecclesiam nostram in predictis in aliquo esse lesam, tamen ad cautelam, pro bono pacis et ville predicte securitate perpetua, restitutioni in integrum, si competit vel aliquo modo competere poterit nobis vel nostre ecclesie, renunciamus. Et ut presens pagina perpetue firmitatis robur obtineat, eam sigillorum nostrorum munimine duximus roborandam. Actum anno dominice incarnationis M CC XXX VI, mense septembri.

(Orig. scel. *Arch. municip. de Saint-Omer*, LXXXI, 38. — Cop. du XIIIe s. Cartul. AB XVIII, 15, fol. 22.)

XLII.
1236. Septembre.

Confirmation par l'évêque de Térouane de la charte précédente.

P. Dei gratia Morinensis episcopus, universis presentes litteras inspecturis, salutem in Domino sempiternam. Noverit universitas vestra quod cum inter viros venerabiles P. de Collemedio, Ph. decanum et capitulum Sancti Audomari ex una parte et communitatem ville Sancti Audomari ex altera questio verteretur....... (*La suite comme dans la charte précédente*). Et ut presens pagina perpetue firmitatis majus robur obtineat, eam, ad peticionem partium, sigilli nostri munimine duximus roborandam. Actum anno dominice incarnationis M CC XXX VI, mense septembri.

(Orig. scellé, *Arch. munic. de Saint-Omer*, LXXXI, 58. — Copie, ibid. AB XVIII, 15, fol. 22 v°.)

XLIII.
1237. Juillet.

Confirmation des priviléges de la ville par Robert, comte d'Artois.

Robertus, frater regis Francorum, comes Attrebatensis. Noverint universi presentes pariter et futuri quod hec est continencia carte quam hurgenses nostri de Sancto Audomaro habent a clare memorie karissimo genitore nostro Ludovico quondam rege Francorum.

In nomine sancte et individue Trinitatis, etc. (*Pièce* XL)

Nos autem predictorum burgensium nostrorum Sancti Audomari consuetudines, cartas et jura volentes illesa conservare, presentem paginam sigilli nostri auctoritate precepimus confirmari. Actum apud Parisius, anno Domini M CC XXX VII, mense julio.

(Original scellé, *Arch. munic. de Saint-Omer*, AB XIV, 2. — Cop. AB XVIII, 15, fol. 15.)

XLIV.
S. d., avant 1244.
Statuts de la hanse de Saint-Omer.

Sachent tout chil ki sunt et ki à venir sunt que li anchisour de Saint-Omer ont establi, pour le franchise et pour le honeur des marcheans, une confrarie ke on apele hanse, en tele manière ke nus marcheans ne doit marcheander en Engleterre ne en Escoche ne en Irlande ne de la Somme se il n'a se hanse. Et chil ki vient acater se hanse cui peres a en le hanse, il doit doner à le hanse VI s. de esterlins et XL d. à le hopringhe et cil cui peres n'ot nule hanse, il doit doner X s. de esterlins à le hanse et VI s. et VIII d. à le hopringhe de esterlins. Et quant li hom doit entrer en le confrarie de le hanse il doit jurer à garder les drois de le hanse loiaument aussi com li anchisour l'ont gardé : che est à savoir ke il doit tout laissier manouvrage de se main et abrokerie et regraterie et à peser de trosnel. Et nus ne doit marcheander de avoir de home se il n'est hansés. Et se on seust ke aucuns confrères fesist aucunes choses deffendues on le doit monstrer au doiien et as confrères de le hanse. Et se li confrère pueent entendre ke aucuns de leur confrères ouvrast contre les drois de le hanse et li doivent forsjugier de le hanse. Et se aucuns fust qui n'eust mie le hanse et marcheandast en aucuns de ches regnes, li confrères le pueent constraindre à doner se hopringhe et se hanse et se li hom constrains desist ke il n'eust mie tant de catel com le assise monte de le hanse, il doit paiier se hopringhe as confrère et forsjurer les regnes de si adonc ke il ait tant de catel ke il puist acater se hanse. Et se aucuns fust ki n'eust mie se hanse il puet marcheander de le avoir à un des confrères sans calenges de le hanse de si adonc ke il puist acater se hanse. Ne nus confrères ne doit marcheander de autrui avoir nient hansé. Et se li confrère entendent ke aucuns confrères marcheandast de autrui avoir nient hansé, li confrère le doivent hanser. Et toute le hopringhe doit estre au doiien et as confrères por faire leur volenté.

(Copie du XIIIe siècle. Ms. de la bibliothèque de Saint-Omer, n° 889.)

XLV.

1247 avril et 1247-48 février.

Robert, comte d'Artois, confirme une sentence arbitrale déterminant les limites de la banlieue du côté d'Arques.

R. comes Attrebatensis, universis presentes litteras inspecturis, salutem in domino. Notum facimus quod nos limitationem et divisionem super protentione banleuce necnon juridictionis et alte justicie ville nostre Sancti Audomari versus Arkes, ac etiam juridictionis et alte justicie ville Sancti Bertini que vocatur Arkes versus Sanctum Audomarum de quibus erat questio et contentio inter nos et communitatem ville Sancti Audomari ex parte una et ecclesiam Sancti Bertini ex altera, per viros venerabiles S. abbatem de Claromarisco, P. prepositum ecclesie Sancti Audomari, B. archidiaconum Attrebatensem in Ostrevant clericum nostrum et S. de Villare, militem, ballivium nostrum Attrebatensem, de consensu nostro et dictarum partium factas, secundum quod apparet per metas ibidem positas et per eosdem signatas, concedimus, ratas habemus et easdem, tanquam dominus, confirmamus sub forma presentibus litteris nostris subsequenter inserta :

Universis presentes litteras inspecturis, S. abbas de Claromarisco, P. prepositus Sancti Audomari, B. archidiaconus Attrebatensis in Ostrevant, clericus illustris viri R. comitis Attrebatensis et S. de Villare, miles, baillivus Attrebatensis et Sancti Audomari, salutem in Domino. Notum facimus quod, cum inter illustrem virum dictum R., comitem Attrebatensem, fratrem L. illustris regis Francorum et communitatem ville Sancti Audomari ex parte una et abbatem et conventum Sancti Bertini ex altera, super protentione banleuce necnon juridictionis et alte justicie ville Sancti Audomari versus Arkes ac etiam juridictionis sive alte justicie ville de Arkes versus Sanctum Audomarum, controversia verteretur ; tandem, interveniente bonorum virorum consilio, dicte partes in hoc amicabiliter convenerunt et concesserunt quod nos, auditis testibus hinc inde producendis, inspectis etiam cartis et privilegiis monasterii Sancti Bertini, dictam controversiam terminaremus, fines dictarum banleuce, juridictionis sive alte justicie ville Sancti Audomari versus villam de Arkes certis ac manifestis limitibus distinguendo, salvis tamen privilegiis monasterii, quantum ad alia que in ipsis continentur de quibus nichil possumus nec poterimus ordinare, utraque parte promittente quod dictum nostrum sive ordinacionem nostram super predictis in posterum inviolabiliter observabunt. Nos autem, secundum formam nobis traditam, procedentes, fines dictarum banleuce, juredictionis sive justicie inter dictas villas concorditer distinximus metis certis et manifestis, decernentes quod banleuca, juredictio sive alta justicia ville Sancti Audomari versus Arkes extendunt secundum quod itur a villa Sancti Audomari per magnam stratam publicam ante ecclesiam beate Marie Magdalene, versus Arkes, usque ad illas duas primas metas positas ab utraque parte dicte strate ; quarum una sita est in fossato quod dividit magnam culturam de Arkes a terra de Arkes que dicitur Calvergers et tendit recte ad illam metam que est in fossato quod dividit eandem magnam culturam et Lanestit. Illa vero secunda meta reflectitur versus meridiem et tendit recte ad metam sitam similiter inter dictam magnam culturam et dictum Langstit, prope viam que tendit ad sabolonariam et illa meta tendit recte ad metam sitam inter Wingard et Kiselpit; quarta vero tendit recte ad metam sitam in summa parte de Piteringdal ; quinta vero tendit recte ad metam sitam inter Westbergh et Piteringdal ; sexta vero tendit recte ad metam sitam super Westbergh; septima autem tendit recte usque ad illam que stat super ripam riparie contra Millebroch ; alia vero meta que stat ab opposito prime mete juxta supradictam stratam et tendit versus Leveiam ad illam metam que sita est in Westbroc tendit recte ad metam sitam juxta Leveiam. Notandum autem quod omnis justicia supradicte strate publice a predictis primis metis usque ad duas metas positas ab utraque parte ipsius strate publice prope atrium de Arkes in loco qui dicitur Bare est dicti domini comitis et non extra stratam. Habet etiam idem comes totam justiciam in Leveia a Postico juxta molendina Sancti Bertini et in aqua superiori per cujus cursum moliunt dicta molendina usque ad pontem qui dicitur Vebrighe. Ubi vero justitia est comitis, est judicium scabinorum Sancti Audomari. Juridictio vero de Arkes et alta justicia extendunt se versus villam Sancti Audomari usque ad predicta loca et metas extra dictas stratam publicam Leveiam et aquam superiorem. Proprietas autem dictarum Leveie et aque superioris cum omni proventu suo remanet salva monasterio memorato. Nec cursus ipsius aque averti poterit nec impediri seu ipsi monasterio auferri nec in usu ipsius aque in purgatione vel munitione ipsius poterunt abbas et conventus in terris suis et que tenentur ab ipsis infra terminos conventus aliquatenus prohiberi; hoc adjecto, quod dicti abbas et conventus in terris suis et que tenentur ab ipsis infra terminos banleuce versus villam Sancti Audomari et in dictis aqua et Leveia, habent quicquid de consuetudine terre domini fundorum in fundis suis competit vel competere potest proprietatis seu dominii fundi ratione. Et sciendum est quod ubi justicia seu dominium ratione fundi est ecclesie Sancti Bertini, ibi est judicium hominum seu scabinorum ipsius ecclesie. Datum anno domini M° CC° quadragesimo septimo, mense aprili.

In hujus rei testimonium et robur perpetuum, sigillum nostrum presentibus litteris duximus apponendum. Datum Parisius, anno domini M° CC° XLVII°, mense februarii.

(Copie du XIII° siècle. *Arch. municip. de Saint-Omer*. Cart. AB XVIII, 15, fol. 15 v°. — Impr. *Recueil de Chartes*, fol. 24. — *Mémoires de la Société des antiquaires de la Morinie*, t. XIV, p. 223.)

XLVI.

1247. 14 septembre.

L'évêque de Térouane lève l'excommunication lancée sans autorité suffisante contre l'échevinage par les prêtres de Saint-Omer.

P. Dei gratia Morinensis episcopus, omnibus presentes litteras inspecturis, salutem in domino. Noverit universitas vestra quod, cum controversia et litigium, inter presbiteros Sancti Audomari et scabinos ejusdem loci, in presentia, nostra ventilaretur eo ipso quod ad mandatum canonicorum Sancti Audomari predicti, presbiteri, absque majoris auctoritate, excommunicationis sententiam fulminarunt in ipsos, juris ordine non observato, sicut dicti scabini asserebant. Tandem compromissum fuit in nos, tali adjecta conditione quod prefati presbiteri in nostra presentia constituti recognoverunt se simpliciter vel minus juste ac negligenter predictam sententiam promulgasse, propter bonum pacis et quod in posterum talem sententiam absque majore auctoritate, videlicet domini Morinensis aut Remensis archiepiscopi aut judicum delegatorum aut auctoritate domini pape, infligere non presument. Super hoc dicti scabini presens scriptum petierunt sigilli nostri munimine roborari ne de cetero in subditos sententiam fulminent abusivam. Datum anno Domini M° CC° XL° VII°, feria sexta ante festum beati Mathei apostoli, mense septembri.

(Copie du XIII° siècle. *Arch. municip. de Saint-Omer*. Cartul. AB XVIII, 15, fol. 24.)

XLVII.

1247-48. Février.

Robert, comte d'Artois, approuve la nomination d'arbitres par le chapitre et la ville pour terminer diverses contestations, nomme un tiers-arbitre, précise les points à définir, et les conditions de la sentence.

R. comes Atrebatensis, universis presentes litteras inspecturis, salutem in domino. Noveritis quod, cum controversia verteretur inter decanum et capitulum Sancti Audomari ex una parte, scabinos et burgenses ville Sancti Audomari ex altera, super justicia gardini juxta Sanctum Audomarum, ac etiam super justicia et injuriis de Alneto juxta villam predictam; item, super eo quod dicti decanus et capitulum petebant et volebant habere portas in claustro suo, scabinis et burgensibus contradicentibus; et etiam super IIII^{or} domibus et masuris in dicta villa acquisitis predicte ecclesie post tempus pie memorie Ludovici patris nostri Francorum regis; tandem, de consilio bonorum virorum, pro bono pacis, in dilectos nostros P. prepositum Sancti Audomari et Egidium de Sancta Aldegonde burgensem de Sancto Audomaro compromiserunt; qui si discordarent tercium dedimus de voluntate parcium : S. de Villari ballivum Attrebatensem, ita quod, habita estimatione reddituum et omnium aliorum que dicta ecclesia habet in dicto gardino, necnon habita estimatione domorum et masurarum et omnium aliorum que in dictis domibus et masuris fidelis noster Fulco de Sancta Aldegonde, juxta atrium Sancti Audomari et ante pontem castellani predicte ville, tenet in feodum, faciant fieri concambium, prout sibi visum fuerit expedire; debebunt autem dicte domus et masure esse in perpetuum libere et canonicales sicut alie site inter ambitum claustri Sancti Audomari, excepto quod vina et omnia alia venalia non poterunt ibi vendi nisi ad forum et justiciam ville ejusdem; et si contingat domos predictas vel aliquam eorum locari laicis, predicti laici erunt de juridictione dicte ville ; poterunt autem dicti compromissarii ordinare de portis habendis in claustro ecclesie predicte.

Item, de quatuor domibus acquisitis, tempore Ludovici regis patris nostri : quod si dicte IIII^{or} domus vel alique earum contigue sint domui alicujus canonici et competentes ad inhabitandum vel ad coquinam, vel ad granchiam, vel aliud officium, eas libere sicut alias canonicales domos habebunt, prout dicti compromissarii ordinabunt; alioquin homini justiciabili venditioni exponentur.

Item, de justicia, consuetudine et usu ac injuriis, ut dicebant canonici, illatis ecclesie et hospitibus suis de Alneto, ordinabunt dicti compromissarii prout eis melius videbitur expedire hinc inde.

Insuper, predicti decanus et capitulum, per procuratorem suum magistrum Albertum de Pisis canonicum suum et predicti scabini et burgenses similiter, per procuratores suos Johannem de Bodinghem et Johannem de Devra burgenses suos, promiserunt seratum habere et tenere, sub pena ducentarum marcharum ad magnum pondus parti servanti arbitrium a parte resiliente reddendarum, quicquid super premissis dicti compromissarii duxerint ordinandum. Prefatus vero Fulco dicte compromissioni et ordinationi dictorum compromissariorum consensu promittens quod tale escambium quale dicti compromissarii ei fecerint de domibus suis et gardino predictis ratum habebit nec contraveniet ullo modo; immo dictum gardinum, cum ad eum pervenerit, tenebit de nobis in feodum et dicti canonici predictas domos et masuras liberas habebunt et canonicales sicut superius est expressum.

Nos autem, R. comes Attrebatensis compromissionem antedictam et ordinationem quam super hiis dicti compromissarii fecerint ratam et firmam habebimus et etiam confirmamus, promittentes, ad instantiam parcium, quod ea faciemus inviolabiliter in perpetuum observari. Debet autem hec compromissio terminari infra ascensionem Domini proxime venturam, nisi terminus, de consensu parcium, fuerit prorogatus. Datum apud Parisius, anno Domini M° CC° XL° septimo, mense februario.

(Orig. scel.: *Arch. du chap. de Saint-Omer*, II G 2254. — Copie du xve s.: Cart. II G 54, fol. 45 v°. — Copie du xiii° siècle : *Arch. munic.* Cart. AB XVIII 15, fol. 24 v°.)

XLVIII.

1247-48. Février.

Robert, comte d'Artois, règle plusieurs différents entre la ville et l'abbaye de Saint-Bertin, principalement relatifs à la Meer.

Robertus comes Attrebatensis, universis presentem paginam inspecturis, salutem. Notum facimus quod, cum inter majores, scabinos et communitatem ville nostre de Sancto Audomaro ex parte una et abbatem et conventum Sancti Bertini ex altera, super introitibus et exitibus cujusdam aque sancti Bertini que Mera appellatur et quibusdam articulis inferius contentis et tractatis, questio verteretur; tandem dicte partes super hiis in nos compromiserunt, promittentes, sub pena mille marcharum argenti ad pondus Trecense, quod ratum et firmum haberent quicquid nos de alto et basso super hiis ordinare vel statuere curaremus. Nos autem, de bonorum et prudentium virorum consilio, dictum nostrum et ordinationem protulimus in hunc modum : quod Mera clausa perpetuo remanebit, ita tamen quod clausurarum foramina talia erunt et ita aperta quod, per inundationem vel crementum aque ipsius Mere, nullum possit pasturis seu areis sive ortis dicte ville, sive per obstructionem foraminum, incommodum venire. Hoc etiam nobis et heredibus nostris in perpetuum retinemus quod predictam Meram, tempore guerre, aperire, apertam tenere et per eam navigare et ire de nocte et de die possimus nos et nostri quicumque sint, quociens et qualiter tunc nobis vel dominis Sancti Audomari qui pro tempore fuerunt, sine piscandi tamen opere, visum fuerit expedire. Cessante tamen guerra, poterit Mera claudi sicut ante. De fossato autem quod dividit Meram et magnam pasturam, per quod communiter navigatur, diximus et ordinamus quod ad transeundum et eundum quocumque modo, commune universis et singulis habeatur; ad piscandum vero, erit commune tantum ecclesie Sancti Bertini et omnibus et singulis burgensibus ville in omnibus sui partibus et quod quociens reparacione vel purgacione indigebit in aliqua parte sui communibus expensis ville Sancti Audomari et ecclesie Sancti Bertini utiliter reparetur. Quarum expensarum dicta villa medietatem et abbatia Sancti Bertini aliam medietatem solvere teneatur; petente etiam altera parte purgationem ipsius hoc altera pars non poterit denegare et si esset disceptatio inter eos utrum dictum fossatum purgatione indigeret, dicte partes ad arbitrium vel judicium domini ville vel ballivi sui, qui pro tempore fuerit, predictum fossatum purgare tenebuntur quociens predictis domino ville vel ballivo suo purgatio necessaria jussa fuerit vel etiam oportuna. De decem vero libris quas villa Sancti Audomari debebat ecclesie Sancti Bertini pro communibus pasturis, de quibus in carta quam villa Sancti Audomari habet ab ecclesia Sancti Bertini mentio habebatur, diximus et ordinavimus quod a solutione illarum villa Sancti Audomari in perpetuum sit libera et immunis, pasturis nichilominus eidem ville remanentibus pacifice et quiete. Et pro quitatione illarum decem librarum eis facta ab ecclesia, ipsam ecclesiam et aquam Mere de omni via et transitu, quem per meram petebant, quitaverunt et perpetuo, de consensu nostro, absolverunt et nisi tempore guerre ut superius est expressum. Diximus etiam et statuimus ut omnes alii articuli in predicta carta contenti valorem perpetuum obtineant nec eis, per ordinationem istam, in aliquo derogetur. Diximus insuper et ordinavimus quod illi omnes et singuli qui predictam meram violenter aperuerunt, de predicta apersione violenta et ejus pertinentiis super quo ab ecclesia Sancti Bertini impetebantur, immunes remaneant et in pace, nec ecclesia Sancti Bertini eos vel eorum aliquem super dicta apericone in posterum inquietare valeat ullo modo; addentes ordinationi nostre et statuentes per dictum nostrum, sub pena etiam predicta, precipiendo quod villa Sancti Audomari et ecclesia sancti Bertini ex altera super limitatione banleuce jam facta inter villam Sancti Audomari et villam de Arkes litteras suas patentes sibi tradant ad invicem, sicut in arbitrorum litteris, scilicet S. abbatis de Claromarisco, P. preposito de Sancto Audomaro, R. archidyacono Attrebatensi in Ostrevant et S. de Villare, militis, ballivi Attrebatensis continetur et etiam super omnibus supradictis. Nolumus enim quod super hiis in posterum aliqua questio valeat suboriri. Retinemus etiam nobis potestatem declarandi et exponendi omnia predicta usque ad triennium sequens, si de eis contingeret infra triennium discordiam suboriri. In cujus rei testimonium et ut predicta omnia rata et firma permaneant in perpetuum, presentem cartam sigilli nostri munimine duximus confirmandam. Datum Parisius, anno Domini M° CC° quadragesimo septimo, mense februarii.

(Cop. du XIII° s. *Arch. municip. de Saint-Omer*, *Cart*. AB XVIII, 15. fol. 17.)

XLIX.

1247-48. Mars.

L'abbaye de Saint-Bertin déclare accepter la sentence arbitrale réglant les limites des juridictions de la ville et de l'abbaye du côté d'Arques.

Universis presentes litteras inspecturis, frater Gilebertus abbas et conventus Sancti Bertini, salutem in Domino. Notum facimus quod nos limitationem et divisionem inter banleucam ville Sancti Audomari et juridictionem sive altam justiciam ville nostre de Arkes factas per viros venerabiles, Simonem abbatem de Claromarisco, Petrum prepositum Sancti Audomari, Bernardum archidiaconum Attrebatensem in Ostrevant et Simonem de Villare, militem, ballivum Attrebatensem, ratas habemus et in perpetuum promittimus nos servaturos et contra non venturos. Cujus tenorem presentibus duximus inferendum.

Universis presentes etc. . . . . . (*Pièce* XLV.)

Nos etiam ut omnia predicta rata permaneant, sigilla nostra presentibus litteris duximus apponenda. Datum anno Domini M° CC° XL° septimo, mense martio.

(Copie du xiii⁰ s. *Arch. municip. de Saint-Omer*, Cartul. AB XVIII, 15, fol. 18 v°.)

L.

1247-1248. Mars.

L'abbaye de Saint-Bertin promet de se conformer à l'ordonnance du comte d'Artois relative à la Meer.

Universis presentes litteras inspecturis frater Gilebertus abbas et conventus Sancti Bertini, salutem in domino. Notum facimus quod nos dictum et ordinationem illustris viri domini nostri Roberti comitis Attrebatensis, super introitibus et exitibus aque nostre que Mera appellatur et aliis articulis in ipso dicto contentis et terminatis, approbamus, rata habemus et in perpetuum nos promittimus observaturos et contra non venturos. Cujus dicti et ordinationis tenorem presentibus duximus inferendum.

Robertus comes Attrebatensis, etc. (*Pièce* XLVIII.)

Nos etiam, ut predicta omnia rata permaneant, sigilla nostra presentibus duximus apponenda. Datum anno Domini M° CC° quadragesimo septimo, mense martio.

(Cop. du xiii⁰ siècle. *Archives municip. de Saint-Omer*, Cartul. AB XVIII, 15. fol. 19 v°.)

LI.

1247-1248. Mars.

Pierre, évêque de Térouane, confirme l'ordonnance du comte d'Artois relative à la Meer.

Petrus Dei gratia Morinensis episcopus, universis presentes litteras inspecturis, salutem in Domino. Notum facimus quod nos dictum et ordinationem illustris viri Roberti comitis Attrebatensis super introitibus et exitibus aque Sancti Bertini que Mera appellatur et aliis articulis in ipso dicto contentis et terminatis super quibus in ipsum extitit compromissum ab abbate et conventu Sancti Bertini ex una parte et majoribus et scabinis et communitate ville Sancti Audomari ex altera, approbamus et auctoritate pontificali confirmamus. Cujus dicti et ordinationis tenorem presentibus duximus inferendum.

Robertus comes attrebatensis, etc. (*Pièce* XLVIII).

Nos etiam, ut predicta omnia rata permaneant, sigillum nostrum presentibus litteris duximus apponendum. Datum anno domini M° CC° quadragesimo septimo, mense martio.

. (Cop. du xiii siècle, *Arch. munic. de Saint-Omer*, Cart. AB XVIII 15, fol. 20.)

LII.

1248. 14 mai.

Sentence arbitrale de Pierre, prévôt du chapitre, et de Gilles de Sainte-Aldegonde, bourgeois de la ville, réglant la fermeture du cloître, les conditions de possession de certaines maisons canoniales, l'échange fait entre le chapitre et Foulques de Sainte-Aldegonde et la juridiction de Lannoy.

Sachent tout cil ki cest escrit verront ke io, Pieres, provos de Saint-Omer et io, Giles de Sainte Aldegonde, borgois de Saint-Omer de la mise faite entre les canonres de l'eglise de Saint-Omer d'une part et les borgois de Saint-Omer d'autre part, ke nos avons sor nos, nos acordons et disons notre dit en tel forme :

Nos disons ke, sauve le droiture le comte, en le rue ki commenche à le porte le provost et en le rue ki est devant le maison maistre Aubert, ke li atries soit enclos en tel manière ke om fera une porte au bout de le maison signor Gerard de Niepeglise ki venra au mur le prevost et l'autre porte sera au debout daerain le maison maistre Aubert, vers Saint-Bertin et venra dusk'au mur de le maison maistre Robert d'Argentoel et de cele porte dusk'au debout des maisons ke l'ighlise a par change de Fouke de Sainte-Aldegonde doivent estre enclos, or totes les autres portes de l'atrie doivent estre el meisme lieu u eles sunt ore et totes ces portes doivent etre closes par nuit et overtes par jor, sauf cho ke on les doit ovrir a cheus ki volront aler à matines ausi com samblera bon au provost et au chapitle.

De le maison signor Lambert de Cassel, nos acordons et disons k'ele soit canoniaus, sauf le cens de III sol vi d. k'ele doit à mon signor Oston de Horinghem; de le maison maistre Aubert et de le grange signor Gerard de Niepeglise, disons k'eles soient canoniaus. Totes les autres maisons ki ont esté aquises à l'ighlise puis le tans le bon roi Loeys, le pere à monsignor le comte d'Artois ki ore est, doivent estre vendues à l'esgart et à la demande de preudomes; et dusk'adonc k'ensi soient vendues i prendra l'iglise le cens.

Les maisons signeur Gerart de Niepeglise, maistre Hellin et maistre Robert d'Argentoel doivent si estre closes k'eles n'aient nule issue par derrière vers Saint-Bertin, si ke li porte ke maistre Robers d'Argentuel a vers le ruele doit estre close.

Del cange des maisons Fouke de Sainte Audegong, au garding, nous acordons et disons en tel manière ke Foukes doit avoir le gardin auvet totes les apartenances et auvet tote le droiture ke li capitles i avoet et si doit avoir le masure u li marchans maint, en tel point comme le chapitre l'avoit et li marchans la doit tenir de sire Fouque en autreteil point comme il la tenoit de chapitre et le jardin avec toutes les appartenances; et celle masure devant dite doit sire Fouque tenir en fief du conte avec ses autres fiés en tele maniere comme il tenoit les tres meisons devant le pont le chastelain qui a donné au chapitre en change. Et ces trois mesons avec les celiers doit l'iglise tenir et avoir perpetuelment et franchement et doivent estre canoniaux et tele droiture i doit avoir l'iglise come sire Fouques y avoit, c'est assavoir cambage, forage, et droiture le conte. Et se y avenist que le chapitre louast ces mesons à laie gent, il seroient de la juridition de la ville et se on vendit vin es celiers on le devroit vendre au fuer de la ville.

Des Ausnoiz, nous acordons et disons que li quens il doit avoir la haute justice et se aucun de Lannoi est portrais en la hale de haute justice u de LX libr., li baillieus le puet pendeir par le auctorité. Et li chapitre doit avoir en Lannoi le conté et quanques affiert au conté et si doit avoir le chapitre eschevins qui doivent et puent jugier selonc ce que autres eschevins jugent qui sont dedens la banlieue dusques LX s. et de toutes les choses que autre eschevin de conté dedens la banlieue jugent. Et se li bourjois de Lannoi fussent taillié et fussent arrierré de leur taille, li eschevin de leur propre auctorité pour teles tailles puent pandeir. En tous autres cas, ne de deites ne de dol, ne eschevins ne nuz autres n'i puet pandeir sans le message du chapitre. Si, nous acordons et disons que des masures et de choses qui affiert à masure et le maresc que bourjois ont au temps d'ore en Lannoi, que li uns bourjois le puent vendre à l'autre, meis dès ce jour en avant ne pourra bourjois entrer ne acheter ne masure ne chose qui affiert à masure ne maresc en Lannoi sans le congié du chapitre, fors ce que bourjois i tiennent ore.

Et parce que mention n'est faite de la petite maisons surs

l'aitre qui fu sire Fouque, nous entendons et disons que elle est déchargé avec les III masons devant le pont le chastelain.

Toutes ces choses devant dites disons nous par notre dit comme miseur et par sentence d'arbitre et disons et enjoingnons aus devant dictes parties qu'ainsi les tiengnent, sur la poinne qui noumée est en la mise.

Ce fut fait et dit l'an de l'Incarnation MCCXLVIII, le juedi devant l'ascension.

(Dans une confirmation d'août 1248. *Arch. du chap. de Saint-Omer*, II G, 605. — Copie du XVᵉ s. *Arch. du chapitre cart.*, II G, 54, fol. 41 vº. — Cop. du XIIIᵉ s. *Arch. municip. cart.* AB XVIII, 15, fol. 26.)

LIII.

1248. 17 mai.

Confirmation par Robert, comte d'Artois, de la sentence précédente.

R. comes Atrebatensis, universis presentes litteras inspecturis, salutem in Domino. Cum super quibusdam articulis inter decanum et capitulum ecclesie Sancti Audomari ex una parte, scabinos et burgenses ejusdem ville Sancti Audomari ex altera questio verteretur, et iidem decanus, capitulum et burgenses in dilectos nostros P. prepositum ecclesie Sancti Audomari et Egidium de Sancta Aldegonde burgensem predicte ville, pro bono pacis, de consilio bonorum virorum sub certa forma, sicut apparet per litteras nostras patentes, compromisissent, predicti compromissarii, inquisita veritate super premissis articulis, habita deliberatione et diligenti tractatu inter se, dictum suum sive arbitrium protulerunt in hunc modum :

Sachent tout cil... (*voy. la pièce précédente.*)

Nos autem, viso arbitrio sive dicto predictorum arbitrorum, sigillato sigillo eorumdem et diligenter inspecto, arbitrium supradictum ratum et firmum habentes, ipsum confirmamus et volumus illud perpetuam habere roboris firmitatem ac precipimus partibus supradictis ipsum imperpetuum inviolabiliter observari. In cujus rei testimonium, presentes litteras sigilli nostri munimine fecimus roborari. Actum anno Dominice incarnationis MCCXLVIII, die dominica proxima ante ascentionem Domini.

(Orig. scellé *Arch. du chap.*, II G, 605. — Cop. du XVᵉ s., II, G 54, fol. 41 vº. — Cop. du XIIIᵉ s.: *Arch. municip.* Cartul. AB XVIII, 15, fol. 25 vº.)

LIV.

S. d. 1250.

Biens tenus en fief du comte d'Artois par Gerard de Niepeglize.

Hec est terra quam Gerardus de Niepeglize[1] tenet ab illustre comite Attrebatensi. Quamdam mansuram fere totam tenet jacentem juxta portam Sancte Crucis infra muros supra viculum qui tendit ad atrium Sancti Audomari; item, medietatem portagii de porta Sancte Crucis; item, quamdam pietiam terre jacentem extra portam Sancte Crucis juxta fossatum ville in medietate versus aquilonem; item, xxiiii hodios parvos avene et ix sol. flandrenses quos solebat reddere dominus Balduinus dispensator et modo debet reddere comitissa flandrensis singulis annis apud Sanctum Audomarum et in hujus rei testimonium dictus Gerardus apposuit sigillum suum presenti scripto et inde est homo ligius dicti comitis.

(*Arch. du Nord*, 1er cartul. d'Artois, n° 73, fol. 32 v°.)

LV.

1255. 8 mai.

Jacques, évêque d'Arras, rapporte le jugement de Jehan de Ulli, clerc de l'hôtel du roi, et de Jehan de Mesons, chevalier, délégués par le roi pour terminer un différent entre Gui de Chatillon, comte de Saint-Pol, seigneur d'Artois, et l'échevinage de Saint-Omer.

Jaques, évesques d'Arras par la grâce de Dieu, à touz ceus qui ces lettres verront, salut en Dieu. Nous fesons assavoer que comme divers contens[2] fussent esmeu entre noble homme Guion de Chastillon, conte de Saint-Pol et signeur d'Artoys, d'une part, et la ville de Saint-Omer, d'autre, nostre sire li rois envoia à Arraz pour les contens oir et abessier, de son ostel mestre Jehan de Ulli, clerc, et Jehan de Mesons, chevalier, et après mout de traitemenz, li cuens et le maieur et li eschevin de Seint-Omer

---

1. Probablement chanoine de Saint-Omer. Voy. 2e cartul. de Flandre, pièce 168 et 170. 1254 : mention de Gerard de Nieppe-Eglize, chanoine de Saint-Omer, arbitre entre le chapitre d'Aire et la comtesse de Flandre.

2. Le texte porte : *contes*.

priièrent les devantdis maistre Jehan et Jehan chevalier k'il ordenaissent haut et bas à leur volenté de touz les contens qui estoient entre euls et promittrent le maieur et li eschevin pour euls et pour la vile de Saint-Omer et li cuens pour soi que l'ordenement des devantdis maistre Jehan et Jehan chevalier tenroient et feroient tenir plainement, selonc ce que lor plairoit à ordener ; et nous et moult autres boines gens priames ceus maistre Jehan et Jehan chevalier qu'il preissent cest ordenement sour euls car li contens qui estoit en la vile de Saint-Omer entre le conte et la vile estoit si grans que la vile estoit aussi come sans loi. Li devant dit maistre Jehan et Jehans chevalier, à nos priières et au priières d'autre boines gens, pour le peril que il veoient qui pooit avenir du descort, prisent cest ordenement à grant paine sour aus et ordenerent en la présense des parties si comme il est devisé en che present escrit :

De ce que li maieur et li eschevin de Saint-Omer disoient contre le conte et contre le bailliu de Saint-Omer que li devantdis baillus avoit juré à garder le loi de le ville et avoit fet contre son serment en moult de choses, pour quoi il avoit cessé de faire loi en la ville, il ordenèrent que li bailliu demoura baillius et li eskevin feront loi et de ce qu'il disoient contre le baillif, il enquerroient en boine foi et quant il aront enquis, li cuens ouverra de son baillif à leur consel et pour ce qu'il voelent que li baillus face loiaument ce qu'il doit, il ordenerent qu'il juerra par leur dit, sans droit acquere as eskevins, que le serment qu'il fist quant il fu bailli bien et loiaument le gardera.

De ce que li eschevin disoient contre le conte qu'il tenoit un homme en la vile de Saint-Omer qui avoit brisié une pais d'un homme ocis, ne de ce ne poaient faire loi pour le conte, il ordenèrent que li cuens mandera celi devant lui qui se pleint de la pais brisié et traitera de la pais en tel manière que cil qui dit que la pais est brisié et en requiert loi, s'en tera par pais faisant et sires Jehan maires de Saint-Omer et sires Flourens eskevins seront à ce traitement avoec le conte et en bonne foi la pais pourcaceront ; et se dedens la Touzseinz n'estoit ceste paiz fete et cil qui dit que la pais est brisié requeroit loi as eskevins, li cuens d'ilec en avant et li eskevin en feroient, chascuns tant q'à lui en apartient, raison, et ont ordené que cil que on dit qui a le pais brisié requerra pais en ceste chose.

De ce que li eschevin disoient qu'il estoient plége et de ce de mil libvres à rendre chascun an à la contesse de Boulongne pour la contesse d'Artais et que leur nant de ce estoient pris, il ordenerent que le cuens leur delivrat leur nans qui pris estoient et leur damages leur rendit.

De ce que li eskevin disoient que li Rois avoit mandé au conte qu'il rendist les cateus à ceus de Saint-Omer qu'il avoit pris, et il n'eut pas tout rendu ; il ordenerent par l'assentement des parties que la defaute sera seur le gardyen des frères menus de Saint-Omer et ce qui dira qui encore sera à rendre à son dit et meesmement dou ronchin que li baillus prist qui estoit d'Engleterre sera rendus audit gardyen, pour laquel prise lour choses estoient retenues en Engleterre.

De ce que li eschevin disoient que leur catel estoient pris pour le contens qui avoit esté entre la contesse de Flandres et la contesse d'Artais, il ont retenu à dire et à ordener de ce.

D'autre part, de ce que li eschevin disoient que la comtesse de Flandres leur faisoit tort en sa terre de Gravelinghes et d'autre part et pluiseur chevalier contre leur francises et leur chartres et leur usages et requeissent que li cuens i meist consel come leur sires, il ordenerent que pour ce que li rois avoit escrit à la contesse de ce amender, qu'il requerroit encore le roi se le ne l'amende et s'en porchacera par le roy et li cuens envoiera avec aus pour ceste chose au roi et en requera le roy et la contesse.

De ce que li cuens disoit que li eschevin avoient laissié à faire loi en la vile de Saint-Omer, pour ce qu'il disoient que le baillu ne faisoit mie vers aus ce qu'il devoit ne ne gardoit sen sérement et requeroit que li fust emmendé pour ce qu'il avoient cessé de faire loy avant ce qu'il en fust alains ne devant lui ne devant autre, ja soit ce que li l'eschevin l'en eussent requis; il ordenerent ensi qu'il porteront le cas au roy et se li consaus au Roi s'acorde que il le doivent emmender, il l'amenderont au dit des ordeneurs devantdiz et sera sour aus de l'amender haut et bas.

Des autres articles dont li cuens disoit que li maieur et li eskevin faisoient tort à l'oir d'Artais en iretages et en autres choses, li cuens, par consel qu'il eut, le mist en souffrance tant que il eust bien enquist de sa droiture et quant il quidera bien faire il le rapelera de ce.

Ces choses li devant dit ordeneur les ordenerent, sauve la droiture l'oir d'Artoys et la droiture de la vile de Saint-Omer et sauves toutes chartres, toutes lois et tous usages qui doivent estre tenu par droit. Li non des maieurs de la vile de Saint Omer et des eskevins par qui ce fu fait sont tel : Jehans de le Deule, Flourens Aubers, maieur, Wautiers de Wale, Simons Escade, eskevin. Et nous, evesque d'Arras devantdis, à la requeste des parties, en tesmougnage de ceste chose, avons séélé cest present escrit de nostre seel. Ce fu fait à Arraz, en l'an de l'Incarnation Nostre Signeur mil CC LV, le samedi prochain après l'Ascension.

(*Arch. du Nord*, 1ᵉʳ cartul. d'Artois, n° 97, fol. 39.)

LVI.

1267. Juillet.

Robert, comte d'Artois, confirme les priviléges de la ville.

Robertus, comes Attrebatensis, noverint universi presentes pariter et futuri quod hec est continentiá carte quam burgenses de Sancto Audomaro habent a clare memorie karissimo genitore nostro Roberto quondam comite Attrebatensi illustri.

Robertus frater regis francie, etc. (*Pièce* XLIII).
Nos autem predictorum burgensium nostrorum Sancti Audomari consuetudines, cartas et jura volentes illesa conservare, presentes litteras sigilli nostri auctoritate voluimus roborari. Actum apud Parisius, anno dominici MCCLXVII, mense julio.

(Origin. scellé. *Arch. municip. de Saint-Omer*, AB. XIV.)

LVII.

1269. Décembre.

Serment prêté par le comte d'Artois à la ville.

Robertus, comes Attrebatensis, universis presentes litteras inspecturis salutem. Cum intelleximus quod quondam antecessores nostri, ville Sancti Audomari quondam domini, in primis suis adventibus eidem ville nostre et burgensibus ejusdem juramentum prestiterunt, nolentes dicte ville juribus in aliquo derogare, nos ejusdem ville nostre et burgensibus predictis juramentum prestitimus in hec verba :

Juramus quod ville nostre predicte Sancti Audomari et burgensibus ejusdem erimus bonus et fidelis dominus et quod dictam villam et burgenses predictos ejusdem servabimus, manutenebimus et defendemus, secundum cartas predecessorum nostrorum a nobis eis confirmatas. Et licet dictum juramentum Parisius eisdem fecerimus, tum intelleximus quod modus faciendi juramentum talis est, videlicet quod ville Sancti Audomari dominus in primo suo adventu apud Sanctum Audomarum tenetur in eadem villa tale quod prescriptum est facere juramentum, nec per hoc quod dictum juramentum Parisius fecerimus intendimus dicte ville in aliquo prejudicium generare. Quod ut ratum et firmum permaneat, presentes litteras sigilli nostri munimine fecimus communiri. Datum Parisius, anno Domini M° CC° LXIX°, mense decembris.

(Origin. *Arch. mun. de Saint-Omer*, CCLI, 2. — Copie du XIII° siècle. *Ibid.*, Cart. AB XVIII, 15, f° 34 v°.)

LVIII.

1269-1270. Mars.

Robert, comte d'Artois, fonde une foire dans la ville de Saint-Omer.

Robertus, comes Attrebatensis, dilectis et fidelibus suis burgensibus ville Sancti Audomari, salutem et dilectionem. Cum sepius a vobis fuerimus requisiti quod dignaremur velle ac concedere quod nundine constituerentur in villa nostra Sancti Audomari durature singulis annis per mensem integrum, sicut sunt in quibus villis Campanie et Flandrie, asserentibus etiam vobis quod hoc cederet in utilitatem et commodum dicte ville et totius terre nostre; nos, vestris precibus inclinati, volumus et concedimus quod dicte nundine statuentur et ordinentur ibidem, ita tamen quod statutum vel ordinatio nundinarum specialiter fiat, prout erit expediens et utile, per ballivum nostrum et gentes nostras quas per terra nostra regenda dimiserimus principales, una de consensu et assensu scabinorum ville nostre predicte et quod statutum illud seu ordinatio de verbo ad verbum sub sigillis ipsorum conscribatur in testimonium predictorum, salvo tamen jure nostro in premissis. In cujus rei testimonium, presentes litteras sigilli munimine duximus roborandas. Actum Parisius, anno Domini M° CC° LXIX°, mense martio.

(*Arch. du Nord*, 1er Cartul. d'Artois, f° 97 v°.)

LIX.

1271. Avril.

Le chapitre de Saint-Omer accense à l'échevinage le tonlieu des huit premiers jours de juin pour lui permettre la création d'une foire franche[1].

Universis presentes litteras inspecturis, Th. decanus et capitu-

---

1. Voyez un texte un peu différent de la même charte dans le *Registre aux bans*, n° 848.

lum ecclesie sancti Audomari Morinensis dyocesis, salutem in Domino. Noveritis quod cum majores et scabini ville Sancti Audomari proponant et intendant de novo creare et instituere in villa Sancti Audomari nundinas que incipient primo die mensis junii et intendant dictas nundinas facere liberas et immunes ab omni theloneo in XIV primus diebus; nos theloneum quod habemus in villa Sancti Audomari in VIII primis diebus mensis junii predicti damus ad censam sive firmam majoribus et scabinis et ville Sancti Audomari predictis perpetuo pro sex libris par. annui redditus nobis solvendis et reddendis a predictis majoribus et scabinis, singulis annis, in crastino nativitatis beati Johannis Baptiste. Et nos A., prepositus ecclesie memorate, dictam censam seu firmam approbantes confirmamus. Actum est etiam et consensum quod si dicte nundine aliquo casu cessarent vel deficerent, non obstante dicta censa, theloneum VIII dierum predictorum ad nos revertetur et dicti majores et scabini liberi erunt a solutione VI librarum predictarum. Quod ut ratum et firmum permaneat, presentes litteras predictis majoribus et scabinis tradidimus sigillorum nostrorum munimine roboratas. Actum et datum anno Domini MCCLXXI, mense aprili.

(Orig. scellés. *Arch. mun. de Saint-Omer.* CXCIX, 1, et *Arch. du chapitre,* II G 1900.)

LX.

1271. Août.

Robert, comte d'Artois, confirme un accord intervenu entre le chapitre et les échevins et autorise la reconstruction de la chapelle du marché dans les conditions qu'ils ont déterminées.

Universis presentes litteras inspecturis, Robertus comes Attrebatensis, salutem et dilectionem. Noveritis quod cum nos concesserimus venerabilibus viris decano et capitulo ecclesie Sancti Audomari quod ipsi possent facere de lapidibus capellam beate Marie, existentem in foro Sancti Audomari, quanto vellent altitudinis, secundum longitudinem et latitudinem predicte capelle et circumjacentium camerarum et scabinis nostris ville Sancti Audomari pro utilitate nostra et totius ville Sancti Audomari expeditius et utilius videatur quod dicta capella fiat longior et strictior quam solebat et prefati decanus et capitulum ad peticionem et instanciam predictorum scabinorum hoc duxerunt concedendum et autem predictorum scabinorum ex una parte et prefatis decano et capitulo concorditer fuerit ordinatum quod dicta cappella fiat longior circa XII pedes et strictior circa IV pedes quam solebat et quod introitus dicte cappelle elongetur a communi via fori nostri circa VIII pedes plus quam solebat. Nos predictam ordinationem inter predictos scabinos, decanum et capitulum habitam super premissis voluimus, laudamus, concedimus, approbamus ac etiam confirmamus. In cujus rei testimonium, presentibus litteris sigillum nostrum duximus apponendum. Datum anno Domini MCCLXXI, mense augusti.

(Orig. scellé. *Arch. du chap. de Saint-Omer*, II G 2780.)

LXI.

1273-74. Janvier.

Guillaume, châtelain de Saint-Omer, donne en fief à Lambert Wolveric ses perceptions sur les étaux de la halle, les deniers à lui dus par la ville sur les rentes de la Ghière et une rente sur la mairie du Brûlle.

Sachent tout chil ki cheste chartre verront et orront ke jou, Willaumes, chevaliers et castelains de Saint-Omer et sires de Faukemberghe, ai donei à Lambert Wolveric fil Jehan Wolveric de Saint-Omeir à tenir en fief de mi et de mes oirs, lui et ses oirs, les droitures ke li sueur me devoient en Saint-Omeir devant chou ke jou le donai à lui, chou est à savoir : les borgois ki estal tinent en le hale trois deniers et les forains chinc deniers à prendre et à leveir, devant ke jou les donai à lui, et quatre livres de Parisis par an ke li vile de Saint Omeir me devoit, devant ke jou les donai à lui, à prendre sour toutes les rentes ke li devant dite vile a sour le Gher et XII lib. de Par. par an à prendre sour me mairie dou Bruille ; et veul ke ki k'il soit ki cheste mairie tenra ne maniera, k'il soit tenus de paier les douze livres devant dites et de faire plainne main au devant dit Lambert Wolveric et à ses oirs, le moitié à le nativitei Saint-Jehan-Baptiste et l'autre moitié à le Toussains apres ensuant et ensi d'an en an et de termine en termine irritavlement. Et si veul ke li mairie devant dite soit obligié au devantdit Lambert Wolveric mon homme et à ses oirs pour les douze livres faire plaines chascun an et che fief devant dit doit il tenir pour tous services par une blanke lanche à paier devens les jours de le Pentecouste et s'il avenist ke par ensone u par oublianche ne le paiast, ou autres pour lui en le Pentecouste, en apres en devroit il deus et se il ne les paiast il en seroit en amende de chinc saus de Parisis et ensi s'en aquiteroit. Et che fief devantdis, ensi com il est nomeis par pieches, li promet jou et ai encovent à warandir contre tous cheaus ki par l'ocoison de mi u de mes singneurs u de mes oirs li poroient u voroient demandeir et se li ai donei che fief par teil condise k'on devera dou fief paier deus lauches quant relief i eskera pour le fief. Et pour chou ke che soit ferme chose et estavle et seure ai jou cheste chartre seelée de men seel et donée au devant dit Lambert Wolveric, en l'an de grace M et CC et LXXIII, el mois de jenevir.

(Orig. scellé. *Arch. du Nord*, B 130.)

LXII.

1276. 24 juillet.

Robert, comte d'Artois, affranchit du péage de Bapaume les vins de Beauvaisis qu'on mène à Saint-Omer.

Universis presentes litteras inspecturis, salutem. Noverint universi quod attendentes fidelitatem et dilectionem quas dilecti et fideles nostri majores, scabini totaque communitas ville nostre Sancti Audomari hactenus habuerunt et habent ad nos et ad nostros et diligentiam quam semper in negotiis nostris, quantum ad ipsos pertinet, posuerunt, pura liberalitate et gratia damus et concedimus eisdem ut burgenses nostri Sancti Audomari, quando voluerint habere et ducere apud Sanctum Audomarum vina que gallice dicuntur *de Bieuvoisis* possint ea ducere, per quodcumque kiminum voluerint, sine redevancia aliqua facienda nostro pedagio Bapalmarum, a quo pedagio, quantum ad predicta vina, absolvimus eosdem et eciam liberamus et quitamus, nisi forte dicta vina conducerent per districtus pedagii castellanie Bapalmarum, quod tunc, sic transeundo per dictum pedagium, redevancias dicti pedagii solverent consuetas. Quod ut ratum, firmum et stabile permaneat in futurum, presentes litteras sigilli nostri fecimus impressione communiri. Datum et actum Parisius, in vigilia sanctorum Jacobi et Christophori, anno Domini MCCLXXVI, mense Julio.

(Vidimée successivement par les rois de France : Saint-Omer, 1302, Paris, 1318, Poissy, 1323. *Arch. nat., Trésor des chartes*, reg. JJ 61, f° 91, pièce 186[1] et f° 218, p. 484; JJ 80, f° 45, pièce 87; JJ 96, f° 36, pièce 100.)

1. Quelques lignes de l'acte ont été omises dans cette transcription, toutes les autres donnent l'acte complet.

LXIII.

1277. 17 octobre.

Charte de non préjudice pour les priviléges de la ville, concédée par Robert, comte d'Artois, en raison de la liberté donnée aux étrangers d'acheter du vin à l'Étape.

Robertus comes Attrebatensis universis presentes litteras inspecturis, salutem. Cum burgenses ville Sancti Audomari talem libertatem habere dicantur ut quando vinum defertur ad dictam villam, in foro vendatur ad locum qui dicitur *Estaple*, nullus, nisi sit burgensis dicte ville, possit dictum vinum emere in predicto loco ; at dicti burgenses, propter bonum ville, voluerunt et ordinaverunt quod quicumque, sive sit burgensis dicte ville sive foraneus vel extraneus undecumque, possit usque ad terminum unum emere in dicta villa, dicta libertate contraria non obstante. At nobis supplicaverunt ut propter hoc nullum generetur prejudicium libertati. Universitati vestre volumus notum esse quod propter hoc volumus eorum ville vel libertati nullum prejudicium generari quia possint, infra dictum triennium, statutum hujusmodi cum sibi placuerit revocare. In cujus rei testimonium, sigillum nostrum presentibus litteris duximus apponendum. Datum apud Cripigniacum, die dominica ante festum beati Luce ewangeliste, anno Domini M° CC° LXX° septimo.

(Orig. scellé. *Arch. mun. de Saint-Omer*, XXXII, 3.)

LXIV.

1280. 24 décembre.

Accord entre le châtelain et l'échevinage au sujet des déchargeurs de vin.

Sachent tout chil ki sont et ki chest present escrit verront et orront, ke, cum contens et debat a esté entre noble homme Willaume castelain de Saint-Omer, chevalier, et signeur de Faukenberghe, d'une part, et les maieurs et les eskevins de le vile de Saint-Omer, d'autre part, d'endroit che ke Willames castelains devant dit disoit qu'il doit avoir jusques à quatorse deskerkeurs de vins et qu'il les devoit metre et oster et nus autres et avoir de chascun

I marc quant il les meteroit, ensi ke s'anchiseur eurent eu, lidit maieur et eskevin disant le contraire, en che qu'il disoient ke nus ne pooit doner mestier qui apartenoit à le vile se aus non, et meismement des deskerkeurs de vin, qu'il les devoient et pooient metre et oster et nus autres, par ensi ke li castelains devantdis devoit avoir le representacion parmi I marc lui donant de chascun, quant on les meteroit. A le pardefin, après moult de debas et de contens, s'acordèrent les parties devant dites por bien, pour pais et por le preu commun et des II parties, ke lidit maieur et eskevin pueent et doivent à tousjours mais metre jusques à xx deskerkeurs de vins c'on apele opslares, et nus autres, et oster les quant ils mefferont, et qu'il ne puet ne ne doit avoir ne plus ne mains; et ke chil xx devant dit doivent ouvrer partout as kaies là u eskevin leur comanderont, et nus autres; et quant aront pourpris leur kaie pour ouvrer, nus clobbres ne autres ouvriers ne puet venir sour aus et doivent ouvrer de leur mains. Et s'il n'ouvraissent, il ne partiroient nient à la waaigne, s'il ne fuissent malade ou mahaignié, dont doivent il avoir moitié waaigne. Et ke nus ne puet metre vins hors des nez c'on apeles opslares se aus non, s'il ne fust ensi que aventure venist ke très grant plenté de vins venissent en le vile, et il ne peussent pas ouvrer les vins, eskevin porroient metre aive sour le coust des winscrodres, tant que li huevre seroit parfaite souffisaument. Et si pueent ouvrer par tout as cheliers là u on les vaurra avoir. Et est à savoir que desorenavant quiconque sera deskerkeur de vins que, ausi tost que lidit maieur et eskevin li aront doné le mestier, il le doivent presenter au castelain, et il doit doner au castelain I marc d'argent de xxxv s. de parisis por se droiture, ne plus ne mains. Et si doit doner à ses compaignons pour aide de leur cordes et de leur poulains et pour aprendre son mestier jusques à c s. de parisis et ne plus ne mains, ne autre buverage ne autre maignerie, ne lifecop [1], ne bonté il ne doit doner ne ne puet, sour sen mestier à perdre. Ne chil qui le prenderoit, ne donroit, ne demanderoit, perderoit ensement sen mestier. Et pour chou ke ches choses devant dites soient fermes et estables et bien tenues perpetuelment, nous, Willaumes castelain et li maieur et eskevin devantdis, avons nous chest present escrit enseelé de nos saiaux. En l'an de l'incarnation Jhesu Crist, mil et deus chens et quatre vins, el mois de decembre, la veille du Noël.

(Deux orig. scellés. *Arch. mun. de Saint-Omer*, CXLIII, 10.)

1. L'un des deux originaux porte : *livecop*.

LXV.

1281. 20 septembre.

Robert, comte d'Artois, autorise l'échevinage à agir au mieux des intérêts de la ville au sujet des étrangers qui veulent s'établir à Saint-Omer.

Robert cuens d'Artois à ses amez feaux le maire et les eschevins de Saint-Omer, saluz et amor. Comme vos nos aiez fet entendant par sages hommes notre feel Jahan de Saint-Audegon et Jahan Florent borjois de Saint-Omer, votre compagnon que plusieurs bones gens vuellent venir maindre et demorer en notre ville de Saint-Omer, selonc la loi et l'usage de notre ville desusdite, au profit de nos et de notre ville, nos vos mandons que vos, en ceste chose, faciez et puissiez fere, sauve notre droiture et notre aveur, ce que vos verrez et sarez qui au profit et à l'amendement de notre ville devant dite tornera et porra torner. Donné à Compigne, le samedit devant la saint Mahi, l'an de grace M CC quatre vinz et un.

(Orig. scellé. *Arch. mun. de Saint-Omer*, LIX, 1.)

LXVI.

1282. 27 juillet.

Robert, comte d'Artois, interdit aux marchands d'exposer et de vendre leurs marchandises ailleurs que dans les halles communes.

Robertus comes Attrabatensis universis presentes litteras inspecturis, salutem. Noveritis quod nos concedimus dilectis et fidelibus nostris majoribus et scabinis ville nostre Sancti Audomari quod nullus negociator seu mercator in villa predicta de cetero merces suas seu venalia venditioni exponat aut vendat nisi in hallis communibus ville predicte et quod omnes negociatores seu mercatores, causa emendi vel vendendi seu contractus faciendi, ad eorum hallas communes et non alibi debeant convenire, victualibus tamen cothidianis[1] preter carnes exceptis. Et hec premissa

---

1. M. D. de Pas imprime *cochidianis* et met en note : « de cuisine, « Voy. Duc, v° laudato. »

in perpetuum observari precipimus, salvo jure nostro in aliis et etiam alieno. In cujus rei testimonium, presentes litteras sigilli nostri munimine duximus roborandas. Datum apud Attrebatum, anno Domini M° ducentesimo octogesimo secundo, feria secunda post festum beatorum Jacobi et Christophori.

(Orig. *Arch. mun. de Saint-Omer*, CXXIX, n° 7. — Impr. *Mémoires de la Société des Antiquaires de la Morinie*, t. IV, p. 359.)

LXVII.

S. d. 1282 (?).

Guy, comte de Flandre, confirme les franchises en Flandre concédées aux bourgeois de Saint-Omer par ses prédécesseurs [1].

Guido Flandrie comes etc. (*sic*). Cum predecessores nostri comites Flandrie, burgenses et communitatem ville Sancti Audomari eo tempore quo de comitatu Flandrie existebant, eorum fidelitatem experti, fecerunt evidencia facti multiphariam comprobatam ob quam causam predictos burgenses et communitatem Sancti Audomari multis privilegiis et libertatibus muniverunt, eisdem concedentes libertatem per totum comitatum Flandrie in rebus et personis ut mercaturas suas libere, absque impedimento et absque pedagio seu theloneo, per terram seu per aquam apud Sanctum Audomarum deferri faciant, omnibus impedimentis cessantibus, cum plenissima libertate. Cum dicti predecessores nostri dictos burgenses et communitatem Sancti Audomari tanta libertate esse voluerint decoratos quanta liberiores burgenses tocius comitatus Flandrie fruuntur et utuntur. Nos vero, predecessorum nostrorum vestigiis inherentes, dictis burgensibus et communitati Sancti Audomari omnibus insimul et cuilibet de burgensibus per se, pro nobis successoribusque nostris, perpetuo concedimus quod merces et mercimonia cujuslibet generis per comitatum nostrum, per terram et per aquam, ad dictam villam Sancti Audomari libere deferantur, omnibus impedimentis ablatis, arrestorum, poncium nimis strictorum seu etiam depressorum et omnibus aliis impedimentis cujuscumque generis ablatis; ita

---

1. Le rédacteur du cartulaire a mis en marge la note suivante : « Credo hoc esse transcriptum quum hoc conscripsi. »

quod, in terra et in aqua, mercimonia seu merces que ad dictam villam Sancti Audomari portabuntur per aliquem justiciarium in comitatu nostro Flandrie arrestari non possint nec pontes seu pontium debeant impedimentum sustinere. Immo, pontem de Watenes et omnes alios pontes, si qui fuerint, suis propriis sumptibus et sua propria auctoritate possint adaptare et ita latas et altas facere quod vasa magna et parva per dictos pontes absque impedimento aliquo valeant pertransire. Insuper, dictis burgensibus et communitati Sancti Audomari et cuilibet de burgensibus dicti loci, pro nobis successoribusque nostris, in perpetuum concedimus quod, in portu de Grevelinghe et in toto mari adjacenti dicto portui, die noctuque possint ire navigio, prout sibi placuerit, cum magna seu parva societate, cum uno seu pluribus vasis, et emendi et quo voluerint deferendi et quantum sibi placuerit de allectibus seu aliis mercimoniis, que in dicto portu de Grevelinghes et in mari adjacenti dicto portui venduntur seu venalia reperientur, liberam habeant facultatem ac etiam potestatem. Insuper allecia empta ab ipsis sine taxatione et presuntione alicujus, die nocteque, prout sibi placuerit et quantum sibi placuerit, salsandi in dicta villa de Grevelinghes et deferendi salsata quo voluerint seu et recencia per aquam et per terram liberam habeant potestatem. Volumus insuper quod privilegiis a predecessoribus nostris et a nobis dictis burgensibus et communitati concessis non possit per contrarium usum seu per prescriptionem seu statutum vel bannum a nobis seu predecessoribus nostris factum seu eciam faciendum derogari seu prejudicium gravari nam dicta privilegia in suo robore perpetuo volumus permanere. Datum etc. (*sic*).

(Copie du xiiie siècle. *Arch. mun. de Saint-Omer*. Cartul. AB XVIII, 15, f° 54 v°.)

LXVIII.

1282. Octobre.

Guy, comte de Flandre, interprète les franchises que les bourgeois de Saint-Omer avaient à Gravelines.

Nous Guys cuens de Flandre et marchis de Namur, faisons savoir à tous chaus qui sunt et qui avenir seront qui ches presentes lettres verront et orront que nous, veu aucun des privilèges ke chil de Saint-Omer ont de nos anchisseurs donneis et confermeis, si k'il i a aucuns poins en leur privilèges qui sont un pau obscur, ensi comme il nous samble, qui sont teil en romans : Tout chil ont leur Ghylde et à ychela appartiennent et dedens le chyngle de leur ville mainent, frans tous je les fais au port de Gravelinghes et soient frans par tout ma terre [de] Zewerp, derechief que li bourgois de Saint-Omer à Gravelinghes franc soient de tonlieu de quelcunques lieu il viengnent u en quelcunques lieu ils voisent u quelconques manieres de pecunies il amainechent; se il en aucune maison ne le meissent et illueques le vendissent adonques le droit statut rendechent; et se il ne le vendent, franquement et sans tonlieu, en quelconques lieu voellent, par terre ou par naive, le mainechent. Et pour che que chil de Saint-Omer ont estei aucune fois empechié, nous voulons que ches paroles et chez mos de leurs privilèges soient sainement et cleirement entendues si comme nous les entendons, c'est assavoir: quelcunques statut, ban ou commandement que chil de Gravelinghe fachent u aient fait u puissent faire, que chil de Saint-Omer n'en soient tenu de warder ne loye de rien ne ke on ne les puist arrester ne leur cors ne leur biens pour statut, ban ne commandement ke il aient fait se ne fust pour mellée ou de dete conute, ensi comme il est contenu en leur privilèges; et se on le fesist, nous leur sommes tenu à delivreir quite et delivré; et se chil de Gravelinghes fesissent aucun statut, ban u commandement et il samblast à chaus de Saint-Omeir que il leur fust domageus, nous leur sommes tenus de mettre à nient, tant comme à aus monte; et doivent li mayeur et li eskevin estre creu par leur lettres scellées de leur seel as causes u par le dit de deus de leur compaignons de li statut, ban ou commandement leur fussent damageus. Derechief, que tous li avoirs alant et menant par terre ou par eauve de Saint-Omer vers Gravelinghes et ki soit trouveis à Gravelinghes et que tous li avoirs alant et venant par terre u par eauve de Gravelinghes envers Saint-Omer alant le droit chamin sans nul mal engien, que on ne puist faire claym sus ne arrest, ne sour leur cors ne sour leur avors, pour nul meffait ne pour dete ne pour chose nulle, se ne fust pour mellée u dete conute, mais frankement et delivrement puissent aleir, meneir et rameneir leur cors et leur biens les chemins dessuzdit et sans encombrement u empeschement de chemin; et voel ke tout li pont ki sont seur le rivière entre Saint-Omer et Gravelinghes que on ne les puist abaissier ne estrichier ne autre empeeschement mettre ne leissier. Et quant à cheste deliberation dessusdite tenir fermement et perpetuelement, nous nous obligons et nostre oyr ensement, bien et loyaument tenir, warder et faire warder les choses dessusdites et devisées, sans nul mal engien, tant comme à nous monte, et pour che que che soit ferme chose et estable, nous, à la requeste des eskevins de Saint-Omer dessusdis, avons ches presentes lettres saellées de notre seel et données à Wynendale, l'an de l'incarnation notre seigneur Jhesu Crist mil deus chent quatre vins et deus, ou moys de octobre.

(Vidimus de 1282-83, mars, 1318 et 1383. — Arch. nat., *Trésor des chartes*, JJ 61, f° 93 v°, pièce 196.)

LXIX.

1293-94. Février.

Robert, comte d'Artois, concède à la ville le droit d'avoir un scel aux contrats.

Universis presentes litteras inspecturis, Robertus comes Atrebatensis, salutem. Noveritis quod nos dilectorum et fidelium nostrorum majorum et scabinorum ville nostre de Sancto Audemaro dampnis et periculis evitandis providere volentes necnon et fraudi que ex eorum evenit cirographis jamdiu est et possit imposterum evenire, eisdem auctoritatem prestitimus et prestamus ut sigillum habeant quo utantur et uti valeant ad conventiones omnes coram eis initas sigillandas, necnon recognitiones et alia explectamenta quecumque que ex eorum causis seu subditorum ipsorum vel aliorum quorumcumque poterunt evenire, concedentes eisdem ut ipsi, ad meliorationem ville nostre predicte, que de emolumento sigilli predicti unum denarium de unaquaque libra recipere valeant a volentibus habere recognitiones scabinorum predictorum, vel minus si voluerint, quod eorum arbitrio seu ordinatione relinquimus faciendum; ita tamen, quod si aliquando sigillaverint, emolumento aliquo de sigillo predicto minime requisito, eisdem iterato liceat unum denarium pro emolumento sigilli de unaquaque libra levare, percipere et habere, promittentes eisdem premissa omnia tenere et imperpetuum observare; et ad ea tenenda obligamus nos et volumus quod hec omnia per nos et heredes nostros imperpetuum observantur. In cujus rei testimonium, sigillum nostrum presentibus litteris duximus apponendum. Datum Parisius, anno domini millesimo ducentesimo nonagesimo tertio, mense februarii.

(Vidimée successivement par Eudes, comte d'Artois. Saint Omer 1302, août, par Philippe V. Paris, 1318, décembre, par Charles le Bel. Poissy, 1323, mai. — Copies du xiv° s. Arch. nat. *Trésor des chartes*, JJ 61, f° 92 v°, pièce 193 et f° 218, pièce 485 ; JJ 65, f° 107, pièce 153 ; JJ 80, f° 25, pièce 41 ; JJ 91, f° 37, pièce 103.)

LXX.

S. d. xiii° siècle.

Lettre des maieurs et échevins de Saint-Omer au roi d'Angleterre lui demandant des garanties pour leurs marchands.

A la royal magesté supplient meire et eskevins de la ville de Seint-Omer et pour tote la communalté de yceli. Come il aveit plusius bourgois, marchans de leur dite communalté, desirrantz de amener en roialme d'Engleterre et appartenances et de remener hors plusius denrées et marchandises, liquel marchant se demeurent de venir et marchander en dit royalme pour la doute des prises du roy et de ses gentz et de ses submis, liquel ont aucune foitz pris les denrées et marchandises de plusius marchantz et coustrent à croire contre leur vente et aisement contre dreit et reson et liquel demoré est au préjudice de ladite ville marchants et la communalté dudit roialme, par quei requerent lidit suppliant que lidis monseigneur li roi d'Engleterre, que, par son bon conseil de li et de ses heirs, il leur voelle otrier et donner grace que leur dit burgois et marchantz et communalté et leur successeurs de la dite ville de Saint-Omer puissent venir et aler en dit roialme et appartenances marchander et mener et remener de leur denrées et marchandises afin que il ne seient constraint de prise, de croire ne de paier chose non dewe, ne prestier contre leur volenté ne leur aisement de leur chateux, danrées ou marchandises, meismement comme ceo soit dreit et reson, profitz et honours et amendementz dudit roialme et communalté.

(Copie du xiii° s. Arch. mun. *de Saint-Omer*, LVII, 11.)

LXXI.

1302. 5 Septembre.

Relation du jugement et de la pendaison d'un voleur arrêté dans l'église de Saint-Bertin.

L'an mccc et ii, le cinquiesme jour du mois de septembre qu'il estoit jour de saint Bertin, fut fait en l'eglise de Saint-Bertin ce qui s'ensuit :

Primes, il est vray que ledit jour, dedens le ceur de ledite eglise, quant on cantoit le haulte messe dudit jour, là estoit une personne nommée Ghy Jansone, nées de le ville de Maestrecht en Brabant, si comme il disoit, liquel Ghy estans dedens le ceur fut trouvé copant une pieche d'une couroie ferrée d'argent, à laquelle pieche tenoit ung morgant et pluseurs cleux d'argent appartenant à Jehan le Kesere, et pareillement ledit Ghy paravant avoit coppé le morgant d'argent de le couroie d'un escuier qui estoit venus aveucques monsieur l'abbé de Clermarès et une daghe estofée d'argent appartenant à Henri Martin et une aloière apartenant à Jacquemart de Blequin, en lequelle aloyere estoit certaine quantité d'argent et plusieurs joiaulz d'argent. Et tantost les fais dessus dits furent dit à Wido le Damhoudre, lors bailleu de l'église Saint-Bertin; se approcha à le personne dudit Ghy estant dedens ledit ceur et là le prinst chargiet et sazy des choses dessusdites par luy copé, et le mena hors de ledite eglise et le mist en prison fermée en l'abbaye de Saint-Bertin, et ce meismes jour après disner, ledit bailleu de Saint-Bertin appela aveuc lui plusieurs frans hommes de Saint-Bertin et les mena en la presence dudit prisonnier et luy imposa qu'il avoit fait les malfaiz dessusditz et aultres plusieurs malfaiz, et tant fu procédé et demandé audit prisonnier que ly estant hors de tous liens, present lez dessusdits frans hommes, ledit Ghy confessa avoir fait touts les malfais dessusdits et aveuc ce confessa qu'il se party de le ville de Trecht pour ce que sa femme avoit emblé certaine quantité de laine qui estoit venue à son prouffit et de là ala demeurer à Medelbouch et là embla plusieurs grans froumages, et de Medelbouch se parti et ala manoir à plusieurs villes en Flandres. Et aveuc toutes les choses dessus dites, ledit prisonnier confessa que par trois ans il avoit continué de embler toutes manières de choses quant il pooit avenir asquelles choses; ledit prisonnier ne sçavoit mettre aucun pris ou nombre del valeur de ces coses. Et lors ledit bailliéu et hommes de Saint-Bertin estant ensemble en ladite abbaye pour oir le confession dudit prisonnier, yleecques soudainement Gille de Seninghem, luy disans soubzbailliéu de le ville de Saint-Omer, accompaigniés de deux eschevins et Jacquemart Coppin, luy disant procureur de ledite ville, liquelz bailleu et eschevins se approchèrent devant la maison où ledit prisonnier estoit, et là hurterent plusieurs grans coups contre l'uys de ledite maison et criant à haulte vois : Bailleu de Saint-Bertin, gardés que vous faites à Ghy Jansone que vous tenés prisonnier et se est bourgois et habitant en la ville de Saint-

Omer; car, se vous luy faites grief, ledite ville s'en pourchachera ; car en certain accord fait entre Saint-Bertin et ledite ville passé par parlement, est contenu que se aucun bourgois ou abitant est prisonnier à Saint-Bertin, il doit estre rendus à le loy de la ville de Saint-Omer aussy entier qu'il estoit quant il fust prins, aveucques tous ses biens parmy, paians sez dépens. — Et à ce fu respondu par Henry Kiebe lors procureur de Saint Bertin : Vous baillieu et procureur de ledite ville, vous attentés à l'encontre de l'accord dessusdit pour ce que dedens le pourprins de Saint-Bertin vous ne avés que veir ne que congnoistre en quelcunque manière. Et tant que il touche audit prisonnier, le droit des parties y sera bien gardé en temps et en lieu. — Et ledit baillieu et procureur non comptent de la response derechief requirent de voir ledit prisonnier et parler au bailleu de Saint Bertin, et sur ce que ledit Henry respondy : Bailleu et procureur de ladite ville, si vous aviés bien advisés l'accord dessus dit vous ne feriés point ce que vous faitez, et pour ce, vous ne verrés ne parlerés ledit bailleu ne prisonnier à ceste fois. Et à tant s'en partirent non comptent et ledit prisonnier demoura à Saint-Bertin. Et tantost ce meisme jour, ledit baillieu de Saint-Bertin se transporta devers les maieurs de ladicte ville disant : Je ay un prisonnier nommé Ghy Jansone, je le vous fay sçavoir. — Et tantost ledit mayeur respondi : Bailliu de Saint-Bertin, votre prisonnier n'est borgois ne abitant en ledite ville, et pour ce n'y avons point de droit, s'en faitez votre plaisir et bonne justice. — Et lors ledit baillieu de Saint-Bertin requist asdit maieurs d'avoir ouverte le porte derrière Saint-Bertin pour son dit prisonnier mener à justice quant il seroit jugiet. Lesquels maieurs respondoient que le porte fu machonnée et cloze, mais se il plaisoit à Monsieur de Saint-Bertin, en lieu de ledite porte on vous fera avoir as despens de ledicte ville une grande nef pour mener par le porte de l'eaue ledit bailliyeu, ses gens et sen jugiet hors de le ville d'Arques en le fin de le banlieue, sans par ce porter aucun prejudice as parties et de ce donner lectres à cascune partie. Et aussy fut accordé et fait pour bien de justice adnoncier que ledit bailleu de Saint-Bertin pouroit adjourner à leur personnes tous les frans hommes de Saint-Bertin, demourans en ledicte ville, sans porter prejudice as parties. Et ainsi fut fait et tant fait que samedi, neuviesme jour dudit mois de septembre, ledit bailliéu de Saint-Bertin amena ledit prisonnier sus et en le haute sale à Saint-Bertin, en jugement devant les frans hommes de Saint Bertin, est assavoir : Messieurs Guillaume de Waudringhem, chevalier, Jehan de Halines, Aleaume de Lompré et David Dane, escuiers, Hue Coquillan, rechepveur de Saint-Omer, Vincent Florent, Henri Kiebe, Simon de le Boize, Guillaume Hanon, Jehan de Mons, Jehan Manieborde, Jaquemart Copin deservant pour le vefve David d'Averouth, Simon de Fontaine deservant pour Mahieu de le Jumele; pardevant lesquelz frans hommes seant en jugement en ledite sale, ledit prisonnier estans hors de tous liens, congnut et confessa notoriement en jugement qu'il avoit copé et enblé toutes les coses desusdites et escriptes. Et lors les frans hommes dessusdits eurent deliberation de conseil tous ensemble aveucques toutes solemnités que à tel cas appartient. Ledit baillieu conjura les dessusdits frans hommes et lors fu demandé audit prisonnier : veuls tu oir sur ce que tu as cognut sentence. — Et il respondi : oy. — Et là fu dit par les bouches des frans hommes : Baillieu, vous le emmenerés dusques au gibet et le penderés par le col comme laron tant qu'il soit mort. — Et tantost ledit baillieu de Saint Bertin lui mist le hart au col et par la main du bourel fist mener ledit jugiet le hart au col dusques à la fin du pourprins de ledite abbaye, et là lui fu osté le hart du col, disant : je vous feray grace. Et là entra ledite nef acompaigniés de plusieurs gens et fut mené par nef dusques à le fin de le banlieue de Saint-Omer, et de là fut mené le hart au col au gibet d'Arques et là pendus par le col, present grant planté de gens, ainsy que il fut jugiet en ledicte sale.

(Copie du xviiie s. *Grand cartul. de Saint-Bertin*, t. IV, p. 5.)

LXXII.

1302. Août.

Serment prêté à la ville par Eudes, comte d'Artois et de Bourgogne, et Mahaut sa femme.

Universis presentes litteras inspecturis, nos Otho comes Atrabatensis et Burgundie, Palatinus ac dominus de Salinis et Mathildis ejus uxor, comitissa Atrabatensis et Burgundie, Palatina ac domina de Salinis, salutem. Cum intelleximus quod quidam antecessores nostri ville nostre Sancti Audomari domini quamdiu in primis suis adventibus eidem ville nostre et burgensibus ejusdem juramentum prestiterunt nos antecessorum nostrorum vestigiis inherendo, nolentes dicte ville juribus et consuetudinibus in aliquo derogare eidem ville nostre et burgensibus predictis juramentum prestitimus in hec verba : Juramus quod ville nostre predicte Sancti Audomari et burgensibus ejusdem erimus boni et fideles domini et quod dictam villam et burgenses predictos ejusdem ville servabimus, manutenebimus et defendemus secundum cartas predecessorum nostrorum quas eisdem volumus confirmare. In cujus rei testimonium, presentibus litteris sigilla nostra duximus apponenda. Datum apud Sanctum Audomarum, anno Domini millesimo trecentesimo secundo, mense augusto.

(Vidimé successivement par Philippe IV, Paris, 1302, mars, — par Philippe V, Paris, 1318, décembre, — par Charles le Bel, Poissy, 1327, mai. — Copie du xive siècle. Arch. nat., *Reg. du Trésor des chartes*, JJ 61, f° 92, pièce 190.)

LXXIII.

1305. 10 mai.

Jean de Hérouval, bailli d'Hesdin, fait savoir qu'à la suite d'un différent entre « le commun » de la ville et l'échevinage, accusé de mauvaise administration pardevant la comtesse d'Artois, les procureurs des parties, ajournés au château d'Hesdin, sont tombés d'accord, pour abréger la procédure, de charger la comtesse d'Artois de régler par une ordonnance les points litigieux et se sont engagés, pour eux et pour leurs mandants, à exécuter cette ordonnance.

A tous ceaus qui ces presentes lettres verront et orront, Jehans de Hairouval, baillis de Heding, salut. Comme contens ou matere de question fussent meu entre le commun de la ville de Saint-Omer et leur aloiés, d'une part, et maieurs et eschevins et ceaus qui sont et ont esté gouverneur de la dite ville du tans passé et leur aloiés, d'autre part, sur ce que lidis communs maintenoit que lidit maieur, eschevin et gouverneur s'estoient mauvaisement maintenu ou gouvernement de la ville, dou tans passé et sur cas de mauvaise administration et plusieurs autres cas touchans au gouvernement et à l'estat de la dite ville eussent fait apeler lesdis maieurs, eschevins et leur aloiés et trais en cause par voie ordenaire, pardevant tres-noble, tres-haute et tres-puissant no chière et amée dame d'Artoys et de Bourgogne, comme pardevant leur droit juge ; et eust madite dame donné et fait donner et assigner journée pardevant li, à Heding, au lundi dixieme jour de may, asdites partie pour aler avant sur les contentions et debas desuzdis, einsi que droit requeroit ; sachent tuit que, à Heding, ou chastel madite dame, à ladite journée, pardevant ma dame comme pardevant le droit juge, en la présence de moy et des hommes ma dame cy-dessus nommés, especialment à ce apelés et conjurés de par moy et requis desdites parties à entendre aux choses qui s'ensievent comme homme, comparurent les parties devant dites pour aler avant sur les cas et questions desusdites, c'est asavoir, pour le commun et leur aloiés : Nicole Aubers, Philippe Boullars, Clay Boullars, Grarse Mainabourse, Michiel Brigheman, Jehan Boullart, Pierre Boullart, Jehan de Boidingueham fil Gillon, Andriu de la Camle, Jehan le Leu, Clay Loube, Jaque le Lonc, Jehan de Bruges, Lambert le Waere, Lambert le Brieu, Pierre de Malevaut, Jehan de Tileke, Jehan de la Rochiele, Symon Saille, procureur par lettres de la baillie de Saint-Omer. Et pour lesdis maieurs et eschevins et leur aloiés : Guy Flourent, Jehan Flourent, Jehan Aubert, Lambert Wolvric, Jacques Durbrot, Gille de Sainte Audegonde, Jacque de la Devrene, Jehan d'Ypre, Lambert le Sac, Jehan Aubert fil Andriu, Gille Putal, Guillaume Hanebars, Ghillebert de Hallines, Jehan d'Aire, Thomas li Bons, Antoynes de Sainte Audegonde, Ph. de la Devrene, May Voulvrich, Jehan Maraut, Pierre l'Escuelier, Clay Capel, Michiel le Watte, Jaque dou Champ, Andriu Gavoie, Baudoin de Staples, Gille de Lisques, Lambert Bon-enfant, Gille Broec, Baudoin Stengout, Gille de Nordale ; lesdites parties, considerans les griés, la paine, les frais, les haines et les perils qui avenir porroient en la dite ville, entre les personnes, se les questions desusdites fussent demenées par voie ordenaire, par rigeur de droit et par lonc trait, considerans la tres grant volonté et affection que ils sevent que ma dame desuzdite a de garder la pais, la concorde, la raison, le droit et l'estat de ses villes et de ses sougis, pour bien de pais et pour les perils et les maus desus mis eschiver de touz les contenz desusdis et de toutes autres choses dont debaz peust estre meus entre lesdites parties duques au jour devant nommé, se misent et compromisent de haut et de bas en no chière et amée dame desuzdite et vaurrent et à ce obligièrent que de toutes les choses desuzdites madame coneust par li ou par autrui summairement et de plain et einsi qu'il li sembleroit que miex fust ; et selonc ce qu'ele trouveroit, oies les raisons desdites parties, ele corigast, reformast, feist et ordenast pour l'estat de la ville, dou tout à sa volenté et einsi qu'il li semblast que raisons fust et requisent et soupplierent à no dite dame que ele le fais de ces choses vausist prendre en ly en la manière desuzdite; laquele, à la requête et à la supplication desdites parties, prist et reçut en ly le faiz et la charche des choses desuzdites, en la fourme et en li maniere desuzdite. Et pour ce que li compromis desuzdis soit de valeur et li dis et li ordonance de ma dame soient tenu et acompli, lidit procureur dou commun, comme procureur, promissent et s'obligièrent à tenir et à emplir, garder et faire garder par aus et par leur commun tout ce que madame sur les choses desuzdites dira, prononcera, fera ou ordonera et sur paine de vint mille livres de Parisis, à rendre et à paier lesdites vinte mille livres de Parisis à madite dame en non de paine de la partie qui encontre ledit pronontiation ou ordenance de ma dame, faites sur les choses desuzdites, iroit, attempteroit ou feroit, en quelque manière que ce fust et ne demourroit mie pour la paine commise que lidis prononciations ou ordenance de madite dame ne demourassent en leur vertu et en leur force et fuissent entièrement gardé et tenu, se faire le pooient ledit procureur par la vertu de leur procuration, et, se faire ne le pooient par la vertu de leur procuration, si obligèrent-ils, chacun tant comme à sa personne, à toutes les choses desusdites et sur la paine desuzdite et promisent à curer et à procurer en bonne foy à leur pooirs qui auz choses desuzdites leur communs s'assentiroient et feroient obligier souffizamment tant de personnes de leur commun et de leur aloiés qu'il souffiroit à ma dame auz choses desuzdites tenir, garder et aemplir, einsi que dit est. Et de l'autre partie, pour les choses desuzdites tenir, garder et aemplir, sanz aler de riens encontre, s'obligièrent pour lesdis maieurs, eschevins et leurs aloiés les personnes deseure nommées et sur la paine desuz mise en la fourme et en la manière qu'il est desus dit et devisé et promisent à curer et à procurer en bonne foy à leur pooirs que de chascun des trois mestiers de Saint-Omer quatre personnes s'obligeroient à ce même en la fourme et en la manière et sur la paine desuzdite, et doit cis compromis, de l'acort des parties, durer en sa vigeur duques au jour de la nativité notre seigneur prochaine à venir. Et est à savoir que toutes les choses desusdites sont faites et accordés sauves les lois, les droits, les previleges et les chartres de la ville de Saint-Omer, auxquiex madame et les parties ne voolent que prejudices soit engendrez pour les choses desuzdites. Et à ce s'assentirent madame et les dites parties. Et se il estoit einsi que en la fourme des compromis et ez choses desuz escrites eust contenu aucune doutance ou obscurité, ou ens, ou dit, ou pronontiation que madame diroit et feroit par la vertu doudit compromis, les parties vaurent et à ce s'assentirent que les doutances et obscurités madame peust déclairer et interpréter einsi qu'il li sembleroit que bon seroit. En tesmoing des choses desusdites, j'ai mis le seel de la baillie de Heding à ces presentes lettres et commant auz hommes madite dame qui auz choses desuzdites ont esté apelé et present et conjuré par moy, d'entendre y comme homme, c'est asavoir : monsieur Robert dou Plaissie, monsieur Jehan de Contes, monsieur Jehan de Hestrus, monsieur Hue, seigneur de Caumont et chastelain de Heding, monsieur Eulart de Grigny, monsieur Pierre de Becourt, monsieur Jehan de Journy, monsieur Guillaume de Saint Nicolas, chevaliers et Ernout Cafet, que il mettent leur seaus à ces presentes lettres en tesmoignage de verité. Et nous, Robert dou Plaissie, Jehan sires de Contes, Jehans sires de Hestrus, Hues sires de Caumont et chastelain de Heding, Eulars sires de Grigny, Pierre sire de Becourt, Jehans de Journy et Guillaume de Saint Nicolas, chevalier et Ernous Caffes, desuz nommé, homme nodite chière dame qui auz choses desuzdites especialment avons esté apelé et present et conjuré par ledit bailly d'entendre y comme homme, ou tesmoignage de verité, avons mis nos seaus à ces presentes lettres avoec le seel de la baillle de Heding. Donné à Heding, ledit dizième jour de may, en l'an de grace M CCC. et cinc.

Sceau de la baillie, très-mutilé.
— de Robert du Plessis, complet (Demay, *Sceaux de l'Artois*, n° 548).
— de J. de Contes, mutilé.
— de J. de Hestrus, complet (*Ibid.*, n° 368).
— de H. de Caumont, complet.
— de E. de Grigny, disparu.
— de P. de Becourt, complet.
— de J. de Journy, complet (*Ibid.*, n° 384).
— de G. de St-Nicolas. très mutilé (*Ibid.*, n° 616).
— de E. Caffet, complet (*Ibid.*, n° 1396).

(Orig. *Arch. municip. de Saint-Omer*, CXXI, 1.)

LXXIV.

1305. 22 octobre.

Ordonnance de la comtesse Mahaut d'Artois réglant le mode de nomination de l'échevinage au prochain renouvellement, et obligeant les échevins à lui rendre compte des finances de la ville.

Nous Mahaut, contesse d'Artoys et de Bourgoingne, Palatine

et dame de Salins, à tous ceaus qui ces presentes lettres verront et orront, salut. Sachent tuit que comme contenz et debas fuissent meu entre le commun de notre ville de Saint-Omer, d'une part, et maieurs et eschevins viez et nouviaus et ceaus qui ont esté gouverneur de ladite ville dou tans passé, d'autre, sur ce que li communs, par procureurs certains comparans pardevant nous au non d'eaus et de tout le commun, par la vertu d'une procuration faite souz le seel de la baillie de Saint-Omer, maintenoient que lidit maieur et eschevin s'estoient mauvaisement porté ou gouvernement de la ville et sur certains cas d'administration et sur pluseurs autres touchans au gouvernement et à l'estat de notre dite ville et avoient fait lidit procureur apeler lesdiz maieurs et eschevins pardevant nous, comme pardevant leur droit juge sur ce ; et nous eussons donnné jour auz parties pardevant nous pour aler avant sur les contens et debas desusdis, einsi que drois requerroit. Lesdites parties, comparans pardevant nous au jour assigné souffisamment, considerant les griés, la paine, la haine et les perils qui avenir porroient à ladite notre ville, entre les personnes, se les questions et debat desusdit estoient determiné par rigeur de droit, pour bien de pais et pour les perils et les maus eschiver de touz les contens desuzdit et de toutes autres choses dont debas peust estre meus entre lesdites parties duques au jour d'adonques, se mistrent et compromistrent dou haut et dou bas en nous et vainrent et à ce obligièrent eaus et touz leurs biens que de toutes les choses et contens desusdiz nous conneussons par nous ou par autrui summairement et de plein et einsi comme il nous sembleroit que miex fust et par la vertu dou compromis nous donneront pooir de corriger, de refourmer, de faire et de ordener pour l'estat de notredite ville dou tout à notre volanté, einsi comme il nous sembleroit que raison fust ; et promistrent lesdites parties et à ce obligèrent eaus et touz leurs biens à tenir et à emplir, garder et faire garder par eaus et par les leurs tout ce que nous, sur les choses desusdites, dirions, prononcerions, ferions et ordonerions et sur paine de vint mille livres Par. à paier et à rendre à nous en non de paine de la partie qui encontre notre dit, pronontiation ou ordenance, faites sur les choses desusdites, iroit ou attempteroit, en quelconque manière que ce fust et ne demourroit mie pour la paine commise que notres dis, pronunciations ou ordenance ne demourassent en leur vertu, einsi qu'il est plus à plain contenu ès lettres dou compromis et des cautions faites sur ce, scellées des sceaus de la baillie de Heding et de Saint-Omer et de pluseurs notres hommes à ce apelés especialment et presens. Et nous, à qui il appartient à garder la pais et le profit de nos sougis, à corrigier et à ordener les choses maltraitées, malmenées et malfaites, punir les maufaiteurs et assoudre et delivrer les innocenz, considerans pluseurs biens et profis qui de ceste voie porroient venir, receu en nous le fais dou compromis, oies les demandes faites doudit commun par lesdiz procureurs ou non doudit commun et d'eaus encontre lesdiz maieurs et echevins et les responses et les deffenses desdiz eschevins, raisons, responses et replicacions desdiz procureurs et tout ce que l'une partie et l'autre ont volu proposer et dire, ois pluseurs tesmoins amenez d'une part et d'autre à nous enfourmer des choses desusdites, eue plaine deliberation et conseil à pluseurs preudommes en pluseurs lieus et par pluseurs fois, par le conseil que nous avons eu et pour bien de pais et de l'assentement des parties à ce presentes, c'est asavoir pour le commun : Nicoles Aubers, Ph. Boullars, Clay Boullars, Grart Mainabourse, Michiel Brigheman, Jehan Boullars, Pierre Boullars, Jehan de Boidingueham filz Gillon, Andriu de le Cambe, Clay Lonbe, Jacque le Lonc, Jehan de Bruges, Lambert le Waere, Lambert le Brun, Pierre de Mallevaut, Jehan de Tilleke, Jehans de la Rochiele, Symon Saille ; et pour maieurs et eschevins : Guy Flourent, Jehan Flourent, Jehan Aubers, Lambert Woulvric, Jaques Durbrot, Gilles de Sainte-Aldegonde, Jehans d'Yppre, Lambert le Sac, Jehans d'Ayre, Antoine de Sainte-Aldegonde, May Woulvric, Baudoin Stergout et Gilles de Nordale, prenans en main pour Jaque de la Devrene, Jehan Aubert fil Andriu, Gille Putart, Guillaume Hanebart, Ghillebert de Hallines, Thomas le Bon, Ph. de la Deverne, Jehan Marau, Pierre l'Escuelier, Clay Capel, Michiel le Witte, Jaques dou Champ, Andriu Gavoie, Baudoin de Staples, Guillaume de Liskes, Lambert Bonenfant, et Gilles Brot leur compaignons absens ; et promistrent, sur la caution de touz leur biens, que il aroient ferme et estable tout ce que nous dirons, ordenerons, et promiterons sur les contens desus diz, selon la fourme et la manière contenue en ceste notre presente ordenance, soit desus, soit de ce qui s'ensieut ci-après, disons prononçons et ordenons sur la paine desusdite en la fourme et en la manière qui s'ensieut :

Premièrement, que ou prochain terme devant que on a acoustumé et doit faire eschevin en notredite ville, pour le gouvernement de la ville, li eschevins qui ores sont, par notre conseil, feront et esliront nouviaus eschevins et teles personnes comme il nous plaira à nommer ou mander par nos lettres et non autres.

Item, nous disons, ordenons et prononçons, sur la paine desuz dite, que cil qui à ce prochain terme venant seront fait et créé eschevin par notre conseil et à notre nomination, einsi comme desuz est dit, au terme de leur issue que on a acoustumé à faire eschevins, feront eschevins par notre conseil et teles personnes comme il nous plaira à nommer ou mander par nos lettres et non autres, en la fourme et en la manière qu'il averont esté créé, se avant n'en aviens ordené en autre manière.

Item, quant au conte que lidit procureeur demandoient à avoir de maieurs et de eschevins dou tans passé, nous disons, ordenons et prononçons, sur la paine desuzdite, que maieur et eschevin en demeurent en pais, en tant comme il touche au commun, mais pour ce que à nous appartient la correction des aministreurs et la reformation de nos villes et à garder l'estat et le profit de notre ville et de noz sougis et savoir l'estat et le gouvernement de notredite ville, nous volons, ordenons et prononçons que li estas de notre ville, de tel tans comme nous le vaurrons demander et savoir, soit aportés pardevers nous et que maieur et eschevin et cil qui ont esté ou gouvernement de la ville ou tans passé, aportent pardevers nous tout l'estat et le conte de la ville, par quoi nous puissons veoir et oïr les contes et les levées et revenues de notredite ville et là où eles ont esté converties, et se nous trouvons que lidit maieur et eschevin ou aucun d'eaus aient fait fauseté, barat, ou trecherie ou autre faute notable, ou pris et levé et tourné pardevers eaus ou autrui à mauvaise cause les biens de notredite ville, que ceaus ou celui que nous trouverons coupable en ce, corrigons et punissons selonc la quantité dou meffait, sauves les defaites qui par simplece ou negligence notable, sanz vilain meffait, nous apparoient ou sembleroit estre fait, de quoy nous les ariens escusés.

Item, quant au conte faire pour le tans à venir, nous disons et ordenons et prononçons que contes se fait une fois l'an de ceaus qui seront maieur et eschevin en celui tans, quinze jours après leur issue, generalment present notre bailly et touz ceaus de notre dite ville qui estre y vaurront et porront et soie crié et publié à la bretesche, quatre jours devant ce que li contes se devera faire, que tout cil que vaurront oïr le conte de la ville viengnent au jour et au lieu où li contes se devera faire et einsi sera fais li conte des ore en avant, à touz jours mais.

Et se il avenoit que en la fourme de cest notre dit, pronontiation ou ordenance ou en aucune des choses contenues dedans, eust aucune doutance ou obscurté, nous disons, prononçons et ordenons et de l'assentement exprès des parties, que nous lesdites doutances ou obscurtés puissons déclarier et interprêter, corrigier et amender ainsi comme il nous sembleroit que bon fust.

Item, nous disons, prononçons et ordenons, sur la paine desuzdite que bonne pais, amour et concorde soit d'ore en avant entre lesdites parties et que, pour chose qui pardevant ait esté faite ne pour les choses contenues ès debas desusdiz, contens, questions, debas, descors ne haine soit ou puist estre entre les parties, ou tans avenir. Et est à savoir que par ce dit, ordenance ou pronontiation, nous n'entendons ne volons que prejudices soit fais ne engendrés aux lois, chartres, previleges, auz bonnes coustumes, ne auz bons usages de notre ville desusdite ou tans à venir. En tesmoins de laquele chose, nous avons fait mettre notre seel à ces presentes lettres. Donné à Saint-Omer, le venredi vint et deuzième jour dou mois d'ottoubre, en l'an de grace mil ccc et cinc.

(Origin. scellé. *Arch. municip. de Saint-Omer*, CXXI, 2.)

LXXV.

1306. 23 mai.

Ordonnance de la comtesse Mahaut d'Artois réglant le mode d'élection de l'échevinage.

Nous Mahaus, contesse d'Artois et de Bourgoingne, Pallatine et dame de Salins, faisons asavoir à tous chaus qui ces presentes lettres verront et orront, que, comme il soit venu à notre connisanche que li estas et li gouvernement de notre vile de Saint-Omer ait été menés par lonc tans par certaines persones de ladite vile qui eschevin estoient pour une année et creoient eschevins tels de leur lingnage si prochains qui all'issue de le eskevinage les recroient et faisoient arrière-eschevins et contoient l'un as autres de leur amministration, à l'yssue de leur eschevinage, sans autrui apeler de ladite vile et ainsi estoit et cheoit par aus de l'un en l'autre li eschevinages et li gouvernemens de notredite ville ainsi comme heritages, dont grant et grief dammage avenoient de jour en jour en notredite ville, si comme il nous a apparut de nouvel par la dissention et discort meu entre les gros, d'une part, et le peuple de notredite vile d'autre part. Nous, à qui il appartient à refourmer l'estat de notre dite vile, et à adrecier, corrigier et amender les choses maltraitiés et mal faites pour la pais, la refourmation et le profit de notredite vile et des habitans en ychéle, euwe deliberation et diligent conseil sur les choses dessus dites, avons ordené et ordenons en la fourme et en la manière qui s'ensieut :

Premièrement, ceste presente année passée, li douze juré pour le commun s'assambleront à la hale, la vigile du Noel matin, à la cloche, ne ne se doivent partir si auront esleu et mandé en cascune paroche du Haut-mestier dedens les murs quatre preudommes, ce seront douze, et en chascune paroche dou Bas-mestier dedens les murs quatre preudommes, ce seront autre douze. Chil vint et quatre preudomme mandé et assamblé en le hale, li douze dou Haut-mestier se metront d'une part et li autre douze dou Bas-mestier d'autre part, si que l'une partie ne puist oir le conseil de l'autre, et doivent cil du Haut-mestier eslire par leur serement les sis plus preudommes à leur enscient des douze dou Bas-mestier, et ensi cil dou Bas-mestier doivent eslire les sis plus preudommes dou Haut-mestier par leur serement conjuré de ciaus qui les auront eslus. Et metra cascune partie en i brievet lesdis persones qu'il auront esleu les uns des autres et ces brievés des douze, estrais hors des vint et quatre, seront aportés par devant les douze jureis pour le commun ; liqueil douze jurés pour le commun leur feront faire serement que la nuit de la Tyephane, par matin, à la cloche, s'assambleront à la hale, ne ne s'en partiront pour nule necessitée si auront esleu douze preudommes pour estre eskevins, remués de lignage, ensi comme en a autrefois usé; liqueis douze, eslus et pris, selonc l'ordenance et les conditions des gens dont on doit faire eschevins, li esliseur les doivent baillier et presenter as eschevins viés, par escrit endenté, dont il retenront la copie pour faire les mander et jurer l'eschevinage, ensi que on a acoustumé. Et li eschevin nouvel fait et jurés, li wit darrainement juré feront des quatre primerains jureis un mayeur et se cil wit ne se peussent acorder il prenderoient un des quatre primerains jureis à leur conseil et là où li chinc s'acorderont chis sera maires et aura pour ses frais sisante livres l'an. Et est à savoir que li autre douze des vint et quatre desuzdis non esliseur d'eskevins, esliront les douze pour le commun en la fourme qui est dite pardesus d'eskevins. L'eschevinage fait et le mayeur esleus en la manière dessus dite, li maires et li eschevin, lendemain del Tyephane, par matin, s'assambleront en la hale et li esliseur des douze pour le commun dessusdis y devront venir et presenter à eaus, par escrit endenté dont il recevront la copie, les douze qu'il auront esleus pour le commun, à ce qu'il les fachent mander et jurer en la manière qu'il appartient. Ce fait, li douze pour le commun, fait et jurés, esliront de l'un d'eaus un chevetaine par lequel si compaignon s'assambleront toutes les fois que on en aura à faire. Et quiconques soit eschevins l'une année, il ne peut estre après eschevins ne des douze pour le commun l'année après ensuiant, ne quiconques soit des douze pour le commun, il ne peut estre eschevins ne des douze l'année après ensuiant. Et doivent li eschevin viés conter dedens la quinzaine après leur yssue et fera on crier à la bertesche, trois jours devant le certain jour dou compte, que cil qui venir y vauront porront venir pour le compte oir; et sera fais à le hale ouverte.

Et ceste ordenance nous avons faite à la requeste dou mayeur et des eschevins et de tout le peuple de notredite vile, sauves les privileges, les lois et les coustumes de ladite ville, ausqués nous ne volons que par che aucuns prejudices soit fais; et se aucune chose contraire aux privileges, lois et coustumes dessusdis y estoit contenu, ce que nous n'entendons mie, nous declarons et volons que il soit tenu pour non mis et le volons des ore, de certaine science, non valoir. Et en tesmoin de laquele cose nous avons fait metre notre seel à ces presentes lettres, donnés à Paris, le mescredi après Pentecouste, en l'an de grace M trois chens et six.

(Copie sur parchemin du commencement du xiv° siècle, *Arch. munic. de Saint-Omer*, CXXI, 3.)

LXXVI.

S. d. 1306.

Ch'est li ordenanche comment et queus personnes et de quelle condition on doit prendre et eslire pour estre eskevin à l'honneur et au pourfit de la vile.

Premièrement, on doit prendre les plus loiaus et les plus sages bourgois et ke cascuns ait v lib. de tournois vaillant ou plus. Ne ne doit on prendre homme qui ne soit venus de loial espousaille, ne homme ki preste deniers pour autres ou ki use vilaines marcandises là où il apert usure, ne homme qui ait notoirement estés parjures, ne homme qui ait estei tenus de vilain fait. Et quiconques sera fais eskevins ne doit ouvrer ses cors mimes de mestier, tant k'il seit eskevins; et doivent li esliseur d'eskevins faire serement ke, en ler consienche et à leur ensiant, il esliront les eskevins tous et en teil manière comme il est desus dit et ne l'esliront pour lingnage, pour amis, pour loier ne pour promesse, ne pour pourfit promis, ne pour autre chose nule quele que ele soit, qu'il ne les esliront et prenderont loiaument aliur ensient du tout en la manière desus dite. Et est asavoir ke ensi ke li esliseur des eskevins bailleront les eskevins par escrit l'un devant l'autre pour faire les jurer et tout ensi doivent il seoir l'un devant l'autre as plais et as jugemens, hormis le persone de chelui ki sera maire, liqueis doit seoir deseure les autres et ses lieutenans autresi tant comme il tenra le lieu du mayeur.

(Copie du commencement du XIV° s. au v° de l'ordonnance précédente.)

LXXVII.

1306. 12 mai.

Abolition de l'ensoine par la comtesse Mahaut.

M. comitissa Atrabatensis et Burgundie, Palatina ac domina de Salinis, universis presentes litteras inspecturis, salutem in domino. Cum ex relacione majoris, scabinorum et communitatis ville nostre Sancti Audomari intellexerimus quod quedam consuetudo vulgariter dicta *ensoine*, que potius abusus et corruptela meruit appellari, fuerit in villa predicta, contra bonos mores, a tempore retroacto diutius observata, tale statutum importans, ut videlicet si aliquis, quantumque purus, innocens et immunis, in remotis partibus peregrinationis mercationum alia necessaria et honesta causa consistens super aliquo crimine vel questione in halla ville predicte in judicio vocaretur, nisi in eodem instanti responderetur : *non est in villa*, reus aut convictus super sibi impositis per judicium habeatur; cumque contra inculpabiles excogitatas malicias pluries contingit exerceri dictique major, scabini et communitas nobis cum instancia duxerit supplicandum et super hiis remedium congruum apponere pietatis intuitu dignaremur. Nos, eorum supplicationem rationi consonam attendentes, ad obviandum maliciis hujusmodi, dictam consuetudinem qui potius corruptelam decernimus et pronunciavimus esse nullam, eamque de cetero carere omnino volumus robore firmitatis. In cujus rei testimonium, presentes litteras confici fecimus sigilli nostri appensione munitas. Datum et actum in castro nostro Ariensi, vigilia ascensionis domini, anno ejusdem millesimo trecentesimo sexto.

(Vidimé successivement en 1317, Paris, par Philippe le Long, en 1323, Poissy, par Charles le Bel. — Copie du XIV° siècle. *Archives nationales. Trésor des chartes*, J.J. 61. f° 91 v° pièce IXxxVIII.)

LXXVIII.

S. d. Commencement du xiv° s., après 1306. — « Londres, samedi apres la feste Sent Denis ».

Lettre adressée à l'échevinage de Saint-Omer par Guillaume Alnordon et Pierre de la Vive, pour rendre compte de la mission dont ils avaient été chargés auprès des marchands de Londres.

A nous tré chir segniours maieur et eskevins et aus dis jurés de Sent-Omer, salus de par Willame Alnordon et Perre de la Vive vos vallés. Segniours, nus vus fesums asavoir qe nus avums trové bone gent especiaument de la bosonie qe vus nus avés chargié à fere è gens de no conoisanse, especiaument de la vile de Londris e de la marche de Galis, car de certein le tiers qe nus venimis à Londris, nus asemblamis sincante et III marchauns des plus sufisauns, e, Segniours, acune persone a en tele companie qe nus hount dit qe il velliet avoir un guerredoun, e, Segniours, le pourtour de cete letre le vus dira bien de bouche, e, Segniours, nus vus fesums asavoir qe les marchauns sunt tut à un acord de venir à Seint-Homer e si hount envoié à Brugis e à Anguers e a tus autris lieus à lour vallés qe il se astet de deliverer de lour biens, car se om le savoit qe il vousissit departir du pais, oun leur froit enpechement de leur biens e pour ce, ount il pris jornée à complir cete bosonie dedens la feste Sent Martin, par le conseil le meire et tus les marchans, e, Segniours, especiaument le meire de Londris e sire Richard de Betune nus ount reseu par la requeste de vous mout cortoisement e à grant honour, e, Segniours, Richard de Betune nus a chargié qe nus vus mandums qe hastivemement qe vus enpetrés vos letris par devers noster segniour le roi et par devers me dame de Hartois; e de certen se poise nus qe Richard ne n'eut point de letre, de qe vus priums qe vus la mendet à la revenue de Perre de la Vive, car il nus a esté bon ami à tut soun pover e, dous Segniours, nus vus prioums qe vus voliés envoier certen message pour acomplir se qe nus avums en convenaunt, car Pierre de la Vive le vus dirra de bouche, e, de autre part nus vus prioums qe vus faciet taunt qe cete chose soit parfete quinsene devaunt la Sent Martin, car li marchaunt sunt en bonne volanté; e si autre chose volet, mandet le nus par le pourtour de cete letre. Fetis à Londris, le samedi après la feste Sent Denis, e Seigniours, Dieu soit varde de vus tretus.

(Lettre close. Sur une bande de parchemin qui est restée fixée à la pièce on lit : « A no segniours meres et esquivins de Sent-Homer. » — Orig. Arch. mun. de Saint-Omer, LVII, 9.)

LXXIX.

1320. 15 juillet.

Priviléges concédés par la comtesse Mahaut aux marchands étrangers qui fréquentaient l'étape de Saint-Omer.

Nous, Mahaut, comtesse d'Artoys et de Bourgoingne, Palatine et dame de Salins, faisons assavoir à touz ceuls qui ces présentes lettres verront ou oiront, que, comme li maieur et li eschevin de nostre vile de Saint-Omer nous aient humblement supplié que nous au maieur des marcheans et aus marcheans dou Royaume d'Engleterre et d'ailleurs qui se sont acordé ou voudront venir et tenir leur estaple de leur laines et de leur autres marcheandises en nostredite ville de Saint-Omer, si comme li maieur et eschevin dessusdit nous ont donné à entendre, voulsissiens ottroier que il peussent tenir en nostredite vile ladite estaple et estre et demourer sauvement et seurement et en nostre garde en nostre terre ; nous, à la supplicacion de nozdiz maieurs et eschevins de nostredite vile de Saint-Omer, pour l'oneur et pour le proufit dou royaume d'Engleterre et des marcheans dessusdiz et pour le proufit de nostredite vile et de nostre terre, que nous y esperons, de grace especial, avons ottroié et ottroions ausdiz marcheans d'Engleterre et d'ailleurs qui frequenteront ladicte estaple, libertez et franchises en la manière qui s'ensuit :

Premierement, nous recevrons bien paisiblement et franchement tous lesdiz marcheans d'Engleterre et d'ailleurs et chascun d'euls venans en nostredit povoir et juridicion, pour cause de marchander, de faire residence, stacion et demeure eu dit lieu. Et leur livrerons et donrrons places et maisons pour pris resnable et juste, et demourront touz lesdiz marcheans, leur marchandises et biens, tout quan que il feront et tendront stacion ou demeure en ladite vile, sous notre conduit et grace especial, et pourront lesdiz marcheans et chascun d'euls et leurs mesnies estans sous nostre garde, si comme dit est, aler et venir avecques leur marchandises pour faire leur marchandises et marchander entreuls li uns avec l'autre et avecques toutes manieres de gens, à toutes heures, sauvement et seurement et entrer en nostre povoir pour venir en ladite vile et issir de nostredit povoir et illecques demourront à leur volentez et pourront vendre, acheter et marchander là où il verront où plus sera leur profit, sanz nulle assise paier en ladite vile, sanz ce que lesdiz marcheans facent et paient les coustumes deues, anciennement usées à l'entrer et à l'issir.

Item, touz lesdiz marcheans et chascun de euls sont en franchis en nostredite juridicion que il, ne leur biens ne seront arrestez pour nulle roberie, homicide, arrest, contraust qui puisse estre fait, se cil qui arrestez est n'est faiseur ou debteur principal ou plége.

Item, comme noz devantdiz maieur et eschevins de Saint-Omer nous aient requis et supplié que aus marcheans dessusdiz frequentans ladicte estaple, nous voulsissiens ottroier que se plainte de contens, de combaterie, de contrat, de convenances ou de debte se faisoit entre aucun de ladicte vile ou de quelconque autre lieu à aucun desdiz marcheans, nuls desdiz marcheans ne fut pris ne emprisonnez tant comme il pourra trouver pleges ou biens souffisans pour respondre à cele plainte, nous leur avons ottroié et voulons que ensi soit fait et tenu ès cas seulement de quoy la connoissance doit appartenir ausdiz maieurs et eschevins de nostredito vile de Saint-Omer, et avecques se, leur avons ottroié et ottroions que, pour cele plainte oir et determiner, soient ordené II eschevins ou bourgois de ladite vile avecques II desdiz marcheans ou plus et sanz acquerre à nous nouvele forfaiture ou amende autre que ensi comme il est acoustumé, se ensi n'estoit que elle touchast vie ou membre, laquele, en ce cas, seroit reservée à nous comme on a anciennement acoustumé.

Item, comme noz devantdiz maieur et eschevins nous aient supplié que nous leur voussissiens ottroier que lidiz marcheant eussent un peseeur qui fust esleuz par le consentement d'eschevins et desdiz marcheans, lequel peseur jurast devant euls de bien et loyalment peser pour le vendeur et pour l'achateur, et se il trespassoit ou fust atainz de fausseté il fust ostez et puniz et uns autres mis en son lieu et que ledit peseeur preist pour le louyer de son pois desdiz marcheans selonc les anciennes coustumes et que ledit pois fust essaiés et examinez toutes les foiz que lidiz marcheans le requerroient, nous leur avons ottroié et ottroions et voulons que ce soit fait en la fourme et en la maniere que il a esté acoustumé anciennement, et doit le proufit de ce pois tourner par devers nous.

Item, nous leur avons ottroié et ottroions que nule plainte ne soit oye ne amende faite des laines ou autres marcheandises veues, vendues et delivrées à l'acheteeur ne maiz des marcheandises non veues. Se plainte se fait, esgardé en soit par lesdiz eschevins ou bourgois de Saint-Omer et marcheans d'Engleterre, selonc les convenances de l'achat et de la vente.

Item, comme il nous aient requis et supplié que nous leur voussissiens ottroier que nuls des marcheans dessusdiz ne fust contrains de recevoir autre monnoie que celle que on aura enconvent en marcheandant entre le vendeur et l'achateeur, il nous plaist que il seit fait et tenu en la fourme et en la maniere que li Roy messires leur a ottroié, c'est assavoir que lidiz marcheans, pour leur laines et leur autres marcheandises que il vendront en nostredite vile, puissent prendre et recevoir la monnoie d'esterlins, ou se ils vouloient prendre autre monnoie, que celle monnoie que il auroient ainssi prise il puissent changier à esterlins et porter en leur pais.

Item, avecques ce nous aient requis que nous leur voussissiens ottroiér que lidit marcheant puissent faire court et congregacion de leur marcheans et compaignie toutes les fois que il leur plairoit pour ordener de leurs besongnes, pour redrecer et amender touz trespas, contraus et convenances faites entr'euls, excepté trespas de vie ou de membre, lequel fust reservez à la loy de la ville, nous leur avons otroié et otroions que en ceste maniere il le facent, sauf en toutes ces choses nostre droit.

Item, nous voulons que pour nul debat ne descort meu entre ceuls de la vile et lesdiz marcheans ou leur mesnies, que on ne puisse crier *commune* ne *bourgeoisie* sur lesdiz marcheanz ou sur leur mesnies.

Item, nous voulons que nul vallet ne garçon desdiz marcheans en jouant as dez, en combatant ni en mesfaisant en quel maniere que ce soit ne puent perdre ne forfaire l'argent, les marcheandises, ne les biens leur seigneur, mes ils seront puni en leur personnes, selon ce que la quantité du meffet requiert.

Item, nous voulons et otroions que lidit marcheant puissent vendre vins sanz faire taverne commune et toute maniere de bevrage et de vitaille à leur compaignons et à chascun d'euls sans paier assise, et il nous plaist qu'il aient courreters et porteurs de leur election qui jurent devant euls de bien et loiaument servir de leur mestier, et se il trespassoient il doivent estre puniz selonc les anciens usages.

Item, comme ils nous aient requis que se aucuns desdiz marcheans avoit lettre de connoissance de debte sus aucun debteur de la vile ou d'ailleurs, soit connoissance d'eschevins de vile de loy ou lettres scellées dou seel dou debteur, ou se il n'en avoit nules lettres et il povoit prouver sa debte souffisaument, nous leur voussissiens otroier que le debteur fust tenuz en prison jusques à tant que il eust fait que de ladite debte, se il ne se povoit souffisaument replegier, et que se li marcheans à qui la debte seroit deue requeroit que le deteur li fust bailliez en sa prison, on le li baillast; à la requeste et à la supplicacion de nozdiz maieurs et eschevins, leur avons otroié et otroions que, en cest cas, soit fait et tenu selonc ce que il est acoustumé entre les bourgois de nostre dite vile de Saint-Omer.

Item, nous voulons et otroions que on ne puist arrester ne desgagier nul desdiz marcheans ne leur chastiex pour hostages de maisons là où il seront entrés, pour arrerages que le manoir ou le tresfons porroit devoir pour cause d'autrui qui devant y auroit demouré ne autre chose nule, fors tant seulement pour ce que le marcheant meismes pourroit devoir du temps que il auroit demouré; et se il avenoit que li bourgois de Saint-Omer ne voussissent louer leur maisons ne place par pris raisonnable, maieur, eschevins, II bourgois et II desdiz marcheans, les doivent taxer rasnablement et livrer asdiz marcheans qui louer les voudront.

Item, se il avenoit, que ja n'aviengne, que lidit marcheant fussent destourbez sur terre ou en mer et li bien fussent trouvé en nostre povoir et prouver peussent que ce fussent leur biens, il leur seroient rendu et delivré, et se aucune nef brisoit par tempeste ou autre marchief et li bien fussent à terre en nostre povoir, cil à qui li bien seroient povoient prouver dedens an et jour les biens estre leurs et partant il leur seroient delivrez.

Item, comme il nous aient requis que laditte estaple durant, chascuns sas de laine qui passeroit par la porte de nostre vile de Saint-Omer paiast deus deniers parisis, chascuns fardiaus liez de corde à l'iessue de la porte, quatre deniers parisis, chascuns fardiaus qui ne seroit point liez de corde, deux deniers parisis, et chascun sas venans au kay en escute, quatre deniers parisis; pour ce que nous ne voulons mie empeschier le droit d'autrui, nous leur avons ottroié et otroions que il soit einsi, sanz entroduire nouvele coustume, maiz que ceste coustume tourne et soit paiée par devers celui à qui on l'a acoustumé à paier anciennement.

Item, nous voulons et otroions qui li vallet qui seront advoué par le maieur et la compaignie desdiz marcheans puissent coper et craventer laines brisiées et entieres sanz assise paier.

Item, et se par procès de temps, guerre se faisoit ou pais, dont Diex le deffende, contre quiconques que ce fust, et fust contre ledit royaume d'Engleterre ou quelconques autre pais, lesdiz marcheans n'auront pour ce nul empeschement en leur cors, marcheandises ou autres biens, ains pourront widier nostre povoir de leur cors, biens et marchandises en nostredite garde et conduit, dedenz les soixante jours à compter du temps ouquel il pourroient estre certefié souffisamment de ladite guerre par proclamacion faite de ladite guerre dedens la vile de Saint-Omer ; et se il les convenoit widier si que dit est, que ja n'aviengne, nous leur pourchacerions et aiderions à faire livrer à leur coust, taxé raisonnablement, chars, voitures et autres profitables et neccessaires choses pour widier leur biens et marcheandises dessusdictes.

Si mandons et commandons par la teneur de ces presentes lettres à touz bailliz, prevoz, serganz et à tous autres justiciers de nostre terre que selonc les franchises et les libertez dessus dites que nous leur avons otroiés et voulons que leur soient gardées et tenues jusques à quatorze ans tant seulement à compter de la date de ces presentes lettres, il, les devantdiz marcheans, leur biens et leur maisnies venans, demourans audit estaple et retournans, guardent de tous empeschemenz, de toutes injures et de toutes violences durant ledit terme dessusdit. En tesmoing de laquelle chose, nous avons fait metre nostre seel en ces presentes lettres. Donné à Paris le xvme jour de Juignet, l'an de grace mil trois cens et vint.

(Scellé sur double queue d'un sceau pendant en cire blanche. Au dos : « Lettre de la comtesse Mahaut, sur et pour les libertés de l'estaple. » *Arch. municip. de Saint-Omer*, XXXII, 4.)

LXXX.

S. d. Vers 1320.

Lettre de l'échevinage de Saint-Omer aux échevins de l'Écluse pour leur demander des renseignements au sujet d'un crime commis dans leur juridiction.

A saiges hommes et honnoravles les esquivins de l'Escluse

maieur et esquivin de la ville de Saint-Omer, salut et bon amour. Uns vallés appellés Hein le Hap est arrestés dedens nous pour une mellée qu'il avoit à Perron de Biervliet, en le querelle il l'ochist dedens vous, si que on dist, lidis Hein disant le contraire que lidis Perres est en plaine vie et fu ajugiés quites du fait par le loi de le ville de Brugis, de coy nous ne savons mie le chertain ; pour coy nous vous prions et en aide de droit comme justice à autre, à nous chertifier le vérité de le mellée, de le vie ledit Perron, de le purgation, du jugiet, de le condition et conversation de sa personne par vos letres, par coy nous en puissons faire droit et loy, si que li cas le requiert ; et tant vous en plaise à faire pour l'amour de nous que vous vauriés que nous fesissions pour vous en semblavle cas et notre Segneur vous wart.

(Cop. du xiv⁰ siècle, sur une feuille de parchemin annexée au feuillet LII v° du 1ᵉʳ *Registre au renouvellement de la loi. Archives municip. de Saint-Omer.*)

LXXXI.

1321. 20 mai.

Notification au receveur de denier et maille pour livre, perçu sur les Italiens, de ne point percevoir cette coutume à l'étape de Saint-Omer.

A sen bon ami Jaqueme du Mostier borgois de Douay et receveur de la costume des deniers et maille pour livre que les Ytaliens paiient à notre signeur le roy de France en la ville de Douay et en toutes les parties de Flandres, Franchois Jaques notaires de Fienne commissaire de par ledit notre signeur le roy sur les expectations de ladite costume par tout le roialme de France, salut et dileccion. Savoir vous fais que jou ai recheu commandement de nos signeur de la cambre des comptes notre signeur le roy en Paris, que je vous feisse asavoir que vous, en l'estaple de la ville de Saint-Omer ne alissiés ne envoissiés pour raison de demande ne requerre à nul Ytalian la costume dessus dite jusques à tant que vous oiés autre commandement de par notre signeur le roy et che vous certefie jou par ces presentes lettres de par les dessusdis nos signeurs des comptes. En tesmoing de ce, je ai mis en ces présentes lettres men propre seel. Données en Paris, le vintiesme jour de may, l'an mil ccc et vint et un.

Cheste lettre sous le seel as cause de le ville de Duay par manière de vidimus nous avons.

(Copie du xiv⁰ s. *Arch. municip. de Saint-Omer. Registre au renouvellement de la loi.* I f° 113, v°.)

LXXXII.
1322-1323. 16 février.

Lettre de l'échevinage de Bruges à celui de Saint-Omer, lui envoyant une liste de 21 condamnés au bannissement et le priant de ne leur point donner refuge.

A honourables hommes et sages le maieur et les eschevins de Saint-Omer, li burgmestre et li eschevins de la ville de Bruges, salut. Savoir vous faisons que par grosses mesprisures que les personnes dont nous vous envoions les noms enclos en ches lettres ont fait et pourcachiés contre l'estat et le francise de le ville de Bruges, faisant conspirations pour destruire le ville et les personnes, contre lor foy et serrement, si sont il bani c ans et I jour par loy, de fauseté, sor lor kief, hors du pais de Flandres ; por quoy nous vous prions et requirons, tant que nous poons, et savons que vous ychés personnes, ensi par loy et par jugement convaincues, ne voeliés soufrir habiter ne manoir ne refuge querre en vo ville, mes les faire retenir et justichier car nous vous tesmoignons por voir que il sont tel que il se travellent de tous biens metre arière et tous maus avanchier de tout lor pooir là il poent et sevent en apert et en requoi si voelliés tant faire en cestui cas ou en plus grant et nous ent rescrire vo plaisir et che que faire en volriés par chest message ou par un autre. Notre Sire vous wart. Escrit le lundi devant le quaresmel.

Cheste lettre vint le mardi après les brandons l'an XXII qui fu XVI jours en fevrier et sont les noms qui furent enclos en cheste letre qui s'ensiewent. (*Suit une liste de 21 noms*).

(*Arch. municip. de Saint-Omer. Registre au renouvellement de la loi I. f° 85. v°.*)

LXXXIII.
1323-1324. 8 mars.

Ordonnance de la comtesse Mahaut interdisant la draperie des villages comme portant préjudice à la fabrique de Saint-Omer.

Mahaut, contesse d'Artois et de Bourgoingne, Pallatine et dame de Salins, à notre bailly de Saint-Omer. De par nos amés et féauz les maieurs et eschevins de notre ville de Saint-Omer nous a esté mostré que à eaus sont venu en complaingnant li troy maistre juré des grans mestiers de notredite ville de che que pour che on seuffre à faire draperie ès villes campestres d'entour ledite ville, laquelle cose, si comme il dient, est contre le commun pourfit et contre la deffense qui autrefoys en a esté faite. La marchandise de la draperie de la ville dessusdite de Saint-Omer commenche desjà si à penchier et à venir si au desous que se la draperie desdites villes champestres est sofferte estre faite longhement plus, ladite marchandise de la draperie en notredite ville de Saint-Omer sera si destruite que une grant partie du commun de ladite ville, qui de ladite marchandise se sousient et vit, convenra widier ladite ville et alleurs querire leur vivres ; par quoy nous ont supplié lidit maieur et eschevin que en ceste coze nous voulleins pourveoir de remede convenable et comme dire chose soit ne ne soit mie convenable si pour enrichir les villes champestres on doie souffrir la destruction de ladite ville à laquelle doit estre et est li recours et li refuge des villes champestres d'entour. Considèré che ausi, que si, comme lidit maieur et eschevins dient, ès dites villes champestres n'a point de serement sour le draperie ensi comme à Saint-Omer, par coy il poent faire draperie bone quant il leur plaist et autrement quant il veulent et aussi sous le nom de la draperie de ladite vile de Saint-Omer pouvent vendre et vendent desja leur dras, de quoy la draperie de Saint-Omer est moult diffamée, si comme il dient. Nous vous mandons et commandons que vous, enfourmé tout premierement, souverainement et de plain que il soit ensi, si vous trovés contre la coustume de notredicte ville et contre le commun pourfit ceste draperie soit ensi faite ès dictes champestres, vous deffendés et faites deffendre sour bone paine par toutes les villes champestres dessusdictes que desorenavant il ne faichent nule draperie quelle que elle soit ne vous ne li souffrés estre faite et se vous poés trover que autre fois il leur ait esté deffendu, contraingniés les à amender le nous en la manière que il appartendra. Donné à Paris, sous le seel de notre secré, le viiie jour de mars de l'an de grace mil iii^c xxiiii.

(Cop. du xive s. *Arch. municip. de Saint-Omer. Registre au renouvellement de la loi.* I. f° 80 v°.)

LXXXIV.

1329. 23 octobre.

Quittance de neuf mille livres parisis donnée par la comtesse Mahaut à l'échevinage de Saint-Omer [1].

Nous Mehaut, contesse d'Artois... faisons savoir à tous que,

[1]. 11 août 1320, obligation contractée par les échevins de S. O. de remplir les conditions y énoncées. (Ibid. f° 131 v°.)

comme maieur et eschevins et toute la communalté de notre ville de Saint-Aumer fuissent tenu et oblegiet à nous en noef mille livres parisis pour cause de une assise que nous leur aviens ottroiié sus aucuns venens ou marcandises, à lever ledicte assise de lendemain de la mi-aoust qui fut en l'an de grâce M CCC et vint jusques à sis ans prochains et continuelement ensiewans, si que il appert par les lettres que nous leur en avons baillés à paiier desdictes noef mille livres cascun an desdictes sis années mil et v^c livres parisis à trois termes de l'an, au Noel, à le Pasque et à le Nativité saint Jehan, à cascun terme v^c livres, si com plus plainement est contenu ès lettres obligatoires que il nous en baillièrent. Nous recognissons que lesdis paiemens, selonc leur termes, nous avons eus et receus entièrement de toutes lesdictes sis années, parquoi desdictes noef mille livres nous nous tenons pour contenté et bien apaiié et en quitons et clamons quite lesdiz maieurs eschevins et communalté de notredicte ville à tous jours mais et tous chiaus à cui quitance en doit ou poet apartenir. En tesmoing de che, nous avons fait metre notre seel à ches presentes lettres, données à Arras, XXIIIe jours en octobre, l'an de grace M CCC et XXIX.

(Copie du XIVe s. *Arch. municip. de Saint-Omer. Registre au renouvellement de la loi. I. f° 131.*)

II.

RÈGLEMENTS ET TARIFS.

LXXXV.

1218. Septembre.

Hec sunt jura castellani Sancti Audomari.

Primo de suo foragio, jus suum est de omnibus vinis per aquam venientibus et in suo dominio venditis.

A venditore debet habere de duobus vasis I sextarium vini sed de vasis vini avalensibus tenetur habere, de quolibet vase, I sextarium vini, exceptis minimis vasis avalensibus qui vocantur *pipes*, de quibus debet habere, de quibuslibet duobus vasis, solummodo I sextarium.

De vinis etiam per terram venientibus, de bigata, ɪ sextarium, quadriga vero cum vino, reddit in duplum.

Nullus autem de vino suo, quamvis illud ad vendendum monstraverit, debet foragium nisi vendiderit, et si non vendiderit, potest vinum suum ducere absque foragio ubicumque voluerit.

Foragium vini venditi debent solvere venditores et non emptores domino in cujus dominio venditum est.

Omnes burgenses Sancti Audomari ab exitu omnino liberi sunt et quiti, Willelmus vero castellanus, pater istius Willelmi castellani, tempore Philippi illustris comitis Flandrie, exitum vini accepit ab extraneis, quod videbatur injustum burgensibus et contradicere nitebantur ; unde diu altercatum fuit tantum quod assensu Philippi comitis Flandrie et ex voluntate sua burgenses compromiserunt se in arbitros in duos milites et in duos burgenses, sed arbitrium eorum non fuit prolatum et castellamus exitum extraneorum usque modo ita tenuit et accepit.

Si forigiarius foragium ab aliquo exigerit et ille dare noluerit, cum ɪɪ scabinis vadium suum accipere potest; sed ille a quo foragium exigitur si dicit quod ab eo plus quam debet exigitur, per fidem suam minuere potest.

Castellanus vero accipere potest in rivagio, quando est in villa, vel castellana, de extraneis, de quolibet, ɪ mulonem pro ɪɪɪɪ^{or} denariis, quantum necesse fuerit ad esum suum, ita tamen quamvis unus homo plures habuerit naves piscium, non potest capere de eo nisi ɪ mulonem et si ille extraneus de quo mulonem ceperit altera die redierit et alia gens extranea habetur cum mulonibus, non potest de primo extraneo capere donec ceperit de aliis extraneis, de singulis videlicet ɪ mulonem tantum, si necesse fuerit ad suam commestionem. Si burgensis autem participat cum extraneo, nichilominus castellanus mulonem suum capiet secundum dictum forum. Si burgensis mulones habet et affidare voluerit quod nemo extraneus secum in hiis participat, per hoc liber erit a foro castellani sepius nominato[1].

Insuper ad carnes et pisces marinos in foro et in macellis

---

1. Sur la marge inférieure une main de la fin du xɪv° s. a écrit le passage suivant : « Declaratum fuit per dominos majores et scabinos novos et antiquos quod quacumque hora ante vel post prandium piscis venerit in rivagio, castellano existente in villa, debet habere ɪ mulonem pro ɪɪɪɪ den., ut superius continetur. Item si in estate piscis fuerit ad mare apertus et salsatus, capite non abciso, similiter debet habere. Actum die xxɪɪ octobris, anno domini ᴍ° ᴄᴄᴄ° ʟxxvɪɪ, in camera scabinorum. »

stantibus in dominio sui castellanatus et in ministerio desuper, debet castellanus habere xvi nummatas pro xii den. tantum, cum ei opus erit vel castellane. Et creditam ad unum hominem usque ad v^{que} solidos et non eo amplius credere potest ad eundem hominem nec habere suam bargagiam donec persolverit illos v solidos creditori. Similiter de extraneis, sexdecim nummatas pro xii den. capiet sed ad ipsum creditam non habebit.

Quando castellanus vel castellana in villa fuerit, potest capi facere de extraneis quantum opus ei fuerit, de bigata, denariatam olerum, de unigata, termino obolatam.

Singulis vi ebdomadis potest capere ad soculares sibi servientium in sua curia xi sol. et viii d. ad sutores.

Universi qui tenentur molere ad molendina castellani debent habere ejus summarium qui ducet R. pro i d. et reducet; et de raseria debetur dari castellano, de moltura, sexta decima pars; et per hoc molitores debent ferre ad tremuam triticum et ad reonerandum adjuvare.

Si quis vult molere et non potest asinarium habere ad primam admonitionem et saltem ad secundam non venerit, adhibeat ii de vicinis suis qui testentur quod asinarium habere non potuerit vel hoc idem affidet; tunc potest molere ubicumque voluerit libere et sine juris castellani transgressione.

De omnibus extraneis mercatoribus qui transeunt per villam Sancti Audomari et per banleugam, causa eundi in Angliam, debet castellanus habere i. lib. piperis de mercatore et si plures fuerint in uno comitatu, i lib. debet solvere totus comitatus unius ville.

Nec pretermittendum est quod de universis causis que infra banleugam contingant de quibus scabini sub sacramento sui scabinatus audent asserere quod ad eorum dictum pertinent, castellanus sepenominatus tenetur se immittere judicio scabinorum.

Quemadmodum suprascriptum est, consenserunt castellani et burgenses assensu domini Ludovici, die illo quo castellanus concessit et dedit burgensibus v mensuras prati sui et denarios quos accipere solebat de animalibus euntibus circa Lo, sicut carta ejus testatur et carta domini Ludovici, scilicet anno Domini m° cc° octavo decimo, mense septembri.

(Copie du xiii° s., *Arch. municip. de Saint-Omer.*, *Cartul.*, AB, XVIII 15, f° 38 v°.)

LXXXVI.

S. d. xiiie S.

Bans de l'échevinage (fragment).

1[1]. . . . .
le puet mustrer, on le doit tenir en prison e en fers, le dette à conue d'eskevins cil le puet tenir en prison e en fers et si li doit doneir pain et ewe et se il veut mieus avoir, li l'achate. Et se chou est uns estranges hom ke uns borgois fait prendre, li borgois lui puet metre avoec le justiche, se le justiche le veut prendre à wardeir et se il ne veut, il ne le wardera mie, et se justiche le warde, il en doit avoir xii d. le jor et si le doit doner chervoise à boire et s'il veut avoir vin, si l'acache ; et se chil ki est pris n'a dont paier les xii d. de jor, chil ke le fait metre les paiera por lui et hanchera son kateil.

2. Et se uns estranges hom acate terre ou vent, il doit ii d. de vigerie et ii d. de tonlieu et se il s'en va et n'est paié en veue d'eskevins, il doit amender à le justiche lxii s.

3. Et se il avient ke uns hom claint sor i autre de nombre de kateil et cil li conoist partie de kateil et partie li voie, cil à qui on a coneu son kateil, s'il prie à le justiche k'on li fache le loy, le justiche li doit faire entrée, le justiche en doit avoir ii fois xii d., de le connissance xii d., del n...r [2] xii.

4. Et si il avient ke uns hom, soit borgois, soit estranges, veut clamer sor i cheval ou sor son kateil, il n'en puet li chevalier sor nului clamer, s'il n'en a ausi conissance d'eskevins.

5. Et à le vile de Saint-Omer doit avoir xii peirs et xii stagiers. Et s'il avient ke uns borgois sor i des hommes d'aime ke muet del feet au soverain singneur de la vile, soit des peirs, soit de stagiers, il le puet meneir e voie à faire droit en sa cort, mais il doit doneir bon seurtace ke il li fera teil droit en sa cort com il afiert en Saint-Omer.

6. Et se uns estranges hom claime sor lui, il doit faire droit à Saint-Omer ne nient ne le puet meneir en voie. Et ensi est-il de chaus d'Arkes et de chaus d'Aire et de chaus de Terewane et

---

1. Le feuillet qui contient ce document a été ajouté à la fin du cartulaire; les précédents où devait se trouver le commencement n'existent plus.
2. Le parchemin est déchiré à cet endroit du manuscrit.

de chaus de Borbroc, de Watenes et de Nierwelet, et de chaus de Morbeke, fors en le justiche del Colhof, là doivent toutes gens adrechier.

7. Et se il avient ke uns hom demande kateil u yritage sor un autre home en plait bani et li autres hom respont chele parole ke ci a dit en III maneres u en IIII, et li primerains a tant de sens ke il dist : jou voil ke vus vus teneis à une des paroles, III paroles ne II ne voel, io ment ke vus aihes. Se drois n'est e eskevin ne le dient en eswart, il se doit tenir à une des paroles, à celi qe il quide ke le mieus li puist aider, et sor chou doivent eskevin juger.

8. Et kant uns home a fait son claim sor I autre home et cil a respondu en plait et il avient ke cil ki a demandei ou cil ki a respondu quident maiveisement avoir clamei ou respondu et le justiche le torne sor eskevins et li uns d'aus II veut pus amender à se parole et li autres a tant de sens ke il dist : Autre parole ne voel oir se eskevins ne les wardent ; on doit dire pur droit sor le primeraine parole et li daeiraine ne li puet aidier.

(*Arch. municip. de Saint-Omer. Cartulaire* AB XVIII, 15, fol. 55.)

LXXXVII.

S. d. XIII° s.

Ban relatif au pain.

Quant on vent le milleur forment XII s. le R. dont doit peseir le denrée de pain miral et li wastel, tout le plus blanc pains conforme, IX fertons del marc et li pains de kien, IX fertons et demi, et li pains d'Aras, X fertons et li pains regiet et li pains de Paris, XII fertons et li pain tamisiés à tout, XVI fertons et demi.

(*Arch. munic. de Saint-Omer. Cart.* AB XVIII, 15, f° 55 v°.)

LXXXVIII.

1305-1306 janvier. 1307 décembre.

Règlements des trois métiers (Tisserands, Foulons et Tondeurs).

Ch'est l'ordenanche dou mestier des tysserans, accordée et faite par l'assent dou maieur et d'eskevins et des douze et de toute la communité de le vile de Saint-Omer et pour le pourfis dou mestier des tysserans, sauve nos loy, nos previleges et toutes no bones costumes, en l'an de grasce mil trois chens et chinc, el mois de jenvier.

Premièrement, il est asavoir, les eskevins renovelé, li vieus juré doudit mestier, à chertain jor assigné par l'assent d'eskevins, s'asambleront en chertain lieu et là où il vauront et esliront devens chele journée sis preudommes en leur mestier : deus drapiers, deus qui tienent ostilles, et deus vallés ; et ches sis pris et eslus, par leur sairement conjuré dou maistre et de ses compaignons, prendront et esliront, sans nului apelé à leur conseil, neuf preudommes : trois drapiers, trois qui tienent ostilles, et trois vallés ; les queux neuf, pris par foy et par sairement conjuré dou maistre et de ses compaignons et des sis esliseurs devantdis et si doivent demorer entr'aus nuef esliseurs ; li maistre et si compaingnons et les sis desusdit s'en iront et li nuef esliront bones persones foy dignes qui seront profitable pour gouverner le mestier jusques à sese persones et I vallet qui servira tous chaus dou mestier sans nului apeleir à leur conseil. Et che soit fait anchois qu'il se departissent dou lieu là où il ont fait leur sairement. Ch'est asavoir ke de ches sese persones doivent estre li wiit drapiers, sis ki tienent ostilles et deus vallés. Et chaus eslus, il les metront en un brievet clos et seelé dont il en tenront le copie ; et doivent li nuef esliseur baillier l'escrit seelé au vieus juré pour presenter as eskevins. Et doivent eskevin chaus et non autre faire mander en le hale et jurer pardevant aus. Et chaus jurés pardevant eskevins il doivent faire un mestre qui sera deseure aus, un des wiit drapiers. Et se il ne se puissent acorder le debat il le rapporteroient pardevant eskevins. Et eskevins le determineroient et si doivent li gouverneur doudit mestier estre remué de lignage, ainsi comme eskevin et convient k'il soient bourgois ou filg de bourgois. Et ne porront li esliseur avoir office devant l'anée de leur mestier. Et quiconques sera gouverneur l'une années il ne le porra estre l'autre anée après ensuivant. Et ke nul qui soit en offisce doudit mestier, ne puist grever nul homme, se n'est pardevant partie. Et ensi d'an en an soit tenu perpetuelment.

Ch'est l'ordenanche des foulons, faite en l'an de grasce mil trois chens et chinc, par l'assent dou mayeur et d'eskevins et des douze et de toute le communité de le vile de Saint-Omeir.

Premierement, il prendront onze hommes dou mestier ès quatre corons dou mestier, ch'est asavoir : sis hommes ki tienent maistrie et chinc vallés. Ches onze pris, dont on mettra les sis hommes ki tienent mestier d'une part et les chinc vallés d'autre part et les sis esliront deus vallés hors des chinc par leur sairement fait pardevant le maistre et ses jurés et pardevant le pueple dou mestier. Et ausi li chinc vallés esliront hors trois des sis maistres par leur sairement. Ches chinc persones afinées des onze, on les menra pardevant le maistre dou mestier et li maistres les fera jurer qu'il prenderont boine gent et loiaus tant comme il afferra audit mestier gouverner; ch'est asavoir : vii maistre et sis compaignons et leur vallet et tout soit fait sour une assennée journée pardevant mangier. Ches gens eslut, il les metront en un brievet clos et seelé dont il tenront le copie, et ke nus ne le sache fors li esliseur sour leur sairement devant chou k'il seront mandé et juré à le hale. Et chil escrit clos il bailleront as viés jurés et li viel juré le porteront pardevant eskevins et leur prieront k'il fachent cheus qui sont en l'escrit clos jurer et non autres à warder et gouverner les offices doudit mestier ne puist grever nul homme se n'est pardevant partie. Et ensi d'an en an soit tenu perpetuelment.

Che sont li cas ès queus li maistres des folons de la vile de Saint-Omeir porra tesmoingner des persones de son mestier, de l'assent et de l'otroi du mayeur, d'eskevins, des jureis et de tout le conseil de ledite vile.

Premierement, sour toutes convenenches d'aprenti et autres convenenches faites deldit mestier pardevant le maistre et ses compaingnons et de toute persones ki auront perapris ledit mestier dedens ledite ville et de tesmoingner de tous boins valés del mestier sour l'estat et le conversation de lour persones ; et est à savoir ke se aucuns vallés du mestier fust tenus de cas de crieme par loy, lidis maistres ne porra, ne devra tesmoingnier pour deus persones et ne porra ne devra lidit maistres otroier ne seeleir nule lettre de lour mestier, se che ne soit en le presence de quatre des compaingnons jureis du mestier, greians, consentans expressément, avoec le volentei et le assent dudit maistre. Fait et otroié en l'an de grasce mil trois chens et sept, ou mois de novembre.

Ch'est l'ordenanche des tondeurs faite en l'an de grace mil trois chens et chinc, par l'assent dou mayeur et d'eskevins et des douze et de toute le communité de le vile de Saint-Omeir et pour le pourfit dou mestier des tondeurs, sauve nos loy, nos previleges et toutes nos bones costumes.

Premièrement, il est asavoir li vieus juré dou mestier des tondeurs, à chertain jour assenei, se assambleront et esliront onze preudommes des plus souffisans et des plus loiaus dou mestier. Si metra on les sis d'une part et les chinc d'autre part et li maistre et ses compaignons les feront jureir ke li sis prenderont deus hors des choinc, et li choinc en prenderont trois hors des six, les plus loiaux et les plus souffisans de chaus qui sont eslut; et ches choinc persones affinées, on les menra pardevant le maistre et ses compaignons et les fera on jurer k'il prenderont bone gent et souffisant et loial pour gouverner ledit mestier l'anée durant; ch'est asavoir : neuf hommes qui tienent maistrie de tondre et ches nuef hommes jurés esliront un d'aus meismes pour connestables. Item, li trois vieus vallet jurei il esliront par leur sairement choinc vallés bourgois doudit mestier et les menront pardevant les choinc esliseurs ki ont pardevant aus les plus loiaus et les plus souffisans pour gouverner ledit mestier l'anée durant. Item, on metra chou en un escrit et seelé on le baillera au vieus maistre et à ses compaignons. Et li maistres le doit porteir pardevant eskevins et li eskevins les doivent faire mandeir chaus et non autres pour faire jureir. Et chou soit fait d'an en an perpetuelment.

A ce règlement est attachée une pièce exactement semblable à celle qui est publiée à la suite de l'ordonnance sur les foulons, seulement le mot tondeur y remplace le mot foulon.

(Orig. *Arch. mun. de Saint-Omer*. LXXXII, 10 et 11 et LXXVIII, 1.)

LXXXIX.

V. 1320.

Keure des Fripiers.

Qu'il soit deffendu s'il plaist à nosseigneurs sour le mestier de le fraperie ce qui s'ensieut.

1. Primiés, que nuls soit vendeires d'autrui denrées et marchans de se bourse, sour xx s.

2. Item, que nuls marchans ne meche ses denrées devant vendeur ne venderesse, sour xx s.

3. Item, que nuls ne faiche estal ne ne monstre denrées ou grant marquié deseure iii warnemens, sour vi s.

4. Item, que nuls ne bargenge ses denrées pour mieulx vendre, sour xx s.

5. Item, que nul vendeur ne venderesse ne prenge à denier Dieu plus haut que un denier et que nuls n'en doinge plus, sour vi s.

6. Item, que nuls ne fache faus ouvrage du sien ne d'autrui, sour vi s.

7. Item, que nuls ne accate ne venge faux draps dedens les bounes du marquié, sour xx s.

8. Item, que nuls estraingnes marchans ne defloreche fardeel, se ce n'est dedens le halle de le dicte fraperie sour le markié, sour vi s.

9. Item, que nuls ne destourbe le kemin du karoy passant le marquiet de la fraperie, sour vi s.

10. Item, que nuls ne destourbe les degrés à monter en le halle de le fraperie, sour vi s.

11. Item que nuls ne accate ne venge ou marquez du fille fraperie de le valeur de deseure vi s., sour vi s.

12. Item, que tout frapier qui accateront denrées à leur fenestres ou à estal qu'il les desflorechent incontinent et mettent à leursdictes fenestres et estalz pourquoy cascun les puisse veir, sour xx s.

(*Arch. municip. de Saint-Omer.* Pièce annexée au *Registre au renouvellement de la loi.* I. f° 55.)

XC.
S. d. v. 1320.
Bans relatifs au poisson.

Que tout chil du pisson de mer qui n'ont fait leur plegerie du mestier, qu'il le fachent dedens un jours et un nuis, sour... (*sic*).

Que nule feme vengne pisson à estal, sour...

Que nus venge herenc se n'est sour le markiet devant l'Escoterie et devant l'atrie Sainte Marguerie, sour...

Que nus porche ne maineche nule maniere de pisson aval le ville pour vendre, sour...

(*Arch. mun. de Saint-Omer.* Pièce annexée au *Registre au renouvellement de la loi.* I. f° 85. v°.)

XCI.
V. 1322.
Keure des Vieziers.

1. Nus viziers n'acate ne venge ou markiet au file vieserie de leur mestier, sour vi s.

2. Item, nus viesiers fache fause oevre, ne de savon ne d'autre coze, autrement que on le doit faire, sour vi s. et le drap perdu.

3. Item, nus n'acate ne venge dehor les bounes du markiet, sour vi s.

4. Item, nulle venderesse qui venge avoir de borgois ne soit markande de se bourse, sour lx s.

5. Item, que nus marchans du mestier fache porter ses draps à nulle venderesse, fors à se maisnie, sour vi s.

6. Item, que nus fache mout ne ne fierch corde ou markiet de vieserie, sour vi s.

7. Item, nus n'acateche vies draps en se maison, sour lx s.

8. Item, nus marcans portece à vendre ses denrées devant autre estal, sour vi s.

9. Item, nus bargaigne mesmes sen avoir pour mieus vendre, sour vi s. et le drap perdu.

10. Item, nus marcans ne marcande ne vegne pos d'airain ne paieles ne pos d'estain n'escueles, ens ou vies markiet, sour vi s.

11. Item, que nus marcans vegne nul faus drap ès bounes du markiet, là li borgois maintiennent leur markiet, sour vi s.

(Arch. municip. de Saint-Omer. Registre au renouvellement de la loi. I f° 46 v°.)

XCII.

1374.

Déclaration pour « le zoeve de mort de homme. »

A faire le zoeve de mort de homme doit le faiseur porter l'espée, en se kemise, nus piés et descaus, sans capperon. Item, les fieux des faiseurs, les freres des faiseurs, les neveups des faiseurs, les cousins germains et les yssus des cousins germains des faiseurs, doivent aler avoec leurs kemises, nus piés et descaux, sans capperon. Item, les cousins en aultre et les yssus des cousins en aultre yront nus piés, en leurs cottes, deschains, sans capperon. Item, les cousins en tierch et les yssus des cousins en tierch yront en leurs cottes, deschains, sans capperon et cauchiés. Et les cousins en quart yront en leurs draps, deschains, sans capperon et cauchiés. Ettout li faiseur vont ensamble après celui d'aux qui porte l'espée, en leur kemises, nus piés et descaux, sans capperon. Ceste déclaration fu faite en halle par nosseigneurs vieux et nouviaulx, le xxv° jour de octobre, l'an de grace Mil cccLxxiiii.

(Archiv. munic. de Saint-Omer. Cartul. AB, XVIII. 15. Feuillet de garde.)

XCIII.

Tarifs de tonlieu du XII° siècle (entre 1159 et 1167).

1° *Texte latin. — Copie de la fin du XIII° siècle.*

1. Quicumque burgensis in villa manens communionem juraverit, de suo proprio liber est a theloneo et ruagio et portagio. — 2. Pares castelli et feodati eorum, super feodum ad castellum pertinens manentes, de omnibus que mittuntur in terra eorum et de fructibus crescentibus in terris eorum liberi sunt a theloneo, ruagio et portagio. Si autem mercatores fuerint, de mercatura pacabunt. — 3. Quicumque homo, quicquid ad vestiendum emerit, liber est. — 4. Illi de Broborg, quicquid navi adduxerint et reduxerint, I d. dantes liberi sint, preter in mensibus ville, tunc dant plenum theloneum, et excepto de plumis et melle et vivis animalibus de quibus dant theloneum ut extranei. — 5. Illi de Buscure qui vocantur *Hoswardes* liberi sint nisi mercatores fuerint. — 6. Illi de Morbeca similiter liberi sunt nisi mercatores fuerint. Homines castellani de Niewerlet et subsides capelle de Ruhout liberi sint nisi mercatores fuerint. Hubertus de Bouvilinghem dat in Natali II R. tritici; per hoc liber est a theloneo, ruagio et portagio et illi qui manent infra munitionem suam. — 7. Symo de Biekines dat VIII gallinas; similiter minister de Blendeka dat VIII gallinas et per hoc liberi sint quamdiu istum censum dant. — 8. Subsides Pirini de Longhenesse et de Tadinghem liberi sunt nisi mercatores fuerint. — 9. Ille de Monechove dat II sol. et per hoc liber est. — 10. Marcilius de Bochout dat in Natali II R. tritici; per hoc liber est et vavasores ejus.

11. B. Canis, in Natali, I R. tritici et per hoc liber est et manentes infra munitionem suam. Henricus de Ostremoule, in Natali, I R. tritici et per hoc liber est et vavasores ejus. Henricus de Zigherka, in Natali, I R. tritici; per hoc liber est et vavasores ejus. — 12. Minister de Watenes dat duas grossas anguillas in adventu et per hoc liber est. — 13. Willelmus de Diffeke dat IIII^{or} capones et per hoc liber est. — 14. J. Balkiet de Strahem, VI gallinas et per hoc liber est. — 15. Omnes citra Leiam fluvium manentes per totum annum liberi sunt de saccagio, preter in mensibus ville in quibus dant de qualibet intrante voitura o. exeunte cum alia annona, quilibet saccus cum annona, o.; ultra vero manentes dant per totum annum saccagium. — 16. Omnes citra Leiam vel

ultra manentes, de omni annona quam bigis vel quadrigis adduxerint, de bigis, ad theloneum, I d., ad ruagium, II d., ad portagium, o., quadrigam, in duplum. In mensibus ville biga ad theloneum, II d., quadriga, IIII d.— 17. Nemo tamen de messe sua dat theloneum nec ruagium nec portagium. — 18. Biga qui redit a propriis catallis adducentis reonerata fuerit dat secundum mercaturam theloneum, de ruagio, I d., nichil de portagio ; sed si mercatura alteri reonerata fuerit, plenam dat consuetudinem. Quadriga vero in omnibus duplicat bigam. — 19. Bolengarii qui ultra Leiam manent, si biga panem adduxerit, dat nummatam panis de theloneo, de ruagio, II nummatas, de portagio, o. Quadriga, in duplum. — 20. Bolengarii citra Leiam manentes et sic panem adducentes, biga dat ad theloneum o. panis, ad portagium, o., de ruagio, nichil. Quadriga, in duplum.

21. Summarii panem adducentes solummodo, dant ad theloneum o. de solo fornagio. Si quis semel aut pluries panem adduxerit, solam dat consuetudinem. — 22. Si quis vina biga adduxerit et ea super bigam vendiderit, nichil dat ad theloneum, sed II d. dat de ruagio, de portagio, o.; si autem non venditum deposuerit, quodlibet dolium dat ad theloneum II d. Si biga vero cum vino villam transierit, quidlibet dolium ad theloneum, II d., de ruagio, II d., sed solo portagio libera abibit. Quadriga, in duplum. — 23. Si vero vinum navi venerit et si extraneus cum burgense partem indeterminatam habuerit....— 24. Quodlibet vas, ad theloneum, II d., quodlibet vas cujusque rei, excepto cum melle, debet ad theloneum II d. — 25. Si quis emerit vel vendiderit mel infra villam, de quibuslibet v^{que} solidatis dat ad theloneum I d., de xii^{cim} nummatis, o., si minus, nichil; si vero non venditum villam transiit, quodlibet vas ad theloneum et ruagium et portagium solvet follias mellis, ad theloneum, II d. — 26. Anglicus in Anglia manens, quicquid suum navi adduxerit vel quicquid infra villam emptum reduxerit, in introitu dat III^{or} den., et sic est liber ab omni consuetudine sicut extraneus; et si terra pecuniam adduxerit, dat sicut alius extraneus; si vero terra venerit absque mercatu, nichil dat. Simili modo illi de Scotia. — 27. Quicumque lanam lotam navi vel terra adduxerit, de pensa dat I d. ad theloneum. Si vero biga vel quadriga adduxerit, dat ruagium et portagium ; et si lanam non lotam adduxerit, biga ad theloneum, II d., ad ruagium, II d., ad portagium, o. — 28. Emptor infra villam, de centum velleribus, I d. Quadriga, in duplum. — 29. Si mercator lanam vel borram collo vel summario adduxerit, dat ad theloneum o., si non mercator, omnino liber. — 30. Si extraneus fila ad-

duxerit pensa, dat ad theloneum ıı d. filorum cochii. Adducentes collo aut navi filum dant per duos dies veneris et die sabbati o. Si infra septimanam per alios dies fila emerint vel vendiderint, dat prout habent. Si vero fila super equum aut bigam aut quadrigam adduxerint, dant super o. pretaxatum ad theloneum ıı d. de sacco.

31. Trocellum cordatum, cujusque rei fuerit, dat ad theloneum ııı d., ad ruagium super biga, ıı d., ad portagium, o.; super quadriga, ad ruagium, ııı d., ad portagium, ı d.; si non cordatum, ad theloneum, ıı d., ad ruagium, ıı d., ad portagium, o. — 32. Trocella, quotquot fuerint, cordata, super bigam aut quadrigam, quelibet, ad theloneum, iiij d., non cordata, quelibet, ij d. — 33. Trocellum cordatum post sellam et ante cellam (sic) jacens dat ij d. ad theloneum, infra sellam, quatuor d., non cordatum ubique, ij d. ad theloneum. — 34. Trocellum, quocumque modo adductus fuerit et die sabbati causa venditionis ad stallum fuerit expositum, dat ad theloneum, o.; infra septimanam expositum, quicquid emerit vel vendiderit sive de stallo ierit, dat statutam consuetudinem. Si vero stallagium non dederit, dabit de exitu ij d. — 35. Trocellum aluti dat more predictorum. Si vero non expositum unum venus (sic) redit, nichil dabit. Si vero alias transierit, dat suam consuetudinem. Emptor dat de duodena ad theloneum ij d., ubicumque infra banleugam emerit quadrel, j d.; si duo aut solum emit pro se, o. — 36. Majores mercennarii in sabbato, quocumque modo venerint, de stallagio, o., minores, ij ova. In mensibus ville duplicant majores et minores. — 37. Decaria salsorum coriorum et tanctorum et recentium ad thel. ij d. Decaria coriorum hedorum, ij d., siccorum coriorum, j d., cervorum, ij d., corium animale, o., si infra annum, nichil, si minus decaria fuerit, quodlibet corium, o. — 38. Quelibet pecunia, si banleugam intraverit, debet theloneum et ruagium. — 39. Centum pelles agnorum, ad theloneum, ij d.; si minus, prout habetur; minus de xxv^{que}, nichil. — 40. Centum pelles ovium, ij d.; nichil debet ruagio aut portagio nisi biga aut quadriga adductus fuerit vel abductus, exceptis summariis de Bolonia qui dant de recentibus piscibus, de summario ad theloneum, o., ad portagium, o.

41. Pensa butiri, ij d.; olla butiri, si supra ij sol. emitur, dat o. — 42. Pensa uncti, ij d. Pensa sagiminis, id est *contretuer* ij d. Pensa seri, ij d. — 43. Casei, j d. — 44. Cere, iiij d. — 45. Plumbi, j d. — 46. Mille libri stanni, iiij d. — 47. Centum libre auricalci, iiij d. Centum libre cupri, iiij d. — 48. Quatuor manipuli ferri, j d., si minus duobus, nichil. — 49. Saccus cum

ferro, ij d. — 50. Summarius clavorum aut ferrorum, o., biga, ij d.

51. Emptor adducens vas calibis, ij d. sicut de ferro. Ferrum quod dicitur gladifer de Normannia, ij d. — 52. Lorica, iiij^{or} d., de loricula, ij d. — 53. Incus, iiij d. — 54. Faciculus gladiorum paratorum, iiij d., non paratorum, ij d. — 55. Simia, iiij d. — 56. Ursus, iiij d. — 57. Equs, ij d. — 58. Asinus, o. — 59. Mulus, ij d. — 60. Ovis, o.

61. Vacca, o. — 62. Agnus, post festum sancti Johannis, o.; ante, nichil. — 63. Porcus, o., porcellus sugens, nichil. — 64. Baco, j d., semi baco, o. — 65. Biga carnium occisorum, ij d., summarius, o., ad collum, nichil. — 66. Navis recentium piscium, j d. — 67. Millenarius salsorum allecium, j d. — 68. Emptor de quolibet millenario, salso sive recenti, j d. — 69. Summarius cum nucibus, o. — 70. Summarius cum haneclochis, o.

71. Millenarius macrelli salsi, ij d., bigata recentis macrelli, ij d. — 72. Emptor de plais, quodlibet centum, j d. — 73. Celsa cere, iiij^{or} d. — 74. Sturio, iiij d. — 75. Porcus marinus, ij d., xv^{cim} alborum qui dicuntur *voder*, ij d., duo manipuli, o., si minus, nichil. — 76. Salmo recens, ij d., salmo salsus, iiij^{or} d. — 77. Summarius piscis, o. nisi fuerint allecia vel plais. — 78. Pensa anguillarum, ij d. — 79. Cuissinellus piscis, iiij d. Navis empta, o. Blocwarpot, j d. — 80. Navis lactis excussi, nichil; si tamen cum lacte navis butirum vel caseum vel ova adduxerit, j d.; et si lac non fuerit excussum, navis, j d.

81. Navis materiei ducta vel reducta, j d. — 82. Archa serata, ij d. — 83. Navis cujuslibet rei, j d., exceptis navibus trocellorum et archarum seratarum qui dant ut predictum est. — 85. Archa non serata, ut alia materies in navi; super bigam, non serata, nichil; nisi ad portam, o. — 86. Bigata ligni aut carbonum, nichil, nisi ad portam, parvum fustem. — 87. Bigata spatiti, arcuum, furcorum, hastarum, scoparum, cyphorum, scutellarum, mensarum, tillearum, alveorum, baccorum, concorum, quelibet, ij d.; quicquid ad collum defertur, solo o. — 88. Quicumque cum ollis ad stallum steterit, de omnibus ollis adductis, unam ollam; si vero ad stallum steterunt, quelibet bigata, j ollam. Summarius similiter, j ollam. — 89. Bigata ollarum que dicitur *Grutpot*, ij d. — 90. Quicquid transit infra banleugam debet transversum apud nos.

91. Illi de Arkes quicquid navi adduxerint vel abduxerint et non aliter, liberi sint, nisi de navi exierint et in villa moram fecerint. — 92. Si quis aliquid apud Arkes emerit et per villam

transierit, hic dat consuetudinem et non ibi. — 93. Navis salis, j quarterium. Si in villa emitur et deducitur navis, j d. — 94. Bigata wet, ij d., waude, ij d. waranche, ij d., quadriga, in duplum. — 95. Raseria tritici super bigam ducitur, i d., salis, ij d., si minus, nichil. — 96. Quadriga corticis, nichil ad theloneum, de ruagio, ij d., si navi venerit, navis, i d. — 97. Biga carduorum, ii d. — 98. De hiis omnibus, summarius, o. — 99. Ad collum carduones, o. — 100. Biga cum fructu, extra menses ville, i d., infra, ij d., et sic biga cum annona.

101. Summarius ultra Leiam, per totum annum cum annona aut fructu, quilibet, o., citra Leiam cum fructu, nichil; sed in mensibus ville, summarius cum annona, o. — 102. Culcitra, ij d., poleir, i d., v^{que} solidatis plumarum, i d.; si minus xii^{cim} nummatis, nichil. — 103. Kerka cordata piperis, cummini, aluminis, sive cujuslibet rei, iiij d. — 104. Caldarii quicquid ad festum duxerint liberi sint, usque ad finem festi, a theloneo, sed dant ruagium et portagium; post festum, quicquid emerint vel adduxerint, dant consuetudinem ut extranei. — 105. Emens magnum cacabum, iiij d., minorem, ij d., minimum, o. Campana, iiij d. — 106. Duodena patenarum, ij d. Quelibet empta per se, o. — 107. Una raseria seminis lini, ij d. Canabis, ij d., de xii^{cim} nummatis, o., si minus, nichil. — 108. Olla empta, de quibuslibet v^{que} solidatis, i d., de xii^{cim} nummatis, o., si minus, nichil. Infra v^{que} solidatas et xx^{cim} nummatas, o. — 109. Summarius seminis porri aut separum, o., bigata, ij d. — 110. Summarius arguelli, id est *winsten,* o., super bigam, saccus, ij d.

111. Si quis falces adduxerit, de stallo, i falcem, alia faus, i d.; totidem de stallagio, o. Si villam cum eis transierit super equum, fasciculus, ij d., ad collum, o. — 112. Biga molarum lapidum, ij d. ad theloneum; emptor adducens, de qualibet molari, ij d. et sic de lapidibus acuentibus. Duo lapides fritilli, ij d. — 113. Instrumentum textoris, ij d. — 114. Duo folliculi fabri, ij d. — 115. Nova arma carpentorum, si vendenda sint, fasciculus, ij d.; si minus, nichil. — 116. Omnis annona et mercennarii de mensibus ville dupplicant. — 117. Homines cujuscumque religionis sunt, ex omni religione liberi, quicquid emant vel vendant ad proprium usum; si mercatores fuerint, dant ut extranei. — 118. Quicunque suas oves in curia sua nutrierit et lanam suam in villam adduxerit, nichil debet de theloneo; si biga aut quadriga adduxerit, debet ruagium et portagium; sed si ab alio emerit, debet theloneum. — 119. Bigata critulorum, critulum. — 120. Bigata clipeorum aut scellarum, nichil.

121. Vendentes veteres velles, ad stallum, o., linum vendentes, ij d., stalli, o., in mensibus ville, quilibet, o. — 122. Quicunque pecuniam biga aut quadriga in villam adduxerit aut circa villam transierit, biga dat de ruagio, ij d., de portagio, o., quadriga, in duplum; et si pecunia propria rediit, de regressu termino, i d. Si vero est pecunia alterius, nichil debet nec ruagio, nec portagio nisi biga aut quadriga adducatur; exceptis illis de Bollig [seele] (?) qui dant, de summario recensium piscum, de portagio, o. — 123. Quicquid infra banleugam intraverit, debet ruagium et theloneum. — 124. Fraellus ficuum, ij d. ad theloneum. — 125. Si quis emerit bladum ad seminandum, nichil debet. — Tu autem en disons Amen.

(*Archiv. municip. de Saint-Omer.* — Cartulaire AB XVIII 15, fol. 34 v^e et suiv.)

XCIV.

1328.

2° Traduction française, en partie assonancée, du tarif précédent.

1. Qui la comune [1] juré ont, — et bourgeois en la vile manant, sont — dou leur quite de tonlieu, de ruage et de portage. — 2. Et li per dou castel sont quite, et leur flevé qui manant sont — el fieuf au castel appendant, — des fruis en lor terres croissant — et de quanques est en leur court nouri, quite sont de leur franchise, si comme est de payer tonlieu [2] et ruage et portage. Et se nuls marchans [3] i a, de se marchandise ne paie. — 3. Quiconques [4] ara riens acaté à vestir frans est et quite. — 4. Chil de Bourbourc quanques ameniront [5] en nef et en nef rameniront [6], i d. donnant [7] quite sont, fors en le moys de le vile. Adont, premierement, tonlieu [8] donront; de miel, de plumes, de bestes ensement, paient tonlieu [9] si comme estrange gent. 5. Chil de Buscure [10] sont franc se il ne sont marchant [11] qu'on [12] apele wardes de court. — 6. Chil de Morbeike [13] tout à plani [14], et li hom le castelain de Niewerleet [15] et li oste tout à la capele de Ruhout sont quite par tel [16]

VARIANTES D'UNE COPIE CONTEMPORAINE. 1 commune. — 2 thonlieu. — 3 marcheans. — 4 quicumques. — 5 amenront. — 6 ramenront. — 7 donant. — 8 thonlieu. — 9 thonlieu. — 10 Buiscure. — 11 marcheans. — 12 ke on. — 13 Morbeik. — 14 plein. — 15 Niewerlect. — 16 teil.

convenent s'il ne sont marchant [17]. — 7. *Simions* [18] *de Bekenes wiit gelines* [19] *donant, — et li mestres de Blendeke autretant, — quite sont et franc — ausi longhement — com il vauront donner ches chens.* — 8. Li oste Pieron [20] de Longhenesse et de Tadinghem sont franc se il ne sont marchant [21]. — 9. Clemenche doune [22] pour sa franchise ij sol; donne mon signor Piere Spallait et Clay Hecke ensi. 10. Marsiles de Bouchout si vent à Noel ij r. de forment, pour chou est il quites et franc et ses vasseurs ausi.

11. Sire Wistasses [23] li Chiens est franc, chil qui sont el lieu tenant pour chou que il rent i r. de forment. Henris de Zuitkerke ensi. — 12. Li prevost de Watenes pour sa quitanche [24] rent ij grosses anguilles en l'avent. — 13. *Vuilliames de Diffeke est frans hons — pour chou que il rent iiij capons.* — 14. Jehans Balkier [25] est frans pour chou que il rent vij gelines. — 15. *Tout chil decha le Lis manant — de saccage sont quite et franc, — fors en le moys de le ville, quant, — i d.* [26] *sont donnant — de cascune voiture entrant. — Li sas à tout le bley* [27] *paiera — i d.* [28] *qui en istera.* Mais chieus qui maint dela le Lis n'est point franchis de saccage. 16. Chil decha le Lis de tout le blei qu'en carete aront amené, [29] devront au tonlieu [30] i d. Et à ruage ensement ij d. paier et au portage, i d. [31] Et li cars tout rent au double. Cars et caretes de blei tonlieu [32] rendent en le mois [33] qui en la vile apent. — 17. Nus [34] ne doit de sa maison donner tolieu [35] (sic) ne ruage ne portage. — 18. Le carete qui de ses propres cateus sera rechargié qu'ele aura amené [36] — *selonc chou que elle* [37] *acatera, — selonc chou tonlieu* [38] *donra — i d. de ruage doit — et de portage quite soit.* Et se d'autre acat [39] estoit chargé, plenière coustume [40] donroit. *Drois est qui* [41] *li cars par tout mette — ij tans plus que ne fait le carete.* — 19. Li boulinghier de la le Lis qui en carete amenront [42] pain à vendre denrée donront à tonlieu [43], deus à ruage et demie à portage; et li cars va partout doublant. — 20. Chil qui sont decha le Lis, — *qui pain en carete amenront — au tonlieu* [44] *demie donront — et au portage*

VARIANTES. — 17 marcheant. — 18 Symons. — 19 ghelines. — 20 Pierron. — 21 marcheant. — 22 done. — 23 Wistases. — 24. *Ce mot n'est pas dans le texte.* — 25 Balkiet. — 26 o. — 27 blei. — 28 maille. — 29 amenei. — 30 thonlieu. — 31 o. — 32 thonlieu. — 33 moys. — 34 nuls. — 35 doneir thonlieu. — 36 amenei. — 37 ke ele. — 38 thonlieu. — 39 achat. — 40 costume. — 41 ke. — 42 amenroit. — 43 thonlieu. — 44 thonlieu.

autresi — et de ruage sont il franchis, — li cars au double paiera.

21. Li sommiers qui [pain] amenra, au tonlieu [45] une o. donra. Se il amaint une fois ou plus pain du seul fornage, amaint aucune costume, ne doit nient plus. — 22. *Qui vin en carete amenra — et sans dechargier le vendera — au tonlieu rienz* [46] *ne paiera;* — mais ij d. au ruage et i o. au portage. *Et se il est mis vis sans vendre — au tonlieu* [47] *doit ij d. rendre* cascun tonnel. Se la carete outre la vile s'en va, si devra li tonniaus donner au tonlieu [48] ij d. et ij d. à ruage; quite sera par i portage. *Li cars qui iiij reues a — double le carete donra.* — 23. Qui vin en nef amenra, se estrange [49] homme ou bourgeois part i a ou devise, li vassiaus [50] doit au tonlieu [51] ij d. par droit. — 24. Cascuns vassiaus quel qu'il [52] soit ii d. li [53] doit, fors vassiaus à tout miel. — 25. Qui miel acate en le vile ou vent, de cascune v sodées rent au tonlieu [54] i d., de xij d., une o. Et se mains y a, rienz [55] ne baille. *Se il passe la vile sans vendre — au tonlieu* [56] *ij d. doit rendre* — cascun vassel et le ruage si com il [57] establi et portage. Li fous de miel, ij d. au tonlieu. [58] — 26. Se Englois en Engleterre [59] maint qui cha sa cose par neif maint ou ramaint cose acatée [60], dedens la vile en l'entrée s'aquite par iiij d.... que de che costume ne doit riens. Se o l'avoer passoit par son leiz [61], iiij d. doit, comme estrange, costume plaine. Et se l'avoir par terre amaine [62] si com autres estrainge donra. Et s'il avient que li amaine [63] cha par terre sans marchandise, quites est. Et los Escos en tel [64] guise. — 27. Qui laine lavée amenra par terre ou par neif, del pois donra au tonlieu [65] i d. se en car ou en carete vient, payer ruage convient et portage. *Et se la laine n'est lavée — et est en carete aportée,* — ij d. donra au tonlieu [66] et ij d. au [67] ruage et i o. de portage; et li cars double. — 28. Se aucuns hons en la vile aucune cose acate de loenche, doit i o. [68] de c. toisons [69]. — 29. Li marchans qui boure [70] ou laine amaine à col ou à sommiers, doit au tonlieu i o. S'il n'est marchans quites est. — 30. Se estrange homme

VARIANTES. — 45 thonlieu. — 46 thonlieu riens. — 47 thonlieu. — 48 thonlieu. — 49 estrainge. — 50 vaissiaus. — 51 thonlieu. — 52 queil que il. — 53 si. — 54 thonlieu. — 55 riens. — 56 thonlieu. — 57 il est establi. — 58 thonlieu. — 59 Engeltere. — 60 achatée. — 61 leis. — 62 ameine. — 63 il ameinge. — 64 teil. — 65 thonlieu. — 66 thonlieu. — 67 de. — 68 maille. — 69 toissons. — 70 bourre.

amaine [71] fil, de cascun pois leur convient il payer [72] au tonlieu [73] ij d. Se chil qui font cothon de fil, au [74] col ou à neif amainent [75] fil, par ij jours i o. donront, le samedi et le devenres. Et se il amaine [76] fil sour cheval ou sour carete ou sour car, il donne pour soula o., au tonlieu [77] ij denier dou sac. Et se acaté [78] ou vendu ont par autres jour [79] de la semaine, selonc chou qu'il [80] ont donront.

31. Torsel cordés de quel qu'il soit cordés, au tonlieu [81] iiij d. sour carete, ij d. à ruage et i o. à portage. Se il est sour [82] car, iiij d. à ruage, i d. à portage. Se il n'est cordés, ij d. doit au tonlieu [83] ij d. à ruage et i o. à portage. — 32. Li toursiaus qui aura esté sour carete ou sour car, cordés, cascune doit iiij d. au tonlieu [84], se il n'est cordés, ij d. — 33. Torsiaus cordés deriere seele ou gisant par devant seele, ij d. au tonlieu [85] donra; se il est devens, iiiij d. doit. Se il n'est cordé, en cascun lieu, doit ij d. au tonlieu. — 34. Torsiaus [86] comment que amenés [87] soit pour vendre, desploié soit estal le samedi, doit au tonlieu [88] i o. donner. Se autres jours desploiiés estoit, se il acatoit ou se il vendoit ou se del estal sen aloit, establie coustume [89] doit. *Qui à estal ne payera* [90] — *ij d. de ysue donra.* — 35. *Li Torsiaus de Cordewaen — doit selonc que il a dit devant. — Mais se il desployés n'estoit — et là dont il vint reparoit — nul* [91] *cose ne paieroit. — Mais se il aillours aloit — la costume adont paieroit* [92]. *S'aucuns cordeu acatoit, — de la douzaine tonlieu* [93] *doit, — pour tant qu'en la banlieue* [94] *soit,* — ij d. et dou quairel [95], i o. De deus [96] quirs ou d'un, nient. — 36. Li grand merchier, comment que soient parti, de l'estal au samedi potevine donront. Li menour ij oef paieront. Et en le moys de la vile toutjours doublent li grand et li petit. — 37. La douzaine des quirs saleis de novels et des tannés, au tonlieu [97] doivent ij d.; autresi de quirs [98] de chevereus et des chers [99] ij d. estent payer [100]; de secs quirs [101], i d.; de quir d'un an, i o. et s'il n'est d'un an, riens n'i baille. Se mains de douzaine y a, de cascun i o. donra. — 38. Li avoirs [102] qui en le banliewe entera tonlieu [103] paiera et

VARIANTES. — 71 i ameine. — 72 paiier. — 73 thonlieu. — 74 à. — 75 ameinent. — 76 ameine. — 77 thonlieu. — 78 acatei. — 79 jours. 80 que il. — 81 thonlieu. — 82 sor. — 83 thonlieu. — 84-85 thonlieu. — 86 Torseaus. — 87 ameneis. — 88 thonlieu. — 89 costume. — 90 paiera. — 91 nulle. — 92 adonques donroit. — 93 douseine thonlieu. — 94 banliewe. — 95 quarel. — 96 II. — 97 thonlieu. — 98 cuirs. — 99 cheirs. — 100 paiier. — 101 cuir. — 102 avoers. — 103 enterra thonlieu.

ruage. — 39. Li cent [104] de pyaus [105] de aingneaus doit ij d. au tonlieu [106] par droit. Mains de xxv, riens ne paie [107]; s'il avient che que plus y [108] ait, che que raisons sera [109] si pait. — 40. Li cent [110] de pieaus [111] de berbis doit ij d. Nule [112] cose sa neif ne doit [113], en car ou en carete ou fors mené [114] ne doit ruage ne portage. Hors de Bouloinge [115] li sommiers de pois firsc [116] doivent [117] ob. et au portage, o.

41. Li pois de bure ij d. doit, li pos, o., s'ensi estoit qu'il [118] fust plus de ij sol vendus. — 42. Li pois del oint et del saicin et del sieu, ij d. — 43. Et de cascun del pois de formage, au tonlieu [119]. — 44. De la chiere [120], iiij d. Chent lib. de arcal, iiij d. — 45. Del plonc, i d. — 46. Mil lib. d'estain, iiij d. — 47. Chent lib. de coevre, iiij d. — 48. Quatre garbes de fer, i d. Qui mains de ij en a, riens ne paie. — 49. Le sac o le fer, ij d. o. — 50. Donne li sommiers des fers et des cleus que on vent, [o.]; ij d. convient la carete payer.

51. Et s'aucuns amaine [121] achier, ij d. doit si comme [122] de fer qui est apelés [123] gladifer de Normendie, dont le chent ij d. rent par costume. — 52. Li haubergiers ij d. donne et li haubers paie double. — 53. Li englume iiij d. rent. 54. Li fais d'espées ensement; se elles apparellées ne [124] sont, ij d. seulement donnent. — 55. Li singes, iiij d. — 56. Li ours ansi. — 57. Le cheval, ij d. — 58. Li asnes, ob. — 59. Li muls, ij d. — 60. Li berbis, o.

61. Le vache, o. — 62. Li aignyaus [125], o. après le feste S. Jehan; nule cose ne doit devant. — 63. Li pors, o. Li pourchiaus est seurs et se il alete nule [126] cose ne baille. — 64. Li bacons, ij d., li demis, o. — 65. La carete [127] de cars ocis, ij d. li sommiers, o., au col, nule [128] cose. — 66. Le neif de poison fresc, i d. — 67. Le millier de harenc salé, i d. — 68. Chieus qui l'acate, soit fresc soit salés, de cascuns millier, i d. — 69. Li sommiers de nois, o. — 70. De hanekokes [129], o.

71. Le millier de makerel salé, ij d. et le carete de fresc [130], ij d. — 72. Le c. de plays [131], i d. — 73. Chil qui acate le grans balaine [132], iiij d. — 74. Li esturjons, iiij d.

VARIANTES. — 104 cens. — 106 thonlieu. — 107 pait. — 108 i. — 109 rason sara. — 110 chens. — 111 piaus. — 112 nulle. — 113 *ces deux mots n'existent pas dans ce texte*. — 114 n'est amené. — 115 Boulonge. — 116 poisson frex. — 117 doivent paier. — 118 que il. — 119 thonlieu. — 120 chire. — 121 ameine. — 122 com. — 123 appelleis. — 124 ne *est supprimé*. — 125 aingnaus. — 126 nulle. — 127 charete. — 128 nulle. — 129 hanekockes. — 130 fres. — 131 plaus. — 132 baleine.

— 75. Li pourpois, ij d. — 76. Li saumons [133] fresc, ij d., le c. de salés, iiij d. — 77. Li sommiers de poisson, o., se ne sont harens ou plays. — 78. Li pois d'anguilles, ij d. et xv failles d'ailg, o., se mains y a, nient. — 79. Escunel poisson, iiij d. le neif. — 80. De laet batu, nulle cose, le neif acaté, o. Blocvapot, i d. Mais il se le maine avoec bure ou formage voes, i d. Et se li lais n'estoit [134] batus, i d.

81. La neif qui amenra marien, i d. La neif qui amenra huches deffermées, i d. — 82. La huche à fermure, ij d. — 83. La navée de quoy [135] que ce soit, i d. fors torsiaus [136] et huches ferées [137]. — 84. En le mois [138] de la vile le sac à tout bley [139], o. — 85. Huches deferrées sour carete [140], o., au portage, nient plus. — 86. La carete [141] de boisses ou de carbons, au portage, une boisse moiene. — 87. La charete de beskes nient ferrées, de dras, de fourkes et de ramons, de lanches, de hanas, d'escueles, de tables de tilleus, de auges, de bas, de conkes, de kuves, de cascune, ii d. Quicunques la porte à col est quites pour i o. — 88. Qui à tout ses pos est as tables [142], de tout ensamble, donne i pot et li sommiers aussi i pot. — 89. La charete qui sont en flamenc dit *grutpot*, ij d. —90. *Qui en le banlieue entera* [143], —*envers nous le travers donra.*

91. *Qui à Arqes acatera* [144] — *et par la vile passera,* — il donne chi le tonlieu [145] et la costume vient là. — 92. Quanques [146] chil d'Arkes amenront en neif et en neif ramenront, quite sont et nient autrement, *se de la neif ne isoient — et en la vile demoroient.* — 93. La neif de seill, i quartier; se il est en la vile acatés et fors meneis, i d. la neif. — 94. La charete de waide ou de waude ou de waranche, ij d., et li cars double. — 95. Li [147] rasiere de forment en carete amené, i d., de seil, ij d., se mains y [148] a, nule cose. — 96. La carete [149] ou li cars d'escorce, nient au tonlieu, à ruage, ij d.; se il vient par neif, i d. — 97. La charete de cardons, ii d. — 98. De tout, li sommiers, maille. — 99. Li cardons à col, o.[150] — 100. La charete [151] de fruit menée hors de la vile, i d. le moys. Dedens le moys de la vile, ij d.; ausi la cartée de tout le bley [152].

101. Li sommiers delà le Lis par tout l'an, à tout bley [153] ou à tout fruit, cascun, o. Chil decha le Lis, à tout fruit, nulle cose;

VARIANTES. — 133 saumouns. — 134 n'estois. — 135 quoi. — 136 torsel. — 137 ferrées. — 138 moys. — 139 le blei. — 140 charete. — 141 charete. — 142 à estal. — 143 banliewe enterra. — 144 achatera. — 145 thonlieu. — 146 quamqes. — 147 La. — 148 i. — 149 charete. — 150 maille. — 151 chartée. — 152 blé. — 153 blé.

mais en le mois [154] de la ville, li sommier decha le Lis à tout bley [155] paieront maille. — 102. La kieute, ij d., le cousin [156], i d., de chinc [157] sodées de plume, i d. Mains de xij denrées, nient. — 103. Le kerke de povre [158] ou de commin ou d'alun ou de quoy che soit, iiij d. — 104. Li caudronniers qui vendera à le feste, quites sera de tonlieu [159] tant com elle dura [160]. Mais de ruage doit et le portage. Après la feste, se il vendoit ou acatoit ou fors menoit, estrange [161] costume doit. — 105. Chil qui le grant caudron [162] acate, iiij d., le moien, ij d., le menours, i o. Le cloche, iiij d. — 106. La douzaine [163] de paieles, ij d., cascune acatée par soi, o.— 107. La rasiere de semenche de ling ou de [164] caneveuse, ij d., de douze denrées, o., de mains, nient. — 108. De cascune v sodées de pos. i d., de mains, nient, entre v sodées et xij denrées.— 109. Le semenche de porete, li sommiers d'oingnons, o., la carete, ij d. — 110. Li sommiers d'arguel que on apele en flamenc *winsteen* [165], un o., le sac sour carete, ij d.

112. La carete de muele doit au tonlieu [166] ij d. Chil qu'il les acate et amaine fors, de cascune, ij d., ausi de pierres acus, deus à la main dovent ij d. — 113. Et li ostil au telier donne ij d. — 114. Li doy [167] fol à fevre [168], ij d. — 115. Noeve arme à carpentier [169] se elles sont à vendre, le fassel [170], ij d. et se mains y a, nule cose. — 117. Homme de quel religion qu'il [171] soit, se il acate ou vent à son usage proprement, ne doit riens. Mais se il estoit marchans, si comme estrange deveroit [172]. — 118. *Qui la laine de ses brebis* [173] — *qu'en se* [174] *maison aura nouris — pour vendre en la vile amenra — riens de tonlieu* [175] *ne paiera. — Mais s'en carete l'amenoit — ruage et portage donroit* — ou sour car. *Mais se elle acatée estoit — adont le tonlieu* [176] *donroit.* — 119. La charete de chercles, cercle. — — 120. La charete des escus ou des seles, nient.

121. Li frepier de vieus dras, o. d'estallage [177]. Chil qui vendent le lin, li doy [178] estal, maille [179]. — 124. Li fraiaus de figes [180], ij d. — 126. Se aucuns amaine fauc, o. d'estallage, ansi de fauchilles. Et se il les amaine [181] fors de la ville [182] sour cheval, le fassel, ij d. et au col, i o. — 127. Chil de Bourbourc [183] sont

VARIANTES. — 154 le moys. — 155 blei. — 156 coussin. — 157 chint. — 158 poevre. — 159 thonlieu. — 160 durra. — 161 estrainge. — 162 cauderon. — 163 dousaine. — 164 de *est supprimé*. — 165 winsten — 166 thonlieu. — 167 doi. — 168 feivre. — 169 carpaintier. — 170 fasel — 171 k'il. — 172 deveroit. — 173 berbis. — 174 sen. — 175 thonlieu. — 176 thonlieu. — 177 estalage. — 178 doi. — 179 o. — 180 fighes. — 181 ameine. — 182 vile. — 183 Broubourc.

quite de tonlieu [184] à Saint-Omer fors i d. de la neif quant il issent de la vile et il acatent ileuc ou vendent; et de plumes et de miel et de bestes vives. Et se discorde estoit entre eus et chiaus de la vile, par jugement des eskevins de Saint-Omer de termine en termine par si que il soient quite de tonlieu [185]. — 128. Quinse fassel d'ail que on claime *vond* [186] en flamenc, ij d., li doi fassel, i o. Se mainz y a, nient.

Chou est confermé [187] par le seel le eveske Milon de Terewane, et dou prevost dou capitle de Saint-Omer filg au comte Tiery [188] de Flandres et dou frere au comte Philippe [189] et se aucuns le voloit depechier par sa malice, escumenis seroit.

Chou fu fait devant ches tesmoins : Le evesque Milon de Terewane, Pieron prevost de Saint-Omer, le doien Jehan et plusieurs autres [190].

CHE SONT LES MOYS DU ROY ESQUELZ ON PAIE DOUBLE TONLIEU.

Est assavoir le premier moys, xv jours devant et xv jours après le jour de la nativité saint Jehan Baptiste, comprins ens le dit jour saint Jehan.

Le second mois, xv jours devant et xv jours après le Toussains, le dit jour de Toussains ens comprins.

(Deux rouleaux en parchemin. — *Arch. municip. de Saint-Omer*, CXCIX. 4, et *Archives du chapitre*, II G 1899.)

XCV.

Tarifs de Tonlieu du XIIIe siècle.

1° *Texte latin.*

1. Theloneum Sanctorum Bertini et Audomari incipit ab oriente cum et vadit usque ad calchie Arnaud et durat usque ad Tervannam et deinde usque ad Biekenes et de Biekenes usque Alek[ine] et de Alekine usque ad pontem de Rec et de Rec usque Warenes (*sic leg.* Watenes) et usque Warenes et usque Clarom.... (*sic*) in curte. — 2. Homines de Morbeka nichil debent praeter mercatores qui causa lucri emunt vel vendunt, et similiter homines de Niveerled et manentes super feodum castellani et sic homines de Bus-

VARIANTES. — 184 thonlieu. — 185 thonlieu. — 186 vonder. — 187 confermei. — 188 Tierri. — 189 Philipe. — 190 *Ce texte s'arrête ici. A la suite, mais en écriture postérieure et tout au plus de la fin du siècle on lit* : En l'an de grace M CCC et XXVIII fu le contre partie de cheste role escrit.

cura. Molendinarii castellani apud Blendeka et molendinarii senescalli nichil debent nisi mercatores fuerint. — 3. Broburgenses a theloneo sunt liberi, excepto de melle et de plumis et de vivis animalibus. In mensibus tamen comitis, debent theloneum de omnibus mercimoniis suis sicut ceteri extranei. Omni quoque tempore de navi dant i d. Hofwarders liberi sunt de theloneo.

HAEC SUNT CONSUETUDINES ET JURA QUAE HABENT ECCLESIAE SANCTORUM BERTINI ET AUDOMARI ET IN APPENDICIIS EJUS. — 4. Scilicet de sturione, iiij d. — 5. De tallia ceti, iiij d. — 6. De mersuin, ii d. — 9. De navi cum piscibus, i d. De carteia piscium, ii d. — 10. De centum pladis, ii d.

11. De C. Salmonibus salsis, iiij d. — 12. De salmone non salso, ij d. — 13. De pensa anguillarum, ij d. — 14. De summario piscium, i ob. — DE CARNIBUS. 15. De bacone i d. — 16. De carteia carnium sive vaccinarum sive ovinarum, ij d., de summario, i ob. — DE PELLIBUS. 18. De dacra pellium hircorum, ij d., de pelle, i ob. — 19. De pellibus tamnatis, videlicet de una dacra ij d. — 20. De pellibus non tamnatis et cum pilis hoc est de dacra, ij d. —

21. Item, de dacra de pellibus salsis, ij d. Si autem una minus fuerit, tum de singulis dabitur ob. — 22. De dacra de pellibus siccis, i d. — 23. De dozina de cordewan, ij. d. — 24. De quaderel, i d. — 25. Centum pellium agnorum, ij d. — 26. De C. pellibus ovium, ij d. — 27. Pensa lane, i d. — 28. Carteia lane non lote, ij d. — 29. De summario lane, i ob. — 30. De lana quam mercator super collum portat, i d.

31. De lana quae super currum portatur, iiij d. — 32. De pensa filorum, ij d. — 33. Si torcnata fuerit, ij d. — 34. Bale, iiij d. — 35. De torchel, iiij d. — 36. De spetely, ij d. — 37. De pensa de rodh, de pensa sinere adipis, ij d. — 39. Pensa caseorum, i d. — 40. Pensa burgi, ij d.

41. Pensa cere, iiij d. — 42. Centum ferri, xxv d. — 43. Saccus cum ferris equorum, ij d. — 44. Duo scof ferri, i ob. — 45. Blodi ferri, iiij d. — 46. Incus fabri, iiij d. — 47. Duo baly, ij d. — 48. Ligna textoris, ij d. — 49. Voder assium, ij d. — 50. Duo scof calibis, i ob.

51. Centum scof calibis, xxv d. — 52. De dolio calibis, ij d. — 53. Quatuor dozine podum, ij d. — 54. Mille libre stamni, iiij d., Pensa plumb, ij d. — 55. Centum veteris metalli, iiij d. — 56. Unus brouketel, iiij d. — 57. Unus setteketel de v sol., i d. — 58. Ketel de v sols, j d. — 59. Venditor cacaborum per xv dies stallum suum sine theloneo tenere potest. — 60. Olla de v sol., i d.

61. Campana, IV d. — 62. Patina enea, i ob. — 63. Quod si minus valeat patina quam xij d., nihil dabit, si autem patina v

sol, i d. — 64. Dozina patinarum simul emptarum, ij d. Si una minus, quaeque, ob. —65. Si autem mercator dozinam patinarum non simul ab uno sed separatim a pluribus emat, singula dabit ob. et tantum dabit venditor quantum emptor. — 66. Pelvis de xij d., i ob. — 67. Torsel ollarum mettalinarum, iiij d.—68. Torsel patinarum enearum, iiij d. — 68. De candelabris metallinis de v sol., j d.—69. Lapis molaris, ij d. —70. Slipesten, ii d. Si autem unus molaris sive unus slipesten, sive in curru sive in carreta portetur, dabit duos denarios ; si duo, iiij d.

De oneribus navium. — 71. Navis cum frumento, i d. — 73. Si unus saccus fuerit in navi, id. Si unus saccus frumenti, i d. Navis olerum; i d. In mense comitis, de sacco, i ob. — 75. Navis cum sale, i quart. salis. — 76. Si extraneus emeret navem salis et duxerit extra villam, ij d. — 77. Navis cum timmerhoud. — 78. Navis cum scriniis sine sibis et sine alia aliqua suppellectili, i d. — 79. Navis cum cocite i d. — 80. Arca cum siba, ij d.

81. Navis cum oleo de baie, sive unius olle side plurium, i d. — 82. Pensa de conterever, ij d. — 83. Ursus, iiij d. — 84. Simia, iiij d. — 85. Equus, ij d. — 86. Mulus, ij d. — 87. Asinus, ij d. — 88. Vacca, i ob.— 89. Porcus vivens, i ob. — 90. Porcellus non lactans, i ob.

91. Ovis, i ob. — 92. Post festum Sancti Johannis, agnus, i ob. — 93. De lecto, ij d. — 94. De capitali, i d. — 95. De plumis que quinque sol. valent, i d. — 96. Cussin i d. — 97. Balg cum melle, ij d. — 98. De melle valente v sol., i d.; et si mel venditur in villa, de v sol., i d. — 99. De vase quod duos fundos habet, ii d. — 100. Si autem mel valeat xij d., dabit i ob., si minus, nihil dabit, si valeat v sol., i d., si valeat vi sol. et vi d., iiij ob.

101. De carruca cum sale, ij d. — 102. Carruca frumenti, extra menses comitis, i d. Infra mensem comitis, ij d. Si quis emerit i r. frumenti infra mensem comitis, i ob. — 103. De carruca et de summario qui panem huc attulerit ad vendendum ex hac parte Leye, i ob. — 104. Carruca cum pane de ultra Leyam, in mense comitis, ij d., extra mensem comitis, i d.— 105. Carteia scutellarum, ij d. Summarius scutellarum vel scyphorum ligneorum chordis ligatorum, i ob. — 106. Saccus chordatus scyphorum mazerinorum, iiij d. — 109. Unus torsel pannorum chordis ligatus, iiij d. — 110. Quicumque ad stallum steterit sexta feria et sabbato et non est burgensis, i ob.

111. Si quis mercator extra stallum suum vadens pannum emerit vel aliquid tale, dabit istud theloneum verbi gratia. Si super equum post tergum illud tulerit, dabit ij d. Si ad collum,

i ob.— 112. Magnus mercennarius, i ob., in mense comitis s. ob. — 113. Parvus mercennarius, extra mensem comitis, iiij ova. — 115. Si quis Anglicus de Anglia huc venerit cum mercatu suo et vult vendere in hac villa, dabit iiij d. Si vero emere vult in hac villa et in Angliam ducere, nihil amplius dabit quam quatuor d. Si vero cum mercatu suo per villam transire voluerit, dabit theloneum sicut alius extraneus. — 116. Si vero Anglicus huc venerit et navigio in villam ierit, dabit iiij d. nisi sit alicujus sancti peregrinus. — 117. Si autem aliquis clericus Anglicus huc venerit, tam ipse quam famulus ejus nihil dabunt. — 118. Si aliquis mercator huc venerit et torsellum post tergum suum chordis ligatum super equum attulerit, dabit ij d. — 119. Si vero infra sellam ligatum chordis adduxerit, dabit iiij d. — 120 Quicumque de vestibus emerit vel vendiderit in hac villa et ad collum suum portaverit, dabit i ob.

121. Summarius portans waranche, i ob. — 122. Si aliquis de ultra Leyam attulerit saccum cum frumento toto anno, i ob. — 123. Item, carteia de cumbis fulonum, si super currum, iiij d. — 124. Carteia de cardis, ij d., si super currum, iiij d. — 126. Carteia de bast, i ob., si super currum, iiij d. Summarius de bast, i ob. — 127. Lorica, iiij d. — 128. Lorica minor que vulgo halbergol dicitur, ij d. — 129. Calige ferree, id. — 130. Torcellus gladiorum ligatus chordis, iiij d., sine chordis, ij d.

131. Quicumque falces vendiderit in villa, i falcem. — 132. Quicumque stallum tenet cum ollis, i ollam. — 133. Quicumque transit per villam cum falce, i ob. Si super equum ligatas infra sellam chordis duxerit, iiij d. Si super equum sedens post tergum duxerit, ij d. Si portaverit ad collum, i ob. — 134. Olla butyri quae valet triginta d., i ob., si minus valet, nihil dat.— 135. Raseria de linsad, iiij d.— 136. Quartus de linsad, i d. — 137. Et valens xij d., i ob. — 139. Si quis extraneus communitatem habet de vino cum burgensi Sancti Audomari, extraneus de toto solus dabit quantumcumque jus exigit, sive plus sive minus habeatur vini et tantum dabit parvus tonellus quantum magnus. — 140. Item, si aliquis extraneus aliquam habet communitatem de omni torsello cum burgensi Sancti Audomari, extraneus solus dabit quantum jus exigit.

141. Sciendum quod omnis tonellus, sive vini, sive cervisie sive ase, sive cineris vel cujusque rei, duorum fundorum, dabit ij d. — 142. Quicumque transit per justitiam de Sancto Audomaro cum mercatu suo debet nobis theloneum. — 143. Kerka bersil dabit iiij d. ; dimidia vero kerka, ij d. Si dimidia chordis

ligata, iiij d. — 144. Kerka grani, iiij d., de dimidia, ij d. — 145. Kerka piperis, iiij d., dimidia, ij d., dimidia chordis ligata, iiij d. — 146. Kerka alun, iiij d., dimidia, ij d., dimidia chordis ligata, iiij d. — 147. Kerka sucker, iiij d., dimidia, ij d., dimidia chordis ligata, iiij d. — 148. Kerka cumin, iiij d., dimidia, ij d. dimidia chordis ligata, iiij d. — 149. Carteia saye, ij d. Si super currum, iiij d. — 151. Carteia grutpote, ij d. Si super currum, iiij d.

151. Carteia fossoriorum sine ferro, ij d. Si super plaustrum, iiij d. — 152. Carteia mensarum, ij d. Si super plaustrum, iiij d. — 153. Carteia hastarum, ij d. Si super plaustrum, iiij d. — 154. Carteia binden que huc ducuntur ad vendendum, ij d. — 155. Carteia arcuum, i arcum. Si supper currum, ij arcus. — 156. Qui emit navem, i ob.; saccum cum sale, i ob. — 157. Summarius de wede, i ob. — 158. Summarius cum nucibus, i ob. — 159. Frael ficuum, ij d. — 160. Summarius cum cepe, ob.

161. Carruca de walde, ij d. — 162. De wede, j ob. — 163. De waranche, ij d. — 164. Cussinel, iiij d. Carruca cum seminibus sive porri, sive sinapis, sive cujuscumque rei, de quolibet sacco, ij d.; si super summarium, i ob. — 170. Si aliqui hominum Sancti Bertini de Arkes proficisci volunt cum navigio cum mercimoniis suis per villam Sancti Audomari, liberi et absque thelonio transire debent, tali ratione quod nulli eorum exire de navi liceat. Quod si aliquis eorum, aliqua necessitate cogente, exierit de navi, ipsa navis de omni mercimonio suo quasi navis extranea theloneum dabit. Si aliquis onera sua apud Arkas navi imposuerit transire per villam Sancti Audomari, dabit inde theloneum.

Notum sit omnibus quod vicecomes de Arkes, nullum jus in theloneo in villa Sancti Audomari, nunc non aliquem de theloneo liberare potest sed si aliquis homo quicumque fuerit aliqua infra comitatum de Arkes vendiderit aut emerit, tunc predictus vicecomes theloneum suum habere debet.

Ista debentur de theloneo nostro. — 172. Hubertus de Bouelinghem debet ij r. frumenti per annum. — 175. Eustacius Canis de Moula, i r. — 176. Henricus de Ostremoula, i r. frumenti. — 177. Preco de Sighekka, i r. frumenti. — 178. Simon de Bikena, vj cap. — 179. Preco de Billeka, cap. vj. — 180. Willelmus de Blendeka, viij cap.

181. Joannes Balkit, vj cap. — 182. Boidin de Ghet, i hod. avene. — 183. Preco de Weserna, i hod. avene. — 184. Willelmus de Diffeka, iiij anselies. — 185. Joannes Dagga de Warenes... anguillas.

(Copie du xviie siècle. *Bibl. nation. ms. lat.* n° 12662, fol. 345.)

XCVI.

S. d. XIIIe siècle.

2° *Traduction du tarif précédent*[1].

1. Li tonlieu de Saint-Aumer et de Saint-Bertin commence de orient al Novel fossé et va jusques à le cauchie Arnoud et dure jusques à le crois de Terewane et de là jusques à Biekenes et de Biekenes jusques à Alekines et de Alekines jusques au pont de de Rec et de Rec dusques à Watenes et dusques à Clermarech, en le court. — 2. Li homme de Morbeke ne doivent riens fors li marchant qui pour waigner vendent et acatent, et ensement li homme de Niewerlet et li home qui mainent sor le fief le castelain et li homme de Buscure. Li maunier le castelain de Blendeke et li maunier le senescal le castelain sont quite s'il ne soient marchant. — 3. Chil de Broborch sont quite de tonlieu, fors de miel, de plumes et de vives bestes, mais el mois le conte doivent il tonlieu de toute lor marchandise ausi com autre estrange. Tostans doivent il tonlieu i d. de le neif. Chil qui gardent cors sont quitte. CHOU SONT LES COUSTUMES ET LES DROICTURES QUE A LI EGLISE DE SAINT-BERTIN DOU CASTEAU SAINT-AUMER ET EN SES APERTENANCHES. — 4. Del esturjon, iiij d. — 5. De le taille de balaine, iiij d. — 6. Del porc de meir, ij d. — 7. Del mil de harens, ii d. — 8. Del mil de makereaus salés, ij d. — 9. Del neif à pisson, i d. — 10. De c. plais, ij d.

11. De c. saumons salées, ij d. — 12. De nient salées, ij d. — 13. De une poise d'anguilles, ij d. — 14. De somier à pisson, o.

DE CAR. 15. Del bacon, i d. Et de le moitié, o. — 16. De le carete à char u de vake u de berbis, ij d. Del somier, o.

DE PEAUS. —18. De une dacre de peaus de kieureus, ij d., de le peel, o. — 19. De une dacre de peaus tanées, ij d. — 20. De le dacre de peaus nient tanées que reste à tout le pol, ij d.

21. De une dacre de peaus salées, ij d., et s'il i a mains de une dacre, cascune doit o. — 22. De une dacre de peaus seches, i d.

---

1. Dans cette traduction, les articles de ce tarif ne sont pas disposés dans le même ordre que dans le texte latin. Comme il m'a paru que le principal intérêt qu'il y avait à publier ces diverses rédactions était de les comparer et qu'il importait dès lors qu'il y eût concordance dans la numérotation de leurs articles, je me suis permis de ramener ce texte français à la disposition du texte latin qui m'a semblé représenter la forme la plus ancienne. Voici dans quel ordre les articles de cette traduction étaient disposés : 4 à 111, 1 à 3, 123 à 185. Les articles 112 à 122 et quelques autres manquent.

— 23. De c peaus d'aigneaus, ij d. — 26. De c peaus berbis, ij d. — 23. De une dousine de cordewan, ij d. — 24. Del quaderel, i d.

De lana. — 27. De une poise de laine, i d. — 28. De le caretée de laine nient lavée, ii d. — 29. Del somier de laine, o. — 30. De le laine que on porte sor le col, o.

31. De le laine que on amaine sor car, iiij d. — 32. De une poise de file, ij d. — 33. De le tresse, ij d. — 34. De bale, iiij d. — 35. Del torssel, iiij d. — 36. Del spetelint, ij d. — 38. Poise de sieu, ij d., poise d'oint, ij d. — 39. Poise de formage, i d. — 40. Poise de bure, ij d. — 41. Poise de chiere, iv d.

De fer. — 42. De un c. de fer, xxv d. — 43. Del sac as fers de chevaus, ij d. — 44. Deus garbes de fer, o. — 45. Chent glowes de fer, iv d. — 46. Une englume, jv d. — 50. De deus garbes d'acier, o.

51. De c. garbes d'acier, xxv d. — 52 Del tonel d'acier, ij d. — 53. De iv dosines de treves, ij d. — 54. De mil libres d'istain, iv d. — 55. De c. de vieus metal, iv d. — 56. De le caudiere la brasseur, iv d. — 57. Del caudron aisies, ij d. — 58. De le caudiere de v s., ij d. — 59. Li marcheant de caudieres ils poent par xv jors tenir son estal sans tonlieu. — 60. Del pos de v s., i d.

61. De le cloke, iv d. — 62. De le paiele d'airain, o. — 63. Del bachin de xij d., o. — 64. De le dousine de paieles acatées ensamble, ij d. et s'il y a une mains, cascune doit o. et si une paiele vaut mains de xij d., ele est quite. — 65. Se aucuns marcheans acate une dousine de paieles par pieches et ne mie ensamble, cascune donra o. et autretant donra cil qui le vent que cil qui l'acate. — 66. Del torsel de paieles, iv d. — 67. Del torsel de pos de metal de v s., i d. — 68. Des candelers de metal de v s., i d. — 69. De le piere de molin, ij d. — 70. De le piere à moure, ij d. et se on les maine sor car ou sor carete, cascune donra ij d. et se on en maine ij sor i car, cascune donra iv d.

71. Neif à forment, i d. — 72. Neif à carbons, i d. — 73. Se aucuns sas de forment u de carbons fust en le neif, il doit i d. En le mois le comte, del sac, o. — 74. Neif a porée, i d. — 75. Neif avoec seil, i quartaut de seil. — 76. Se aucuns estranges acate une naive de seil et la maine hors de le vile il doit i d. — 77. Neif à timerhout, i d. — 78. Neif avoec huges sans serrures et sans autre ator, i d. — 79. Huge à serrure, ij d. — 80. Neif avoec lait, i d. — 81. Neif avoec oile d'olive, soit de i pot, soit de plusieurs, i d. — 82. Poise de contrecuer, ij d. — 83. Ors, iv d. — 84. Signes, iv d. — 85. Chevaus, ij d. — 86. Mul, ij d. — 87. Asnes, ij d. — 88. Vacca, o. — 89. Porc vif, o. — 90. Le porc laitant, o.

91. Berbis, o. — 92. Après le feste Seint Jehan, li aigneus, o. — 93. De le kieute, ij d. — 94. Del cavecheul, i d. — 95. De plumes qui valent v s., i d. — 96. Cossin, i d. — 97. Del fol avoec miel, ij d. — 98. Del miel qui vaut v s., i d. Del miel qui passe par le vile, de cascun fous, i d. De v sodées de miel que on vent en le vile, i d. — 99. De vaissel qui ij fons a, ij d. — 100. De xij denrées de miel, o., et s'il i a mains, quites est. S'il vaut v s., i d., S'il vaut vj s. et vj d., il doit i d. o.

101. Carete à sel, ij d. — 102. Carete à forment, dedens le mois le comte, ij d. et dehors le mois, i d. Se aucuns acate i r. forment el mois li comte, il doit o. — 103. De le cartée et del somier qui pain amainent cha à vendre decha le Lis, o. — 104. Carete à pain de outre le Lis, dedens le mois le conte, doit ij d. et dehors le mois le conte, i d. — 105. Carete d'escueles et de hanas, de fust loiés de cordes, o. — 106. Le sac de hanas de mandre cordes, iv d. — 109. Torsel de dras loiés de cordes, iv d. — 110. Quicunques tient estal le vendredi et le samedi, s'il n'est borgois, il doit o.

111. Se aucuns marchans va de son estal acater dras ou aucune tel cose, il en doit tonlieu; chou est assavoir, s'il le maine sor son cheval deriere, il doit ij d., s'il le porte sor son col, il doit o.

123. Cartée de cuves as folons, ij d.; s'il viengnent sor car, iv d. — 124. Cartée de cardes, ij d.; sor car, iv d. — 125. Cartée de tille, ij d., sor car, iv d. — 126. Somier de tille, o. — 127. Li haubers, iv d. — 128. Li auberjon petit, ij d. — 129. Cauches de fer, i d. — 130. Torsel loiés d'espées de cordes, iv d.; sans cordes, ij d.

131. Quicunques vent fauchilles en le vile, il doit i fauchille. — 132. Quicunques tient estal pour vendre pos, il doit i pot. — 133. Quicunques passe par le vile à faukes, o. S'il sont loiés de cordes devens le sele del ceval, il doivent iiij d. Se on les maine deriere le dos sor le ceval, ij d. Se on les porte al col, o. — 134. Pot de bure qui vaut xxx d., o. Se mains vaut, quites est. — 135. Rasiere de linsat, iiij d. — 136. Quart. de linsat, i d. — 137. Et chou qui vaut xij d., doit o. — 138. Kerke de bersil, iv d., demi kerke cordé, iiij d. — 144. Kerke de grain, iiij d., demi kerke, ij d. — 145. Kerke de poivre, iiij d., demi kerke, ij d. — 146. Kerke d'alun, iiij d., demi kerke cordé, iiij d. — 147. Kerke de sukre, iiij d., demi kerke, ij d., demi kerke cordé, iiij d. — 148. Kerke comin, iiij d., demi kerke cordé, iiij d. — 149. Caretée de saie, ij d., sor car., iiij d. — 150. Caretée grutporte, ij d. Sor car, iiij d.

151. Caretée de peles sans fer, ij d. Sor car, iiij. — 152. Care-

tée de tables, ij d. Sor car, iiij d. — 154 Caretée à vindes que [maine] à vendre, ij d. — 155. Carete à ars, i ars. Sor car, ij ars. — 156. Qui acate une neif il doit o. — 157. Somier de waide, o.— 158. Somier à nois, o. — 160. Somier à oingnons. o.

161. Somier de walde, ij d. — 162. Cartée de waide, ij d. — — 163. Cartée de waranche, ij d. Summier de waranche, o. — — 164. Cussinnel, iiij d. — 105. Sac à seil, o. — 166. Le harnas al tiseran, ij d. — 167. Voder d'ail, ij d. — 168. Poise de plunc, i d. — 169. Frael de fighes, ij d.

CHOU DOIT ON TONLIEU PAR AN. — 172. Herbers de Boulinghem doit ij. r. froment par an de rente. — 173. Marsiles de Bokout, ij r. — 174. Eustace de Herlebeke, ij s. — 175. Eustases le Kien de Molne, i r. — 176. Henris d'Ostmolne, i r. — 177. Li amans de Siegerkes, i r. — 178. Symons de Biekenes, vj capons. — 179. Li amans de Billekes, vj capons. 180. Willaumes de Blendekes, viij capons.

181. Jehans Vallut, vj capons. — 182. Boidins de Gant, i lod avene. — 183. Li amans de Wesernes, iiij ouwes. — 185. Jehan d'Agga de Watenes, anguilles.

(Rouleau de parchemin. — *Arch. du chapitre de Saint-Omer*, II G 1899.)

XCVII.

1401. 17 septembre.

3° *Autre rédaction du tarif précédent* [1].

1. Li tonlieu de Saint-Omer et de Saint-Bertin commenche de orient al Novel fossé et va jusques à le cauchie Renaut et dure jusques à le crois de Terewane et de là jusques à Biekenes, et de Biekenes jusques à Alekines, et de Alekines jusques au pont de Rec et de Rec jusques à Watenes et jusques à Clermarech, en le court. — 2. Li homme de Morbeke ne doivent riens fors li marchant qui pour waingnier vendent ou acatent. Et ensement li homme de Niewerlet. Et li homme qui mainent sor le fief le chastelain. Et li homme de Buscure, li maunier le castelain apud Blendeke et li maunier le senescal le castelain sont quite s'il ne soient marchant. — 3. Chil de Broborc sont quite de tonlieu fors de miel, de plumes et de vives bestes ; mais el mois le conte doivent il tonlieu de toute lor marcandise aussi comme autre

---

1. Comme dans le document qui le précède, ce tarif a été ramené à la disposition du texte latin (n° XCV). Voici quel était l'ordre des articles de cette traduction française : 1 à 3, 123 à 137, 142 à 151, 36 à 102, 152 à 156, 138 à 141, 4 à 35, 102 à 121, 170 à 171, 165 à 185.

estrange. Tous tamps doivent il tonlieu i d. de le neif. Chil qui gardent cors sunt quite.

Chou sont les coustumes et les droitures que l'eglise de Saint-Bertin a en tonlieu de l'eglise de Saint-Omer et es appartenances. — 4. De l'esturjon, iiij d. — De le taille de balaine, iiij d. — 6. Del porc de mer, ij d. — 7. Del M. de herens, i d. — 8. Del M. de makereaus salés, ij d. — 9. De le neif à plaiis ou autre poisson, i d. — 9 bis. De le carete a pisson, ij d. — 10. De C. plaiis, i d.

11. De C. saumons salés, iiij d. — 12. De nient salés, ij d. — 13. De une poise d'angolles, ij d. — 14. Del sommier à pisson, o. — 15. Del bacon, i d. — 16. De le moitié, o. — 17. De le carete à char u de vake u de berbis, ij d.; del sommier, o. — 18. De une dacre de peaus de kieureus, ij d.; et chascune pelle, o. — 19. De une dacre de peaux tanées, ij d. — 20. De le dacre de peaus nient tanées qui sont à tout le poil, ij d.

21. De une dacre de peaus salées, ij d. — 22. De le dacre de peaus seches, i d.; et s'il y a mains de une dacre, cascune doit o. — 23. Dousaine de cordewan, ij d. — 24. Li quaraus, i d. — 25. De c. peaus d'aigneau, ij d. — 26. De c. peaus de berbis, ij d. — 27. De une poise de laine, i d. — 28. De la karetée de laine nient lavée, ij d. — 29. Del sommier de laine, o. — 30. De le laine que li marcans porte sur sen col, o.

31. De le laine que on amaine sor car, iiij d. — 32. De une poise de file, ij d. — 33. De le trosse, ij d. — 34. De bale, iiij d. — 35. Del torssel, iiij. — 36. Del speletinc, ij d. — 38. Poise de sieu, ij d. — 38. Poise d'oint, ij d.; — 39. Poise de formage, i d. — 40. Poise de bure, ij d.

41. Poise de chire, iiij d. Voder d'ail, ij d. — 42. Un c. de fer, xv d. — 43. Del sac de fers de chevaus, ij d. — 44. Deus garbes de fer, o. — 45. Cent glowes de fer, iiij d. — 46. Une en glume, iiij d. — 47. Deus fols (soufflés) ij d. — 48. Li harnasch al tisseran, ij d. — 50. Deus garbes d'achier, o.

51. Cent garbes, xv d. — 52. De tonnel d'achier, ij d. — 53. Quatre dousaines de treuves (?) ij d. — 54. Mil livres d'estain, iiij d. — 55. Le cent de vieus metal, iiij d. — 56. Le caudiere al brasseur, iiij d. Poise de plunc, ij d. — 57. Un cauderons aisies, ij d.; caudiere de v s. doit i d. — 59. Li marchant de caudieres il poent par xv jors tenir son estal sans tonlieu. — 60. Pot de v s., i d.

61. Cloke, iiij d. — 62. Paiele d'airain, o. — 53. Bachins de xij d., o. Le mains vaut le bachin u le paile quictes est et se le paiele vaut v s., doit j d. — 64. Dousaine de paieles acatées

ensamble doit ij d. et s'il y a une mains, cascune doit o. — 65. Si aucuns marchans acate une dousaine de paieles par pieches et ne mie ensamble, chascune paieles donra o.; et autrestant donra cil qui le vent que cil qui l'acate. — 66. Torsel de paieles d'arain, iiij d.— 67. Le torsel de pos de metal, iiij d. — 68. Des candelers de metal de v s., i d. — 69. Piere de molin, ij d. — 70. Piere à moure couteaus et autre chose, ij d.; et se on les porte sor car ou sor carete, cascune donra ij d.; et se on en porte ij sor i car, cascune donra iiij d.

71. Neif à forment, i d. — 72. Neif à carbons, i d. — 73. Le sac de forment gisant en le neif, i d. Si aucuns sas de carbons fuist en le neif, il doit i d. — 74. Neif à porée, i d. El mois li comte, del sac, o. — 75. Neif aveuc seil, i quartier de seil. — 76. Se aucuns estrainges acate une naive de seil et le maine hors de le ville, il doit i d. — 77. Neif à marien, i d. — 78. Neif aveuc huches sans serures et sans autre atour doit i d. — 79. Le huche qui a serure, ij d. — 80. Neif aveuc lait, i d.

81. Neif aveuc oile de baie donne i d. soit de i pot soit de pluseurs. — 81bis Le neif de quoi que soit i d. doit, fors de torseaus ou huches ferées. — 82. Poise de contercuer, ij d. — 83. Ours, iiij d.— 84. Singe, iiij d.— 85. Li chevauls, ij d.— 86. Le mul, ij d. — 87. Asnes, i d. — 88. Le vake, o. — 89. Porc vif, o. — 90. Le porc nient laittant, o.

91. Berbis, o. — 92. Après le feste Saint Jehan, le aignel, o.— — 93. De le kieute, ij d. — 94. Del cavecheul, i d. — 95. De plumes qui valent v s., j d. — 96. Coussin, i d. — 97. Del fol aveuc miel, ij d. — 98. Le miel qui vaut v s. doit on i d.; de miel qui passe par le ville de cascuns fous doit on paier i d. — 99. De v sodées de miel que on vent en le ville doit on i d. Del vaissel qui ij fons a, ij d. — 100. De xij denrées de miel, o. et s'il y a mains, quites est; et se li miel vaut vj s. vj d., il doit i d. o.

101. Carete à seil, ij d. — 102. Carete à forment dedens le mois le conte, ij d. et defors le mois le conte, i d. Se aucun ait acaté rasiere de forment dedens le mois le conte, il doit o. — 103. De le caretée et del soumier qui pain amainent cha à vendre decha le Lis, o. — 104. Carete à pain de outre le Lis dedens le mois le conte doit ij d.; fors le mois le conte, i d. — 105. Carete d'escueles u de hanas, ij d. — 106. Li sommiers d'escueles u de hanas de fust loiiés de cordes doit o. — 107. Le sac de hanas de mandre cordeies, iiij d. — 108. Torsel de draps loiiés de cordes, iiij d. — 110 Quiconques tient estal le venredi et le samedi s'il n'est bourgeois il doit o.

111. Se aucuns marchans va de son estal acater draps u aucune

tele cose il en doit tonlieu ; chou est assavoir, s'il le maine sor son cheval deriere son dos, il donra ij d. et s'il le porte sor son col, il doit o. — 112. Le grant merchier el mois le conte, o., et dehors le mois le conte, une poitevine. — 113. Li petit merchiers dehors le mois le conte, ij oes, dedens le mois le conte, iiij oes. — 115. Se aucuns Engles vienge decha de Engleterre vendre ses coses en ceste ville, il doit iiij d. ; Et se il veut acater en ceste ville aucunes choses pour mener en Engleterre, il ne donra nient plus que iiij d. et s'il veut passer par le ville à toute sa marchandise, il donra tonlieu aussi comme autre estrange. — 116. Se aucuns Engles vient en le ville à neif, il doit iiij d. s'il n'est pelerin d'aucuns saint. — 117. Se aucuns clers Englois vient en le ville, il et ses serjans sont quite. — 118. Se aucuns marchans amaine cha aucun torsel loiiés de cordes deriere son dos, sor son cheval, il doit ij d. — 119. Et s'il l'amaine devens le sele, il doit iiij d. — 120. Le sommier portant waranche, o.

121. Se aucun de cheaus delà le Lis amainent u aportent sac de blé, tout l'an, doivent o. — 123. Cartées de cuves as folons, ij d., s'il viennent sour car, iiij d. — 124. Cartée de carcles, ij d., sour car, iiij d. — 125. Cartées de tille, ij d., sour car, iiij d. — 126. Li sommiers de tille, o. — 127. Li haubers, iiij d. — 128. Li hauberjon petit, ij d. — 130. Torsel d'espées loiiés de cordes, iiij d., sans cordes, ij d.

131. Quiconques vent fauchilles en le ville il doit une fauchille. — 132. Quiconques tient estal pour vendre pos, il doit i pot. — 133. Quiconques passe par le ville à faukes, o. S'il sont loiiés de cordes devens le sele del cheval, il doivent ij d. Se on les maine deriere le dos sor le cheval, ij d.; se on le porte al col, o. — 134. Pot de burre qui vaut xxx d., o.; se mains vaut quites est. — 135. Rasiere de linsat, iiij d. — 136. Quartier de linsat, i d. — 137. Et chou qui vaut xij d. doit o. — 139. Se aucuns estranges marcheans ait communité de vins aveuc bourgois de Saint-Omer, li estranges de tout paiera souls chou que droit demandera, s'il i ait plus de vin ou mains et autant donra li petis tonneauls comme li grans. — 140. Se aucuns estranges ait communité de aucun torsel aveuc bourgois de Saint-Omer, li estranges tout soul paiera chou que droit demandera.

141. Chou est assavoir que chascun tonnel de vin, ou de chervoise, ou d'ale, ou de chendre, ou chascun vaissel que ij fons a, doit ij d. Carete de semence de porion ou de seneve ou de chascune chose tele doit ij d. donner de cascun sac. Del sommier, o. 142. Quiconques passe par le justice de Saint-Omer à toute sa

marcandise, il doit tonlieu. — 143. Kerke de Bresil, iiij d. demi kerke, ij d., demi kerke cordé, iiij d. — 144. Kerke de grains iiij d. demi kerke, ij d., demi kerke cordé, iiij d.—144bis Fraiel de fighes, ij d. — 145. Kerke de poivre, iiij d., demi kerke, ij d. demi kerke cordé, iiij d. — 146. Kerke d'alun, iiij d., demi kerke, ij d., demi kerke cordé, iiij d. — 147. Kerke de sucre, iiij d., demi kerke, ij d., demi kerke cordé, iiij. — 148. Kerke commin, iiij d., demi kerke, ij d. demi kerke cordé, iiij d. — 149. Cartée de saie, ij d. — 150. Cartée grutpotte, ij d.

151. Carete de peles sans fer, ij d.; s'ils vienent sour car, iiij d. — 152. Carete de tables, ij d.; sor car, iiij d. — 153. Carete de hanstes, ij d.; sor car, iiij d. — 154. Carete à bindes que on amaine cha à vendre, ij d. — 155. Carete à ars, i arc; sor car, ij ars. — 156. Qui acate une neif il doit o.

Se aucuns des hommes d'Arkes veut passer par neif par le ville de Saint-Omer à toute sa marchandise, il porra passer frankement sans tonlieu, mais ke nuls isse fors de le neif par aucune necessité u besoing, le neif donra tonlieu de toute le marchandise aussi comme neif estrange. Se aucuns ait cargié à Arkes et passe par le vile de Saint-Omer, il doit de celle tonlieu. Ch'est assavoir que li vescontes d'Arkes nul droit n'a en tonlieu de Saint-Omer ne il ne puet nullui quiter de tonlieu, mais se aucuns homs quiconques soit il ait acaté u vendu aucunes coses dedens le contei d'Arkes, li vescontes en doit avoir sen tonlieu.

157. Sommier de waide, o. — 158. Sommier à nois, o. — 160. Sommier à oingnons. o.

161. Somier de walde, ij d. — 162. Cartée de waide, ij d. — 163. Cartée de warance, ij d., le sommier, o. — 164. Cussinel, iiij d. — 165. Del sac au seil, o.

CHOU DOIT ON DEL TONLIEU.

171. Herbers de Boulinghem doit ij rasière de forment par an de rente. — 173. Marsiles de Bokout, ij r. — 174. Eustace de Herlebeke, ij s. — 175. Eustasie li Kiens de Molne, i r. — 176. Henris d'Ostermolne, i r. — 177. Li amans de Siergerke, i r. — 178. Symons de Biekenes, vj capons. — 179. Li amans de Bilekes, vj capons. — 180. Willaumes de Blendekes, viij capons.

181. Jehan Ballut, vj capons. — 182. Boidins de Gand, i hod. d'avaine. — 183. Li amans de Wesernes, iiij oublies. — 185. Jehans de Gaga de Watenes.... anguilles.

Che rolle fu fait en l'an de grace M CCCC et I le XVIIe jour du mois de septembre. — J. S. Lo.

(Rouleau de parchemin. — *Arch. du chapitre de Saint-Omer* II G 1903.)

XCVIII.

Vers 1320.

Ch'est le droiture que li ville a el tonlieu et en le saccage.

Ch'est asavoir, les premiers viij jours du mois de jung lieve le moitié des viij jours le ville et l'autre moitié le capitle de Saint-Omer.

Item, après les premiers viij jours du mois de jung si entre li mois c'on dist le mois du conte, c'on doit commenchier ij jours devant le jour saint Barnabé et che jour, commenche le ville à recevoir tout le tonlieu de le ville seus; et après ces vj jours lieve Saint-Bertin x jours tout le tonlieu seus et ces x jours finent le jour saint Jehan entier; et après le jour saint Jehan doit on conter xv jours et en ces xv jours lieve le moitié li ville et l'autre moitié chiaus de Saint-Bertin.

(*Arch. municip. de Saint-Omer. Registre au renouvellement de la loi.* I, f° 30.)

XCIX.

Vers 1320.

Réglement de tonlieu. « Item, du moys de le ville. »

Les premiers xv jours devant le jour de le Toussains et le jour entier et xv jours après le jour de le Toussains est le tonlieu moitié à le ville entierement et moitié à Saint-Bertin et ès xv jours devant à tout le jour de le Toussains et les xv jours dessusdis après paiié en saccage est le moitié à le ville et l'autre moitié à Saint-Bertin.

Item, on rechoit les petis tonlieus dedens le ville et dehors dedens le banliewe pour chou que il ne vienent mie à coilir as portes. Ch'est à savoir de bestes, de peaus, de vakes, de veaures, de laines, de semenches, de formages, de burre, de vieserie, de lis, de filey, de lin, de barterie, de semenches, etc., et de ches petis tonlieus a le ville se droiture ausi avant que on lieve des grans tonlieus et doit chieus qui reçoit le cauchie de par le ville conter combien ches petis tonlieus valent et prendre sen avenant si avant com il rechoit des grans tonlieus.

(*Arch. municip. de Saint-Omer. Registre au renouvellement de la loi*, I, fol. 30 v°.)

C.

1326.

Autre réglement pour le tonlieu.

Les iiij jours des viij jours premiers du mois de jung que le ville de Saint-Omer levoit pour le capitle de Saint-Omer, pour le tonlieu que le ville tenoit à cense pour vj lib. par an puis que le franke feste fu commenchée à Saint-Omer et est donnée sus le cense au capitle de Saint-Omer par maieurs et eschevins. El mois de may l'an M iij^c et vint et les premiers jours du moys de jung ensiewant rechurent pour le capitle sires Pierres d'Eske et Lambert Bertelin leur partie des viij jours; pour le capitle, en l'an de grace mil ccc et xxvj, le rechurent ausi lidit sires Pierres et Lambert.

(*Arch. municip. de Saint-Omer. Registre au renouvellement de la loi*, I, f° 31.)

CI.

Vers 1320.

Ch'est le droiture de le cauchie.

Premièrement li ville doit tenir et faire amender le cauchie à sen coust et doit li ville lever et lieve le droiture des estranges as portes d'entrée et d'issue en le forme qui s'ensieut.

Nus n'est quites de cauchie as portes s'il n'est borgois, ne clers, ne prestres, ne capitle, ne religion, ne eschuier, ne chevalier, se maieur et eschevins ne leur voelent faire grace de leur volenté, excepté le convent de Ham qui en sont franc.

Item, se aucuns borgois a part en marcandize avoec estrange ou avoec sen vallet qui n'est borgois, toute le marcandise doit cauchie à l'entrée des portes et à l'issue.

Li cars à iiij roes doit ij d. par. à le porte, qui est chargiés, et le carete à deux roes, j d. et le ceval kerkiés, maille; et se li cars carete ou cevals ne maine que douze deniers vaille, riens ne doivent paiier; et est à savoir que car, carete et cheval kerkiet doivent à le porte là il entrent entrée et issue ausi, mais se li cars ou le carete ou le ceval vient à le porte ens cargiet et passe outre sans descargier en le ville et sans vendre les denrées sour le charroi dedens le ville il est quites à l'entrée paiant et riens ne doit à l'issue.

(*Arch. municip. de Saint-Omer. Registre au renouvellement de la loi*, I, f° 30.)

CII.

Vers 1320.

Réglement du saccage.

On doit commenchier à leveir saccage que on dist du moys du conte ij jours devant le jour saint Barnabé et doit durer xv jours et le jour saint Jehan entier; et xv jours après le jour de saint Jehan le ville lieve le moitié et l'autre moitié lieve Saint-Bertin.

Ch'est li drois du saccage : li cars et le carete et le cheval à le somme doivent tout double à le porte à l'entrer, et à l'issir, et les gens qui portent sas à col doivent o. de saccage à l'entrée des portes et à l'issir.

Item, tout li estragne qui acatent bley ou autre grain dedens le markiet doivent autant que s'en le menast hors de le ville.

Nulle coze ne doit cauchie se xij d. ne vaut.

(*Arch. municip. de Saint-Omer. Registre au renouvellement de la loi*, I, f° 30 v°.)

III.

REGISTRE AUX BANS MUNICIPAUX[1].

Che sont li ban et les cueres de le vile de Saint-Omer.

I.

Primes du pain.

1. On a commandé ke tout boulengier fachent pain revable selonc le vente del blei, seur forfait de vj sous et ij s. as corriers et xij d. as sergans de le vile, s'aucuns d'aus en fust pandeis, et de perdre le pain et le corbeille. Et ke nus fourniers ne boulengiers venge pain à boutre ne à boutresse ne ait compaignie avoec aus sour le meisme fourfait.

2. Et ke nus ostes ne abrokieres de blei voist avoec marchant de blei pour aidier, achateir ou pour vendre blei el markié sour le fourfait de iij libr. et de perdre son mestier an et jour.

3. Et ke nus ne demande bevrage ne bontei ne abrokerie de blei ke on venge el markié sour le meisme fourfait.

4. Et ke nus ne destourne le blei à wardeir el markié pour veoir s'il est loiaus et ausi boens desous ke deseure.

5. Et on doit les karetes et les sas regardeir el markié anchois k'on les enmaine quant il sont vendu et se le karete n'est bone et loiale ausi desous comme deseure, ele ert à xx s. et li sas à v s. dont li corrier ont le quarte part.

6. Et s'aucuns ait achatei karete de blei et il ne le fait rewardeir d'aucun des rewardeurs anchois ke il le fait emmeneir del markié, il li convendra prendre teil com il le fait enmeneir del markié et faire au marchant son paiement sans barat; et se plainte en venist, il seroit à vj s.

7. Li ostelier ki font pain en le ville en leurs maison pour

---

[1]. Nous avons déjà donné, au cours de cet ouvrage, des détails sur la composition de ce recueil (Voy. plus haut, pp. 204, 255). C'est un registre petit in-4°, de 26 centimètres de hauteur sur 19 de largeur, relié d'ais en chêne consolidés avec des crampons de fer, coté dans les Archives municipales de Saint-Omer AB xviii. 16. Il se compose de 48 feuillets de parchemin écrits à longues lignes, d'une très-belle écriture de la fin du xiii° siècle.

vendre à leur ostes le doivent metre à leur fenestres, pour vir s'il est boens et loiaus, sour vj s. et le pain perdu.

8. Et ki n'a estal en la hale au pain ne puet fournier, se n'est pas eskevins, ne pain vendre, sour vj s. et le pain perdu.

9. Et tout vorscot de pain vendre est defendus, sour lx s. et le pain perdu.

10. Et ke nus boulengiers n'acate blei fors pour fornier, nient pour vendre avant, sour lx s.

11. Et ke nus boulengiers n'ait part avoec acateur de blei fors pour fournier, sour lx s.

12. Et ke nus soit makelare de blei sour lx s., et s'il ne les pooit paier, sour le pellorin.

13. Et ke nus ne venge avant blei sour le markié che blei k'il a acatei che jour meismes, sour lx s.

14. Et que nus boulengiers ne soit marchans de blei, sour lx s.

15. Et ke nus hom ki amaine blei à vendre soit si hardi kil ne l'amaint el marchié et le tiengne à vendre devant k'on le deskerke ne meche en gernier si c'on le puist faire rewardeir s'il est boens et loiaus et ausi boens desous com deseure, sour lx s.

16. Nus marchans de le vile de blei ait compagnie à estrange marchant de blei, sour lx s.

II.

Ch'est del vin.

17. On a commandei ke nus taverniers ne puet amenuisier ne acroistre de son feur, sor lx s., et si doivent doneir plain lot dedens leur maison et dehors, sor lx s.

18. Et li garchons ki mestrairoit seroit mis el pellori, et s'on ne le peust prendre, li ostes seroit pour lui à lx s.

19. Et se le vile eust à faire de vin pour faire prosens on porroit prendre del milleur del chelier tant com il leur plairoit pour le fuer de l'autre vin k'on vent à broke.

20. Et ke nus ne melle vin de miel ne d'autre mauvais vies vin ne de nule autre maise cose.

21. Et s'on le trovast mellei on l'enfonderroit et si seroit à qui li vin fu à lx s.

22. Et se li taverniers le mellast, il seroit à lx s. et perdroit son mestier à tous jours.

23. Et ke nus estranges hom venge vin à broke, sour lx lib.

24. Et s'aucuns bourgois vendist vin d'estrange homme ou le fesist vendre, il serait à lx s. et perdroit son mestier an et jour.

25. Et ke nus ait raspei en taverne où on vent vin à broke plus longhement ke l'issue d'avril ; et s'on le trovast on l'effonderroit et li taverniers seroit à lx s.

26. Et ke nus n'acache vin sour l'estaple puis ke li solaus est couchiés ne devant chou que li solaus est leveis ne fache tonel aforer, sor lx s. Et s'aucuns l'aforast, il seroit à lx s.

27. Et que nus ne prenge part de vin sour l'estaple s'il n'est à son oes propre ne demande part s'il ne soit là le paumée soit ferue ou le denier dieu donei, sor lx s.

28. Et ke nus n'acache vin sor l'estaple s'il nel met anchois el chelier k'il le venge avant, sor lx s.

29. Ne à oes estrange homme ne puest nus geteir ne prendre waigne s'il nel met anchois el chelier, sor lx s.

30. Et s'aucuns vallés i getast ou ses sires fust presens, il seroit à lx s. se li vallés n'a se karitei et si doit estre de sen cateil propre.

31. Li taverniers doit doner del meisme vin k'il fait crier et s'il donast autre il seroit à lx s. et si ne porroit vendre vin à broke dedens un an et un jour.

32. Et autreteil fourfait seroit chil ki osteroit le bare del tonel d'Auchoirre et le mesist à thonel de Soisons, ou del thonel de Soisons et le mesist el tonel d'Auchoirre ou vin de trille avoec vin d'Auchoirre ou de Soisons ; ou ki mesist vin de trille ou d'autre teroir en toneaus d'Orliens et le vendist por vin d'Orliens, il seroit à lx s.

33. Et que nus taverniers laise jueir en se taverne par jour ne par nuit, sor lx s.

34. Et se chil ki i juast perdist ses dras, li ostes li devroit rendre pour nient.

35. Et ke nus boive en taverne puis ke li cloke de pais soit sonée s'il n'est ostes, sour x s. et li taverniers seroit à lx s.

36. Et ke nus crieres de vin crie vin d'autre teroir k'il est, sor lx s. ; mais s'il peust monstrer par bones gens ke li taverniers li fist crieir de chel teroir et il fust d'autre, li taverniers le devroit aquiteir de ces lx s. et si ne porroit vendre vin à broke dedens un an et un jour.

37. Nus hom meche vin rinois à broke devant chou k'il ait venu devant eskevins et ait jurei ke ausi pur que il est venus dedens le vile, ausi pur le vendra et s'il le mellast d'autre vin, il seroit à lx s. et si ne porroit vendre vin à broke dedens an et jour et si perdroit le vin mellei.

III.

Des abrokieres de vin.

38. Nus abrokieres de vin prenge plus du tonel ke xij d. sor l'estaple et dedens le chelier, xij d., sor lx s. et perdre son mestier an et jour; et ki plus en donroit, il seroit à lx s.

39. Et ke nus ne voise avoec marchant de vin ne en maison ne en chelier pour vin aidier à achateir s'il n'i est apeleis et nient plus ke un seul ensamble, sor lx s. et de perdre son mestier an et jour.

40. Et ke nus boive à charete vin plus ke doi ensamble si ke li uns boive et li autres l'afore, sor lx s. et le mestier perdu an et jour.

41. Et que nus n'afore tonel devant chou k'il est venus sor l'estaple sor le meisme forfait.

42. Et ke nus couretiers ne marchans ne voise hors de le vile pour vin achateir, se che ne soit en vile de loy, sour le meisme fourfait.

43. Et ke nus marchans ne brokieres voise par nuit sour l'estaple pour vin achateir ou pour monstreir ou pour vendre; et s'il le fesisent li marchans et li brokieres chascun seroit à lx s. et perderoient leur mestier an et jour.

44. Et ke nus marchans ait compaignie avoec abrokeur, sor lx s. et li brokieres seroit à lx s. et perdroit son mestier an et jour.

45. Et ke nus courretiers ne se mello d'autre courreterie fors de chele où il est mis par eskevins, sour lx s. et de perdre son mestier an et jour.

46. Et ke nus cuveliers meche bare de tonel d'Auchoirre ou de Soisons au tonel de trille, sor lx s.

IV.

Des Machecliers.

47. Nus bourgois ne venge char de truie ne soursamée ne pourrie, sour deus fies iij lib. et la char à perdre.

48. Et ki venderoit la crasse char brokie sour le maigre, il seroit à vj s. et la char perdue.

49. Et ke nus ne tiegne fresche char à vendre en estei à vente plus que deus jours, sour vj s. et la char perdue.

50. Et ke nus ait garchon sour beste k'il veut achateir, sour

iij lib. et de perdre son mestier an et jour. Et li garchons s'il fust prins seroit mis el pellorin.

51. Et ke nus garchons bargaigne meismes beste s'il nel veut achateir de ses deniers, sour le pellorin.

52. Et ke nus ait en son estal fosse ne eiawe ne chelier, sour le char à perdre ki ens i fust et lx s.

53. Et ke nus venge char d'entour le Paske duskes à le saint Mikiel, sor lx s.

54. Et li machecliers doit paier et faire paiement dedens le jour de le beste k'il acate cel jour dedens le markié, sour lx s.

55. Et tout chil ki vendent pors doivent doner j denier à chaus ki assis i sont par eskevins pour rewarder s'il est sains ou n'est.

56. Et s'aucuns autres l'esgardast et tolist à chaus ki assis i sont leur droiture, il seroit à lx s. ne el markié ne en autre lieu dedens le vile.

57. Et ke nus estranges hom venge char de truie ne soursamée ne pourrie sour lx s. et le char à perdre et estre mis el pellorin.

58. Et ke nus machecliers ne autres pour lui venge pisson ne pourpois à détail, sor lx s. et le mestier de macheclerie à perdre.

V.

Des Pouletiers.

59. Nus pouletiers puet achateir à nul jour en le semaine poulet ne awe n'oisel ne conin ne lievre ne autre volilge beste, fors sour le jour de samedi dedens le vile ne dedens le banliewe ausi, sor lx s. et le volilge et le beste à perdre.

60. Et ke nus venge oisel privei pour sauvage, sour le meisme forfait.

61. Et ke nus ne venge oisel ne beste pourrie, sour le pellorin et sor lx s. et son mestier perdu an et jour.

VI.

Des Pissoniers.

62. Nus pissoniers n'amaine plais en corbeille de le saint Remi duskes à le Paske, sor vj s. et le plais et le corbeille à perdre.

63. Nus ne venge pisson de le meir en tailliers ne en escueles, sor vj s. et le pisson à perdre.

64. Nus n'acache pisson fors en l'ewe del kay puis ke il est venus dedens le banliewe, sor xl s.

65. Nus n'ait estal defors les bounes, sor vj s.

66. Et ke nus ne meche son estal avant ains k'il soit haus jours, sour vj s. et l'estal à perdre.

67. Nus ne meche son estal sour le cauchie, sour vj s. et l'estal et chou ke sus est à perdre.

68. Nus pissoniers puet vendre plus d'une somme de pisson le jour à une vente, sor vj s. et le pisson à perdre.

69. Chil ki a estal pour vendre pisson el markié ne puet avoir compaignie avoec estrange sour le meir se il ne le vent en gros el Broeil, sor vj s. et le pisson à perdre.

69bis Nus pisoniers ne puet desevreir merlenc le petit del grant, mais on le laise tout ensemble d'une maniere ensi com il vient de le meir, sor vj s. et le pisson à perdre.

70. Nus ne puet aler contre pisson par tere ne par ewe pour acateir et enchierir, sor vj s. et le pisson à perdre.

71. Tout le pisson k'on deskerke dedens les quatre angle del markié doit estre vendu el markié, sor le meisme fourfait.

72. Chil ki amaine esturjon ou saumon ou fresc pisson il le doit metre à vente lendemain k'il vient en le vile, sor vj s. et le pisson à perdre.

73. Et ki le mucheroit il seroit au même forfait.

74. Nus ne meche pisson salei à vente se il n'est tempreis por mangier, sor vj s. et le pisson à perdre.

75. Nus pissoniers n'acache pisson en maisons mais sor le stad ou sor le markié, sour le meisme fourfait.

76. Chil ki vent porpois à détail doit taillier le cras avoec le maigre, sor lx s.

77. Chil ki venderoit pisson pourri seroit à lx s. et lx s. pour le pellorin.

78. Nus ne puet esteir devant son estal, ne geteir boiaus ne ordure el markié, sor vj s.

79. Tout chil ki acatent fresc pisson doivent paier dedens le jour ; et se plainte en venist, il seroit à lx s. et perdroit son mestier an et jour.

80. Et ke nus ne raport pourpois ne saumon à vendre fresc el markié puis ke il l'a tenu à vente à un jour, sor vj s. et le pisson à perdre.

81. Et ke nus ne verse laveure ne orde ewe de pisson fors en le beke sor vj s. et le vaisel à perdre.

82. Li corrier ont de tous fourfais de vj s., ij s. et li serjans xij d. s'il va pandeir.

VII.

Couretier, Hostelier [1].

83. Nus makelare de le vile ne puet acateir ne vendre ne estre marchans de markandises dont il est makelare, sor lx s.

84. Et nus makelare n'acache dras en le hale se li marchans n'est avoec lui, sor fourfait de lx s. et son mestier à perdre an et jour.

85. Li ostelier de le ville ki rechoivent Espaignous ou estranges gens qui acatent dras doivent faire paier as marchans des dras dedens les vij jours k'il sont acatei, s'il ne fust par convenenche pourparlei; et se plainte en venist après les vij jours devant eskevins k'il ne fussent paié, se li osteliers en fust tenus, il seroit à lx s. et perdroit son mestier de herbergerie an et jour.

86. Nus ne doit metre à passer ame outre le met l'abei, fors de soleil luisant, sor lx s.

87. Nus escutemans ne puet deskerkier vin k'il amaine de Gravelinghes entre le ville et Gravelinghes, sor lx s.

88. Ki vent vin rinois à broke doit faire depechier le tonel dedens tierch jour k'il est hors, sor lx s. et tonel à perdre et li cuveliers ki remeteroit le fons seroit à lx s.

89. Nus ne mete à Oudemonstier ame par neif outre, s'il n'est par eskevins, sor lx s. et le neif perdue.

90. Nus ne passe esboueresses, eliseresses, tonderesses, pineresses, n'archiers, sor lx s. et ki seroit prins, il seroit à lx s.

91. On a defendu les awes et les oiseaus à jeteir dedens le banliewe, sor lx s.

92. Chil ki mainent sor le Stad doivent tenir l'ewe nete devant leur frontei, si ke l'eawe ait sen cours, sor vj s. et feroit on l'eawe netir sour sen coust.

93. Nus ne puet mesureir dras ki en le hale est vendus entirs fors li mesureres de le vile, sor lx s.

94. Chil ki mainent vin aval le vile doivent avoir à leur carete j faisil et un warret sor vj s.

95. Nus ne puet estre makelare s'il n'est par eskevins et s'il ne l'a jurei, sor lx s. et se bourgoisie à perdre.

96. Nus ne defende à bourgois ki a se karitei part de markandise là il est avoec, sor lx s.

---

1. Ces deux mots ne sont pas en rubrique comme les titres précédents, mais en écriture très-négligée et postérieure. A partir de cet article il n'y a plus dans les règlements le même ordre que dans la première partie.

97. Toute l'avaine k'on vent à Haut-pont ès neis et les tourbes doivent estre ausi bones dedens com dehors, sor lx s. ki ne font ke vj s.

98. Le laine d'Escoche k'on resake en cheste vile doit poursuir ausi bone desous com deseure, sor lx s. Et ki melleroit laine d'Abardaine ne laine de Berewic ne de Monros avoec laine de Pert, il seroit à lx s. et chil ki le vent doit dire de quel vile ele est, sor lx s.

99. Li ostelier ki herberghent chaus ki acatent dras et li taintelier ne puent avoir compaignie ensamble n'acateir li uns à l'autre markandise n'estre pleges li uns pour l'autre, sor lx s. et son mestier perdre an et jour.

100. Et li ostelier ne puent tenir markandise ki afiere à taintelerie sor le meisme fourfait.

101. Nus ne puet en le ville vendre seil mellei avoec seil de Poitau as escopes n'ailleurs à broke, sor lx s.

102. Nus makelare ne puet prendre loier de drap k'on vent à le hale à détail, sor lx s., ne de drap k'on vent gros plus ke vj d., sor lx s.

103. Nule feme de vie ne puet seir dedens le banliewe, sor lx s., et s'ele est prise, on le banie trois ans et trois jours sour l'oreille.

104. Tout li ribaut et li houlier sont bani hors de le ville sor le pellorin.

105. Nus ne puet faire deis en le vile ne tenir escole de deis, sor lx s.

106. Nus ne rechoive bestes d'estrange homme pour metre en la pasture de le vile par acat ne par barat, sor lx s. et le beste à perdre et perdroit se bourgoisie.

107. Nus corduaniers ne autres del mestier mete en oevre basan avoec oevre de corduan, ne quir là il y a tan avoec oevre de cordewan, fors à sommeles.

108. Et ke nus fache plus grans cauchiers de basan ke vij paus de lonc, sor vj s. et l'oevre à perdre ki faite en fust.

109. Et ke nus ne venge en le vile quir ki soit fausement ne maisement taneis ne meche en oevre, sour lx s. et le quir et l'oevre à perdre.

110. Nus ne laise dedens le banliewe ses bestes aler sour autrui blei par nuit ne par jour, sor lx s. s'il en fust tenus.

111. Nus foulons ne prenge ne plus ne mains que le droite asise de le vile de dras k'il foule, sor lx s. et ki lui donroit. Ausi fais sor tondeurs.

112. On a defendu ke nus hom de mestier ne meche en oevre

homme manant fors de le changle de le vile pour tant k'il puist trover homme ki maigne dedens le changle de le vile pour metre en oevre, sor x s. dont li corier aront ij s. et le vile, iiij s. et le justiche, iiij s.

113. Nus espouseis noviaus ne voist ne chevauche meismes pour semonre gens à ses noeches, mais il puet envoier j vallet ou ij sans plus, voelle à pié voelle à cheval, pour semonre gens à ses noeches, sor lx s.

114. Tout mairien, lates, huges et autres ostigemens ke on porte el markié à vendre doivent estre ostei dedens le jour k'il i sunt aportei fors le mairien et lates ki puent estre le venredi et le samedi, sor vj s. et le chose devantdite à perdre.

115. Nus ne puet traire d'arbaleste ne d'arc ne lanchier de cantpiles dedens les murs de le ville ne sor atries, sor lx s. et les ars et les piles à perdre.

116. Nus ne passe sour fruit el maresc, sor vj s. et de restorer le damage à chelui à qui il le fist. Et k'on warde les droites voies puis ke mi march passé juskes à le Saint-Remi, à pié et à cheval tout l'iver et l'estei, sor teile asise k'on i a usei dusques à ore.

117. Nus ne tue chine ne prenge oes de chines, sor lx lib. ne autres oes de autre oisel sauvage, sor vj s., en maresc, sor lx s. et le neif à perdre et les dras.

118. Nus ne porche kenivet, ne misericorde, ne make, ne fausard, ne broke de fust, ne dos afaitiés, pour gens ochire, ne ghisarme, sor lx lib. et s'il en fesist sanc à aucunui, il en seroit à puing de le broke ou del coutel.

119. Et ke nus porche sour lui arc avoec saietes s'il ne fust trepasans, sor lx s. et par nuit, lx l. Et ke nus hom voist armeis par le vile s'il ne fust trepasans, sor lx s. et les armes à perdre; mais s'il veut demorer en le vile et aler par le vile, laise ses armes à sen osteil; mais s'aucuns bourgois fust en faide, il porroit portier un haubregeul et j palete et j machue ou autres warnimens pour son cors warnir et defendre contre estrange homme. Et ke nus porte hache, sor lx lib.

120. Li sas des carbons doit estre lonc iiij piés et lei iij piés, sor vj s. et les sas et carbons à perdre. Et nus carboniers puet acateir carbons el markié pour vendre avant, sor lx s. et de perdre son mestier an et jour. Et ke nus carboniers acache sac de carbon ne porte sac de le carete se li messages à qui oes il l'acate u cil meismes à qui oes il l'acate n'i soit presens, sor le meisme forfait.

121. Nus n'amaine carbon à vendre k'il ne l'amaine boen et loial et sans faisil et le sac bien empli, sor vj s. et le carbon et le

sac à perdre. Et ke li porteur des carbons là il troveront faisil ens, ou le carbon malvais, ou le sac maisement empli, k'il l'aporchent avant et le fachent asavoir, sor le forfait de perdre leur mestier an et jour.

122. Nus ne meche raime plus ke xxv fois ensamble en lieu k'il puisent grever, sor lx s. et le sourplus à perdre.

123. Et ke nus ne meche ausi chendre dedens les murs de le vile en lieu là il puist nuire, sor vj s.

124. Tout li estrange homme ki vienent dedens le vile bien se gardent k'a son peust savoir par bone veritei k'il soit pourtrais en aucun lieu de murdre u de larechin ou de arsin ou d'autre laide oevre et s'il sont chi pris on en feroit d'aus teile justiche k'on feroit el lieu là il auroient fait lait oeuvre se clam venist sour aus.

125. Nus ne puet amenusier penes de vair ne metre soeffre dedens, sor lx s.; et s'il le vendist ansi apareillié, il seroit à lx s. et perderoit les penes.

126. Les lates ki loiés sont k'on vent el markié doivent estre ausi bones dedens com dehors, sor vj s. et les lates à perdre.

127. Tout chil ki prestent deniers à usure ou en autre maniere, bien se gardent k'il ne prestent à nului deniers sor dras ne sor saies ne sor corduan ne sor autre avoir, car s'il le prestaisent, il le renderoient à chelui à qui eles fuisent pour autretant com il montast del deserte k'on en devroit doneir.

128. Nus hom de mestier ki monte à le draperie voise hors de le vile pour contrefaire et enfeblir le draperie ne mestier ki monte à le draperie; et s'il i alast, il ne porroit jamais de chel jour en avant estre bourgois ne ovreir en le ville et si seroit à lx s., et chil ki le remetroit en oevre seroit à lx s. ausi. Et s'aucuns fesist claim sor lui ou demandast loy sor lui, on li feroit loy sor lui, mais par lui ne le feroit on mie.

129. Nus abrokieres voise sor le jor del samedi en le hale pour faire son mestier, sor lx s.

130. Et ke nus ne mesure dras k'on vent en le hale fors chil ki mis est par eskevins, sor lx s.

131. Nus ki herberghe de novel meche son sueilg sor, n'i soient au mains doi eskevin de le hale sor les rues paveies, sor lx s. Et s'il li mesist on le remetroit ariere à point par eskevins.

132. Nus bourgois manans en le cengle de le vile ait plus de v bestes en le pasture de le vile, sor vj s. et les bestes à perdre s'il le traisist à lui. Et ke nus estranges hom i ait bestes, sor vj s. et

les bestes à perdre. Et ke nus estrange hom[1] acache bestes vers estrange homme par barat ne par ghile por metre en le pasture, sor lx s. et les bestes à perdre et les bourgoisies. Et ke nus voise por herbe en le pasture devant chou ke li solaus est leveis et k'il reviegne hors dedens prime sonant et à neif de vj hommes, sor vj s. et le neif à perdre et l'erbe; mais j maroniers puet mener les vallés et les meschines as gens de le vile por erbe ou por juins por l'avoir tant com il veut sans forfait et ke netement enmaine l'erbe k'il faukent où k'il soient, sor le meisme forfait. Et ke nus voist soier herbe plus k'une fie le jour; ne nus voist soier sor le jour du diemenche ne d'apostle, sour le meisme forfait. Et ke nus voise sor fruis as bones gens ne fache aus damagé, sor vj s. et de restoreir le damage desi à le Saint-Remi; mais les coles doit on warder tout l'iver sor le meisme forfait. Et ke nus fache faim ne meche herbe outrageusement sor sen fumier, sor vj s. Et ke nus voise en le pasture avoec brouete por herbe emmeneir, sor vj s. et le bruere à perdre. Et k'une maison ne prenge d'erbe k'une naveie le jour au plus, sor vj s.

133. Nus ne vienge devant le cange por enmeneir les gens del cange por deniers cangier ne par enseigne, sor lx s. Et ke nus ne tienge estavlie à sen huis ne à se fenestre por cangier, sor lx s., s'il n'a cange loei.

134. Nus potiers ne tieweliers ne puet faire sekier dedens les murs de le vile, sor lx s.

135. Nus hugiers puet ovrer par nuit, sor lx s.

136. Nus ne gete chendres ne autres ordures ès fosseis ne el weis de le vile, sor lx s.

137. Et ke nus leive ses dras à le fontaine, sor lx s.

138. Nus ne gete ordure dedens les enclosures des masieres de le vile ne brise ses closures, sor lx s.

139. Nus ne meche fiens sor les cours des eawes de le vile plus près ke v piés s'il ne l'enmaine dedens iij jours, sor lx s., ne chendres ne autres ordures ensi.

140. Nus tourbiers n'acache tourbes por vendre avant, puis k'il sont venu dedens le banliewe, sor lx s. et les tourbes à perdre; ne carbonier ausi, carbons. Et ke nus carboniers prenge perches de caretes, ne prenge correterie des carbons, sor lx s. et de perdre sen mestier an et jour.

141. Et ke nus ne voise à le bataille de Saint-Mikiel, sor lx lib. et ki n'aroit lx l. on le metroit en le chartre.

[1]. Il y a sans doute ici une faute du scribe et il faut lire *bourgois*. Cf. n° 6.

142. Nus ribaus voise ne vienge dedens le vile s'il ne puet monstreir mestier par quoi il se warisse, sor le pellorin et de banir hors de le vile sor l'oreille.

143. Nus ne tienge apert bourdel dedens le banliewe, sor d'estre banis sor l'oreille.

144. Nus taneres ne autres aporche quir à vendre en le hale s'il n'est bien et loiaument taneis, sor vj s. et le quir à perdre.

145. Nus ne fierch d'estuef avoec machue ne avoec les mains dedens le vile ne dedens les murs, sor vj s.

146. Nul ne venge cauches se eles ne soient ausi plaines dedens com dehors, sor vj s. et les cauches à perdre; et tout d'un drap.

147. Nus ne prenge pierres de fortreches ne de cauchies de le vile, sor lx s.

148. Nus ne voist armeis par le markié del filei ne sor le place des tisserans ne porche arme sour lui, sor lx s.

149. Tout chil sour qui ont trueve fause rasiere ou autre fause mesure, encore le noiast-il et on le peust savoir par bone veritei k'ele fust siewe, il seroit à lx s. vers le conte et le castelain et le' vile, sauf le droit le signeur de le contei où il mansist, kar se li sires de le contei le trueve meisme et il le porte devant eskevins, il a lx s.

150. Nus maroniers fache damage de l'avoir k'il amaine de vaillant de iiij d., sor l'oreille et de perdre sa neif à qui k'ele fust et d'estre banis à tousjours. Et ke nus prenge voiture d'avoir k'il veut meneir s'il ne le maine meismes ou ses propres messages et s'il le presist à autrui oes, il seroit à x s. Et li maroniers par le loier k'il prent de l'avoir ameneir doit aquiteir toutes les coustumes duskes au lieu là il l'a enconvent amener et sor s'en coust, sor x s. de forfait. Et li cuens des maroniers doit avoir ses hanses teil com il soloit avoir et si anchestre et c'est asavoir d'estrange homme, viij s. et iij d. et de chelui qui peire eut se hanse, iiij s. et ij d. et tous ches deniers doivent avoir li cuens et li autre maronier ki wardent se droiture de hanses.

151. Nus n'acache oingnons s'il ne fait son paiement ausi com il l'a enconvent et achatei, sor vj s.

152. Et ke nus corretiers se melle de coreterie d'ongnons, sor lx s.

153. Nus recoudreur de dras rekeuge dras s'on ne le puet livreir pour bon et loial, sor lx s. et de perdre son mestier an et jour.

154. Nus pors puet aler sour Lard ne sour le pasture de le vile s'il n'a rengle en son neis, sor vj s. et le porc à perdre.

155. Nus ait beste en les fosseis de le vile et s'ele i fust prise ele seroit perdue et s'il le traisist à lui, il seroit à vj s.

156. Nus ait ver hors de sen enclos ne truie ausi, sor vj s. et le beste à perdre, se ses messages nel siet pour prendre.

157. Et s'aucuns tue porc dedens sen enclos, il n'est à nul fourfait et si ara le moitié por sen damage et l'autre moitié seroit au bailli, au castelain et le vile.

158. Nus ne jete boue ne chendres ne fiens ne autres ordures devant le front de autrui s'il nel fait enmeneir dedens le tierch jour, sor vj s.

159. Nus deskerkeurs de vin ait compaignie avoec autre, ausi com chil du rivage avoec chaus de Saint-Bertin, ou chil de Saint-Bertin avoec chaus de Haut-Pont; et s'aucuns d'aus en fust pourtrais, il seroit à lx s. et perdroit sen mestier an et jour. Et tout chil ki voelent puent avoir poulains et waignier et faire cel mestier et s'aucuns le contredesist, il seroit al meisme fourfait. Et ke nus deskerkieres soit si hardi k'il boive as toneaus des bones gens ne de bourgois ne d'estrange avoec pipes, sor le pellorin. Et s'aucuns portast pipes sour lui afaitiés pour boire vin, on le metroit el pellorin. Et ke nus deskerkieres prenge plus du tonel pour metre hors eawe et pour metre el chelier ne pour metre hors chelier ne metre en eawe ke assis i est par eskevins sour teil fourfait ke assis i est.

160. Et ke nus deskerkieres de vin deskerke vin sour le stalboem de Haut-Pont dedens le tour, sor lx s.

161. Nus cuveliers ne soit si hardi k'il s'atarge de venir à estaindre le tonel ki degoute quant on vient pour lui et s'il fust atains et plainte en venist, il seroit à vj s.

162. S'aucuns pors ou autre beste deskirast la banestiere des karetes de blei el markié on le porroit bocler et detenir mort por le damage as bones gens qui li bleis fust, sans forfait.

163. Nus maroniers soit si hardi k'il amaine, n'enmaine homme armei estrange dedens le banliewe, sor lx s. et le neif à perdre et li hom estranges seroit ausi à lx s. et perdroit ses armes.

164. Et ke nus maroniers amaine estrange vers Cleirmaresc à Saint-Omeir ne de Saint-Omeir vers Cleirmaresc par nuit, sor lx s.

165. Nus ne soit si hardi k'il amaine terre sour le communitei de le vile, se en le puich non où on amaine le rouge terre en le

vile pour ouvreir, as plus près de xx piés, sor lx s., ausi com on va vers Burkes.

166. Tout chil ki ont iretages sour les cours des eawes de le vile bien se gardent k'il n'aient de ewe ki passe leur iretage par quoi commune eawe soit amenuisié, sor lx s.

167. Tout chil ki caritei font brasseir, bien se gardent k'il n'en fachent plus brasseir ke mestier leur est, kar s'il le vendissent plus kier k'on vent autre chervoise en le vile li diiens et se compaignie ki cureur sont de le caritei seroient à lx s. de forfait.

168. Nus potiers ne autres acache plom de gotieres, sor lx s.; mais s'aucuns l'aporte à aus à vendre, il le detiengnent pour savoir dont il est venus.

169. Nus ne laise deskerkier blankes pierres en nul lieu s'il ne les ait acateis por c. ou par karetées sor lx s.; et chil ki les deskercast seroit à lx s.

170. Nus n'acache laine d'aignaus se à le main non; et s'il les pesast à croisuel, il seroit à lx s.

171. Nus ne louwe à juis se maison ki est manans en le vile ne en le banliewe, sor lx s.

172. Nus ne taille bos en le Loo outrageusement ne cache à conins ne à autres bestes sor teil forfait ke eskevin diroient.

173. Nus marchans fache ameneir alun en cheste vile mellei le blanc avoec le vermeil mais chascun par lui, sor lx s. et de perdre l'alun. Et s'aucuns tanteliers le mesist en oevre, il seroit à lx s. et perdroit son mestier an et jour.

174. Nus ne boive as toneaus ki gisent sor le rivage en le neif ne autre lieu avoec pipes ne avoec autres instrumens, sor lx s.

175. Tout chil qui amainent fain à vendre le doivent vendre tout autreteil et sans autrement liier k'il est loiés al lieu dont il le mainent, sor vj s. et le fain à perdre.

176. Nus marchans ne osteliers acache saie en nul lieu dedens le banliewe se en le hale non, ne ne voise bargeignier ne veoir as maisons des saieurs, sor x lib. et de perdre sen mestier an et jour. Et s'aucuns fesist enporteir saie de le hale s'ele ne fust peseie anchois au pois et eust paié chou k'ele deust, il seroit au meisme fourfait. Et s'aucuns couretiers le fesist, il seroit à lx s. et perdroit sen mestier à tousjours.

177. Et s'aucuns saieurs trestournast se saie ke ele ne venist au pois et donast se droiture, il seroit à x lib. et perdroit sen mestier an et jour.

178. Nus ne puet avoir colons en les tours de le vile, sor vj s. et les colons à perdre.

179. Nus estranges hom puet faire fuir le pasture de le vile pour faire vergiers ne autres aisemens se il n'ait congié des eskevins, sor lx s.

180. Nus ne puet warder ses aus ne ses fruis k'il ait el maresc par nuit, sor lx s.

181. Nus ne puet vendre dras devant le cange, sor vj s. mais devant le hale en la voide terre le puent il bien vendre s'il voelent.

182. Nus tisserans puet avoir mestier en cheliers ne en granges ne en autre lieu dedens sen osteil s'on nel puet veoir quant on vient en son aire, sor lx s. et de perdre son mestier an et jour.

183. Nus tisserans puet avoir mestier en le vile s'il ne maint dedens le changle de le vile, sor lx s. et de perdre son mestier an et jour.

184. Nus tisserans puet avoir ij arbres à tistre dedens son osteil ne dehors, sor lx s. et de perdre sen mestier an et jour.

185. Nus ne voist en avantere pour markander devant chou k'il ait se hanse, sor lx s.

186. Nus ne meche moust dedens sen pourpris ki vies vin ait, sor lx s.

187. Et nus deskerkeurs de vin porche levier s'il ne va ou reviengne de deskerkier, sor lx s.

188. Nus machons ne carpentiers ne covreires de tieule porche sour lui ses armes ne martel s'il ne va à sen ouvrage ou reviengne, sor lx s.

189. Eskevin ont congié et puent porter couteaus et autres armes teiles com ils voelent et leur vallés ausi, si ke vies eskevin et novel maieur et chascuns à tout trois vallés et chascuns eskevins à tout deus vallés.

190. S'aucuns bourgois fait se dette li un envers l'autre pardevant eskevins, ke chis qui ont devroit le dette fust semons ou calengiés ou adomagiés pour chele okoison, li bourgois ki en fist se dette l'en devroit delivrer à l'entendement d'eskevins.

191. Se triewes sont donées entre bourgois et aucuns ne veut estre ès triewes, on doit commender, sor lx lib. k'il ne viegne mie dedens le banliewe se n'est pour triewes doneir. Et doit faire asavoir as eskevins, i jour ou ij anchois k'il entre en le banliewe, quant il veut venir triewes doner. Et s'il i fust venus avant k'il l'eust fait asavoir as eskevins il seroit atains del forfait

192. Se bourgois voit estrange homme courre sus ou laidengier sen bourgois, il li puet aidier sans fourfait.

193. Il est trait sour un par baillis et par eskevins ke nus puet rendre maison sus k'il loue s'il ne paie le louier sour le jour de le Nativitei Saint Jehan Baptiste de soleil luisant, en deniers ses sans wage.

194. Nus ne venge cauches sour le jour del markié fors en le hale Jehan de Bouloigne, sor vj s. et les cauches à perdre, à le volentei des eskevins.

195. Nus brasseres d'ale ne puet metre en s'ale autre chose ke blei, avoine et orge et autre grain et eawe, sor lx s.

196. Tout chil ki prestent deniers à usure ou en autre manière, bien se gardent k'il ne prestent à nului deniers sour dras ne sour saies, ne corduan, ne laine, ne filei, ne autre avoir, kar s'il le prestaissent il le rendroient à chelui à qui les choses seroient, pour autant com ils montast de deserte.

197. Ke tout li maunier dedens le banliewe aient droite mesure enseignié de l'enseigne de le vile pour prendre leur mouture, sor lx s. Et ke il ne prengent autre chose, ne deniers, ne firme, sor le meisme forfait.

198. Et se li maunier de defors le banliewe n'aient autele mesure et aucuns ki apartient à le vile i alast por maure, il seroit à lx s.

199. On a commandei ke tout dras et saies quant il sont taint à enseignier de l'enseigne de le vile et ki deliverroit ne drap ne saie duskes à tant k'il seroient enseignié de l'enseigne de le vile, il perdroit le drap ou le saie et sen mestier an et jour.

200. On a defendu ke nus taillieres de bresil ne venge n'acache Bresil, sor lx s. et sen mestier à perdre an et jour.

201. On a defendu ke nus mete cheval sus entre Oudemonstier et le pont novel ki siet encontre le Ghere, sor lx s. et le neif à perdre.

202. On a commandé ke tout chil ki voelent peseir et pois tenir k'il l'aient de keuvre et enseignié de l'enseigne de le vile, sor lx s.

203. Et ke nus ki ait se hanse tisse ne fache tistre en son osteil de soie, sor lx s. et se hanse à perdre.

204. Et ke nule beste ne voist sor les warisons, sor lx s. ki ne font ke xx s. dont li sires et li castelains aront x s. et le vile v s. et li warde des warisons les autres v s.; et si rendra le damage chieus qui le beste est.

205. 206. On a defendu ke nus ne mete ne tisse en blanke saie fil s'il n'est tors envers, puis ke le Saint Jehan passe, sor vj s. et le saie à coupeir en trois.

207. Et ke nus leive tripes à Everborstad ne ailleurs en rivieres, sor vj s.

208. Et ke nus ne venge karteie de sablon plus ke vj d., sor lx s. et k'il ne kerkent mie pour chou mains.

209. Et le kareteie de tere plus ke vj d., sor lx s.

210. On a defendu ke li vendeur de viandes cuites del Vakestratekin ke nus ne verse vischsop, sor vj s.

211. Et ke nus broueteires n'acache tourbes se chil n'i est ou ses messages à qui oes chou est, sor lx s. et de perdre son mestier an et jour.

212. Et que nus plakieres ne faisieres de mur de terre prenge plus ke x d. le jour, sor lx s.

213. Et ke nus lormiers oevre par nuit, sor lx s.

214. Et ke nus ki keust de laine oevre plus de verdecloke, de le saint Mikiel duskes au bouhourdich, sor lx s.

215. Et ke nus ne venge en une taverne ensamble soit blanc vin soit vermeil k'à un fuer, tout le blanc à j fuer et le vermeil à j fuer, sor lx s.

216. Et ke nus estranges hom ne preste à usure dedens le vile, sor lx lib.

217. Et ke nus depeche mur ne soif sor le fortreche de le vile, sor lx lib.

218. Et ke nus merchiers mete ne tiengne estal hors de le hale sor le samedi ne sor le merkedi, sor vj s.

219. Et ke nus venge cuir de beste devant le maison Jehan de Bodinghem, mais devant l'entreie des estaus de machecliers vers le west, sor vj s.

220. Commandei est k'on venge les poules entre le hale et le Vakestratekin deleis les escueles, sor vj s.

221. Et ke nus n'esparde fiens as chans fors chil ki mis i sont, sor vj s.; et le maisnie à chelui qui le tere est le puet espardre.

222. Et hom ki est fuitis et emporte autrui avoir on le doit commander k'il viegne ens dedens xv jours, sor lx s. et puis dedens autres xv jours, sor lx lib. et le tierch quinzaine, sor le hart; et se tout chou trepasoit, il ne porroit jamais estre borgois.

223. Nus n'entre en neif là il a herenc, por conteir, s'il n'i soit apeleis del marchant qui li herens est. Et ke nus prenge de sen conteir ke i d. del millier. Et nule autre chose, ne herenc ne pisson, fors i d. del millier, sor lx s. et ki n'auroit lx s. on le metroit el pellorin.

224. On a commandei à osteir toutes les privées et à faire fosseis des privées près du mur de le vile ke x piés, sor lx lib.

225. Et ke nus trait warison de karetes, sor vj s. Et ke nus ne prenge garbe de karete ne rechoive garbe ki soit prise de carete, sor lx s. Et ke nus maint ne karit autre blei avoec dime, sor lx s.

226. On a defendu ke nus ne voist gleneir ki puist soier en aoust, sor vj s.

227. Et ke nust voist garbant, sor lx s. Et ke nus voise karoiant devant soleil luisant ne puis soleil coukant, sor lx s. Et ke nus done garbe, sor lx s.

228. Et ke nus ne tiegne taverne ne vende vin dehors le changle de le vile dedens le banliewe en aoust duskes à le saint Mikiel, sor lx s., fors à Tilleke sor le rue.

229. On a defendu ke nule karete voist trotant dedens le vile, sor vj s. Et ke nus rechoive en taverne garbe ne warat, sor lx s. Et ke nus ne cache beste en tere là où on soie duske à tant ke li bleis soit en moie, sor lx s. Et s'aucuns vallés ki donast as vallés des dimeurs pour emmeneir et on le peust prendre on li cauperoit l'oreille et s'on ne le peust prendre on le baniroit sor l'oreille. Et ke nus prenge garbe d'autrui moie ne d'autrui camp, sor lx s.

230. Nus ne puet aforeir vin s'il n'a iut viij jours au mains, sor lx s., puist le saint Andrieu en avant. Et ke nus ne brosse ne mueve ne tourble le vin, sor lx s., puis chel meisme jour.

231. Nus ne tende engien pour prendre volille ne ne prenre oisel el maresc, puis ke li jours des chendres duskes à le saint Jehan, sor vj s.

232. Tout carbon grant et menu k'on amaine à vendre soient menei sour le markié avant k'on le venge, sor vj s. et le carbon perdu.

233. Nus n'entre pour sarcleir en autrui blei sans congié, sor vj s., à prendre les vj s. sor le sarcleur ou sor chelui ki le recheteroit.

234. Et ke les wardes des bleis aporchent les wages k'il prendent à le hale et s'on leur enforche, k'il monstrent le forche. Et ke nus ne chevauche parmi les bleis, ne pois, ne feives, ne veche, n'avaine, ne nule warison, sor vj s.

235. Nus ne porche à gieu de roi armes ne armeure; et ke nus ne tiegne ne prenge homme ne nului pour avoir deniers, sor lx s.

236. Nus saiers ne drapiers n'offre ne ne doinst à folon denrées por se deserte, sor lx s., ne folons à sen vallet, sor xx s.

237. Nus ne tiegne laine deslaveie à vendre defors le hale el

markié là on le doit vendre dusk'à tant ke li estal de le hale soient plain, sor vj s.

238. Nus ne porche chose de mercherie avàl le markié ne en rues par jour de markié, mais voist en le hale, sor vj s. et le mercherie à perdre.

239. On doit vendre le caneve devant le maison Willame de Bouloigne, el markié deriere là on vent l'erbe, sor vj s. et le caneve à perdre.

240. Le corde de tille doit avoir xv toises, sor vj s. et le corde à perdre. Le corde de caneve, xx toises, sor le meisme forfait; et le longeur de le toise est en le hale. Le corde doit peser trois lib., sor le meisme forfait.

241. Et k'on mesure toute noire saie sor le dos, sor vj s.

242. Et ke nus osteliers envoie saie à le taintelerie avant ke li tonderes l'ait estrikié sor le perche, sor forfait de v s. de le pieche.

243. Et ke nus osteliers ki herberghe marchans de draperie ne markande de nule markandise ki afiere à le draperie, sor lx s.

244. Nus marchans fache porteir vies dras à vendre par feme ne par autrui, mais le tiegne à vendre sor sen estal, sor vj s.

245. Et ke nus marchans de vies dras ne estranges ne autres ki soffisans soit de tenir estal ne venge fors sor sen estal, sor vj s. Et iiij hommes wardent les bounes.

246. Et ke viel oevre de pelleterie ait descounisanche et l'enseigne contre novele, sor vj s.

247. Et viese penne de mantel soit vendue dehors la drap et enseignié, sor vj s.

248. Et ke tout drap entir soient portei en le hale le merkedi por vendre ne ailleurs le vend on et là pait on l'estalage ij d. le jour li hom ki les vent et les mesure en autre lieu k'en le hale, fors li mesureres de le vile, sor lx s.

249. Nus tisserans, tondeires, folons ne autres hom de mestier fache core ensambleie, sor lx lib.

250. Et ke nus ait arbres à x piés près des fossées de le vile ne ne tiegne grippe ne privée à x piés près, sor lx s.

251. Et c'on pait as vallés folons leur louier de le semaine sus le samedi, sor xx s. proec k'il s'en plaignent dedens le tierch jour et ausi li drapier as maistres folons, sor xx s.

252. On a defendu le crochier le chouleir à croche, sor vj s.

253. Et ke nus ne taille dras à detail en le vile s'il n'a estal, sor lx s.

254. Tout li licheur doivent prendre iiij d. du drap dehors l'estuve et viij d. dedens l'estuve et del grant drap, viij d. dehors et xvj d., dedens l'estuve. Et ke li ostelier leur paient seke monoie, sor lx s.

255. On a defendu ke nus makelare de vin voist fors de le banliewe avoec estrange homme faire markelarie, sor lx s. et de perdre sen mestier à tousjours.

256. Et ke nus machecliers ne taille porc quant il est venu as masiaus escaudeis avant ke corier l'aient rewardei, sor vj s. et le char à perdre.

257. On a defendu ke nus meseaus entre dedens les murs fors sour le nuit saint Martin et le jour del quaremel prendant et le jour de bon devenres et s'il i entrent, li waite de le vile les boutent et sakent et fierchent de hokes de fer et leur fachent anui asseis.

258. Nus barbiers voise par le rue criant ne faisant son mestier as maisons des bones gens s'il n'i soit mandeis et s'il ne tient osteil en le vile, sor vj s.

259. Nus ne puet geteir bete ne peaus ès rues ne sor les masures, sor vj s.

260. Et ke tout li sac et les karetes à blei soient desloié dedens prime sonant, sor vj s.

261. Et ke nus makelare voist fors de le banliewe avoec estrange marchant, sor lx s. et le mestier perdu.

262. Et ke nus ne traie neif fors, ne fache refaire sor le Gher dehors Malevaut, sor vj s. de tous chaus ki main i metroient.

263. Et ke nus ne meche porc dehors Malevaut en pasture, sor vj s. et le porc à perdre.

264. Et ke nus ne mesure ne tiengne mesure se ele ne soit enseignié de le novele enseigne, sor lx s. et le mesure à perdre.

265. Et ke nus n'ait k'une paire de mesures: i R. et i quartier et ensi des autres, sor lx s. et les mesures à perdre.

266. Et ke nus ne fache R. ne quartier à autre molle fors dont li molles est à le hale, d'ore en avant, sor lx s.

267. Et ke nus tapiters n'ait k'une enseigne, sor le fil à perdre.

268. Et ke nus vendeires de blanke saie estait devant son estal en le hale, sor x s., mais deriere soit.

269. On a fait asavoir par les eglises ke nus estranges hom ki jure bourgoisie s'il devenoit malades dedens l'an et jour après chou k'il eust jurei, il ne devroit estre rechus, ne se feme à le Magdelaine, ne nul droit clamer com autres bourgois.

270. On a commandei ke tout feme et homme ki ont à partir à leur aleus, soient orfenins, soient autres, k'il aient parparti et fait la loy et le serement avant k'il se marient, kar s'il se marioient avant, li biens k'il prenderoient el novel mariage seroient partable avoec les biens primerains nient parpartis.

271. Et ke nus houttouch de le vile sor le vies markié venge late, stakes, ne nul bos, hors de sen enclos ne en rue ne sor karete, sor lx s. et le bos à perdre.

272. Et ke nus ne melle chire ne venge chire melleie de harpois ne de aure maise mellure, sor lx s. et le chire perdue.

273. Et ke nus ne die lait ne vilenie au serjant des maieurs des markans quant il va en la besoigne de le draperie, sor xx s. ki en seroit tenus.

274. Et ke nus n'ait privée sour le riviere ne sour le rue ki se puist essieweir en le riviere ne en le rue, mais toute l'ait en son iretage sans essieweir en le riviere ou en le rue, sor lx s.

275. Et ke nus ait tonel vuit en le rue par nuit estant, sor perdre les toneaus.

276. Et ke nus dras tains en le vile n'isse fors de le vile s'il n'est tondus et mis ès liches, sor lx s.

277. Nus lichieres ne oevre par nuit, puis le verdecloke, ne devant le jour, sor vj s.

278. Et ke nus dras ne gise en maison de licheur moilliés, plus longement ke deus nuis, sor vj s.

279. Et on pait as licheurs leur loier dedens xv jors et li ostilier, seke monoie, sor lx s.

280. On peut peskier as pukeles mais k'on ise par le haise et voist on par jour et reviegne, sor vj s.

281. Nus ne puet peskier en communes eawes, sor lx lib. et le neif et le rois a perdre.

282. Nus ne prenge carpre meneur ke de vij paus ne tenke ne bars ke de v paus, ne beketel mains ke de viij paus, sor vj s. et le pisson et le rois perdu.

283. Et ke nus ne peske a teis rois estroit ke le gru i puise demoreir, sor auteil paine.

284. Nus ne peske par nuit à pouseir, sor lx s. et le neif et le rois à perdre.

285. On puet fouleir drap dedens le vile fait fors de le vile k'on apele doves et covertures de xxv aunes de lonc et de mains.

286. On a defendu le roteir d'estuef dedens les murs de le vile, sor vj s. (*en marge, d'une écriture postérieure* : juer à le palme).

287. Nus ne tiegne neif à tout tourbes à vendre, fors en le plache devant l'atre Saint-Martin en l'Ile ou près d'iluekes, entour le pont l'avoei et en le plache devant Lambert Mangier, sor vj s. C'est des meismes neif à tout tourbes del Moer et del maresc.

288. Et que nus broueteires ne les kerke ne karetons fors là, sor vj s.; mais ki les acate là, il les puet faire menevr vers sen osteil sans forfait.

289. Nus meche sus mairien ne ais en le voie sour l'eawe s'il ne l'oste le meisme jor, sor lx s. Et ki le veut tenir à vendre si le meche sor le Gher s'il veut.

290. Et ke nus bourgois ne ait part de herenc ne de pisson avoec estrange homme, sor lx s.

291. Et ke tout chil ki metent terre en le rue de leurs cheliers ou de leur maisons, k'il l'aient ostei dedens xv jours, sor lx s.

292. Et cheus ki bouteroient longaigne vers le rivage, il seroit à vj s.; mais il le laisent coi en monchaus et si l'aient ostei dedens viij jours, sor vj s.

293. Et ke nus osteliers n'acache ne porparont le paage de Baupaumes à oes estranges hommes, sor le meisme forfait de lx s. et de perdre sen mestier an et jour.

294. On a commandé ke nus houtloch ne venge blanc bos sor karete ne ne fache vendre ne stakes ne lates, sor vj s. et le bos perdu.

Actum m cc et lxx.

VIII.

Li bailleus n'a mie les commandemens chi desous escris (*rubrique en marge*).

295. On a commandei ke nus machecliers ne tiegne pourchel plus de iij jors vis, sor lx s.

296. On a fait asavoir ke tout folon ki foulent et puent ouvreir, k'il viegnent à point et à le journéie à l'oevre et au bien k'il doivent et s'on ne les trovast on porroit prendre autres vallés estranges ki soufisant sont.

297. On a commandei ke nule karete kerkié voist trotant, sor vj s., dedens le vile.

298. On a commandei ke nus lichieres ne sarchieres ne prenge plus de loier del saie ou del drap fors ansi com il est assis, sor lx s. et le pellorin et chil ki le donroit et chil ki le prendroit, s'il ne fust par maieurs des marchans.

299. On a commandei ke nus ne die lait ne vilenie as coriers de pain ne autres coriers, sor lx s.

300. On a commandei ke nus ne gete sanc ès rues ne ès rivières dedens le chengle de le vile, sor lx lib., mais k'il le aportent à camp et l'enfuechent.

301. On a commandé ke nus makelare voist avoec marchant pour markandeir se li marchans ne le apele avoec li, por faire ses marchandises, sor lx lib. et le pellorin.

302. On a commandei ke nus makelare ne prenge plus de j d. de le lib. de marcandise k'il acatera, sor lx s. et de estre banis x ans et x jours sor le teste; et chil ki le donroit seroit à x lib. fors de vin, de chevaus et de karetes.

303. Et ke li coretier vendent les markandises des bones gens bien et loiaument et s'il ne le fesissent et on le peust savoir par bone veritei, il seroit à lx lib. et le baniroit on à tousjours sor le teste.

304. Et ke nus coretiers n'ait encovent à nului tornois por parisis ne denier por autre, sor lx lib.

305. Et ke nus ne venge deniers en maniere de marcandise s'il ne tient estavlie aperte de prester, sor lx lib.

306. On a commandei ke nus ne tiengne cheval à loeir s'il ne vaut c s. ou k'il puist tenir et faire ses journées, sor lx s.

Actum LXXII.

307. On a commandei ke nus machecliers ne tue veel pour vendre s'il ne vaut x s. de parisis, sor lx s.

Actum anno M° CC° et LXXII°.

IX.

308. On a commandé ke nus ne fueche tere de folons ne wasons ne tere rouge, ne sablon, ne keiseles, en l'iretage de le vile, fors al oevre de le vile, sor lx lib., s'il n'est par eskevins.

309. Et ke nus ne les doingne ne ne venge pòr mener hors de le vile, sor lx lib.

310. On a commandei ke nus n'acache ne ne venghe blei el markié sor jour de markié devant prime sonant, sor lx s.

311. On a commandei ke nus machecliers ne venge ne acache l'un à l'autre ne vive beste ne morte ne char pour vendre avant, sor lx s. et sen mestier à perdre an et jour.

312. On a commandei ke tout chil ki donent le denier Dieu, ke markiés soit tenus; et se makelare le done sans sen marchant, k'il le fache tenir, sor lx s. et sen mestier à perdre à tousjours.

313. On a commandei ke nus ne melle vin, sor lx lib. ki ne font que x lib. et sen mestier à perdre an et jour.

314. On a commandei ke nus ne meche moules ne hoistes ne hanons en maisons puis k'il sont venu dedens le banliewe, sor lx s. et l'avoir perdu et k'il soient vendu le meisme jour k'on les aporte ou markié, sor le meisme forfait.

315. On a commandei ke nus ne voise encontre harenc hors de le tour por acateir, sor lx s.

316. On a commandei et defendu ke nus n'ait chercle là on vent ki ne soit haut ke on i puisse chevauchier dessous, sor vj s.

317. On a defendu ke nus ne herlie ne ne jue à deis sor atre dedens les murs de le ville, sor lx s.

318. Et ke nus n'ait ort esseu sor les atries, sor lx s., dedens le vile.

319. On a defendu ke nule feme ne sieche as cans dedens le banliewe et s'ele i seoit et ele fust prise on li cauperoit l'oreille.

320. Et ke nus horiers soit en le vile ki feme ait seant as camp, sor l'oreille.

321. On a defendu ke nus visiers ne peletiers et drapieres et autres visiers acache viserie de sen mestier s'il ne le acate el markié, sor lx s. et le markandise à perdre.

322. On a commandei ke toutes gens de mestier et manans dedens le vile de Saint-Omeir k'il ne veste nule autre draperie fors chele ki est faite dedens le vile, sor lx lib. ki ne font ke x lib., duskes au rapel des eskevins.

Actum m cc et lxviii.

X.

323. On a commandei ke nus ne venge saie viij jours devant feste et viij jours après feste, sor lx lib.

324. On a commandé ke se aucuns estranges hom mesprent encontre bourgois de le vile une fie et il le amende par le loy de le vile et il jure ke il ne mesprendra jamais encontre bourgois et puis il mesprent après le serement encontre aucuns des bourgois de le vile, il est à lx lib. et le amendera autre fie par le loy de le vile.

325. On a commandei ke nus feivres ne lormiers aient hus ne fenestre overt devers les rues par coi le lumiere ne grieve as passans, sor lx s.

326. Et ke nus feivres ne fere rouwe de caretes fors de ij marteaus, sor lx s. et se li vallet le fesissent, li maistre paieroient leur amende.

329. On a commandei ke nus mesureires ne soit marchans de l'avoir dont il est mesureires, sor lx s.

330. On a commandei ke nus ne porche machue ne baston desous son chaint ne desous sen tabart, covert ne muchié, sor lx lib. ki ne font ke x lib., mais s'il le voelent porteir, portent à descovert.

331. On a commandei ke nus ne venge cardon de folon se eles ne sont ausi bones dedens com dehors, sor vj s. et les cardons à perdre.

332. On a commandé ke nus ne fache barbe ne ne saineche s'il ne met bachins hors et ensample et tiengne eschope si com il ja fiers, sor lx s. Et ke nus barbiers ne prenge mains de une maille, sor lx s.

333. On a commandei ke nus ne fournie en le vile plus grant pain ke à denier, sor vj s. et sor cheli ki le fournieroit et le vendroit.

334. On a commandei ke nus ne venge char de truie ki porte et ki peut porteir, sor lx s. et le char perdue.

335. On a commandei ke nus boulenghiers ne brasseres ne tiengne ke un pourchel, sor vj s. et les pourchaus perdus, mais s'il en veut plus tenir, si les tiegne dedens sen pourpris et ne les laist nient aleir ès rues, sor tel forfait com il est dit devant.

336. On a commandei ke nus ne amaine saie hors de le vile se ele n'est ploié en wise de saie et le vende pour saie, sor lx s.

337. On a commandei ke nus marchans de vies dras ne porche ne fache porteir vies dras ne par feme ne par autrui, sor vj s., mais le tiegne sor sen estal et ke nus marchans de vies dras ne estranges ne autres ki soufisant soit de tenir estal ne venge fors sour sen estal, sor vj s.; et iiij hommes doivent wardeir les bounes.

338. On a commandei ke nus makelare ne soit sour l'estaple s'il n'a son hanap et son foret, sour le makelarie de l'estaple à perdre.

339. On a commandei ke nus sures n'ait que j estal, sor vj s., et ke nus n'esta[le] hors de le hale ès rues s'il i a estal voit en le hale, sor vj s.

340. On a commandé ke tout chil ki amainent le boe k'il l'enmainent si netement ke ele ne kieche ès rues et k'il aient j ais deriere k'ele ne puise keir, sor vj s.

341. On a commandei ke nus ait vart open sor les fosseis de le vile plus près de vj piés, sor lx s. ki ne font que lx s. (*sic*).

342. On a commandei ke nus tainteliers ne ne taigne fors de

iij manieres d'alun, c'est bizet, castille et bougie, sor lx lib. Et ke nus ne melle ces iij manieres d'alun d'autre, sor lx lib. ki ne font que x lib. Et ke nus ne fache saies taintes amendeir de taintures puis k'il sont une fois taint, mais k'on les deskire, soit sour taintelier u sor autre ki le meffait aura fait et se on deskire saie sour taintelier il est à iiij s. de chascune saie.

343. On a commandei ke tout merchier, boursier et coutelier ki soufisant sont de tenir estal, tiegnent estal, sor lx s. Et ke nus merchiers n'esta ès rues devant chou ke le hale est plaine, sor lx s. Et tout cil ki vendent poivre, chire et couton en gros aient estal, sor lx s. Et ke nus ne lowe sen estal à sen compaignon ne à autrui devant chou ke le hale est plaine.

344. On a fait asavoir ke nus ne croie Pierron Wasselin ne Hanne Sandre fillastre Jehan Windre ne ne fache markié ne preste ausi car s'on le faisoit on ne li feroit nient de loy.

Actum m. cc. lxx, mense martio.

XI.

345. On a commandé ke nus ne tue berbis à vendre dedens le banliewe devant chou ke corier l'aient rewardei, sor lx s. et le beste et le char à perdre.

346. On a commandei ke nus ne tiegne hostelerie des estranges marchans ki acatent blankes saies s'il n'ont donei plegerie à le hale de c lib. d'esterlins, sor lx lib.

347. On a commandei que nus ne taille par aune linge, toile, ne canevas, s'il n'a estal en le hale, sor lx s.

348. On a commandei ke nus ne venge laine ne melle laine de Irlande ne de Wales, avoec laine d'Escoche, sor lx s. Et ke nus ne venge laine de Yrlande por laine d'Escoche sor, mais le vende de chascune terre à par lui, sor lx s.

349. Et ke nus ne melle ses laines... (*sic*) en blanc filei, sor lx s.

350. On a commandei ke nus karetiers ne karie vins devant chou qu'il ait donei plegerie à le hale de x lib. por rendre le tonel s'il meskarioit u enfondroit, sor lx s.

351. On a defendu ke nus ne gete ordure ne ne pise dedens les weis de le vile, sor lx s.

352. On a commandei ke nus ne pise encontre les fontaines ne ne fache ordure ne ne pise ès hales de le vile ne encontre le hale, sor vj s. et son drap perdu k'il a vestu deseure.

353. On a commandei ke nus ne fache moustarde ne verde

sause se ele n'est temprée de aisil de vin bon, sor lx s. et d'estre banis hors de le vile.

354. On a commandei ke quant on fait acorde et pais, ke nus ne doigne ne offre ke le... (*sic*) loy de le ville, sor lx lib.

355. Et ke nus ne melle vin, sor lx lib. ki ne font ke x lib. et sen mestier à perdre an et jour. Et li baillieus et eskevin iront ás cheliers et rewarderont s'il est melleis et s'il le truevent mellei il est à tel forfait com il est dit deseure.

Le fin du quaier... (*sic*).

356. On a commandei ke nus ne tiengne balanches en se maison là on poise plus de lx lib., sor lx s. tant ke le poise est en le main d'eskevins.

357. On a commandei ke tout chil ki amainent en le vile pour lowier, sablon, terre, keisels et wasons, k'il ramainent de chascune kareteie k'il amenront une kareteie de terre u bouwe u autre ordure hors de le vile por j d. le kareteie ki leur vaura doner.

358. On a commandei ke nus ne effonde neif ès rivieres, sor lx s.

359. On a commandei ke tout li tripier ki vendent char quites el markié, k'il ostent tous les os dedens le jour k'il l'aront jetei el markié, sor lx s.

360. On a commandei ke tout chil ki ont vaillant v^c lib. en cateus et en hiretages, soit bourgois ou bourgeoise, k'il aient un cheval ki vaut x lib. u plus, au dit d'eskevins, dedens xl jours, et quant il aront vendu leur chevaus k'il raient j autre dedens xl jours, sor lx lib. ki ne font ke x lib.

361. On a commandei ke nus estranges ne porte pourpoint s'il n'est doublet, sor lx s. et le pourpoint perdu.

362. Et ke nus estranges porte espeie se il n'est trespasans, sor vj s. et l'espeie perdue. (*Cette disposition a été rayée.*)

363. On a commandei ke nus mesureres de waides ne voise à oevre devant le jour, sor lx lib.

364. On a commandei ke nus estranges marchans ne acate saies à estrange marchant, sor xx lib. ki ne font que lx s.

365. On a commandei ke nus ne prenge coreterie de karetes ne de cars s'il n'est coretiers de karetes jureis, sour lx s.

366. On a commandei ke tout chil de le Vakestrat et de Haut-Pont ki vendent pisson quit ne herenc, ke il ne versent leur vissop ne harincsop sor le cauchie, sor vj s., mais il le fachent porteir à camp u ailleurs là il ne nuise ne grieve.

367. On a commandei ke nus ne porte arc ne saietes par nuit, sor lx s. et ke nus ne porte misericorde, sor lx lib.

368. On a commandei ke nus barbiers ne feivres ne tiegne pourchel, sor lx s. qui ne font ke vj s. et le pourchel perdu.

369. On a commandei ke nus ne porche ne fache ordure sour le cauchie, sor vj s. de le maison là le ordure venroit hors; et chieus ki le feroit on li osteroit son seurcot.

370. On a commandei ke nus ne fache sen chercle de vert boes, sor vj s.

371. On a commandei ke chil ki vendent pisson de douce eawe soient mime à estal u leur femes, sor vj s. et le pisson perdu.

372. On a commandei ke nus ne fache priier pour coreterie ne pour mestier ki sen mestier seit, sor lx lib. ki ne font ke lx s.

373. Et ke nus ne prie pour homme ki mestier seit, sour le meisme fourfait.

374. On a commandei ke nus ne venge waranche fors en le maison d'encosté le pont de pierre, sor vj s. et le waranche perdue et on donra du vaisel j d.

375. Et ke nus ne venge waranche fors del teroir là ele crut, sor vj s. et le waranche perdue.

376. On a commandei ke nus ne fache semonre autrui en autrui non, sor lx lib. de son fait, à l'entendement d'eskevins.

377. On a commandei ke nus ne laisse aleir ses bestes sour autrui blei et se li vallet des boues u les gens mimes u li mauclerc veisent u trovaisent les bestes sor les warisons et on leur enmenast leur part, li vallet u homme u li mauclerc seroient crcu à le hale del part et chil ki leur tauroit seroit à lx lib.

378. On a commandei ke nus ne venge herbe ne veche decha le bieke vers ost, sor vj s. et l'erbe et le veche perdue et k'on le tiengne net et le voident hors del markié, sor vj s.

379. On a commandei ke tout li couretier et tout chil qui prendent courterie des laines paichent ij esterlinc del sac à le vile et de le poke et des peaus et des veaures à l'avenant, sor lx lib.

380. Et tout li couretier des karetes paieront de le karete o. et del car, j d.

381. On a commandei ke nus ne soit si hardis ki viegne as noeches ne à feste s'il n'i est priiés, sor lx lib. Et ke nus ne prie que vj menestreus, sor lx lib. et s'il i venoient plus, il seroient à lx lib. Et ke nus ne soit si hardis ki doigne à noeches ne à feste de noeches ne à priveie petite ne grande ke trois paires de mes, sor lx lib., ne à se maison ne ailleurs. Et ke nus ne meche double

mees en l'escuele, sor lx lib., sans fourmage et fruit. Et ke nus espouseis ne se veste que lui quart de j drap de une sieute, sor lx lib. Et ke nus ne prie ne fache priier de relaisier ces commandemens devant dis, sor lx lib.; et chieus ki en prieroit seroit à lx lib.; et chieus ki en feroit priier, à lx lib. ausi. Et s'aucuns eust prié j conte u prinche à sen mangier, il porroit doner j entremes.

382. Et li pouletrie doit estre serei le hale du pain, sor vj s.

383. Et le markié des bestes, par d'aval le maison Willaume le Anier.

383 *bis*. On a commandei ke nus ne ulle ne fache ulleir pourchaus par nuit, sor lx s.

384. On a commandei ke nus ne aporche dras à le hale les samedis ne les merkedis devant le soleil luisant, sor lx s.

385. On a commandei ke nus ne melle bure avec sieu ne avoec candeilles de sieu, sor lx s.

386. On a commandei ke nus tainteliers ne meche alun en se cuve ne en kaudiere s'il n'a ij marchans et j taintelier outre, sor lx s.

387. On a commandei ke nus ne quise ne boille par nuit, sor lx s.

388. On a commandei ke nus ne taingne ne meche saies ne dras là on a taint filei ne laines, sor lx s.

389. On a commandei ke nus ne meche fil de broke en saie, sor vj s., et ke nus ne le aporte en le vile, sor vj s.

390. Et ke nus ne voise après le cloke s'il ne porte lumiere, sor lx s.

391. Et ke nus ne brise clenke, sor lx s.

392. On a commandei ke nus ne venge goudale plus chiere ke à j d., sor lx s. et le goudale à perdre.

393. On a commandei que nus pissonier de meir leive pisson el markié, sor vj s., fors saumon fresc, estourjon et pourpois. Et ke nus ne meche le entraille ne le ordure du pisson sor le cauchie, sor vj s. et le pisson perdu; mais aient tinetes pour metre ens le entraille et k'il puisse keir sour le cauchie. Et tantost après leur vente fachent ostier leur bans, sor vj s.; et li waite en doivent prendre varde avoec autres.

394. On a commandei ke nus ne meche cheval morveus en le pasture, sor lx s.

395. On a commandei ke nus estranges ne viegne armeis dedens le vile, sour lx lib., mais laist ses armes dehors le vile.

396. On a commandei ke nus estranges à pié aporche s'espeie

chainte, sor lx s. et l'espeie perdue (*cette disposition a été rayée*).

397. Et ke tout li banc, haions, estaus et hourdes soient ostei hors du markié par nuit et après vente et se on les troeve il sont abandonei.

398. On a commandei ke nus bourgois ne vallet à bourgois soit si hardis k'il croie nules markandises en Escoche, ne laines, sor lx lib.; et ausi tost ke il l'aroit creue il aroit perdu toutes ses frankises et lx lib.

399. Et ke tout li macheclier de le vile soient à estal en le hale là on soloit vendre le pain, sor lx lib. et vendent leur denrées et nient ailleurs et ki ne les porroit paier on le baniroit à tousjours, sor le hart.

400. On a commandei ke nus ne soit si hardis ki refuse mestier ki eskevins donent, ne ne prendent ne fachent mangier, sor lx lib. et sen mestier à perdre à tousjours.

401. On a commandei ke nus ne face roe de karete ne de car s'il n'est de soleil luisant, sor lx s.

402. On a commandei ke nus ne aporte ne vende fustaille de brisil dedens le vile, sor lx lib. et le bresil perdu.

403. On a commandei ke nus ne soit si hardis ki venge quirs frès fors devant les maseaus, sor vj s.

404. On a commandei ke nus ne venge cervoise ne goudale d'Engleterre plus kier ke à denier, sor lx lib. (*cette disposition a été rayée*).

405. On a commandei ke nus loieres de dras ne de saies loie dras ne saies par nuit, sor lx s. Et ke nus ne les fache loier, sor lx s.

406. Et ke nus loieres de dras ne loie dras ne saies de estrange marchant fors à leur osteil et là il sont à osteil, sor lx s.

407. On a commandei ke nus ne viegne ne voise à neif ne tiegne se neif à le costiere de le Westwede et à le Westwede sor .... (*sic*) s. et le neif perdue et li herdre et verdre les poent aresteir.

408. On a commandei ke nus ne meche ses bestes en le pasture fors par le Vebrighe, sor lx lib. et le beste perdue.

409. On a commandei ke nus ne lowe maison à feme de vie ne feme ki tiegne bordel, sor lx s. et on les panderoit à se maison.

410. On a commandei sor tous les taverniers et autres ki font pandeir leur mainies lor chens k'il aient teus leur mainies, ke se on les peust justichier par loy et il fuisent pourtrait en besoi-

gnant et fuisent rebelle et ne vausisent fineir, leur sires paieroit leur amende.

411. On a commandei ke nus ne venge saie de cauches s'il ne le livre par le aune de le vile, sor lx s.

412. Et ke nus ne venge cauches de bourre, sor lx s.

413. Et ke chascuns caucheteres tiegne son estal, sor vj s.

414. On a commandei ke ausi tost ke li maronier aront amenei les vins des bonnes gens dedens le vile et les neis sont atakie au Statboin, k'il voident leur neif et voisent hors, sor lx s. et le neif perdue et k'il ne i viegnent s'il n'est pour ameneir vers le kai.

415. On a commandei ke on ne venge char de moton ne de berbis s'il ne les aporte el markié à vente et s'il nel fait rewardeir as coriers s'il sont sain, sor lx s. et ke li corier l'aient rewardei.

416. Et ke nus machecliers ne monstre boef aval le vile s'il ne le tue et amaine à vente, sor lx s.

417. Et ke nule feme de macheclier soit à estal, sor lx s.

418. Nus n'amaineche toneaus vuis ne dues hors de le vile, sor lx s. et les toneaus et les dues à perdre avoec (*cette disposition a été rayée*).

419. On a commandei sour tous marchans ki n'afierent as frais de le vile k'il n'acachent nule markandise en le vile pour vendre avant en le vile, sor lx lib. ki ne font ke xx lib. dont li bailli ara x lib., li castelains c s. et le vile c. s.; et chis commandemens est à l'entendement des temoins et de eskevins.

420. On a commandei sor tous les tainteliers ke il ne fachent nul acort ne core, ke se on puet savoir par tesmoins et par leur entendement, il seront à lx lib. ki ne font ke x lib. et leur mestier perdu an et jour.

421. On a commandei ke nus ne quiere monoie ne cange monoie s'il n'est à son oes mime u à oes son signeur là il maint et se aucuns en fust tenus par veritei, il seroit à lx lib. et s'il ne les peust paier on le meteroit u pellorin. Et ke nus pregne bontei ne coreterie de monoie, sour le meisme fourfait.

422. On fait asavoir ke tout chil ki voelent puent waigner leur pain de coreterie en le vile de laines et de dras gros, par maniere k'il donent le tierch à le vile et s'il ne les paiassent et il en fust tenus par veritei, il seroient à lx lib. Et ke de tout les laines ki seroient delivrei en le vile ki vendu sera par coretier u ke che soit, on en paiera le tierch à le vile et s'il nel fesist et paiast, il seroit à lx lib.

423. Et ke nus ne prenge ne doigne ke xij d. esterlinc del sac de laine, sor lx lib., et del drap entir, xij d. parisis, sor lx lib.

424. On a commandei ke nus ne viegne mangier as noeches le jour k'on espeuse s'il ne paie xviij d. del mangier chascune personne, et nus ne prenge mains, sor lx lib. ki ne font ke lx s., fors des enfans desaagiés. Et ke nus ne done estrine ne rechoive estrine, sor lx lib. Et ke il n'i ait ke iiij[1] menestreus et ces iiij covient ke il soient par le brudegom, sor lx s. et tout li autre paieront, sor le forfait devant dit (*disposition rayée*).

425. On a commandei ke nus coriers ne hom de mestier ki est en office de le vile envoiche pour crespe ne pour canesteaus ne pour presens là u femes gisent en gesine, sor lx s. et chil ki le donroit et chil ki le recheveroit et ki le porteroit, sor lx s. à l'entendement des tesmoins.

426. Et ke nus ne tiengne boulerie ne boules ne trades pour bouleir, sor lx s. (*disposition rayée*), mais chascuns puet bouleir ès rues et ès gardins pour aus esbanoier.

427. On a defendu ke nus ne venge goudale ne cervoise plus kier k'a denier u à o., sor lx s. (*disposition rayée*).

428. On a commandei ke nus marisaus ne barbiers ne tiegne pourchel, sor le pourchel à perdre.

429. On a commandei ke nus ki taille dras en le hale à détail ne fache aporteir dras ne pieches, ne vendre le merkedi à le hale, sor lx s. et les dras à perdre.

430. On a fait asavoir as eglises k'on ne prendra nus chevaus s'il n'est par conistavlies et li cheval ki aront estei iiij journées loing de le vile ne seront pris dedens l'an après.

431. Et ke nus ne taille dras ès maisons ne venge s'il n'a estal en le hale, sor lx s.

432. On a commandei ke nus ne acache fourmorture d'autrui ne venge fourmorture ne presche deniers sus, ne covenenche i ait ne conisanche de eskevins, ne de Tierewane, de crestientei ne d'ailleurs de si adont ke li fourmorture soit eskewe et parti jetei lot plokie et fait quant k'il i afiert par loy, sor x lib. sor le vendeur et l'acateur et seroit li markiés nul se ne soit hom u feme en se alengherie, u li hom le avoir de se feme après se mort, u le feme l'avoir de sen baron après son dechiès (*cette disposition est écrite en rouge*).

433. Commandeis ke tout macheclier et tout chil ki vendent

---

1. Le chiffre a été plusieurs fois surchargé.

char ne vendent char ailleurs ke en le hale devant le hoserie, sor lx lib. et chil ki ne les porroient paier on les baniroit à tousjours, sour le hart.

434. Et ke chascuns machecliers prenge warde quel estal il prenge car il leur convenra paier chascune semaine sus le dimanche leur estalage ansi ke eskevin leur ordeneront et asserront et leur convenra doneir plege de toute le aneie Et se il ne le fesisent le seurtei et tenisent estal et ne paiast sus chascun diemanche, on les baniroit an et jour sor le pellorin. Et est asavoir ke chascun estal paiera xvj d. chascune semaine vers le hale des merchiers et les autres estaus, chascuns xiiij d., et doi estal entre ij esteus.

435. Et ke nus ne venge ailleurs ses quirs frès fors devant le hale des machecliers entre ij huis, sor lx s.

436. On a commandei as maitres foulons ki tienent maistrie de fouleir k'il ne soient si hardi ke il mechent estraigne vallet à oevre avant chou ke li bourgois et chil ki manant sont en le vile soient à oevre, sor lx s.

437. Et ke li maistre folon paichent as vallés folons le samedi lor loier sus en deniers ses, en le maison en l'aire, si ke..... (sic).

438. Et ke li drapier paichent as maistres le samedi sus en deniers ses, chou ke leur est otroié de piecha, et s'il ne le fesissent, on puet tenir le saie u le drap duskes adont k'il soient paié.

439. On a commandé ke nus ne mesure blei s'il n'est mesureires de blei jurei ne ne prenge loier, sor lx s.

440. On a commandei ke nus voise aval le vile puis k'il a vesprist sans lumiere, ne bourgois ne autres, sor lx s. ki ne font ke xx s.

441. Et ke nus bourgois ne autres voise armeis par nuit puis k'il a vesprist, sor lx s. ki ne font ke xx s. et les armes à perdre.

442. Et ke nus ne bourgois ne autres porche par nuit autre arme ke j baston et avoec lumiere, sor lx s. ki ne font ke xx s.

443. On fait asavoir ke tout chil ki sont bani hors des viles, de quel vile ke che soit, bien se gardent ke se il sunt trovei en le vile et pris on leur fera teil justice ke on feroit u lieu là il sont bani, soit de oreille u oel u de teste u par aneiesun u à tout jours.

444. On a commandei ke nus ne boive en taverne puis verdecloke, sor lx s. et ke nus ne jue as deis en taverne, sor lx s.

445. On a commandei ke nule feme de vie ne sieche as cans, sor le oreille.

446. On a commandei ke nus n'ait esteule en maison là on fait fu, sor lx s. et ke là ele est soit voidie dedens viij jours, sor lx s.

447. Et ke chascune maison ait lumiere as fenestres u al huis ès rues la li berman et broueteur iront à l'eawe, sor lx s. (*une main un peu postérieure a ajouté* : quant il vont au fu).

448. Commandeis ke nus ne soit couretiers de monoie ne cange monoie s'il n'est à son oes propre u à oes sen signeur là il maint, sor se bourgoisie à perdre et d'estre banis hors de le vile et chou à l'entendement de tesmoignage.

449. Et ke nus meseaus ne sieche dedens le vile ne ailleurs fors as iij portes, sor leur dras à perdre ; et k'il soient feru de hokes et abandoneis à tous et leur compagnon perdroient leur argent.

450. On a defendu les queles clouseir et le herlir ne sour maisons ne ès rues, sor lx s.

451. On a commandei ke nus loieres de dras ne de saies loie dras ne saies par nuit, sor lx s.; et ke nus ne les fache loier, sor lx s.

452. On a commandei ke nus loieres de dras ne loie dras ne saies de estranges markans fors à leur osteil et là il sont à osteil, sor lx s.

453. On a commandei ke nus ne viegne ne voise à neif ne tiegne le neif à le costiere de le Westwede et à le Westwede, sor vj s. et le neif à perdre et li herdre les puent arresteir et detenir et avoir leur verd.

454. On a commandei ke nus ne meche ses bestes en le pasture quant eles iront fors par le vebrighe, sor lx lib. et le beste perdue.

XIII.

(*A partir de l'article 455 l'écriture devient cursive et négligée.*)

455. On a defendu ke nus barbiers ne marisaus tiegne pourchel, sor le pourchel à perdre.

456. On a defendu ke nus maroniers ne prenge plus de vin à voiture en se neif k'il puet amener duskes au kai et sans alegier, sor lx s. et le neif à perdre.

457. On a commandei ke nus ne amaine tieule en le vile s'il ne sont de le muison de l'enseigne ki est à le hale et de l'espessure k'il ont estei lonctans a, sor lx s.

458. On a commandei ke nus ki amaine fiens hors de le vile k'il ne soit si hardi k'il l'amainent fors sor les hiretages as bourgois, sor lx lib. s'il ne fust ke bourgois eust achensi terres vj ans u plus; là le porroit on mener sans fourfait.

459. On a commandei ke nus ne fache feste de aleir à Saint-Jake ou outre meir ou en autre voage ne au revenir de nul voage, sor lx lib. fors vj escueles pris hors de se maison.

460. On a commandei ke s'aucuns fuist banis de le vile et puis fesist vilonie ne lait ne batist ne lendengaist son averse partie et chelui encontre qui il aroit mespris ou aucun de son linnage puis le banissure, on le baniroit à tousjours hors del vile de lait fait.

461. On a commandei ke li folon et li tondeur apparellent les dras de pers, vers, camelin et toute le draperie ausi bien en moilon et dedens com sor le liste, sour lx s.

462. On a commandei ke tout chil ki metent brisil à ovre k'il le acatent entier, sour lx s. et k'il le fachent tailler à lor maisons, sour lx s. Et s'aucuns taillieres de brisil fesist fausetei ou brisil et on le peust savoir par tesmoins à lor entendement, il seroit à lx lib. ki ne font ke x lib. Et ke tout tailleur de brisil voisent à evre à le maison des bonnes gens et s'il le refusast il seroit à lx lib. ki ne font ke x lib.

463. On a commandei ke nus ne vende dedens le vile forure d'agnaus se eles n'ont le grandeur del corde ki est à le hale, sour lx s. Et ke nus ne melle les forures flamenges avokes le boukie ne d'Angiers; mais cascun tient à vendre aparans, sour lx s. Et ke nus ne vende forure de capron d'Angeaus se par peauchaus non, sour lx s.

464. On a commandei ke nus tanieres ne fache cauchiers, ne nus sures, corduaniers ne autres du mestier soit tanieres, sour lx s.

465. On a commandei ke nus maistres folons ne coriers ne prenge j d. del perche, sour lx s.

466. On a commandei ke nus ne vende à detail dras par taint en filei, sour lx s.

Che sunt li commandement au tans seigneur Jehan de Sainte Audegonde et seigneur Hue Bollard, maieurs et eskevins et leur compaignons, en l'an M CC et IIII^{xx}.

XIV.

467. On a commandei ke tout chil ki vendent polletrie, volilles et ki les portent à vendre, ke tous les volilles mortes, conins, livres, k'il les aportent au markié à vendre et nient ailleurs ne aient en lor maisons, sour lx s. et le volille à perdre et le mestier à perdre.

468. On a commandei ke nus meche dete ne covenanche el main d'estraigne ne de plus fort de lui, sour lx lib. et le covenenche ne vauroit riens chil le froit et donroit.

469. On a commandei ke nus ne croie ne preste à Hanne de Hallines se n'est par Denis de Hallines, par Jakemon son frère et k'il y soient present la li markiés ou prest ou covenenche soit fait, sour lx lib. et chieus ki froit markié à lui che ne seroit riens.

470. On a commandei ke nus wasons, keisels, tere rouge et fouloreche, sablon ne autre chose k'on prent hors del communitei del vile fors ke as bourgois del vile et à le vile ne ne vegne ne preste, sour lx lib. Et ke nus ne feuche tere de foulon se n'est par eskevins, sour lx lib. et vienge pardevant eskevins.

471. On a commandei ke nus ki soit manans dedens le vile, ne drapier ne autre, ne faiche taindre drap, laines ne filei hors del vile, sour lx lib. si ne fust de graine.

472. On a commandei ke tout chil ki vendent torbes ès neis k'il les vendent et livrent ausi boin et ausi grant desous com deseure, sour lx s. et torbes à perdre.

473. On a commandei mi mars chascun faire net devant son front et clore ses cortieus et tenir son chemin.

473 *bis*. Et ke nus pregne oes de chine, sour lx lib. ne de avete, sour lx s. Et ke nus pregne oisaus sauvages à hinghins ne à las, duskes à le Saint-Jehan, sour lx s.

474. On a commandei ke nul homme de mestier fachent asambleie, sour lx lib., et s'il ne peusent paiier, on les baniroit hors de le vile à tousjours.

475. On a commandei sour tout chil ki de mestier sunt et ki ont mainit et ovrei hors de cheste vile et nient mainit et ovrei dedens an et jour en cheste vile, k'il vuidenchent le vile ne i demorchent et k'il n'i viegnent ne i soient demorans, car s'il i fusent trovei, si com dit est, il seroient à lx lib. et s'il ne le peusent paiier on les baniroit à tousjours hors del vile, sour le teste.

476. On a commandei ke nus cordewaniers ne autres de

mestier meche en ovre basan avoec ovre de cordewan ne quier là il i'a tan avoec ovre de cordewan fors as sommeles, sour vj s. et le ovre à perdre se n'est blanc à quises de heuses. Et ke nus ne vengne quir ki soit fausement ne maisement tanei ne meche en ovre, sour lx s. et le quir et le ovre à perdre. Et ke nus ne fache cauchiers de basan plus lonc de vij paucs, sor vj s. et le ovre à perdre.

477. On a commandei ke nus coretiers de vin soit hosteliers, sour lx lib.; et ke nus se melle de cortrie de vin, sour lx lib. s'il n'est par eskevin.

478. On a commandei ke nus ne kerkeche ne ne fache kerkier laines ke il aiet acatei en Escoche avant ke il les aet parpaiet, sour lx lib. et à perdre toutes les franchises k'il aet en le vile. Et se valés le fesist, on le baniroit à tousjours sour le teste et ne demorroit mie pour chou ke li sires ne seroit ou l'amende devant-dite.

479. On a commandei ke nus polletiers ne soit corretiers de son avoir mime, ne ne porche ne ne fache porteir polletrie ne cose ki afiere à polletrie aval le vile mais ke ens ou markié le tiegnent son estal, sour lx lib. et son mestier à perdre an et jour. Et ke nus polletiers puet acateir ne faire acateir à nul jour en le semaine pollet ne auwe ne conin ne lievre ne autre volille et beste fors sour le jour de semedi, dedens le vile ne dedens le ban-liwe ausi, sour lx s. et le volille et le beste à perdre et son mestier à perdre an et jour.

480. On a commandei ke sour tous gens de mestier ki vont par aus louer à le plache ou au pont ou là il soloient aus louer, k'il n'i aportent espées ne couteaus ne machues ne autre armurés, sour lx lib. et s'il ne les peusent paier on les meteroit en le cartre.

481. On a commandei ke nus ne jete chendres sour le cauchie ne autres ordures, sour vj s. et chieus ki le troveroit aroit le moitié et li aman l'autre et se chil n'eust ki l'ordure aporteroit on panderoit l'amende au seigneur là il manroit et dont l'ordure isteroit.

482. On a commandei sour tous les tanneurs de le vile et ki vendent quir à detailg dedens le vile, k'il le vengnent en le hale et nient aillieurs, sour lx s. et son mestier à perdre à tout jours.

483. On a commandei ke tous les avoleis ki sunt avolei pour meffait k'il ont fait, k'il vuident dedens vij jours et vij nus le vile et s'il i sunt puis trovei on leur froit autreteil en cheste vile ke on froit au liu là il aroient meffait.

484. On a commandei ke nus ne lasse aleir ses bestes par nuit sour autrui warisons et se on les i trovoit on les porroit tuer, dont li bailleus aroit le moitié et partie l'autre pour son damage ou prendre ou arester et seroient perdues.

485. On a commandei ke nus hons de mestier ne demande beuvrage sour gens de mestier ne ne fache demandeir ne se melle du mestier ne des keures fors chil ki ont jurei par eskevins, sour perdre le vie. Chieus ki tenus en seroit par veritei seroit enfuis par nuit. Bien se gardent chascuns.

Actum l'an M CC IIII^{xx} et I, el mois de septembre.

486. On a commandei ke tout li bleis, avaines et autre grains ki vient en sas à vendre dedens le vile et dedens le chengle k'il viegne dedens les iiij corons du markié à vendre, sour lx s.

Actum l'an M CC IIII^{xx} et I, el mois de dechembre.

Li commandent (sic) fait au tans Ghilebert de Sainte-Audegonde et Antoine Reinuisch maieurs et eskevins et leur compaignons. Actum l'an M CC IIII^{xx} et I.

487. On a commandei ke nus coretiers ne fache saies, sour lx lib. ki ne font ke x lib.

488. On a commandei ke nule feme vende poisson de meir fors herenk, moelles, hoisters et hanons, sour lx s., et se eles ne le peusent paier on les baniroit.

489. On a commandei ke tout chil ki se warissent de pisson el markié et on tenu estal, k'il soient à estal et vendent leur pisson, sour lx s. et leur bourgoisie à perdre.

490. On a commandei ke tous les dras ki vendus seront les mekerdis à le hale ou le markiet fait ou le denier Dieu dounei, k'il soient aunei à le hale et livrei et nient alleurs, sour lx s. sour le le vendeur et sour le acateur et chil à qui maison chou seroit fait.

491. On a commandei ke nus ne vende cauciers noviaus de cordewan ne de vake novias ne keuches noveles se n'est ès hales et en lor escopes ou en lor maison, sour vj s. et le ovre à perdre.

492. On a commandei ke nus ne maine cheval aval le vile pour menoir blei as moulins fors chil ki anchienement l'on usei, sour lx s. et le cheval à perdre.

493. On a commandei ke nus taille dras à detail s'il n'a estal en le hale, sour lx s.

494. On a commandei ke nus ensaigne ne faiche marke as

toniaus de vin sour l'estaple devant che k'il est vendus et jetei lot, sour lx s.

495. On a commandei ke nus prengne part ne demande part sour l'estaple s'il n'a le ghilde, sor lx s.

496. Commandeis sour le maistre de tisserans et les compaignons et les coriers, le maistre des folons et coriers, le meistre des tondeurs et coriers et sour tous autres coriers ki ont jurei core en le hale, ke de tout les forfais qui affierent à le draperie de queil fourfait ke che soit, petit soit grant, k'il ne pregnent nul fourfait ne argent ne nuli, de chi adont k'il l'aront donei sus as eskevins et livrei par escrit et che cascun venredi à le hale au jour de plait, si k'on fait d'autres cores. Et quiconkes prenderoit fourfait ne amende petit ne grant ne argent devant k'il l'eust monstrei et aportei par son serement à le hale et donei sus et fait registrer, il seroient cascun lx s. et parjures et jamais ne porroit estre en core ne en offiche de le vile. Et se chieus ki le donroit le monstrast, on lui froit rendre. Et se on peust savoir ke aukuns le eust donei et il ne le montrast as eskevins, on le baniroit hors de le vile. Et ke nus prende perche penninc ne carde penninc ne autre argent ne bevrage par hommage ne autrement, ne fache paiier escot en taverne ne ailleurs, sour le mime fourfait et chieus ki le donroit le aroit ariere, si com dit est. Et vous dist on ke quant les amendes seront aportei à le hale et livrei as eskevins sus et registrei, li corier aront les amendes com on a usei duskes à ores.

497. On a commandei ke tout chil ki rechoivent hostes ou en qui maison on rechoit hostes ke toutes les kemineies de fust soient osteies dedens le Pentecouste, sour lx lib. ki ne font ke lx s. Et ke nus ne fache puis ore en avant kemineie de fust sour le mime fourfait dedens les muirs de le vile.

498. On a commandei ke nus pissoniers ne venge ke II navées de pisson el rivage le jour, sour lx s.

499. On a commandei ke nus ki aporte à waige pain puisse vendre pisson ne estre pissoniers jamais, sour lx s., et s'il ne les peust paiier on le meteroit ou pelorin.

500. On a commandei ke nus herberge ribaus nus ki vont aval le vile ne riens ne done, sour lx s.

501. On a commandei ke toutes les saies c'on fait en le vile c'on les fache boines et loiaus et de boin filei et de loial et de boine marchande, car on les tenra de grosseche. Et quant eles seront troveies de grosse laine ou de mais filei soient taintes ou blankes on les aportera au cautre et li markant les rewarderont

au cautre et s'il les troevent de maise laine et de grosse et de mais filei, on les deskirra de grosseche et seront à x s. d'amende cascune saie ausi bien blankes comme taintes. Et si vous fait on asavoir ke se li corretiers acate saies et eles sunt deskirées de grosseche, il sera à v s. d'amende de cascune saie k'il aura acatei et de ches v s. aura xij d. chis ki trovera le saie soit blanke soit tainte.

502. On a commandei ke tout chil ki sunt dedens le vile aient armures, et ke tout li conistable voisent en cour et prendent warde de leur tentes et de leur armures et ke li autres ki sunt dedens le vile soient porveu de leur armures, sour lx lib. dedens quinsaine ensi comme il leur afiert.

503. On a commandei ke tout merchier cotelier ne vendent mercherie ne couteus s'il n'ait estal en le hale, sour lx s. ensi com autre fie a estei commandei.

504. On a commandei ke nus ne vende dras à detail s'il n'a estal en le vile, sour lx s.

505. On a commandei ke nus ne vende dras sour son estal s'il ne soient sien propre, sour lx s.

506. On a commandei ke nus ne vende quir tanei dedens le vile s'il n'a estal en le hale, sour lx s.

507. On a commandei ke on ait as nueches ke vj menestreus, sour lx lib., s'il ne done xviij d.

508. On a commandei ke nus ne envoie ne fache envoier ne done estrine ne presens n'en apert ne coiement devant les esposailles ne après esposailles, sor lx lib.

509. On a commandei ke nus ne soit si hardis ki se melle n'entremeche des mestiers ne meche encontre le seigneur et le vile ne les commandemens ne le loi de le vile, fors chil ki sunt et seront mis par eskevins et k'il ont jurei sour paine d'estre pris par tout et enfui tout vif et chis ki tenus en seroit par tesmoins ou par veritei, on en fera justiche; et par nuit bien se garde cascuns.

510. On a commandei ke nus fache feste de noches for ke sour le jour k'on espousera, sour lx lib. après les espousailles. Et k'il n'i ait ke iiij paires de reubes noveaus de par l'espousei et nul de par l'espouseie, sour lx lib. et ke nule espouseie ne chevauche fors le jour ke ele espousera, sour lx lib., et ke cascune persone doneche xviij d., sour lx lib. ki font x lib.

511. On fait asavoir que quiconkes ki froit laidure ou froit faire à homme de mestier ou à autre persone nule pour chous ki sunt enfui tout vif et fait justiche et de chaus de qui on fra

en core justice, comment ke che soit, il seroit tenu de laideeure et de murdre se on le peust proveir par tesmoins n'en fait ne en conseil bien se garde chascuns.

512. On a commandei ke kiconkes ki veut puet vendre saumon frech, estorgon et pourpois et kiconkes le acate, k'il meche l'argent tout sec sour le banc avant ki li pisson soit emportei, sour lx s.

512 bis. On a commandei ke nus coretiers de saies blankes ne acate saies blankes ke avoec j marchant le jour, sour lx s.

513. On a commandei et acordei est par le conseil del vile ke kiconke est bourgois il covint k'il maigne dedens le vile de tout meis et feme et enfans sans nule fraude et sans nul malengien, s'il ne fust en maison de chense.

514. Et si est accordei ke enfans de bourgois puis k'il aura xv ans et soit formourut de peire ou de meire k'il viegne jurer le borgosie et se il ne le fisent, il n'auroient mie leur frankise com bourgois (*cette disposition a été rayée*).

515. On a commandei as coriers des pissons k'il prengnent warde as pissons car se on trovoit pisson el markié pourri, puis ke prime est personeie, cascun corier seroit à x s. Et k'il n'i ait point de eawe, sour vj s., entre Paskes et le Toussains.

516. On a commandei ke nus refroide caucs là on puet faire aucun damage ne hors le vile sour le commun de le vile ne és rues ne d'encosté les viviers et servoirs des boines gens, sour lx s. et le caucs à perdre et rendroit le damage à chelui à qui il aroit fait.

517. On a commandei ke nus tiegne aves hors Maulevaut sour le commun de le vile, sour vj s. et les aves à perdre.

518. On a commandei sour les coretiers des karetes ke quant il aront lavei kar ou karete, k'il prengnent leur coretrie là il font leur covenenche et nient ailleurs, sour bourgoisie à perdre et leur mestier; et ki ailleurs leur donroit il seroit à lx s.

519. On a défendu ke nus vende vin ne servoise mies ne autre bevrage ne tiegne taverne sour les atries dedens le banliwe, sour lx lib. Et ke nus voise boire ne boiveche en taverne sour atrie, sour lx lib. Et ke nus envoie ne voise querre vin, chervoise, ne autre bevrage nule en taverne, sour lx lib.

520. On a deffendu ke nus presteche deniers en Escoche sour laines achater devant, sour lx lib. et se bourgoisie perdue.

521. On a commandei ke nus folons ne venge flokons d'escarlate blankes ne blewes hors de le vile ne à estrange marchant, sour lx s., et il auront des escarlates xxij d. et des autres xx d.

522. On a commandei ke nus prenge en wage laines ne filei, en taverne ne ailleurs, pour nules denrées, sour lx s., et si rauroit on le laine ou le filei pour nient, et s'il ne peust paiier on le baniroit hors de le vile.

523. On a deffendu ke nus herberge feme de vie ki sieche à chans ne liewe maison, sour lx s., et ke nus liewe maison là on tient apert bourdeil, sour lx s.

524. On a commandei ke cascun covreur de tieule ait ij escheles, l'une de xx piés de lonc et l'autre de xij piés, sour lx s.

525. On a commandei ke nus ne greppe terre en autre terre ne en fosses qui est communs d'une part et d'autre, se n'est par le volentei de chaus ki li yrretages est, sour lx s.

526. On a commandei sour carpentiers, machons, plakeurs, et tous autres ouvriers et manouvriers ke chil ki ont ovre, k'il ne soient les matinées devant le capele, ains voisent à leur ovre là il sunt liewei et fachent leur journées, sour lx l. ki ne font ke lx s., se n'est maistre de l'evre ki voist querre ouvriers.

527. On a commandei ke nus ne prenge pierres de le cauchie ne ki sunt acatei pour le cauchie, sour lx s.

528. On a commandei ke nus ki preste à usure ne prenge plus de ij d. de le lib. le semaine sour lx lib. d'amende (*cette disposition a été rayée*).

529. On a commandei ke nus n'aporte brisil de fustaille et ki ne soit boins et loiaus à vendre dedens le vile ne ne venge, sour lx s.

530. On a commandei ke tout chil ki vendent laines par pierres u par pois dedens le vile aient et prengent estal en le nueve hale des laines d'encosté signeur Andrieu Aubert et ke nul autre ne vendent laines par pois en le vile fors chil ki auront estal en le hale desusdite, sour lx lib. ki ne font ke x lib. Et ke chil ki ont estal en le hale, k'il tiegnent leur hale les venredis et les semedis et k'il ne vendent nules laines ches ij jours à leur maisons ne ailleurs k'en leur estal, sour lx lib. ki font x lib., mais les autres jours de le semaine porront il vendre leur laines à leur maisons ou ailleur partout où il vaudront.

531. On a commandei ke nule legiere feme voise par nuit ès rues sour perdre kankes ele a sour lui ne on lui en fera nus droit ne justiche se li serjant leur prendent.

532. On a commandei ke nul chifle aval le vile par nuit, sour lx s. et se bourgosie à perdre et chil ki coustumiers en seroit on le baniroit de le vile.

533. On a commandei ke toutes les avaines ki vienent en sas à vendre k'on les aporte dedens les iiij corons du markié à vendre, sour lx s. Et k'on ne venge nule avaine en neif ne en sas devant le premier cop de prime sonant si k'on puist rewardeir se eles sont boines et loiaus et ausi souffisant desous comme deseure, sour lx s.

534. On a commandei ke nus useriers ne preste ke pour ij d. le lib. le semaine, sour lx s.

535. On a commandei ke tout chil ki veulent vendre laines nostrées k'on dit mecter, yeke et veulres et ausi laines de Monstreul, et tout li estraigne ki veulent ou aportent à vendre leur blankes laines queles k'eles soient k'il prengent et tiengnent leur estal en le viese hale des laines d'encosté signeur Gillon Leurenos ki fu et k'il les veignent là à leur estaus et nient ailleurs, sour lx s. Et k'il tiengent là leur estaus tous les semedis k'il vaudront vendre laines, sour lx s. Et chascun estrange tenant estal paiera cascun semedi d'estalage iij d. Et chil ki n'aura ke j toison ou velre ou ij ou iij, paiera de chascune pieche o. et teil tonlieu c'on en doit par raison.

536. On a commandei ke nus corretiers ne voise les vendredis ne les semedis ès hales as laines ne prenge corretrie de laine vendue ne acatée, sour lx s.

537. On a commandei ke chil ki vendent laines par pois et par pierres k'il aient droit pois enseignié de l'enseigne de le vile et ke leur pois soit tout de cuevre, sour lx s.

538. On a commandei ke tout li tripier et chil ki vendent char quite ne laissent nul yeus ne piés de brebis ne autres en le plache, sour vj s. et si on i puet trover on les pandera de l'amende.

539. On a commandei ke nule saie soit repons, ne blanke ne autre, ke ele ne vienge avant à rewardeurs là ele doit venir, sour lx s. et ke nul filei soit reploiés ne urlés, sor vj s. et le filei ardoir.

540. On a commandei ke chil ki vendent leur saies k'il n'aient mie encovent d'aquiter les corretiers si cum des saies k'il acatent entre aus, sour lx s., sour le drapier et sour le corretier.

541. On a trait sour un et commandei par eskevins dusk'à leur rapeil ke se aucuns des maistres folons soit apovris ou k'il n'ait nient de oevre si k'il ne puist tenir maistrie del mestier et il veulle ovrer, k'on le meche à oevre devant autres aveukes vallés et lui donist on teil loiier com vallet prendent. Et k'on

meche tout dis les bourgois à oevre devant estranges et chaus ausi ki ont mes dedens le vile an et jour, ancore ne soient il mie bourgois, k'on les meche après les bourgois tout dis en oevre devant les novaus sourvenans. Et k'on paieche as folons en ses deniers et nient en autres denreies et k'on paieche as vallés cascun semedi sus, sour lx s.

542. On a commandei ke nule ostille soit sour solier, sour lx s. et ke nus tisse par nuit, sour lx s.

543. On a commandei ke nus lormiers ne tienge maistrie s'il n'est bourgois, sour lx s. Et ke nus lormiers oevre par nuit, sour lx s.

544. On a commandei ke chascuns obeisse as commandemens de ses conistavles, sour lx s.

545. On a commandei ke toutes les pinereses voisent à oevre de ivour et laisent oevre de jour, sour lx s.

546. On a commandei ke nus ne meche ieblecket ne hiewet en grans dras, sour lx s.

547. On a commandei ke nus rechoive estraignes hostes s'il n'a renovelei se plegerie, sour lx s.

548. On a commandei ke nus espouseis ne donist ke un mangier, sour lx s.

549. Et ke nus doinst à maignier le vesprée se n'est peire et mere et antains, frere et sereurs et serourges, sour lx lib.

550. On a commandei ke nus bate ne fierche nului en maison là il maint u k'il l'a louwei por deniers de jour ja soit chou ke li huis soient ovret, sour lx lib., et ki le feroit par nuit il a lx lib. et sourplus au jugement d'eskevins selonc le quantitei du fait et che seroit plediet à l'entendement des tesmoins, si comme d'autres plaintes.

551. On a commandei ke nus ki ait irretage en le rue Sainte-Crois ne fache courre l'auwe en son viviier s'ele ne puet revenir par conduit arriere en le rue sans nule vart destourner en qui irretage che seroit, sour lx lib.

552. On a commandei sour tous chaus ki tienent liches ke il les aient bien laonnées; et s'il i eust faute d'un laon as grans dras, il seroit à vj d.; et s'il i eust faute de ij laons ensanle as saies, il seroit à vj d. d'amende.

553. On a commandei ke nus lichieres oste ne fache oster dras ne saies de liches s'il n'i a les rewardeurs ou j des serjans des rewardeurs ou des markans, sour lx s.

554. On a commandei ke tout chil ki aportent grans dras le merkedi à le hale ke il paiechent leur estalage tantost à chaus ki

mis i sunt par eskevins, sour lx s. Il i meteront leur enseigne.

555. On a commandei ke toute le toile et canevach ke estraigne gent vendent en le vile soient mesurei et livrei par l'aune de le vile, sour lx s. et ke nus le mesure fors le mesureres de le vile.

556. On a commandei ke nus corretiers de laines par pierres soit corretiers de sas de laines ne aient compaignie li un avoec l'autre, sour lx lib. et bourgosie à perdre et jamais à estre corretiers.

557. On a commandei ke tout li mairiens k'on vent sour le Gher soit ausi boins desous com deseure à l'entendement d'eskevins, sour lx s.

558. On a deffendu ke nus herlisse ne closse ne keile dedens les murs de le vile ne sour les atries, sour lx s.

559. On a commandei ke nus jue as deis ès hale de le vile, sour lx s. et ki n'aroit ke paiier on le meteroit u chep et li serjant et li waite et chil ki wardent les hales les puent prendre.

560. On a commandei ke tout chil ki fuent terre des folons k'il emplissent les fosses là il le fuent, sour lx s.

561. Et ke tout chil ki vendent pisson quit en l'enganerie soient deseure le seau, sour vj s. et le paiele et le pisson perdu et chascun serjans le puent prendre sans meffait et waite et autre. Et ke nus jete viscsop sor le cauchie ne ordure, sour le mime forfait ains aient leur tines d'encosté ens et l'enporchent.

562. On a commandei ke nus ne rechoive hostes ne tiegne hostelerie s'il n'est bourgois, sor lx lib.

563. On a commandei ke nus ne voist par nuit ne bourgois ne autres sans lumière, sour lx s.

564. On a commandei ke nus ne porte nule armure par nuit ne bourgois ne autre se n'est j baston en se main, sour lx s., ne couteil à pointe, sour lx lib., et ke li bailliu castelain et li serjant les puissent prendre apres le cloke et bourgois et autres et mener les pardevant eskevins pour l'amende.

565. On a commandei ke nus boive en taverne après le cloke, ne bourgois ne autres, sour lx s.; et li taverniers là il beveroient seroient à lx s.

566. Commandeis ke quant li bailli, li castelains et li serjant voelent prendre j bani u j autre estraigne homme ki porte armes defendues et il crient aive as bourgois, ke li bourgois leur aident à prendre chaus k'il vauront prendre pour amener devant le loy, sour lx lib.

567. Anno xix°. Nus taigne draps mellé rouge se n'est en grume (?), sour lx s. (*cet article en écriture plus fine et plus cursive*).

568. Commandeis se un bourgois voit courre un estraigne homme sor sen bourgois et il crie aide, ke il lui aide sans fourfait; et s'il ne le faisoit il perderoit se bourgoisie à tousjours. Et ke li bourgois puent les estraignes tenir et aidier à mener devant le loy sans meffait. Et ke nus ne crie bourgosie sour sen bourgois, sour lx lib. Et si fait on asavoir et commande on ke se li bourgois voit estraigne homme u bani alant de jour u de nuit armé k'il le puent prendre et aresteir pour meneir devant eskevins; et s'il ne se voloit laisier prendre et li bourgois criast bourgosie u aide, pour retenir chaus on leur doit aidier sans meffait; et ki ne leur aideroit seroit à lx lib.

569. On a commandei ke nus bourgois ne fieus de bourgois ne autres porche couteil à pointe, de jour ne de nuit, sour lx lib. fors chil ki congié en aront.

570. On a commandei ke nus ki taille dras à detail en le hale laige ait dras ne pieches le merkerdi en le hale, ne par lui ne par autrui, sor lx s. et le drap à perdre se on le puest savoir par tismoins.

571. On a commandei ke tout chil ki font draperies et saies k'il fachent saies si com il soloient et se aucuns s'en fainsist k'il ne fesist saies par commandement ki a estei fait, il seroit tenus de ij mars et on le baniroit feme et enfans à tousjours par cui il ne porroient wangier leur pain en le vile.

En l'an lxxix.

572. On a commandei ke nus hosteliers ne voise avoec son marchant sour l'estaple ne pour acateir herens ne pisson en gros, sour lx s.

573. On a commandei ke chil ki font draperie ke nus fache enseigne fors ke le siene et en j lieu et k'il ne fachent leur enseigne plus lonc de vj paus, sor vj s.; et ke nus faiche biteken en le commune teken ne nul lin en le saie ne vert fil ou d'autre enseigne par coi il le puisse conoistre ne autre après chou ke li corretiers aura son enseigne coverte, sor lx s. et de perdre son mestier an et jour.

574. On a commandei ke tout li corretier quant il auront acatei les blankes saies en le hale k'il keuvrenchent l'enseigne dou drapier par coi on ne le puisse connostre l'enseigne, sour lx s.

575. On a commandei ke nus acache blankes saies à crauche en l'ostel des hosteliers. Et ke nus ne veigne blankes saies à crauche, sour lx lib., sour vendeur et sour l'acateur.

576. On a commandei ke nus ne prengne en le hale ke j estal à iiij dras, sor lx s. le merkerdi.

577. On a defendu ke nus ne meche vin blanc de Poitau de Saint-Jehan en cheliers, aveuc vin franchois ou d'Auchoire, ou Rinois, sour lx s.

(*Ici finit l'écriture négligée, à la page suivante reprend la belle écriture du commencement.*)

XVI.

Ch'est li cuelloite du fouich.

578. c rasières de blei, c hues d'avaine, c rasières de feives, c r. de pois, c r. de veche, c r. d'orge, c r. de soile, c r. de soucrion, c r. de nois caureches, c r. de seil, chascun chent, ij s. et chascune rasiere par li, o. Uns toneaus de vin, iiij d., uns toneaus d'aisil, iiij d., uns toneaus d'olie, vj d., uns toneau de miel, vj d., uns toneaus de saim, vj d., uns toneau de poi, ij d., uns toneau de chendre, ij d., uns toneau de goudale, j d., j sas de laine, iiij d. Chascune kerke d'alun, iiij d., chascune poise de chire, iiij d., chascune poise de poivre, iiij d., chascune poise de comin, iiij d., chascune kerke de bresil, iiij d., chascun lees de herenc, x d., chascun chent gloes de fier, ij d., chascun chent de fer d'Espaigne, o., chascune navée de pisson, ij d., chascune navée de tourbes de Berghes, ij d., chascune navée de tourbe d'Arde, de Ghisnes et d'Anderne, ij d., chascune navée de tourbes de Vies-Moustier de Niewerlet et de Clermarés, j d., chascune navée de tourbes d'Ardenborgh, vj d., chascuns chens de fagos, ij d., chascuns mons de laingne, o., chascune navée de saus et d'aune, j d., chascuns chens rasieres de carbon de pierre, vj d., chascune navée de carbon de bos, j d., chascun bacon, j d., chascune vake, j d., le berbis, o., le pourchel, o., une moele de feivre, ij d., une moele de molin, ij d., une poise de bure, ij d. une poise de fourmage, j d., une poise de sieu, ij d., une poise de oint, ij d., une poise d'ales, ij d. Ales k'on conte le chent, j d., chascune navée de faim, j d., des petites et des grandes, ij d. Une dakere de quir, ij d., chascune pel par lui, o. Un chent de peaus de mouton, ij d., chascun chent de peaus d'aigneaus, ij d., chascun chent de peaus sans laine, ij d., le frael de fighes, ij d. et le petit, j d. Chascune livre de marien de ais et de bos, j d., j chent de cauch, ij d., une

batele de pierre de Boloigne, j d., une navée de blanke pierre, ij d., un costelet de vin et de olie, j d., un toursel de xij saies, vj d., un tonblel, j d., un tonel d'achier, xij d. et le garbe, o., les chent garbes de fer de Coloigne, xij d. et grant, ij s., le chent de fer de chevaus, o., li milliers de cleus, o., le somme de pisson, j d., le grande scute ki vient par meir, vj d., et les tourbes ki ens sont, vj d., les autres scutes, iij d., le calaizer ij d., le carée d'aus, j d., le chent d'oignons, o., le rasiere de pomes, o., le r. de poires, o., le batelée de craime, ij d., le cuite, o., le chent aunes de canevach, ij d., le millier de makerel, ij d., le chent de saumon, iiij d., de pain de xx s., j d., le chent de toile, ij d., de le poise de kaneve, j d., le douzaine de cordewan, ij d., le quir tané entir, o., et del fardel, j d., le carée de plom, iiij d., le chent de feutre, o., de toutes autres coses de xx s., j d.

XVII.

[Keure de la Draperie.]

Il existe dans les archives municipales une autre rédaction de cette keure (layette cxxxiv). L'écriture soignée et grosse, disposée en deux colonnes sur une grande feuille de parchemin, paraît à peu près de la même époque, peut-être un peu plus ancienne que celle du *Registre aux bans*. Une main presque contemporaine y a fait un certain nombre d'additions en petite cursive. Même avec ces additions, cette keure est bien moins développée que dans le *Registre aux bans* où elle paraît avoir été transcrite avec sa rédaction définitive. Nous avons relevé en notes toutes les variantes de mots et de rédaction que présente le texte ou plutôt la minute des archives municipales, en ayant soin de distinguer celles qui proviennent des additions, de manière qu'on puisse reconstituer les trois rédactions de ce document.

579. Il est establi par eskevins pour[1] l'amendement de la vile ke[2] toute draperie doit estre bone et loiale et ausi bone dedens come dehors, sor lx s. et de perdre sen mestier an et jour[3]; et si arderoit[4] on le drap à tout l'ostoille[5] devant le maison chelui où[6] on le troveroit fors tant ke li dras taint en laine et drap oint et piniés[7] en laine en dareines trois aunes il puet frir ens autre filei, se traime li faut, mais k'il le monstrast à chelui à qui il le venderoit. Et se on i flert plus de iij aunes, il seroit à v s. de forfait et li dras deskirei en trois[8]. Et si le doit on esgardeir[9] anchois ke ele kieche de l'ansuel. Et se aucuns ostast le drap de

1 por. — 2 que. — 3 jor. — 4 ardroit. — 5 l'ostille. — 6 celui u. — 7 *Ce dernier membre de phrase depuis :* « sor lx s. » *est ajouté en correction dans la minute.* — 8 *Cette phrase manque.* — 9 esgarder.

l'ansuel sans j des esgardeurs, il seroit à lx s. et si perdroit[10] sen mestier j an et j jour[11] et si arderoit[12] on le drap à tout l'ostil devant le maison chelui où[13] on le troveroit et autreteil forfait seroit chil[14] ki venderoit saie pour[15] estainfort. Et s'on trovoit en aucun drap fausetei, fust de moillier[16], fust de sablon u de chendres[17], u d'aucune autre fausetei pour mieus peseir[18], on l'arderoit devant le maison chelui là on le troveroit à tout l'ostil et[19] perderoit lx s. et sen mestier an et jour[20]. Ki[21] le fausetei troveroit, si k'ele[22] fust bien aparans[23], il auroit le tierche[24] part del drap et le[25] vile le[26] tierche[27] et l'autre tierche part aroit li bailliéus et li castelains; et s'aucuns[28] trovast fausetei el drap et il ne le desist et atains en fust, il seroit à x s. et parjureis[29] et nus hom bourgois[30] ne estraignes[31] ne face sen drap blanc taindre ke[32] il a acatei[33] devant chou ke il soit esgardeis[34] de ij hommes ki à chou[35] sont eslit, sor lx s.

580. Nus ki saie fait ne puet faire taindre, sor[36] lx s.

581. La saie quant ele kiet de l'ansuel doit estre porteie au[37] pois pour[38] peseir et se il ne le fesist, il le perderoit et lx s. et sen[39] mestier an et jour[40] et si arderoit on le saie devant le maison chelui qui[41] [le tist. Se il le tist à autrui il doit rendre à chelui qui] ele est son damage.

582. Nus hom bourgois[42] ne estranges[43] ne puet faire menéir hors de le[44] vile saie s'ele ne soit tainte, sor lx s. et son mestier perdre an et jour[45] et si doit on portéir le saie pour vendre à le hale[46] s'il voelent[47] ij jours[48] en le[49] semaine, chou[50] est asavoir le lundi et le jeudi et devant chou ke[51] prime sonée[52] soit, sor le forfait de v s.

583. Et ke nus ne venge saie en le hale puis ke midis[53] est soneis[54] et sor le jour ke on ne sonne, puis ke nonne soit soneie, sor[55] fourfait de v s.

584. Chil ki vendent saie en le hale doivent avoir troi un estal par lot; et si doivent jeteir[56] los à chascun mois. Et nus ne puet esteir devant sen[57] estal, sour[58] x s. Et ke nus ne meche ses saies sour[59] autrui estal, sor v s.

10 perderoit. — 11 jor. — 12 ardroit. — 13 celui u. — 14 cil. — 15 por. — 16 mollier. — 17 cendres. — 18 pesseir. — 19 et si. — 20 i an et i jour. — 21 qi. — 22 qu'ele. — 23 aparrans. — 24 tierch. — 25 la. — 26 la. — 27 tierche part. — 28 se aucuns. — 29 parjuré. — 30 borgois. — 31 estraigne. — 32 que. — 33 achatei. — 34 esgardei. — 35 cho. — 36 sour. — 37 al. — 38 por. — 39 son. — 40 jor. — 41 ki. — 42 borgois. — 43 estraignes. — 44 la. — 45 jor. — 46 halle. — 47 veulent. — 48 jors. — 49 la. — 50 cho. — 51 que. — 52 sonné. — 53 miedis. — 54 souneir. — 55 sour. — 56 geteir. — 57 son. — 58 sor. — 59 sor.

585. Et ke⁶⁰ nus coretiers acache⁶¹ saie en nul lieu se en le hale⁶² non, sor⁶³ lx s. et de perdre sen⁶⁴ mestier an et jour⁶⁵; et li marchans⁶⁶ ki le fait achateir seroit à lx s.

586. Nus coretiers ne prenge plus del drap ke⁶⁷ j esterlinc⁶⁸; et s'il en presist⁶⁹ plus ou⁷⁰ demandast, il seroit à lx s. et perdroit sen⁷¹ mestier an et jour⁷². Et k'il n'acate drap à nului se il ne nome anchois le marchant à qui oes il veut acater et se il l'acatast à autrui oes, il seroit à lx s. et perdroit sen mestier an et jour⁷³.

587. Li saie doit estre onie de fil et de laine entre iiij corons, sor forfait de x s. et le saie caupeir en iij pieches⁷⁴.

588. Le⁷⁵ saie quant ele kiet de l'ansuel doit peseir⁷⁶ à mains⁷⁷ xxxix lib. et s'ele⁷⁸ pesast mains, ele seroit caupée⁷⁹ en iij pieches, et chil ki le tist, se ele⁸⁰ est siene, il est à v s.⁸¹, et s'ele est à autrui, il est à v s. : c'est li drapiers, ij s. et cheli qui le tist, iij s. Et doit en xx estre et si doit le lame et li ros avoir xj quartiers de lei, sor le meisme forfait⁸². [Et s'ele est mauvaisement tissue on le caupe en iij; et s'ele est siene, il est à x s. et s'ele est à autrui, à v s.] Et se le saie n'est bien tissue, on ne le caupera mie se li faiseur veut prendre l'aventure des liches sor lui⁸³; et s'il veut prendre l'aventure sor lui⁸⁴, li esgardeur doivent metre une enseigne⁸⁵ par quoi ele ne puisse escapeir⁸⁶ d'estre rewardeie⁸⁷ as liches. Et se ele est deskireie⁸⁸ as liches, li faisieres⁸⁹ doit estre punis de v s. envers les coriers et x s. envers les marchans; et si doit rendre⁹⁰ à tous chaus chou ke leur⁹¹ afiert à rendre, dedens le tierc jour⁹², sor x s., ki sont⁹³ à le vile⁹⁴. Et se li faiseur ne veut prendre l'aventure des liches sor lui, li corier le deskirront⁹⁵ en iij, et s'ele est siene, il est à v s.⁹⁶, et se ele est à autrui, il est à iij s.⁹⁷, c'est li maistre à qui l'ostille est, ij s., et li vallés, xij d. Et quant doi vallet tisent en le maison d'un saieur, sor l'ostille del saieur, se ele est mauvaisement tissue et on le deskire, ke ele soit à ij s., c'est chascun vallet, xij d.; et s'on des-

---

60 que. — 61 akache. — 62 halle. — 63 sor le forfait de. — 64 son. — 65 jor. — 66 marechant. — 67 que. — 68 esterlin. — 69 se il presist. — 70 u. — 71 son. — 72 jor. — 73 *Cette disposition manque.* — 74 *Cet article manque.* — 75 li. — 76 pesseir. — 77 almains. — 78 se ele. — 79 coupée.— 80 s'ele. — 81 x s. — 82 *Cette phrase manque depuis:* « c'est li drapiers... » — 83 li. — 84 li. — 85 essaingne. — 86 eschapeir. — 87 rewardei. — 88 deschirei. — 89 faisiers. — 90 et de rendre. — 91 k'il lor. — 92 dedens tiers jors. — 93 soient. — 94 vue. — 95 deschiront. — 96 x s. — 97 v s. — *Toute la phrase précédente depuis:* « Et se le saie n'est bien tissue... » *est une addition qui se trouve sur une fiche de parchemin cousue à la pièce.*

kire saie sor taintelier, il est de chascune saie v s. de tornois. Et toute li draperie ke marchant deskirent doit estre racateie dedens le tierch jour, sor forfait de x s. On a trait sour un ke tisseran voisent à oevre tantost après le morghemesse de Saint-Denise duske à vespre de Saint-Omeir en iver, del saint Mikiel duskes à le Paske et de le Paske duskes à le Saint-Mikiel; à le messe de Saint-Nicolai de Saint-Denise duskes à vespres de Saint Omeir. Et ke nus ne tisse apres le Pentecouste fors à iij hanstes fors saies et cauches et bifes et k'on fierche ij cous, sor v s., et ke nus ne se meche encontre ches commandemens, sour lx lib. et d'estre banis hors de le vile à tousjours et si ne porroit ovreir ès xvij viles. Et k'on ordist en xvj° au mains [98].

589. Li ordieres[99] ki ordist à autrui pour louwier[100], s'il[101] ordist malement, il en seroit à v s., et s'il ordist malement à lui meisme[102], il seroit à v s.[103] Et si doit on porteir le drap au pois tantost ke il est osteis de estilie, sans demorer, sor v s. Et ke nus ne tisse plus de iiij aunes se il ne fait anchois osteir le drap k'il aura partissu, sor v s.[104]

590. Le jour quant on va en cour pour rewardeir[105] le draperie, li maistres tisserans[106] devant qui on trovera le drap malvaisement tissu sera à viij d.[107] et li vallés à iiij d.[108] et s'on trovast plus de iiij fieus[109] rompus d'une part et d'autre part, li maistres devant qui on le troveroit seroit à xij d. et ses vallés à vj d.; à autreteil forfait seroit chil ki lancheroit plus de j fil[110] ensamble et chil fourfait[111] seront sans relais, et de plus de fius rompus, de chascun[112], j d.[113]

591. Nus ne doit faire tistre traime ointe en estaim des oint, sor lx s. et son mestier à perdre an et jour et si arderoit on le drap à tout l'ostille fors roiés; là le puet on faire[114].

592[115]. Et se aucuns noiast sen enseigne et atains en fust par bone veritei, il perdroit[116] le saie et lx s. et sen[117] mestier an et jour[118].

---

98 *Toutes les dispositions précédentes manquent depuis :* « c'est li maistres a qui l'ostille est... » — 99 ordeires. — 100 louier. — 101 se il. — 102 mismes. — 103 x s. — 104. *Les dispositions précédentes manquent depuis :* « Et si doit on porteir... » — 105 esgardeir. — 106 tisières. — 107 xij d. — 108 iv d. — 109 fius. — 110 fius. — 111 cil forfait. — 112 cascun. — 113 *Cette dernière disposition est ajoutée en interligne.* — 114 *Cet article manque.* — 115 *Cet article est précédé de cette disposition :* « Chascun ki fait saie doit avoir une enseigne seule à toutes ses saies, si que ele peut bien estre coneute quant ele seroit tainte, sour lx s.; et s'ele fust d'autre enseigne ele seroit perdue et le mestier an et jor. » — 116 perderoit. — 117 son. — 118 jor.

593. Et ke nus manans en le vile ne fache tistre saie ne drap hors de le vile[119], sor lx s. et le drap à perdre et sen[120] mestier an et jour[121].

594. Nus hom de mestier rechoive drap ne couverture[122] de homme[123] manant hors de le vile[124] ne tiserans ne tainteliers[125] ne folons, pour[126] metre en oevre[127], devant chou k'il ont rewardei chil ki ont[128] le draperie à gardeir, sor lx s.

595. Tout chil ki font[129] draperie doivent jureir ke[130] il feront loial draperie faire, sor le forfait de lx s. et de perdre sen mestier an et jour[131]. Et chascuns drapiers doit avoir sen[132] non et se enseigne[133] à le hale escrit[134].

596. Les saies doivent estre tendues en lonc as liches, xxxvij aunes au mains u xxxviij aunes au plus, et en lei ij aunes demi quartier[135] mains, sor le forfait de x s. et le saie caupeie en iij. Et chil par qui ele defaut, fust folons fust tainteliers u par tendeurs, seroit al meisme[136] forfait et renderoit le damage à chelui qui[137] le drap seroit et si ne puet on jamais le drap meneir[138] en feste, sor le forfait de lx s. et de perdre sen mestier an et jour[139].

597. On ne puet file ne drap faire taindre en noir d'escorche se cho n'est à deus envers, sor le forfait d'ardoir le drap[140].

598. Li estanfort de forchis[141] doivent estre lei en laine iij aunes et j quartier et doivent estre tendu en lonc as liches xxxix aunes et en lei, ix quartiers et sans liste, sor le fourfait[142] de x s. et le drap à coupeir en trois.

599. Li blanc drap doivent estre tendu as liches en lonc xxxvj aunes et ij aunes et demi quartier de lei et si le doit on faire à lozere dedens en la laine ordir iij aunes de lei, sor le forfait[143] de x s. et le drap à cauper en trois[144].

600. Li drap taint en laine doivent estre lonc as liches entre xxxviij aunes et xxxix et viij quartiers et demi de lei[145], mais li lame doit estre leie[146] iij aunes j quartier mains[147] et xj quartiers el ros et ij ros le lame plus espesse as chies ke en milieu et li

---

119 la ville. — 120 son. — 121 jor. — 122 coverture. — 123 home. — 124 la ville. — 125 taintelier. — 126 por. — 127 ovre. — 128 cho ke chil l'ont esgardei ki ont. — 129 fon. — 130 que. — 131 et son mestier perdu an et jor. — 132 son. — 133 ensaingne. — 134 *Cette dernière disposition est ajoutée en interligne.* — 135 ij aunes j treu. — 136 mesme. — 137 celui ki. — 138 mener. — 139 et son mestier perdu an et jour. — 140 *Cet article manque.* — 141 *Ces deux mots manquent.* — 142 forfait. — 143 fourfait. — 144 en trois sans liste. — 145 *Les mots précédents depuis* : entre xxxvij aunes... *sont remplacés par* : ansi come li estainfort et li blanc. — 146 léé. — 147 iij aunes al mains.

lame doit estre tout plaine. Et se il ne le fesist[148], il seroit à lx s. et li lame seroit brisie et li fus ars.

Et ki veut faire mains de j drap entir de laine ointe il doit estre de v tours et demi au plus[149] et nient plus lonc, sor le drap à cauper en trois et v s. de forfait[150].

601. Toutes les saies et tout li drap soient blanc, soient d'estainfort, soient de laine ointe, doivent estre ordi vij tours ne plus ne mains, sor[151] le forfait de lx s. et de perdre sen mestier an et jour[152] et si arderoit on l'ostille[153] et le drap. Et li tiserans doit livrer le laine au drap tistre[154].

602. Nus ki se melle de draperie[155] ne defenge as coriers[156] à entrer en se maison pour[157] le draperie à rewardeir[158], sor lx s. Et s'aucuns desist honte as coriers[159] quant il vont entour[160] pour le draperie rewardeir[161], il seroit, vers[162] chascun k'il diroit honte, à lx s. dont il doivent avoir le tierche partie.

603. Ki veut faire drap de fil quel loit, il doit estre ourdi[163] iiij tours et nient plus sans liste et se il le fesist plus lonc, on le cauperoit en trois et si seroit à x s. se il i ert sien et à autrui à v s.

604. Nus herbergieres ne voist avoec son oste pour dras achateir, sor le forfait de lx s. et de perdre sen mestier an et jour[164].

605. Nus hom de mestier ne voist priier en maison, sor le forfait de lx lib.

606[165]. Nus osteliers ne suefre ke nus de ses ostes loie ses dras ke il a achateis devant chou ke il aura paié as saieurs et as autres gens ki montent à le draperie, sor le forfait de lx s. et de perdre sen mestier an et jour se plainte en venist de chaus ki ariere seroient.

607. Et ke nus[166] ne oevre[167] le nuit d'apostle apres none u quant on june en samedi[168], u de nuit de vigile[169], sor le forfait de xij d.

608. Et ke nus n'aprenge enfant à tistre se il ne l'aprent meismes[170] de ses mains et sor se oevre et nient sour autrui

148 *ajouté* en teil maniere. — 149 *Les mots :* et demi au plus, *sont ajoutés en interligne.* — 150 *Les mots :* et v s. de forfait *manquent*. — 151 sour. — 152 et son mestier perdu an et jor. — 153 l'oistille. — 154 *Cette dernière disposition manque.* — 155 draper. — 156 cuereurs. — 157 por. — 158 à garder. — 159 cueriers. — 160 cor. — 161 à gardeir. — 162 un. — 163 ordi. — 164 et son mestier an et jor. — 165 *cet article manque.* — 166 Et nus, *après ces mots les suivants ont été intercalés :* ne voleppe ne newe nule ouvre après vespre de Saint Omer ne devant la mece de Saint Nicolai, sor lx s. — 167 n'uevre. — 168 semmedi. — 169 de vigille. — 170 mimes.

oevre[171], sor le forfait de lx s. Et ke chascun homme ki tist doingne j d. à leur castelain à ses dras; et par tant sunt il quite vers lui de toutes choses[172]. Et s'aucuns[173] fesist covenenche[174] vers l'autre de tistre et il ne le tenist, il devroit doner[175] à l'autre ki les covenenches[176] vaudra tenir ij s.

609. Et s'aucuns vallés[177] fesist aucun larechin[178] et proves en fust en ceste vile[179] u en autre ke il n'eust compaignie[180] avoec nului[181] et s'aucuns vallés alast en taverne et enportast sen[182] escot, en cele[183] semaine k'il l'eust emportei[184] n'auroit il nient ne jamais après, devant chou k'il auroit paié chou k'il avoit emportei de le taverne. Et ke nus vallés ne puet ovrer[185] s'il n'a dras sour[186] lui ki valent v s. et se aucuns le metoit à oevre, il seroit à vj s.

610. S'aucuns tisserans ne hom[187] ki fache draperie lievast aucun[188] espolleman et il ne lui[189] paiast se deserte, li castelains[190] devroit defendre[191] au tisseran ki le lieva ke il ne tissist devant chou k'il auroit paié au spoleman[192] sa deserte et s'il[193] ne le fesist, il seroit à vj s. de forfait.

611. De lainne et de tout doit li maistres tisserans prendre garde et s'il[194] trovast fause, il sera à xij d. de forfait[195].

612. Et k'on tisse à iiij navetes, sor lx s. Et k'on ait empliseurs. Et k'on ne deskire nule blanke saie fouleie s'il n'i a ij marchans ki fachent conoistre le malvaistei par quoi on le deskire, sor lx s.

613. Et ke nus ne venge nul drap taint en filei à blankes listes s'il ne le dist devant, sor lx s., ne autre[196] sor lx s. Et ke li estraigne[197] ki vendent dras à detail soient d'une part en lo hale[198].

---

171 sor autri mestier. *Cette condition: sor se œvre,* etc., *a été ajoutée en interligne.* — 172 chosses. — 173 se aucuns. — 174 covenanche. — 175 doneir. — 176 covenanche. — 177 se aucuns vallet. — 178 larenchin. — 179 cheste ville. — 180 copaignie. — 181 nuli. — 182 son. — 183 chelle. — 184 enportei. — 185 ovreir. — 186 sor. — 187 ome. — 188 alcun. — 189 li. — 190 kastelains. — 191 deffendre. — 192 al' spolleman. — 193 se il. — 194 s'il le. — 195 *Après cet article est le suivant* : Tous li forfais juskes à x s. sont à chiaus ki la draperie ont à garder. — *Toutes les dispositions suivantes sont écrites postérieurement en petite cursive* : Et ke nus ne meche fil de broke d'Arras en saie, sor lx s. — Et k'on tisse à iiij navetes, sor lx s. — Et k'on ait en pluseurs... (sic). — Et k'on ne desovre nule blanke saie fouleie s'il n'i a deux marchans ki saichent conoistre la mauvaisetei par koi on le deskire, sor lx s.

196 Ne autre dehors le vile s'il ne dist dont il est, ne bourgois ne autre. — 197 estrange. — 198 *Ici est intercalée la disposition suivante* : Et ke tout chil ki ont ij ostilles ne tisse saie k'en l'une et en l'autre grans

614. Et k'on voist entour chascun jour[199] pour rewardeir de fil rompu et de bien ourdir[200]. Et k'on fache[201] toute maniere de draperie en le vile mais ke elle soit bone et loial[202] entre iiij corons. Et k'on fache enseigne[203] en le hale u on puist[204] prendre longheche et largeche de le draperie[205].

615. Et ke nus drapiers ne fache[206] ke une[207] propre enseigne[208] à ses saies ne ne venge autrui saies s'il n'a fait chelui metre en escrit ki chou est, sor lx s. de chascun drap[209].

616. Et se li corier les troevent k'il le puisent[210] pander[211] et metre en le boiste[212] de le vile. Et se li marchant ou leur serjant[213] le troeve k'il le puisent[214] pander[215] et metre avoec les autres fourfais[216]. Et k'on warde le draperie as liches si k'on a fait ore u[217] mieus. Et ke nus ne meche ensauf malvais[218] drap par quoi[219] le vile perde se droiture ne le draperie soit avillie, sor lx s. et de perdre sen mestier an et jour.

617. Et ke nus ne prenge[220] nul waite[221] denier fors de grans dras et nient de saies, sor lx s.[222]

618. Et ke tout li marchant estraigne[223] ki acatent[224] blankes saies en le hale, k'il le paient dedens vij jours[225] et vij nuis[226], sor lx s.

619. Et ke chascuns[227] estranges marchans maine s'il lui plaist un blanc drap hors de le vile en chascun toursel[228] sans plus[229].

620. Et ke nus soit en le maison là on poise et rewarde les dras et les saies tant ke corier poisent u rewardent son drap ou le saie, sor le forfait de v s.

621. Et ke nus ne soit là u marchant rewardent le draperie, sor v s.

---

dras ou cauchetes, sor lx s. — 199 soir. — 200 ordier. — *La disposition suivante est intercalée ici* : Et k'on voist à ouvre après le messe saint Nicholai de Saint-Denise tantost et k'on tisse duskes à vesprere de Saint-Omer et iver et estei. — 201 faiche. — 202 loiaus. — 203 enseigne. — 204 ou l'on puiche. — 205 *On a encore intercalé ici un article* : Et ke tout li marchant de le vile après le saint Mikiel soient tenu de mener en chascun torsel de vij saies et drap au mains hors del vile, sor lx s. — 206 faiche. — 207 k'une. — 208 ensaingne. — 209 *Ces trois derniers mots manquent.* — 210 puissent. — 211 pandeir. — 212 boste. — 213 sergant. 214 puissent. — 215 pandeir. — 216 forfais. — 217 ou. — 218 mauvais. — 219 koi. — 220 prende. — 221 vaite. — 222 *Voici encore un article intercalé :* Et ke tisseran ou licheur, taintelier et tondeur ne vestent autre drap fors fait en le vile, sor lx s. (*Cette disposition a été rayée*). — 223 estrange. — 224 achatent. — 225 joir. — 226 nus. — 227 chascun. — 228 torsel. — 229 *Ici se termine le texte en concordance avec celui du Registre aux bans.*

622. Le laie de iij hanstes doit estre ourdis xlij aunes de lonc ne plus ne mains, sor lx s. et à perdre le mestier an et jour; et si ardroit on l'ostille et le drap.

623. Et si doit estre lei en lame et en ros xj quartiers, sor le forfait de v s. et le drap à caupeir en iij. Et si doit estre lons as liches xxxvij aunes et en lei vij quartiers et demi et oni par tout de fil et de laine entre iiij corons et à liste dehors, sor forfait de v s. et le drap à caupeir en iij. Et toute draperie de iij hanstes sans roie doit estre ordi en xvj^c et nient mains, sor forfait de v s. et le drap à caupeir en iij et de plus de cens le puet on bien faire ki veut.

624. On doit le bleu drap taint en laine et le vert et le brunete livreir au marchant xxxiiij aunes de long et s'il i faut faille à l'argent et s'il i a plus, siens soit.

625. Et li camelins doist estre livrés au marchant xxxiij aunes.

626. Et ke tout le fil ke on aporte au marchié à vendre soit bons et loiaus et tout j et loins et tout, sor vj s. et le fil perdu et li corier en doivent prendre warde.

627. Li dras roiés doit estre ordis xlij aunes de lonc, sor forfait de lx s. et sen mestier à perdre an et jour; et si arderoit on le kaine à tout l'estille et si doit estre xj quartiers de lei en le lame et au ros, et bien et loiaument ordi entre les iiij listes, sor forfait de v s. Et s'il i a nul ros vuit, il est à v s.

628. Et doit estre bien et loiaument tissus et doit avoir as liches xxxviij aunes de lonc et vij quartier et demi de lei, sor forfait de v s. et le drap à cauper en iiij, sor chelui par qui faute che seroit, fust par licheur u par faiseur.

629. Et s'il faloit traime au drap roié tistre on porroit ferir en traime d'autre filei duskes à une reube et là u li compaignie cangeroit doit il le raie cangier, sor forfait de v s. et le drap à caupeir en iiij pieches.

630. Et se li saie ront ij fois en liches, ele est à x s. de fourfait.

631. Et se li drap ront ij fois en liches, il est à x s. de forfait et les pieches ne puet on resambleir, ains les doit on vendre par tesmoins de preudommes, sor le forfait de lx s. Et li sarchieres ki les resambleroit u ki resambleroit ij tirs de saies u ki les listeroit de blanc fil, seroit à lx s. et perdroit sen mestier an et jour.

632. Et nus sarchieres ne puet prendre loier de saieur de se saie sarchier, s'il ne lui est jugié anchois par marchans, sor lx s.

633. On ne puet nul drap osteir des lieches devant ke li rewardeur l'aient rewardei, sor v s. s'il est tendus dehors. Et s'il est tendus en l'estuve il le puet bien osteir des liches et warder en se maison tant ke il soit rewardeis; et se li lichieres le livroit sans rewardeir, il ert de chascun drap à v s.

634. Et se aucuns tenderes de liches presist loier de drap ki n'eust à le liche se droiture de longeche et de largeche et il li fesist avoir par forche, il seroit à iij lib. et perdroit sen drap.

635. Nus lichieres ne puet drap wardeir en se maison moillié plus haut d'une nuit pour tan ke on trust liches voides, sor lx s. se festes ne le font.

636. Nus ne puet faire loier drap entir de le vile ne saie, se ele n'est anchois seeleie del seel de le draperie de le vile, sor x lib.

637. Nus lichieres ne puet dras metre en liches se il n'i a iiij vallés pour aidier, sor forfait de ij s. de chascun drap.

638. Et se li liche ne fust ausi bien laonnée desous comme deseure, li lichieres seroit à ij s.

639. Et s'il i faloit iij lauons prés après, il seroit à vj d. et s'il i fuisent et on ne mesist le drap ens, il seroit à vj d.

640. Et se che fust par faute de licheur ke li dras n'eust se longeche à le liche, il seroit à v s. et se largeche, il seroit à ij s. de chascun drap.

641. Et chascuns maistres des liches doit avoir se enseigne, sor v s.

642. Et on ne puet osteir nul drap des liches devant chou ke il est bien sec, sor ij s.

643. Et ke on ne doit pendre en l'estuve devant autre, sor v s. de chascun drap.

644. Et li maistres et li vallet des lieches doivent avoir de loier iiij d. de le saie dehors et viij d. dedens et viij d. del grant drap dehors et xvj d. dedens.

645. Et chascune pieche doit avoir le largeche del grant drap, sor ij s.; bien le meche si court com il veut, mais k'il ait se largeche.

646. Nus lichieres ne puet prendre markandise sor oevre, sor lx s.

647. Nus ne puet osteir corde de drap tendu as liches devant chou ke on l'oste des liches, sor ij s.

648. Nus lichieres ne puet tendre drap en liche se li liche n'est teile ke on le puist atourner bien et loiaument en le liche, sor ij s.

649. Li maieur des marchans puent pandeir de iij s. chaus ki ne vienent à leur mant.

650. D'autre part, quant plainte vient devant aus des saieurs, des tondeurs et de toutes autres gens ki à le draperie afierent, ke il ne puen avoir leur argent u leur serviche à le maison des osteliers, li maieur leur puent defendre leur ovrage et aresteir les dras à le maison des tainteliers, des tondeurs et des licheurs, et partout là u les troveroient; et ki ouverroit outre leur defense, il seroit à v s.; et ki les dras liverroit outre leur defense, il seroit à lx s. et perdroit sen mestier an et jour.

651. Et d'autre part, quant plainte vient devant aus de gens de mestier ki à le draperie afierent, ke il ne puent avoir leur serviche de leur maistre, li maieur puen defendre leur ouvrage tant k'il auront paié chou dont est plaint d'aus; et s'il ovroient outre leur défense, il seroient à v s.

652. Li maieur des marchans poent pandeir de tous les forfais ki à aus et à le vile afierent avoekes leur serjant, sans autre justiche; et ki encontre seroit, il seroit à lx s.

653. Et si puent faire rendre au saieur les d. au marchant de le saie deskirée.

654. Nus osteliers ki herberghe marchans de draperie ne se puet melleir de nule markandise ki afiere à le tainterie, ne il, ne nus de par lui, sor lx s. et sen mestier à perdre an et jour.

655. Nus osteliers ne herberghe en se maison chose ki afiere à le tainterie, sor le meisme forfait.

656. Nus osteliers ne venge n'acache saies de nus de par lui, sor x lib. de forfait.

657. Nus osteliers ne voist ne envoie encontre les marchans pour atraire les, sor lx lib. de forfait.

658. On a commandei ke nus ne meche fil de broke en saies, sor v s., et on le rewardera sor le ostille et ke nus ne aporche fil de broke en le vile, sor vj s. et le fil perdu; et les v s. iront en le boiste.

659. On a commandé c'on asieche nule saie el pine mains ke en xviij^c, sor lx s. et les xviij d., ix d., vj d. c'on prent sour le tisseran, on le prendera sour chelui par qui faute chou est, soit par le saieur u le tisseran.

660. On a commandei ke toutes les ostilles soient dedens les iiij seeus de le maison et hors cambre, sor lx s., et ke tous les dras k'on fait dedens le vile aient l'enseigne du commun, sor lx s.

661. On a commandei ke nus vende saie se ele n'a le novele ensaingne, sor lx s., et ele donra o. à le poise là aval. (*Ce dernier article est en écriture postérieure, mauvaise et très-cursive.*)

XVIII.

662. Il est establi par assent d'eskevins sour le mestier des folons ke il foulent bien et loiaument. Et se aucuns foulast malement, il seroit à v s. et li vallés sen loier perdroit de le saie malement fouleie et li dras doit estre caupeis en iij pieches et si les doit on rendre à chelui à qui il est; et chil ki l'a malement foulei li doit rendre sen damage. Et li maistre doivent avoir de le saie à fouleir, de le Chinqueme duskes à le feste de Toussains, liiij d. dont li vallés a xlij d.; et de le Toussains duskes à le Pentecouste, lij d. dont li vallés a xlij d., sor x s. ki mains en donroit et ki mains en prendroit. Et del drap à fouleir doivent li vallet avoir iiij s. Et le jour quant on ira entour, se li corier troevent un drap u saie malement atirei, li maistre ki malement l'aura atiré ert à xij d. et li vallés à vj d.

663. Nus maistres ne rechoive vallés ki horiers est en oevre ne ki maine feme de vie, ne vallet ki soit pourtrait de malvaistei en aucun lieu.

664. Et ke nus ne rechoive vallet ki a emportei chou k'il a despendu en taverne devant chou k'il a paiet chou k'il a emportei u despendu en taverne, sor lx s. Mais se li maistres ose jureir ke il ne savoit mie ke il devoit à nului despens, par tant sera il quites. Et avoec tout chou, ke nus voise priier en maison de nul maistre, sor lx lib., et chieus ki li donroit seroit au meisme forfait.

665. Et ke nus hom ne prenge loier de foulrie se il ne soit mimes foulons, sor lx s., et ausi est che de tous mestiers.

666. Et ke nus ne oevre le samedi après none ne sour les nuis Nostre Dame ne d'Apostelle, et se aucuns le fesist, li maistres seroit à xij d. et li vallés à vj d. Et se aucuns maistres loue aucun vallet le vespreie et il ne vient le matinée à l'autre jour, li maistre doit avoir sour lui se jorneie et li vallés ausi se il vient à oevre et li maistres ne le retint.

667. Et ke nus ne meche vallet en oevre se il n'a dras ki valent au mains iij s.

668. Et ke nus ne rechoive plus d'oevre k'il mimes puise fouleir en se maison, sor lx s.

669. Et se li conistables mande ses compaignons, maistre u vallet, pour aler veoir le draperie et il n'i vienent, li maistres ert à xij d. et li vallés à vj d., se il ne puet monstreir loial ensoigne.

670. Et ki mesdira coriers quant il vont en tour pour rewardeir le draperie, il sera vers chascun à qui il aura mesdit à lx s., dont il doivent avoir le tierche part. Aussi est-il de tous mestiers dont corier sont. Et li vallet doivent avoir au samedi leur loier de le semaine. Et se li maistres ne leur donast, li conistables li doit defendre sen oevre desi adont ke il ait paié au vallet sen loier.

671. Et li folon sont quite vers les saieurs de leurs saies, se li saie passe leur mains et les mains des tondeurs et des ovriers ki les fachent as maisons de marchans quant il sont vendu; mais se il le troevent desrainablement foulei devant chou k'il sont passei les mains devantdits, li folon l'amenderont ausi com il le soloient amendeir.

672. Et se aucuns des saieurs offrist u donast à aucun des folons ses denrées pour ses deniers ke il a deservi, il seroit à xx s., se il les presist et plainte en venist.

673. Et ke nus maistres laise sen vallet mangier avec lui à escot, sor xx s.; et li vallés se il i alast et mangast, il seroit à v s.

674. Et li drapier doivent paier as maistres foulons leur loier de le semaine sus au samedi, sor xx s., et li maistre folon ausi à leur vallés paier au samedi sus, sor le meisme forfait. Et ke li maistre folons ne oevre à cranche ne done respit, mais prenge sus au samedi après le oevre faite tout son loier sus, sor xx s.

675. Et ke li maistre folon paichent as vallés folons le samedi leur loier sus en deniers ses, en le maison en l'aire, si ke doi autre vallet i soient, sor lx s. et ke che ne soit en soliers ne en cambres ne à demuchons. (*Cet article est d'une écriture un peu postérieure à la précédente.*)

676. Et ke nus n'aprenge hom mestier de folon s'il n'est borgois ou fieus de borgois et si fors k'il peut faire le mestier, sour lx s., et il donra à le vile x s., et k'il vinge pardevant eskevins. (*Ce dernier article est d'une écriture postérieure à la précédente, très-négligée et très-cursive.*)

XIX.

677. Il est establi par eskevins sour le mestier des tondeurs

ke nus tonderes ne oevre par nuit, sor x s. de forfait, ne après complie de Saint-Omeir, del Bohourdich duskes à le feste saint Mikiel et k'on voist à oevre après le morghemesse de Saint-Denise.

678. Et ke nus ne oevre le samedi après miedi, sor vj s.

679. Et si doit on tondre bien et loiaument et sor l'endroit et l'envers et ke chou ne feroit li maistres, seroit à ij s. et li vallés à xij d.

680. Et ke nus ne prenge oevre à tondre se il ne soit maistre, sor lx s.

681. Et ke nus tondeires ne acache vers hostelier nule chose, sor oevre de saies de ses hosteliers et s'aucuns l'acatast u vendist, chil ki l'acateroit et chil ki le venderoit seroit chascuns à lx s.

682. Et ke nus hosteliers fache ses dras tondre pour saies de ses hostes, sor lx lib. et perdre sen mestier de herbergerie an et jour.

683. Et s'aucuns ploiast drap et il ne fust tondus ou s'aucuns le canjast, il seroit à lx s. et perdroit sen mestier an et jour.

684. Et ke nus tonderes ne laisse saie aler à le taintelerie hors de se maison devant chou k'ele soit bien estrikie sor le perche, sor v s.

685. On a defendu ke on ne envoit laken à taindre avant k'il soit retondus, sor forfait de iij s. ke corier des tondeurs auroient sor chelui ki le feroit quant il le troveroient.

686. Et on ne puet drap taint en le ville meneir hors le vile s'il n'est tondus et mis as liches, sor lx s. Et ke li maistres tonderes paichent as vallés leur loier sus au samedi en seke monoie et s'il ne le paioient, il ne porroient ovrer duskes adont k'il leur auroient paié; et se il sour chou ovroient, il seroient à vj s.

687. On a commandei ke nus tonderes ne ploie saie tainte ne dras devant che ke li corier l'aient rewardei et mis leur enseigne, sor lx s.

688. Et si doit on avoir de le saie à taindre xvj d.

689. Et se aucuns mesdist as coriers quant il vont en tour pour le draperie veoir se ele est tondue bien et loiaument, il est vers chascun corier ki iroit en tour, se il en fust tenus, à lx s. dont li corier doivent avoir le tierch. Et s'aucuns des coriers mandast ses compaignons pour aler en tour pour le draperie veoir en leur mestier et il ne venist, il seroit à vj d. se il ne vausist prendre

sour sen sairement ke il avoit dont loial ensoigne quant il i fu mandeis.

690. Et ke nus ne oevre à plus de vallés ke lui viij^{me}, sor lx s. et perdre sen mestier an et jor.

691. Et ke li tonderes doit metre les deus bous del drap ensanle à ploier, sor forfait de ij s. Et si ne doit nul drap ploier se il n'est bien sec, sor forfait de ij s. Et ke nus ne puet rapareillier nul drap ki soit retaint fors li tonderes ki l'aura appareillié devant, quant il est amendei et tainturé, sor forfait de ij s.

692. Et li tondeires doit estrikier le blanc drap anchois k'il soit porteis à le taintelerie, sor forfait de v s.

693. Et ke nus wardeires des liches doit avoir compaignie avoec tondeur. Et ke nus tonderes tiegne liches, sor lx s. et sen mestier à perdre an et jour.

694. Et ke nus hosteliers n'envoit saie à le taintelerie avant ke li tonderes l'ait estrikie sour le perche, sor forfait de v s. de ce pieche.

695. Et ke nus osteliers ne doinst à tondeur mains de xvj d. en seke monoie sans nule denrée de le saie tainte appareillier, sor lx s. et sen mestier à perdre an et jour et chil ki le donroit et chil ki le prendroit.

696. Et k'on doinst de le blanke saie à tondre l'endroit et l'envers et à kardeir les ij lisires, vj d. seke monoie et sans nule denrée, sor lx s. et chil ki le donroit et ki le prendroit.

697. Et ke nus maistres tonderes ne laist tondre blanke saie en se maison se ele n'est bien seke, sor forfait de xij d.

698. Et nus tondoires ne puet rechevoir ne prendre plus de oevre k'il puet faire en se maison, sor lx s. de forfait.

699. Et ke nus tonderes ne prenge plus de iiij torseaus de dras à tondre avant ke il soient tout sus atirei et livrei à marchant, sor lx s. de forfait et le mestier à perdre à le volentei d'eskevins.

700. Et li corier ont pooir de eslire un d'eus pour conistable et li conistables a pooir de mander chaus du mestier k'il viengnent à lui pour faire et traitier les besoignes du mestier et ki n'i verroit, seroit à vj d., s'il ne pooit monstreir k'il eut loial ensoigne par sen serement.

701. Et se li conistables mandast ses compaignons pour aleir en tour u pour le preu du mestier et adont il n'i venist meismes, il seroit à xij d. s'il n'avoit loial ensoigne. Et nus tonderes ne puet avoir stekespans de fer denteis, sor vj s.

702. Et se li corier trovaisent drap malement estrikié il por-

roient prendre amende de vj d. de chelui ki l'auroit estrikié. Et se il trovast drap mal sekié as liches, il porroient prendre xij d. d'amende, sor le licheur.

(*Suivait un article d'écriture un peu postérieure, à ce qu'il semble, qui a été soigneusement gratté et est illisible.*)

703. Et ke nus n'aprenge hom mestier des tondeurs s'il ne feust borgois ou fieus de borgois, sor lx s. et il donra à le vile x s. (*Ce dernier article en écriture postérieure, très-négligée et cursive.*)

XX.

704. Il est establi sour le mestier des caucheteurs ke nus ne venge cauches en le vile sor le jour du markié, à estal, fors en le hale Jehan de Boloigne, sour vj s. et les cauches à perdre.

705. Nus ne venge cauches se eles ne soient ausi plaines dedens ke dehors, sor vj s. et les cauches à perdre et tout d'un drap.

706. Ne nus de le vile venge en le vile cauches se li dras ne soit fais dedens le vile, sor lx s.

707. Et k'on mesure le noire saie sor le dos, sor vj s.[1]

---

1. Le premier *Registre au renouvellement de la loi* (f° 47) contient une keure des caucheteurs qui doit dater de 1316 et qu'il n'est pas inutile de rapprocher des règlements précédents :

Keure des caucheteurs de nouvel drap renouvelée l'an XVI. *Matieurs J. Bonens et S. Dane.*

1. Nus venge cauches en le vile de Saint-Omer, sour lx s. s'il n'a estal en le halle et le tiegne an et jour.
2. Item, que on fache cauches de bone estofe souffisans et d'un drap, sour le fourfait de xij d., sour cascune saie qui seroit contre le ban.
3. Item, que tout chil qui font cauches pour envoiier hors de le ville pour vendre, les monstrechent as coriers anchois que elles soient loiies pour savoir se elles sont bones, sour vj s.
4. Item, nus faisieres de cauches de vies drap ne fache cauches de nouvel drap pour vendre, sour lx s.
5. Item, tout chil qui taillent et vendent cauches de vies draps aient estal en le hale des viesiers et les tiegnent sour le samedi ensi que font chil de nouveles cauches, sour lx s.
6. Item, nus porteche aval le ville cauches pour revendre qui sont tallies de vies dras, se ne sont cauches abatues, sour vj s.

XXI.

[*Tisserands des molekiniers*[1].]

708. Il est establi[2] par eskevins sor[3] le mestier des tisserans de molekiniers[4] ke nus ne oevre par nuit de cose[5] ki monte[6] à leur mestier ne volepe molekin[7] par nuit sor[8] lx s.

709. Et ke nus ne oevre ne voide[9] de soie ke on apele areste[10] ne popelote, sor[11] lx s., et de perdre le soie et le oevre ki tissue en seroit[12] et le mestier an et jour.

710. Et ke nus ne venge[13] kaine de soie as estranges[14] gens, ne pour porteir[15] ne pour meneir[16] hors de le vile, sor lx s.

711. Et se li corier des molekins les trovaisent[17] il les porroient retenir[18] et porteir devant[19] eskevins sans forfait.

712. Et ke nus ne tisse[20] ne fache tistre en son hosteil[21] ki le[22] hanse ait, sour lx s. et le hanse à perdre; mais en sen hosteil[23] puet faire ouvreir sans faire tistre[24].

713. Et tout puent ouvreir[25] dedens les murs à tant de mestiers com il vaudront[26].

714. Et ke nus moille soie ne molekin, sor[27] lx s. et l'oevre moillie u le soie à perdre et le mestier an et jour[28].

715 Et li molekins doit[29] estre lei xvj portées et vj aunes de lonc, sor vj s.[30]

716. Et chascuns molekins[31] doit avoir à l'un coron l'enseigne de le vile[32] et se il ne l'eust il seroit perdus et chil à qui il fust seroit à vj s.

717. Et ke nus ne oevre molekin[33] de gros fil avec[34] delie soie, sor[35] vj s.

718. Li estrange[36] ki vendent molekins[37] en le vile doivent avoir leur hale par aus[38] et avant k'il metent leur avoir à vente

---

1 *Tout ce chapitre* (n⁰ˢ 708 à 728) *a été rayé, sans doute parce qu'il était transcrit une seconde fois plus loin* (nᵘˢ 967 à 986). *Pour éviter ce double emploi nous ajoutons ici en notes les variantes de la seconde transcription.* — 2 estavli. — 3 sour. — 4 muelekins. — 5 chose. — 6 amonte. — 7 muelekin. — 8 sour. — 9 vuide. — 10 arest. — 11 sour. — 12 fust. — 13 vende. — 14 à estraignes. — 15 porter. — 16 ouvrer. — 17 trovassent. — 18 tenir. — 19 apreter pardevant. — 20 tistre. — 21 hostel. — 22 se. — 23 son hostel. — 24 ouvrer sans tistre. — 25 pueent ouvrer. — 26 vauront. — 27 sour. — 28 *Ce membre de phrase depuis* et l'oevre *manque.* — 29 muelekin moyen doivent. — 30 *Les huit derniers mots manquent.* — 31 muelekins. — 32 et à l'autre coron l'enseigne du maistre. — 33 muelekins. — 34 avuec. — 35 sour. — 36 estraigne. — 37 muelekins. — 38 aparans.

ne vendent, li corier[39] doivent rewardeir[40] leur oevre se ele[41] est bone et loiale[42], sor lx s.

719. Li molekiniers ki iroit[43] hors de le vile manoir por[44] contrefaire le mestier, se il revenist[45] en le vile, il ne porroit[46] jamais ouvreir en le vile se ne fust par eskevins et seroit[47] à lx s.

720. Nus ne tiengne[48] maistrie de molekins[49] faire se il[50] n'est bourgois, sor[51] lx s.

721. Nus ne puet ouvreir[52] ne faire ouvreir[53] molekins[54] dehors les murs de le vile, sor[55] lx lib.

722. Chascuns maistres des molekins doit avoir se propre enseigne se l'oevre ne fust bone et loiale ke on peust conoistre et savoir à qui elle fust, sor forfait de l'oevre à perdre et vj s.[56]

723. Toute soie k'on coupe[57] et molekins[58] on doit rendre les pieches par[59] le forfait ki[60] est mis sus le soie se li soie ne fust d'areste et[61] de popelote.

724. Et li corier[62] doivent rewardeir[63] l'oevre[64] des estranges ke on[65] aporte à vendre avant ke il mime[66] vendent, se il[67] en sont requis.

725. Nus ki a se hanse ne puet tistre ne faire tistre en sen osteil de soie, sour lx s. et se hanse à perdre[68].

726. Nus[69] molekiniers[70] ne puet metre aprentich[71] sour autrui oevre, sor[72] lx s. Et grosse soie doit courre en xvj portées[73] et le[74] plus délie[75] en xviij portées et l'autre doit courre entre deus, sor vj s.[76]

727. Et nus[77] maistres molekiniers[78] n'ait ke iij ostilles en se maison ki[79] tist mimes, sor[80] lx s., mais ki[81] le sourpuet[82] puet faire ouvreir[83] dedens les murs de le vile à tant d'ostilles com il veut boen[84] et loial par le core[85].

---

39 keurier. — 40 rewarder. — 41 s'ele. — 42 soffisans. — 43 muelekinier qui iront. — 44 pour. — 45 s'il revenissent. — 46 poroient. — 47 seroient. — 48 Et ke nus ne tiegne. — 49 muelekins. — 50 s'il. — 51 borgois, sour. — 52 Et ke nus ne puisse ouvrer. — 53 ouvrer. — 54 muelekins. — 55 sour. — 56 *Cette disposition n'est pas reproduite dans la seconde transcription.* — 57 ke on caupe. — 58 muelekins. — 59 pour. — 60 forfait qui. — 61 u. — 62 korier. — 63 rawarder. — 64 l'oeuvre. — 65 k'on. — 66 meisme. — 67 s'il. — 68 *Cette disposition n'a pas été reproduite.* — 69 Et nus. — 70 muelekins. — 71 mettre aprentis. — 72 sour. — 73 *Ces huit derniers mots ne sont pas reproduits.* — 74 li. — 75 muelekins mellei doivent estre. — 76 *Les neuf derniers mots manquent; la disposition suivante a été ajoutée:* Et chascuns muelekins doit estre vj aunes de lun et à l'un coron l'ensegne de le vile et à l'autre coron l'ensegne du maistre, sor vj s. — 77 Et que nus. — 78 muelekiniers. — 79 qu'il. — 80 meismes, sour. — 81 qui. — 82 sorpuet. — 83 enouvrer. — 84 voet et bone oevre. — 85 kore.

728. Et on puet faire molekins pour pareir de iiij aunes et demie de lonc les plus cours, et de vj aunes les plus lons, et les plus gros en ix portées, et les orieres et les plus déliés en x portées et les orieres, sor vj s. et de bone oevre et loiale [86].

XXII.

729. Il est establi par eskevins et commandei en plaine eglise que li vallet tondeur ki oevrent par journées, k'il soient paiet le samedi de chou k'il waignent le semaine et se plainte en venist as coriers u au conistable de vallés, k'il ne fuisent paiet, li maistres seroit à xx s. de forfait et chascuns vallés à x s. ki ouverroit avoec lui. Et s'aucuns maistres mesist nul ouvrier en oevre, il seroit à vj s. de fourfait et s'il mesist aucun vallet en oevre ki n'eust v saudeies de dras, li maistres seroit à vj s. de forfait. Et se aucuns maistres mesist en oevre aucun vallet ki fust banis, il seroit à vj s. de forfait; et se li maistres vausist jureir sour sains k'il n'en seut nient k'il fu banis, pour tant seroit quites.

730. Tous les fourfais de cest écrit de x s. sont au baillieu et les autres forfais sont as coriers et à conistable des vallés, moitié à moitié, pour chou ke li conistables des vallés le warde et se aucuns maistres vendist ses denreies au vallet ki oevre avoec lui, li maistres seroit à xx s. de forfait et li vallés à x s. s'il presist les denreies.

731. Li conistables des vallés i est par eskevins et si quatre compaignon pour wardeir chou ke il a en cest escrit ; et si i est

---

[86] *Ce dernier article n'a pas été reproduit; on trouve en revanche les six suivants :*

[981]. Et muelekin de pure soie doivent estre de xviij portées. Et chascuns muelekins doit estre vj aunes de lonc et à l'un coron l'enseigne de le vile et à l'autre coron l'enseigne du maistre, sour vj s.

[982]. Et li cannon de pure soie doivent estre en ix portées. Et chascuns cannons doit avoir iiij aunes de lonc.

[983]. Et si pueent faire cannons mellés entre xj portées et vij et demie. Chascun cannon doit estre de iiij aunes de lonc et à l'un coron l'ensegne de le vile et à l'autre coron l'ensegne du maistre, sour vj s. Et li plus delié cannon doivent estre en autel estant de ros comme li plus délié laighe meulekin sunt.

[984]. Et li cannon moien doivent estre en tel estant de ros comme li plus laighe muelekin sont moien.

[985]. Et chascune portée devantdite doit avoir xviij fils.

[986]. Et ke nus contrefache autrui ensegne, sour vj s. et l'oevre perdue.

par teil maniere : se plainte en venist sour lui de chaus du mestier, il doit estre quite par sen serement par tes convenenches l'entreprist il.

XXIII.

732. Il est establi pour l'amendement de le vile sour l'uevre des feutriers ke nus dedens le vile manans acache feutre ki vient de dehors devant chou ke corier l'aient veu, sor fourfait de xx s. sour chelui ki l'acateroit et sour cheli ki le venderoit. Et li feutres ki vient de dehors doit avoir s'enseigne, sor viij s. et le feutre perdu. Et on ne melle point de feutre ki vient de dehors avoec sarpellie de dedens, sor viij s. et le feutre perdu. Et chil ki portent feutre de dehors nel puet vendre en maison de feutrier ne de loieur mais en maison ke il loweront et par an, sour viij s. et le feutre perdu se il le vendist en autre lieu.

733. Et ke nus dedens le vile manans ne fache faire feutre dehors le vile, sor viij s. et le feutre perdu et on ne puet faire feutre par nuit, sor le meisme forfait.

734. Et l'itroi feutre petit doivent estre j pous plus lei ke l'autre et une aune de lonc.

735. Et li grans feutres doit estre ix et demi quartiers de lonc et une aune de lei, sor le meisme forfait. Et on ne puet prendre feutre de tainterie devant chou ke corier l'aient veu, sor le meisme forfait.

736. Et ki feroit faus feutre u fourrei, il seroit à viij s. et li feutres ars et perdroit sen mestier an et jour et xij d. au serjant ki iroit pandeir les forfais.

737. Et se li corier alaissent en tour pour vir le feutre et il semonsissent leur compaignons pour aler avoec aus et il n'i vausisent venir, il seroit vers les autres à xij d. se il ne peust mostrer loial ensoigne sor sen serement.

738. Et se li vallés fesist maisement le feutre u li maistres, il perdroit sen loier et couperoit on l'un cor del feutre. Et des forfais de viij s. ont li corier ij s. et li vile vj s.

739. Et li feutres doit estre de bonne bourre et loiale, sor viij s.

740. Et nus feutriers ne venge feutre se li corier ne l'aient veu, sor xx s.

741. Ne nus ne meche fleur en feutre dont on fait sarpellie, sor viij s. et le feutre perdre.

742. Nus ne puet faire feutre de poil, ne de coteus, ne de polot, sor viij s. et le feutre perdu.

743. Et ki i metroit cauch il seroit à viij s. et le feutre perdu et sen mestier an et jour.

744. Et on ne prenge point feutre de tainterie avant ke corier l'aient veu, sor viij s.

745. On puet faire gaune feutre des tondures ansi k'on fait en autres bones viles et s'il ne fust boens et loiaus on le arderoit et seroit à viij s.

XXIV.

746. Tout quir ki li mime puet sommeleir soit bien taneis de quatre tans et s'il ne fust bien taneis, k'on le remesist ariere el tan et chascun quir pait xij d. de fourfait.

747. Et tout quir à hosier et à empiengnes faire, ke on le tane bien de iij tans et s'il ne fust bien taneis on le remesist ariere el tan; et chascun quir pait vj d. d'amende.

748. Et toutes peaucheles et tout harnais, k'il soit bien taneis de iij tans et s'il ne fust bien taneis on le remesist ariere el tan; et chascune pel desous xv d. seroit à ij d.

749. Et ke tout quir ki tant a eu de cauch et teus est k'on ne le puet amendeir, c'on larde; et chieus à qui il est sera à vj s.

750. Et ke tout chil ki tanent et ki font cauchiers, k'il ne mechent nul quir à oevre s'il ne le amainent à le hale et ke li corier l'aient veu anchois, sor vj s.

751. Et ke nus taneires dehors le vile ne dedens ne autres ne venge quir ne ne soit mis à oevre devant chou ke li corier l'aient rewardei, sor vj s.

752. Et ke nus hom ne venge quir à se maison devant chou k'il a estei à le hale et ait estei rewardeis, sor vj s.

753. Et ke nus hom, taneires ne autres, s'il acatast quir dehors le vile et l'amenast en le vile ke chis quirs ne fust mis à oevre ne à vente devant chou ke li corier l'aient veu, sor vj s.; et avoec toutes ces amendes devant dites de vj s., si est li quirs avoec perdu.

754. Et est asavoir que tout quir venant par dehors le vile, s'il n'est taneis hors du roiaume et comme tanei en bone vile là il a keure et se ensenge de le keure, sont hors mis de chest rewars. (*Ce dernier article est d'une écriture très-négligée, cursive et postérieure à la précédente.*)

XXV.

(Tout le passage suivant est d'une cursive très-nette paraissant de la même époque que la grande écriture précédente.)

755. Il est establi par eskevins, sor le mestier des tisserans des tapis ke nus ne oevre fil de poil avoec fil de laine, mais chascun par lui, sor lx s. et de perdre tout chou que mellei seroit et ke li tapis soit lei en ros x quartiers et ansi sont ke li borgoises veulent deseure iij aunes et li autre ix quartiers el ros et iij aunes de lonc au mains et li autre viij quartiers el ros et del meme longheche et li autre après vij quartiers el ros et iij aunes et j tercheron de lonc et li autres vj quartiers el ros chou est oevre de toies. Et que la toie soit quarreie; et s'on fait pavios avoec les toies, li paviot doit estre lonc iij aunes et demi quartier. Et s'aucuns fesist chest oevre plus court k'il est devisei, on le coperoit en iij pieches, si li rendroit on à chelui à qui li tapit fu, et si seroit à vi s. de forfait. Et ke nus ne oevre après l'eure de complie sor iiij d. ne après none sor nuit de feste, sor xij d.

756. Et ke nus voise hors del vile pour fauseir chel mestier; et s'il i alast, il ne porroit jamais de chel jour après ovreir en la vile de chel mestier et si seroit à lx s.; et chil ki le metroit à oevre seroit ausi à lx s.

757. Et chascuns hom del mestier puet avoir j aprentis et tenir iiij ans, ansi com on a usei. Et si doit on faire le oevre bone et loiale et bien tissue, sor vj s. et l'oevre à perdre.

758. Et ke nus tapitiers ne tiengne maistrie s'il n'est borgois, sor lx s.

759. Et ke nus ne amaine en le vile tapis ne cossins tiké à vendre ki soient encontre le core del vile, sor lx s. et les dras à perdre.

760. Et ke nus tapitiers n'en ait ke iiij otilles, sor lx s. et k'il voisent à oevre et laissent oevre ensi com il ont fait passei à x ans et x jours.

XXVI.

(Le passage suivant est en cursive plus négligée que la précédente et peut-être un peu postérieure.)

Li rewars sus les cardons.

761. Cascune role doit avoir quatre vins et deus glenes.

762. Item, cascune glene xxv boches bonnes et souffizans et s'il fust trouvé autrement li vendeur seroient en amende à iiij d. de cascune rolle.

763. Item, nus de chiaus qui amaine cardons en le ville ne les meche à vente devant che que li eswardeur l'auront rewardé.

764. Item, s'on les enpirast après l'eswart, les cardons seroient perdus et seroit chieus qui fait l'auroit à vj s.

XXVII.

(Ici reprend la belle écriture habituelle.)
Ch'est li ordenanche me dame le contesse d'endroit les festes de Flandres ki fu mise seur li par l'ascnt des eskevins de Flandres.

765. Au commenchement si dist me dame ke... etc.

Les n°⁵ 765 à 772 de ce document sont les dispositions reproduites dans la confirmation faite en 1290 par Guy de Dampierre de l'ordonnance sur la foire de Thourout, publiée par Warnkoenig (*Histoire de la Flandre*, t. II, p. 496), d'après l'original aux archives du royaume de Belgique. La dernière disposition spéciale à Bruges et qui ne se trouve pas dans le texte imprimé par Warnkoenig qui était destiné à Thourout, est la seule qu'il était utile de donner ici.

773. Encore dist me dame ke ele vieut ke on fache ban à Bruges ke nus hom d'Espaigne, de Portegal, d'Aragon, de Navare, de Catelonne, ne de Caours, ne de autres tieres, ne soit si hardis k'il venge nul avoir, s'ensi non ke en chest brief deseure est contenu des autres avoirs, ch'est viij jours devant fieste faillie et xv jours après, sour paine de lx lib. et sor l'avoir perdre.

XXVIII.

Ch'est li ordenens de le feste.

774. On a commandei ke nus ne venge saies ne dras entirs viij jours devant feste et viij après, sor lx lib.

775. Et tout merchier, espetiier, orfeivre, vairier, peletier, lingé, toile, corduanier, coutelier, capelier, fourbiseur d'espées, coroier, caucheteur, faiseur de pos d'estaim, visier, aient haions el markié tant ke le franke feste dure, sor lx lib. à l'entendement d'eskevins.

776. Et ke tout li cheval soient sour le ard, sor lx s. Et les

caretes au blei soient en le Tanrue. Et toutes les saies soient en le hale des merchiers. Et tous les grans dras soient en le hale des viesiers les iij jours. Et tout li drap à détail soient en le grande hale tant ke li troi jour durent, sor lx s. Et li troi jour de monstreir les dras sont li troi darrain des xv jours de le franke feste. Et ke nus ki est banis ne puet venir en le vile. Et tout li caudronier soient el markié à tout leur markandises, sor lx s. Et ke nus bourgois ne voist hors de le vile pour markandeir as autres festes et ne fache enmeneir son avoir hors de le vile pour vendre tant ke le feste dure, sour teil fourfait ke eskevin diront. Et tout chil ki ont markandises à vendre ki apartienent à eschoperie ne vendent ne ne monstrent leur avoirs fors el markié et k'il aient leur eschopes closes tant ke le feste dure, sor teil amende ke eskevin diront. Et ke nus ne voist après verdecloke, sor lx lib. ki ne font ke vj s.

XXIX[1].

777. Là li doi se combatent si ke li uns fiert l'autre et il li done coup[2] ki mie[3] ne saune[4] mais ke li cops soit aparisans[5], u pers, u boche[6], chil[7] cop monte, s'il est couvers[8], ij s.[9] et en lieu descovert, iiij s.[10]; et se il[11] en a boens tesmoignages[12] ki ferus est[13], il en puet v de teus cous, et s'il n'en a tesmoignage, il en puet sauveir[14] j[15], sor se veritei, et se il ses mains en vient metre as sains[16], il en puet ij sauveir par sen serement[17].

778. Et se chose est k'on ferist[18] un homme s'il k'il eust[19] plaie ouverte, il en doit[20] avoir, ou[21] lieu là il[22] est descouvert, viij s.[23], et ou lieu là li plaie[24] est coverte desous ses dras u[25] desous ses caveus, iiij s., s'ensi est ke chele plaie[26] ait mestier de mire. Et se chose[27] est ke[28] chele plaie est[29] ferue en teil[30] lieu par quoi l'une[31] partie de le plaie soit el descouvert et l'autre

1. Le même texte, avec de nombreuses variantes, se trouve dans un autre registre des archives municipales, le cartulaire AB. XVIII, 15. L'écriture en est à peu près de la même époque. Nous en avons relevé toutes les variantes en ayant soin d'indiquer celles qui proviennent de quelques additions postérieures. — 2 done cop. — 3 nient. — 4 saine. — 5 apparissans. — 6 ou pers ou boche. — 7 chis. — 8 el couvers. — 9 ij s. de par. — 10 iiij s. de par. — 11 cil ki ferus est. — 12 en a tesmoignage. — 13 *Les mots* ki ferus est *sont placés avant* en a tesmoignage. — 14 *Les quatorze mots depuis:* v de teus cous *jusqu'à* sauveir *sont supprimés.* — 15 j cop. — 16 sour sains. — 17 sairement. — 18 fiert. — 19 ait. — 20 il doit. — 21 en. — 22 là où il. — 23 viij s. de par. — 24 en lieu où la plaie. — 25 ou. — 26 ses caveus, ch'est iiij s. de par., se tant est ke cele plaie. — 27 cose. — 28 que. — 29 soit. — 30 tel. — 31 ke l'une.

partie el covert[32], en chel[33] lieu là li plaie est plus longhe ; u au covert u au descovert[34], là le doit on rendre.

779. Et s'on[35] fiert un homme[36] de machue claweie u[37] de patin clawei[38] et on n'i ferist ke j coup et on le navrast[39] fust iij plaies ou v, ou tant ke fust[40], por tant ke ces[41] plaies de cel coup venisent toutes[42] à une meche, on n'en deust[43] rendre ke de j coup[44] et s'il fust cose[45] ke chascuns claus[46] fesist se[47] plaie, autant de cous[48] com il i auroit[49] ki seroient à meche, de chascune doit[50] on rendre.

780. Et son fiert si k'on[51] ait plaie outreie[52], de quel chose ke che soit, tele plaie[53] monte lx s., soit feru en teste[54], parmi si k'on voie le[55] toie desous le hanepier, ou parmi le cors, si k'il soit bien aparisant ke[56] che soit parmi le paroit du corps si que pardedens soit veu[57].

781. Ausi[58] s'on fiert homme cop, en quel maniere[59] ke ce[60] soit, par quoi on[61] li brise le maistre os, fust de bras[62] fust de gambe[63], cele plaie est lx s.; et s'on le fiert si u brach u en le gambe[64], par quoi li cous[65] fust ferus[66] parmi ke li moulle[67] venist hors de l'os, cele[68] plaie est ausi lx s.[69], car ces[70] ij manieres sont plaies outreies.

782. Et li hom ki a plaie et il veut[71] dire ke che soit[72] plaie outreie[73] k'il a et ses aversaires ne le veut[74] croire sour[75] chou ; covient chelui[76] ki plaiés est de teil plaie outreie[77] avoir iij preudommes ki li tesmoignent et le mire[78] ausi et lui mime avoec[79] ; ce[80] sont v preudommes[81] à tesmoigner ke cele[82] plaie est outreie; u[83] il covient[84] ke li mires et j[85] preudom avoekes lui et li hom[86] ki plaiés est ansi ke cil[87] troi homme[88] jurent

---

32 couvert. — 33 ichel.— 34 li plaie plus longhe est ou al couvert ou al descouvert. — 35 se on. — 36 home. — 37 clavée ou. — 38 clavei. — 39 et encore n'i ferist on c'un cop et le navrast on. — 40 ke che fust. — 41 ches. — 42 chel cop venissent tout. — 43 devroit. — 44 d'un cop. — 45 se tant fust cose. — 46 cleus. — 47 sa. — 48 plaies. — 49 il aroit. — 50 devroit. — 51 Et s'il avenist ke on ferist si ke hom. — 52 outrée. — 53 de quoi ke soit chele plaie. — 54 lx s. de par. se ele est ferue en le teste. — 55 *Ces six mots supprimés et remplacés seulement par :* si kel. — 56 aparissant et ke. — 57 veue. — 58 Et ausi. — 59 un home en queil maniere. — 60 che. — 61 c'on. — 62 son bras. — 63 sa gambe. — 64 *Ce membre de phrase manque depuis :* cele plaie. — 65 par quoi que li cops. — 66 si ferus. — 67 moule. — 68 chele. — 69 fust à lx s. de par. ausi. — 70 ches. — 71 Et li homs plaiés s'il veut. — 72 c'est. — 73 outrée. — 74 l'en veut. — 75 sor. — 76 convient celui. — 77 de teile outrée. — 78 li mires. — 79 meisme ausi. — 80 che. — 81 hommes. — 82 chele. — 83 outrée; ou. — 84 convient. — 85 un. — 86 li chil. — 87 chil. — 88 *Ce mot manque.*

sour[89] sains ke cele[90] plaie est outreie[91]; se il[92] en teile maniere le puet prover[93] on li doit paier lx s.[94] et s'il tout ensi ne[95] le puet prover[96] on ne li doit restoreir[97] fors ke d'une[98] autre simple plaie, c'est iiij s.[99]

783. Et s'on ferist[100] j home de teiles plaies[101] ki fusent outreies, kiconkes ki che fust[102], mais ke li hom navreis[103] demorast en vie, on ne li devroit restorer de toutes fors ke le[104] moitié d'un home, c'est[105] à savoir xij lib.[106]

784. Et de toutes ces coses[107] devantdites doit on toutes voies ostcir et paier le mire avoec les rendemens devantdits. Et s'il fust chose[108] ke li mires demandast plus d'argent de sen[109] serviche ke li autres[110] ki le fait auroit[111] fait ne vausist paier, on doit aler à celui ki navreis[112] fu et il doit jureir sour[113] sains ke il fist[114] au miendre markiet[115], si bien et si loiaument[116] comme se il mimes[117] le deust paier de sen propre cateil et sour[118] chou doit li mires estre[119] paiés, fors ke tant i a ke se li navreis[120] fesist bonteis u[121] presens au mire outre les covenenches, à ce n'eust[122] li autres ke faire ne mie nel deust[123] rendre.

785. Et d'autre part, se on fiert j[124] homme en le main de quoi ke che soit[125] et on l'i tolist membre, fust en doit, se on caupast[126] u tolist[127] une jointe, c'est-à-dire un membre del doit u[128] ij jointes, u[129] iij jointes, c'est j doit[130]. Ou se on[131] li tolist ij dois ce[132] seroit vj jointes. Ou se on[133] li tolist u[134] caupast tous iij les dois on li deust[135] rendre de chascune jointe, de tant ke[136] on li en tauroit[137], x s. de chascune, c'est[138] asavoir xxx s.[139] pour le doit et vj lib. des[140] iiij dois et se on de le main li caupast u tolist[141] j jointe del pauch, ce[142] seroit xl s.[143] Et s'on li tolist[144] ij jointes, ce seroit[145] iiij lib.[146] et s'on li tolist les[147] iij jointes, c'est à dire

---

89 sor. — 90 chele. — 91 outré. — 92 s'il. — 93 prouver. — 94 lx s. de par. — 95 s'il. en tel maniere ne. — 96 prouver. — 97 restorer. — 98 d'eune. — 99 iiij s. de par. — 100 fiert. — 101 homme celes plaies. — 102 fussent outrées, quiconkes hom ke che fust. — 103 homs navrés. — 104 for le. — 105 home, ch'est. — 106 xij lib. de par. — 107 ches plaies. — 108 se cose fust. — 109 son. — 110 chelui. — 111 aroit. — 112 navrés, — 113 et li doit on faire jureir sor. — 114 il le fist. — 115 marchié. — 116 loyaument. — 117 meismes. — 118 catel sor. — 119 li mires doit estre. — 120 navrés. — 121 bontés ou. — 122 chou n'aroit. — 123 ne le devroit.

124 s'on navrast un. — 125 fust. — 126 *Les mots* se on caupast *manquent*. — 127 ou s'on li tolist. — 128 ou. — 129 où. — 130 un dois. — 131 s'on. — 132 che. — 133 s'on. — 134 ou. — 135 devroit. — 136 com. — 137 tolroit. — 138 che seroit. — 139 xxx s. de par. — 140 pour les. — 141 se on le main li coupast ou tolist on. — 142 du paus che. — 143 lx s. de par. — 144 *Ces quatre mots manquent*. — 145 *Ces deux mots manquent*. — 146 iiij lib. de par. — 147 *Ce mot manque*.

le pauch, c'est à dire à rendre[148] vj lib., car autans[149] est li paus comme les iiij dois[150] de le main et se tant fust ke[151] s'on caupast[152] u tolist[153] j homme les iiij dois et le pauch de le main avoec[154], ce[155] seroit à restorer et[156] à rendre le motié[157] d'un home[158] et c'afiert[159] xij lib.[160] quant à la corde vient et ce seroit tout[161] un se on[162] li caupast le poing tout entir[163].

786. Et tout en tel maniere afiert il del piet de l'homme comme de le main et del poing ensi com jou ai chi devant devisei de jointe en jointe et de membre en menbre[164].

787. Et s'on[165] crevast à[166] j homme j oel, cha serroit à restorer et à rendre[167] le moitié d'un homme; et plus haut aferroit à restorer[168] à[169] le feme[170]. Et s'on caupast à[171] homme le neis, tant ke[172] duskes à l'osselet[173], par ensi ke on veist tout apert en le teste par le lieu là les narrines[174] furent, ce seroit à restorer le moitié d'un homme pour chou qu'il seroit si desfigureis[175].

788. Et s'on navre[176] homme en l'oreille u caupast[177] tant de l'oreille, fust pieche jus, u moitié[178], u[179] toute, u[180] tant[181] de l'oreille li caupast on[182] par quoi ke cil[183] ki ensi seroit atourneis[184] en[185] fust pris en quelconkes lieu ke ce[186] fust et il en fust reteis de larechin[187] à tout iiij denreies d'avoir ke il par chou en perdist le vie[188], chil ki ensi l'auroit atournei en[189] devroit restorer et rendre[190] le moitié d'un homme. Et se on navre[191] homme en l'oreille et ele est[192] belement rewarie sans escart, ce n'est[193] ke iiij s.[194].

---

148 che seroit à rendre. — 149 autant. — 150 doit. — 151 *Ces quatre mots manquent.* — 152 coupast. — 153 u tolist *manque.* — 154 avoec *manque.* — 155 che. — 156 *Ces trois mots manquent.* — 157 moitié. — 158 homme. — 159 *Ces trois mots manquent.* — 160 xij lib. de par. et. — 161 venroit car ch'est tout un home. — 162 Et s'on. — 163 entier. — 164 *Cette phrase entière est remplacée par la suivante :* Et tout en tel maniere afresist il à paier le pauch d'un homme comme de le poing et de le main, si ke j'ai devant dit de membre en membre. — 165 Et s'il avenist c'on. — 166 à *manque.* — 167 *Ces trois mots manquent.* — 168 *Ces cinq mots manquent.* — 169 en. — 170 *Ici est intercalé :* Et tout en teil manière aferist il à rendre. — 171 à *manque.* — 172 *Ces deux mots manquent.* — 173 l'os. — 174 narines. — 175 *Toute cette phrase depuis :* Par ensi que on veist, *est remplacée par les mots suivants :* Si l'on i puest dedens ver. — 176 navrast un. — 177 ou caupast on. — 178 fust pieche ou moitié. — 179 ou. — 180 ou. — 181 tant d'escart. — 182 *Ces cinq mots manquent.* — 183 chil. — 184 fust atorneis. — 185 *Ce mot manque.* — 186 che. — 187 *Ces sept mots manquent.* — 188 iiij deniers de larechin, par quoi il perdist la vie sans plus de meffait. — 189 atornei li. — 190 *Ces deux mots manquent.* — 191 navrast. — 192 fust. — 193 Che ne seroit à rendre. — 194 iiij s. de par.

789. Et s'on[195] caupast à[196] j homme les coilles, c'est[197] à rendre le moitié d'un homme.

Et s'il avenist ke[198] on atournast ensi j homme par quoi on li caupast les poins et les bras à tout et les piés et crevast on les ieus[199] et caupast[200] on les coilles[201], s'ensi l'atornast on par quoi il demorat[202] en vie, bien sachiés ke teil[203] homme ensi[204] martriés[205] aferroit à restoreir plus ke[206] le mort d'un homme, encore[207] peust il vivre, par cele raison ke li martriés meismes amast aseis[208] plus[209] k'il fust mors et mort[210] se ij fois morir peust[211] ke en teil[212] maniere vie avoir, et tout ensi ameroient[213] si parent et si ami pour les grans angoisses[214] et pour les grans dolours[215] k'il aroient de leur[216] ami ; et[217] pour chou[218] le devroit on bien double paier[219].

790. Et s'on[220] fiert j homme de quoi ke che soit, par quoi[221] on li brise dent de le geule de le[222] bouche, chascun[223] dent ke on[224] li briseroit seroit xx s. à rendre, pour[225] tant ke li dens fust fors et[226] tenant[227] avant k'on l'eust feru hors. Et[228] tout en auteil[229] maniere aferroit il del costei[230] de l'homme, se on[231] li defroisast u tolist[232] u[233] brisast, ce[234] seroit à rendre xx s.[235] de chascun costei, tout[236] ensi com de chascun dent[237].

791. Et se cose fust k'on ferist j homme à mort et chil ki ochis l'auroit peust à accorde venir et jour peust avoir, il devroit doner seurtei de paier et de rendre xxiiij lib.; et se tant fust ke cil ki ochis l'auroit fust mimes[238] après mort u[239] k'il fust en lonctain pais[240], par quoi il n'i fust, si ami ki le pais et l'acorde de par lui pourquerroient en deusent[241] finer des[242] xxiiij lib.[243] et chil ki

---

195 se on. — 196 à *manque*. — 197 ch'est. — 198 *Ces trois mots manquent*. — 199 iex. — 200 coupast. — 201 coulles. — 202 demorast. — 203 à teil. — 204 ensi *manque*. — 205 martiriet. — 206 plus à restorer ke. — 207 s'encore. — 208 ameroit assés. — 209 plus chier. — 210 mors. — 211 se ij fois peust morir. — 212 tel. — 213 ameroient miex. — 214 por le grant angoisse. — 215 por le grant dolor. — 216 lour. — 217 et *manque*. — 218 par chele raison. — 219 devroit on rendre double. — 220 se on. — 221 par quoi *est remplacé par* et.— 222 en se. — 223 de chascun.— 224 c'on. — 225 brise est à rendre xv s. de par. — 226 et *manque*. — 227 tenans. — 228 *Ces huit mots manquent*. — 229 teil. — 230 de le costé. — 231 d'un homme s'on. — 232 *Ces deux mots manquent*. — 233 où. — 234 che. — 235 xx s. de par. — 236 *Ces quatre mots manquent*. — 237 *Après ce § est le suivant* : [790 bis.] Et se cose fust ke on ferit un home à mort et chil ki ochis l'airoit peust accorder et à pais venir et joir, et eust pooir de venir avant, il devroit donner seurtei de paier et de rendre xxiiij lib. de par. — 238 Et se tant fust ke chil ki ochis l'airoit fust meesmes. — 239 mors ou. — 240 lonctans fors du pais. — 241 l'acorde prendroient de par lui, devroient. — 242 de. — 243 xxiiij lib. de par.

kievetains[244] seroit[245] par le communitei des amis de porteir l'espeie, convenroit doneir[246] le seurtei des xxiiij lib.[247] de ses[248] amis, de chaus à qui il en porroit mieus[249] priier de par sen[250] peire, dont cil[251] les convenroit avoir tous en covenent[252] à aquiteir[253] sans damage, ausi avant com lois aferroit[254]. Et quant il venist à le pais, cil[255] ki l'espeie aporteroit[256] le devroit faire si belement[257] et si humelement kome[258] on a tousjours[259] fait et usei[260] teiles acordes. Et si[261] plus prochain ami doivent tousjours aleir[262] le plus prochain de lui; et[263] si doit chil, quant il l'espeie[264] aroit rendue et aroit baisié, si devroit il dire : « Sire, je sui devenus vos hom, ore vous pri jou ke vous[265] me doneis[266] iiij preudommes soufisans[267], les queus[268] ke mieus vous[269] plaira, à jureir[270] le pais à tenir à tousjours[271] et je sui près à doneir[272] à chascun iiij s. de ces iiij hommes[273]. » Chascun quant il metra main à jureir a prendre iiij s. fors ke tant ke chil ki escrira les serements aura de chascun iiij s. iiij d. de sen escrire. Et se chil ki l'espeie aporte en veut encore avoir iij avoekes u iiij, de cheus ki mieus li plaira[274], cil les li doit delivreir[275] et faire avoir, u se il[276] j des iiij hommes[277] devant esleus veut avoir escangier[278] pour j[279] autre, mais ke chou soit preudom[280] et loial. Et est à savoir ke cil[281] ki l'espeie aporta[282] doit paier les xvj s.[283] es iiij hommes et les doit rabatre[284] des deniers de l'acorde; mais che ke plus i aura[285] de iiij hommes[286], che doit chil paier ki l'espeie[287] aporte. Et si doit on metre jour de paiement, c'est asavoir au kief de[288] iiij mois et nomeir[289] le jour[290] et le lieu de paiement là doit cil[291] avant venir ki l'espeie aporta[292] et si plege[293] pour finer à le partie de le tierche part de la[294] paie. Et se chil ki mors et[295] ochis fu, ait enfans, soit marle[296] soit femelle, il doit[297] avoir le tierche part des xxiij lib. sans plege doneir[298] à avoir dedens les

---

244 li chievetains. — 245 seroit fait. — 246 doner. — 247 xxiiij lib. de par. — 248 des. — 249 amis, chiaus ke miex volroit. — 250 son. — 251 chil. — 252 covent. — 253 aquiter sans constet. — 254 aflert. — 255 chil. — 256 l'espée porteroit. — 257 bielement. — 258 com. — 259 tousjors. — 260 veu et fait. — 261 li. — 262 tous jors aler. — 263 li, et *manque*. — 264 l'espée. — 265 vos. — 266 dounés. — 267 souffissans. — 268 lesquels. — 269 miex vos. — 270 jurer. — 271 tousjors. — 272 douner. — 273 à chascun de chiaux ke miex vos plaira. — 274 *Les deux phrases précédentes depuis :* Chascun quant... *manquent*. — 275 Chil li doit delivrer. — 276 ou s'il. — 277 hommes *manque*. — 278 esleus à escangier. — 279 un. — 280 che soient preudomme. — 281 chil. — 282 l'espée aportera. — 283 xvj s. de par. — 284 et doit rabatre. — 285 i ara. — 286 de iiij homes. — 287 l'espée. — 288 chief des. — 289 noumer. — 290 jor. — 291 chil. — 292 l'espée porte. — 293 le plege. — 294 le. — 295 *Ces deux mots manquent*. — 296 malle. — 297 doivent. — 298 douner.

deus[299] seus de se[300] maison et les autres ij pars doivent avoir chil iiij homme jurei le pais à tenir par boens[301] pleges doneir[302] à departir par tout ens le lignage, si k'on[303] doit, de membre en membre, dedens l'aneie[304] k'il auroient[305] rechut le darrain paiement[306]. Et si en doivent li arbitre avoir de chascune lib.[307] xijd., s'il voelent. Et quand chil ki l'espeie aporta[308] aura paié sen[309] premier paiement, si doit il venir as[310] eskevins de le hale et monstreir k'il a fait cel premier paiement et si doit priier as eskevins[311] pour[312] Dieu k'il[313] li fesisent[314] avoir j de leur serjans à aleir avoec[315] lui et avoec[316] ses iiij arbitres pour[317] faire pandeir[318] ses concordes à ses parens partout à chaus[319] ki devront, si k'il en ait de chascun che[320] k'il en doit[321] avoir par droit; et de chou doit[322] li serjans avoir se droiture de chou k'il ira avoeckes pandeir[323]. Et est asavoir ke de ches rechoites, doit chascuns freires[324] k'il auroit rendre et paier[325] xx s.[326] et de chascun enfant de sen freire u[327] de se sereur, pour[328] tant k'il fust valetons, cascuns[329] devroit paier xv s. et ses cousins germains, x s.[330], et l'enfant de cosin[331] germain valeton u de cousine germaine[332], vij s. et demi[333], et li droit cousin[334] en autre, v s.[335] et enfes à cosin[336] en autre, valeton, iiij s. iij d. mains, et li cousin[337] en tierch, ij s. et demi, et enfant à cousin en tierch[338], xxij d. et li cousin[339] en quart, xv d. et là va hors li parages et[340] nient plus avant ne puet il quellir[341].

792. Et bien est asavoir k'il n'est nus hom ki bastars peust estre en acorde car il en doit autant[342] paier et rechevoir[343] comme s'il fust d'espousei peire et d'espouseie meire[344]. Et[345] par cele[346] raison ke nient plus ne puet il aler, ne estre[347], ne mangier,

---

299 iiij. — 300 lor. — 301 bons. — 302 doner. — 303 tot en lor lingnage si com on. — 304 devens l'anée. — 305 l'aront douñee et: — 306 *Une main du* XIV*e siècle a ajouté en marge*: Si plus ostendat pax quam xxiiij lib., tercia pars debetur filiis mortui, juxta opinionem aliquorum dominorum meorum. — 307 livre. — 308 l'espée aporte. — 309 paiet son. — 310 si doit il priier à. — 311 *Ces dix-huit mots, depuis* de le hale..., *manquent.* — 312 por. — 313 ke il. — 314 fachent. — 315 aler avoeckes. — 316 avoekes. — 317 por. — 318 pander. — 319 chiaus. — 320 chou. — 321 il doit. — 322 et se doit. — 323 pander. — 324 frere. — 325 k'il i aroit. paier. — 326 xx s. de par. — 327 de son frere ou. — 328 par. — 329 fuissent valeton chascuns.— 330 xv s. de par. et li couzin germain, x s. de p. — 331 du couzin. — 332 *Ces quatre mots manquent.* — 333 vij s. et viij d. — 334 couzin. — 335 v s. de par. — 336 enfant de cousin. — 337 couzin.— 338 *les six mots depuis:* et enfant... *remplacés par*: valeton. — 339 couzin. 340 et *manque.* — 341 ne puet on quellir. — 342 autretant.— 343 rechoivre. — 344 d'espousée de peire et de meire. — 345 et *manque.* — 346 le. — 347 boire.

ne boire avoec ses anemis[348], ne avoir[349] compaignie avoec aus, com li autres feroit ki espouseis seroit[350], et par cele raison ke il[351] vengeroit si[352] volentiers comme[353] chil ki espouseis[354] seroit, si doit[355] il estre tenus[356] en toutes manieres[357] si franc en le pais[358] comme li espouseis[359].

793. Et se en teil[360] maniere fust ke chil ki l'espeie auroit porteie[361] peust en tel[362] manière quellir[363] comme il est chi desus devisei[364] se paié bien fust et se il[365] ne le peust ensi quellir[366] et[367] defaute en fust de queillir et li peires[368] del vallet ki l'espeie portast[369] vesquit encore, si c'on[370] le seust vraiement, encore fust il lonctains[371] hors du pais, on devroit aleir sour[372] tous les[373] biens iretages[374] et cateus[375] et prendre sour[376] tout le sien, vert et sec, tout chou k'il i[377] defauroit de l'acorde doner[378], s'ensi fust k'il[379] i eust tant[380], par le raison ke se pais[381] est faite s'il vient u[382] pais. Et[383] se chose fust[384] k'il fust mors, se feme n'en devroit riens paier ne doner s'ele[385] ne le vausist doneir[386] par se bone volentei et en aumosne, mais li fieus[387] le[388] devroit paier del sien propre[389] se tant eust. Et s'il estoit ensi ke ou cele pais ne peust avoir et[390] quillir ne de l'une part ne de l'autre, si com il est devant dit, chil ki plege seroient de chele pais le convenroient[391] paier et fineir envers les parties[392].

348 *Ces cinq mots manquent.* — 349 tenir. — 350 avoec son anemi, com chil ki espousés seroit. — 351 par chou k'il. — 352 ausi. — 353 volentiers son ami com. — 354 d'espousée. — 355 par chele raison si doit. — 356 tenus *manque*. — 357 pais et en toutes acordes. — 358 *Ces trois mots manquent.* — 359 Com uns des autres. — *Une main de la fin du* XIVe *siècle a ajouté à ce § la note suivante :* Baudin du Prei fu mis à mort et après le Zoeve, li ami de par le mere proposaient pardevant nosseigneurs, li amis de sen pere ne doivoient riens emporter de le Zoeve, pour che que lidis Baudin estoit bastart. Sour quoi l'une partie et l'autre oye, dit fu par nosseigneurs vieux et nouviaus, le xe jour de juing, l'an mil ccc soissante et choinc, que, considéré que lidis Baudin estoit bourgois et ke li amis du pere le avoient tenu pour parent et avoient juré le pais et ausi que à le Zoeve du fait perpetré par j bastart si ami de par le pere y doivent contribuer nonobstant bastardie, li ami et parent dudit bastard de par le pere prenderont celle portion de ledicte Zoeve comme s'il eust esté de loial mariage.

360 itel. — 361 ki l'espée aporte. — 362 iteil. — 363 queillir. — 364 comme il est devisei cha desus. — 365 s'il. — 366 queillir. — 367 et *manque*. — 368 peres. — 369 l'espée porta. — 370 com. — 371 lonctans. — 372 aler sor. — 373 ses. — 374 sor iretages. — 375 sor cateus. — 376 sor. — 377 li. — 378 paier. — 379 ke tant. — 380 tant *manque*. — 381 paie. — 382 revient ou. — 383 et *manque*. — 384 s'ensi fut. — 385 donner se ele. — 386 donner. — 387 femele. — 388 le *manque*. — 389 de sen propre catel. — 390 ne. — 391 convenroit. — 392 Ici finit le texte du cartulaire A B XVIII, 15.

Et jou, Ghis l'Escrinewerkere fai asavoir à mes signeurs ke ou teiles choses, comme chi devant sont deviseis, ai jou usei et manoié avoekes preudommes et loiaus bien à L ans et plus et ke c'est toute le plus aperte chose ke j'en sache faire, si comme jou l'ai usei et autres preudommes avoekes mi et lonc tans devant mi, avoekes Wautier le Cambre ki moult fu tenus sages hom en sen vivant et avoekes Mahieu Rofin et avoekes Huon le Duc et avoekes Jehan le Rotier et avoec Ysac et avoec Huon le Boul, et avoec Jehan le Bloc en Vinkebroc et avoec Amolri le Telier et avoec moult d'autres preudommes ki tousjours en leur vivant ces coses en teil maniere ont manoié; et par Dieu signeur ne vous desplaise, car en veritei j'ai ces coses fait escrire en men boen sens et le plus vrai que j'en seuse selonc chou k'il a estei usei en men tans et del tout soient ches coses par l'amendement et à vo volentei.

XXX.

794. Lois et usages est si com del mestier ke priseur tienent, ke, quant li maires a mis priseurs en pris par loi et commandei pais sour teile amende ke eskevin diront ke drois est, chou est pardevant ij eskevins, priseur doivent aleir et prisier ches cateus, et doivent venir pardevant ij eskevins et le partie avoec, et doivent dire leur pris et puis enaprès ke il ont dit leur pris, si doit le partie tenir le pris à sen oes u rendre le pris as priseurs.

795. Et se le partie ne le detient à sens oes, ele doit doneir xij d. de chascune pane de le maison et del gardin, s'il i est, et del glent, s'il i est, et de le cambre, se ele i est, et del jumel à salie, s'il i est, et de le cambre basse, se ele i est, de chascune pieche, xij d.; et de tant de deniers ke le partie done as priseurs, de tant doit ele hauchier sen cateil.

796. Et se le partie rent le pris as priseurs dont sont li kateil as priseurs et li priseur doivent doneir les deniers à le partie dedens vij jours et vij nuis, après chou ke le partie a fait voidier les cateus.

797. Et se che fust cose ke li priseur ne donaissent les deniers à le partie dedens vij jours et vij nuis, priseur deusent aleir avoec le partie u avoec les maieurs et demoreir en prison de si adont ke li partie soit paié, sans autre loi faire.

798. Et se che fust cose ke li priseur se doutaissent de chaus sour qui on feroit le pris et apparant fust ke on leur vauroit mal

faire, li bailleus souvrains devroit venir avoec v eskevins de le hale et doit commandeir ke nus ne mesprenge vers priseurs, sour teile amende ke eskevin diroient ke drois est.

799. Et quant priseur ont aucuns cateus par loy, le partie à qui priseur doivent les deniers ne puent nul respit doneir, se n'est par le volentei as priseurs, si com des cateus ki prisié sont.

800. Et quant priseur ont aucun cateil par loi, il doivent voidier l'iretage dedens vij jours et vij nuis.

801. Et quant aucunes gens dedens le droiture de le vile font faire maisons à pris, les parties puent prendre priseurs pour faire prisier ches maisons et se chieus le detient ki les fait faire, si doivent les ij parties doner as priseurs xij d. de le lib. de tant ke on le prise; et s'il avient cose ke on rent les maisons as priseurs, chil ki les fait faire pert se carpenterie et li priseur en rabatent le disime denier au boskeillon de chou ke li pris monte de sen bos et sont rent as priseurs vieses maisons ki prisié sont par loi, s'en doivent rabatre le disime denier.

802. S'il avient cose ke doi homme voelent avoir leur terre deseureie et se priseur i vienent, de chascune bonne doivent il avoir xij d.; c'est li usages.

803. Se ch'est cose ke l'une partie veut se terre deseureir et l'autre partie ne le veut mie, li bailleus le doit partir par loi et doit estre pour le partie ki n'i est mie; et doit estre à droit as priseurs et à tant faire de droit ke le partie deust faire, se ele i fust.

804. Et se ch'est cose ke on a à deseureir encontre le cauchie, li baillieus i doit estre à tout, u eskevins, u doneir congié devant aus.

XXXI.

805. Il est commandei sour le mestier des sures ke on fache bone oevre et loial, sor viij s. et le oevre perdue.

806. Ke nus ne oevre par nuit, sor lx s.

807. Et ke nus fache soumele doubleie, sor viij s. et le oevre perdue, dont li rewardeur ont ij s.

808. Et ke nus ne meche sieu en quir ke on couroie, sor le mime forfait.

809. Et iiij hommes sont mis pour wardeir ches coses devantdites, ch'est asavoir : Gerars du Puics, Lambers de Saint-Sepulcre, Willaumes..... (*sic*), Leurens le Corduanier.

810. Tout soleir fendant en le semele seront trenchiet et sour seront iij s. (*Ce dernier article en écriture de la fin du XI,V*ᵉ *s.*)

XXXII.

Hec est consuetudo Thoraltensium in nundinis observanda.

811. A primo die nundinarum donec ultimus dies pagamenti transierit nullum datur theloneum de equis vel de vaccis nec de aliqua pecude.

812. Sciendum preterea quod de nulla re que venditur infra nundinas theloneum datur.

813. Sciendum quando res evehuntur, sive vendite sunt sive non, ad exitum ipsum jus statutum persolvitur et hec *Uthuaert* appellatur.

814. Item, notandum generaliter quod, quecumque res evehitur que vendita non sit, de toto quod in curru continetur non amplius debetur in exitum quam j d. et illum denarium vocant *Dieselpenninc*.

815. Si vero res que evehuntur vendite fuerunt, ipse res in exitum jura statuta persolvent. Et preterea totum quod in curru continetur debet unum *dieselpenninc*.

816. Quando ergo lana evehitur que vendita fuerit et ponderata, de singulis pensis debetur in exitu j d.; si vero lana vendita fuerit et non ponderata, de singulis saccis, hoc est de duabus pensis, debentur in exitu vj d.

817. De dacara coriorum venditorum debetur in exitu j d. Si coria vectata fuerint et vendita, debentur de dacara in exitu ij d.

818. Trossellus ultra caput in modum crucis colligatus et venditus debet ad exitum iiij d. Trossellus ligneis clavis sutus et penditus debet ij d.

819. Pensa cere vendite debet in exitu iiij d.; quando ponderatur, debet etiam de ponderatione iiij d.

820. Pensa sepi venditi debet de ponderatione, ij d. et preterea ad exitum, j d.

821. Eadem est institutio et de adipe porcino.

822. Centenum cupri sive stagni quando ponderatur debet, de centeno ponderato, j d.

823. Immo, quicquid per centenum ponderatur non amplius solvit de ponderatione centeni quam j d.

824. Quando vero evehitur hoc quod per centenum pondera-

tum est, non amplius debet ad exitum, de toto quod in curru continetur, quam j d.

825. Barellus calibis venditus debet ad exitum iiij d.

826. Manipulus ferri, o.

827. Quelibet carta vendita debet ad exitum iiij d.

828. Cacabus brassatoris debet ad exitum iiij d.; si plures in uno fune contineantur, non amplius debent quam iiij d.

829. Cacabus aliquantum minor debet ij d.; si plures in uno fune contineantur non amplius debent quam ij d.

830. Omnis alius cacabus de precio quinque solidorum vel supra, si per se evehitur non cum alio colligatus, debet in exitum j d.; si plures in uno fune fuerint colligati, dabuntur de fune ij d. Cacabus de inferiori precio quam quinque solidorum non amplius debet quam o.

831. De uno bacone vendito dandum est in exitum j d.; si plures in curru evehantur, de toto plaustro non amplius dandum est quam iiij d.

832. De lecto vendito, iiij d.

833. De archa serata, iiij d.; de archa non serata, ij d.

834. Lapis qui dicitur *Sclipesten* debet in exitum ij d.

835. Lapis etiam molaris qui dicitur *Millesten* debet ij d.

836. Quarna, o.

837. Pannus integer venditus et per se extra portatus debet in exitum ij d.; si pannus incisus fuerit, nisi j d. debet.

838. Qui enim pannum ad se vel ad alium vestiendum emerit debet inde quando extra portatur j d.

839. Qui etiam pennam emerit vestiendam cujuscumque manierei fuerit, sive varia sive alterius modi, debet in exitum j d.

840. Qui plaustrum panis adduxerit et vendiderit, debet inde j d., vel denariatam panis.

841. Tantum debetur de biga ferrata; de non ferrata nisi o. debetur.

842. Similis est institutio si in curru vel in biga frumentum vel avena adducatur.

843. Si autem contingat quod pistor foraneus far vel frumentum adducat ut ipsemet panes inde conficiat quos in mundinis vendat, nil inde debet sed dabit denarios liminares.

844. Marcenarius qui in mundinis stabulum habet de quo quod portat ad collum suspensum quando novissime exit, debet o.

845. Quicumque hospicia conducunt et in eis merces habent venales debent denarios liminares : illi de Flandria, ij d. de extra Flandriam, iiij d.

846. De cervisia et ala nullum debetur forefactum.

847. Brugis, Gandavum, Ipra, Novus Portus, Oudenarde Lewen in Brabant; illi de istis oppidis nichil debent de omni re quam emerint infra nundinas preterquam in exitu j dieselpenninc.

XXXIII.

(Vers 1270[1].)

848. Universis et cetera... (*sic*) Noveritis quod, cum majores, scabini ville Sancti Audomari proponant et intendant de novo creare et instituere in villa Sancti Audomari quasdam nundinas, auctoritate et consensu illustris domini nostri R. comitis Attrebatensis, super premissis optentis, que incipient prima die mensis junii et intendant dictas nundinas facere liberas et immunes ab omni theloneo in quatuordecim primis diebus dicti mensis et, quantum in ipsis est, ex quacumque causa jam dictas nundinas fecerunt liberas et immunes; nos theloneum, quod in primis quatuordecim diebus dicti mensis habebamus, in cujus octo diebus primis recipiebamus simplex theloneum, in sex vero sequentibus duplex permutavimus cum eisdem, pro theloneo quod predicti majores, scabini et villa Sancti Audomari habebant in decem diebus immediate sequentibus predictione quatuordecim dies, in quibus decem diebus dicti majores, scabini et villa Sancti Audomari recipiebant duplex theloneum. Ita quod, in illis decem diebus totum theloneum antedictum ad nos pleno jure ac integre pertinebit, sine diminutione quacumque thelonei nostri quod in predictis decem diebus jure nostro consueveravimus habere. Elapsis dictis decem diebus ad nos integre spectantibus in residuo mensis qui dicitur mensis comitis, medietas thelonei ad nos et alia medietas ad majores, scabinos et villam Sancti Audomari pertinebit, sicut consuetum est ab antiquo, quibus etiam prefatis decem diebus nobiscum permutatis, prefati majores et scabini et villa Sancti Audomari duplex theloneum prout superius est expressum licere nobis recipere promiserunt ex causa predicta nosque garandizare et garandisabunt cum effectu in premissis erga omnes res predictas impedire volentes. Actum est etiam et concessum quod si dicte nundine aliquo casu cessarent vel deficerent, quod, non obstante permutatione predicta, medietas tocius

---

1. Voy. plus haut, *Pièces justificatives*, LVIII et LIX.

thelonei, tam in quatuordecim diebus quam in aliis decem antedictis, ad nos libere revertetur. Que omnia supradicta nobis promiserunt dicti majores, scabini et villa Sancti Audomari per illustrem dominum nostrum R. comitem Attrebatensem facere laudari, approbari ac etiam confirmari. Alioquin, si dicti majores, scabini et villa Sancti Audomari in garandisatione defecerint vel litteras confirmationis et approbationis a domino comite Attrebatense super hoc habere nequiverint a rebus expressis superius, pro toto et sui parte qualibet, liberi erimus et immunes, ita quod dictum theloneum ad statum revertetur antiquum. Quod ut ratum et cetera (*sic*).

XXXIV[1].

849. Quant on vent le milleur fourment xij s. le rasiere dont doit peseir le denreie de pain miral et li wastel et li plus blans pains ix quartrons del marc; et li pains de kien, ix quartrons et demi; et li pains d'Arras, x quartrons; et li pains regiet et pain de Paris, xij quartrons; et li pain à tout, xvj quartrons.

XXXV.

Ch'est li ordenemens de l'assise.

850. Li rasiere de blei, sour le vendeur, j d.
851. Li rasiere de blanc pois, j d.
852. Li hues d'autre grain, j d.
853. R. de fourment ke fourniers fournie à vendre, ij d.
854. Li r. d'autre grain ke on fournie à vendre, j d.
855. Le veche k'on vent en gros de xx s., ij d.
856. Li toneaus de vin d'Auchoirre k'on vent à broke, paie xxvj s.
857. Li toneaus de tout autre vin de le muison de le vile, xxviij s.
858. Li toneaus de vin Rinois à broke paie à l'avenant de se muison.
859. Li toneaus de tous vins k'on vent en gros, de chascune livre, ij d.
860. Et s'on l'enmaine hors de le vile pour vendre le, de chascune lib. ke il cousta paiera on ij d.

---

1. Cette disposition a déjà été reproduite plus haut (Pièces justif., LXXXVII) d'après un texte qui se trouve dans le cartulaire AB XVIII, 15.

861. Goud'ale de karitei de xx s., xij d. sor le brasseur.

862. Chervoise de xx s., ij d.; le altappere ki le acate en gros, del tonel, o.

863. Li toneaus de goudale, sor le brasseur, j d.

864. Servoise de Engleterre de xx s., ij d.

865. Li quartiers de miel k'on vent en gros, ij d., mies de j lot, o.

866. Olie, saim, oint, sieu cru et fondu, de chascune lib., ij d.

867. Le rasiere de blanc seil, o.

868. R. de seil de Poitau, o.

869. R. de carbons as feivres, o.

870. De cauch, de le lib., ij d.

871. Vaches, bues, moutons, pourchaus, chevaus et autres chars k'on vent en gros, de chascuns xx s., ij d.

872. Tout herenc et tout autre pisson k'on vent en gros, de le lib., ij d., et chil ki les envoieroit hors de le vile paie de chascuns xx s. k'il valent, ij d.

873. Le poise de fourmage d'Engleterre et d'Escoche, iij d.

874. Le poise de formage de Flandre, j d.

875. Le poise de bure, iij d.

876. Fighes, roisins, dates, amandes, ris et autres markandises ki apartienent à espeserie, de chascuns xx s., ij d.

877. Frutier de xx s., ij d.

878. Le kerke de poivre, v s.

879. Le kerke de plom, xviij d.

880. Le chent de koevre, iiij d.

881. Le c. d'estaim, ij d.

882. Dras d'or, de soie, chendaus, cotons, chire, kanevas, et toute autre mercherie, de chascuns xx s., ij d.

883. Li sas de laine de ij poises d'Engleterre, desous xx lib., et d'Escoche, iij s., li sas de laine de Wales et d'Yrlande, ij s. vj d.

884. Chil ki brisent les laines et les vendent par parties paichent iij s. de chascun sac.

885. Kiere laine d'Engleterre et d'Escoche, deseure xx lib., de chascuns xx s., ij d.

886. De chascun sac de laine k'on acate devens le vile, quant on le vent entir avant, paiera on xij d. s'il est de ij poises et avenant; s'il sorpoise demi poise et plus et de mains de demie poise, ne pai on nient; et ch'est de toutes laines.

887. Saie de Saint-Omer tainte, v d.

888. Saie blanke, ij d.

889. Dras entirs de Saint-Omer et tains en laines, de chascuns xx s., ij d.

890. Les doukes et les pieches de dras à detail taint paient, de chascun xx s., ij d.

891. Toute autre draperie estraingne k'on vent en gros, j d. de le livre.

892. Des cauches, de xx s., ij d.

893. Le kerke d'alun, xij d.

894. Et de chascun drap, de chascune saie tainte, sour le taintelier, ij d.

895. Et de laine taindre et file, des xx s. k'il enprendront, ij d. De chendres et de toute autre estoffe ki apartienent à taintelerie, de chascuns xx s., ij d.

896. Le c. de fer d'Espaigne, o.

897. Le c. de glos, iiij d.

898. De l'athier de xx s., ij d.

899. Des cleus, de chascuns xx s., ij d.

900. Cordewan, basan, quir tannei, de chascun xx s., ij d.

901. Tout blanc quir, de xx s., ij d.

902. Le quir cru, j d.

903. Escucherie et quankes il i afiert, de xx s., ij d.

904. Grant bos, neif faite, poi et quant k'il i afiert, de chascuns xx s., ij d.

905. De toute vair oevre et toute peleterie viese et novele, de xx s., ij d.

906. Blanc bos et toute l'estofe ki i afiert, de chascuns xx s., ij d.

907. Fruitier de xx s., ij d.

908. Li vonder d'aus, ij d.

909. Les c. reses d'oignons, j d.

910. Du filei, des xx s., ij d.

911. Toute autre markandise ki chi n'est nomeie, de chascuns xx s., ij d.

912. Le livre de rente iretavle sera prisie à x lib., et se uns hom eust une maison ki autant vausist ke rente iretavle et le loast on, le priseroit à xij lib.; et autre rente maisonée priseroit on viij lib., et de che pris paieroit on j d. de le lib. chascun an; et de le maison là on manroit ens, on en paieroit autant com à eskevins sambleroit boen, selonc le value de le maison et le rente à vie prisera on c. s. de parisis.

913. Couretier de vin paie du tonel j d. à Gillon Putal et à Willaume Wasselin.

914. Couretier de saies blankes, o., à Jehan Cousin. Saies taintes, j d. à Baudewin de Gant.

915. Couretier de draperie, de chascun drap, j d. A Jehan Mantel et à Bertel de le Deverne de chascun sac de laine, chascun couretier, j esterlinc.

916. Fileie et canevaich, de le livre, ij d. (*ce dernier article a été ajouté à la fin du* xiv° *s.*)

XXXVI.

917. On a commandei ke tout chil ki asise doivent k'il le paichent de leur markandises ensi com il est devisei par eskevins, sor lx s. et double.

918. Et ke tout tavernier paichent leur assise de chascun tonel ke il vauront aforeir anchois ke il i mechent le broke, sor double.

(*Une main postérieure a intercalé ici en cursive l'art. suivant.*)

919. Et on ne abasara ne relassera point del en videnge.

920. Et ke nus ne venge vin à broke, sor lx s., s'il n'est ensigniés.

921. Et k'on defache le tonel dedens tierch jour quant il sera hors, sor lx s.

922. Et ke nus crieres de vin ne crie vin s'il ne seit ke le asise est paié, sor lx s. et le mestier perdu.

923. Et ke nus winscrodere ne kerke vin k'on vent en gros en le vile, ne ne meche le main avant chou k'il fachent et aient enseigne des recheveurs del vin ke li asise est paié, sor lx s. et le mestier perdu.

924. Et chil ki vendent avoir de pois ne soit si hardi k'il poise nule markandise avant chou k'il aront paié le asise et k'il le fache asavoir as recheveurs, sor lx s. et le bourgoisie perdue. Et j vallés porra arester les marcandises ki afierent à le poise pour faire paier le asise.

925. Et ke tout couretier, quant il aront fait leur markandises de quelconkes markandise ke che soit, k'il le fachent asavoir à chaus à qui il afiert, sor lx s. et le mestier perdu.

926. Et tout avoir as bourgois et as autres ki asise doivent ki vint dedens le vile, soit à neif, u à karin, u en quelconkes maniere k'il vient, ke il paichent le asise anchois k'on le meche sus et mis en maison ne ailleurs, fors de vin et de laine, sour double.

927. Et ke nus pinres, broueteires ne autres, ne meche sus, ne le porche, ne amaine, ne karit, ne remue nul avoir, avant chou ke il ait paié se asise — et k'il le sache, — sor lx s. et sen mestier perdu.

928. Et ke nus mesureires de blei ne mesureche blei ne autre grain avant k'il sachent par les asiseurs ke li asise est paié, sor lx s. et le mestier perdu.

929. Et ke li gaugieres ne gauge nul vin avant k'il sachent k'on ait paié le assise, sour se bourgoisie.

930. Et chil ki sont as portes ne laisent passeir nul avoir se il ne seivent ke assise est paié, sour leur bourgoisie.

931. Et ke nus loieres de dras ne loie nul drap chou avant k'il sache ke le asise est paié u k'il ait enseigne de lui, sor lx s. et sen mestier à perdre an et jour.

932. Et ke tout chil ki asise doivent paichent leur asise ausi com ele est ordenée par eskevins, sor lx s. et double sans laisier.

933. Il est acordei et trait sour un par eskevins ke chil ki ont achensi le asise de le vile, ke il paichent, au kief del mois sus, à le hale, le xij^e partie de leur chense. Et s'il ne le paiaissent sus, ausi com il est dit chi desus, on leur commanderoit ke il ne se musent de le hale, sor lx lib., tresi adont ke il eusent paié; et s'il fust ensi ke il demoraissent vij jours et vij nuis à le hale, on feroit venir ens leur pleges et leur feroit on auteil commandement k'on a fait as deteurs. Et k'on ne puet nul respit doneir ne nul wage s'il ne sont wage d'argent u d'or, et ke li wage soit racatei dedens vij jours et vij nuis, u che non, on les venge.

934. On a commandei sour tous chaus ki saies taintes ont, k'il ne laisent point loier en leur maisons de saies k'il aient vendues.

935. Ne ke nus loieres soit si hardis ke il loie en autre lieu fors en l'osteil de l'estrange homme ki les ait acatées et ke chil ait paié s'asise ki les ara vendues, sor le forfait de lx s. et de perdre sen mestier an et jour.

936. Et si faites commandeir sour tous chaus ki ostes rechoivent, k'il ne laisent nul drap loier en leur osteil devant chou k'il sachent ke l'asise soit paié, sor le forfait de lx s.

937. Et si faites commandeir ke nus estranges hom n'acache saies taintes à estragne homme en le vile de Saint-Omer, sor le forfait de lx s. et de perdre le drap.

938. Et ke nus couretiers ne soit si hardis ke il fache saies taintes remueir ne ne venge avant, de si adont k'il sache ke l'asise soit paié et k'il le fache asavoir dedens le jour à chelui ki warde l'asise k'il les ait vendues et ki les ait acatées, sor le forfait de lx s. et de perdre sen mestier an et jour.

939. Tout chil ki drap ont et ki dras font faire et pieches et dokes et ki dras vendent en gros et à detail ki sont manant

dedens l'eskevinage, paichent leur asise et fachent seeleir à chelui ki warde l'asise leur dras et pieches et dokes dedens le jour u dedens l'autre jour après ke li dras soit apareilliés.

940. Et ensement, sour tous les caucheteurs ki cauches font u vendent, k'il fachent enseeleir les dras sor le mime forfait.

941. Et ke nus couretiers soit si hardis k'il n'acache nul drap s'il ne le voit seelei et s'il ne soit ke l'asise soit paié et k'il le fache asavoir à chelui ki warde l'asise dedens le jour de qui il est acateis et à qui il est vendus, sor le forfait de lx s. et de perdre sen mestier an et jour.

942. Et ke nus loieres ne soit si hardis k'il loie nul drap devant chou k'il sache ke l'asise soit paié, sor le forfait de lx s. et de perdre sen mestier an et jor.

943. Et ke nus ne loie son drap ne faiche loier à autres loieurs fors as loieurs de le vile ki sont jurei par eskevins, sor le forfait de lx s.

944. Et ke nus mesureres de waide ne mesure waide ne chose ki à le taintelerie afiere s'il ne le fait asavoir as recheveurs, sor lx s. et le mestier à perdre.

945. On a commandei ke nus ne venge servoise ne goudale plus kier ke à d., sor lx lib., mais mains le venge s'il veut.

946. Et ke nus n'ait haions sor les boukes des cheliers ne sor le cauchie se on ne les puet osteir et porteir et raporteir, sor lx s.

947. Et ke nus couretiers laise movoir saie u drap k'il vent ne acate avant k'on en ait paiet l'asise, sor lx s.

948. De tous les fourfais ki vienent de l'asise le vile en a le moitié.

Fait au tans J. Aubert, Gilebert de Sainte-Audegonde, Antoine Renvisc, J. Florent, J. Betthe... (*sic*) ... Dane, G. Mantel, J. Mantel, G. Philippe. (1282 ?)

XXXVII.

(*Tout le passage suivant est en fine écriture cursive du* XIIIe *siècle.*)

949. On fait àsavoir ke par le volentei du signeur et de le vile on fera asises en le forme et en le maniere ki ensieut :

Ch'est à savoir sour chaus ki venderont, borgois, manans et tous autres estrainges, des marchandises ki chi après sont nomeies.

950. Grain, laines et toutes autres choses ki venront à le poise

for fighes et roisin, vin, goudale, chervoise, liewers, mies et toutes autres marchandises dont on fera counissanches pardevant eskevins, et nomeiement tout iretage et toutes autres marchandises seront quite, duskes à le volentei de eskevins.

951. Et veis chi le forme et le maniere comment on les paiera et de quoi; et commenchera cheste assise le jor saint Jehan Decollase.

952. Tout chil ki venderont blei paieront de chascune rasiere j d., li r. de blanc pois, j d., li r. d'autre grain, o.

953. Li sas de laine desous xxv lib. doit iij s. et deseure xxv lib., iiij s. et tout autre avoir ki vienent à le poise paieront ausi k'il ont fait duskes à ore, fors fighes et roisins.

954. Chil ki brisent les laines et le vendent par pieres paieront iij s. du sac, desous xxv lib. et deseure xxv lib., iiij s.

955. Et de chascun sac de laine ke on acatera en le vile et on le vent entir avant, xij d.

956. Li toneaus de vin d'Auchoire ke on vent à broke paiera xxvj s. Li toneaus de tout autre vin de le muison de le vile, xxviij s. Li toneaus de vin Rinois ke on vent à broke paiera à l'avenant de se muison.

957. Li toneaus de tous vins k'on vent en gros paie de chascune lib., ij d., et s'on l'enmaine huers de le vile por vendre, de chascune lib. k'il coustera, paiera on ij d. Et se aucuns borgois fait envoiier vins hors de le vile por vendre à broke en lieu là on ne paie point d'asise paiera de chascun tonel xx s., et chascuns ki bevera vin en se maison paiera du mui v s.

958. Li toneaus de goudale paiera ij s. vj d. et s'on le menast hors de le vile, li toneaus paieroit vj d.

959. Et les x los de chervoise ke li braserres brasera paieront j d. Et quiconkes le brasera en se maison u sera braseur paiera de x los j d., et ensi à l'avenant : chervoise d'Engleterre ke on vendera, j d., goudale de karitei, de chascun mui, vj s. (Cet article a été rayé.)

960. Li los de mes j d. Li los de liewers, j d. sor le vendeur.

961. Et toutes autres markandises queiles k'eles soient dont on fera counissanche pardevant eskevins paiera de xx s. ij d. et li uselier double.

962. Et convient ke li marchant ki venderont et acateront et li couretiers viengent devant eskevins et dient de quoi chou est par leur serment.

963. Et s'il fust trovei envoir ke li couretiers ne desist de quoi

che fust, il seroit à x lib. de amende et perdroit se borgoisie à tousjors et sen couretage et s'il en fust coustumiers on le baniroit à tousjors de le vile. Et se li venderres ne desist le verité et on le peust savoir, il seroit à x lib.

964. Le livre de rente iretavle sera prisié à xij lib. et se uns hom eust une maison ki autant vausist ke rente hiretavle et le louast, on le priseroit à xij lib.

965. Et autre rente maisoneie priseroit on à viij lib.; de che pris paieroit on v d. de le lib. chascun an; et le rente à vie prisera on à c. s. de par.; si paiera on de le lib. v d.

966. Et fait on asavoir à tous ke de toutes les detes et convenenches dont on vieut avoir counissanches pardevant eskevins, convient ke il viengent à le hale pardevant ij eskevins ki i seront chascun jour et aporchent leur chirografes de leur counissanches escrites et endentées si ke le partie deseure demoura à le hale et l'autre partie ara une keuwe ki sera seeleie du seel des counissanches ki fait est propre a che hues. Et toutes les autres counissanches k'on feroit ailleurs k'en le hale seroient, et chieus ki le feroit et devant qui chou seroit fait, serroit à lx lib.

XXXVIII.

[Tisserands des Molekiniers.]

967 à 986.

Ce chapitre étant en grande partie la reproduction d'un règlement déjà reproduit (n°° 708 à 728), on s'est contenté, pour éviter un double emploi, de noter les variantes de ce second texte (*voy. plus haut*) et il ne figure ici que pour mémoire.

XXXIX.

Che sont li rentes et esplois de le vile qui furent chi escrit en l'an de l'incarnation M CC LXXIX, *el mois de may.*

987. Primus. Le hale Lange, IIII^{xx} et ix estaus à xxiiij s. l'estal, à paier à ij termines, à le Paske, xij s., et au Noeil, xij s.

988. Le boiste du merkedi ke doi preudomme wardent ki taillent drap à detail, à rendre au noeil u à le volentei d'eskevins.

989. Le boiste des blankes saies de le poise dont le saie paie j d. ke Jehans Cousins tient dont le rente est perpetuele.

990. Les o. des couretiers de blankes saies à paier à le volentei d'eskevins et ausi longhement ke leur volenteis sera.

991. Jehans de Leweline doit lx s. par an de l'eschope desous le hale Lange.

992. Simon Wellevere doit iiij lib. du chelier là il maint et si doit lx s. du chelier jungnant Willaume le Boul.

993. Willames le Boul doit lx s. par an de l'eschope là u il maint.

994. Miles li potiers doit lxxvj s. du chelier là u il maint desous le hale.

995. Henris Marau doit iiij lib. et x s. par an du chelier là u il maint.

996. Le hale des quirs et les maisoncheles ki i afierent ki valent x lib. par an.

997. Le maison là u Lambert de Mesines ens vaut vij lib. par an.

998. Le hale des taneurs là u Mikieus de Broubourg maint vaut xvij lib. par an à paier le moitié à le Paske et le moitié à le saint Mikiel.

999. Le masure là u Jehans li cordiers maint, jungnant le maison Huon Lodewene, doit par an xxj s. à paier à iij termines.

1000. Hues Lodewene doit vij s. par an de une masure ki apartient à le hale des taneurs.

1001. Le hale linge. — Lombardie ke Bertel de kelmes a lxv s.

1002. Le hale des cauches dont il i a xxx estaus à xij s. l'estal, chascun an à payer à le saint Jehan, vj s., et au Noeil, vj s. — Et le potiere ki i maint ens doit de le hale xlviij s. par an. — Li cheliers desous là u Jehans de Blendeke maint vaut bien c s. — Les eschopes d'en costé valent ensi ke on les puet louer. — Uns autres cheliers vers le Listerue desous le hale des cauches est à le vile. — Le voide masure d'en costé le hale as cauches est à le vile.

1003. Le moitié de le hale as cauchiers ke chil d'Arkes tienent doit xij lib. par an, à paier chascun mois xx s. Li soliers là u Griele le Huvetiere maint doit xxx s. par an. — Le maison là u Jakemins Elnars maint, el Vakestrat, doit lx s. par an.

1004. Le hale des cordewaniers dont il i a lij estaus à viij s. et viij d. l'estal; ij soliers, deseure chascun soliers vaut xxx s. par an. — Li cheliers desous vaut vj lib. (*Intercalation postérieure :* ke Clais de Lude tient et doit tenir x ans, pris en l'an M CC IIII^{xx} et XI, le jor saint Pierre entrant aoust.)

1005. Le hale des merchiers.

1006. Le hale des viesiers.

1007. Le hale des machecliers et les iiij cheliers desous.

1008. Le hale du pain.

1009. (*Interc. postérieure :*) Le hale des candeliers et li pottiers ki ens maint.

1010. Paskin Bourgon doit xxx s. par an d'une masure à Everborstade.

1011. Jehans Lamman ki maint u Brulle doit xiiij s. e le masure là u il maint.

1012. Jehans Spareconte doit x s. d'une masure.

1013. Le voide masure jungnant Jehan de le Pierre est à le vile.

1014. Li preis deriere l'Escoterie est à le vile ke li Escoterie tient.

1015. Les hanses de le vile.

1016. Les xviij d. de le lib.

1017. Les ij s. de le livre.

1018. Le boiste des crues saies.

1019. Le o. des ploumet de le crue draperie.

1020. Les eawes et les fosseis de le vile.

1021. (*Interc. postérieure:*) Un fossei ke sire Nichole de Sainte-Audegonde tient.

1022. Li cautres ke li maieur des markans ont en leur warde.

1023. Le masure là u Lambers le Bisere maint dehors le tour à Haut Pont, doit xx s. par an.

1024. Le masure la u Kerste Laiers maint ki fu Jehan Nievels le carpentier, doit xv s.

1025. Le masure la u Gis Coreide soloit manoir, doit xl s. par an.

1026. Le masure la u Kerste Le Moine maint doit xl s. par an.

1027. Le rentelete del petit Ger là on fait les neis.

1028. Le cauchie de le vile, vj lib.

1029. Et les ij mois de le vile, j lib.

1030. Le verghe de le vile, viij lib.

1031. Le masure sour Lard ki fu à Willame de Boloigne est à le vile.

1032. Andrieus Aubers doit v s. à x ans d'une flotelete vers Clermaresch.

1033. Sire Jehans de Sainte-Audegonde doit xij esterlins d'une autre flotelete à x ans.

1034. Gilles Manteaus doit viij s. par an du fossei deriere se maison.

1035. Sire Gillebers de Sainte-Audegonde doit viij s. de che mime fossei.

(*La partie qui suit est en écriture peu postérieure, mais très-négligée et à peine lisible.*)

1036. Les forfais.

1037. Et les borgosies du castelain ausi, après le mord Jehan de l'hale.

1038. Les iiij molins à vent dont li uns là va à Haut Pont, xxv lib., cheli à Corlis, xxiiij lib., cheli à le Loo et li autre, xxxij lib.

1039. Le hale des laines est à le vile louyant à Gillen Lornox, xxiv lib.

1040. Les eschopes, le feme Lignard de xij lib.

1041. Li viel maisiel sont à le vile en partie, qui est ore hale à laine.

1042. Mans du pont Amand ont acensi le hale des taneurs. Fait l'an m cc et iiij^{xx} et v.

1043. Les couretiers des laines, des saies taintes, des vins, de le draperie et des blankes saies.

1044. Le o. des blankes saies, le conte.

1045. Les bos de Ruout.

1046. Le chens de Menteke et le bos de Menteke.

1047. Le maison longant le porte Sainte Crois. La maison Jehan de Bolonge maint.

1048. Les v mollins à vent.

1049. Aelis Costers doit v s. par an hiritavlement, de j masure gisant à Everbostade, longant le masure Paskin Borgon ki fut pris et fait l'an m cc iiij^{xx} et viii.

1050. Sur J. de Sainte-Audegonde doit au noel un capons.

1051. Jehan de l'Hale doit xx s. par an del masure ki fu à le...

1052. La maison longant Godin ki fu acatei à le veue W. de Bodinghem.

1053. Le masure longant le pont Avoie est à le vile.

1054. Jehan Hanecos doit xij s. de parisis de une masurete longant se ...son à paier au Noel.

1055. Li mollin à eawe en Brule, viij lib. par an.

1056. Les vij mollins de Blendeke.

1057. Le maison longant Godin ki fu acatei à le veve W. de Bodinghem.

XL.

(*Ici reprend la belle écriture habituelle.*)

Ch'est le rente del Gier k'on paie le jour saint Mikiel ki vaut par an xiij lib. et xv s., dont les pieches sont chi escrites.

1058. Jehans Keiser et Gerars del Walle, xxv s.
1059. Danins Scibboutre, v s.
1060. Mabe Mars, v s.
1061. Mas Polchallinc et Willaume li Rous, xij s.
1062. Willaumes li Rous, vj s.
1063. Willaumes li Rous, vj s. et ij d.
1064. Clai Vlecgart, xij s. et iiij d.
1065. Item, Clai Vlecgart, xix s. et vj d.
1066. Christian Bouckelare, viij s. et iiij d.
1067. Gilles Bouckelare, vj s.
1068. Mikieus de Oudemonstre, xiij s. et ix d.
1069. Gilles Drughebrot, xij s. et iij d.
1070. Margrite des Walen, xxj s.
1071. Willaume Storm et Hannin Brune, xiij s. et iij d.
1072. Hein Storm, xj s.
1073. Danin Scibboutre, vj s. et ix d.
1074. Pierres Widot et Willaume Storm, xiij s. et viij d.
1075. Mikieus li Rous, xij s.
1076. Jehans Bricchebout, xj s. et vj d.
1077. Item, Clai Vlecgart, xxxj s. et j d.
1078. Boid Zangere, viij s.
1079. Willaume li Sac et ses freires, xv s. et v d. et o.
(*La fin en écriture postérieure et très-négligée.*)
1080. Item, le grant Geer là on met sus le boos.
1081. Stas li potiers ki maint dehors le porte Boullisiene doit xxx s. iretavlement par an de le masure deriere sen manoir.
1082. Le maison Gerart le Castelain ki siet ou vies markié doit à le vile xxx s. de parisis iretavlement pour l'escange de le tere ki fu Willaume de Bouloigne gisant en Lannoi ke sire Jehan Bette tient.
1083. Sor le maison Helin le Bollengier, xl s. heritavlement devant et derire, ke Jehan Bollars vendi à le vile, werpi à loi pardevant eskevins J. de Sainte-Audegonde et J. Veline (?), Gilebert d'Arie, Willaume Wasp, J. Aubert, Ph. d'Auld, J. Sualbel, J. Bette, Jehan, Haugeboc, l'an M CC IIII XX et XVII el mois d'avriel.
1084. Le maison qui fu Nicole de Sainte-Audegonde sor l'eawe de l'estat est à le vile.

TABLE DES MATIÈRES.

CHAPITRE PREMIER.
Origine et premier développement de la ville.

Pages

§ I. Donation de la *villa Sitdiu* à saint Omer en 648; fondation de l'abbaye de Saint-Bertin; condition de l'établissement des moines; érection d'une seconde église en 662; développement du monastère; sécularisation de l'église de Saint-Omer en 820.   1

§ II. Incursions des Normands; leur influence sur les relations sociales; critique des documents faisant mention des invasions à Sithiu; récit des invasions de 845 à 890; le château de Saint-Omer d'après les textes du xe siècle; influence des invasions sur la formation de la ville   8

§ III. Usurpations de souveraineté des comtes de Flandre (893-1056)   26

§ IV. Développement de la ville de 890 à 1127; paroisses, commerce, terres; diverses puissances qui se partagent la ville: l'abbaye, le chapitre, le comte, les seigneurs féodaux. . . .   29

§ V. Discussion des opinions qui ont attribué à Saint-Omer une organisation antérieure au xiie siècle.   36

CHAPITRE II.
Période communale.

§ I. Caractère de la révolution communale en Flandre; les chartes de paix publique   40

§ II. Influence des villes sur l'avénement au comté de Guillaume de Normandie; franchises accordées à Bruges et à Ardenbourg.   45

§ III. Concession à Saint-Omer de la charte du 14 avril 1127; caractère et analyse de cette charte.   50

§ IV. Rôle des villes dans la lutte entre Guillaume de Normandie et Thierry d'Alsace; concession à Saint-Omer de la charte du 22 août 1128.   56

§ V. Développement de Saint-Omer au xiie siècle; concession de la Gilde-Halle; franchises dans les foires flamandes; franchises en Angleterre; grande charte de 1168   63

§ VI. Formation du comté d'Artois (1159-1237); histoire de la ville au xiiie siècle.   69

§ VII. Décadence à partir du xive siècle; réforme de la loi échevinale en 1305 et 1306; nouvelle réforme en 1447 72

CHAPITRE III.
Le comte. — Le châtelain. — Le bailli.

§ I. Ordre suivi dans l'étude de l'organisation de Saint-Omer . . 79
§ II. Le comte; relations avec la ville; juridiction; conflits avec l'échevinage; droits domaniaux; droits fiscaux 81
§ III. Les châtelains; origine des châtelains; relations avec le comte; leur situation et leur rôle; rapports avec la ville; juridiction sur la châtellenie et sur la ville; fonctions juridiques; droits fiscaux, émoluments de justice, redevances féodales, forage, issue du vin, droit sur les déchargeurs de vin, péage des marchands qui traversent la ville; droit sur les serments de bourgeoisie, banalité des moulins, droits particuliers sur la banlieue; fief du châtelain, la Motte; possessions du châtelain; fiefs tenus du château; mairie du Brûle; sénéchal du châtelain; résumé du rôle et des fonctions des châtelains 91
§ IV. Le bailli; fonctions juridiques, près de la cour du comte, du tribunal des échevins; attributions administratives; attributions financières; conflits avec la ville; conflits avec le chapitre de Saint-Omer 116

CHAPITRE IV.
Juridictions diverses.

§ I. Juridiction ecclésiastique; ses formes, sa compétence . . . 124
§ II. Abbaye de Saint-Bertin; territoire soumis à sa juridiction; ses officiers de justice, avoués, baillis; conflits avec la commune; possessions diverses, marais et pâtures, Arques 129
§ III. Chapitre de la collégiale; juridiction du cloître; conflits avec la commune; exercice de la justice, avoués, franche cour du prévôt, justice du doyen; possessions : maisons et vergers à Saint-Omer, marais de Burques, Lannoy 139
§ IV. Juridictions féodales; banlieue 147

CHAPITRE V.
Organisation de la commune, maieurs, échevins, jurés.

§ I. La commune d'après la keure de 1127 151
§ II. Événements de 1305-1306; organisation de la commune à cette époque 154
§ III. Jurés pour le Commun, second collége de magistrats municipaux; discussion sur leur origine; séparation des habitants de la ville en deux classes; organisation et situation analogues de la plupart des villes du Nord 158
§ IV. Commune, divers sens de ce mot; *communio, communitas* . 164
§ V. Jurés; leurs attributions et leurs fonctions au xiie siècle . . 167
§ VI. Échevins; ce sont les *scabini* de l'époque carolingienne dont les attributions se sont étendues. — D'abord nommés à vie, ils

deviennent annuels. — Mode de nomination des échevins dans diverses villes. — Leur nombre. — Arrière-échevins 169
§ VII. Maieurs ; origine, élection, prérogatives. — Lieutenant de maieur. 171
§ VIII. Époque du renouvellement de la loi; conditions d'éligibilité aux magistratures municipales 173
§ IX. Réformes introduites par l'ordonnance de 1447. 173

CHAPITRE VI.

La justice municipale.

§ I. Origines de la justice municipale 176
§ II. Compétence des échevins. 180
§ III. Présidence de l'échevinage; rôle du maieur. — Plaids . . 181
§ IV. Fonctions des échevins et des jurés; témoins 184
§ V. Juridiction gracieuse; obligations et contrats; voies d'exécution et de contrainte. — Scel aux contrats. — Tutelle des orphelins. 185
§ VI. Procédure devant l'échevinage; preuve testimoniale; duel; épreuves; *Ensoine.* — Rapports juridiques des villes entre elles. — Prison 187
§ VII. Arbitrages pour réconciliations; *trèves; paix; compositions.* — Procédure pour la conclusion d'une paix. — Arbitrages en matière domaniale. 190
§ VIII. Juridictions inférieures; *vierscaires* 196
§ IX. Subordination des échevinages d'Ardres, d'Audruicq et de Fauquembergue à l'échevinage de Saint-Omer. — Les échevins de Saint-Omer, arbitres entre le comte et les XXXIX de Gand. 198
§ X. Appel des sentences de l'échevinage. 200

CHAPITRE VII.

La coutume.

§ I. Pouvoir législatif des échevins. — Sources du droit à Saint-Omer 202
§ II. Condition des personnes : bourgeois; droit de bourgeoisie; manants; hôtes; serfs. — Minorité et tutelle. — Mariage. — Bâtards. — Étrangers 205
§ III. La propriété. — Successions. — Rentes foncières. — Biens ecclésiastiques. — Dettes 210
§ IV. Droit criminel. — Crimes et délits contre les personnes : meurtre, mutilations, blessures, coups, injures. — Tarifs de composition pour les *paix.* — Crimes et délits contre la propriété : assaut de maison, vol 212
§ V. Peines : mort; mutilations; bannissement; pilori; prison; arsin et abbatis de maison; confiscation; perte de la bourgeoisie; amendes honorables; amendes profitables. 218

CHAPITRE VIII.
L'administration.

§ I. Origines des attributions administratives des magistrats municipaux 226
§ II. Action politique de la ville. — Droit de Sceau. — Monnaie communale. — Cloche du ban 229
§ III. Propriétés communales. — Bois de Loo et terres avoisinantes ; rapports avec le châtelain. — Marais et pâtures à l'Est et au Nord ; contestations avec l'abbaye de Saint-Bertin. — Marais et pâtures au Nord-Ouest ; contestations avec le chapitre . 232
§ IV. Administration des communaux. — Droits qu'y possédaient les bourgeois. 237
§ V. Propriétés communes situées dans l'enceinte. — Gilde-Halle. — Chapelle sur le marché. 238
§ VI. Revenus de la ville. — Rentes foncières ; locations ; fermages. — Impôts ; cauchiage et fouage ; issue ; réceptions dans la bourgeoisie ; réceptions dans les métiers et dans la hanse, etc.; Assise 241
§ VII. Charges et redevances des bourgeois et de la ville. — Dépenses de la ville 245
§ VIII. Administration financière ; argentiers. — Analyse d'un compte de la ville 247

CHAPITRE IX.
L'administration (suite).

§ I. Officiers de la commune 254
§ II. Police de la ville ; juifs et hérétiques ; vagabonds, ribauds, mendiants ; prostitution ; port d'armes 255
§ III. Police des lieux publics ; auberges et tavernes. — Police des jeux. — Règlements somptuaires. — Police de nuit. 257
§ IV. Voirie. 260
§ V. Eaux 262
§ VI. Police rurale ; chasse et pêche. 263
§ VII. Travaux publics ; fortifications 265
§ VIII. Assistance et instruction publiques 267
§ IX. Milice communale. — Guet et garde de la ville. 270

CHAPITRE X.
Le commerce.

§ I. Importance du commerce à Saint-Omer. — La *Gilde*, son rôle dans la formation des communes 273
§ II. La *Hanse* de Saint-Omer. — La *Hanse de Londres* 282
§ III. Règlements commerciaux ; Halles et étaux 284
§ IV. Marchés et foires 288
§ V. Intermédiaires entre les acheteurs et les vendeurs ; courtiers ; *deskerkeurs* ; *abrokieres.* — Mesureurs et peseurs jurés. — Règlements sur les poids et mesures. 291

§ VI. Mouvement et commerce de l'argent; prêt à intérêt; change. 295
§ VII. Commerce par eau; corporation des mariniers. — Commerce maritime; exemption du droit d'épave 297
§ VIII. Conditions du commerce à Saint-Omer; impôts sur le commerce; tonlieu. — Priviléges des marchands étrangers . . 299
§ IX. Franchises et priviléges des marchands de Saint-Omer :
1° en Flandre; 2° à l'étranger et principalement en Angleterre . 311
§ X. Nature du commerce de Saint-Omer. — Laines et tissus. Vins. — Cuirs et pelleteries. — Poisson. — Marchandises diverses . . . . : . . . 326

CHAPITRE XI.
L'industrie et l'organisation des métiers.

§ I. Organisation de l'industrie 338
§ II. Le *caltre*. — Keuren des trois métiers de la draperie. — Keuren des autres métiers 341
§ III. Attributions des officiers des métiers, *keuriers* et *eswardeurs*. 344
§ IV. Caractères de la réglementation des métiers. — Rôle des corporations dans la ville 346
§ V. Condition des gens de métier; apprentis, ouvriers, maîtres . 348
§ VI. Réglements particuliers à la draperie; opérations préliminaires; tissage, foulage, lainage, ramage, tondaison, teinture. — Concurrence de la draperie des villages. 351
§ VII. Tapissiers. — Tisserands des molequiniers. — Feutriers. — Caucheteurs. — Cordonniers, sures et savetiers. — Selliers. 359
§ VIII. Industries de l'alimentation 362
§ IX. Métiers divers 364

PIÈCES JUSTIFICATIVES.

I. CHARTES. — I. 1042-1043, 1er *mars*. — Échange entre Roderic, abbé de Saint-Bertin, et Baudouin, prévôt de Saint-Omer . . 369
II. v. 1117. — Baudouin, comte de Flandre et avoué, confirme à l'abbaye de Saint-Bertin ses possessions, et spécialement le tonlieu de Saint-Omer, le village de Houlle et la terre de Rodelinghem 370
III. — 1127, 14 *avril*. — Priviléges et franchises concédés à la ville de Saint-Omer par Guillaume, comte des Flamands. . . 371
IV. — 1128, 22 *août*. — Priviléges et franchises concédés à la ville de Saint-Omer, par Thierri, comte des Flamands 376
V. — 1151. — Donation aux bourgeois de Saint-Omer, du fonds de la Gilde-Halle de leur ville par le comte Thierri d'Alsace. . 378
VI. — S. d. 1157. — Donation aux bourgeois de Saint-Omer du fonds et des dépendances de la Gilde-Halle par le comte Thierri d'Alsace 379
VII. — 1157. — Concession de franchises aux foires de Lille, de Messines et d'Ypre par le comte Thierri d'Alsace 380

VIII. — 1154-1162. — Henri, roi d'Angleterre, concède aux bourgeois de Saint-Omer le droit d'avoir des magasins dans la cité de Londres ainsi que des franchises et des garanties de sécurité pour leur commerce en Angleterre 381

IX. — 1164-1165. 22 *janvier*. — Confirmation par le comte Philippe d'Alsace de la charte concédée par son père, le 22 août 1128. 381

X. — 1164-1165. 21 *février*. — Philippe, comte des Flamands, confirme le jugement des échevins et élus de Bourbourg sur l'exemption de tonlieu des habitants de Saint-Omer à Gravelines, règle les rapports des marchands de Saint-Omer entre eux et avec les échevins de Gravelines, et décide que les contestations avec les marchands de Saint-Omer devront être jugées à Saint-Omer 382

XI. — *Sans date*, v. 1165. — Les habitants de Bourbourg sont exempts de tonlieu à Saint-Omer; toute contestation à ce sujet sera jugée par les échevins de Saint-Omer. 384

XII. — 1166. 15 *mai*. — Pierre, prévôt du chapitre, déclare approuver la sentence arbitrale qui a déterminé la limite des possessions de la ville et de la prévôté dans les marais de Burques. . 385

XIII. — 1166. 31 *mai*. — Accord entre la ville et le chapitre pour l'établissement d'un tribunal arbitral chargé de terminer leurs différends. 386

XIV. — *Sans date*, v. 1168. — Keure de la ville de Saint-Omer concédée par Philippe d'Alsace 387

XV. — 1175 (*entre avril et mai*). — Philippe d'Alsace règle la limite des pâturages communs entre la ville, le chapitre et l'abbaye de Saint-Bertin 392

XVI. — 1175 (?) 14 *mai*. — Alexandre III confirme la division des pâturages communs entre la ville et l'abbaye de Saint-Bertin . 393

XVII. — *Sans date, avant* 1178. — Guillaume, archevêque de Reims, mande aux doyens d'Hazebrouck et de Fauquembergue d'excommunier le châtelain de Saint-Omer, jusqu'à ce qu'il donne satisfaction aux chanoines au sujet du tonlieu et du forage. 394

XVIII. — 1178. — Sentence arbitrale décidant que les hommes du châtelain sont exempts de tonlieu pour les animaux qu'ils élèvent et les fruits qu'ils recueillent, et que le cloître de Saint-Omer est exempt de forage 394

XIX. — 1193. — Le chapitre de Saint-Omer règle la position de ses hôtes (*Subsides*). 395

XX. — 1194 (*du 10 avr. au 31 octob.*). — Philippe Auguste confirme les chartes de Philippe d'Alsace (1165 et 1175, pièces XIII et XV), touchant : 1º les pâtures communes entre le chapitre, l'abbaye et la ville; 2º les franchises dont les bourgeois de Saint-Omer jouissaient à Gravelines. 396

XXI. — 1197 (*du 6 avril au 31 octobre*). — Philippe Auguste concède aux bourgeois de Saint-Omer l'eau et tout le produit des fossés de leur ville 397

XXII. — *S. d. v.* 1198. — Confirmation des keuren de Saint-Omer, par Baudouin de Constantinople. 398

XXIII. — 1198. — Confirmation par Marie de Champagne, comtesse de Flandre, des lois et coutumes concédées à Saint-Omer, par Baudouin de Constantinople 399

XXIV. — 1198. — Baudouin, comte de Flandre, concède aux bourgeois de Saint-Omer l'eau et le produit des fossés de leur ville. 399

XXV. — 1198. — Baudouin de Constantinople confirme la charte de Philippe d'Alsace (p. X) relative aux priviléges des marchands de Saint-Omer à Gravelines 400

XXVI. — 1198. — Baudouin de Constantinople confirme la charte de Philippe d'Alsace déterminant la limite des pâtures communes entre le chapitre, l'abbaye et la ville. (Cf. Pièce XV.) 400

XXVII. — 1199, 5 *mai*. — Baudouin, comte de Flandre, confirme les échevins dans leur juridiction, et leur reconnaît le droit d'améliorer les coutumes de leur ville 401

XXVIII. — 1200, 1er *août*. — Le comte de Flandre Baudouin confirme le jugement arbitral intervenu dans un conflit entre l'abbaye et la ville relatif à la pâture dite *Suinart* 402

XXIX. — 1206, *avril*. — Exemptions de lagan, garanties de sécurité et de libre parcours accordées dans ses domaines aux bourgeois de Saint-Omer par Reinaud, comte de Boulogne. . . . 403

XXX. — 1210-1211. *Mars*. — Guillaume, châtelain de Saint-Omer, concède aux bourgeois de Saint-Omer un pré et les redevances qu'il percevait sur les bestiaux qui paissaient dans le pâturage joignant le bois de Loo 404

XXXI. — 1211-1212. *Février*. — Louis, fils de Philippe Auguste, confirme la keure concédée à la ville de Saint-Omer en 1164-65, par Philippe d'Alsace (*voy.* n° X). 404

XXXII. — 1211-1212. *Février*. — Louis, fils de Philippe Auguste, confirme aux bourgeois de Saint-Omer la possession du produit des fossés de leur ville. 406

XXXIII. — 1211-1212. *Février*. — Louis, fils de Philippe Auguste, confirme la charte par laquelle Philippe d'Alsace règle la limite des pâturages communs entre la ville, le chapitre et l'abbaye de Saint-Bertin 405

XXXIV. — 1211-1212. *Février*. — Louis, fils de Philippe Auguste, concède aux bourgeois de Saint-Omer les annexes établies à l'est de la Gilde-Halle lors de son entrée à Saint-Omer 406

XXXV. — 1218. *Septembre*. — Guillaume, châtelain de Saint-Omer, donne à la ville, pour servir à ses fortifications, un pré longeant les fossés du côté de Saint-Michel et renonce aux

droits qu'il percevait sur les animaux qu'on menait paître près
des bois de Loo 407

XXXVI. — 1218. *Septembre.* — Louis, fils de Philippe Auguste,
confirme la charte précédente 407

XXXVII. — 1221-1222. *Janvier.* — Guillaume, châtelain de
Saint-Omer, vend à Foulques, fils de Jean de Sainte-Aldegonde,
moyennant 580 livres de parisis, un pré sis près du couvent de
Saint-Michel, et une rente annuelle de 30 livres de parisis à
prendre sur le forage, à la charge de la redevance d'une lance
par an. 408

XXXVIII. — 1228-1229. *Janvier.* — Les maieurs et échevins abandonnent à la table des pauvres de Saint-Omer tous leurs droits
sur une maison sise entre l'Escoterie et le cloître de Sainte-Aldegonde ; elle servira à cuire les aliments des pauvres des
paroisses de Saint-Denis et de Sainte-Aldegonde 409

XXXIX. — 1228-1229. *Mars.* — Le Chapitre abandonne à la table
des pauvres tous ses droits sur la même maison. 409

XL. — 1229-1230. *Mars.* — Louis IX confirme les priviléges de
la ville de Saint-Omer 410

XLI. — 1236. *Septembre.* — Accord entre la ville et le prévôt du
Chapitre terminant une contestation relative à la possession de
marais. 411

XLII. — 1236. *Septembre.* — Confirmation par l'évêque de Térouane de la charte précédente. 412

XLIII. — 1237. *Juillet.* — Confirmation des priviléges de la ville
par Robert, comte d'Artois. 413

XLIV. — *s. d. Avant* 1244. — Statuts de la hanse de Saint-Omer. 413

XLV. — 1247. *Avril, et* 1247-48, *février.* — Robert, comte d'Artois, confirme une sentence arbitrale déterminant les limites de
la banlieue du côté d'Arques 414

XLVI. — 1247, 14 *septembre.* — L'évêque de Térouane lève l'excommunication lancée sans autorité suffisante contre l'échevinage par les prêtres de Saint-Omer 416

XLVII. — 1247-48. *Février.* — Robert, comte d'Artois, approuve
la nomination d'arbitres par le chapitre et la ville pour terminer
diverses contestations, nomme un tiers-arbitre, précise les points
à définir, et les conditions de la sentence 417

XLVIII. — 1247-48. *Février.* — Robert, comte d'Artois, règle plusieurs différents entre la ville et l'abbaye de Saint-Bertin, principalement relatifs à la Meer 418

XLIX. — 1247-48. *Mars.* — L'abbaye de Saint-Bertin déclare accepter la sentence arbitrale réglant les limites des juridictions
de la ville et de l'abbaye du côté d'Arques. 420

L. — 1247-1248. *Mars.* — L'abbaye de Saint-Bertin promet de se
conformer à l'ordonnance du comte d'Artois relative à la Meer . 421

LI. — 1247-1248. *Mars.* — Pierre, évêque de Térouane, confirme l'ordonnance du comte d'Artois relative à la Meer . . . 421

LII. — 1248. 14 *mai.* — Sentence arbitrale de Pierre, prévôt du chapitre, et de Gilles de Sainte-Aldegonde, bourgeois de la ville, réglant la fermeture du cloître, les conditions de possession de certaines maisons canoniales, l'échange fait entre le chapitre et Foulques de Sainte-Aldegonde, et la juridiction de Lannoy . . 422

LIII. — 1248. 17 *mai.* — Confirmation par Robert, comte d'Artois, de la sentence précédente 424

LIV. — *Sans date.* 1250. — Biens tenus en fief du comte d'Artois par Gerard de Niepeglize 425

LV. — 1255. 8 *mai.* — Jacques, évêque d'Arras, rapporte le jugement de Jehan de Ulli, clerc de l'hôtel du roi, et de Jehan de Mesons, chevalier, délégués par le roi pour terminer un différent entre Gui de Châtillon, comte de Saint-Pol, seigneur d'Artois, et l'échevinage de Saint-Omer 425

LVI. — 1267. *Juillet.* — Robert, comte d'Artois, confirme les priviléges de la ville 428

LVII. — 1269. *Décembre.* — Serment prêté par le comte d'Artois à la ville 428

LVIII. — 1269-70. *Mars.* — Robert, comte d'Artois, fonde une foire dans la ville de Saint-Omer 429

LIX. — 1271. *Avril.* — Le chapitre de Saint-Omer accense à l'échevinage le tonlieu des huit premiers jours de juin, pour lui permettre la création d'une foire franche 429

LX. — 1271. *Août.* — Robert, comte d'Artois, confirme un accord intervenu entre le chapitre et les échevins, et autorise la reconstruction de la chapelle du marché dans les conditions qu'ils ont déterminées 430

LXI. — 1273-74. *Janvier.* — Guillaume, châtelain de Saint-Omer, donne en fief à Lambert Wolveric ses perceptions sur les étaux de la halle, les deniers à lui dus par la ville sur les rentes de la Ghière, et une rente sur la mairie du Brûlle 431

LXII. — 1276. 24 *juillet.* — Robert, comte d'Artois, affranchit du péage de Bapaume les vins de Beauvais qu'on mène à Saint-Omer 432

LXIII. — 1277. 17 *octobre.* — Charte de non-préjudice pour les priviléges de la ville concédée par Robert, comte d'Artois, à cause de la liberté donnée aux étrangers d'acheter du vin à l'Etape. 433

LXIV. — 1280. 24 *décembre.* — Accord entre le châtelain et l'échevinage au sujet des déchargeurs de vin. 433

LXV. — 1281. 20 *septembre.* — Robert, comte d'Artois, autorise l'échevinage à agir au mieux des intérêts de la ville au sujet des étrangers qui veulent s'établir à Saint-Omer 435

LXVI. — 1282. 27 *juillet.* — Robert, comte d'Artois, interdit aux marchands d'exposer et de vendre leurs marchandises ailleurs que dans les halles communes. 435

LXVII. — *S. d.* 1282 (?) — Guy, comte de Flandre, confirme les franchises en Flandre concédées aux bourgeois de Saint-Omer par ses prédécesseurs. 436

LXVIII. — 1282. *Octobre.* — Guy, comte de Flandre, interprète les franchises que les bourgeois de Saint-Omer avaient à Gravelines. 437

LXIX. — 1293-1294. *Février.* — Robert, comte d'Artois, concède à la ville le droit d'avoir un scel aux contrats. 439

LXX. — *S. d.* xiiie siècle. — Lettre des maieurs et échevins de Saint-Omer au roi d'Angleterre, lui demandant des garanties pour leurs marchands 440

LXXI. — 1302. 5 *septembre.* — Relation du jugement et de la pendaison d'un voleur arrêté dans l'église de Saint-Bertin . . 440

LXXII. — 1302. *Août.* — Serment prêté à la ville par Eudes, comte d'Artois et de Bourgogne, et Mahaut, sa femme. . . . 443

LXXIII. — 1305. 10 *mai.* — Jean de Hérouval, bailli d'Hesdin, fait savoir qu'à la suite d'un différend survenu entre le « commun » de la ville et l'échevinage, accusé de mauvaise administration par-devant la comtesse d'Artois, les procureurs des parties, ajournés devant la comtesse d'Hesdin, sont tombés d'accord, pour abréger la procédure, de charger la comtesse d'Artois de régler par une ordonnance les points litigieux, et se sont engagés, pour eux et pour leurs mandants, à exécuter cette ordonnance 444

LXXIV. — 1305. 22 *octobre.* — Ordonnance de la comtessse Mahaut d'Artois réglant le mode de nomination de l'échevinage au prochain renouvellement, et obligeant les échevins à lui rendre compte des finances de la ville. 447

LXXV. — 1306. 23 *mai.* — Ordonnance de la comtesse Mahaut d'Artois réglant le mode d'élection de l'échevinage 451

LXXVI. — *S. d.* 1306. — « Ch'est li ordenanche comment et « queus personnes et de quelle condition on doit prendre et es- « lire pour estre eskevin à l'honneur et au pourfit de la vile. » 453

LXXVII. — 1306. 12 *mai.* — Abolition de l'ensoine par la comtesse Mahaut. 454

LXXVIII. — *S. d.* Commencement du xive s. ap. 1306. — Lettre adressée à l'échevinage de Saint-Omer par Guillaume Alnordon et Pierre de la Vive, pour rendre compte de la mission dont ils avaient été chargés auprès des marchands de Londres . . . 455

LXXIX. — 1320. 15 *juillet.* — Priviléges concédés par la comtesse Mahaut aux marchands étrangers qui fréquentaient l'étape de Saint-Omer 456

LXXX. — *S. d.* v. 1320. — Lettre de l'échevinage de Saint-Omer aux échevins de l'Ecluse, pour leur demander des renseignements au sujet d'un crime commis dans leur juridiction . . . 460

LXXXI. — 1321. 20 *mai*. — Notification au receveur de denier et maille pour livre, perçu sur les Italiens, de ne point percevoir cette coutume à l'étape de Saint-Omer 461

LXXXII. — 1322-1323. 16 *février*. — Lettre de l'échevinage de Bruges à celui de Saint-Omer, lui envoyant une liste de vingt et un condamnés au bannissement, et le priant de ne leur point donner refuge 462

LXXXIII. — 1323-1324. 8 *mars*. — Ordonnance de la comtesse Mahaut interdisant la draperie des villages comme portant préjudice à la fabrique de Saint-Omer 462

LXXXIV. — 1329. 23 *octobre*. — Quittance de neuf mille livres parisis donnée par la comtesse Mahaut à l'échevinage de Saint-Omer 463

II. — Règlements et tarifs. — LXXXV. — 1218. *Septembre*. — Droits du châtelain. 464

LXXXVI. — *S. d.* xiiie s. — Bans de l'échevinage (fragment) . 467

LXXXVII. — *S. d.* xiiie s. — Ban relatif au pain. 468

LXXXVIII. — 1305-1306. *Janvier*. — 1307. *Décembre*. — Règlements des trois métiers (tisserands, foulons et tondeurs) . . . 468

LXXXIX. — Vers 1320. — Keure des fripiers 471

XC. — Vers 1320. — Bans relatifs au poisson. 472

XCI. — Vers 1322. — Keure des vieziers 472

XCII. — 1374. — Déclaration pour « le zoeve de mort de homme. » 473

XCIII. — Tarifs de tonlieu du xiie siècle (entre 1159 et 1167)
 1° Texte latin (copie de la fin du xiiie siècle) . . . 474

XCIV. — 2° 1328. — Traduction française, en partie assonancée, du tarif précédent. 475

XCV. — Tarifs du tonlieu du xiiie siècle :
 1° Texte latin 486

XCVI. — 2° *S. d.* xiiie s. — Traduction du tarif précédent . 491

XCVII. — 3° 1401. — 17 *septembre*. — Autre rédaction du tarif précédent 494

XCVIII. — Vers 1320. — « Ch'est le droiture que li ville a el tonlieu et en le saccage. » 499

XCIX. — Vers 1320. — Règlement pour le tonlieu 499

C. — 1326. — Autre règlement pour le tonlieu. 500

CI. — Vers 1320. — « Ch'est le droiture de le cauchie. » . . . 500

CII. — Vers 1320. — Règlement du saccage. 501

III. — Registre aux bans municipaux. — I. Du pain (1-16). . . 502

II. Du vin (17-37) 503

III. Des « abrokieres » de vin (38-46) 505

IV. Des « machecliers. » (47-58) 505

V. Des « pouletiers. » (59-61) 506

VI. Des poissonniers (62-82) 506

VII. Bans divers de l'année 1270 (83-294) 508
VIII. Bans divers de 1272 (295-307). 523
IX. Bans divers de 1268 (308-322) 524
X. Bans divers de 1270 (?) (329-344) 525
XI. Bans divers (345-355) 527
XII. Bans divers (356-454) 528
XIII. Bans divers (de 1280?) (455-466) 535
XIV. Bans divers (de 1281) (467-566) 537
XV. Bans divers (de 1279) (567-577) 547
XVI. Recettes du fouage (578) 548
XVII. Keure de la draperie (579-661) 549
XVIII. Keure des foulons (662-672) 560
XIX. Keure des tondeurs (677-703) 561
XX. Keure des caucheteurs (704-707) 564
XXI. Keure des tisserands des molekiniers (708-728) 565
XXII. Keure des vallets tondeurs (729-731) 567
XXIII. Keure des feutriers (732-745) 568
XXIV. Keure des cuirs (746-754) 569
XXV. Keure des tisserands de tapis (755-760) 570
XXVI. « Li rewars sus les cardons. » (761-764) 570
XXVII. Ordonnance sur les foires de Flandre (765-773) 571
XXVIII. « Ch'est li ordenens de le feste. » (774-776) 571
XXIX. Coutume pour la conclusion des paix (777-793) 572
XXX. Keure des priseurs (794-804) 580
XXXI. Keure des sures (805-810) 581
XXXII. « Hec est consuetudo Thoraltensium in nundinis obser-
vanda. » (811-847) 582
XXXIII. Projet d'accord avec le chapitre pour racheter le tonlieu
pendant les foires (848) 584
XXXIV. Ban relatif au pain (849) 585
XXXV. « Ch'est li ordenemens de l'assise. » (850-916) 585
XXXVI. Règlements de 1282 relatifs à l'assise (917-948) . . . 588
XXXVII. Autres règlements relatifs à l'assise (949-966) . . . 590
XXXVIII. Keure des tisserands des molekiniers (967-986) . . . 592
XXXIX. « Che sont li rentes et esplois de le vile. » (987-1057) . 592
XL. « Ch'est le rente del Gier. ». (1058-1084) 596

Imprimerie Gouverneur, G. Daupeley à Nogent-le-Rotrou.

www.ingramcontent.com/pod-product-compliance
Lightning Source LLC
Chambersburg PA
CBHW070310240426

43663CB00038BA/1315